# ENCYCLOPEDIE MÉTHODIQUE,

OU

## PAR ORDRE DE MATIÈRES:

PAR UNE SOCIÉTÉ DE GENS DE LETTRES, DE SAVANS ET D'ARTISTES;

*Précédée d'un* Vocabulaire universel, *servant de Table pour tout l'Ouvrage, ornée des Portraits de* MM. DIDEROT & D'ALEMBERT, *premiers Éditeurs de l'*Encyclopédie.

# ENCYCLOPÉDIE MÉTHODIQUE.

# ART ARATOIRE ET DU JARDINAGE;

CONTENANT

*La description & l'usage des machines, ustensiles, instrumens & outils employés dans l'exploitation des terres & dans la culture des plantes.*

*A PARIS,*

Chez H. AGASSE, Imprimeur-Libraire, rue des Poitevins, n°. 18.

AN V de la République.

# AVERTISSEMENT.

L'Art Aratoire comprend principalement les opérations manuelles de la culture des terres. Cet art fait connoître les instrumens de labourage, il en décrit la construction, il en développe les avantages, il enseigne les moyens de s'en servir le plus utilement.

Les savans auteurs du Dictionnaire d'Agriculture de l'Encyclopédie méthodique ont approfondi la théorie & la pratique de l'*Agriculture*; ils ont discuté dans leur grand ouvrage les systêmes des anciens & des modernes sur cet art, le premier & le plus important de tous, puisqu'il nourrit l'homme & qu'il livre à son industrie les matières les plus essentielles à ses alimens, & à ses autres besoins. Ces célèbres agricoles ne laissent rien à desirer sur les connoissances qui doivent guider le laboureur; ils l'éclairent avec le flambeau d'une expérience raisonnée, ils lui indiquent même de nouvelles routes qui peuvent abréger ou perfectionner ses travaux de culture.

Pour nous, il nous suffit de parler des procédés & du mécanisme en quelque sorte de cet art, d'en exposer les outils ordinaires, & nouvellement inventés, de rappeler quelques principes généraux de théorie & de pratique, de culture & de jardinage: nous completterons ainsi le plan du Dictionnaire d'Agriculture par celui de l'*Art aratoire* & du Jardinage.

# A

ABEILLE. (*Voyez* MOUCHE A MIEL).

ABOUTIR ; terme de jardinage qui se dit de la disposition des boutons des plantes prêts à s'épanouir.

ABREUVER ; terme d'agriculture. On abreuve les prés par le moyen de quelque batardeau qu'on fait dans un ruisseau pour arrêter l'eau, & la faire gonfler à l'endroit d'une rigole ou saignée pour la conduire dans les prés. Ce batardeau est formé de perches mises en travers, & d'autres qu'on fiche en terre le long des premieres & à l'opposite de l'eau ; après quoi on jette des gazons contre ces perches depuis le fond de l'eau jusqu'à la superficie à l'épaisseur d'un pied seulement. Il faut entasser ces gazons l'un sur l'autre, de manière que l'eau ne passe point au travers. On ne sauroit dire combien cette manière d'*abreuver* les prés à propos les rend fertiles. C'est ce qu'on appelle *arroser par immersion*.

ABREUVOIR ; ce terme se dit relativement aux arbres pour signifier une fente, ou un creux où l'eau s'amasse & séjourne, ce qui occasionne souvent la perte de la plante.

ABRI. Il est nécessaire de former des *abris* pour garantir les plantes contre les pluies froides, les frimats, les gelées & les mauvais vents.

Ces *abris* se font avec des *paillassons* ou *palissades*, des *brise-vents*, des *palis*, des *chapeaux*, des *cloches*, des *chassis*, des *baches* & des *hangards* : un *tertre élevé*, un *petit mur*, une *serre-chaude*, une *orangerie* sont encore des *abris*.

Des bouquets d'arbres plantés & distribués à certaines distances & convènablement sont aussi des *abris* qui rompent l'impétuosité des ouragans, qui empêchent ces fléaux des campagnes d'endommager les bâtimens & les couvertures des fermes & des métairies. C'est surtout du côté de l'ouest qu'on doit opposer des remparts à la violence des vents & des tempêtes.

Des arbres plantés dans les cours des fermes qui sont vastes sont des *abris* utiles pour empêcher que le vent n'éparpille le fumier, ou que le soleil ne le desseche ; ils fournissent d'ailleurs de l'ombre & une retraite aux volailles & aux bestiaux dans les grandes chaleurs.

ACCOLLER ; c'est attacher une plante à un corps solide pour la soutenir. On accolle aux échalas les pampres de la vigne avec de la paille, de l'osier ou du jonc. Ce travail doit être commencé de bonne heure, & exige deux opérations : d'abord, il faut plier par le bas seulement les bourgeons des vignes, pour ne les point casser en les séparant, lorsqu'on veut les *accoller* entiérement ; ensuite on les lie tous généralement.

ACCOUPLER *les bœufs* ; c'est lorsqu'on attache deux bœufs sous un même joug à une charrue ou à une charette, il faut qu'ils soient de même corps & de même force, autrement le plus foible ruineroit le plus fort. Il y a des pays où on les attache par les cornes ; en d'autres, par le cou, parce qu'ils ont ainsi plus de force : tant les bœufs que les chevaux doivent être accouplés serré, afin qu'ils tirent également.

ACCROISSEMENT ; c'est la maniere dont les végétaux poussent & croissent. On a remarqué que trop d'*accroissement* occasionnoit souvent la stérilité des arbres, & que par conséquent il failoit l'arrêter ; on a aussi observé que l'*accroissement* en hauteur s'achevait le premier.

Il est d'expérience que l'ombre facilite l'*accroissement* des arbres, particuliérement des chataigniers ; on réussit à donner ce secours aux semis, tantôt avec le bouleau, tantôt avec le marseau, quelquefois même avec des joncs marins.

ACRETÉ ; c'est la saveur acerbe des fruits des sauvageons ; on parvient à leur ôter ce goût âpre & mordicant par la greffe des arbres.

ADOS ; c'est, dans le jardinage, une élévation de terre en forme de dos de bahut, plus large du bas que du haut ; c'est aussi un endroit adossé d'un mur ou d'un bâtiment, & qui par sa position est à couvert des mauvais vents & des gelées.

On pratique quelquefois des *ados* pour tenir lieu de chassis vitres & pour favoriser les primeurs. Ces *ados* sont exhaussés de quinze à dix-huit pouces par derriere, sur dix-huit à vingt-quatre pouces de largeur venant en mourant par devant, & même creusant sur le devant pour charger d'autant sur le derriere ; on les soutient par des planches assurées avec de bons piquets. Cette pente précipitée peut produire deux bons effets ; 1°. de jouir, durant l'hiver, lorsque le soleil est bas, des moindres de ses regards ; 2°. de ne point avoir, dans le temps des gelées & des frimats aucune humidité nuisible, & de la faire perdre & tomber dans le pied de l'*ados*.

Cette sorte d'*ados* se pratique au midi le long d'une plate-bande vers la fin d'octobre ; on ménage dix-huit pouces de sentier entre le mur & l'*ados*, pour travailler aux plantes.

Avant que de planter les pois au mois de novembre, il faut laisser quelques jours la terre se plomber tant soit peu, pratiquer ensuite des rigoles du haut en bas de l'*ados*, planter les pois, & les garnir de terreau.

Lorsqu'il survient des neiges ou de fortes gelées, on couvre les *ados* de grande litière avec des paillassons par-dessus, qu'on ôte & qu'on remet à propos ; on se sert aussi de ces *ados* pour avoir des primeurs de fraisiers, que l'on y transporte, soit en pots, soit en mottes.

Un avantage qui résulte de ces *ados* est de pouvoir renouveller tous les ans la terre de la plate-bande ; quand elle est vide on la rabat pour y mettre des haricots nains ou d'autres légumes.

AFFAISSEMENT ; c'est un enfoncement des terres qui s'aplatissent & se plombent d'elles-mêmes. On doit savoir que toute terre remuée ou transportée éprouve un *affaissement* d'un pouce par pied, ainsi quand on plante un arbre, il faut observer combien son trou a de profondeur ; or, s'il est de quatre pieds, on mettra le tronc de l'arbre de quatre pouces plus haut que la terre, sans quoi l'arbre se trouveroit enterré de quatre pouces quand la terre du trou aura fait son *affaissement*.

AGE D'UN ARBRE ; on sait que l'*âge d'un arbre* se connoît aux cercles que présente sa coupe transversale. Les bourrelets placés aux differentes tailles des arbres fruitiers, annoncent aussi leur *âge*.

AIR. Elément léger & transparent, capable de compression & de dilatation, qui environne jusqu'à une hauteur considérable le globe que nous habitons. L'*air* se charge des parties insensibles & des émanations des substances animées & inanimées ; il est le véhicule des vapeurs & des exhalaisons de la terre, pour les lui rendre sous la forme de pluie, de rosée, de serein, de brouillard, de neige. L'*air* est universellement reconnu pour l'agent le plus puissant & le coopérateur le plus nécessaire de la végétation.

AIRE ; on donne ce nom à une place unie & préparée pour battre les grains. On dit l'*aire* d'une grange.

*Aire* se dit aussi pour désigner le dessus d'une plaie faite à un arbre ; il faut l'unir avec la serpette.

*Aire de recoupes ;* c'est une épaisseur de huit à neuf pouces de recoupes de pierre de tailles, dont on se sert pour affermir les allées des jardins de ville ou de promenade.

ALAISE ou ALONGER. Dans le jardinage on met à une branche d'arbre fruitier qui a quelques rameaux trop courts, soit un osier au palissage d'hiver & du printemps, soit un jonc au palissage d'été ; & avec ces *alaises* on attache la branche, ou le bourgeon afin qu'ils ne pendent pas & ne fassent point difformité. Les jardiniers qui palissent pendant l'hiver, avec l'osier, quand ils mettent des *alaises*, doivent attacher leur osier par le gros bout à la branche & le petit bout au treillage ; quant au palissage d'été avec le jonc, il faut mettre le jonc double par le côté d'en bas par lequel il est plus gros, & le placer à quelques yeux en deçà de l'extrémité du rameau, afin que ce jonc ne coupe pas l'écorce tendre des bourgeons. Cette double disposition de l'osier & du jonc n'est pas toujours observée par les jardiniers, mais elle est recommandée comme très-essentielle par *Roger Scabol*.

ALIGNER ; c'est tracer sur la terre des lignes au moyen d'un cordeau & de jalons pour former soit des allées, soit des bosquets ; ou des bandes de parterres, ou des planches de jardins potagers.

ALLÉE ; c'est un chemin dressé & aligné pour le passage ou pour la promenade. Une *allée* est ordinairement bordée d'arbres, d'arbustes, de charmilles ou de plates-bandes, dans lesquelles l'on met des plantes, soit légumes, soit fleurs, &c.

On distingue plusieurs sortes d'*allées ;* les blanches, qu'on ratisse ; celles de gazon, nommées *allées vertes*, qu'on fauche de tems en tems ; les *allées découvertes* ou *couvertes ;* les *simples* & les *doubles*, les *sous-allées*, les *contre-allées*.

Les *allées* d'un potager sont ordinairement étroites, & accompagnées de petites bandes avec des bordures de plantes aromatiques.

En fouillant un terrain, on doit fouir la terre destinée aux *allées* comme celle des quarrés : autrement il arrivera que les *allées* seront plus basses que le reste, & par conséquent toutes les eaux s'y viendront rendre ; car la fouille hausse la terre d'environ un pouce par pied. On reconnoît aussi, quand on veut changer la terre, combien il est avantageux d'avoir ainsi fouillé les *allées* ; leur terre se trouve toute portée pour être substituée à celle qui est usée ; ce qui évite beaucoup de dépense pour le transport.

ALONGE. On nomme ainsi le brin de jonc ou d'osier avec lequel on attache les branches ou les bourgeons trop courts, tant au palissage d'hiver qu'à celui d'été. Presque tous les jardiniers qui, dans l'hiver, palissent avec l'osier, l'attachent par le petit bout à la branche, & par le gros bout au treillage. La branche ainsi attachée grossit, l'osier coupe la peau, entre dans l'écorce & s'y incorpore au point qu'on ne peut plus l'en tirer. Il faut donc, au contraire, choisir le gros bout de l'osier pour lier la branche & le petit bout pour l'arrêter au treillage.

Pareillement les jardiniers, dans le palissage d'été, font un nœud coulant au bout du bourgeon qui n'est pas encore assez long pour atteindre au treillage : mais la peau tendre de ce bourgeon est bientôt entamée par le jonc, qui serre avec d'autant plus de force que la ligature est plus tendue. Au contraire, en mettant le jonc double par le gros bout, on est sûr qu'il n'entamera point l'écorce du bourgeon, sur-tout si on place la ligature non pas à l'extrémité du rameau, mais en-deçà, dans l'endroit le plus fort.

ALONGER ; c'est donner aux arbres, en les taillant, toute l'étendue qu'ils doivent avoir, selon leur grosseur & leur vigueur.

AMANDIER. Cet arbre est le sujet le plus propre à recevoir les greffes des pêchers & autres fruits à noyau. On multiplie les *amandiers* d'amandes semées, & l'on greffe ensuite les espèces rares sur les plus communes. En automne, lorsque les amandes sont mûres, on les met partie dans du sable, où elles germent pendant l'hiver ; on les plante ensuite au printems, sans leur rompre la radicule, suivant un assez mauvais usage, afin qu'elles produisent un pivot. *L'amandier* croît très-promptement, & souvent il est bon à greffer l'année même que sa semence a été mise en terre.

AMENDER ; c'est engraisser les terres par des fumiers & des engrais, afin d'y occasionner une végétation convenable, & de la perfectionner. On *amende*, ou l'on fait l'*amendement* avec toutes les choses qui peuvent engraisser ou féconder les terres. Tels sont le fumier, le terreau, la marne, les cendres, les terres nouvelles, & toutes les parties des animaux qui contiennent quantité de parties volatiles propres à la végétation, lorsqu'elles ont été décomposées par la putréfaction. Les amendemens donnent aux plantes un surcroît de vigueur, & les rendent beaucoup plus vivaces ; ce qui s'annonce par leur verdeur & par la plus grande quantité de leurs fruits, ou de leurs grains.

AMEUBLIR *la terre* ; c'est la rendre douce, maniable ; c'est la diviser & la mettre en quelque sorte en miettes, en la labourant, la remuant souvent, en brisant les mottes, ôtant les pierres, & ne laissant ni fentes, ni croûtes. Plus les molécules de terre sont divisées, en sorte que le sol ressemble presque à de la poussière, plus les végétaux sont à portée d'étendre leurs racines & de se fortifier en toutes manières. Les neiges, les pluies d'hiver & la gelée contribuent beaucoup à *ameublir* une terre qui a été mise en mottes par les labours d'automne. Les rayons du soleil & la grande chaleur atténuent aussi en d'autres saisons les terres qui ne sont pas trop humides et argilleuses. Il est important d'*ameublir* profondément la terre.

AMPHITHÉATRE. Dans les jardins, on nomme ainsi un terrain élevé, dont l'étendue est distinguée par des espèces de degrés qui sont ordinairement couverts de gazon.

AMPUTATION ; c'est, dans le jardinage comme en chirurgie, le retranchement fait au corps de l'arbre avec le fer.

AMUSER *la sève* ; expression heureuse des jardiniers de Montreuil, pour signifier qu'il faut, dans certains cas, laisser à un arbre fruitier plus de bois & de bourgeons que de coutume. Par exemple, lorsqu'un arbre a un côté plus fort que l'autre, & qu'il porte des gourmands ; alors, pour *amuser la sève*, on taille plus long le côté vigoureux & plus court le côté maigre, & on alonge beaucoup les gourmands, afin de laisser consumer par-là le trop de sève. On est tenté de critiquer ces pousses superflues, quand on ne sait point qu'elles ont été épargnées à dessein, & qu'on doit les retrancher par la suite, lorsque l'arbre sera devenu en quelque sorte plus sage.

ANALOGUE ; ce terme exprime, en jardinage, ce qui peut s'allier, s'unir, s'identifier même avec une autre substance. Ce rapport est sensible entre les sucs de la terre & les parties des plantes. On dit qu'il y a de l'analogie entre une greffe de poirier & une branche de coignassier, mais qu'il n'y a pas d'analogie entre une branche de pêcher ou d'amandier, & une branche de poirier ou de pommier.

ANDROGYNE, HERMAPHRODITE ; ou qui participe des deux sexes. On appelle plante *androgyne* celle qui réunit les deux sexes sur le même individu, mais séparés l'un de l'autre, chacun ayant son enveloppe particulière.

ANE. Nous ne devons comprendre ici cet animal qu'en le considérant comme un des instrumens de labour & d'agriculture. Ce quadrupède domestique est capable d'un grand travail, soit pour tirer, soit pour porter. Il est peu dispendieux & dure long-tems, quoique travaillant toujours. L'âne paroît être l'animal qui, relativement à son volume, porte les plus grands poids. On le met aussi à la charrue dans les pays où le terrain est léger. En général, il est d'une grande utilité à la campagne, au moulin, &c.; & plus il travaille, plus il devient capable de bon service. Il n'a que des mouvemens petits & lents; &, quoiqu'il coure d'abord assez vîte, il est bientôt rendu quand on veut exiger qu'il fournisse pendant quelque tems à une allure qui force sa marche ordinaire.

Cet animal n'exige presque aucun soin. Quant à la nourriture, il est sobre sur la quantité & la qualité; il s'accommode aussi bien de l'herbe la plus dure que du fourrage ordinaire des chevaux & autres animaux. Il aime le chardon. Le son lui fait beaucoup de bien. Une bonne nourriture réglée met à portée de tirer un bien plus grand service de cet animal, & pendant un plus long tems que du cheval le mieux soigné, pour les travaux de la campagne. Il est cependant délicat pour l'eau, il ne boit volontiers que de la plus claire, & de celle qu'il connaît.

L'*âne* est trois ou quatre ans à croître, & vit vingt-cinq à trente ans.

ANIMAUX *propres au labour.*

Les terres sont communément cultivées avec des *chevaux* ou avec des *bœufs*.

Dans tous les tems, & dans tous les pays, on a cultivé les terres avec des bœufs. Cependant le travail des bœufs est plus lent que celui des chevaux: d'ailleurs les bœufs passent beaucoup de tems dans les pâturages pour prendre leur nourriture; c'est pourquoi on emploie ordinairement douze bœufs, & quelquefois jusqu'à dix-huit, dans un domaine qui peut être cultivé par quatre chevaux.

On croit vulgairement que les bœufs ont plus de force que les chevaux, qu'ils sont nécessaires pour la culture des terres fortes, que les chevaux, dit-on, ne pourroient pas labourer; mais ce préjugé ne s'accorde pas avec l'expérience. Dans les charrois, six bœufs voiturent deux ou trois milliers pesant, au lieu que six chevaux voiturent six à sept milliers.

Les bœufs retiennnent plus fortement aux montagnes que les chevaux, mais ils tirent avec moins de force.

On peut labourer les terres fort légères avec deux bœufs; on les laboure aussi avec deux petits chevaux. Dans les terres qui ont plus de corps, on met quatre bœufs à chaque charrue, ou bien trois chevaux.

Il faut six bœufs par charrue dans les terres un peu pesantes; quatre bons chevaux suffisent pour ces terres.

On met huit bœufs pour labourer les terres fortes; on les laboure aussi avec quatre forts chevaux.

Quand on met beaucoup de bœufs à une charrue, on y ajoute un ou deux petits chevaux; mais ils ne servent qu'à guider les bœufs. Ces chevaux, assujettis à la lenteur des bœufs, tirent très-peu; ainsi ce n'est qu'un surcroît de dépense.

Une charrue menée par des bœufs, laboure dans les grands jours environ trois quartiers de terre; une charrue tirée par des chevaux en laboure environ un arpent & demi: ainsi lorsqu'il faut quatre bœufs à une charrue, il en faudrait douze pour trois charrues, lesquelles laboureroient environ deux arpens de terre par jour; au lieu que trois charrues, menées chacune par trois chevaux, en laboureroient environ quatre arpens & demi.

Si on met six bœufs à chaque charrue, douze bœufs qui tireroient deux charrues laboureroient environ un arpent et demi; mais huit bons chevaux qui meneroient deux charrues laboureroient environ trois arpens.

S'il faut huit bœufs par charrue, vingt-quatre bœufs ou trois charrues labourent deux arpens; au lieu que quatre forts chevaux étant suffisans pour une charrue, vingt-quatre chevaux ou six charrues labourent neuf arpens; ainsi en réduisant ces différens cas à un état moyen, on voit que les chevaux labourent trois fois autant de terre que les bœufs. Il faut donc au moins douze bœufs où il ne faudroit que quatre chevaux.

L'usage des bœufs ne paroît préférable à celui des chevaux que dans des pays montagneux ou dans des terrains ingrats, où il n'y a que de petites portions de terre labourables dispersées, parce que les chevaux perdroient trop de tems à se transporter à toutes ces petites portions de terre, et qu'on ne profiteroit pas assez de leur travail; au lieu que l'emploi d'une charrue tirée par des bœufs est borné à une petite quantité de terre, & par conséquent à un terrain beaucoup moins étendu que celui que les chevaux parcourroient pour labourer une plus grande quantité de terres si dispersées.

Les bœufs peuvent convenir pour les terres à seigle ou fort légères, peu propres à produire de l'avoine : cependant comme il ne faut que deux petits chevaux pour ces terres, il leur faut peu d'avoine, & il y a toujours quelques parties de terre qui peuvent en produire suffisamment.

Enfin, comparaison faite des avantages des travaux & des profits qu'on tire des bœufs ou des chevaux pour la culture des terres, la préférence doit être pour les chevaux, sous quelques rapports qu'on les considère.

On attelle les bœufs à la charrue par le moyen du joug, qui est une pièce de bois traversant par-dessus la tête des bœufs, & fortement attachée à leurs cornes. Il y a des pays où l'on attache les bœufs par le cou. (*Voyez* ACCOUPLER LES BŒUFS).

L'ANE peut aussi être employé à la charrue dans les pays où le terrain est léger. (*Voyez* au mot ANE).

ANNEAUX *ou* RIDES qui se trouvent aux branches fructueuses, & à tous les boutons à fruit des arbres à pépins. Ces *anneaux* sont de petits plis ou replis à côté les uns des autres, qui se multiplient à mesure que la branche fructueuse s'allonge. Ces *anneaux* sont destinés à cribler, filtrer & épurer la sève. Quand les boutons à fruit s'allongent trop, & que ces *anneaux* ou rides sont trop multipliés, ils ne peuvent plus être féconds. Ainsi quand on voit ces boutons à fruit trop allongés, il faut les abattre, parce que d'eux-mêmes ils se pourriroient ou tomberoient; au lieu qu'en les abattant, il s'en forme de nouveaux qui sont plus propres à filtrer la sève, sans l'affoiblir et l'atténuer.

ANNUELLE. (*Plante*) C'est une plante qui ne reste qu'un an sur terre, & qui meurt après avoir porté les graines qui doivent la reproduire et la multiplier. Le froment, le seigle, l'avoine & autres sont des plantes annuelles.

AOUTÉ; ce terme se dit d'un rameau ou d'une branche d'arbre que la chaleur du mois d'août a brunie, & qui a acquis assez de consistance & de force pour supporter les gelées d'hiver.

Ce terme s'emploie aussi en parlant des graines & de certaines productions de la terre qui ont été assez mûries & assez formées pour servir dans les alimens.

APPLANIR; c'est rendre uni & de niveau un terrain inégal & raboteux.

APLOMB; c'est une ligne perpendiculaire à l'horison. Un arbre, soit en caisse, soit en pleine terre, doit toujours être sur son *aplomb*; c'est-à-dire, avoir sa direction droite & ferme.

ARATOIRE (art); c'est l'art qui traite principalement des opérations manuelles de la culture des terres. Tous les articles de ce dictionnaire sont le développement des principes & des travaux méchaniques de cet art.

APPAREIL. Dans le jardinage, lorsqu'on a fait une plaie un peu notable aux grosses branches; à la tige ou aux racines de quelque arbre, il faut y mettre à l'instant même un *appareil*. Cet *appareil* n'est autre que de la bouze de vache fraîche ou vieille, & à son défaut, du bon terreau gras, ou même de la terre détrempée avec un peu d'eau. On applique cet appareil sur la plaie, et on l'enveloppe avec un chiffon le retenant avec un osier, ou avec tel autre lien qui ne puisse pas couper l'écorce quand l'arbre & la branche viennent à grossir.

On doit rejetter les *appareils* du jardinage faits avec les onctueux ou les choses grasses, beurre, poix-résine, saindoux, vieux-oing, huile, & ceux faits avec la terre glaise, avec la cire verte ou blanche, ou jaune, doivent être également proscrits; parce que ces *appareils* sont préjudiciables aux végétaux dont ils bouchent les pores & en arrêtent la transpiration.

APPROCHE. Ce terme se dit d'une greffe faite par la conjonction de deux branches de fruits différens. Pour cette opération, il faut faire à chacune des branches une entaille dans la peau, & les encastrer l'une dans l'autre, les retenant avec de la laine. Au bout de six semaines ou environ, quand la soudure s'est faite, on sèvre, c'est-à-dire qu'on sépare la partie qui a été greffée sur l'autre.

ARAIRES. Voici la description et la maniere de se servir de deux especes de charrues sans roues qu'on emploie dans les provinces méridionales de la France, pour donner aux terres les façons qui se donnent ailleurs avec les charrues à roues. (*Voyez* planche XLI, *fig.* 1.)

Le nom de charrue n'est point usité pour ces deux instrumens de labour; ils se nomment des *araires*, dont l'étymologie est *arare*, mot latin qui signifie labourer.

On distingue deux espèces d'araires; l'une est nommée *fourcat*, et l'autre *doublis*.

Le *fourcat* a deux timons ou brancards, mais dont les deux bras sont un peu courbes dans leur milieu, & forment, par leur réunion, un ovale qui reçoit le cheval ou le bœuf, car on ne met d'ordinaire qu'un de ces animaux.

Ces brancards, ou bras, s'insèrent dans une forte pièce qu'on nomme *la cambette*, qui, avec les pièces suivantes, compose le train. Le *dental*, qui est la pièce traînante, porte deux *oreilles*, & soutient le soc; il est lié à la *cambette* par deux liens de fer, appellés *tendilles*, qui les embrassent ensemble, & qu'assujettissent par-dessus, deux chevilles de bois, dites *tescotes*. Une troisieme cheville plus longue, c'est le *tescou*, accompagne & assujettit, par derriere, le manche du soc. L'arrière-train consiste en un manche qu'on fait plus ou moins courbe ou crochu; on le nomme *lestèbe*; à son extrémité, & par une entaille ou arrête, sont attachées deux cordes servant de guides.

Le brancard appuie sur la sêlle par une large courroie, qu'on nomme *la souffre*, & qui se boucle sur le milieu des deux bras, à l'un desquels elle est clouée. Deux petites chevilles de bois, qui sont fichées aux extrémités des bras, servent à retenir ceux-ci contre le collier du cheval, & à fixer toute la machine.

Cette espece de charrue est traînée par un seul cheval, plus communément par une mule. Elle pourroit être tirée par plusieurs, à plein trait, comme une charrette; mais alors il faudroit, outre le laboureur qui dirige & soutient la machine par le manche, un charretier pour conduire le premier cheval. Cela ne se pratique pas ici.

Quant à l'autre *araire*, nommé *doublis*, son avant-train est composé d'un timon ou d'une flêche, formée de deux perches qui chevauchent l'une sur l'autre, & qui sont liées étroitement par deux bandes de fer. A l'extrémité du timon, on place le joug, auquel on accole, tantôt deux bœufs, tantôt deux mules ou deux chevaux; dans ces cas, le joug change de forme. Le reste du train du *doublis* est le même que celui du *fourcat*, si ce n'est qu'il est plus fort; & il doit l'être, puisque l'attelage est renforcé. Il est même des cantons dans le Haut-Languedoc, dans la Guyenne & ailleurs, où l'on attele quatre, six, huit paires de bœufs robustes à cette sorte de charrue rendue plus pesante, tandis que le *fourcat*, plus léger, est quelquefois traîné par un bardot.

Le *doublis* diffère quelquefois du *fourcat*, lorsqu'on y adapte la *mousse*; voici ce que c'est. Nos laboureurs donnent le nom de *mousse* à un grand dental plat en dessous, du moins son arrête est peu sensible & s'use bientôt: il est fourchu par sa partie postérieure, de manière qu'une des branches qu'on nomme la queue (c'est toujours la droite) entre dans une rainure de la *cambette*, & c'est sur cette branche que porte le manche du soc, tandis que le reste du soc appuie tout le long jusques sur l'extrémité du dental. L'autre branche du dental porte une oreille immense, qui s'élève perpendiculairement; elle est fixe, & on la revêt d'une lame de fer sur les bords, pour la rendre plus durable. Cette oreille est une grande pièce de bois contournée; elle est faite, ainsi que tout le dental, de bois de hêtre, qu'on nommé ici le fayard; tandis que la *cambette* et le timon, dit le *bessègue*, qui la prolonge, sont de bois d'orme. On ne feroit qu'une seule pièce des deux, si l'on trouvoit commodément & à un certain prix, des ormes assez droits dans leur longueur, & assez courbes par leur base.

Le soc qui doit servir à la *mousse* est plus fort que celui du *fourcat*; il change aussi un peu de forme. C'est un gros fer de lance irrégulier, dont l'aîle gauche est plus longue que la droite; & depuis l'angle de cette aîle jusqu'à la pointe, le soc déborde un peu le dental, & fend la terre de toute sa longueur. L'extrémité de ce soc n'est pas pointue, mais un peu applatie & tranchante; elle s'émousse par l'usage. Enfin ce soc est ordinairement du poids de douze à treize livres, & le coûtre qui l'accompagne, qu'on nomme ici le couteau, en pèse neuf ou dix. On peut cependant adapter le coûtre au doublis, sans que cela constitue la mousse. Ainsi le doublis est de trois espèces: le simple, celui qui est armé d'un coûtre, & celui avec la mousse.

Le soc de l'*araire* ordinaire est plus petit; il est pointu & forme le fer de lance irrégulier. On nomme également l'un & l'autre, en terme du pays, la *reye*.

Si l'on ôte le dental à la mousse, pour y substituer le dental et le soc du *fourcat*, ce sera l'équipage du doublis ordinaire auquel on peut adapter, si l'on veut, le coûtre sans la mousse, lequel traversera la cambette un peu obliquement, & viendra rencontrer, par son tranchant, la pointe du soc.

Remarquez qu'on peut se servir du doublis à la mousse, à la maniere ordinaire, en en retranchant la mousse, & qu'on ne peut adapter la mousse au simple doublis. La raison en est qu'au doublis simple, il manque la rainure ou mortaise que j'ai dit devoir être pratiquée à l'extrémité traînante de la *cambette*.

On doit observer encore que l'on ne se sert du doublis à la mousse que quand on veut essarter un terrain rempli de racines, ou défricher une prairie. Le coûtre coupe les brandes & toutes les plantes qui se présentent; il fend en même tems la terre, & donne au soc la facilité d'entrer & de labourer plus profondément. On s'en sert aussi pour bien labourer les terres qui ont du fond, & pour mieux renverser la terre.

La grande oreille ouvre de larges sillons, & déplace de grands volumes de terre. La mousse seroit très-utile pour renverser le chaume; mais on se sert trop peu de cet instrument : on est même obligé de le quitter quand il s'agit de labourer en dernier lieu sur le terrain semé. Alors on reprend le doublis simple, ou le fourcat, qui trace des sillons plus petits, plus rapprochés, & qui couvre suffisamment le grain, sans le trop enfouir. L'*araire* ordinaire, c'est-à-dire, le fourcat & le doublis, portent sur le dental deux petites oreilles contournées, qui s'agencent comme des coins, & de chaque côté, entre les liens de fer (*tendilles*) qui assujettissent le dental, est le soc, au-dessous de la cambette. On nomme ces oreilles par un terme expressif du pays; ce sont les *escampadouires* qui rejettent la terre. Il est inutile de dire que c'est aussi par deux liens de fer que le dental à la mousse tient à la cambette; le manche du soc passe au milieu d'elles.

Il est facile de s'appercevoir que l'équipage de ces deux machines, le *fourcat* & le *doublis*, est le plus simple possible. Je croirois, par cette raison, que notre charrue est une des plus anciennes; mais il ne faudroit point en conclure, comme l'a fait un laboureur flamand, qu'elle est la plus mauvaise. Telle sans doute pourroit être l'espèce d'*araire* qu'il a décrite, & non celle-ci; telle a pu être la charrue grecque, & celle qu'on suppose être usitée encore dans les provinces méridionales de la France. Mais si l'on compare ces *araires* avec celui dont on donne ici une simple description, on inférera qu'ils ne sont pas les mêmes : ils ont pu avoir une même origine, & le nôtre aura éprouvé des changemens qui l'auront perfectionné. Ce n'est pas qu'il n'eût encore ses défauts, selon la différence de lieux où l'on voudroit en faire usage. Il est tel pays où il ne seroit reçu que comme un instrument du jardinage. Si, au reste, on jugeoit nécessaire d'en rectifier quelque part le mécanisme, il faudroit le mettre toujours à la portée des connoissances & de l'adresse du laboureur, pour lui en faciliter le maniement.

Les avantages que présente notre *araire* sont sensibles.

1°. Il est applicable sur tous les plans possibles; ce qui ne seroit pas praticable par les charrues montées sur des roues dont il faut souvent changer le diamètre.

2°. Il n'y a aucun changement à faire dans l'*araire*, dans quelque sens qu'on laboure; ce qu'on est obligé de faire sur d'autres machines, pour le coûtre & pour l'oreille, à chaque tour de charrue.

3°. On peut fort bien, selon le besoin, atteler deux, trois, quatre & six bœufs, ou chevaux, soit au *fourcat*, soit au *doublis*, comme on le pratique dans quelques cantons. On peut avoir différens socs, selon qu'il les faut, courts ou alongés, larges ou épais.

4°. On peut incliner plus ou moins l'angle du manche avec le soc, selon la résistance de la terre & le frottement qu'éprouve le dental sans avoir à essuyer d'autre frottement & l'embarras des roues.

5°. En se servant du *fourcat*, l'animal qui le porte & le traîne, ne foule point la terre qui vient d'être labourée; il marche droit sur le bord & en-deçà du sillon qui vient d'être tracé, sans le déranger; & le laboureur, en inclinant un peu le manche de l'*araire* en dehors, c'est-à-dire, du côté où marche l'animal, fait que le sillon s'ouvre tout de l'autre côté, sans être jamais recouvert de terre. (*Voyez* CHARRUE.)

ARATELER. Ce terme est quelquefois usité dans le jardinage comme synonyme de *rateler*, c'est-à-dire, se servir du rateau.

ARBRE. C'est une plante vivace qui a la consistance de bois dur, & qui tire son origine ou d'une graine, ou d'un noyau, ou d'une bouture, ou d'un rejetton; qui croît dans de la terre, qui y fait des racines, qui n'a qu'un seul & principal tronc, élevant ses branches dans les airs, & les répandant autour de sa tige. Ses branches sont de trois sortes, grosses, moyennes & petites. Elles portent des yeux, des feuilles, des bourgeons, des fleurs & des fruits. Il y a des arbres *sauvages* qui viennent naturellement dans les forêts, & les arbres *cultivés* qui servent à former des avenues, des allées, & à garnir les jardins & les vergers. On distingue encore les arbres *fruitiers* : les uns portant des fruits à noyau, & les autres dont les fruits n'ont que des pépins. Ces arbres fruitiers forment des tiges à plein vent, des basses tiges, ou nains, des *arbres* en éventail & en buisson. Il en est enfin portant des fruits, d'autres ayant seulement des fleurs & des graines.

ARBRE *sur franc*, se dit d'un arbre greffé, mais lequel est venu d'un pépin ou de quelque bouture de tout arbre fruitier, lesquels on greffe; ou d'un arbre déjà greffé & qu'on greffe de nouveau.

ARBRE *sur coignassier*; c'est un arbre greffé sur une bouture de coignassier, ou sur un arbre venu d'un pépin de coing. Il n'y a que les poiriers qu'on greffe sur de tels sujets; il faut les prendre avant trois ans.

Arbre *de tige*, eſt celui dont la tige eſt élevée, autour de laquelle il étend ſes branches horiſontalement, s'il eſt en plein vent, & ſur les côtés ſeulement, s'il eſt en eſpalier.

Arbre *à baſſe tige*, ou *nain*, eſt celui dont on réduit la tige par la taille à ſix ou huit pouces de haut, & dont la greffe eſt près de terre. On ne la laiſſe point monter, mais ſeulement s'étendre, ſoit autour de la tige, ſoit ſur les côtés. On diſtingue deux ſortes d'arbres nains ; les uns qu'on dreſſe en éventail ou contreſpalier ; les autres qu'on forme en buiſſon.

Arbre *de demi-tige* ; arbre dont la tige eſt ordinairement conduite à trois ou quatre pieds, tant en plein vent qu'en eſpalier.

ARBRISSEAU ; petit arbre qui au lieu d'une tige en produit pluſieurs preſque au ſortir de terre, formant ſouvent un buiſſon. Tels ſont les noiſetiers, groſeillers, ſureaux, lauriers, l'if, &c.

ARBUSTE ; c'eſt un petit arbre moindre que l'arbriſſeau, formant une ſorte de buiſſon dont les branches ſont vivaces. Tels le roſier, le romarin, le jaſmin, le houx, le genèvrier, le chevrefeuille, &c.

AREAU. Dans certains cantons, on déſigne par ce mot une *charrue*. (*Voyez* Charrue.)

ARGILLE, ou *terre argilleuſe* ; c'eſt une terre graſſe qui ſe sèche & ſe durcit à l'air, & qui ſe délaie & ſe met en bouillie à l'humidité. On peut tirer avantage des terres argilleuſes, en les tournant & retournant par un labour fréquent, les mettant en miettes ; mais principalement par les engrais propres à alléger ; ſavoir, fumier de cheval, crottin de mouton bien conſommé, fiente de pigeon également conſommée, & employés l'un & l'autre modérément ; enfin, avec bonnes terres mobiles & ſableuſes, terreau de gazons, de feuilles, & tout ce qui convient pour alléger & ameublir.

ARRACHER ; c'eſt tirer de terre avec force une plante qui eſt morte, ou des herbes qui ſont nuiſibles ; mais on n'*arrache* point, on *lève* dans la pépinière un arbre, ainſi que des arbuſtes & des plantes qu'on veut tranſplanter.

ARRÊT ; c'eſt l'obſtacle que le jardinier oppoſe aux eaux pour les rejetter des deux côtés d'une allée. On fait les arrêts avec du gazon, ou avec de petites planches miſes en travers, qui excèdent de deux pouces ſa ſuperficie.

ARRÊTER ; c'eſt, dans le jardinage, empêcher ou modérer le progrès de la crue d'une plante. Pour arrêter, ſoit un arbre, ſoit une paliſſade, on les coupe à une certaine hauteur ; ce qui les empêche de s'emporter. Ainſi on *arrête* les melons, les concombres, lorſque leurs bras s'allongeant trop, on les racourcit & qu'on les taille pour faire pouſſer de leurs aiſſelles des membres fructueux.

On arrête encore la vigne & certains bourgeons, lorſque par néceſſité on les taille. Nous diſons par néceſſité, parce qu'on ne doit point rogner, caſſer, pincer, arrêter par les bouts aucuns bourgeons, & qu'il faut au contraire les laiſſer croître de toute leur longueur. Si les jardiniers, dit Roger Scabol, faiſoient attention au préjudice qu'ils cauſent aux arbres & aux plantes en les *arrêtant* de la ſorte, ils s'en garderoient bien ; mais c'eſt plutôt fait de couper que d'attacher. On coupe 200 bourgeons pendant le tems qu'on met à en attacher une douzaine.

ARROSEMENT. Action d'arroſer. Son objet eſt d'humecter la terre, d'en augmenter les ſucs, de réparer les pertes occaſionnées par la tranſpiration, de rafraîchir les plantes, & de laver leur ſuperficie, pour déſobſtruer les organes qui doivent livrer paſſage à l'air. Mais il faut faire attention que les *arroſemens* faits à contre-tems, font périr beaucoup de végétaux lors de la germination, quand l'ardeur du ſoleil les épuiſe ou que les vents du Nord les deſſèchent. En général, les *arroſemens* du ſoir ſont préférables à ceux du matin ; ils ſont pour les végétaux ce que la boiſſon eſt pour les animaux.

La terre étant ſèche de ſa nature, a beſoin d'*arroſemens*, et plus encore quand le ſoleil l'échauffe outre meſure.

Le meilleur *arroſement* qu'elle reçoit, eſt celui de la pluie, qui tombe admirablement pour cet effet & d'une façon inimitable, & par une ſi douce chûte, que la terre ſe ſent plutôt ſoulevée qu'affaiſſée de ſa peſanteur, s'en abreuvant peu à peu, quand les vents & les orages ne forcent point la pluie, & ne la chaſſent point trop violemment. Ceux-ci affaiſſant la terre, & la détrempant plus qu'il n'eſt beſoin, émeuvent de ſa place celle qui eſt la plus préparée pour la production, ils détournent & empêchent les diſpoſitions qu'elle y a, & quelquefois les choſes bien avancées ſont détruites par ces bouleverſemens, les plantes arrachées, & la terre même emportée par les ravines qui coulent dans les fonds. La neige auſſi n'affaiſſe point la terre en tombant, quelque épaiſſe qu'elle ſoit, & elle lui ſert d'un excellent *arroſement* : venant à ſe fondre peu à peu, elle l'abreuve & l'engraiſſe ; & quand par ſon épaiſſeur elle la couvre long-tems, elle ôte le moyen aux oiſeaux et aux autres animaux de manger

manger les semences & de paître son beau verd, lequel est conservé par cette couverture, même contre le froid excessif. L'eau des rivières & des ruisseaux, venant quelquefois à déborder, couvre les prés & les terres voisines & les arrose; mais elle le fait diversement : car selon la diversité des eaux & des terres, elle y fait du bien ou du dommage, y laissant ou ôtant d'autre bonne ou mauvaise terre; & selon la qualité des plantes mêmes, elles en sont tantôt heureusement abreuvées, & tantôt noyées & étouffées.

Mais l'*arrosement* artificiel se fera à tems & à propos, par l'intelligence du jardinier, qui en connoîtra le besoin, selon la nature des terres & des plantes. Il sera fait commodément, si vous avez les eaux naturelles, ou par artifice, plus hautes que les lieux que vous voudrez arroser, les laissant couler doucement, & en telle quantité qu'il en sera besoin, par les canaux de telles matières que vous les aurez, soit de bois, de plomb, ou de tuile, ou par les terres mêmes, y faisant des rayons & des rigoles, qui donnant l'eau par des sentiers des planches & le long les bordures, feront qu'elle abreuvera la terre par-dessous, rafraîchissant les racines, sans déchaîner les plantes, ainsi qu'il se fait quand l'eau y est versée tout-à-coup pardessus avec l'arrosoir, lequel ne peut être percé si menu, que l'eau trop abondante n'affaisse la terre en tombant & dissolve l'humeur préparée pour la production, ou ne l'emmene plus profond en terre en lavant la surface. Il vaudroit mieux n'arroser point du tout que d'arroser peu; car la terre en devient plus altérée, s'étant attendue à ce secours, qu'on lui fait seulement goûter; il faut aussi arroser jusqu'au lieu où sont les racines, car ce sont elles qui en tirent plus de profit, & de qui la plante le reçoit. Quelques-uns arrosent en plein midi quand l'altération est plus grande, & que la chaleur qui est en la terre attiédit la froideur de l'eau, & ce n'est pas sans raison pour certaines plantes; mais ces prompts changemens d'une extrémité à l'autre, sont contraires à la nature, qui aime d'être tempérée : c'est pourquoi, afin de ne pas faire les choses en un état si contraire, il vaut mieux arroser le soir conformément à la fraîcheur de la nuit, ou durant la nuit même, après avoir fait échauffer l'eau à l'air & au soleil pendant le long du jour; car par ce moyen l'eau sera tempérée, la terre abreuvée à plaisir, les plantes attireront moins avidement, & cependant avec plus de vigueur durant la fraîcheur de la nuit : le matin aussi y seroit propre, à cause de la même fraîcheur, si ce n'est que l'eau étant devenue plus froide n'est plus si propre pour l'accroissement des plantes, parce que la froidure retarde l'effet de la terre, qui ne doit pas être moins secourue de chaleur que d'humidité.

Il arrive souvent de l'inconvénient de l'*arrosement*, qu'on donne aux semences & aux nouveaux plants durant les sécheresses de l'été, par les animaux qui sont en terre, comme les taupes, les mulots, & les autres, qui ne sont pas moins altérés que les plantes; car sentant l'humidité, ils la viennent chercher de loin, & s'assemblent en nombre à cette fraîcheur, ils mangent les graines en faveur desquelles l'*arrosement* avait été fait, & fouillant la terre & la soulevant, ils déracinent les plantes qui sont séchées par la chaleur qui pénètre ensuite plus facilement. C'est pourquoi je dis encore, qu'il vaut mieux n'arroser point, qu'arroser peu, & qu'heureux sont les jardins situés plus bas que les eaux, dont ils peuvent être arrosés en abondance à tems & heure. Les autres jardins ne laisseront pourtant pas d'être arrosés fort à propos avec l'arrosoir commun, ou avec la seringue, ou la pompe portative dans un sceau ou cuvier, faisant que le jallissement se fasse par quantité de trous menus percés; & cette façon d'arroser est propre, entre autres pour laver les branches & les feuilles des arbres chargés de poussière, ou quand ils sont mangés des chenilles & des autres insectes, en infusant dans l'eau les remèdes nécessaires pour les exterminer.

ARROSER; donner de l'eau à une plante. Il faut savoir *arroser* à propos & en quantité suffisante. On juge qu'une plante n'a pas besoin d'être arrosée, lorsque ses feuilles sont d'un vert obscur, bien étendues & fermes, & que leur pédicule n'est point incliné. On doit prévenir les besoins des plantes dans les tems de hâle & de sécheresse, en leur donnant suffisamment d'eau pour entretenir leur vigueur. Il faut arroser fréquemment tout ce qui est nouvellement planté, depuis que la sève se dispose à monter jusqu'à la saison où elle diminue. Les végétaux placés en terre seche & légère, ont sur-tout besoin d'eau dans les grandes sécheresses. L'eau jettée au pied d'un arbre qui, faute de sève, laisse tomber ses fruits, les lui fait souvent conserver jusqu'à leur parfaite maturité.

Comme l'air est plus pésant quand le tems est serein, que lorsqu'il paroît chargé de nuages, on lui rend son élasticité en arrosant beaucoup dans les grosses chaleurs. Pendant sept à huit mois de l'année, on doit arroser tout ce qui est dans un potager, à l'exception des asperges. (*Dict. du jardinage.*)

ARROSER PAR IMMERSION. (*Voyez* le mot ABREUVER.)

Pompe pour *arroser* des plantations. ( *Voyez* pl. XXV, fig. 5 & l'explication. )

ARROSOIR ; instrument de jardinage. C'est un vaisseau de terre & ordinairement de cuivre ou de laiton ou en fer-blanc, d'une seule pièce, soit avec une grille immobile, ou sans grille, ou avec une grille qui s'enlève à volonté, les jardiniers s'en servent pour donner de l'eau aux plantes. Il y a des arrosoirs à goulot, qui ne forment qu'un seul jet, & d'autres à pomme percée de plusieurs petits trous comme un crible. Les premiers servent à arroser les fleurs ; les seconds, sont principalement pour mouiller les planches du potager, en leur distribuant l'eau également, & produisant l'effet de la pluie. ( *Voyez* pl. XXIV, fig. 23. )

L'usage d'une seule roue aux *arrosoirs* en brouettes a fait craindre que le frottement ne fût trop considérable, & que la voiture ne pût pas tourner sans faire perdre un grand espace de terrein, quoique cet inconvénient n'eût pas lieu dans l'hypothèse où les plate-bandes seroient destinées exprès pour l'instrument, ou bien dans celles où la voiture ne parcourroit les plate-bandes supposées droites qu'à des distances assez considérables l'une de l'autre, comme on fait parcourir des rayons par la charrue ; cependant on peut avec avantage réunir deux roues larges qui n'auront que deux pouces d'intervalle entre elles, & qui faciliteront le roulage de la voiture, en n'exigeant que six pouces de largeur de plus pour le sentier.

La seconde observation non moins importante porte sur la fluctuation de l'eau, phénomène qui s'observe constamment dans son transport ; l'usage habituel des porteurs d'eau a indiqué le remède, & l'on doit en conséquence faire l'assemblage de plusieurs planches unies par des bandes de cuir attachées dans l'intérieur du tonneau à la hauteur de son plus grand diamètre, & qui surnageant l'eau, s'abaisseront & s'élèveront avec elle en la contenant toujours.

On a pensé encore qu'il seroit avantageux de contenir toujours l'eau de niveau, soit que la voiture montât, soit qu'elle descendît, afin d'éviter que le poids se portât entièrement, soit sur le derrière, soit sur le devant ; cette difficulté ne peut être levée qu'en compliquant un peu l'instrument. Plusieurs moyens se sont présentés à cet effet.

Le plus simple est d'élever le devant du tonneau d'une manière stable, & de faire soutenir la partie postérieure par un demi-cercle formé de plusieurs bandes de fer ; il seroit porté par un cric, qui au moyen de la manivelle s'élèveroit ou s'abaisseroit à la volonté du conducteur, & contiendroit toujours l'eau à son niveau, ce qu'on pourroit très-facilement rendre de la plus scrupuleuse exactitude par l'addition d'un niveau d'eau. Au reste, ces *arrosoirs* ne peuvent servir pour les légumes & fleurs dans les enclos, mais seulement pour les gazons à l'angloise & pour les légumes en plain champ.

ASCENSION. C'est l'action par laquelle la sève des plantes lancée des racines dans le tronc, du tronc dans la tige, de la tige dans les branches, et de ces dernières dans toutes les parties des arbres & de toute plante, est portée & répartie dans chacune de la même manière qu'un tuyau fournissant plusieurs jets d'eau distribue à chacun d'eux suivant leur capacité. Après que la sève a monté & s'est élevée du bas en haut, jusqu'au faîte de l'arbre, & dans tous les vaisseaux capillaires de la plante, elle descend en grande partie par les fibres longitudinales de la tige, lors de la fraîcheur des soirées & dans le tems de la rosée. Le surplus s'évapore par les vaisseaux excrétoires des feuilles.

ASPIRATION. L'*aspiration* des sucs de la terre est l'action des racines des plantes qui pompent les sucs convenables à leur espèce. Les plantes aspirent l'air, & c'est par son secours qu'elles peuvent vivre & profiter. Cette *aspiration* dépend essentiellement de l'alternative du chaud & du froid.

ASSOMOIR. C'est un piège employé dans le jardinage contre certains petits animaux destructeurs. L'*assomoir* consiste en une petite boîte carrée, dans laquelle entre un billot de bois suspendu à une ficelle, & qui joue sur deux montans accrochés au treillage ou à l'arbre. Au fond de cette boîte, une légère entaille reçoit une languette faite en croix, qui y est attachée & qui sort pardevant. Un petit morceau de bois tenant à la ficelle, entretient la languette relevée. On place dessus l'appât, au moindre mouvement que font les oiseaux, les rats, & les lérots en entrant dans la boîte, ils s'y trouvent pris par la chûte du billot.

ATTACHE ; lieu qui sert à retenir les branches des arbres sur le mur ou sur le treillage. L'attache se fait avec de l'osier, du jonc, des loques & des cloux.

On ne doit jamais attacher ni branches, ni bourgeons, ni aucunes plantes, œillets & autres avec fil ou ficelle, parce que ces liens trop fins, coupent les écorces.

ATTELER ; c'est mettre des bœufs ou des chevaux à la charrue, ou à quelque voiture.

ATTELLES; ce sont les espèces d'ailerons qui sont à côté du collier d'un cheval de charrette.

ATTELAGE *des bœufs à la charrue.* Le citoyen Saulnier observe que par une mauvaise pratique, dans une partie de l'élection de Joigny, on attache les bœufs à une perche, ou à une chaîne qui passe dans le joug des paires de bœufs attelés à la charrue: les jougs tiennent par chaque extrémité, à un collier qui n'est qu'un brin de bois courbé; ce bois porte sur le fanon & sur les épaules, y cause des douleurs au moindre effort que fait le bœuf, & le blesse, s'il reste attelé & travaille un peu long tems de suite. On juge aisément qu'il ne tire jamais avec force, & qu'il faut un plus grand nombre de ces animaux pour faire travailler la charrue, quand la terre offre de la résistance: aussi attele-t-on jusqu'à dix ou douze bœufs sur une seule charrue, d'où il résulte une grande difficulté de former l'*attelage*, & une augmentation de frais de culture.

On conseille de renoncer à toute espèce de joug pour le labourage, & d'y substituer des colliers de toile ou de cuir, rembourrés de foin ou de bourre, avec des traits qui s'attachent au milieu des attelles du collier; ce collier ne peut être fermé comme celui du cheval, à cause des cornes du bœuf, qui empêcheroient de le passer, ou le feroit faire d'une trop grande ouverture pour son usage; mais il doit s'ouvrir par un bout, tandis que l'autre sera uni à charnière, ou par des courroies: le bout qui s'ouvre à volonté, se ferme avec des courroies, quand on le passe dans le col de l'animal. L'usage le plus général & le plus favorable, est de les lier dans le haut. Il y a cependant quelques contrées où on les lie dans le bas. Le bœuf qui tire avec un collier, a la tête dégagée & les mouvemens plus libres, il est plus à son aise & il travaille sans gêne ni douleur. C'est une erreur de croire que sa force réside dans les muscles de son cou & de sa tête; quand il pousse avec ses épaules, par le moyen du collier, il ajoute à sa force la masse de son corps mis en action, il conserve son attitude naturelle, au lieu qu'en tirant par la tête seule, quand il est sous le joug décrit ci-dessus, il agit dans une attitude forcée, & sa marche est plus lente.

AVALOIRE; c'est la partie du harnois des chevaux de trait, qui pose sur la croupe & sur les cuisses.

AVANCER ou *retarder les plantes*; c'est accélérer ou ralentir leur végétation.

Il y a divers moyens de hâter, soit la germination des graines, soit la végétation des plantes. Tout ce qui occasionne une plus grande fermentation, est capable de produire cet effet. Les amendemens, les labours répétés à propos, le sarclage, semer ou planter en certain tems, l'espace qu'on laisse entre les plantes, l'arrosement, l'exposition, les abris, le tan, les couches chaudes, & autres pratiques généralement d'usage dans le gouvernement des végétaux, sont des moyens auxquels on peut s'attacher avec confiance.

On hâte efficacement le progrès du bled & des autres grains en remuant de tems en tems la terre qui les avoisine. Enfin, M. Duhamel a prouvé par une multitude d'expériences que les feuilles, le grand air, le vent, le soleil favorisent beaucoup la végétation par l'augmentation considérable qu'ils occasionnent dans la force de succion propre à chaque plante.

On *retarde* les progrès des plantes, 1°. en rognant l'extrémité des branches nouvellement poussées.

2°. On diminue le cours de la sève proportionnellement à la quantité de feuilles dont on prive un arbre. C'est un des moyens employés pour dompter les branches gourmandes.

3°. En liant fortement un arbre avec une corde que l'on serre bien, on l'oblige à ne fleurir que tard. On peut ainsi en certaines années prévenir la perte des fruits trop précoces, dont les fleurs sont sujettes à périr par la gelée.

4°. Une transplantation trop fréquente empêche l'avancement des plantes, d'autant que par ce changement, elles n'ont pas le loisir de prendre nourriture & de s'attacher à la terre.

5°. Si vous entez les greffes d'un arbre qui donne ses fruits de bonne heure, sur un autre qui les produit plus tard; il pourra arriver que le cours du premier arbre se règle sur le dernier. Cependant la greffe l'emporte presque toujours à cet égard sur le sujet.

AVENUE; allée d'arbres. La plantation d'une *avenue* se fait ordinairement en ormes, en noyers, en maroniers, en tilleuls, en peupliers, &c. On doit espacer de dix-huit pieds les arbres plantés en allées le long des grands chemins.

L'usage le plus ordinaire pour les files d'arbres qu'on plante en *avenues*, est de former une butte au pied de chaque arbre, ou de labourer un espace de terrein tout autour pour favoriser leur végétation. Il est préférable de faire l'année qui suit celle de la plantation, un fossé tout le long des files d'arbres, & en rejetter la terre de leur côté.

Comme l'air frappe de toutes parts les arbres des avenues, ils étendent quantité de branches latérales. On doit retrancher avec la serpe celles qui étant mal placées, prennent trop de force.

AUGE; vaisseau qui sert à donner à manger & à boire aux chevaux & autres animaux. Il y en a de pierre & bois. Celles qui sont de pierre, peuvent se fendre & se casser aisément pendant l'hiver, si l'on n'a pas soin d'en verser l'eau lorsqu'il gêle.

AUVENT; dans le jardinage on donne ce nom à tout ce qui pare le vent, ou qui en garantit; ce moyen de conserver les arbres est pratiqué principalement par les habiles jardiniers de Montreuil, village près de Paris. Voici quelle est leur méthode. Ils ont à leurs murs des tablettes, au lieu de larmiers. On appelle larmier la petite avance qui fait saillie au bas du chaperon, mais à Montreuil, c'est une tablette de cinq ou six pouces de large. De plus, les jardiniers de ce village ont de trois pieds en trois pieds ou environ, de forts échalats ou d'autres bois scellés dans leurs chaperons, & incorporés dans ces tablettes. Ces bois scellés de la sorte dans le chaperon des murs, ont un pied & demi de saillie : là-dessus ils mettent au printemps des paillassons à plat de la même grandeur que ces bois ainsi scellés dans les murs. Ceux qui sont en état de faire de la dépense, ont des potençaux de fer au lieu d'échalats; & au lieu de paillassons, ce sont des planches fort larges qu'ils posent dessous durant les tems fâcheux. On laisse ainsi ces paillassons ou ces planches à plat, & quand les dangers sont passés, on serre le tout pour l'année suivante.

Ces jardiniers ayant reconnu que ce sont les vapeurs de la terre qui gêlent les bas, ils appliquent des paillassons par le bas seulement, & le haut se trouve suffisamment garanti par leurs tablettes, & leurs paillassons posés à plat sur les échalats, ou par les planches posées aussi à plat.

On admet dans le jardinage une autre espèce d'*auvent* fort simple, qui a de grands avantages sur-tout, pour les espaliers. Ce sont des paillassons posés en forme de toît ou de tente, prenant du haut du mur où ils sont attachés ferme à cause des vents, & descendant à peu près vers la moitié de la hauteur du mur. On soutient par en bas ces paillassons avec des perches ou des piquets assez fermes pour résister aux vents. Ils sont tenus à une élévation suffisante pour qu'on puisse aller & venir dessous. On les y laisse ainsi durant les dangers, parce qu'il y a assez d'air pour que les feuilles, les fleurs & les bourgeons ne s'attendrissent pas. On pose encore ces paillassons de façon qu'on puisse les enlever quand on le veut. (ROGER SCHABOL).

# B

BAC. On donne ce nom dans le jardinage à de petits bassins avec un robinet, qui se placent ordinairement dans les potagers.

BAGUE. Les jardiniers désignent sous ce nom les œufs de certaines chenilles, lesquelles sont artistement arrangées l'une près de l'autre, comme de petites perles qui forment des *bagues*. Ces œufs se tiennent ensemble, & sont collés de façon à ne pouvoir être séparés que par le fer de la serpette. Ils ne sont jamais qu'autour des jeunes bois de la pousse de l'année; si, faute de les appercevoir, ce qui n'est pas aisé à cause de leur extrême petitesse, on ne les ôte pas, ces œufs venant à éclorre, les vers qui en sortent, dévorent la verdure de l'arbre.

BAHUT; coffre dont le dessus est arrondi en forme de voûte. On dit qu'une allée, un quarré, une plate-bande sont en *dos de bahut*, lorsqu'ils sont bombés ou élevés dans le milieu pour faciliter l'écoulement des eaux, & qu'ils vont en diminuant des deux côtés insensiblement.

BAISSER *la vigne*; c'est, suivant la pratique de certains cantons, courber en dos de chat les branches de la vigne qu'on a laissées à la taille, & les attacher à une perche liée aux échalas.

BALAI; instrument d'usage ordinaire, composé d'un long manche de bois, à l'un des bouts duquel est un faisceau de menues branches ou verges de bouleau, de jonc, de genêt, & lié par le haut avec plusieurs liens ou hards. Les *balais* de jonc servent particuliérement à nettoyer les pieds des chevaux & les roues des voitures: ils sont liés d'une ficelle, & poissés par-dessus le lien, afin que l'eau où on les trempe ne les pourisse pas si aisément.

On fait encore des *balais* de crins, de plumes, de pannicules de roseaux, qui servent à nettoyer les choses qui demandent à être ménagées.

BANDAGE. Les *bandages* servent dans le jardinage pour la même fin que dans la chirurgie. Voici dans quelles circonstances un jardinier doit les employer: en voulant tailler une branche, on la fait éclater ou on la tord; un ouragan casse des branches qui ne sont pas encore tout-à-fait séparées; des branches surchargées de fruits, sont ou forcées, ou à demi-cassées, ou éclatées. Dans tous ces cas & autres semblables, le jardinier soigneux rapproche habilement & promptement les parties l'une contre l'autre, avant que le hâle les flétrisse; il met des éclisses ou de petits morceaux de bois tout autour, de peur que la ligature n'offense l'écorce, ou s'il n'en a pas besoin, il enveloppe & garnit avec quelques chiffons la branche; mais auparavant, tandis que quelqu'un tient la branche bien en état & les parties soigneusement rapprochées, le jardinier met autour de la plaie un enduit de bouze de vache un peu épais, sur lequel il applique ensuite son chiffon & ses éclisses, faisant un *bandage* ferme avec de l'osier ou de la corde un peu grosse. Ensuite, afin que la secousse des vents & quelqu'autre accident ne puisse rien déranger, on met une fourche de bois ou quelque support auquel on attache la branche malade. Par ce moyen, la branche reprend; il se fait un bourlet ou cicatrice à la plaie, & la branche porte des fruits comme s'il ne lui était rien arrivé. (ROGER SCHABOL.)

BANNE; voiture faite en tombereau, dont le fond est fermé par des trappes qui s'ouvrent & tombent quand on veut vuider la banne. On sent l'usage & l'utilité de ces sortes de voitures dans les travaux de la campagne.

BANQUETTE. On donne ce nom à une palissade tondue à hauteur d'appui. On y laisse quelquefois échapper des boules de distance en distance.

BAQUET; vaisseau de bois rond, quarré ou oblong, dans lequel les jardiniers sèment quelques graines particulières. Les plus communs sont ronds, & sont proprement la moitié d'un muid ou d'un demi-muid scié en deux. On en fait aussi faire exprès par un tonnelier, à-peu-près de la même figure, et on y emploie des douves, des cerceaux et de l'osier.

On donne à ces baquets le nom de *bailles* dans les provinces maritimes.

BARATTE; vaisseau fait de douves ou d'un tronçon d'arbre, plus étroit par le haut que par le bas, qui sert à battre la crême pour faire le beurre.

Au-dessus de la *baratte* est une sebille trouée, qui lui sert comme de couvercle, par le trou de laquelle passe le bâton ou manche du bat-beurre. Ce bat-beurre est souvent un cylindre de bois, peu épais, percé de plusieurs trous, & emmanché de champ au bout d'un bâton. Les trous du cylindre sont faits pour donner passage au lait de beurre, à mesure que le beurre s'avance. En d'autres endroits, le bat-beurre n'est composé que d'un long bâton ordinaire, qui est arrêté debout dans un petit ais quarré, lequel a environ un pouce d'épaisseur, & ni l'un ni l'autre ne sont percés de trous.

*Voyez* planche XXXII et son explication.

BARBARE ou *exotique* (Plante). On appelle ainsi toutes plantes d'outremer ou étrangères. Ces sortes de plantes sont censées *barbares* à notre égard, parce qu'elles semblent ne vouloir point se familiariser ou se naturaliser parmi nous, ni avec les autres plantes de notre climat, & qu'on ne les y conserve que par des soins particuliers et par industrie. Cependant il est quantité d'arbres, d'arbrisseaux, que les curieux ont fait venir des pays les plus éloignés, & qui trouvent maintenant leur place dans nos bosquets, où ils conservent toujours un air sauvage qui les fait rechercher.

BARBADES. Il y a des endroits où l'on appelle ainsi ce qu'ailleurs on nomme des *marcottes*.

BARD *à caisse*, est l'instrument sur lequel on a pratiqué dans son milieu une caisse pour transporter terre, terreau, gazons, même plantes en mottes, &c.

BARDOUBARRE; cet instrument à l'usage des agriculteurs, est une espece de civiere qui a quatre manches, servant à porter des fardeaux. Il est composé de deux sortes de brancards, avec plusieurs traverses à jour dans le milieu. Deux hommes prenant chacun deux manches, transportent ainsi du fumier & autres objets.

BARRE; (*planter à la*) c'est faire un trou avec une cheville de fer, pour y introduire une bouture. On plante ainsi les plantards de saule, de peuplier & de vigne. Il y a des endroits où cette barre tient lieu de plantoir ou de la cheville qu'on emploie pour les légumes. Cette maniere de planter se nomme aussi *planter à la friche*.

BASSE-COUR; c'est dans une ferme l'endroit destiné au logement & à l'entretien des différens animaux qu'on éleve pour le besoin, ou dont on tire des services pour l'exploitation des terres. Il y a à cet effet dans une basse-cour différens petits bâtimens dont on trouvera ci-après la description, avec quelques détails. *Voyez* planche XXXI et son explication.

BASSIN; c'est, dans l'agriculture, tout endroit plus bas que la terre qui avoisine, soit qu'on le pratique exprès, soit autrement.

*Faire un bassin autour d'un arbre*; c'est creuser la terre de quelques pouces de profondeur, & à une certaine distance de la souche, pour en dégager une greffe enterrée.

Tout *bassin*, dit Roger Schabol, doit être tiré de long tout autour de l'arbre, si l'on veut qu'il ne se rebouche pas en peu de tems. La plupart font des *bassins* de la grandeur de la forme d'un chapeau. Il en doit être de même pour les *bassins* qu'on fait pour arroser & fumer les arbres, si l'on veut que le fumier & l'eau fassent leur effet, & arrivent jusqu'aux racines; mais au lieu de faire un *bassin* autour du tronc qui ne perde pas, ou que foiblement, on doit laisser une motte autour, & en-deçà de cette motte, à l'endroit où les racines pompent, il faut creuser pour y déposer l'eau et le fumier.

Les jardiniers forment en rond autour des fleurs qu'ils veulent arroser, un creux pour y verser de l'eau.

BASSIN *d'eau*; c'est dans un jardin un espace creusé en terre, de figure ronde, ou ovale, ou quarrée, ou à pans, revêtu de pierre, de pavé ou de plomb, et bordé de gazon, de pierre ou de marbre, destiné à recevoir l'eau d'un jet, ou à servir de réservoir pour arroser.

Il faut également éviter de faire un bassin trop grand ou trop petit. Ce seroit un défaut que d'y employer une partie considérable d'un petit terrain, ou de faire un trop petit *bassin* quand on a beaucoup de place. Quand il y a un jet-d'eau, le *bassin* doit être assez grand pour que le jet n'en mouille ni l'allée voisine, ni même les bords du *bassin*.

La profondeur commune est de deux à trois pieds : elle est suffisante pour empêcher que la gelée n'attaque le fond & pour plonger les arrosoirs. Les *bassins* s'enduisent d'argille, de ciment ou de plomb.

BASSIN *de décharge*, est l'endroit le plus bas d'un jardin, un canal ou pièce d'eau où se déchargent toutes les eaux après le jeu des fontaines, et d'où elles se rendent ensuite par quelque ruisseau ou rigole dans la plus prochaine riviere.

BASSINER; parmi les jardiniers est la même

chose qu'arroser légérement. Ainsi on dit *bassiner une couche*, pour dire l'arroser médiocrement, & y verser en petite quantité l'eau de l'arrosoir en passant.

BATARD. Ce mot est opposé à franc, & se dit de toute plante sauvage ou qui n'est point cultivée. On nomme aussi *bâtards* les fruits qui ne sont pas de la véritable espèce dont ils portent le nom. Telle est la *reinette bâtarde*.

Un arbre *bâtard* est un arbre dont la tige est plus haute que celle d'un nain, et moins haute que celle d'un arbre de demi-tige. On peut planter les potagers avec ces sortes d'arbres. Le labour en est plus facile; le fruit du bas est plus aéré, & l'ombre qu'ils portent est moins étendue & moins considérable.

BATARDEAU; ouvrage de charpenterie construit dans l'eau avec deux fortes cloisons d'ais soutenus de pieux, entre lesquelles est un massif de terre glaise qui défend l'entrée de l'eau dans l'espace où l'on veut fonder à sec.

BATARDIERE ou *pépinière*. On appelle ainsi un endroit du jardin où l'on place près à près des arbres tout greffés, pour y recourir au besoin. La *bâtardière* fournit aussi des arbres de diverses formes, et propres à regarnir les places vacantes d'un jardin. Parmi ces arbres greffés il y en a qui sont disposés en buisson, d'autres en éventail, & qui font tout de suite leur effet quand on les transplante pour garnir des vides.

BATTE *à bras*; instrument de jardinage. (*Voyez* pl. XXIII, fig. 2). C'est un maillet de bois long, épais d'un pied et demi, large de huit à neuf pouces, & emmanché diagonalement par le milieu. On s'en sert pour applanir les allées, & pour plaquer du gazon.

BATTE *à main*; elle est plus petite que la batte à bras; elle ressemble assez à un battoir de lessive (*Voyez* pl. XXIII, fig. 1. Cet instrument est principalement employé pour plaquer les enroulemens de gazon & les bordures des bassins.

BATTEUR EN GRANGE; c'est à la campagne l'ouvrier ou l'homme de journée qui frappe le bled avec un *fléau* pour faire sortir le grain de l'épi. (*Voyez* pl. XVI).

L'art, si simple en apparence, de séparer le grain de l'épi a été, pour les hommes, le sujet de bien des réflexions & d'un grand nombre d'expériences. La pratique la plus usitée dans l'antiquité, étoit de préparer en plein air une place en battant bien la terre, d'y répandre ensuite les gerbes, & de les faire fouler par des bœufs ou par d'autres animaux, qu'on faisoit passer & repasser dessus plusieurs fois. On se servoit aussi de grosses planches hérissées de chevilles ou de cailloux pointus, qu'on traînoit sur les gerbes; c'est encore la méthode dont on se sert en Turquie: on étend les épis dans une grande place, on les dispose de façon qu'ils forment un grand cercle, afin qu'on puisse passer également partout, que le bled sorte, & que la paille soit bien moulue; pour cet effet, on a soin de retourner la couche de bled qui est fort épaisse, avec deux planches, longues de cinq pieds, larges d'un pied & demi, épaisses de trois pouces, terminées d'un côté en angle aigu, & attachées à un attelage de chevaux ou de bœufs: on enfonce dans ces planches une grande quantité de petits cailloux tranchans; on étend cette espece de herse sur la paille, on la charge d'une grosse pierre qui sert de siege à celui qui tient les guides d'une main, & un fouet de l'autre pour diriger ces animaux; il se promène ainsi tout le jour, tantôt d'un côté, tantôt d'un autre, jusqu'à ce que la paille soit bien hâchée, & que les épis soient dépouillés de leurs grains. Après cette opération, on jette le tout en l'air, le grain va s'accumuler en monceau à quelques pas de là; & la paille hâchée, emportée par le vent, va former un autre tas un peu plus loin. Cette paille ainsi hâchée est excellente pour la nourriture des bestiaux, & se vend beaucoup mieux que la paille entière. Enfin on a imaginé de froisser les épis par le moyen de voitures pesantes, telles que les charriots, les traîneaux: en Italie & en Gascogne on suit cette méthode. A la Chine, la manière de battre le bled est de faire passer sur les épis un rouleau de marbre brut. Toutes ces pratiques subsistent encore aujourd'hui dans la plupart des pays chauds.

Parmi nous, la manière la plus ordinaire est de battre le bled au fléau. Le *Batteur en grange* bat le bled en hiver sur l'aire de la grange; il range les gerbes par terre, en mettant les épis les uns contre les autres, & frappe le bled à grands coups de fléau, instrument très-simple, qui n'est qu'un long morceau de bois, au bout duquel est attaché, avec une forte courroie, un morceau de bois plus court, mais qui conserve toute sa mobilité: c'est à l'aide de ce petit morceau de bois qui reçoit le mouvement qu'on lui imprime en haussant & en baissant le fléau, que l'on sépare le bled de son épi, en retournant plusieurs fois les différentes poignées de chaque gerbe: par cette méthode, on détache très-bien les grains sans les écraser.

Quelque bons que soient tous ces procédés, ils sont cependant un peu longs, & comme tout ce qui tend à abréger la main-d'œuvre doit être précieux à la société, nous allons donner le détail d'une machine avec laquelle on peut battre plus de bled en un jour, sans qu'il reste un seul grain dans les épis, que quarante hommes ne sauroient en battre dans leur journée, en suivant les méthodes ordinaires.

On construit un hangard, plus ou moins grand, dans un emplacement plat & commode, sur le bord d'une rivière ou d'un ruisseau, pour y former un canal; on affermit le terrein où l'on veut établir la machine, & on l'unit de façon que la caisse du bled roule à plomb; & afin que les roulettes qui la supportent ne puissent pas tracer sur le terrein des ornières trop profondes, on y met des plateaux en dessous. On plante ensuite deux piliers qui servent de pivots à un grand rouleau; dont la grandeur & le diamètre doivent être relatifs à l'étendue qu'on veut donner à la caisse; on attache à ce rouleau plusieurs rangs de chevilles de bois ou de dents.

A un de ses bouts, qui est au-delà du pilier qui le soutient, ce rouleau a un petit lanternon qui s'engrène dans les dents d'une roue à éperon, que l'on a attachée à l'arbre de la grande roue à *gourgolles*, lorsqu'on peut avoir une chûte d'eau; ou à *aubes* ou *palettes*, qui sont des planches fixées à la circonférence de la roue, lorsqu'elle est placée dans le lit de la riviere, ou enfin à *couronne*, c'est-à-dire, dont les dents sont posées verticalement, lorsque ce sont des hommes ou des chevaux qui la tournent : dans quelque position qu'elle soit, il est aisé d'en arrêter le mouvement quand on le juge à propos.

La caisse ou plate-forme, sur laquelle le bled est étendu, doit être plus longue que large, avoir des bords d'un demi-pied de hauteur tout autour, afin que le grain ne puisse pas en sortir; être soulevée par quatre rangs de roulettes qui servent à la faire aller & venir légérement sur le plancher qui doit être deux fois plus long que la plate-forme. Les piliers qui soutiennent le rouleau, sont placés exactement à la moitié de la longueur du *sol* ou plancher, pour empêcher la caisse de s'en écarter, lui servir de borne, & la tenir toujours sous le rouleau, de façon qu'en avançant une fois, & en retournant au point où elle est partie, les épis sont parfaitement dépouillés, parce qu'il n'y en a aucun qui n'ait reçu un grand nombre de coup de fléaux, que le rouleau fait élever avec ses dents, & ensuite retomber. Plus les dents de la grande roue à couronne sont serrées, plus le jeu du rouleau est égal. Les chevilles dont il est garni dans sa circonférence, s'accrochent en passant à tous les *battoirs* ou fléaux, elles les soulèvent sans cesse & les relâchent; en retombant, ils frappent les épis qui, lorsqu'ils sont secs, se dépouillent sans peine de leurs grains par les coups successifs qu'ils reçoivent. Ces fléaux ne sortent jamais de leur place, & ne peuvent point se déranger, parce qu'ils sont assez près & assez serrés pour ne pouvoir pas se croiser les uns sur les autres. Lorsqu'ils s'élèvent ou qu'ils retombent, le liteau qui traverse la caisse, & auquel ils sont suspendus avec une corde, ne les laisse jamais sortir du point où ils doivent être, soit en s'élevant, soit en tombant, parce qu'un boulon de fer les traverse & les unit tous. De cette manière de procéder, on ne perd pas un instant; les hommes ou les chevaux qui ont servi à faire aller la machine, prennent haleine & se reposent pendant qu'on remet de nouvelles gerbes. Ces fléaux sont mis sur une barre de fer qui traverse la caisse, & qui tient à deux autres piliers, distants des premiers de la longueur des fléaux qui sont courbes des deux côtés, afin qu'en portant sur la barre de fer, & en s'engrenant aux dents du rouleau, ils tombent à plat sur la paille.

La plate-forme est mise en mouvement par une *manette* destinée à guider une *barre* ou pièce de bois qui entre à chaque bout dans l'un des crans de la roue à crochet, qui est arrêtée à chaque dent par un *cliquet* ou ressort, de façon que les épis vont & reviennent successivement sous les fléaux. Ce cliquet arrête la plate-forme, lorsque la branche se retire pour venir reprendre la dent suivante. L'arbre de la roue à crochet traverse le sol; on y entortille une corde aussi longue que la caisse à laquelle elle est attachée : à mesure que la roue à crochet tourne, la corde se roule dans son arbre, & tire nécessairement la caisse, jusqu'à ce qu'elle le touche; alors on ôte le cliquet, on sort de la manivelle la branche de bois ou de fer avec une fourche, on pose une autre branche & un autre cliquet sur la roue à crochet qui est du côté opposé de la caisse; la corde s'entortille de nouveau à l'arbre dans un sens différent, & par ce moyen elle est obligée de revenir à l'endroit d'où elle étoit partie; après son retour, on arrête la roue pour donner le temps d'enlever la paille & de mettre d'autres gerbes.

Cette opération est si prompte qu'on bat, au moyen de cette machine, quatre paillées pendant le temps que huit hommes en feroient une; & comme les *batteurs* ne peuvent en faire tout au plus que huit par jour, on en gagnerait vingt-quatre de plus, sans compter celles qu'on feroit pendant le temps qu'ils prennent leur repas ou qu'ils se reposent; ainsi on auroit au moins par jour trente paillées de plus.

Quel avantage n'en résulteroit-il pas pour les fermiers qui sont souvent obligés d'attendre long-temps pour faire battre leurs bleds, parce que les *batteurs* sont rares ou qu'ils sont occupés à achever de lever leur récolte! Une ou deux de ces machines suffiroient pour toutes les fermes qui dépendent d'un village; il en coûteroit beaucoup

coup moins de frais; le bled feroit plus net, n'y ayant ni terre ni gravier, inconvénient qu'on ne peut éviter en battant les bleds dans des aires, parce que les coups redoublés des fléaux en font toujours sortir de la terre, du gravier, ou un sable très-fin qui s'incorpore avec le grain, & se mêle si bien avec la farine, quand on le fait moudre, qu'il n'est pas possible de l'en séparer au blutoir, ce qui rend la farine graveleuse, & ce qui doit altérer la santé.

Quoiqu'au premier aspect cette machine paroisse devenir inutile pendant plus des trois quarts de l'année par le défaut d'exercice, on peut cependant en tirer parti en y mettant à côté un moulin à moudre du bled, que le même courant d'eau feroit aller. Pour cet effet, il n'y a qu'à substituer à la grande roue une roue à couronne dont les dents s'engrenent dans le lanternon du rouleau, & une autre roue à couronne qui tourne horizontalement, & s'engrene de même audit lanternon. Un cheval, attaché au bras qui tient à cette roue, peut la faire tourner, ou, à défaut d'un cheval, deux hommes la feront mouvoir en poussant ce même bras.

Lorsque les grains sont séparés de leurs épis, le *batteur* les met dans une espèce de grande corbeille d'osier, de forme sémi-circulaire, qui n'a point de rebord d'un côté, & à laquelle, de l'autre côté, sont attachées deux mains aussi d'osier; cette corbeille se nomme le *van* : il met dedans une certaine quantité de bled, & se tenant debout, il imprime à ce van qu'il pose sur ses genoux, & qu'il agite par le mouvement de ses bras & de son corps, une sorte de mouvement circulaire qui fait rapprocher d'un des bords, à raison de la force centrifuge, les enveloppes du grain & toutes les matières étrangères les plus légères, qu'il sépare & rejette avec la main. Ce van demande une certaine adresse pour être bien manié.

L'ancienne manière de *vanner* le bled pour le nettoyer, & qui subsiste encore aujourd'hui en Italie & dans plusieurs pays chauds, consistoit à avoir une pelle de bois, à jetter en l'air le grain mêlé avec la paille, & à se placer de manière que le vent emportât la paille.

Lorsque le bled est bien nettoyé, avant de le porter au grenier, il le mesure dans une espèce de seau que l'on nomme *minot*, de hauteur & de largeur toujours constantes dans chaque pays, & dont un certain nombre donne la mesure qu'on nomme le *septier*.

BATTRE *la terre*. C'est, avec un outil de bois épais et plat qui est au bout d'un manche, donner de grands coups dessus la terre pour la faire enfoncer, & la rendre ferme & dure. Cela se pratique d'ordinaire pour les allées qu'on veut sabler.

On *bat la terre* en la rendant plus dure, à force de piétiner dessus. Il faut *battre la terre*, quand les grandes pluies ou les pluies d'orage plombent sa superficie; mais auparavant on doit la labourer ou la biner.

BATTRE *les gerbes*. Lorsqu'il y a beaucoup d'herbes dans le bled, on fait battre à demi les gerbes sans les délier. De cette façon on a le grain le plus mûr & le mieux conditionné, & peu de mauvaises graines, d'autant que les herbes plus courtes que le bled se trouvent ordinairement au bas de la gerbe.

Il faut battre le froment par un tems sec, & sur-tout quand il gele.

BÊCHE; instrument de fer quarré & tranchant, dont on se sert pour remuer la terre. (*Voyez* planche XXII, fig. 5.) La *bêche* se termine en un fer plat & battu, haut d'environ neuf pouces, & large de sept à huit. Ce fer a par en haut une douille pour y adapter un manche de bois droit et robuste. Le laboureur enfonce la *bêche* dans la terre en pesant fortement avec le pied sur les angles saillans du fer. Il se sert du plat pour retourner & rejeter la terre qu'il a enlevée, & qu'il façonne ensuite en la remuant avec le taillant.

Comme il est très-important de connaître les différentes espèces de *bêches* qui servent à remuer la terre, nous allons en donner la description & les meilleures formes d'après le Manuel du Jardinier.

I. *La bêche ordinaire.*

Trois objets concourent à sa formation : 1°. la main; 2°. le manche & la partie en bois de la pelle; 3°. le fer ou tranchant qui forme avec le bois la pelle toute entiere.

La longueur du manche est ordinairement de deux pieds quatre pouces. Il peut être raccourci d'un à deux pouces, ou allongé sur les mêmes proportions, relativement à la personne qui travaille. Ce manche a depuis douze jusqu'à treize lignes de diamètre. Il forme une même piece de bois.

La *main* est une autre pièce qu'on ajoute ensuite. Dans le milieu une mortoise est pratiquée pour recevoir l'extrémité du manche, coupée en proportion de la largeur & de la profondeur de la mortoise; il faut que cette portion du manche, enfoncée dans la mortoise, soit de niveau & affleure la partie supérieure de la main, afin qu'il ne reste ni prééminence, ni creux, ce qui fatigueroit le dedans de la main de l'ouvrier. Une cheville d'un bois dur donne de la solidité, & fixe ensemble la main & le manche. Quelques personnes en mettent deux, & l'ouvrage est plus solide.

L'extrémité inférieure du manche, c'est-à-dire, ce qui fait partie de la pelle, a depuis huit jusqu'à dix lignes d'épaisseur, sur une largeur de sept à huit pouces. Elle est lisse & platte sur les côtés, & taillée en coupant dans toute la partie inférieure, afin qu'elle puisse s'adapter juste à la raînure ou ente formée dans la tranche. La pelle de bois ainsi préparée, & entrée jusqu'au fond de la gorge ou raînure, on fixe le tranchant contre le bois, au moyen des clous plantés à un pouce près les uns des autres sur les bandes de fer. Ces bandes ont deux lignes d'épaisseur, & leur largeur suit celle du bois, de sorte que la *bêche* toute emmanchée présente une espèce de coin de huit à neuf pouces de largeur dans la partie supérieure, de sept à huit pouces dans l'inférieure, sur une hauteur de 10 à 12 pouces. L'épaisseur du bois, recouvert de la bande de fer, est d'un pouce, & le bois et le fer vont en diminuant insensiblement jusqu'à l'endroit où le fer n'a plus qu'une demi-ligne d'épaisseur.

II. *La bêche poncins.*

On l'appelle ainsi du nom de Poncins qui l'a fait exécuter, & s'en servait habituellement. C'est la même que la précédente, quant au fond, mais non pas pour les proportions. Afin de la distinguer de la suivante, nous l'appellerons *petite poncins*.

*La petite poncins* a sa pelle de dix-huit pouces de hauteur, sept pouces de large à son sommet, six pouces & demi de large à l'endroit où le bois est incrusté dans le fer; enfin, de cinq pouces de large au bec de la *bêche*, ainsi que la petite *bêche*; mais la différence essentielle est dans l'epaisseur du fer, dans les reins de la *bêche*, au-dessous du bois. A cet endroit, dans la *bêche* commune, le fer n'a pas tout-à-fait six lignes, tandis qu'à celle-ci il en a sept; ensuite, en descendant jusqu'au bec, le fer doit se soutenir plus épais que dans l'autre *bêche*: le bois de celle-ci doit être enté ou incrusté d'un pouce de profondeur dans le fer.

La force dans les reins de cette *bêche*, & l'enture du bois d'un pouce dans le fer, sont deux précautions sans lesquelles on doit s'attendre à voir beaucoup de grandes *bêches* brisées, parce que le coup de lévier de cet outil étant très-fort, il a besoin d'être plus solidement constitué; enfin, le manche de cette grande *bêche* est plus long de deux pouces que celui de la petite.

Le rapport géométrique des surfaces des deux bêches, est, pour celle de dix-huit pouces, de cent dix pouces quarrés, & pour la surface de la *bêche* d'un pied, il est de quatre-vingt-cinq. Ainsi, en supposant que chaque *bêche* soulève en raison de sa surface, une tranche de terre de la même épaisseur & de la même pesanteur spécifique, la *petite poncins* se trouvera chargée, en poids absolu, d'un quart et quelque chose de plus que la *bêche* ordinaire. Il est prouvé qu'un pionnier de force ordinaire & bien exercé, ne peut soulever à chaque coup de bêche que cinquante livres de terre; il résulte que c'est douze livres et demi de terre que la *petite poncins* soulèvera de plus que la bêche ordinaire.

Mais comme la *bêche* d'un pied pénètre plus facilement en terre que la petite *bêche poncins*, l'ouvrier coupe des blocs plus épais, & conséquemment soulève aussi pesant, & peut-être plus, que celui qui mène la grande *bêche*; ce qui fait qu'à poids égal, la *petite poncins* est plus lente et plus pénible que l'autre. La raison en est que l'ouvrier est obligé à un coup de lévier plus puissant lorsqu'il la ramène seulement d'un pied. Il faut encore qu'il monte la jambe plus haut pour placer le pied sur une si longue bêche; d'où il suit que, moins les hommes seront grands, moins ils auront d'avantage.

Il paraît résulter de ces observations, que tout l'avantage est pour la *bêche* ordinaire, & le désavantage pour la *petite poncins*. Cependant l'inventeur de cette *bêche* s'est assuré, par une longue suite d'expériences, que le travail de la bêche de dix-huit pouces dévance d'un cinquième de tems sur une tranchée celui de la *bêche* d'un pied, sur deux tranchées, lorsque l'on veut miner un terrain. Voici les raisons qu'il donne de cette différence.

» Le mouvement de la grande *bêche* n'est qu'à deux tems, & à chaque tems elle ne décrit que dix-huit pouces, en sorte que dans les deux tems elle ne décrit que trois pieds; au contraire, dans la minée de la *bêche* d'un pied il y a trois tems, & dans ces trois tems la *bêche* décrit cinq pieds: ainsi, quelque preste que soit la petite *bêche*, & quelque lente que soit celle de dix-huit pouces, il n'y a pas plus à s'étonner de voir la grande *bêche* dévancer la petite, que de voir dans la musique la mesure à deux tems plus rapide que la mesure à trois tems. »

III. *Grande poncins de deux pieds de hauteur.*

Elle pèse huit livres trois quarts, elle a six pouces et demi de large au sommet, cinq pouces neuf lignes à l'endroit où le manche est incrusté dans le fer; enfin, quatre pouces cinq lignes de large au bec de la *bêche*. Sa superficie est de cent trente-un pouces quarrés, de sorte qu'elle a vingt-un pouces de plus en surface que la *petite poncins*, & quarante pouces de plus que la *bêche* d'un pied. Au sommet, joignant le manche, elle a quinze lignes d'épaisseur. Quant aux autres dimensions, & à la solidité depuis le sommet jusqu'aux reins, depuis les reins jusqu'au bec de la *bêche*, elles sont à-peu-près les mêmes que dans la *petite poncins*.

IV. *Trident*, ou *triandine*, ou *truandine*.

La *bêche* pleine ne peut être d'aucun usage dans les terrains pierreux & graveleux : celle-ci, avec ses trois dents de fer, supplée aux trois premières. Toute sa partie inférieure est en fer, sa longueur est de huit pouces, & sa hauteur est de douze pouces. La hauteur de la traverse en haut est d'un pouce, & son épaisseur de huit lignes : c'est la même épaisseur pour les trois branches qui composent le trident, ainsi que la même largeur dans le haut ; mais elles vont en diminuant, & finissent par n'avoir que trois lignes d'équarrissage. Ce trident est garni dans son milieu d'une douille qui fait corps avec lui, & cette douille reçoit le manche. La douille est percée d'un trou par lequel on passe un clou qui traverse le manche, et va répondre au trou pratiqué dans la douille & vis-à-vis ; de cette maniere le manche est solidement fixé.

V. *La pelle bêche simple.*

Le manche est de trois à quatre pieds de longueur. Plus ce levier est long, cependant proportion gardée, plus on a de force pour jeter au loin la terre qu'on soulève. La pelle est toute en fer, ainsi que la douille, dont l'épaisseur va en diminuant. L'épaisseur de la pelle est dans le haut d'une ligne & demie jusqu'à deux lignes ; sa largeur est communément de huit pouces, sur neuf à dix de longueur. Le manche & la pelle sont assujettis ensemble par un clou qui traverse de part en part, & qui est rivé de chaque côté.

Un defaut de cette *pelle-bêche*, est d'être trop foible à l'endroit où cesse l'épaisseur de la continuation de la douille. C'est là que le fer se casse ordinairement, ou plie s'il est trop doux ; mais à force de plier et d'être redressé, il casse enfin.

Un second défaut de cet outil, c'est d'être trop mince dans la partie supérieure sur laquelle le pied repose, lorsqu'il s'agit de l'enfoncer dans la terre. Ce fer coupe la plante des pieds ; les souliers, même très-forts, ne garantissent pas d'une impression qui devient à la longue douloureuse. C'est pour parer à ces inconvéniens que les cultivateurs des environs de Toulouse, du Lauragais ont imaginé la *bêche-pelle* suivante.

VI. *La bêche-pelle à hoche-pied mobile.*

Elle ne diffère en rien de la précédente, sinon par un peu plus de grandeur et de largeur, et sur-tout par son hoche-pied. La douille de la pelle de fer n'a qu'un seul côté de plein, le reste est vuide : le manche s'ajuste dans cette douille, & sert de côté opposé à la douille, de maniere qu'adapté au manche & à la douille, il réunit si exactement l'un & l'autre, qu'ils forment un outil solide. Ce *hoche-pied* ou support a trois lignes d'épaisseur, un pouce de largeur. Tous les ouvriers ne bêchent pas du même pied ; mais pour parer à cet inconvénient, on peut le tourner à droite ou à gauche, alors il sert à l'un et à l'autre pied. Le même reproche que l'on fait à la *bêche-pelle*, s'applique à celle-ci : le fer est sujet à casser dans l'endroit où la douille finit ; mais elle a sur elle l'avantage de ne pas blesser la plante du pied de l'ouvrier qui travaille, parce qu'il l'appuie sur le *hoche-pied*, qui a plus d'un pouce de largeur, et même jusqu'à dix-huit lignes. L'ouvrier peut enfoncer cet outil dans la terre jusqu'à la hauteur du *hoche-pied*, de sorte qu'il remue la terre à la profondeur de douze à quinze pouces.

VII. *La bêche-pelle de Luques.*

Elle diffère de la précédente par la manière dont le hoche-pied est placé sur le manche. Quant à la pelle, ainsi que la douille, elles sont de fer. La pointe s'use en travaillant, & s'arrondit ainsi que les angles. La pelle de quelques-unes cependant a la forme des pelles.

VIII. *La bêche-lichet simple.*

Elle est en usage dans le comtat d'Avignon & dans le Bas-Languedoc. La pelle est composée de deux plaques de fer minces, tranchantes & réunies par le bas, ouvertes par le haut, pour y insinuer un manche contre lequel elles sont clouées. Ce manche, placé dans l'ouverture de la lame, en a toute la largeur ; et pour le reste, il est tout semblable aux autres manches ordinaires, c'est-à-dire, qu'il a environ trois pieds de longueur, & un pouce & demi de diamètre. La largeur de la pelle est de huit à neuf pouces dans le bas, & de douze pouces dans sa hauteur. Dans le Bas-Languedoc, on nomme cet instrument *lichet*.

IX. *La bêche lichet à pied.*

Elle est en usage dans le Comtat. Elle diffère simplement de la précédente par le morceau de fer sur lequel l'ouvrier pose le pied pour enfoncer l'outil dans la terre.

*Observations.*

En général, la manière de se servir des *bêches* est la même, puisqu'il s'agit de couper une tranche de terre, de la soulever, de retourner le dessus dessous, & si la terre n'est pas émiettée, de la briser avec le plat de la *bêche*, après en avoir grossiérement séparé les parties par quelques coups du tranchant.

L'ouvrier, suivant la compacité du terrain, prend plus ou moins d'épaisseur dans ses branches; il présente la partie inférieure sur la terre, en donnant un coup avec ce tranchant; ensuite mettant le pied sur un des côtés de la partie supérieure de la pelle, tenant le manche des deux mains, il presse, & des mains & du pied, & fait entrer la *bêche* jusqu'à ce que son pied touche le sol; la *bêche* alors est enfoncée à la profondeur de douze pouces. Pour y parvenir, si la terre est dure, sans déplacer son instrument, il le pousse en avant, le retire en arrière successivement, & cet instrument agit comme agiroit un coin; il détache enfin la portion de terre qu'il veut enlever.

On doit voir, par ce détail, l'avantage réel des 4e, 5e & 6e *bêches* ci-dessus.

La main dont le manche est armé, sert de point d'appui aux deux bras de l'homme qui travaille. Son corps est porté presque totalement, suivant sa force & sa pesanteur, attendu qu'il ne touche la terre que par le pied opposé, de sorte que l'instrument entre plus facilement, puisque l'effort est plus grand; au contraire, en se servant des autres bêches, un des points d'appui se trouve, il est vrai, sur le haut de la pelle, mais l'autre n'est pas au sommet du levier, puisque les deux mains de l'homme sont placées, l'une vers le milieu de la hauteur du manche, & l'autre près de son extrémité. Quand même l'une des deux mains seroit placée au sommet, elle n'auroit pas l'avantage qui résulte de la réunion des deux mains de l'homme sur la main ou manette du manche des *bêches*. On ne sauroit assez apprécier la grande différence occasionnée par cette simple addition.

La bêche, dite *lichet simple*, a l'avantage d'avoir un manche plus long, & la grandeur du levier lui donne beaucoup de force pour soulever la terre, & plus de terre, avec facilité; mais l'avantage de la longueur du levier n'équivaut pas à celui qu'on obtient pour enfoncer la *bêche* en terre, lorsque son manche est armé d'une main.

La *bêche luquoise* n'est pas enfoncée en terre presque perpendiculairement comme les précédentes, mais très-obliquement, ce qui est nécessité par la longueur de son manche, & par la hauteur à laquelle est placé son hoche-pied. Avec les autres *bêches*, on se contente de retourner la terre, mais avec celle-ci, on la jette à quelques pieds de distance. On commence par ouvrir un fossé de la profondeur d'un pied, sur deux pieds de largeur, à la tête de l'étendue du terrain qu'on se propose de travailler. La terre qu'on retire de ce fossé est transportée sur les endroits les plus bas du champ, ou disséminée sur le champ même: alors, prenant tranches par tranches successives, la terre est jetée dans le fossé, le remplit insensiblement, et il en est ainsi pour toute la terre du champ. On ne peut disconvenir que ce labour ne soit excellent, & la terre parfaitement ameublie à une profondeur convenable.

Un autre avantage que les Luquois retirent de cet instrument, est la facilité pour creuser des fossés, et former des revêtemens; ils jettent sans peine la terre à la hauteur de huit pieds, et forment avec cette terre un rehaussement sur le bord du fossé, semblable à un mur. C'est avec cet outil que ces cultivateurs laborieux ont rendu le sol de la république de Luques, un des plus productifs & des mieux cultivés de toute l'Italie.

Voici la construction d'une nouvelle *bêche*, qui réunit de très-grands avantages, car le jardinier peut, à l'aide de cet instrument, faire beaucoup plus d'ouvrage avec moins de fatigue, & elle peut être sur-tout très-utile, & soulager les vieillards qui, quoique courbés sous les années, cultivent la terre avec plus de courage que de force.

Un agriculteur instruit, considérant le travail pénible des pauvres malheureux qui bêchent la terre, fit réflexion que, dans ce travail, les bras font l'office d'un lévier dont les reins sont le point d'appui. Dès ce moment, il imagina de transporter ce point d'appui dans le manche même de la *bêche*, afin d'épargner à l'ouvrier une peine qu'il ne peut long-temps soutenir, & dont il se ressent toujours, lorsqu'il commence à avancer en âge.

On construit un manche de *bêche*, dont la partie qui touche au fer, à la longueur de dix à douze pouces, doit être équarrie & percée de trous à un pouce de distance les uns des autres, afin de pouvoir y ajuster un morceau de bois léger, comme de saule, de sapin, ou de tilleul, de la longueur de huit pouces, taillé en mortoise, qu'on assujettira avec une petite clavette de fer ou de bois, & qui servira de support: la partie de ce support qui touche la terre doit avoir trois pouces de large, afin de ne point s'enfoncer en terre, lorsqu'on viendra à peser sur la *bêche*.

On sent combien cette *bêche* évite de fatigue; lorsqu'on l'a enfoncée en terre avec le pied ; il ne s'agit plus que de peser sur le manche de la *bêche*, dont le support devient alors le point d'appui ; la *bêche* se lève par ce moyen, sans que les reins fatiguent tant ; & par le maniement ordinaire de la poignée, on jette la terre dans la place où on le juge à propos; ainsi, le travail est infiniment plus doux, et on peut le soutenir plus long-temps.

A l'aide des trous qu'on a pratiqués au manche de la *bêche*, on approche ou l'on éloigne le support du fer de la *bêche*, suivant qu'on sent plus d'aisance, & suivant la grandeur de la personne qui travaille. En se conformant à cette méthode, on peut fabriquer des *bêches* plus longues, plus larges qu'à l'ordinaire.

BÊCHE *angloise*. Instrument très-commode pour fouir les graviers durs, les glaises fortes ou les terres à craies.

On donne seize pouces de long au fer de cet instrument, & quatre ou cinq de large avec une épaisseur proportionnelle. Le manche doit en être très-fort. Voici la manière de s'en servir: commencez par creuser une petite tranchée de dix ou douze pouces de profondeur, & enfoncez à deux ou trois pieds de-là l'instrument dans la terre avec une hie ou massue ; après quoi, deux hommes péseront sur l'extrémité du manche, & lèveront la terre jusqu'à l'endroit où l'on a creusé la tranchée. Ce moyen est puissant & très-expéditif.

BÊCHE *de la province de Lincoln en Angleterre*. On se sert de cette *bêche* dans les marais de la province de Lincoln : ses bords sont aussi tranchans qu'un couteau, & par conséquent très-propres pour couper les racines des mauvaises herbes, sur-tout dans les endroits où il n'y a pas de pierres. Quelques-unes ont un de leurs côtés tourné, de façon qu'en donnant un coup dans la terre, la tourbe se trouve coupée comme elle doit l'être, de sorte que, lorsque le terrain est marécageux & mou, un homme fait autant d'ouvrage en un jour avec cette *bêche*, que deux autres avec une *bêche* ordinaire.

BÊCHE *du comté d'Essex*. On se sert dans le comté d'Essex, en Angleterre, d'une *bêche* dont le fer est très-large ; le manche est enchassé dans une douille où il y a une espèce de fer, pour poser le pied dessus, & que l'on tourne du côté qu'on veut. C'est une des meilleurs dont on puisse se servir pour *bêcher* les glaises dures et pesantes ; mais elle est trop petite pour les terres légères.

BECHE *de la province de Hertforden, en Angleterre*. Cette *bêche*, extrêmement tranchante, a son fer qui se relève en forme de croissant. On s'en sert particuliérement pour détruire les fourmilières.

BELVEDER. C'est dans l'endroit le plus élevé d'un jardin, une plate-forme soutenue d'un glaçis de gazon, ou revêtue d'un mur de terrasse, & souvent ornée d'arbres taillés en berceau, d'où l'on peut jouir d'une belle vue, et du spectacle d'une vaste étendue de la campagne.

BÉQUILLE, instrument de jardinage ; son fer, moins large que celui de la ratissoire, est recourbé en rond; le manche est aussi plus court. Cet instrument a pris son nom de ce que jadis au bout de son manche, il y avoit un morceau de bois en travers, posé comme celui qui forme une *béquille* d'infirme ou de vieillard. Au reste, cette forme de manche est plus embarrassante qu'utile.

BÉQUILLER, *biner*, *serfouir*, *bêchoter*, se dit dans le jardinage, quand on fait un fort petit labour avec une roulette, ou une espèce de *béquille*, ou avec la *serfouette* ou la *bêche*, dans des caisses d'arbrisseaux, ou dans des planches de légumes ou de fleurs.

Cela se fait pour ameublir la terre, lorsqu'elle paroît battue, en sorte que l'eau de pluie ou les arrosemens puissent pénétrer jusqu'au fond de la motte de terre, ou du moins en-dessous de la superficie, pour servir de nourriture aux racines.

BERCEAU. C'est dans un jardin un cabinet ou une espèce de galerie faite de treillage & garnie de verdure.

On dresse aussi des allées couvertes en forme de *berceaux*.

BESOCHE *ou* PIOCHE. Ces deux instrumens de jardinage sont à-peu-près la même chose, excepté que la *besoche* est camuse & la *pioche* est pointue.

BILLIONS ( *Labourer en* ). C'est laisser d'un sillon à l'autre, trois ou même seulement deux pieds de distance. Cette pratique est usitée pour les terres les plus sujettes aux inondations. On peut la regarder comme une espèce de labour en planches.

Le laboureur ne trace pas le premier sillon au bord de la pièce ; il commence à deux ou trois pieds au-delà ; puis il en ouvre un autre en deçà, lequel remplit ce premier sillon. Ensuite il tourne en former un troisième de l'autre côté du premier, sur lequel il renverse encore la terre de ce troisième ; c'est ce qui fait le milieu de la planche : après quoi, il continue à labourer en tournant du troisième sillon auprès du second ;

puis retournant vers le troisième, de-là près du quatrième, & ainsi successivement, & la planche se trouvant formée de cette manière, est bordée de deux sillons.

D'autres labourent à plat toute la terre avec la charrue à versoir ; & quand le champ est ensemencé & hersé, ils font, de distance en distance, des raies qui forment les planches ; mais par cette méthode, on forme au bord des planches une petite élévation qui, joint à ce que les planches sont plates, fait que l'eau s'en écoule moins bien.

Comme le but de ces sillons est d'égouter les eaux, il faut les diriger suivant la pente du champ qu'on laboure, afin que l'eau s'écoule plus promptement.

Quand on veut labourer par *billons* dans les terres sablonneuses, on laboure quelquefois la terre à plat, on la sème & on enterre le grain avec la herse ; puis on forme à deux pieds les uns des autres, de profonds sillons avec une charrue faite exprès qu'on nomme *charrue à billonner*. Elle n'a point de coûtre, mais un soc long & étroit, avec deux grands versoirs fort évasés du manche de la charrue, & échancrés en dessous ; de sorte que cette charrue fait par sa pointe un coin qui ouvre la terre, le milieu des versoirs la renverse sur les côtés, & leur extrémité la plus évasée, qui est échancrée, applanit cette terre, ce qui donne au *billon* une forme de dos-d'âne très-régulière. Mais cette façon de labourer n'est praticable que dans les sables ; une telle charrue corroyeroit une terre argileuse, dans laquelle ce soc auroit même de la peine à s'ouvrir un passage.

BINAGE ; c'est un labour superficiel. On dit en général donner un binage, pour signifier un léger labour.

BINARD ; espèce de grand charriot dont les quatre roues sont égales, & qui a un plancher sur lequel on met des charges fort pesantes.

BINER ; c'est labourer superficiellement les plantes ou les plate-bandes avec la binette ; ce qui ne se pratique que lorsqu'elles ont été labourées fonciérement.

On entend aussi par *biner*, donner le second labour aux terres à bled durant l'année de jachère. Si la première façon n'a été donnée qu'après l'hiver, on *bine* six semaines ou un mois après. Au reste, l'on avance ou diffère ce travail, selon la température de l'air ou la force des terres.

BINETTE ; petite pioche, instrument de jardinage, composé d'un côté de deux pointes de fer ou fourches un peu recourbées, & de l'autre d'un fer plat, large, & coupant d'environ deux pouces par le bas. Ces deux parties sont jointes par un œillet qui sert à tenir le manche de l'outil. On se sert de la binette pour labourer légérement de menues plantes.

BISANNUEL. On donne ce nom aux plantes qui poussent leurs premieres feuilles avant l'hiver, qui ne montent en graine que l'année suivante, & ne meurent qu'après s'être resemées. Telle est l'angelique des jardins.

BLANC. On nomme ainsi une espèce de lèpre qui se communique aux feuilles, aux rameaux, & même aux fruits de quantité d'arbres & de plantes. Cette maladie des végétaux se nomme aussi *meunier*, à cause de sa blancheur. Elle les rend tout blancs & les couvre d'une matière cotoneuse qui arrête leur transpiration. Les melons, les concombres, parmi les plantes potageres ; & le pêcher, parmi les arbres fruitiers, sont les plus sujets à cette maladie.

BLANC. Ce terme se dit aussi de petits filamens *blancs* qu'on trouve par couche sur les mottes de fumier chenci, & qui sont la matière ou la matrice des champignons. C'est pourquoi on insère ces filamens *blancs* dans les couches à champignons.

BŒUF. *Voyez* ANIMAUX *propres au labour*. *Voyez* aussi ACCOUPLER *les bœufs*.

BŒUF. Cet animal peut être considéré comme un des instrumens de labour. Un bon *bœuf* pour la charrue doit être jeune, ni trop gras, ni trop maigre ; avoir la tête courte & ramassée, de grandes oreilles bien velues & très-unies, les cornes de moyenne grandeur, mais fortes & luisantes, le front large, les yeux gros & noirs, le mufle gros & camus, les naseaux bien ouverts, les dents blanches & égales, les lèvres noires, le cou charnu, de grosses & pesantes épaules, la poitrine large, le fanon pendant jusques sur les genoux, les reins fort larges, le ventre spacieux & tombant, les flancs grands, les hanches longues, la croupe épaisse, les jambes & les cuisses grosses & nerveuses, le dos droit & plein, la queue pendante jusqu'à terre & garnie de poils fins & touffus ; les pieds fermes, le cuir épais & souple, les muscles élevés, l'ongle court & large.

Il faut qu'il soit sensible à l'aiguillon, obéissant à la voix & bien dressé.

Si l'on achète des *bœufs* qui soient accoutumés à la charrue, on s'épargnera la peine de les y réduire ; mais ce n'est que peu-à-peu, & en s'aprenant de bonne heure, qu'on les accoutume à porter volontiers le joug & se laisser conduire aisément. Dès l'âge de deux ans & demi, ou trois ans au plus tard, il faut commencer à les apprivoiser & subjuguer. Si l'on attend davantage, ils deviennent indociles & souvent indomptables. La patience, la douceur, les caresses mêmes sont les seuls moyens qu'il faille employer. La force & les mauvais traitemens ne serviroient qu'à rebuter pour toujours cet animal. Il faut donc lui frotter le corps, le flatter, lui donner de tems en tems de l'orge bouilli, des fèves concassées, & d'autres nourritures semblables, dont il est le plus friand, & toujours avec du sel qu'il aime beaucoup. En même tems, on lui liera souvent les cornes; quelques jours après on lui mettra le joug; une autre fois on l'attachera à la charrue avec un autre *bœuf* de même taille & qui sera tout dressé; on les attachera ensemble à la mangeoire; on les mènera de même au pâturage, afin qu'ils se connoissent & s'habituent à n'avoir que des mouvemens communs. On n'emploiera jamais l'aiguillon dans les commencemens; il ne servirait qu'à rendre le *bœuf* plus intraitable. Il faudra aussi le ménager, & ne le faire travailler qu'à petites reprises, car il fatigue beaucoup jusqu'à ce qu'il soit entiérement dressé; & par cette même raison, on doit lui donner alors plus à manger que dans les autres tems.

Ce que l'on dit ici des *bœufs* doit pareillement s'entendre des vaches qu'on veut accoutumer à la charrue, car il n'y a de force que du plus au moins; pour le reste, c'est la même nature qu'on a à gouverner, la même taille & les mêmes poils qu'on doit choisir.

Il faut assortir la vache autant qu'il est possible avec un *bœuf* de sa taille & de sa force, ou avec une autre vache, pour conserver l'égalité du trait & maintenir le soc en équilibre.

En été, c'est-à-dire depuis le mois de mai jusqu'en septembre, les *bœufs* vont deux fois par jour à la charrue. Comme la grande chaleur les incommode, il faut les conduire au travail dès la pointe du jour, jusqu'à neuf heures du matin qu'on les ramenera à l'étable pour les faire repaître & prendre du repos; ou bien on les laissera pâturer à l'ombre jusques vers les deux heures qu'on les ramene à la maison pour leur donner du son ou de l'avoine. Puis on retourne à la charrue jusqu'à sept heures au printems; en hiver & dans l'automne, on peut les faire travailler sans interruption depuis huit ou neuf heures du matin jusqu'à cinq ou six du soir.

Dans le tems où le *bœuf* ne travaille pas, il suffit de le nourrir de paille & d'un peu de foin; mais quand il travaille, on doit lui donner beaucoup plus de foin que de paille. En été, si on manque de foin, on le nourrira d'herbe fraîchement coupée.

BOISSEAU; mesure de divers corps secs, tels que les grains, la farine, les graines, la cendre, le charbon, le sel, plusieurs fruits.

Le *boisseau* varie beaucoup suivant les lieux.

BOMBÉ; élevé en dos de bahut. On a soin que les plate-bandes & les allées d'un jardin soient *bombées*, ou plus exhaussées dans le milieu que sur les côtés, tant pour l'écoulement des eaux que pour la grace de cette forme.

BORDER. En terme de jardinage, c'est battre avec le dos de la bêche le bord d'une planche ou d'une plate-bande, le long de laquelle on tend un cordeau pour l'alligner en la labourant, afin que la terre ne se répande point dans l'allée, & que les eaux des pluies & des arrosemens ne puissent se perdre.

BORDER *une plate-bande, un parterre;* c'est élever au pourtour différentes plantes, du buis, ou même des planches pour contenir la terre & les eaux.

BORDURES. C'est, dans le jardinage, ce qui limite les allées, les planches, les quarrés du jardin. Les *bordures* les plus communes sont celles de buis. On fait aussi des *bordures* avec toutes sortes de plantes qui montent peu; entr'autres, le thim, l'hyssope, la sauge, la lavande, & autres herbes odoriférantes; on en fait pareillement avec le persil, l'oseille, les fraisiers.

Maintenant on est assez dans l'usage de faire des *bordures* de parterre avec des planches de bois de chêne épaisses d'un pouce, & qu'on retient avec de petits avant-pieux enfoncés en terre. On laisse ces planches saillantes de quelques pouces de plus que la terre. On leur donne une couleur comme le vert.

On fait tout simplement des *bordures* en élevant la terre le long des planches & quarrés du jardin, & en l'affermissant avec le dos de la bêche.

BORNER. C'est resserrer un talus, un tapis de verdure dans une étendue limitée. On tend un cordeau au pourtour, & on coupe avec la bêche tout ce qui excède l'alignement circonscrit.

BOSQUET. C'est une espace de terrain garni d'arbres à plein vent, non fruitiers, d'arbrisseaux, d'arbustes, de diverses plantes & de palissades réguliérement tondues, & de charmilles par compartiment, où l'on pratique des allées.

Ces compartimens sont susceptibles d'ornemens & de distributions variées.

BOUILLON. C'est dans le jardinage une eau qui a fermenté pendant quelque tems avec différentes matieres onctueuses, humectantes & corroborantes, pour servir ensuite à la guérison des végétaux. Voici la recette de ce *bouillon*, suivant Roger Schabol.

Prendre pour un seul *bouillon* une couple de sceaux d'eau, & les mettre dans un baquet, y jeter ce qui suit :

Crottin de cheval, la valeur d'un demi-boisseau, lequel mis en miette avec les mains & pulvérisé.

Crottin de mouton pulvérisé aussi, plein les deux mains.

Bouze de vache, environ un demi-boisseau, laquelle bien délayée aussi avec les mains; terreau gras & vif de couche, la valeur d'un demi-boisseau.

Par terreau gras & vif, on entend celui qui n'a point été évaporé pour avoir été long-tems à l'air, au hâle, & délayé par les pluies, mais nouvellement amoncelé & mis en un tas, quand on a brisé les vieilles couches.

On doit commencer par bien battre & mêler le tout ensemble, puis le jeter dans le baquet, & avec les mains bien délayer.

Il faut faire un bassin autour d'un arbre, non pas autour du tronc, dont la fonction principale n'est pas de pomper, mais de recevoir & de contenir les sucs; faire ce bassin en-deçà, environ à six, sept & huit pouces du tronc, ôtant la terre jusqu'aux premières racines, & verser le tout dans la jauge; & comme au fond du baquet il en reste toujours, le bien nettoyer avec les mains, & répandre le tout dans la jauge.

Quand l'imbibition est faite, remettre la terre afin que rien ne s'évapore.

Faire le semblable à tout ce qui en a besoin, arbres, arbustes, plantes en caisses & en pots.

Réitérer si un premier *bouillon* ne suffit pas; ce qui est fort rare.

Le même a lieu pour les orangers malades.

Voilà pour un arbre; si l'on a besoin de soigner un certain nombre d'arbres, on augmente en conséquence la dose de chaque ingrédient, & l'on bat le tout ensemble avec divers outils. Cette recette ne peut rien sur les arbres épuisés & ruinés; mais elle est efficace & très-salutaire pour une quantité de plantes & d'arbres, comme la jaunisse, le *blanc* ou le *meunier* aux pêchers, pour les accidens causés par la *clogue* ou les mauvais vents.

BOULES. (*arbres en*) On nomme ainsi certains arbres tondus & taillés en forme ronde. Il faut avoir soin que la *boule* soit dans le milieu de la tige. Si elle vient à pencher plus d'un côté que de l'autre, on la reprend sur le vieux bois à la chûte des feuilles.

BOULINGRIN. On donne ce nom en France à une espèce de parterre de gazon renfoncé, ayant des bordures en glacis. Il y a de deux sortes de *boulingrins*; de *simples*, faits en gazon & dénués d'ornemens; de *composés*, qui ont des arbrisseaux, des plate-bandes, avec des compartimens & des borderies.

BOUQUET; nom qu'on donne à un bois de peu d'étendue, planté dans un jardin d'agrément.

BOURGEON. On donne ce nom à la pousse de l'année, qui provient d'un œil ou bouton. Quand le *bourgeon* devient bois, on le nomme branche; il conserve son nom de *bourgeon* tant qu'il est verd.

On appelle *faux bourgeons* toutes les pousses des arbres qui ne sont pas sorties d'un œil ou bouton, mais qui percent directement de l'écorce. Parmi ces faux *bourgeons*, il en est qui sont quelquefois très-précieux, dans le cas sur-tout où il faut garnir un vuide dans un arbre, ou même le renouveller.

Les *bourgeons* latéraux sont ceux qui croissent à droite & à gauche, & non sur le devant ou par derriere, ni perpendiculairement & d'aplomb à sa tige & au tronc, mais sur les côtés.

Les perpendiculaires, directes, verticales & d'aplomb à la tige & au tronc, il faut les supprimer : ils emporteraient l'arbre; on doit se retrancher sur les *bourgeons* latéraux.

BOURRE; première apparence que donnent les bourgeons des vignes & les boutons des arbres à fruit qui commencent à s'ouvrir.

BOURRELET. C'est une sorte d'excroissance ou de nœud qui se forme aux plaies des arbres quand le recouvrement s'en fait. Il se forme aussi de petits *bourrelets* aux branches & aux bourgeons des arbres dans les endroits mêmes d'où ces bourgeons sont sortis de l'arbre. On voit encore un *bourrelet* à toutes les greffes; & dans certains arbres, ce *bourrelet* devient plus gros que la tige même. Cette grosseur est un vice qu'il faut tâcher de prévenir, auquel il faut du moins remédier.

On

On appelle de même *bourrelets* ces excroissances qui sont contre nature, en forme de grosses loupes.

Ce *bourrelet* vient souvent de ce que l'arbre a été greffé trop jeune, ou trop près du tronc, & presque dans les racines : il vient encore de ce qu'on a laissé le canal direct de la sève au brin du milieu : il peut encore venir de la suppression mal entendue des gourmandes.

Quand ce *bourrelet* grossit, il faut recourir à l'incision de la tige par derrière, la première année ; puis, par devant, une autre année : recouvrez cette incision d'onguent de S. Fiacre, ce qui fait reprendre du corps à la tige ; ensuite l'on supprime le canal direct de la sève, & on élève des gourmandes : cette incision ne peut se faire qu'autant qu'il y a de la tige entre les racines & la greffe ; car, si l'arbre est greffé dans le tronc, il n'y a rien, ou presque rien à espérer : le mieux est de replanter un sujet bien conditionné.

BOURSES A FRUIT. On donne ce nom à certaines branches qui aux poiriers & pommiers seulement sont de forme semblable à celles des bourses à argent, étroites du haut & larges du bas. Ces *bourses à fruit* naissent toujours aux extrémités des branches fructueuses ; elles portent des fruits durant plusieurs années. Ces *bourses* sont des amas d'une sève féconde.

BOUSE ; fiente de bœuf ou de vache. On emploie ces engrais frais & fort gras dans des terres sèches, légères & sabloneuses, pour leur donner de la consistance. Il faut laisser la *bouse* pourrir & fermenter avant de l'employer. La *bouse* est le principal ingrédient de l'onguent de S. Fiacre.

BOUTON, *ou* ŒIL ; c'est, dans les plantes, une petite partie saillante, formée de la plus pure substance de la sève, qui renferme l'embrion de tout rameau, & qui n'est jamais produit ni formé que par l'entremise d'une feuille.

Comme il n'est point de *boutons* sans feuilles, il n'est pas non plus de feuilles sans *boutons*. Ils se nourrissent & se substantent l'un par l'autre.

BOUTONS *à bois* ; ce sont ces yeux que toujours accompagne une feuille, & qui jamais par eux-mêmes ne produisent des fruits, mais seulement des bourgeons, & qui pourtant étant bien ménagés, peuvent en donner par la suite.

BOUTONS *à fruit* ; ce sont des yeux qui ont toujours à côté d'eux plusieurs feuilles, & qui sont plus gros, plus nourris & plus saillans que les *boutons* à bois.

Les *boutons* à fruit, dans les arbres à pépins, ont autour d'eux plusieurs feuilles de différentes grandeurs, & aussi plusieurs fleurs ; au lieu que les *boutons* des fruits à noyau n'ont qu'une ou deux feuilles, & assez communément une seule fleur ou deux ensemble, s'il n'en excepte les cerisiers & leurs semblables qui ont des *boutons* à fruits au milieu de plusieurs feuilles, & dont les fruits sont groupés, ou plusieurs ensemble en un tas.

BOUTURE ; c'est le rejetton d'un arbre quelconque, & de toute autre plante, lequel naît, soit des racines, soit du tronc ou de la souche. On nomme encore *bouture* la branche ou le rameau détaché qu'on met en terre pour y prendre racine. C'est ainsi qu'on met en terre des rameaux de groseillers, de sureaux, de jasmins, de julliennes, &c. & ils prennent racine.

Aux artichaux, au lieu de *boutures*, on dit des *œilletons* ; & à la vigne, on dit *marcottes* & *crossettes*, tant ce qui a racine que ce qui n'en a pas.

La *bouture*, ou la branche d'une plante ligneuse se coupe en forme de coin, & on la met en terre debout ou pliée pour s'y enraciner. Ces *boutures* poussent des feuilles & des bourgeons, & donnent ensuite des fleurs & des fruits.

BRANCHE ; c'est un rameau saillant, faisant partie de tout arbre. Ce rameau est produit par un œil ou bouton, qui, après avoir été bourgeon tendu, a pris la consistance de bois dur.

On distingue trois sortes de *branches* ; des grosses, des moyennes & des petites. Ces trois sortes se subdivisent en differentes classes ; savoir :

*Branches à bois*, lesquelles portent des boutons à bois.

*Branches à fruit*, lesquelles ont des boutons fructueux. On les reconnaît à des marques distinctives ; à des rides, à des espèces d'anneaux, à leur empatement.

*Branches de faux bois*, ainsi appelées, parce que toujours elles percent à travers l'écorce, & non d'un œil ou bouton.

*Branches gourmandes*, ou *gourmands*, lesquelles prennent toute la nourriture, & causent la disette de leurs voisines.

*Branches folles*, ou *chiffones*. Ce sont de menues branchettes qui ne sont d'aucune valeur, ni d'aucun avantage pour les arbres. Ces *branches folles* naissent sur des arbres malades, ou sur des arbres vigoureux, mais dont on a rogné les bourgeons par les bouts, ou sur des arbres trop vigoureux qui regorgent de sève.

On distingue encore des *branches* perpendiculaires, directes, verticales & d'aplomb à la tige & au tronc, & des *branches* latérales.

D'habiles jardiniers ne laissent aux arbres d'espalier que deux branches uniques qu'on appelle *branches meres*. Ce sont deux seules *branches* sur lesquelles, dès la premiere taille, on réduit tout l'arbre, l'une à droite & l'autre à gauche en forme de fourche, ou représentant la figure d'un V un peu ouvert. Ces deux *branches meres* s'appellent encore *branches tirantes*, parce qu'elles tirent & reçoivent immédiatement de la greffe toute la substance, pour ensuite la répartir à toutes les autres qui naissent d'elles.

Il y a un autre ordre de *branches* qu'on nomme *membres*, ou *branches montantes* & *descendantes*. Ces *membres* sont des *branches* ménagées de distance en distance sur les deux parties qui composent l'V ouvert. Les *branches montantes* garnissent le dedans, & les *branches descendantes* garnissent le dehors. On supprime à tous les arbres d'espalier le canal direct de la sève, & jamais on ne laisse aucune *branche* perpendiculaire à la tige & au tronc. Les *branches* y doivent être obliques & toujours de côté.

Un troisième ordre de *branches* des espaliers sont appelées *branches crochets*, parce que de la façon dont elles sont placées sur les *membres*, ou *branches* du second ordre, elles forment la figure d'autant de *crochets*. Elles garnissent tout l'arbre. L'industrie du jardinier consiste à ménager toutes choses, de sorte que toujours & par-tout il y ait deux *branches crochets*, qui sont les *branches* fructueuses.

Ces *branches crochets* se partagent en diverses autres sortes de branches que l'on caractérise suivant leurs différentes façons de pousser, selon qu'elles sont diversement disposées, & suivant la place qu'elles tiennent sur l'arbre; savoir : des *branches fortes* ou *gourmandes*, des *branches demi-fortes* ou *demi-gourmandes*, des *branches verticales* ou *perpendiculaires*, *obliques* ou *de côté*.

Il y a d'autres branches encore qu'on nomme des *brindelles* & des *lambourdes*.

Les *brindelles* sont des branches à fruits qui sont fort petites & trapues, ayant des feuilles ramassées toutes ensemble, au milieu desquelles il y a presque toujours des boutons, d'où naissent les fruits les plus gros & les plus exquis.

Les *lambourdes* sont de petites *branches* maigres, longuettes, de la grosseur d'un fétu, communes aux arbres à pepins & à ceux à noyau, ayant des yeux plus gros & plus près-à-près que les *branches* à bois, & qui jamais dans les arbres de fruit à pepins ne s'élèvent verticalement comme elles, mais qui naissent d'ordinaire sur les côtés, & sont placées comme en dardant. Les lambourdes sont les sources fécondes des fruits; c'est d'elles principalement que naissent les boutons à fruit. On casse ordinairement les lambourdes par les bouts afin de les raccourcir à dessein de les décharger, de peur qu'elles n'aient par la suite un trop grand nombre de boutons à fruit à nourrir, lesquels avorteroient, à cause de leur multitude.

Les *lambourdes* des arbres à pepins sont lisses & unies, au lieu que les brindelles & les autres branches fructueuses de ces mêmes arbres ont des vides ou des anneaux; mais les boutons à fruit qu'elles produisent en sont abondamment pourvus.

*Branche de réserve*; on appelle ainsi celle qui est entre deux *branches* à fruit, & qu'on taille fort courte; elle est réservée pour fournir, l'année suivante, à la place de celles qui ont porté fruit.

BRIDE; tout ce qui se met à la tête du cheval pour le guider, se nomme *bride*. La *bride* en ce qui est du cuir comprend la têtière, le porte-mors, la sous-gorge, les sous-tenans, le frontal, la patellete, & les rênes.

BRISE-MOTTES; on appelle ainsi un lourd cylindre de bois, ou de pierre, ou de fer qu'on fait rouler sur les terres qui ont été hersées, afin d'écraser les mottes de terre qui n'ont pas été assez divisées; on le fait aussi passer sur les grains nouvellement levés, lorsque semés sur un labour trop frais, ils ont besoin d'être rechaussés. (*Voyez* ROULEAU.)

BRISE-VENTS; ce sont des paillassons fort épais que les jardiniers & les maraichers placent debout & qu'ils tiennent en état par des échalats forts, ou par des pieux fichés en terre. On les place à l'opposite des mauvais vents autour des couches; on fait aussi des *brise-vents* avec des pans de murailles au lieu de paillassons. Ces pans de murailles sont élevés du côté des mauvais vents, & font l'équerre à l'extrémité d'un espalier.

BRISOIR *à mottes*; instrument d'agriculture. (*Voyez* planche XXXVI, fig. 5.)

Le *brisoir à mottes* est une herse large & pesante, qui sert à briser les mottes de terre & à les réduire en petites parties, à diviser & applanir les terres durcies & celles qui ont été battues par les fortes pluies; usages que ne peuvent pas remplir les herses ordinaires à cause de leur légéreté.

Le *brisoir* a ses quatre bras épais de quatre à cinq pouces quarrés, & longs de sept pieds, les barres ont trois pouces & demi, les dents ont dix-sept pouces de longueur, & sont aiguisées en couteau comme les coutres de charrue. Il y a quatre de ces dents attachées à chaque bras du *brisoir* & qui y sont fixées par un écrou : il en sort du bois douze pouces, & il y a un talon à l'arrière de la dent qui porte sur le bois, afin qu'elle ne soit pas facilement renversée ou courbée par les pierres qui se rencontrent dans les champs.

Il faut mettre sur ce *brisoir* quatre chevaux ou quatre bœufs; une herse de moindre volume ne produiroit pas les effets dont on a besoin, quand il n'est pas nécessaire de donner un labour avec la charrue.

Il est sur-tout utile dans les terres glaiseuses, après les jachères, les foins, luzernes, sainfoins, lorsque la charrue lève beaucoup de grosses mottes qui ne se fondent ni ne s'émiettent par la pluie, ni par les sécheresses. On fera passer le *brisoir* aussi-tôt après le labour à charrue, ce qui rompra les mottes, aplanira la terre; & le labour suivant sera plus facile & meilleur. Au mois de mars ou d'avril, lorsqu'on laboure une terre forte pour y semer des grains de mars, sur-tout s'il s'y trouve du chiendent, donner une façon de *brisoir* en travers du dernier labour, est plus profitable que de croiser ce labour à la charrue, & il en coûte moitié moins.

Lorsqu'on a labouré une terre inculte, & qu'au bout de quelque temps on a croisé ce labour par un autre, il devient très-utile d'employer le *brisoir* immédiatement après le dernier labour, pour qu'il n'y ait point de portion de terre qui n'ait été divisée & émiettée.

La herse commune n'est bonne que pour les terres légères, & celles qui sont facilement divisées, rompues; elle est trop légère pour les terres où il y a des mottes dures, encore faudroit-il que les dents fussent de fer & non pas de bois; car les dents de bois ne font que déplacer les mottes ou passent par-dessus. Une bonne preuve que la herse commune travaille mal, c'est que l'on est obligé d'en mettre plusieurs l'une après l'autre, & de repasser sur la même terre plusieurs fois. Ainsi des trois usages de la herse qui sont, de briser les mottes, d'applanir la terre & de couvrir la semence, la herse légère & à dents de bois n'en remplit que le dernier, & encore mal; car quand elle ne fait que déplacer les mottes, il s'ensuit que les grains qui se trouvent sous les mottes y périssent ne pouvant les percer.

BROUETTE; instrument de jardinage, servant à transporter divers fardeaux. C'est une espèce de petit tombereau monté sur une roue, & qu'un homme peut pousser devant lui & conduire avec les mains, par les deux brancards, entre lesquels il se place.

Il y a différentes sortes de *brouettes* qui varient suivant les ouvrages & les services auxquels on les destine. (*Voyez* pl. XXIV, fig. 36.)

BROUETTE A FUMIER; espèce de civière montée sur une roue & terminée par un dossier. Elle est d'un grand usage pour charrier le fumier dans les jardins, sur-tout la longue paille pour les couches.

BROUETTE *de nouvelle invention.* (*Voyez* pl. LIII, fig. 3.)

Les *brouettes* ordinaires ayant leurs roues au bout de leur caisse, il arrive que ceux qui s'en servent ont deux sortes de peines; ils ont la peine de porter le fardeau dont elles sont chargées, & la peine de les pousser; mais celle de nouvelle invention que l'on propose ici & marquée A, fig. 3, ayant sa roue B dans le milieu de sa caisse, la roue B porte elle seule tout le fardeau qui se trouve alors partagé par égale portion sur son essieu, & l'ouvrier qui s'en sert n'a plus d'autre peine que celle de la pousser, encore cette peine qui est la moindre des deux que nous avons remarquées, est diminuée par la partie du fardeau qui est en avant.

Cette méthode de placer la roue dans le milieu de la *brouette* n'est sujette à aucun inconvénient, car l'on pratique dans le milieu de la caisse une ouverture suffisamment grande pour laisser tourner librement la roue, & l'on couvre cette ouverture en forme d'étui avec de petites planches, pl. C; & pour ce qui est de la place qu'occupe l'étui C, on peut y remédier en faisant la caisse plus grande qu'à l'ordinaire.

Avec ces *brouettes* on peut faire le transport des terres ou de quelques autres matériaux que ce soit en moins de temps & avec moins de monde qu'il n'en faudroit en se servant de *brouettes* ordinaires; c'est-à-dire que si, pour faire transporter une quantité de terrain proposée avec les *brouettes* ordinaires, il vous y faut employer vingt hommes pendant vingt jours, il ne faudra pas, pour cette même manœuvre, employer plus de quinze hommes pendant quinze jours en se servant des *brouettes* nouvelles, ce qui se trouve un avantage de plus de moitié sur les frais, & d'un quart sur le temps. On conviendra facilement de cette proposition, pour peu qu'on fasse réflexion que, puisque le manœuvre qui se sert de la *brouette* A, n'a plus la peine de porter le fardeau dont elle est chargée, on peut augmenter considérablement le fardeau, sans que cependant il en soit plus fatigué. Ainsi ayant fait la caisse de ces *brouettes* plus grande que celle des *brouettes* ordinaires, ce qui est très-facile, on les peut charger d'une plus grande quantité de matériaux; l'on compense par-là l'effort qui est ménagé par la situation de la roue B, & pour lors à chaque voyage que le manœuvre fait, il porte une plus grande quantité de terre, sans cependant avoir plus de peine.

BROUETTE *à bascule*. Cette *brouette* & les différentes pièces qui la composent, sont si exactement représentées dans la planche, & avec leurs proportions, qu il sera facile de la faire exécuter d'après la gravure. (*Voyez* pl. XLII.)

A. Bras de *brouette*.

B. Pieds.

C. Arc-boutant qui est attaché aux pieds B, & au montant 2 qui porte le boulon 5.

D. Châssis de la bascule sur lequel sont portées les cornes L & M, retenues par la traverse K.

E. F. G. Traverses entre les bras de la *brouette*, & qui les retiennent.

H. Boulon sur lequel joue la bascule.

I. Essieu.

K. Traverse qui assujettit les cornes.

L. M. Cornes en guimbarde.

N. Mentonnet à ressort.

O. Gache du mentonnet.

P. Tête du mentonnet.

Q. Queue du mentonnet; en la poussant en devant, le mentonnet se dévêtit de la gache, & le châssis de la bascule se renverse. Il faut conduire la bascule à la main, si elle est chargée, pour que le poids de la charge ne la fasse pas frapper fortement contre terre, ce qui casseroit les cornes de l'arrière.

Quand elle est déchargée, on la ramène avec la main sur les bras de la *brouette* où elle s'accroche d'elle-même au mentonnet.

P. S. T. Fig. 4, montre la bascule en place sur les bras d la *brouette*.

U. X. Y. Z, montrent la *brouette* en déchargement.

M. D. K, font voir le châssis de la bascule, soulevé au-dessus des bras, ou de son cadre.

Cette *brouette* est destinée à charrier des matières qui ont plus de volume que de pesanteur, comme des bottes de paille, de foin, des fagots, de la ramée, ou même des corps plus pesans, mais dont la longueur empêche qu'ils ne soient charriés facilement, ni dans une *brouette* à coffre, ni dans une *brouette* à civière, comme du bois de corde : en ce cas, on ne met pas ce bois en travers, mais en long, suivant la longueur de la *brouette*, & on l'appuie sur les cornes de l'arrière; par ce moyen on le passe dans des routes de bois, & dans des portes de bûchers qui ne sont pas plus larges que la *brouette*.

Les deux roues qu'a cette *brouette*, font qu'elle n'est pas facile à verser comme la *brouette* à une roue, qu'elle donne beaucoup moins de peine à celui qui la mène, parce qu'il n'a que celle de tirer ou de pousser, au lieu que pour que la *brouette* à une roue ne renverse pas, il faut la tenir en équilibre, ce qui exige de la force, des efforts, de l'adresse, sur-tout dans les terrains inégaux, comme le sont la plupart de ceux où en employe la *brouette*.

Une autre source d'avantages de cette *brouette*, c'est que les jantes des roues sont plates & larges de trois pouces; ainsi elles s'enfoncent moins, retiennent moins de terre, ne font point de traces ou ornières dans les jardins; mais, au contraire, elles applanissent & affermissent les allées, les promenoirs, les gazons.

Ces divers avantages ont fait desirer d'avoir une *brouette à bascule* qui, au lieu d'être en guimbarde, comme celle de la gravure, fût à coffre comme les *brouettes* communes; & l'on a fait faire un coffre de *brouette*, sur un châssis des mêmes dimensions que D, & qui se place sur le cadre ou les bras A E F G. Elle servira aux mêmes usages que la *brouette* à coffre, ne sera pas sujette à verser, ne donnera pas de peine pour la tenir en équilibre, & pourra être vidée sans l'effort qu'exige la *brouette* à coffre ordinaire.

On voit depuis quelque temps entre les mains des terrassiers des *brouettes* à une seule roue & à bascule, qui se vident sans effort en faisant faire la bascule au coffre; elles paroissent d'un usage assez commode, celles que j'ai vues n'ayant point de mentonnet & de gache qui fixent le coffre; celui-ci étoit sujet à tourner quand la charge étoit inégale & la *brouette* étoit vidée avant d'être arrivée à sa destination.

BROUIR; ce terme se dit des arbres ou des feuilles, des fleurs & des fruits nouvellement noués, que les mauvais vents et sur-tout les brouillards morfondans flétrissent et dessèchent. Il ne faut pas arracher les feuilles *brouies*, mais les laisser tomber d'elles-mêmes.

BROUISSURE *ou* CLOQUE; c'est une maladie particulière ou trop ordinaire, surtout aux pêchers, dans laquelle les bourgeons se gonflent & se forment en talut; les feuilles s'épaississent, se recoquillent, puis se sèchent & laissent l'arbre à nud. La *brouissure* attaque le pêcher en mars ou au commencement d'avril, soit que l'arbre soit couvert ou non de paillassons : cette maladie vient de ce que la terre, échauffée par quelques beaux jours, fait monter la sève avec abondance. Un vent froid, une gelée survient, la sève est tout-à-coup arrêtée dans sa circulation, & elle s'épaissit : de-là le recoquillement des feuilles & des bourgeons.

Il ne faut pas, aussi-tôt que les feuilles sont recoquillées, les arracher ; mais il faut attendre qu'elles commencent à sécher & à tomber, & quand vous voyez qu'il en pousse d'autres. On met ces dernières feuilles dans un panier, avec celles qui sont déjà tombées, pour les jeter toutes au feu, & brûler par ce moyen les œufs de pucerons, qui, quoiqu'imperceptibles, sinon avec le secours de la loupe, sont dans ces feuilles recoquillées.

Quelques jours après cette opération, on jette bas les bourgeons rabougris, secs ou morts, & on fait une espèce de taille ; si les pêchers ont été fumés dans l'année, on jette de l'eau au pied, sinon on y met du terreau ou du fumier bien consommé.

Le pêcher se rétablit de la *brouissure ;* cependant cette maladie influe souvent sur les années suivantes. A la taille prochaine, il faut aller jusqu'à ceux des yeux qui ont poussé après coup, & qui n'ont point été cloqués : ce qui se connaît à la couleur noire du bois cloqué.

BROYE HOLLANDOISE. (Pl. LIV, fig. 1.) La *broye hollandoise*, ou l'instrument dont on se sert en Hollande pour broyer le lin, est composé de deux parties principales, l'une fixe & l'autre mobile. Ces deux parties sont semblables à tout autre égard : elles sont formées de trois planches minces, ordinairement de hêtre, assemblées suivant leur longueur, & à de petites distances les unes des autres, dans de fortes pièces de bois. La partie mobile est supérieure, & disposée de manière que ses couteaux entrent dans les intervalles qui séparent ceux de la partie fixe ou inférieure. Celle-ci est soutenue à une hauteur convenable par quatre pieds solides, & la supérieure à un manche par lequel on l'élève & on l'abaisse ensuite. C'est par ce mouvement alternatif que le lin est broyé. Il est pressé avec force par le poids & par l'action du lévier contre les couteaux ; il est serré entre les intervalles qui les séparent, & là, il est divisé & disposé à se détacher plus facilement de la chénevotte par l'opération de l'espade.

Il est clair, par cette courte description de la *broye* & de son action, que les intervalles entre les couteaux n'en devroient pas beaucoup excéder l'épaisseur. Sans cela, le lin, au lieu d'être pressé & divisé entre les couteaux, seroit seulement froissé par leurs bords & coupé en travers, comme il arrive souvent avec de mauvaises *broyes*, ou par la mal-adresse de ceux qui s'en servent.

Le même effet arriveroit si les couteaux s'engageoient trop avant les uns dans les autres. Dans ce cas, le lin seroit enfoncé dans les intervalles en résistant aux tranchans avec beaucoup de force, & il recevroit un dommage considérable. C'est pourquoi, dans les *broyes* bien proportionnées, la pièce solide de bois est presque de niveau avec le bord des couteaux, & elle les empêche de descendre trop bas.

Voilà ce qu'on doit observer dans la construction & dans les proportions de la *broye*. Il y a une remarque essentielle à faire par rapport à son usage, qui a échappé jusqu'ici aux apprêteurs françois.

Ce n'est pas le coup qui *broye* le lin, il l'endommage toujours plus ou moins, & lorsqu'il est fort & preste, & que le lin ne cède pas sur le champ, il doit nécessairement le couper. Il est aisé d'en faire l'expérience : étendez fortement le lin sur les couteaux ; liez-le ensuite dans cette situation, afin qu'il ne puisse céder, & vous verrez que deux ou trois coups vifs suffiront pour le rompre. Le lin est broyé par la pression contre les couteaux. Cette pression est latérale, elle tend à diviser la filasse & non à la couper. L'apprêteur devroit donc rendre le coup aussi léger & la pression aussi forte qu'il est possible ; & c'est à quoi réussissent les Hollandois, en plaçant bien la poignée de lin sous la *broye*.

On sait, par les premiers principes de la mécanique, que la mâchoire supérieure de la *broye* agit avec plus de vîtesse & avec plus de force en A qu'en B (*Voyez* pl. LIV, fig. 1.) ; que le coup y est plus preste & plus violent, & qu'il tend par conséquent à endommager & à couper le lin. D'ailleurs la pression est moindre en A, elle finit avec le coup, & elle ne peut être augmentée ni diminuée. Ainsi lorsque le lin est placé en A comme il l'est presque toujours par les apprêteurs françois, toute l'opération se fait de la manière la plus destructive, par des coups continuellement répétés, qui rompent & qui coupent inévitablement la filasse. La pression, qui peut seule le diviser, n'a point lieu.

Le contraire arrive en B ; le coup est lent & foible, & la pression est aussi forte qu'il est possible. C'est pourquoi les Hollandois suivent une pratique contraire à la nôtre ; ils broyent toujours leur lin en B ; ils élèvent la mâchoire supérieure avec la main gauche en C, & ils placent le lin, & le retournent sous la *broye*, aussi près qu'il est possible du centre de son mouvement.

*Voyez* ESPADE HOLLANDOISE. (*Essai de la société de Dublin*).

BRULER *ou* ÉGOBUER LES TERRES; action de mettre le feu aux plantes.

Quand on veut défricher les terres qu'on a laissé reposer pendant long-tems, il est assez d'usage de les *brûler*, afin que le feu divise leurs parties, & que la cendre des feuilles & des racines leur donne quelque fertilité.

Evelyn dit que deux charrettes de gazon peuvent en rendre une de cendres. Il ajoute que les terres, ne conservant plus le principe de végétation quand elles sont trop calcinées, elles doivent être seulement réduites en cendres noires, pour fertiliser beaucoup.

En Finlande & dans la Norwège, quand on veut défricher un canton de bois pour y mettre du grain, on en abat le bois qu'on laisse sécher pendant deux ans sur la place. Après ce tems, on choisit, vers le milieu de l'été, une circonstance qui paraît annoncer une pluie prochaine, pour mettre le feu à ces arbres. Puis on seme du seigle sur les cendres mêmes, encore assez chaudes pour fendre l'écorce du grain & le faire pétiller : s'il survient promptement de la pluie, on est sûr d'une récolte si abondante, qu'un seul boisseau rend ainsi dix muids de grain. Mais si la pluie manque, on ne recueille rien. Cette pratique est encore sujette à un autre inconvénient; c'est que le premier feu sert de signal pour tous les autres, en sorte que tout un grand pays est embrasé à-la-fois; il y a des maisons brûlées, & des morceaux de pins tout en feu sont emportés par le vent dans des forêts quelquefois même assez éloignées, qui en sont consumées entièrement. Aussi a-t-on défendu cette méthode en certains endroits.

Quant au détail de la maniere de *brûler les terres* qu'on veut défricher par le feu, *voyez* l'article DEFRICHEMENT.

BRULURE; maladie qui attaque l'extrémité des branches & des racines, & les tiges des arbres en espaliers, des pêchers sur-tout & des poiriers, pruniers & abricotiers, à l'exposition particulièrement du midi.

Durant l'hiver, il tombe sur les arbres des neiges, des gelées blanches, du givre, du grésil & toutes sortes de frimats qui, fondant à l'ardeur du soleil, découlent de branche en branche sur la greffe & le tronc de l'arbre, & se congelant ensuite par l'effet de la gelée sur toutes les parties mouillées, y forment une incrustation de verglas qui presse fortement sur la peau, la gele & la *brûle*. Le soleil darde encore ses rayons tant sur les nouveaux frimats de la nuit, que sur cette incrustation de verglas, & les fait fondre. La gelée les durcit de nouveau; or, c'est cette alternative de dégels & de congélations qui *brûle* les arbres en espaliers.

L'arbre attaqué de la *brûlure* doit être rapproché & rabattu jusqu'au vif; mais si les racines en sont atteintes, c'est un arbre mort. On tâche de prévenir cette cruelle maladie en abattant avec un balai de plume, de jonc ou de genêt, les neiges & les frimats qui sont sur les arbres, avant que le soleil les ait convertis en verglas.

On peut encore prévenir cette maladie en couvrant les espaliers avec des paillassons, en lardant dans le haut de l'espalier, en fixant sur le treillage de la paille ou pezet de pois, dont on couvre les arbres en entier aux approches des fortes gelées & des neiges. On larde ce pezet dans le treillage.

Quelquefois il n'y a que les bouts des branches qui paraissent *brûlés*, sur-tout sur les arbres à pépin : cela peut venir du desséchement des racines & de leur moisissure. On remédie au desséchement par les eaux du fumier, & à la moisissure par la coupe des racines moisies & chancies : cela peut aussi venir du fond de terre qu'il faut alors changer.

BUFFLE; bœuf plus grand, plus épais & plus fort que le bœuf domestique. Il a la peau très-dure, la tête petite à proportion du corps. Il porte sur le front un bouquet de poils frisés. Tout son corps est couvert de poils noirs ou noirâtres. Ses cornes sont noires, grosses, un peu applaties, recourbées en haut & un peu couchées sur le dos. Tel est le *buffle* qu'on trouve dans l'Etat Ecclésiastique & dans le royaume de Naples.

En Italie, le *buffle* est employé aux mêmes travaux que le bœuf domestique.

BUISSON; c'est un petit arbre touffu, composé de branches horisontales. On donne particulièrement ce nom à un arbre nain, garni de branches dans son pourtour, qu'on coupe à environ un pied au-dessus de la greffe, & qui est évidé dans son milieu. On réserve aujourd'hui les arbres en *buisson* pour former des quinconces; on les remplace dans les allées par des éventails ou contre-espaliers qui occupent moins de terrain, en donnant une bordure fort agréable.

BUTTE *ou* ÉLEVATION ; c'eſt, dans le jardinage, un petit monceau de terre qu'on élève au pied d'un arbre pour empêcher que le vent ne le balotte, ou que la ſécheresse ne l'endommage. On *butte* certains légumes, avant de les couvrir avec du fumier durant l'hiver. Pour cet effet, on élève tout autour du pied une *butte* de terre à cinq ou ſix pouces de haut, & d'égale épaiſſeur.

BUTTE-AVANT ; outil de jardinage : c'eſt le même que *rabot*. (*Voyez* ce mot.)

# C

CABINET; c'eſt, dans un jardin, un endroit à l'écart que l'on a couvert de treillage, de maçonnerie, ou de verdure.

CACOCHYME; (*Arbre*) c'eſt un arbre languiſſant, qui dépérit par la qualité vicieuſe de la ſève, ou parce que les organes deſtinés à la charrier ſont obſtrués ou détruits.

CADRE; (*le*) inſtrument d'agriculture.

« Pour cueillir plus avantageuſement la fleur du houblon, dit le citoyen *Jacquemart*, il convient de ſe ſervir d'une eſpèce de *cadre*, inſtrument d'agriculture, formé de deux perches ou morceaux de bois d'environ neuf pieds de longueur ſur trois à quatre pouces de diamètre, & joints enſemble, à un pied environ de chaque bout, par deux autres morceaux de bois de trois pieds de longueur, et ſupportés par quatre pieds, hauts de trois pieds et demi; au moyen de quoi, il reſte un intervalle, au moins de ſix pieds de longueur, de trois pieds de largeur, et de trois pieds et demi de profondeur. L'on attache, dans l'étendue intérieure de ce *cadre*, une groſſe toile, pendante dans ſon milieu, en la fixant à de petits crochets dans l'intérieur, ou en l'arrêtant avec de la ficelle à de petites chevilles à l'extérieur. On met le houblon dans cette toile, à meſure qu'on le cueille. Trois hommes ou femmes, ou quatre enfans, à chacun des deux côtés longs du *cadre*, ſuffiſent pour récolter à-la-fois la fleur de deux perches.

» Lorſque l'on a levé quelques perches, on les apporte, avec le houblon qui y eſt attaché le long du *cadre*, où il convient de former quelqu'étai, ſur lequel ceux qui les apportent puiſſent les poſer ſous la main des travailleurs. Ce *cadre* n'étant pas lourd, ſe tranſporte facilement d'un endroit à l'autre, à meſure qu'il eſt néceſſaire, pour la plus prompte expédition.

» L'on doit commencer par récolter le houblon le plus mûr; mais s'il paroît être par-tout dans une égale maturité, il faut commencer la récolte par l'eſt ou le nord de la houblonnière, ce qui donnera moins de priſe au vent du ſud-oueſt, s'il en ſurvenoit.

» Il faut donner le plus grand ſoin à cueillir la fleur du houblon ſans feuilles ni branches, car rien n'en détruit plus la qualité, & tout connoiſſeur ne donnera d'une balle de houblon, récolté ſans ce ſoin, qu'un bien moindre prix, malgré l'excédent du poids que formeront ces feuilles & ces branches, que celui qu'on obtiendroit ſans ce ſuperflu.

» L'on établit le *cadre* au milieu d'une eſpace qui contient onze monticules, & lorſque le houblon eſt cueilli, on le tranſporte au milieu d'un autre eſpace de même grandeur, & la récolte ſe continue de même juſqu'à la fin. L'on vide, deux ou trois fois le jour, le houblon du *cadre* dans une grande toile, dont on attache enſuite les côtés enſemble, pour les tranſporter immédiatement à la touraille (étuve ou ſéchoir, dont les braſſeurs ſe ſervent auſſi pour faire ſécher l'orge après la germination). S'il reſtoit longtems enfermé dans cette toile, il ne manqueroit pas de ſuer, & il perdroit beaucoup de ſa couleur. Le houblon roux, qu'on trouve en récoltant, ſe met ordinairement à part dans un panier ».

CAISSE; c'eſt, dans le jardinage, un ouvrage de forme quarrée, en bois, fait par un ménuiſier. La *caiſſe* eſt compoſée de quatre pieds ou piliers, ſur leſquels ſont attachées des planches avec un fond auſſi de planches, le tout formant une ſorte de boîte qui n'a point de deſſus. On remplit ces *caiſſes* de terre, pour y planter certains arbres ou arbuſtes. Les *caiſſes* les plus commodes pour les orangers ſont à barres de fer & à guichets qui s'ouvrent.

Les arbres qu'on élève dans des *caiſſes* doivent avoir, 1°. de grands arroſemens, mais peu fréquens, & il faut que l'eau ſorte du fond de la *caiſſe*; 2°. de médiocres arroſemens, afin de renouveller l'humidité de la ſuperficie de la terre, qui eſt pompée par l'air & la chaleur.

CAISSE *de deſſication des grains*, &c., par le citoyen *Cailleau*. (*Voyez* pl. XLI, fig. 2).

Si le grain qu'on conſerve eſt deſtiné à être ſemé, il faut bien prendre garde de lui faire éprouver un degré de chaleur qui puiſſe nuire à ſa végétation, en altérant ou le germe ou la ſubſtance qui entoure ce germe & le nourrit en naiſſant; mais s'il ne s'agit de conſerver le grain que pour en faire un objet de commerce, ou le conſommer en pain, bierre, amidon ou autrement; alors il y a peu de précaution à prendre ſur

sur le degré de chaleur nécessaire pour faire périr les insectes.

L'expérience a appris que, pour dessécher dans une étuve tous les insectes, leurs œufs, les larves & les chrysalides, au point de les rendre friables, sans faire perdre au bled la faculté de germer, il faut une chaleur de soixante degrés continuée pendant quarante-huit heures, elle fait périr les teignes & leurs œufs : une chaleur de soixante-dix degrés détruit tous les insectes en fort peu de tems, mais elle altère les germes. Enfin à quatre-vingts degrés de chaleur ils périssent sur le champ, & le grain perd sa faculté de germer.

*Méthode pour dessécher et conserver les grains.*

Ce moyen consiste à faire passer au travers d'une masse de grains un courant d'air très-rapide, très-sec et très-chaud.

La machine ou l'appareil pour produire cet effet est fort simple; c'est une *caisse* solidement construite, de cinq à six pieds en quarré sur trois à quatre pieds de hauteur (pouvant contenir six à huit mille livres de grain). Cette *caisse* doit avoir, à trois ou quatre pouces au-dessus de son premier fond, un second fond fait en caillebotis recouvert d'un fort canevas ou autre toile forte & claire; au lieu de canevas, on peut employer une claie d'osier ou de lattis très-serrée, ou des feuilles de tôle piquées de trous fort près les uns des autres, de manière que le grain ne puisse s'échapper au travers des caillebotis, & que l'air ait un passage libre pour traverser la masse de grain contenue dans la *caisse*. On met à portée de cette *caisse* un soufflet ou ventilateur, dont le porte-vent, qui est fait avec des tuyaux de forte tôle ou de fonte, traverse un fourneau & vient aboutir à une large ouverture pratiquée entre les deux fonds de la *caisse*.

On chauffe le milieu de ce porte-vent, qui est assez long pour que le métal échauffé ne brûle ni la buze du soufflet, ni les fonds de la *caisse*. L'air aspiré, en sortant du soufflet, passe dans le tuyau de fer rouge du porte-vent, & acquiert une chaleur considérable : cet air chaud poussé avec force entre les deux fonds de la *caisse*, traverse rapidement la masse de grain qui y est contenue, & lui communique en peu de tems un degré de chaleur suffisant, non-seulement pour faire périr tous les insectes, leurs œufs, les chrysalides, &c., mais encore pour dissiper toute l'humidité des grains, & la réduire en vapeur qui s'échappe abondamment par quelques soupiraux faits au couvercle de la *caisse*, & que l'on tient fermés (pour conserver & augmenter la chaleur), au moyen de trappes très-légères qui s'ouvrent spontanément par l'effet du soufflet & des vapeurs qui soulèvent ces trappes; on pourroit même supprimer entièrement le couvercle de cette *caisse*.

Lorsque le grain a acquis une chaleur de soixante-douze à soixante-quinze degrés, on cesse le feu, & on continue de faire agir le soufflet jusqu'à ce que le grain soit entièrement refroidi; on le retire ensuite par une ouverture pratiquée à cet effet au bas de la *caisse*, pour le renfermer sur le champ dans les greniers de conservation, afin qu'il ne reprenne point l'humidité de l'air, & que les insectes ne puissent y rentrer; en augmentant les dimensions de la *caisse de dessication*, ainsi que celles des soufflets & des porte-vents, on pourrait dessécher en très-peu de tems une masse considérable de grains. Les recherches sur la méthode que l'on indique ici n'avoient eu pour objet que la destruction des insectes qui sont très-communs dans les pays chauds; mais cette méthode peut encore être très-utile & très-convenable dans les pays froids & humides, & même remplacer avec avantage les étuves à l'italienne, qui sont sujettes à plusieurs inconvéniens, que n'a pas la dessication.

Une plus ample description exigeroit plusieurs planches & un très-grand détail; mais les personnes qui ont la connoissance & la pratique du service des étuves, saisiront aisément jusqu'aux moindres détails de cette machine, & seront en état de comparer cette nouvelle méthode, & de juger si elle est plus simple, plus expéditive & moins coûteuse que les étuves connues jusqu'à ce jour. On observera néanmoins, 1°. que les grains doivent être passés au crible & bien nettoyés avant d'être mis dans la *caisse de dessication*; 2°. qu'il convient mieux d'augmenter les dimensions de cette *caisse* sur sa longueur & largeur que sur sa hauteur, parce que l'air des soufflets éprouvera toujours moins d'obstacles à traverser une masse de grains qui aura peu d'épaisseur; 3°. qu'il seroit très-avantageux de construire les fonds de la *caisse* entière en fer & en tôle, afin de pouvoir entretenir au dessous du premier fond un feu modéré qui accéléreroit beaucoup le desséchement du grain; 4°. qu'à volume égal, au lieu d'un seul tuyau rond pour porte-vent, il vaut mieux augmenter ou le nombre des tuyaux ou la largeur d'un seul tuyau, en diminuant son épaisseur, parce que l'air acquerra, par ce moyen, beaucoup plus de chaleur qu'en traversant un seul tuyau rond qui aurait un très-grand diamètre; 5°. que les dimensions des soufflets & des porte-vents doivent être proportionnées de manière à déplacer en dix ou douze coups de brimbale toute la masse d'air contenue dans la *caisse de dessication*; 6°. que la machine que l'on propose ici peut être appliquée au desséchement de toute autre substance que les grains, sans aucun danger d'incendie, & qu'au lieu de feu on peut, avec la chaleur du soleil, chauffer à cinquante & cinquante-cinq degrés le courant d'air qui traverse la *caisse de dessication*.

Avec six hommes, il est facile de dessécher parfaitement, soit au soleil, soit dans la *caisse de dessication*, sept à huit mille livres de grain par jour. En portant à quarante sous la journée de chaque ouvrier occupé à cette manutention, & à six livres l'entretien journalier des cribles, sacs, &c., il n'en coûte que quatre à cinq sous par quintal de grains mis en grenier de conservation; & dans un mois de beau tems bien employé, on peut très aisément, avec six hommes, mettre en conservation plus de deux cent mille livres de bled de qualité supérieure, qui équivalent à plus de deux cent quarante milliers de bled négligé, ou de qualité inférieure; c'est pourquoi, quand on passe les grains au crible, il faut avoir attention de séparer soigneusement le beau & gros froment du petit que l'on met à part, pour être consommé de préférence le premier, n'y ayant pas de profit à conserver du petit bled qui est toujours retrait ou avorté, & qui (comme on l'a déjà observé), à volume égal, ne rend guère plus de la moitié ou des deux tiers du bled de la première qualité (1).

*Description de la caisse de dessication.*

A. *Caisse de dessication* dans laquelle on met le grain dont l'humidité s'échappe en vapeurs par les soupiraux du couvercle, lesquels doivent être garnis de trapes très-légères qui font l'office de régulateurs, s'ouvrant & se fermant spontanément par l'action des soufflets & des vapeurs.

A. Ouvertures pratiquées dans l'épaisseur du bois de la *caisse*, pour y placer des thermomètres qui seroient garantis & maintenus entre deux lames de glace ou de verre blanc.

B. Ouverture au bas de la *caisse* pour vider le grain quand il est parfaitement desséché & refroidi : cette ouverture doit avoir cinq ou six pouces en quarré, & être fermée très-exactement.

B. Fourneau en briques, au travers duquel passe le porte-vent, dont il conviendroit que la partie plongée dans le feu fût de fonte de fer. Ce fourneau doit avoir un cendrier, un foyer & un dôme, afin de donner beaucoup de chaleur en ne consommant que de la braise ou de menus copeaux de bois.

(1) Le très-beau bled pèse près de soixante livres le pied cube; le bled de qualité inférieure ne pèse souvent pas quarante-huit livres le pied cube; il rend peu de fleur de farine & beaucoup de son.

C. Soufflets ou ventilateurs de Hales, dont les soupapes d'expiration sont rassemblées dans la buze, ce qui conduit l'air aspiré dans le porte-vent D.

D. Porte-vent ou tuyau de forte tôle qui traverse le fourneau, & vient aboutir à une ouverture pratiquée entre les deux fonds CC de la *caisse*. Il conviendroit d'envelopper le porte-vent de linges mouillés ou de gazon, afin que le métal échauffé n'endommage pas la buze du soufflet, ni les fonds de la *caisse*.

E. Réchaud rempli de braise, placé au-dessous de la *caisse de dessication*, dont le premier fond doit être construit en entier, ou être au moins garni dans le milieu, de fortes plaques de tôle sous lesquelles est placé directement le réchaud. Le second fond est en caillebotis, recouvert d'un canevas ou d'une grille de fil de fer ou de tôle piquée de manière que le grain ne puisse s'échapper au travers des caillebotis, & que l'air du porte-vent ait un passage libre pour traverser la masse de grains contenue dans la *caisse*.

Cet appareil, qui est fort simple, est très-propre pour dessécher les grains humides, & pour détruire en même-tems tous les insectes & leurs œufs, en poussant la chaleur à environ soixante-douze degrés de Réaumur; cette machine a plusieurs avantages sur les étuves ordinaires. 1°. Elle est d'une construction plus simple & bien moins dispendieuse. 2°. Les vapeurs humides se dissipent plus complettement & plus promptement, étant entraînées par un courant d'air très-chaud & très-sec, & elles s'échappent abondamment par les soupiraux du couvercle de la *caisse*; il suffit de cesser le feu en continuant de faire agir les soufflets; quand le grain est bien refroidi, on le retire de la *caisse* pour le renfermer sur le champ dans les greniers de conservation, sans crainte qu'aucun insecte puisse y entrer ou y déposer ses œufs; ce qui n'est pas un petit avantage, puisque, par ce nouveau procédé, on peut en toute saison travailler à dessécher les grains, même pendant un tems, & dans un lieu où les insectes seraient en action & en très-grand nombre. 3°. La chaleur se répand beaucoup plus également dans cette *caisse* que dans les étuves, dont partie des tablettes ou tuyaux est brûlante, tandis qu'une autre partie n'a souvent pas acquis cinquante degrés de chaleur. 4°. En changeant les dimensions de cette machine, & chauffant les porte-vents, soit au soleil, soit au feu de lampe ou autrement, on peut l'appliquer au desséchement de toutes les substances végétales & animales, même les plus délicates, en les suspendant & les arrangeant convenablement dans l'intérieur d'une *caisse de dessication*; opération d'autant plus facile que l'on est toujours maître de modérer à volonté la vîtesse du courant d'air & le degré de chaleur, de manière à ne déranger ni endommager aucunement les corps soumis à la dessication.

La *caisse* contient au moins cent pieds cubes de bled, pesant environ six mille livres; on peut faire deux *dessications* par jour, c'est-à-dire, douze mille livres; & par an, trois à quatre millions de livres de grains, soit bled, soit maïs; à chaque dessication on ne consume pas pour trois livres de braise ou menu bois; d'après cela, il est facile de calculer s'il est plus avantageux de travailler à la conservation des grains, ou de les déposer dans des greniers où ils soient exposés à la rapine de divers animaux qui s'en nourrissent, & à la fermentation occasionnée, tant par l'humidité naturelle des grains, que par les pluies qui peuvent causer des dommages considérables par le moindre défaut de la couverture du bâtiment, inconvéniens auxquels ne sont point exposés les grains renfermés dans des greniers de conservation.

Pour une petite quantité de grains à dessécher, il seroit facile de construire une *machine de dessication* fort simple & peu coûteuse, en plaçant dans l'intérieur d'une futaille de la contenance d'une, deux, trois ou quatre bariques, une grille couverte d'un fort canevas, & portée sur un cercle de bois cloué tout autour, à trois ou quatre pouces au-dessus du fond d'en bas. Le fond supérieur peut être tout-à-fait supprimé ou percé de plusieurs larges trous, pour laisser échapper ces vapeurs humides; au moyen d'un soufflet ou ventilateur proportionné à cette machine, & dont on chauffe le porte-vent, on introduit entre le fond & la grille couverte de canevas, un courant d'air sec & chaud qui traverse rapidement la masse de grains contenue dans la futaille, & la dessèche parfaitement en quatre ou cinq heures.

Enfin, cette machine, soit en grand, soit en petit, peut être appliquée avec avantage à plusieurs opérations nouvelles qui exigeroient une chaleur violente combinée avec l'action d'un air quelconque; elle peut être très-utile dans les grandes exploitations pour la *dessication* de toutes les substances animales & végétales, dont la conservation exige des opérations dispendieuses, embarrassantes, & même souvent impraticables, quand la saison ou l'état de l'atmosphère sont contraires au desséchement parfait de ces substances, dont l'humidité & la fermentation produisent bientôt la destruction.

CALIBRE; c'est le moule intérieur des canaux destinés à contenir la sève des plantes. Suivant la disposition de leur *calibre*, la seve y coule plus ou moins, & y reçoit différentes préparations. Telle est en partie la raison des configurations variées des plantes, de leur goût, de leurs qualités, de leurs couleurs & de leur odeur.

CALLEUX; ce terme s'entend des semences qui n'ont qu'une enveloppe coriacée, & que renferment les fruits charnus & à pepins.

CALLOSITÉ; matière dure et sèche qui se forme chaque année à la jointure des pousses d'une jeune branche ou aux insertions des racines.

CALUS; nœud qui vient aux deux extrémités d'une branche cassée, ou à la jointure d'une branche ou d'une racine.

CAMION; c'est une espece de petite charette ou de petit tombereau que deux hommes peuvent traîner.

CANAL; ce terme se dit des vaisseaux qui servent soit à recevoir & à contenir la seve, soit à la transmettre, à la porter & reporter dans toutes les parties des plantes.

On nomme *canal direct de la seve* cette espèce de branches qui poussent d'aplomb à la tige & au tronc. Il faut nécessairement les supprimer, si l'on veut avoir des arbres vigoureux, de belle figure, bien fructueux & de longue durée.

CANNELURE; c'est une sorte de cavité qui se rencontre dans les tiges et dans les fruits de quelques plantes. Ces cavites sont à vive arrête ou à côtes. Celles-là ont des séparations à feuillet tranchant, celles-ci sont divisées par des côtes arrondies ou plattes.

CAPRIFICATION. C'est une pratique fort singulière du jardinage, dont le but est d'obtenir une plus grande quantité de fruits. Dans l'Archipel & à Malte, il existe des espèces de figuiers, tant sauvages que domestiques, qui ont besoin d'un secours particulier pour amener leurs fruits à une parfaite maturité. C'est ce secours qu'on nomme *caprification*. Le figuier domestique fournit les fruits, et le sauvage, appelé *caprifiguier*, donne naissance à des insectes essentiels à la maturité des fruits domestiques. Les caprifiguiers produisent trois fois des figues dans le courant de l'année. Les premières paroissent en avril, & tombent sans mûrir en septembre et en octobre; les secondes se montrent à la fin de septembre, & restent sur l'arbre jusqu'au mois de mai; les troisièmes paraissent alors. Aucuns de ces fruits ne sont bons à manger, la nature ne les destine que pour faire mûrir ceux des figuiers domestiques. Certains moucherons déposent leurs œufs dans les figues d'automne, & y engendrent de petits vers. Les mouches qui en proviennent, piquent en octobre & en novembre les figues d'hiver, & alors celles d'octobre tombent. Celles-là renferment jusqu'en mai les œufs de ces moucherons, & c'est dans ce mois que les figues du printems commencent à paroître. Parvenues à une certaine grosseur, elles sont piquées à l'œil par les moucherons élevés dans les figues d'hiver. En juin & juillet, quand les vers sont près d'en sortir sous la forme de moucherons, les paysans les cueillent, & les portent sur les figuiers domestiques. Lorsque cette opération est faite à tems, les moucherons sortent de ces figues printannières, & entrent par l'ombilic dans les figues domestiques, qui sont alors grosses comme des noix, & ils y déposent leurs œufs. Il paroît que l'augmentation de grosseur que ces vers procurent, dépend d'une extravasion de suc, à en juger par les gales que leur piquûre occasionne. Les figues *caprifiées* ne sont jamais aussi bonnes que les autres. Les habitans de l'Archipel font leur principale nourriture de ces fruits secs, avec un peu de pain d'orge, après les avoir fait passer au four. (*Dict. du Jardinage, par M. D.*)

CAPSULE. Ce terme, qui signifie petite bourse, désigne, dans les fruits à pépins, la petite loge qui renferme le pépin. Elle se trouve toujours au milieu de l'intérieur du fruit. Cette petite loge ou cloison est séparée par une double membrane parchemineuse, en forme de petites écailles concaves.

CARIE; c'est la pourriture qui attaque les corps ligneux. Cette maladie des arbres est causée par une seve viciée, qui altère & excorie l'écorce, le parenchyme, la partie ligneuse & la moëlle. Indépendamment du dommage que les arbres reçoivent d'une seve viciée, ils se *carient* très-souvent, lorsqu'ils ont éprouvé des plaies qui deviennent de plus en plus profondes, étant exposées aux pluies, aux rosées, aux gelées & au soleil.

La *carie* est souvent aussi occasionnée ou entretenue par la gomme des cerisiers, pêchers, abricotiers, pruniers, ainsi que des arbres appelés résineux, lorsque la séve est déplacée & qu'elle n'a plus son cours. Pour s'opposer aux progrès de cette humeur vicieuse, & empêcher qu'elle ne ronge la branche, il n'y a qu'à ôter soigneusement la gomme, & le mal cesse.

CARRÉ; division qu'on fait dans les compartimens d'un parterre avec du buis ou des planches, pour y planter des fleurs.

Les *carrés* d'un potager sont partagés en planches, & bordés de différentes plantes; quelquefois aussi ces *carrés* sont renfermés seulement par des allées.

CARREAU; planche oblongue d'un potager. Les jardiniers disent qu'ils mettent, l'hiver, leurs légumes en *carreau*, lorsqu'ils les plantent dans un coin tout près les uns des autres.

CARREFOUR; c'est la place où aboutissent & se croisent plusieurs allées dans les bois & dans les bosquets.

CARRELET; c'est une lime d'acier faite en triangle, pour ôter au fer les inégalités de la forge. On se sert du *carrelet* dans le jardinage, pour ouvrir les dents des scies à main.

CARRIERE; nom que l'on donne à cette partie des poires où s'amassent plusieurs petits nœuds qui semblent ne former qu'une pierre vers le centre du fruit. Ces nœuds se forment aussi dans la pulpe. Ces pierres ne sont rien autre chose que plusieurs parties de suc endurcies & coagulées par précipitation, de la même maniere que celles qu'on voit souvent dans plusieurs liqueurs. Le plus grand nombre des poires, sur-tout les poires sauvages, ainsi que le fruit du coignassier, sont sujets à avoir des *carrières*.

CASSER *un rameau de la pousse*; c'est, dans le jardinage, rompre & faire éclater à dessein un rameau ou une branche de la pousse précédente, en appuyant avec le pouce sur le tranchant de la serpette.

Ce cassement, dit Roger de Schabol, doit être fait environ à un demi-pouce de l'endroit où le rameau qu'on casse a pris naissance, directement au-dessus de ce qu'on appelle les *sousyeux*. En cassant de la sorte, à la fin de mai jusqu'à la mi-juin & par-delà encore, on est assuré que des sousyeux il poussera infailliblement ou une lambourde, ou une brindille, ou des boutons à fruit pour les années suivantes, & souvent toutes ces trois choses à un même arbre. Au reste, ce *cassement* n'a lieu communément que pour les arbres qui donnent des fruits à pépins.

Le *cassement* a lieu quelquefois aussi à l'égard de certains bourgeons & des gourmands en bien des occasions. Cependant quelqu'un qui *casserait* sans réserve, ferait sûr d'avoir des fruits à tout rompre; mais il épuiserait bientôt ses arbres, & la stérilité succéderait à l'abondance.

CATAPLASME; on donne ce nom dans le jardinage à une emplâtre de bouze de vache, ou de terreau gras, ou de bonne terre qu'on applique sur les plaies des arbres. C'est aussi ce qu'on nomme *onguent de Saint Fiacre*.

CAUTÈRE. C'est, dans le jardinage, une ouverture qu'on fait dans l'écorce d'un arbre ou d'une branche, afin de faire percer des boutons aux endroits où elle en est dénuée, ou afin de renouveler & de purifier la seve. Il faut que la partie de l'arbre sur laquelle on applique le *cautère*, soit vive, qu'elle ne soit point ni sèche, ni trop vieille, ni écailleuse. Voici comme on pratique ordinairement le *cautère*. Il se fait par une incision de trois pouces de long dans l'écorce, dans laquelle on met un morceau de bois sec de la même longueur, taillé en coin : on lève le coin tous les trois jours, on essuie la plaie avec un linge, & on remet le coin. On ne fait jamais qu'une incision de cette sorte à la tige, & une à chaque branche. Quelquefois cette plaie ne suinte point dans les arbres à pépins, mais l'effet n'en suit pas moins le remède. On retire ce coin au bout de trois semaines. Cette opération se fait depuis le printems jusqu'au commencement de juin.

CENDRE; substance terrestre & saline, qui reste après que les végétaux sont brûlés. On s'en sert dans l'agriculture comme d'amendement.

On se sert aussi de *cendres* minérales pour amender les terres.

CERCEAU; c'est un cercle de bois qui sert à lier les tonneaux. Dans le jardinage, on se sert aussi de *cerceaux* pour former les arbres & pour les dresser. On ne parvenait autrefois que fort imparfaitement, pendant nombre d'années, à former les arbres avec la serpette; on était forcé de leur ôter quantité de bois, & de les taillader continuellement; durant tout ce tems-là on n'avait presque point de fruit; d'ailleurs on affligeait les arbres par quantité de coupes & de plaies qui leur étaient extrêmement nuisibles. Mais avec le secours des *cerceaux*, on leur fait prendre une figure convenable, & quand les branches ont pris leur pli, on les ôte. Ce qui n'empêche point les arbres de porter fruit, & comme on ne les tourmente point par des incisions réitérées, & aussi parce qu'on leur ôte peu de bois, ils grossissent prodigieusement de la tige.

Toutefois on observe que les *cerceaux* ne sont nécessaires que pour les seuls arbres de figure baroque, qui poussent follement. Quant aux arbres qui se portent bien, les *cerceaux* sont inutiles.

On emploie des *cerceaux* à futailles pour les petits arbres; des *cerceaux* à demi-muid & à muid pour les forts arbres; & pour certains arbres très-forts, tout-à-fait déjetés, des *cerceaux* à cuve.

CHAMP; (*Semer à*) se dit de la façon de semer à la volée, en jetant sa graine & l'éparpillant de toutes parts : c'est ainsi qu'on sème le bled.

*Fumer à champ*. C'est couvrir de fumier toute la superficie de quelqu'espace de terre. C'est la différence de fumer par rigoles ou ce qu'on appelle à vive jauge.

CHANCI; on nomme *racines chancies* celles qui étant éclatées, se moisissent en terre, & où se forme une humidité blanchâtre, qui les fait noircir en dedans, & pourrir. Beaucoup de jeunes arbres périssent lorsque leurs racines sont *chancies*.

Les racines se *chancissent* encore, quoiqu'elles ne soient pas éclatées, quand l'humidité de la terre est trop grande, ou quand les vers ou d'autres animaux les rongent; enfin quand, en labourant, on les atteint avec les outils & qu'on leur fait des blessures.

CHANCI; ce mot se dit particuliérement des parties du fumier qui commencent à blanchir, & où se forment des filamens regardés comme la semence de champignons. Pour obtenir ce *chanci*, on a soin que le fumier soit dans un tas ou sur une couche bien sèche.

CHANCRE; c'est dans les plantes une espèce d'ulcère malin, formant une sorte de galle causée par une humeur âcre & mordante, & qui détruit peu-à-peu la substance intérieure d'une branche ou même d'un arbre.

Les *chancres* des plantes sont plus ou moins considérables; ils attaquent indifféremment toutes sortes d'arbres & de plantes; mais les arbres gommeux y sont plus sujets que d'autres.

CHARIOT, instrument de jardinage. (*Voyez* pl. XXIII, fig. 14.) C'est une espèce d'échelle portée sur quatre roues, & ayant des repos ou des paliers saillans sur lesquels se place le jardinier élagueur d'arbres. On monte sur le *chariot* par une échelle simple qui y est adaptée. Le *chariot* est entretenu par de fortes traverses, en sorte que son écartement est toujours le même; on le roule à mesure que l'élagueur avance son ouvrage, sans qu'il soit obligé de descendre. Cette sorte de *chariot* a d'ordinaire quarante pieds de haut.

CHARIOT, autre instrument de jardinier, est une voiture qui sert pour le transport des orangers & des arbres en caisse. Cette voiture a un avant-train, & elle est élevée sur deux fortes roues, dont l'essieu passe sous les brancards, & s'unit à une forte barre de fer placée par devant. Chaque extrémité du *chariot* offre un moulinet d'où pendent des chaînes terminées par des agraffes. Le moulinet de devant n'a qu'une chaîne, & celui de derrière en a deux. Ce dernier moulinet s'ôte pour que le *chariot* reçoive la caisse. On le charge par devant, après que l'agraffe qui l'embrasse, a été placée sous la caisse, & on tourne avec une barre de fer de trois pieds le moulinet, afin d'y dévider la chaîne, jusqu'à ce que la caisse soit élevée de terre de six à sept pouces. On laisse ensuite dans un des trous du moulinet la barre de fer qui l'arrête, et on attele le limonier.

La même opération se fait sur le derrière de la caisse, qui, élevée perpendiculairement au milieu du *chariot*, sans y toucher, part pour la serre où la caisse doit être déposée. Ici on la met à sa place. Après avoir dételé les chevaux, on ôte successivement les deux barres de fer restées dans les trous des moulinets, en commençant par celle de devant; alors la caisse descend du *chariot* sans secousse.

Ce *chariot* est de l'invention de Laurent, célèbre mécanicien, mort en 1773.

CHARIOT *pour applanir & entretenir les chemins.* (Planche XII.) Ce *chariot* porte sur deux rouleaux posés de front, & parallelement l'un à l'autre, qui tournent sur deux pivots comme la roue d'une brouette. Ces rouleaux sont de fer fondu, & ont deux pieds seize pouces de diamètre; ils sont creux, & garnis par dedans de fortes planches; ils sont traversés par un fuseau de fer, sur l'extrémité duquel portent les quatre planches qui soutiennent le corps de la charette, & quoiqu'elles n'aient que deux pouces d'épaisseur, elles sont si bien emboîtées, qu'on peut mettre dessus tel fardeau qu'on veut. Les bouts des pivots tournent dans une crapaudine quarrée, de manière qu'on peut les graisser aisément; mais il faut le faire souvent, sur-tout à l'égard des pivots intérieurs, qui sont ceux qui travaillent le plus. Ces rouleaux facilitent le mouvement de la charette, lorsque le terrain est ferme & uni, & applanissent & affermissent les chemins par lesquels ils passent, de même que les ornières. Il est vrai que ces rouleaux sont bas, mais la petitesse des pivots diminue le frottement, ce qui est un avantage considérable.

Il y a derrière chaque rouleau un coûtre, dont l'usage est d'en détacher l'argille qui peut s'y être attachée.

Le corps de la charette n'étant élevé que de deux pieds six pouces au-dessus de la terre, devient plus aisé à charger, & d'ailleurs il tient moins de place dans les rues.

Les rouleaux, en y comprenant les pivots, ne pèsent guère plus de la moitié des roues ordinaires; c'est pour s'en servir avec un seul timon & les employer à différens usages, en faisant quelque léger changement au corps de la charette.

CHARMILLE; c'est un jeune plant de charmes qu'on tire des pépinières, & qui fait les plus belles palissades. On donne aussi ce nom aux palissades même formées de charmes.

CHARRÉE; c'est le nom de la cendre qui ayant servi à faire la lessive, a perdu en partie l'âcreté du sel que cette cendre conservoit en provenant du bois. Elle est très-propre non-seulement, dans le jardinage, à mettre sur le pied des arbres; mais encore, dans l'agriculture il est utile de la répandre sur les prés pour faire périr la mousse & les mauvaises herbes, ainsi que pour engraisser la terre, & faire avancer les végétaux.

CHARRUES. Les premières *charrues* n'étaient d'abord qu'un morceau de bois dur, aiguisé par le bout; on l'a armé ensuite de cuivre, & enfin de fer. Il y a des différences très-marquées dans la construction & dans la forme des *charrues* modernes en usage dans les divers pays de labour; elles varient toutes, soit par la longueur & la figure de la fleche, soit par le soc, par le coutre, par les manches, &c. Cependant, comme il y en a quelques-unes qui sont meilleures que d'autres, à certains égards, ou qui conviennent mieux, suivant la nature & l'espèce particulière des terrains, il est bon d'en prendre une connoissance générale.

La *charrue* (dit Mortimer, agriculteur anglois) préférable pour les terres argilleuses, noires & tenaces, est celle qui est longue, large, avec un soc épais & un versoir quarré, qui enlève une grande largeur de terre, qui a le coutre long & un peu courbé, avec une oreille fort grande, un pied long & large, pour faire un sillon profond.

La *charrue* pour les terres grasses, blanches ou grises, n'a pas besoin d'être aussi grande que la précédente; elle doit être seulement un peu plus large sur le derrière, & avoir un coutre long & courbé, & le soc même avec une oreille qui monte jusqu'au bras, & qui empêche le versoir de porter.

La *charrue* pour le sable ou le gravier rouge, blanc ou pour telle autre terre légère, doit être beaucoup moins pesante que la première; elle doit avoir le coûtre plus mince & plus courbé, & l'oreille moins large.

On se sert aux environs de Colchester, ajoute l'auteur anglois, d'une *charrue* à roues, extrêmement légère, avec laquelle on laboure avec deux chevaux deux acres de terre par jour; mais il est vrai que le terrain est fort léger. Ce qu'elle a de particulier, est un versoir de fer, évidé en dedans, lequel retourne la terre infiniment mieux qu'aucune autre espèce de *charrue*.

La *charrue* dont on se sert dans la province de Lincoln, a une figure toute particulière; elle est excellente pour les terrains marécageux, remplis d'herbes, de joncs, & où il n'y a point de pierres, à cause de son coutre & de la largeur de son soc, auquel on donne souvent plus d'un pied de large, qui est extrêmement pointu. On applique à cette *charrue* un manche ou soutien que l'on hausse ou baisse par le moyen d'un coin qui empêche le devant de la *charrue* d'enfoncer trop avant dans la terre; d'autres coins contiennent la partie postérieure de le *charrue*. Le coutre consiste en une roue tranchante, laquelle coupe la racine des herbes en travers à mesure qu'elle avance, pendant que le soc les coupe par le pied.

Les habitans de la province de Suffex ne se servent que d'une *charrue* à une seule roue, extrêmement pesante, & d'autant plus mal aisée à traîner, que le derrière en est fort large.

Le terrain des environs de Caxton, dans la province de Cambridge, est extrêmement argilleux & tenace, & parsemé de petites hauteurs sur lesquelles on sème du bled. On met en prairies les parties les plus basses, qui dans les hivers pluvieux sont quelquefois si inondées, qu'on ne sait comment y faire paître les bestiaux. Comme il en coûterait trop pour y faire des saignées avec la bêche, les habitans du pays se servent pour cet effet d'une espèce de *charrue* qui ne differe des autres qu'en ce qu'elle est plus forte & plus épaisse. Il y a une pièce de bois attachée à la fleche, laquelle est armée d'un coutre, & d'un autre fiché dans la fleche, lesquels sont courbés en dedans pour ouvrir la tranchée. Le soc est plat & fort large, & c'est lui qui ouvre le fond de la tranchée. Le versoir est trois fois plus long que dans les autres charrues, pour jeter la terre loin de la tranchée. Cette *charrue* ouvre une tranchée d'un pied de large au fond, d'un pied & demi de large au sommet, & d'un pied de profondeur. Il faut vingt chevaux pour la tirer; mais on est suffisamment dédommagé de la dépense par le service qu'on en tire.

CHARRUE DOUBLE. On voit dans la planche IX, fig. 7, cette *double charrue*, ainsi nommée, parce qu'elle trace deux fillons à la fois. Elle est de l'invention d'Ellis, riche fermier de Gaddensden, dans la province de Hestforden en Angleterre.

La construction de cette *charrue* est si simple, que le moindre ouvrier peut la faire. Il faut seulement observer que les crans représentés par la fig. 7, soient près l'un de l'autre, parce que leur usage est de régler la profondeur des sillons, & de conserver le niveau de la charrue. Dans le cas où les bras sont trop longs, on peut les raccourcir, proportionnellement au terrain qu'on veut labourer.

(*Gent. Mag. Feb.* 1770.

CHARRUE *anglaise, sans roues*. Il s'est fait depuis quelques années un changement remarquable dans la façon de labourer les terres du Comté d'Essex: il en coûte un quart de moins pour les labours, & je crois, dit un fermier, qu'elles sont mieux travaillées, cultivées. Il fallait précédemment quatre chevaux, un charretier-laboureur & un conducteur, pour faire le labour d'un acte dans un jour. Nous faisons, dit-il, le même ouvrage avec trois chevaux & un seul homme, & lorsqu'on a de forts chevaux, il n'en faut que deux. Ces avantages résultent d'une meilleure construction de *charrue* & d'une meilleure disposition des terres pour le tirage. Il suffira de donner ici quelques indications sur les pièces qui composent cette *charrue* améliorée. (*Voyez* pl. XL, fig. 1.)

1°. L'âge a sept pieds cinq pouces de longueur, cinq pouces en hauteur sur quatre d'épaisseur latérale; & à partir de l'endroit où est fixé le contre, l'âge diminue d'épaisseur & hauteur, jusqu'à n'avoir plus que trois pouces sur ces deux faces: à ce même point, l'âge est un peu courbé vers la terre.

2°. Le sep est une pièce droite, longue de trois pieds six pouces, large de quatre pouces à sa partie antérieure, & de trois pouces à la partie de derriere sur quatre pouces & demi d'épaisseur dans toute sa longueur.

Pour que l'âge & le sep soient placés comme il faut, l'un relativement à l'autre, tirez une ligne de la partie postérieure & inférieure du sep jusqu'au dessous de la tête de l'âge, comme la ligne ponctuée A B, & mesurez par cette ligne la hauteur de l'âge ou sa distance du fond du sillon; il doit y avoir à la queue du sep quatorze pouces de la ligne au-dessous de l'âge, & seulement douze pouces au dessous de la tête de l'âge D à la ligne B. La position relative de ces deux parties est si importante, que lorsque celle que nous conseillons manque, la *charrue* travaille mal: tout autre défaut dans cet instrument peut être réparé; mais celui-ci ne le peut pas ; il faut démonter les pièces. Si la tête de l'âge est plus haute que douze pouces, la *charrue* sortira de terre, au lieu d'y faire l'effet du levier, de garder sa position & de faire un ouvrage égal.

3°. L'âge tient au sep par le bras, qui, dans sa moitié inférieure, a la même grosseur que l'âge, il entre en mortoise dans le sep, & est chevillé sur l'âge. Ce bras a cinq pieds, & son extrémité ou le manche doit être trois pieds au-dessus de la ligne de niveau A B, si elle était prolongée.

4°. L'âge est encore lié avec le sep par l'atelier 3, qui a douze pouces de largeur, deux pouces d'épaisseur, & est fortement assemblé à tenon & mortoise.

5°. Le boulon 8 est une troisième partie qui affermit l'âge au sep ; sa position, son union avec le soc le rendent le centre de la *charrue* & des efforts qu'elle supporte. Il doit avoir un demi-pouce de diamètre ; il traverse l'âge & le sep.

6°. Les socs dont nous faisons usage dans les terres fortes & glaiseuses, pesent six livres étant neufs. Ils ont treize pouces à la partie large des ailes, & une pointe d'environ quatre pouces, plus plate que quarrée : ils sont ajustés au sep, de manière que la partie des ailes se trouve trois quarts de pouce plus bas que la ligne de niveau. De cette dépression de la pointe, dépend l'entrée du soc dans la terre, & elle fait qu'il s'y maintient.

7°. Cette partie du soc qui déborde, laisseroit sous le sep un vide où la terre s'attacheroit, & rendroit le frottement rude & le tirage plus pénible, ce qu'on prévient, en attachant sous le sep une plaque de fer qui recouvre ce vide & le dessous du sep : la tête du boulon est perdue ou enchâssée dans cette plaque ; ainsi, tout le pied du sep est égal & uni ou coulant.

8°. Le coutre a un pouce & demi de large ; sa tige un pouce quarré d'épaisseur & deux pieds de long : sa pointe approchera à volonté plus ou moins du soc, selon la nature du terrain.

9°. Le versoir de la *charrue* aura trois pieds de long, un pied de largeur ; il est plat à sa surface inférieure, mais convexe ou arrondi en dessus. Il ne peut être trop mince, pourvu qu'il ait assez de force ; il doit approcher de la forme d'un coin, & présentant une pente douce, former une continuité du soc pour passer aisément à sa suite sous la terre. Sa partie postérieure aura huit pouces de largeur : il est cloué au-devant du sep avec des clous qui traversent celui-ci, & sont rivés dessous : par derrière il est attaché au bras avec de fortes chevilles de bois. La convexité ou rondeur de sa forme lui donne dix pouces de largeur, trois pouces du bord inférieur ; l'augmentation de largeur doit être dans la proportion de deux pouces de largeur sur trois pouces de hauteur. Ces proportions sont suffisantes pour faire des sillons de médiocre largeur, comme nous en faisons dans les terres fortes cinq dans une largeur de cinq pieds. Quand on veut faire des sillons plus larges & des sillons plus hauts, voici ce qu'on doit pratiquer.

Sur le dessus du versoir, à la partie postérieure, on place une plaque de fer longue de dix-huit pouces, large de quatre pouces, & d'une forte épaisseur. Cette partie se place & déplace à volonté plus haut ou plus bas ; pour cet usage, on a percé le versoir de trois ou quatre trous, afin d'attacher la plaque de fer à la hauteur convenable ; par ce moyen, une seule *charrue* fait le service de plusieurs différentes. Comme le col ou la partie antérieure du versoir s'useroit en peu de temps, on y attache avec des clous une plaque de fer qu'on renouvelle au besoin.

10°. Immédiatement avant le versoir, est le coq de fer 7 qui sert à tenir plus ferme le soc, à empêcher les racines de s'engager entre le poitrail & le soc. Il doit avoir deux pouces quarrés d'épaisseur, & sa partie plate doit faire face à la tête de la *charrue ;* cette pièce doit être un peu inclinée vers le poitrail ; son autre extrémité est fixée dans le soc.

11°. Le bâton de la *charrue* ne sert pas seulement pour y tenir la main ; il doit y avoir cinq pieds six pouces de longueur, être droit & d'une forme à être saisi par la main à son extrémité supérieure : au bout d'en bas on ajuste un morceau de fer ; l'extrémité du bâton se place dans un trou qui est à la partie concave ou intérieure du poitrail, dont il se retire à volonté pour son usage, qui est de tourner le tranchant du coutre comme l'on veut, de nettoyer la *charrue* de terre quand il en est besoin : quant au reste du bâton, il porte sur la cheville qui attache le versoir au bras.

Nous n'expliquerons pas les pièces connues 14 qui servent au tirage de la *charrue*, on dira seulement que cette manière d'atteler, partage le tirage entre tous les chevaux plus également que l'attelage ordinaire. Dans celui-ci, lorsqu'il y a trois ou quatre chevaux, ceux qui sont les plus proches de la *charrue*, non-seulement tirent pour leur part, mais portent encore un poids proportionné à la force du tirage des chevaux de devant.

Le pied anglais n'a qu'onze pouces du pied de France.

CHARRUE *à défricher*. Cette *charrue à défricher* est de l'invention du citoyen *de Pommiers*.

Les défrichemens dans les terrains couverts d'ajoncs & de bruyères sont si coûteux & si pénibles, qu'il vaudroit mieux quelquefois acheter un fonds de terre, que de prendre la peine de les défricher. La *charrue* que nous allons décrire, dispensera non-seulement du soin de se servir de la pioche dans les défrichemens des brandes, mais encore dans ceux des vieilles vignes. Quatre bœufs suffisent pour l'atteler, & l'on défriche aisément, par son moyen, toute sorte de terrain. Le travail en est facile, & l'homme le plus foible peut y suffire sans aucun effort, & sans qu'il ait besoin d'aucun poids pour guider ou contenir la *charrue*.

Il n'est pas douteux que pour réussir dans un travail aussi difficile que le défrichement des landes, on ne doive employer une *charrue* solide, & dont les proportions soient bien exactes; mais si la construction d'un pareil instrument est facile, & qu'elle puisse être exécutée par le laboureur lui-même, cette *charrue* réunit tous les avantages; tels sont ceux que présente l'instrument aratoire du citoyen *de Pommiers*.

Les roues de cette *charrue* doivent avoir 54 pouces de hauteur, & sont composées de douze raies; la jante a 2 pouces d'épaisseur & autant de largeur; le moyeu a 8 ou 10 pouces de longueur, & l'on peut y mettre des frettes; on peut également les construire sans ferrure.

On donne à la perche de la *charrue* 8 pieds 4 pouces de longueur, & sa grosseur doit être proportionnée à la force du travail auquel on la destine. On a soin de faire des trous pour la chaîne, de deux en deux pouces, à quatre pouces au-dessus du coutre, & lorsque la perche baisse trop, on peut l'élever, en ajoutant une hausse au-dessus de l'oreille; celle-ci aura de longueur deux pieds 8 pouces; la tête seulement 8 pouces, & elle sera camuse, & à l'endroit où elle reçoit le soc, on la bombera & l'on aura soin de faire pencher le versoir. Si par hasard on n'avoit pas de morceaux de bois assez gros pour construire la tête, on pourroit la faire de deux pièces, & on l'assujettiroit à la perche & au cep par une cheville qui serviroit également à l'éloigner ou à la rapprocher. D'après cette construction, il est évident que la terre enlevée par le soc doit tourner autour de l'oreille, qu'elle est divisée par la pression de celle-ci & que son tournant arrache les racines.

La largeur du soc est de 12 pouces, sa longueur de 21; il doit être terminé en pointe; son enfourchure, dont il faut que le milieu soit parallèle, aura cinq pouces & demi de largeur, & un pouce & demi de hauteur; la force de celle-ci doit être proportionnée au défrichement qu'on veut faire; quelques clous suffiront pour attacher le soc à l'oreille, si on a eu soin de poser, vers le tiers de sa longueur, une bande de fer de six pouces, sur un de largeur.

La perfection de la *charrue* dépendant absolument du cep, il faut observer dans la construction de cette pièce, 1°. qu'elle doit être faite avec du bois très-dur; 2°. que sa longueur est de deux pieds 8 pouces; sa largeur 6 pouces, & 3 son épaisseur; 3°. qu'il faut qu'elle soit bien dressée & creusée en-dessus de demi-pouce sur la longueur d'un pied; 4°. enfin qu'on doit rabattre le dessus, afin que le soc soit emmanché très-droit. On observera sur toutes choses qu'il faut que le cep soit extrêmement incliné, parce que s'il étoit droit, comme dans d'autres *charrues*, la moindre résistance le feroit soulever, pencher le soc, & ne produiroit aucun effet; mais si on observe dans sa construction tous les points qu'on a indiqués, alors le talon frappera la terre dans l'endroit le plus difficile, & rien ne pourra l'arrêter. Si la *charrue* s'échappait de côté, ce feroit une preuve que le soc n'est pas posé droit, & il faudroit y remédier sur le champ.

Pour empêcher les herbes, les racines, de s'amasser entre l'oreille & le coûtre, on aura soin de pratiquer une ouverture auprès de ce dernier; l'expérience apprendra la grandeur qu'il convient de lui donner; par ce moyen tout passera, & l'on ne sera jamais obligé de s'arrêter; si la lande ne se renversoit pas bien, on y remédieroit en éloignant davantage l'oreille.

L'essieu doit avoir 36 pouces de long; mais pour en diminuer la dépense, on peut le faire de bois. La sellette qui porte sur l'essieu & qui est entre les roues, a 2 ou 3 pouces d'épaisseur; les pièces des côtés ont deux pieds de longueur, & lorsque celle du milieu est assez longue, elle peut servir de timon. On conçoit que celui-ci doit varier dans sa forme, & qu'il ne doit pas être le même pour atteler des bœufs ou des chevaux; on attache contre la sellette un crochet destiné à tenir une chaîne de la longueur de trois pieds, laquelle est terminée par un anneau assez grand pour que la perche puisse passer au travers; un second crochet, fixé contre cette dernière, sert à alonger ou à raccourcir la chaîne.

On fera d'abord l'essai de cette *charrue* dans une terre en valeur, ensuite dans une pelouse, après quoi on la montera à son point, & on s'en servira dans les landes. Elle devient beaucoup plus aisée après quelques jours d'usage, & soit habitude, soit parce que l'instrument va beaucoup mieux, l'illusion en est au point qu'on croiroit à peine que c'est le même dont on se servoit en commençant. Cette *charrue* est très peu dispendieuse ; un soc de vingt livres, un coutre de quinze & une chaîne de douze, voilà tout le fer qui entre dans sa construction ; le reste est en bois, & aux roues près, le laboureur peut la construire lui-même : il observera, quand il voudra faire usage de cette *charrue*, qu'on lui donne entrée par trois endroits, 1°. par la sellette ; 2°. par le trou de la perche ; 3°. en accourcissant la chaîne. Deux hommes, quatre bœufs ou quatre chevaux peuvent, avec cette *charrue*, défricher les landes les plus fortes, tandis que quatre hommes & sept couples de bœufs suffisoient à peine pour celles qu'on employoit auparavant au même usage. (*Voyez* pl. XL, fig. 2.)

CHARRUE *propre à faire des tranchées d'un pied de profondeur, d'un pied 8 pouces de large au sommet & de 10 pouces au fond, dont le talut soit égal des deux côtés.* Cette *charrue* est de l'invention de *Cuthberg Clarke*, anglais.

Voici l'explication des figures, pl. XIII.

*Fig.* 1. La *charrue* vue de côté.

*Fig.* 2. La même *charrue* vue de front.

*Fig.* 3. La même vue par derrière.

*Fig.* 4. Coupe qui montre la disposition des trois coutres.

A, B, C; trois coutres enchâssés dans le coutre-soc S à angles droits, & attachés aux bras de la *charrue* par des vis D, E, F, *fig.* 4. Le soc est de fer depuis S jusqu'en A, & a 10 pouces de large au fond qui est la largeur de la tranchée.

G, roue ou rouleau qui sert à deux usages ; l'un à empêcher que la *charrue* n'entre trop avant dans la terre, l'autre à couper les mottes en trois. Pour cet effet, le rouleau dont la largeur est de 20 pouces, est armé de chaque côté d'une plaque de fer qui déborde de 3 pouces. Il y a au milieu une autre plaque de la même grandeur ; les coutres sont sur la même ligne.

K K ; pivots du rouleau.

L L ; vis qui assujettissent l'arc-boutant qui soutient les pivots.

M ; crochet de fer auquel est attachée la chaîne qui sert à tirer la *charrue*.

N ; la chaîne.

O ; tête de la *charrue* dans laquelle les timons sont emmortoisés.

P, Q, R ; les trois timons.

S ; fer dans lequel entre le contre-soc de la *charrue*.

T ; pièce de bois, le long de laquelle la motte monte après avoir été coupée.

V, V ; pieces qui jettent la terre de côté & d'autre de la tranchée.

W, W ; bande de fer qui attache le derrière de la *charrue* au timon du milieu.

X ; tenon.

Z Z ; les mancherons.

*a*, *b* ; traverse qui contient les mancherons.

*c*, *d* ; surface du terrain. Tout ce qui est au-dessous représente l'excavation que fait la *charrue*.

*f*, *e*, *g* ; l'angle du coutre avec une ligne parallele au plan horizontal ; il est d'environ 45 degrés.

CHARRUE *tranchante*. Cet instrument est fort utile dans les prés ou les pâturages, pour ouvrir les tranchées, les rigoles, les saignées. Cette *charrue* est encore fort bonne pour couper le gazon, lorsqu'on veut le remettre tout entier dans la même place ou ailleurs. Elle est composée d'un long manche terminé par un bouton pour pouvoir le tenir plus commodément ; l'autre bout porte sur un avant-train composé de deux roues & d'une traverse, à laquelle est attaché un coutre auquel on donne une longueur proportionnée à l'épaisseur du gazon qu'on veut couper.

Ces *charrues* sont de plusieurs façons ; les unes sont à une roue, les autres à deux, & quelques-unes n'en ont point ; on choisit celles qui conviennent le mieux au terrain & à l'ouvrage.

CHARRUE *pour détruire les fourmillières*. Cet instrument est composé d'un fer tranchant *a*, d'environ trois pieds de long & de 4 ou 5 pouces de large dont le dos est fort épais ; il y a deux manches pour le saisir ; on a pratiqué deux trous où l'on passe les traits des chevaux qu'on y attele ; une traverse de fer sert à l'affermir ; c'est une espèce de petit coutre qui coupe la fourmilliere en deux parties, & l'on peut en mettre deux, lorsqu'on veut la couper en quatre. Pourvu que vous ayez un cheval pour tirer cet instrument, un garçon pour le conduire & un homme pour le tenir, vous abattrez plus de fourmillières en un jour que huit hommes n'en peuvent abattre par la voie ordinaire ; il faut seulement observer que, comme il coupe les fourmillières par la racine, il laisse dessous un vide qui cause quelque préjudice au terrain ; mais on peut remédier à ce défaut en sémant du foin, du trefle, &c.

CHARRUE A QUATRE COUTRES. On connoît la *charrue ordinaire* à deux roues, qu'on regarde comme la meilleure pour toutes sortes de terres, excepté les terres glaises & bourbeuses, qui s'attachent aux roues, & les embarrassent tellement qu'elles ne peuvent pas tourner.

On se sert en quelques endroits d'une invention pour remédier à cet inconvénient, qui est d'entourer les cercles de fer et les raies des roues de cordes de paille d'un pouce d'épaisseur. Les roues pressant la terre, les cordes, en s'applatissant, s'écartent des deux côtés, & cet écartement repousse la boue & l'empêche de s'attacher aux roues, comme elle le feroit sans cela.

La *charrue* dont il s'agit, est ordinairement divisée en deux parties, savoir, la tête & la queue. La tête contient les deux roues & leur essieu de fer qui passe le long d'une traverse fixe, dans laquelle il tourne aussi bien que dans les roues; les deux montans qui sont insérés perpendiculairement dans cette traverse, & dont chacun a deux rangs de trous qui servent à hausser & à baisser la flêche, en haussant & en baissant une traverse mobile, pour augmenter ou diminuer la profondeur du sillon; la traverse d'assemblage, au bout de laquelle les montans s'ajustent en haut dans les mortoises où ils sont cloués; le châssis avec ses anneaux & crochets de fer par lesquels toute la *charrue* est tirée; la chaîne qui attache la queue de la charrue à la tête par le collier d'un bout, & passe de l'autre bout par un trou au milieu de la traverse fixe, où elle est attachée par une tringle; la chaîne dont l'un des bouts est attaché à la flêche par une cheville, & l'autre au bout d'en haut de la même tringle, laquelle est retenue contre le montant gauche par le cercle d'osier qui les embrasse tous deux, & va passer à gauche par dessous le bout de la traverse d'assemblage, ou au lieu de ce cercle d'osier, par un bout de corde, & quelquefois par le bout de la chaîne, quand elle est assez longue.

La queue de la *charrue* contient la flêche, le coutre, le soc, la planche, l'étançon, qui passe par la fleche près du bout; le manche court, qui est attaché avec une cheville vers le haut de l'étançon, & avec une autre au haut de la planche; le montant, qui appartient au côté droit de la queue de la charrue, & auquel la pièce d'en bas est attachée, comme l'est aussi la planche du dessous dont la partie antérieure est attachée au montant avec une cheville dont l'autre bout entre dans la fleche; & le double tenon, qui supporte la planche en haut, & passe par la flèche pour y être attaché par ses vis ou par les écrous.

La fleche diffère quelquefois en longueur, étant de dix pieds quatre pouces dans certaines *charrues*, au lieu que dans d'autres elle n'est que de huit pieds; elle est aussi de différente figure, étant droite d'un bout à l'autre dans les unes, tandis que dans d'autres elle ne l'est que depuis l'endroit où elle monte en haut tout d'un coup; de sorte que si on laisse tomber un plomb du coin à la surface unie sur laquelle elle est placée, on y trouvera onze pouces & demi, qui sont sa hauteur dans cet endroit; & si on laisse tomber un autre plomb du coude de la fleche sur la même surface, on y trouvera un pied huit pouces & demi, qui sont la hauteur à laquelle la fleche est élevée de la terre à cet endroit; & si on laisse tomber un troisième plomb depuis le bas de la flèche à l'endroit qui porte sur la traverse à la surface de la terre, il fera voir que la fleche est élevée de deux pieds dix pouces au-dessus de la surface à cet endroit; il y a d'un bout à la partie postérieure du premier coutre trois pieds deux pouces; de-là jusqu'au dos du coutre suivant, treize pouces; de-là au troisième, treize, & de-là au quatrième, autant.

Cette courbure de la fleche est faite pour éviter la trop grande longueur des coutres antérieurs, laquelle ferait nécessaire, si la fleche étoit droite; & alors, à moins qu'ils ne fussent extrêmement épais & pesans, ils seroient sujets à se fausser, & la pointe du quatrième seroit si éloignée de son emboîture, qu'il aurait une force presque insurmontable pour lâcher les coins qui le contiennent; d'où il arriveroit que le coutre se leveroit, & ne trancheroit plus la terre; ce qui n'arrive pas quand la fleche est courbée. Cette fleche se fait ou de frêne, qui est le bois le plus léger, ou de chêne, qui est le plus durable; sa dimension, tant en épaisseur qu'en largeur, peut varier, suivant que la terre qui doit être labourée, est plus pesante ou plus légère; mais celle que nous venons de décrire, a cinq pouces d'épaisseur au trou du premier coutre, & quatre de largeur.

A la planche, qui est large de sept pouces, sont joints les tenons de fer, dont le gauche doit être plus avancé, afin que le bord de sa partie antérieure, qui est plat, soit bien serré contre le bois de la planche. Cette piece tient la planche attachée à la fleche par ses vis & ses écrous, comme le fait aussi une cheville qui est dans le trou auquel correspond une petite partie de la fleche; la cheville y étant poussée, tire la planche en haut, & la tient serrée contre la fleche. La principale chose dont on doit prendre connaissance, c'est l'angle qui montre l'élévation de la planche. Quand cet angle est plus grand que le 45e degré, une charrue ordinaire ne va jamais bien: dans cette charrue à quatre coutres, on le fait de 42 ou 43 degrés au plus.

Passons au soc, où l'on distingue le bout de

la pointe, la queue du soc, qui est long de trois pieds neuf pouces; l'aileron; la douille dans laquelle le bas de la planche entre; une plaque mince de fer qui est rivée à la queue du soc; c'est par cette plaque que la queue du soc est attachée à l'étançon par une petite cheville de fer qui a une vis au bout & un écrou qui est monté du côté intérieur ou droit de l'étançon.

La pointe du soc est longue environ de trois pouces & demi, platte par-dessous & ronde en dessus: il doit être d'acier fort dur en bas; le bord de l'aileron doit être bien acéré; la longueur est indifférente. La douille est une mortoise d'environ un pied de long à la partie supérieure, & de deux pouces de profondeur: son bout de devant ne doit pas être perpendiculaire, mais oblique, comme le devant de la planche qui y entre; & le bord d'en haut de cette partie antérieure doit toujours porter contre la planche. Mais si ce bout de la douille n'étoit pas tout-à-fait aussi oblique que la planche, on peut y remédier, en rognant un peu de bois à la pointe de la planche.

Un côté du soc doit être parfaitement droit, mais celui d'en bas, à l'endroit de son col, doit être un peu creux du côté de la terre, mais jamais de plus d'un demi-pouce dans aucune *charrue* ordinaire, & d'un quart de pouce dans celles qui ont quatre coutres; de sorte que, quand le soc est nouvellement fait & posé sur son fond, il ne porte sur la surface unie qu'en trois endroits, c'est-à-dire, à la pointe, à la queue & au coin de l'aileron.

La figure 7 est le soc renversé, il montre la concavité de l'aileron à l'endroit qui doit être plus grande pour un terrein pierreux & embarrassé.

Le grand manche est long de cinq pieds quatre pouces, & large de quatre pouces dans sa plus grande largeur; il est attaché à la planche & au montant.

Le manche court n'a que trois pieds neuf pouces, & est attaché à l'étançon & au bout de la planche de devant au dessus de la fleche.

La principale chose, & celle qu'on doit le moins se dispenser d'observer, est de placer les quatre coûtres de maniere que les quatre plans imaginaires que leurs tranchans décrivent quand la *charrue* va en avant, soient tous parallèles les uns aux autres, ou à-peu-près; car si un d'eux inclinoit beaucoup à un des trois autres, ou qu'il s'en éloignât, ils ne pourroient pas entrer dans la terre ensemble. Pour les placer ainsi, leurs trous doivent être faits à travers la fleche convenablement; c'est-à-dire, le trou du second coutre deux pouces & demi plus à la droite que le premier; ainsi du troisieme & du quatrieme, conformément aux quatre incisions qu'ils doivent faire dans un sillon de dix pouces; & comme une seule fleche n'est pas assez large pour qu'on y puisse faire les quatre trous des coutres à cette distance, on est obligé d'y ajouter une piece. Le second trou est fait partie dans la fleche & partie dans cette piece; le troisieme & le quatrieme sont faits entiérement dans cette piece; trois vis attachent cette piece au côté droit de la fleche avec leurs écrous.

La distance de deux pouces & demi, à laquelle chacun des trois coûtres ajoutés est placé plus à la droite que celui qui est immédiatement après, doit être comptée du milieu d'un trou au milieu de l'autre: la partie de devant de chaque trou doit incliner un peu vers la gauche, en sorte que les dos des coutres ne portent pas contre le côté gauche des incisions faites par les tranchans.

Chaque trou étant une mortoise, est large d'un pouce & un quart, & ses deux côtés opposés sont parallèles depuis le haut jusqu'en bas; chacune de ces mortoises est longue par en haut de trois pouces & demi, & par en bas de trois pouces; la partie de derriere de chaque trou des coutres n'est pas perpendiculaire, mais oblique; elle détermine la situation oblique du coutre qui y est enchassé avec un coin, comme tous les autres le sont.

Le coutre a deux pieds huit pouces de longueur; son tranchant est de 16 pouces de longueur; son manche a la même longueur. On le fait d'abord de cette longueur, afin qu'y en ayant une partie au dessus de la *charrue*, on puisse le chasser plus bas, à mesure que la pointe s'use; ce manche est large d'un pouce & de sept huitiemes, & épais de sept huitiemes de pouce également dans toute sa longueur: sa largeur & son épaisseur pourroient être représentées par un parallelogramme rectangle.

Dans toutes les *charrues*, le premier coutre est ou doit être placé dans la fleche de la maniere suivante; c'est-à-dire, que son dos porte contre celui de son trou; son côté droit d'en haut contre le bord d'en-haut, & son côté gauche contre le bord d'en bas, de sorte qu'il faut toujours trois coins pour le tenir; l'un devant, un autre à gauche en haut & un troisieme à droite en bas. Le trou doit être fait de façon que le coutre y étant placé de travers, sa pointe puisse incliner assez vers le côté gauche, pour être environ deux pouces & demi plus à la gauche que la pointe du soc, s'il était poussé aussi bas que lui; mais il ne doit jamais être aussi bas dans aucune *charrue*. Quant à sa situation en avant, ſa pointe ne devroit jamais être devant le milieu de celle du ſoc.

Les trois coutres ajoutés doivent être dans la même ſituation que celui dont nous venons de parler, eu égard à l'inclinaiſon de leurs pointes vers la gauche, & c'eſt un avantage pour eux; car par ce moyen, quand on leve l'aileron en tournant les manches vers la gauche, les pointes ne ſortent point de la terre du côté droit, comme elles le feraient ſans cette inclinaiſon vers la gauche; mais à l'égard de leur poſition en avant, le mieux eſt que chacun des trois ſoit un peu plus perpendiculaire que celui qui le ſuit. C'eſt ainſi que le quatrieme coutre approche plus de la perpendiculaire que les autres, y ayant, par ce moyen, plus de place entr'eux en haut qu'en bas, ils ſont plus facilement débarraſſés du gazon, quand les pieces étant couvertes d'une grande quantité de chiendent ou d'autres herbes, montent entr'eux. Il eſt vrai que cela arrive rarement; mais il faut alors un homme qui marche à côté avec un bâton fourchu, pour détacher le gazon ou l'herbe, qui ſans cela rempliroit les eſpaces qui ſont entr'eux, & empêcheroit l'opération de la *charrue*, en la ſoulevant.

On doit obſerver qu'aucun des coutres ne doit deſcendre auſſi bas que la baſe du ſoc, excepté quand on laboure fort ſuperficiellement, que l'aileron du ſoc ſoit aſſez large pour couper la quatrieme piece ou le quatrieme ſillon; ſans quoi la terre, reſtée ferme, pourroit ſoulever la *charrue* & la détourner. Mais quand on laboure profondément, elle rompt ce quatrieme ſillon, quoique l'aileron ne ſoit pas aſſez large pour y atteindre.

On fera bien de mettre entre les écrous & le bois des plaques de fer ou d'acier, pour empêcher que l'écrou ne creuſe le bois.

Les trous où entrent les coutres, doivent auſſi être garnis de plaques de fer, tant en haut qu'en bas.

Le collier de fer eſt attaché à la fleche par deux crochets qui prennent à deux courtes chevilles qu'on a fait entrer dans la *charrue*, préciſément derriere le trou du ſecond coutre, chacun d'un côté de la fleche. L'uſage des entaillures pratiquées dans le collier, eſt d'aider à la direction de la pointe du ſoc. A meſure que la pointe du ſoc s'uſe, il incline un peu plus vers la droite, & l'on y remédie en mettant le crochet dans une entaillure plus près de la gauche, ce qui dirige la pointe un peu plus vers la gauche; & cela eſt plus facile à faire dans cette ſorte de *charrue* que dans les *charrues* ordinaires, dont les colliers tournent tout autour de la fleche; chaque côté de ce collier eſt long d'un pied.

Quand on veut approcher la *charrue* un peu plus près des montans, on met le crochet dans le ſecond ou troiſieme chaînon. On remarque que quand on raccourcit la chaîne, la pointe du ſoc incline un peu vers la gauche.

Remarquez que les trous de la caiſſe par leſquels les jambes de la barre du châſſis paſſent, ne doivent pas être faits à angle droit avec la caiſſe, mais biaiſant en enhaut, de maniere que le devant du châſſis ſoit plus haut que le derriere, ſans quoi le haut des montans pancheroit tout-à-fait en arriere quand la *charrue* eſt tirée.

L'uſage des entaillures de la barre du châſſis eſt pour donner à la *charrue* un ſillon plus large ou plus étroit: ſi on y met les chaînons du côté droit, cela fait aller les roues à la gauche, & donne un plus grand ſillon; & ſi on les met du côté gauche, cela donne un plus petit ſillon, en faiſant venir les roues à la droite.

La diſtance qu'il y a entre les deux jambes de la barre eſt de 8 pouces, elles doivent être aſſez fortes: les chaînons étant placés dans les entaillures éloignées les unes des autres, empêchent les roues d'avancer plus l'une que l'autre; ce qui arriveroit ſi les deux étaient dans une même entaillure ou dans deux joignantes, à moins que ce ne fût celle du milieu; ces chaînons ſont longs de ſix pouces & demi chacun.

Il y a un anneau par lequel les deux chaînons & les deux crochets ſont joints, & dans lequel ils tournent.

La gauche de la *charrue* a vingt pouces de diametre, & celle de la droite deux pieds trois pouces; la diſtance à laquelle elles ſont l'une de l'autre ſur la terre, eſt de deux pieds cinq pouces & demi.

Les montans ont un pied & onze pouces de hauteur depuis la caiſſe juſqu'à la traverſe; ils ſont perpendiculaires à l'égard de la caiſſe, & la diſtance de l'un à l'autre eſt de dix pouces & demi. La traverſe eſt ſoutenue aux deux bouts par deux chevilles de fer qui y ſont attachées avec des chaînes, afin qu'elles ne ſe perdent pas ſi elles tombent. La hauteur depuis la ſurface de la terre juſqu'au trou de la caiſſe par lequel paſſe la premiere chaîne, eſt de treize pouces, étant deux pouces au-deſſous des trous de la barre du côté de derriere de la caiſſe; la hauteur de l'autre bout où le crochet du collier ſaiſit la cheville dans la fleche, eſt de vingt pouces au-deſſus de la même ſurface unie; ce qui montre combien la chaîne deſcend en avant pour tirer la charrue en bas.

Quand on a fait une *charrue* à quatre coutres, on doit l'eſſayer avec le premier avant d'y mettre les trois autres ; car si elle ne va pas bien avec un seul, il n'y a point d'apparence qu'elle aille avec quatre ; & l'on n'a vu ni entendu dire au contraire qu'aucune *charrue* allât bien avec un coutre, sans qu'elle allât bien avec quatre, quand ils ont été placés comme il a été dit plus haut.

Or voici les marques à quoi on reconnaît qu'une *charrue* a été bien construite : si elle fait un sillon d'une égale profondeur à la droite & à la gauche ; si, quand elle va, la queue du soc & le bas du montant portent sur le fond du sillon, & si elle est aisée dans la main de celui qui la mene, sans presser l'un de ses bras plus que l'autre.

Le laboureur qui est accoutumé à une *charrue* à deux roues, ne les laisse jamais renverser quand il tourne au bout de la piece d'un sillon à l'autre. Pour cet effet, quand il a levé la *charrue*, en la tournant un peu, il a l'adresse de lever les montans avec le bout de la fleche, en appuyant fortement la main contre le manche, pendant que la *charrue* est couchée d'un côté, jusqu'à ce que les chevaux, les roues & la *charrue* soient presqu'en ligne droite au commencement du sillon, alors il la leve, & suit son nouveau sillon.

CHARRUE *légère*. La *charrue* légère a sa fleche & sa queue presque les mêmes que celles de la *charrue* ordinaire, dont la fleche étant accourcie & attachée par des vis à la planche, pourroit faire une *charrue* légère. Le soc de cette dernière est depuis sa queue jusqu'à la partie de devant de sa douille, long de deux pieds & un pouce, & de-là à la pointe, de dix pouces & demi ; ce qui s'entend de la base. Sa planche est longue de deux pieds sept pouces & demi, épaisse de deux pouces & demi, & large de neuf pouces. Les écrous de deux clous à vis tiennent la fleche à la planche. L'écrou de la cheville a un crochet par en bas, auquel un des chaînons de la chaîne courte du palonier est attaché pour le tirage de la *charrue*. Le seul usage de cet écrou, est d'empêcher la cheville de tomber par son propre poids, par celui de la chaîne, & par celui du palonier : mais pour n'avoir pas la peine de le serrer & de le desserrer, on se sert souvent d'un clou quarré un peu plus gros que le trou, lequel on fait si bien entrer avec un marteau, qu'il ne peut pas sortir de lui-même. On peut cependant facilement le faire sortir avec quelques coups de marteau aussi souvent qu'il est nécessaire de le mettre dans un autre trou.

Deux limons sont attachés à la planche avec quatre vis & leurs écrous.

Leurs surfaces inférieures sont de toute leur longueur parallèles à la planche, & à la surface supérieure du bout de devant de la fleche. Sans cela les surfaces supérieures & inférieures de cette planche ne seroient pas paralleles au soc ; elles feroient avec lui le même angle que les limons & sa fleche font.

Ces limons doivent se courber en dehors, jusqu'à ce qu'ils arrivent à un pied environ près de la chaîne, à cause que le milieu de la planche de la *charrue* légère ne suit que fort rarement la direction du cheval, & c'est pour cela qu'il doit y avoir beaucoup de place entre ces limons. Ils doivent aussi s'écarter l'un de l'autre par leur extrémité, à cause que celui du côté droit doit souvent être levé, & celui de la gauche baissé, en levant la *charrue* vers le côté gauche ; car si on la levoit vers le droit, le soc marcheroit sur l'aileron, & sa pointe sortiroit de la terre, à moins qu'elle ne fût sur une surface qui penchât vers la droite : la distance entre leurs bouts de devant, est de deux pieds huit pouces.

Leur force & leur roideur doivent être telles qu'ils ne se plient pas entre leurs bouts de devant & la queue de la fleche ; car s'ils sont si foibles qu'ils cèdent au poids du sillon, la pointe du soc descendra dans la terre, & sa queue se levera, & alors la *charrue* ne peut pas aller bien. Plus ils sont courts, plus ils sont forts & roides, étant de la même grosseur ; on peut les faire de telle longueur qu'il y ait justement de la place pour le cheval devant la barre, qui tient les limons à une distance convenable. Ils sont depuis leurs bouts jusqu'à la barre, longs de quatre pieds dix pouces, & de-là à la planche de dix pouces, & de trois pouces & demi quarrés à la barre.

Le palonier a des entaillures auxquelles les traits tant du limonier que du cheval qui est devant lui, sont attachés. La longueur du palonier est incertaine : mais quand on laboure entre des rangs, & que les plantes sont devenues grandes, on le fait aussi court qu'il puisse l'être, sans que les traits écorchent les jambes des chevaux.

Nous plaçons par le moyen de la dossière ou de la chaîne des limons, cette *charrue*, de manière qu'elle prenne plus ou moins profondément. Le changement de ses chaînons dans le crochet, produit le même effet que celui du changement des clous dans les différens trous des leviers dans la *charrue* ordinaire.

La fleche a sa longueur de quatre pieds dix pouces : on fait sa largeur & épaisseur telles, qu'elle soit aussi légère, qu'elle puisse l'être sans plier.

Il y a une mortoise par laquelle passe l'étançon ;

une autre mortoise du montant parallèle à l'étançon, sur lequel montant elle est clouée.

On a pratiqué un trou dans la fleche, où le bout de manche gauche entrant, empêche la fleche de se mouvoir, & c'est la meilleure manière d'attacher le manche d'une *charrue*. Remarquez les trous par lesquels les deux jambes du double tenon passent, & y sont soutenues par leurs écrous. Le trou du coutre, le trou postérieur par lequel la *charrue* est attachée à la planche, & les deux trous de devant de la fleche, par l'un ou l'autre desquels passe la cheville qui la tient à la partie de devant de la planche. Ces derniers trous doivent être faits aussi près l'un de l'autre qu'il se puisse, sans fendre le bois qui est entre deux. Il y a différentes manières d'empêcher que cela n'arrive; l'une est de faire entrer deux chevilles quarrées à travers la fleche avant qu'on fasse les trous; ou bien on peut couvrir ces trous en haut & en bas avec du fer, ce qui fera le même effet; & alors il ne sera pas nécessaire qu'il y ait plus d'un pouce de l'un à l'autre.

Voici la manière de placer la fleche & les quatre trous par lesquels on attache avec des vis les limons à la planche. Supposé que le pas du cheval soit une ligne droite, & que la ligne qui est à angles droits avec la planche, & qui est à une égale distance de chaque limon, passe exactement par-dessus, sans faire d'angle à l'un ou à l'autre de ses côtés, alors la fleche doit être placée à angles droits avec la planche, afin que le soc puisse en allant faire une ligne parallèle au pas du cheval, excepté la petite inclinaison qu'à sa pointe à gauche; mais cette *charrue* suit rarement le cheval de cette manière. La ligne à angles droits fait généralement des angles avec le pas du cheval; sans quoi il arriveroit (quand la fleche est placée près du limon gauche, & la cheville à laquelle elle est attachée à la chaîne près du droit dans le trou, où elle doit être placée pour que le fer soit parallèle au pas du cheval) que le poids du côté droit de la planche & de son limon seroit trop fort pour que la main droite de celui qui mène la *charrue* pût la manier; & si on met ladite cheville, par exemple, dans le trou 7, le parallélisme du soc avec le pas du cheval se perd, & sa pointe peut incliner trop vers la gauche; & quand il faut faire un fillon à la droite du pas du cheval, la fleche doit être approchée plus près du milieu de la planche; & la cheville à laquelle la chaîne est attachée, doit être placée à la gauche de la fleche, supposé dans le trou 2, cela amenera la plus grande partie de la planche à la droite du pas du cheval. Le soc étant alors placé à angles droits avec la planche, fera un fort grand angle avec le pas du cheval, & la *charrue* n'ira pas bien du tout. C'est pourquoi étant nécessaire que le soc fasse toujours une ligne parallèle au pas du cheval, & souvent aussi nécessaire que la planche fasse des angles obliques avec lui, il s'ensuit que la fleche doit faire des angles obliques avec la planche pour conserver le parallélisme avec le pas du cheval; & cela ne peut se faire que par les trous qui croisent la planche.

On peut aussi changer la position de la fleche, en coupant le bois à côté d'un trou, & mettant un coin au côté opposé de la cheville.

Celui qui mène la *charrue* peut, par le moyen des manches, faire quelques changemens dans sa manière d'aller.

Si par le tirage du cheval ou des chevaux de devant, la *charrue* portoit trop sur le limonier, on peut y remédier en faisant un rang de trous au bord postérieur de la planche pour la cheville de la chaîne, au lieu de ceux du milieu; car plus cette cheville est placée en arrière, moins les limons porteront sur le limonier, principalement quand il y a plus d'un cheval qui tire, à cause que ceux de devant tirent les limons plus en bas que le limonier.

On sent comment la *charrue* légère est tirée, & comment les traits y sont attachés; ceux des deux chevaux sont attachés aux entaillures des bouts du palonier; le devant de ceux du limonier est attaché à un crochet ou un anneau dans le bois du collier; & le devant de ceux du cheval qui le précède est attaché de la même manière à son collier: mais ces derniers traits étant deux fois aussi longs que ceux du limonier, ils doivent être soutenus dans le milieu par un bout de corde ou de chaîne; on doit prendre garde que cette corde ou chaîne ne soit pas si courte, qu'elle tienne les traits trop hauts pour être en ligne droite; car alors le collier étant pressé blesseroit le limonier, outre que cela feroit que la *charrue* seroit tirée trop en haut; car quand le cheval de devant ne tire pas en même ligne que le limonier, c'est un grand avantage pour tenir la *charrue* ferme dans la terre.

S'il y a un autre cheval, ses traits sont attachés au collier du second.

Quand nous labourons entre des rangs où les plantes sont fort hautes, comme celles des navets en graine, qui sont plus hautes que les chevaux, pour commencer en dedans un nouveau fillon parallèle au premier quand il y a un fossé dans le milieu de l'intervalle où les chevaux doivent marcher, le meilleur est de placer la fleche aux trous *B* & *E* dans la *fig.* 3, & la cheville de la chaîne auprès du limon gauche, ce qui fait venir la queue de la *charrue* à la droite, & les bouts de devant des limons étant vers la gauche, en tournant les manches un peu de ce côté, celui du limon droit porte contre la selle de bois en *d*, & ne peut pas donner contre les plantes ni les déchirer.

Des navets conservés pour la graine, ont été labourés de cette manière, quoiqu'on eût cru impossible qu'une *charrue* & des chevaux marchassent entre les rangs sans les détruire. On peut donner au froment le dernier labour à peu près de la même manière.

Quand nous faisons un sillon en dehors du rang (qui est alors toujours à la gauche de la *charrue*) elle doit être mise dans une situation différente & contraire : mais les plantes étant alors pour l'ordinaire basses, il n'y a point de danger que le palonier ou les limons les accrochent ; celui qui fait marcher les chevaux, doit prendre garde de ne pas marcher dessus, & que les chevaux ne le fassent pas non plus.

C'est dans cette dernière manière de labourer, quand on s'approche de fort près des jeunes plantes la première ou la seconde fois, qu'on doit prendre garde de ne pas les couvrir avec la terre, qui est sujette à passer à la gauche de la *charrue*, surtout quand elle est sèche & fine. On peut empêcher cela en grande partie, quand la terre est nette, en attachant avec trois ou quatre clous un morceau quarré & mince d'une planche à la tablette, & un autre en bas sur le derrière du coûtre à son côté gauche. Son bout de devant est attaché au coutre avec une languette de cuir, qui passe par un trou fort près du bout de la planche. Si ce n'est dans ce cas, nous ne faisons jamais usage de planche, étant souvent avantageux dans le labourage que la terre passe à la gauche ; car par-là il y a plus de surface de la terre changée, que si elle tomboit toute à la droite ; & quand on laboure en été auprès des rangs de froment sans s'approcher de fort près des plantes, cette terre qui passe par-dessus le soc & tombe à la gauche, aide à réparer les endroits où le sillon n'avoit pas été jetté assez près du rang dans le labour précédent.

On tourne la première fois le sillon vers le rang, les chevaux marchent dans la tranchée qui est auprès, & la *charrue* commune pour jetter en bas la côte ou le sillon qui a été pendant tout l'hiver dans le milieu de l'intervalle ; les roues suivant les deux côtés de cette raie, tiennent la *charrue* dans une grande justesse, & font qu'elle fend la raie en deux moitiés, que la planche qui est ajustée pour cela, jette contre les rangs des deux côtés de l'intervalle.

Souvent nous nous servons aussi de la *charrue* à deux roues pour élever les sillons sur lesquels nous semons les rangs avec les semoirs ; ce n'est pas que la *charrue* légère ne fasse tout ce qui est nécessaire à notre labourage : mais le poids des *charrues* ordinaires fait qu'elles marchent plus fermes ; d'ailleurs le laboureur y étant plus accoutumé, les préfère à toutes les autres dans les endroits où leurs roues ne font point de tort.

Cependant on ne voit point de raies mieux faites que celles qui se font avec la *charrue* légère, ni un plus beau labour ; & je crois que si on la faisoit plus forte & plus pesante, on pourroit s'en servir dans des terres glaises & bourbeuses où les roues des *charrues* ne peuvent pas marcher.

Un laboureur doit être guidé par ses yeux, par son tact, & par sa raison, pour la manière de placer la *charrue* : mais il ne peut pas le faire sans un nombre suffisant de trous. J'ai entendu dire que quelques-uns de ceux qui se mêlent de faire des *charrues* légères, ont attaché la fleche à la planche, de manière qu'elle étoit immobile ; par-là elle devient inutile pour labourer entre les rangs.

On se sert d'un joug pour chaque bœuf qui tire à la file, comme ils doivent toujours tirer quand ils travaillent avec la *charrue* légère ; quand ils sont accoutumés à tirer deux à deux, c'est-à-dire, deux de front, on doit les exercer pendant une semaine à tirer seuls, avant qu'on se serve d'eux pour le labour, sans quoi ils sont capables de détruire les rangs, l'un prenant à la droite dans l'attente que son compagnon viendra se mettre à sa gauche, & l'autre à la gauche pour faire place à son compagnon pour qu'il se mette à la droite pour marcher de front avec lui, tâchant ainsi de marcher deux à deux comme ils étoient accoutumés d'être placés.

Je pense qu'il n'est pas nécessaire d'avertir qu'il faut emmuseler les bœufs quand ils labourent ; on en sent assez la nécessité, à cause qu'ils mangent les plantes dès qu'elles sont à un pouce de terre : mais il n'est pas nécessaire d'emmuseler les chevaux, jusqu'à ce que les plantes soient assez hautes pour leur venir jusqu'au nez, quand ils sont bridés.

CHARRUE *de Norfolk*. Plusieurs agriculteurs d'Angleterre, & qui y jouissent d'une grande réputation, vantent les avantages de la *charrue* particulière à la province de Norfolk ; en voici la description & la figure telles que les publie la feuille du cultivateur.

Nous avons représenté dans la pl. XXXVIII, fig. 3, la *charrue* employée dans le comté de Norfolk en Angleterre, parce que l'agriculture est très-perfectionnée dans cette province, & que cet instrument présente plusieurs avantages que

que n'ont pas la plupart des autres *charrues*. Nous ne prétendons cependant pas dire qu'elle soit la meilleure de toutes celles qu'on connoît ; nous savons que cet instrument doit varier suivant le sol où il doit être employé.

*Explication de la figure.*

A ; le manche.

B ; l'âge.

D ; pièce de bois correspondant à la *scie*.

E ; pièce de fer correspondant à l'*attelier*.

F ; partie du versoir en bois.

G ; partie du versoir en fer.

H ; le soc avec une pièce de rechange à son bout.

I, K ; le cep.

L ; partie du versoir qui relève la terre. Il y a près de F une cheville de fer pour tenir le versoir à une distance convenable.

N ; le coûtre.

OOO ; pièces de fer pour renforcer les joints dans les parties où les plus grands frottemens ont lieu.

P ; cheville de fer recourbée & placée à l'extrémité du manche.

Q ; pièce de fer qui unit l'âge avec l'avant-train.

R ; le patron.

S ; la selette.

UU ; deux chevilles pour fixer l'âge.

V ; cheville de fer pour soutenir la selette.

W ; cheville de fer & chaîne pour fixer l'âge.

X ; espèce de *forceau* retenu par des chevilles.

T, X ; châssis dentelé en-dedans. Sept pièces de fer servant à fixer la pommelle.

AB ; cheville de fer pour retenir l'anneau & la pièce de fer Q. Ac, Ac trous à l'extrémité des montans & par où passent les guides. 3, 2, 3, la pommelle retenue par le fer 2 à la pièce 7, 3, 3 deux anneaux à chaque extrémité de la pommelle, auxquels sont fixés les deux paloniers 4, 4. Les traits des chevaux sont attachés en 5, 5.

1. Les trous pratiqués dans les montans de fer TT sont destinés à élever ou abaisser la selette au moyen des chevilles de fer V inférieur, ce qui est nécessaire pour faire piquer la *charrue* plus ou moins profondément ; mais, lorsque la *charrue* est fixée convenablement, on ne la change guère plus, à moins qu'on ne veuille faire des sillons très-profonds pour égoûter les champs, ou que le soc ne soit très-usé. Les trous percés dans la longueur de l'âge remplissent le même but.

2. Les trous dont la selette S est percée sont destinés à recevoir les chevilles VV, au moyen desquelles on peut changer la direction de l'âge suivant qu'on veut labourer à plat ou en sillons relevés. Les dents du châssis TX ont une destination semblable.

3. Les trous pratiqués dans l'âge B servent à fixer l'anneau & la pièce de fer au moyen de la cheville AB. La cheville de fer & la chaîne W ont la même destination, & servent à unir solidement l'arrière-train à l'avant-train. Au moyen de tous ces trous, on dirige la *charrue* comme on veut, & on fait aller le soc à la profondeur qu'on juge nécessaire suivant les inégalités du terrain. Ces *charrues* sont si bien construites, qu'il suffit de changer les chevilles de fer de trois lignes, pour s'appercevoir tout de suite que le soc pique plus ou moins profondément. La cheville W, tirée de la moitié de sa longueur, & la cheville quarrée AB, tournée sur une autre de ses faces, suffisent quelquefois, quand on laboure une jachère, pour faire enfoncer le soc d'une manière sensible. De cette façon, la *charrue* de Norfolk va à telle profondeur qu'on juge à propos, tandis qu'on peut s'en servir aussi pour écorcher seulement la surface du terrain.

4. Le coutre N doit être placé de manière que la pointe soit à trois pouces ou environ du soc, & dirigée de manière qu'une ligne tirée de cette pointe à l'extrémité de la partie de fer du versoir, passe tout juste à côté du soc.

5. Les guides sont formées par un seul cordon attaché à la bride d'un cheval, en-dehors ; elles passent par un anneau placé sur le harnois, ensuite à travers le trou AC, de-là par l'anneau P du manche, & reviennent par le trou AC, de l'autre côté & à travers les mêmes anneaux, allant s'attacher au côté extérieur de la bouche de l'autre cheval. Un cordon particulier, attaché à la partie interne de chaque bride, sert à joindre les deux chevaux, & de cette façon, il suffit de tirer la guide d'un côté pour faire tourner ensemble les deux chevaux du même côté.

6. Les chevaux sont attelés très-court, de manière que les pieds de derrière soient le plus rapprochés que faire se peut des pièces de l'attelage.

La *charrue* doit toujours être placée de sorte

qu'il y ait le moindre frottement. Elle est d'ailleurs si simple, que le laboureur le moins adroit peut bientôt s'en servir.

Cette *charrue* présente plusieurs avantages; deux chevaux suffisent pour la faire aller, & on n'a pas besoin de garçon-conducteur. Attelée ainsi, elle est employée dans les terres les plus fortes, & elle peut faire, lorsque le temps est favorable, un âcre (mesure anglaise) par jour. On met quelquefois un poids qui est souvent de 100 liv. entre le versoir & l'âge, afin de la faire enfoncer davantage. Dans ce cas, comme la terre est très-forte, on ne fait par jour que la moitié du travail ordinaire. Le manche simple est très-commode; on le tient de la main gauche, tandis qu'on a à la droite un fouet, & qu'on se sert de cette main pour tirer les guides. Lorsqu'on laboure dans un terrain inégal, on peut, dans un instant, relever ou abaisser la *charrue* à volonté & avec la plus grande facilité; un bon laboureur change souvent deux ou trois fois, dans le même sillon, la portée de sa *charrue*. Les deux chevaux allant de front, servent à guider le laboureur, qui peut voir entre les deux, & fait ainsi des sillons parfaitement droits.

*Nota*. Pour mieux faire connoître cette *charrue*, ses usages & avantages, nous ajouterons, à ce précédent extrait de la feuille du cultivateur, ce que nous lisons dans un des ouvrages de M. *Marshall*, agriculteur anglois, praticien qui a le plus écrit sur l'agriculture, si on en excepte M. *Young*, éditeur des annales d'agriculture, qui se publient tous les mois depuis 1784; il est assez singulier, dit M. *Marshall*, *rural économy of Norfolk*, que cette *charrue* ne soit employée que dans le comté de Norfolk; la première fois que je l'ai vue c'étoit à Thetford, & je ne me rappelle pas avoir vu dans ce comté, de *charrue* d'aucune autre construction différente, ni d'avoir rencontré cette espèce de *charrue* ailleurs que dans le comté de Norfolk. Cependant on sait que cet instrument a été porté à différentes fois dans presque tous les districts de l'Angleterre, mais il me semble qu'il n'a été adopté par aucun de ces pays, si ce n'est peut-être dans le canton de la forêt de Nottingham.

Il n'y a aucun doute sur l'excellence de la *charrue* de Norfolk pour cultiver les terres de ce comté ou de tout autre sol qui lui ressemble, c'est-à-dire pour labourer une terre qui a de la profondeur, de la légéreté, une terre sableuse où le soc ne rencontre ni tuf, ni pierres grosses ou moyennes, ni grosses racines. Mais la largeur, la forme du soc de cette *charrue* font qu'elle ne peut pas servir avec succès à labourer une terre très-dure à entamer, ou dans laquelle il y a beaucoup de pierres ou d'autres obstacles qu'on ne surmonte qu'en employant beaucoup de force, & la manière usitée de tenir ou d'assujettir la partie postérieure du cep empêche aussi qu'on ne puisse bien faire un profond sillon.

Les particularités de la construction de cette *charrue* sont surtout les suivantes : les roues sont plus grandes, plus travaillées que celles des autres petites *charrues*, quoique la forme des roues mêmes soit d'une belle simplicité; le soc est plus plat que dans les *charrues* communes, il est aussi moins aigu. Le cep n'est pas en entier de bois, du moins sa face qui touche la terre, mais il est de fer, soit de fer forgé, soit de fer de fonte; c'est une forte plaque qui a la forme du talon du cep des petites *charrues* nouvelles de la province d'Yorck; enfin, la *charrue* de Norfolk n'a qu'un bras.

*Marshall* croit que ce seroit améliorer cet instrument que d'y mettre deux bras, au lieu d'un seul, parce qu'il trouve que, quand le laboureur appuie les deux mains sur le bras de la *charrue*, comme il est nécessaire dans un labour difficile, il a l'attitude très-gauche & l'air de peiner.

C'est sans doute une très utile addition ou amélioration pour toute espèce de *charrue*, que ces semelles ou talons de fonte de fer adaptés au cep; elle doit rendre la marche ou le glissement du cep plus facile, & rendre le tirage de toute *charrue*, & sur-tout des *charrues* fort pesantes, moins pénible dans les terres glaiseuses, poisseuses, tenaces. Ce moyen me paroît beaucoup plus utile que ne seroit la roue ou roulette, ou les deux roulettes adaptées au talon du cep qui sont, dit-on, employées dans quelques cantons d'Angleterre, & dont des auteurs anglois parlent pour en dire les inconvéniens; aussi l'usage de ces roulettes n'a point été adopté généralement.

Le peu de diamètre ou grosseur des jentes des roues angloises, faites d'une seule bande de fer plat, paroît avoir l'avantage d'occasionner moins de frottement, de se charger de moins de terre que nos roues de bois; mais ces roues ont, dit-on, les inconvéniens de se trop enfoncer dans les terres légères & sableuses, & dans les terres fortes quand elles sont molles; ce qui m'autorise à leur croire plus de désavantages que d'avantages, c'est que de quelques cantons où on emploie en France ces roues à cercles ou jentes de fer, elles ne se sont pas étendues plus loin.

*Fouet-guide pour la charrue*. M. *Marshall*, agriculteur anglois, desireroit que pour perfectionner l'usage de la *charrue* de Norfolk, on y ajoutât l'instrument de son invention qu'il nomme *fouet-rênes* ou *fouet-guide*. Le laboureur ayant besoin de rênes ou guides pour faire arrêter ou tourner ses chevaux à chaque sillon qu'il fait, & d'un fouet pour leur faire hâter le pas, il lui est moins commode d'avoir deux instrumens, ou moyens séparés, les guides & un fouet, que de se servir d'un seul qui réunit l'usage du fouet & celui des guides ou rênes.

La guide ou rêne est un cordeau de chanvre, dont les extrémités sont ajustées à la bride des chevaux, selon l'usage du pays; ou bien ils sont, comme l'on dit, rênés à la françoise ou à l'italienne. La main ou poignée du manche de ce fouet-guide est fixée à volonté dans le manche de la *charrue*. Quant à la manière de se servir de cet instrument, comme fouet pour frapper les chevaux, il consiste à faire tourner le cordeau qui est le long de la cuisse du cheval, & de terminer ce mouvement par une saccade, ce qui s'apprend facilement par l'exercice.

Charrue des jardins. Elle diffère de la *charrue de labour*, & n'a qu'un soc, servant à ratisser les grandes allées des parcs. Cet instrument est composé de deux brancards, de deux traverses de bois & d'un fer tranchant d'environ trois pieds de long, un peu incliné pour mordre d'un pouce dans la terre. Cette *charrue* peut être conduite à bras, mais on y attele ordinairement un cheval pour la traîner; & son conducteur appuie dessus par-derrière, afin d'avancer l'ouvrage.

La *demi-charrue* ou la petite *charrue de jardinage*, n'est, à proprement parler, qu'une ratissoire fort large montée avec un châssis de bois sur une ou deux roues, & qu'un homme pousse facilement devant lui, lorsqu'il ne s'agit que de nettoyer un terrain léger & sabloneux.

Charrue-ratissoire. Elle est composée de trois morceaux de bois enchâssés l'un dans l'autre, & d'un fer tranchant d'environ trois pieds de longueur; trois morceaux de bois font autant de côtés du quarré, & le tranchant fait le quatrième par en bas. Le tranchant est un peu incliné pour mordre environ d'un pouce dans les allées. Quand un cheval traîne cette machine, & que l'homme qui la conduit par un guide appuie assez fortement dessus, si le cheval va aisément, on avance l'ouvrage en peu de tems.

CHASSIS. On appelle ainsi, dans le jardinage, un assemblage de pièces de bois jointes par des rainures; & où l'on ménage des feuillures pour y faire entrer des panneaux ordinairement peints en vert & garnis en dessus de vitrages à petits ou à de moyens carreaux en plomb. On pose ces *châssis* inclinés sur des pièces de bois soutenues par des murs construits en briques. On leur donne ordinairement dix pieds de large sur quatre & demi dans leur plus grande hauteur, qui est réduite à deux par-devant. Leur longueur peut être portée à quarante pieds.

Ces *châssis*, destinés à faire venir des ananas & autres plantes exotiques des pays méridionaux, sont échauffés, les uns par un fourneau placé dans l'intérieur, dont les conduits de briques portent la chaleur tout autour entre deux murs couverts d'une pièce de bois; on creuse la terre de quatre pieds sur trois, & on y fait une couche de tannée pareille à celle de la serre dans laquelle leurs pots sont enfoncés. Le *châssis* a une cheminée avec sa porte de tôle; elle est plus basse que le terrain, d'une marche. Il y a un banc qui règne dans toute la longueur par-derrière, pour donner de l'air aux ananas en levant le *châssis* par le moyen de deux anneaux, & le soutenant avec des hausses.

Quant aux *châssis*, qui ne reçoivent de chaleur que du soleil, ils sont destinés à donner des primeurs. Leur couche, creusée de trois pieds, est formée d'une égale quantité de terre & de terreau.

Durant les ardeurs trop vives du soleil, on couvre les *châssis* de serpillière clouée par les deux bouts sur des rouleaux de bois. On attribue l'invention des *châssis* aux Anglois & aux Hollandois.

CHATRER; les jardiniers emploient ce terme à l'égard de la vigne & des arbres dont on retranche les rejetons inutiles, & en parlant de la taille des melons & des concombres. Ils le disent aussi de la motte d'une plante en pot ou en caisse qu'ils transportent après l'avoir rafraîchie. L'usage ordinaire des jardiniers est de couper alors tout autour de la motte & en-dessous les filets blancs qu'a poussés la plante, & qui, ne pouvant percer le pot, se replient le long de la motte: mais tous ces retranchemens sont autant de plaies, par lesquelles le suc nourricier sort; il faut que la nature les guérisse, ou que la plante dépérisse.

CHAUX; pierre ou marne qu'on a calcinée en la faisant brûler ou cuire à grand feu dans une espèce de four bâti exprès.

En Normandie, du côté de Bayeux, on fait grand usage de *chaux* vive pour amender les terres que l'on défriche, afin de les ensemencer après les avoir laissées quelque tems en pâturage. Ce défrichement se fait en mars ou en avril. Comme la terre est alors très-affermie, on pique d'abord très-modérément: peu de tems après, on porte la *chaux* dans le champ en pierre, au sortir du fourneau. On en met environ quatre mille livres pesant pour chaque vergée de terre, distribuées en quarante tas, à distances égales;

ensuite on relève la terre autour des tas pour former comme autant de bassins d'un pied d'épaisseur. Après quoi on répand un demi-pied de terre en forme de dôme sur le tas même. La *chaux* se fuse en cet état, s'éteint, se pulvérise, & en même-tems augmente de volume, ce qui fend la couverture de terre. On visite de tems en tems avec soin les tas de *chaux*, pour réparer ces fentes, par lesquelles la pluie pourroit s'insinuer. Le meilleur moyen de les fermer est de jetter de nouvelle terre sur le sommet, sans la battre avec le dos de la pelle.

Quand la *chaux* est bien éteinte & pulvérisée on la recoupe avec des pelles, & on la mêle le mieux qu'il est possible avec la terre qui la couvroit. Enfin, on la rassemble en tas, pour la laisser exposée à l'air pendant six semaines ou deux mois. Vers le mois de juin, on distribue ce mélange de terre & de *chaux* par pellées en petits tas dans toute l'étendue du terrain : on a observé que ces petites masses sont plus propres à exciter la végétation que si le mélange étoit épars à l'uni. Après quoi on donne le dernier labour en piquant beaucoup.

La *chaux*, employée en cette quantité, fertilise beaucoup la terre; mais cet amendement est très-dispendieux.

Il y a des laboureurs qui, pour répandre la *chaux* plus commodément, augmentent le nombre des monceaux & les font plus petits. D'autres mettent la *chaux* dans une grande raie qui traverse tout le champ. Ceux qui pensent que la *chaux* produit un meilleur effet quand elle est près de la superficie, l'enterrent avec la charrue; puis, avant de semer, donnent un autre labour qui ramène la *chaux* vers la surface.

CHEVAL; ce quadrupède, considéré comme instrument de labour, doit avoir la tête grosse d'ossemens, & peu chargée de chair, afin qu'il ne soit point sujet aux maux d'yeux; que ses oreilles soient petites, étroites, droites & hardies; ce qu'on reconnoît lorsque, le faisant marcher ou galopper, il en tient les pointes avancées sans aucun mouvement de haut en bas; que ses naseaux soient bien fendus & bien ouverts pour qu'il respire aisément.

Le *cheval* qui a le front enfoncé environ depuis les yeux jusqu'à l'endroit où porte la muserolle de la bride, est ordinairement bon pour le travail : à la différence de ceux qu'on achète pour monter, qui doivent avoir le front égal & médiocrement large. Il faut que le front soit marqué d'une étoile, lorsque les *chevaux* ne sont ni gris ni blancs.

On observera que les yeux d'un bon *cheval* doivent être clairs, vifs, pleins de feu, médiocrement gros & à fleur de tête, la prunelle grande, les salières élevées; car si elles sont enfoncées, c'est signe que le *cheval* est vieux, ou engendré d'un vieux étalon. S'il regarde effrontément, c'est encore un bon signe.

La bouche du *cheval* doit être médiocrement fendue, qualité essentielle. Le palais en sera décharné, & les lèvres minces. Il faut que la bouche soit fraîche & pleine d'écume, marque de bon tempérament d'un *cheval*, moins sujet à s'échauffer qu'un autre. Ce n'est pas néanmoins que la bouche soit la chose à laquelle il faille plus regarder pour un *cheval* de charroi, qui, pour l'avoir méchante, n'en tire souvent que mieux.

Un cultivateur n'a pas à chercher de ces encolures fines & qui sont essentielles à un *cheval* de monture pour être beau. Un *cheval* de harnois n'en vaut pas moins pour avoir l'encolure un peu épaisse & charnue; il rend même plus de profit lorsque, depuis le garrot, cette encolure ne monte pas droit en haut, ou qu'elle penche même quelquefois.

Le *cheval* doit avoir la poitrine large & ouverte. Il n'est pas à craindre que cela le rende pesant, n'étant toujours qu'une bonne marque pour le *cheval* destiné au tirage.

Les épaules seront grosses pour avoir plus de facilité à tirer, & pour faire que le harnois ne blesse pas sitôt. Un *cheval* pesant n'en est que meilleur pour le charroi; car plus il est attaché à terre, plus on l'estime pour cet usage.

Il est nécessaire qu'un *cheval* qu'on achète pour le harnois ait les reins doubles, c'est-à-dire, un peu élevés aux deux côtés de l'épine du dos. Il faut aussi qu'il ait les côtes amples & rondes, afin qu'il ait plus de boyaux & un meilleur flanc. Pour le ventre, il doit être grand, pourvu qu'il ne fasse pas le ventre de vache. Il aura les flancs pleins & le moins larges qu'il sera possible, pour n'être point sujet à s'eflanquer dans le travail.

On estime un *cheval* qui a la croupe large, ronde, ni avalée, ni coupée. On prendra garde que la queue soit ferme, forte & sans mouvement, que le tronçon en soit gros, qu'elle soit garnie de poil, & placée ni trop haut ni trop bas.

Les jambes sont les parties les plus à considérer, comme étant celles qui ont à supporter le fardeau de tout le corps, auquel elles doivent être proportionnées. Les jambes de devant seront plutôt choisies plates & larges que rondes; la rondeur de la jambe étant un défaut contre la beauté & la bonté, ce qui fait que le *cheval* est bientôt ruiné par peu de travail.

Pour ce qui regarde les jambes de derrière, on aura soin d'observer que les cuisses soient longues & charnues, & que tout le muscle qui est au-dehors de la cuisse soit charnu, gros & fort épais. Au reste, les jambes de derrière ne sont pas si sujettes à manquer que celles de devant, qui bien souvent sont mauvaises lorsque celles de derrière sont bonnes.

Les *chevaux* montés sur des jambes trop hautes & plus grandes que n'est leur taille sont défectueux, c'est à quoi il faut bien prendre garde.

Le *cheval* doit n'avoir, ni le pied-bot, ni le pied de lièvre; enfin il faut observer si le *cheval* se plante bien sur ses membres, lorsqu'il est arrêté en place; car alors il est beaucoup plus assuré dans ses mouvemens, que lorsqu'il se plante mal. Telles sont les qualités d'un bon *cheval* de labour.

On aura soin que les *chevaux* soient ferrés comme il faut avant de les mettre au travail, & que généralement tous leurs harnois soient en bon état. Les sellettes, colliers, traits & brides, les charrues, charettes & tombereaux seront visités soigneusement, pour voir s'il n'y manque rien.

On ne pressera jamais trop les *chevaux* dans le commencement; mais on les laissera tout doucement se mettre en haleine; agissant autrement, on voit bien souvent qu'ils ne veulent point manger au retour de la charrue, qui les a fatigués avec excès.

CHEVRON; terme de jardinage: c'est la marche de gazon, en manière de *chevron* brisé, qui traverse d'espace en espace les allées trop rampantes. Comme ces allées inclinées sont sujettes aux ravines, on y pratique des *chevrons* pour retenir le sable & rejetter les eaux pluviales des deux côtés.

CICATRISER; (*se*) on dit qu'un arbre se *cicatrise* lorsque les plaies qui lui ont été faites se referment, ou lorsque la sève forme, à l'endroit endommagé, un petit bourrelet qui augmente toujours jusqu'à parfait recouvrement. On ne doit jamais faire de plaies un peu considérables aux arbres sans y mettre l'emplâtre d'onguent saint Fiacre. Le recouvrement s'en fait alors bien plus sûrement & plus promptement.

CISEAUX *à tondre les arbres*. Ce sont des *ciseaux* de la forme ordinaire, mais beaucoup plus longs & plus larges. Les deux branches du manche de ces *ciseaux* sont renversées & emmanchées avec du bois. On s'en sert pour tondre les menus arbres, arbrisseaux & arbustes, & toutes les bordures de buis. Ces *ciseaux* ont communément un pied de lame, & ceux pour les massifs en ont deux & trois de longueur. (*Voyez* pl. XXIV, fig. 17).

CIVIÈRE; instrument de jardinage: c'est une sorte de brancard de six pieds de long & à quatre bras, que deux hommes portent. La *civière* est fort utile pour le transport des pierres, des gazons & des petites caisses. (*Voyez* pl. XXIV, fig. 19).

CLAIE; ustensile de jardinage: c'est un assemblage de plusieurs branches de saule ou de coudrier, d'environ quatre pieds de haut sur six de long, garnies de leur écorce, & attachées par-derrière avec des traverses du même bois qui maintiennent l'ouvrage en état. (*Voyez* pl. XXIV, fig. 31). En jettant la terre contre cette *claie*, inclinée & soutenue par deux échalas, on la tamise, & on la débarrasse des pierres & des mottes.

On fait aussi, pour le même usage, de grandes *claies* avec des lattes, & d'autres avec des fils de fer formant une grille.

CLOCHES *des jardins*. Ces cloches sont des instrumens de verre faits en forme de *cloches* d'airain, ayant un bouton en-dessus pour les tenir. On fait présentement des *cloches* de verre d'une seule pièce; autrefois elles étoient construites avec des assemblages de plomb à petits carreaux de verre. (*Voyez* pl. XXVI).

Les *cloches* servent l'hiver, & durant toute la saison froide, à couvrir les plantes délicates qu'on fait avancer sur couche avec des fumiers chauds. On donne de l'air aux plantes en élevant ces *cloches* sur des petites fourchettes de bois. On emploie aussi les *cloches* pour faire un abri aux plantes ou aux fleurs contre les mauvais vents, ou même pour augmenter la chaleur & hâter la croissance ou la maturité de certaines plantes tendres ou précoces.

CLOITRE; dans le jardinage, c'est une sorte de bosquet formé par un enclos de palissades, au-dedans duquel sont une ou deux rangées d'arbres de haute tige qui forment comme les portiques d'un cloître de religieux. On joint quelquefois les tiges des arbres par des charmilles en banquettes, que l'on tend à trois ou quatre pieds de hauteur.

CLOQUE *ou* BROUISSURE; les jardiniers donnent ce nom à la forme que prennent les feuilles des arbres, & principalement du pêcher, par un accident qui les fait coffiner, & leur donne une couleur livide. Les mauvais vents, les gelées printannières, les brouillards morfondans sont les causes les plus ordinaires de cette maladie. Ces feuilles ainsi repliées sont remplies de bosses, de creux & d'inégalités. En cet état, elles servent de retraites à des pucerons sans nombre qui se répandent sur l'arbre & le dépouillent successivement de ses feuilles & de ses fruits. (*Voyez* Brouissure.)

CLOU. On sait que c'est un morceau de fer garni d'une tête & d'une pointe. Il y a plusieurs sortes de *clous*. Ceux qui ont un pouce & demi de long sont les plus commodes pour le palissage.

COFFIN; petit panier d'osier haut & rond, ayant un couvercle & une anse, lequel est propre à mettre des fruits.

COFFINER; terme de jardinage qui se dit des feuilles, lesquelles se frisent & se replient au lieu de rester étendues; il s'emploie aussi à l'égard des fruits qui se fannent, qui se rident & deviennent mous. Les feuilles se *coffinent* quand elles sont attaquées par des mauvais vents ou par une grande sécheresse, ou lorsqu'elles se préparent à tomber à l'approche de l'hiver.

COIGNÉE; instrument de bucheron & de jardinier. Cet outil est composé d'un fer tranchant en forme de hache, & plus large à son extrémité qu'à son origine. Il tient à un fort bâton d'environ deux pieds. On s'en sert pour abattre les arbres ou pour fendre le bois & couper les racines des arbres que l'on veut arracher. (*Voyez* pl. XXIV, fig. 18).

COLLET *de hotte*; c'est la partie de la hotte qui garantit le cou de celui qui la porte, & empêche que le fumier ou la terre n'y entrent. Ainsi cette partie touche au dos, & est plus haute que le ventre de la hotte.

COLLIER *de cheval*; assemblage de deux pièces de bois rembourrées & couvertes de cuir, que l'on passe dans le cou des chevaux de trait & de charrue, afin que les cordes des traits ne les incommodent point en tirant. C'est au *collier* que les traits sont attachés.

COLOMBINE; fiente de pigeon. Elle est un très-bon engrais dans les terrains froids, humides ou glaiseux, lorsqu'elle a été un an ou deux déposée en terre. On s'en sert encore pour les prés trop usés & pour les orangers.

CONDUIRE *les arbres*; c'est les élaguer, les tailler, les gouverner, les soigner, chacun suivant son espèce.

CONTOURNER *une branche d'arbre*; c'est la forcer lors du palissage, & l'amener dans un endroit où elle ne devroit pas être naturellement.

CONTRE-ESPALIER; c'est un treillage pratiqué au-devant d'un espalier, à quelque distance proportionnée du mur, afin que les arbres ou les vignes qu'on plante à ce treillage ne s'entrenuisent point. Ces *contre-espaliers* ont d'ordinaire quatre pieds de haut, & sont posés au moins à neuf pieds du mur. Les arbres qu'on y plante, ne doivent jamais être en face de ceux du mur, mais en échiquier en face du vide qui est entre deux.

Il est des *contre-espaliers* formés seulement avec des arbres sans treillage. On dresse ces arbres en éventail, de même que ceux attachés sur le treillage.

CORBEILLE *d'osier*. On se sert de *corbeilles* en osier avec claie aussi d'osier à claire voie, pour passer la terre & en écarter les pierres, les herbes & autres corps étrangers.

Corbeilles; en jardinage, ce sont de petits paniers pour cueillir des menues provisions, des fruits, &c.

Corbeilles *d'ornement*; ce sont certaines élévations de terre qu'on retient avec des bandes d'osier peintes en vert, ou avec de petits treillages décorés. On les garnit ordinairement de fleurs, & quelquefois d'arbustes.

CORDE; terme de jardinage. Il se dit des racines de plantes potagères, lorsqu'au lieu d'être cassantes, elles sont entièrement remplies de fibres solides, dont la dureté & la longueur empêchent qu'on ne puisse casser net une racine, & font que lorsqu'on la casse en travers les deux morceaux séparés sont hérissés de filamens. Dans cet état, on dit qu'une racine est *cordée*.

CORDEAU *roulé sur son piquet*. Dans le jardinage, c'est une corde de moyenne grosseur, attachée à deux bâtons par chacun des bouts. Ces bâtons sont pointus: on les fiche en terre pour régler les plantations, les plates-bandes, les bordures, les glacis, les rayons, les tranchées, &c. (*Voyez* pl. XXIV, fig. 22.

CORDON; c'est, dans le jardinage, un rond de gazon qui orne les bords d'un bassin, ou qui fait partie des compartimens d'un parterre.

COTIERE. C'est, dans le jardinage, une bande ou planche de terre qui va en pente, & qui est exposée au midi & abritée pour y semer des primeurs.

COUCHE. Dans le jardinage, c'est un amas de fumier qu'on assemble par lits, à la hauteur, longueur, qu'on juge & largeur convenables. On laisse ce fumier s'échauffer, & communément on le couvre d'une certaine épaisseur de terreau, pour ensuite y semer & planter ce qui ne pourroit venir en pleine terre. La largeur d'une *couche* est d'ordinaire de quatre pieds; sa hauteur de deux; quant à sa longueur, elle est arbitraire.

Le fumier de cheval, d'âne & de mulet y est le plus convenable, eu égard à sa chaleur. Voici ce qu'on doit observer dans la construction d'une bonne couche.

1°. Il faut plomber fortement chaque lit de fumier, afin que la chaleur s'y maintienne plus long-tems, & que venant à s'affaisser, la *couche* conserve son aplomb.

2°. On doit faire la *couche* & le réchaud tout ensemble, & leur donner six pieds, dont un de chaque côté sert à la fois de réchaud & de sentier. L'usage, au contraire, est de faire les *couches* isolées, & d'attendre qu'elles se refroidissent pour y mettre un réchaud.

3°. Au lieu d'élever les *couches* de deux pieds réduits à un quand l'affaissement est fait, il convient de les porter à la hauteur de trois pieds. Alors les *couches* ne seraient pas morfondues par l'humidité de la terre & par les vapeurs froides qu'elle exhale. Lors des chaleurs & des coups de soleil, le plant n'aurait point alors à souffrir de la reverbération de ses rayons.

4°. Il est bon de préférer au terreau, qui n'a que des sucs trop déliés, une terre factice à peu près comme celle des orangers, mais moins ferme & moins compacte, telle que celle des taupinières.

5°. Au lieu de semer sur *couche* les melons, concombres & autres légumes pour les changer, ce qui évente leurs racines, on fera mieux de les semer dans de petits pots à basilic qu'on enterre jusqu'au bord, & qu'on dépote ensuite sans châtrer leur motte.

COUCHE CHAUDE, est celle qui est nouvelle & qui conserve toute sa chaleur. On la laisse diminuer pendant huit ou dix jours avant que d'y rien semer.

COUCHE SOURDE, ainsi nommée, parce qu'elle est enfoncée en terre. On ne la fait qu'au printems. Elle sert de pépinière aux plantes qui doivent être mises en pleine terre; elle est fort usitée pour les champignons. Pour construire cette sorte de *couche*, on commence par creuser la terre de deux pieds; on remplit ensuite la fosse avec du fumier qui a été auparavant plombé & qu'on a recouvert de la même terre qui est sortie de la fosse. On tient ce fumier un peu plus élevé que la terre voisine, attendu qu'il tarde peu à baisser de moitié.

COUCHE TIÈDE. On appelle ainsi une *couche* dont la chaleur est un peu trop diminuée, & qui a besoin d'être réchauffée. (*Voyez* pl. XXVI.)

COUCHES. *Construction de nouvelles couches que l'on échauffe par la vapeur de l'eau bouillante.*

L'utilité, ou plutôt la nécessité indispensable de la chaleur & de l'humidité pour faire végéter les plantes, a fait imaginer une nouvelle espèce de *couches* auxquelles on peut les communiquer aussi long-tems qu'on veut.

Pour cet effet, on construit dans une chambre qui est près des *couches*, une tourelle de briques T (fig. 1 & 2, pl. X), de six pieds de hauteur, d'un pied de diamètre au sommet, & dix-huit pouces au bas E.

La tourelle est fermée par un couvercle L (fig. 2) de terre glaise cuite au four, qui emboîte très-juste & qu'on leste tout autour après avoir mis le charbon dedans, pour intercepter toute communication avec l'air extérieur.

Cette tour a deux ouvertures au bas; l'une en *h*, au-dessus de la grille de fer H, sous laquelle on allume le feu, & l'autre en *a*, par où l'on retire la cendre *y* Vis-à-vis l'ouverture *h*, est un trou *g* qui donne passage à la flamme sous l'alambic A, laquelle monte en ligne spirale *r*, *r*, *r*, *r*, & s'échappe par la cheminée S, au moyen de quoi le moindre feu suffit pour entretenir l'eau bouillante. L'ouverture *h* se ferme au moyen d'une porte de tête.

Près de la chaudière A, *même fig.*, est un réservoir de plomb BCDE, au fond duquel est une soupape V, soudée à l'extrémité d'un tuyau de plomb RP, dont l'ouverture est de six lignes, & qui va s'emboîter dans la chaudière, d'environ un pouce.

Sur le côté DE du réservoir est un montant qui porte un levier en équilibre, dont chaque extrémité est terminée par deux segmens de cercle KI, sur lequel sont attachées; savoir, sur K, une petite chaîne qui tient à la soupape V, & à l'autre un fil d'archal qui entre dans l'alembic, & au bout duquel est une boule de cuivre creuse & fort mince, dont le haut est percé pour donner passage à l'air à mesure qu'il se raréfie. Cette boule flotte sur l'eau lorsque la chaudière est pleine; mais à mesure que l'eau diminue, elle s'enfonce par son propre poids & fait baisser le bras I du levier, & monter l'autre K, au moyen de quoi la soupape V se lève, & l'eau du réservoir se rend par le tuyau RP dans la chaudière, jusqu'à ce qu'elle ait repris son premier niveau. La boule remonte, & le levier reprenant son équilibre, la soupape se ferme. Au moyen de cet expédient, la chaudière se trouve toujours également remplie tant qu'il y a de l'eau dans le réservoir, ce qui évite la peine d'y en mettre à mesure qu'elle se consume.

Il y a en haut de la chaudière une soupape *v* que l'on charge d'un poids proportionné au dégré de raréfaction inférieur à celui qui peut faire sauter le chapiteau de l'alambic, afin que si le feu est trop fort, ou que les tuyaux des couches viennent à s'engorger, la vapeur puisse se faire jour sans endommager les vaisseaux.

Le tuyau de plomb *r*, *r*, *r*, qui part du chapiteau, va se rendre aux *couches* *d*, *d*, *d*, *d*, & se partager en trois branches qui aboutissent à autant de tuyaux *R*, *R*, *R*, faits de terre cuite, depuis quatre jusqu'à six pouces de diamètre, & d'environ trois pieds de longueur, qui s'emboîtent les uns dans les autres. La moitié de ces tuyaux, qui est hors de terre, est percée de plusieurs petits trous qui donnent passage à la vapeur & à la chaleur; & pour empêcher que la terre ne tombe dedans, on les couvre avec du tan.

Ces tuyaux, qui doivent être de la longueur des *couches*, vont s'emboîter dans un autre tuyau (fig. 3) dont le bout *u* perce la *couche*, & est garni d'un robinet qu'on a soin d'ouvrir de tems en tems pour faire écouler l'eau qui s'est amassée dans les tuyaux, qui doivent pour cet effet avoir une pente légère. Ce robinet sert encore à régler la chaleur, & on peut l'augmenter ou la diminuer en l'ouvrant plus ou moins.

Le charbon dont la tourelle est remplie, suffit pour entretenir le feu deux ou trois jours; & lorsqu'on l'a une fois réglé avec un thermomètre, la chaleur reste la même jusqu'à ce que le charbon soit consumé.

Voici les avantages que ces *couches* ont sur les autres.

1°. Indépendamment de la chaleur, elles se remplissent d'une vapeur chaude & légère qui hâte encore plus la végétation des plantes, comme l'a prouvé Hâles, dans sa Statique des végétaux.

2°. On peut régler la chaleur à son gré, & la continuer autant de tems qu'on veut.

3°. Cette invention exige très-peu de soins; on n'est point obligé d'arroser les plantes, ni d'y mettre du fumier, qui pour l'ordinaire leur donne un mauvais goût.

4°. Ces *couches* ont cela de commode, qu'on peut y élever des plantes étrangères, telles que le coco, l'ananas, le musa, & y entretenir pendant l'hiver le même degré de chaleur & d'humidité que dans les Antilles.

COUCHE DE PEINTURE. Il faut prendre garde que la *couche de peinture* qu'on met sur les treillages d'un jardin, ne gâte & barbouille les arbres. On doit les tirer en devant, de façon que le peintre puisse imprimer sa couleur derrière les arbres sans les endommager.

COUCHER *une branche;* c'est l'étendre en terre pour en faire une marcotte, ce qui se pratique sur-tout à l'égard du figuier & de la vigne.

COULER *une branche d'arbre;* c'est palisser une branche le long d'une voisine qu'on sera obligé de couper à la taille suivante. Ainsi lorsqu'on s'apperçoit qu'une grosse branche ne pousse ou ne produit point, & que près d'elle il y a un gourmand ou une branche à fruit, on *coule* celle-ci le long de la premiere, qui l'année d'ensuite est retranchée & remplacée par la branche qu'on aura *coulée*.

COULURE. C'est l'accident qu'éprouvent le bled & le raisin lorsqu'il survient des pluies continues dans le tems qu'ils sont en fleurs. La *coulure* est un défaut de fécondation.

COUPE *des arbres*. C'est l'action de retrancher une branche ou un bourgeon, soit avec la serpe, soit avec la scie à main, soit avec la serpette.

*Fausse coupe*. C'est une branche *coupée* trop en bec de flûte, ou qu'on a trop tirée & alongée en ôtant trop de bois; d'où s'ensuit la difficulté du recouvrement de la plaie, souvent même la mort de la branche, & presque toujours l'avortement du bouton.

*Coupe régulière*. C'est la façon dont on doit tailler les branches des arbres. Cette *coupe* est courte, ronde & près de l'œil. C'est le contraire de la *fausse coupe*, ou de la *coupe irrégulière*.

COUPE-CHOUX *perfectionné*, pour couper les pommes de terre.

Voici la description de cette machine, avec l'explication

l'explication de ses parties que le C. Engel a trouvées nécessaires pour faciliter & accélerer le travail. Mais sa plus grande perfection consiste dans la multiplicité des couteaux, portée jusqu'à six, ce qui augmente le travail d'une manière surprenante. (*Voyez* pl. XIV.)

*Fig. I.* A; planche de la largeur de 15 pouces qui sert de soutien au *coupe-choux* à l'un des bouts.

BB; le fût du *coupe-choux* avec sa varlope.

*b, b, b, b, b, b;* les six couteaux ou mêches avec leurs lumières.

*a, a, a, a;* les deux bandes & liteaux qui couvrent ces couteaux par leurs bouts, des deux côtés, le long du fût.

.... ; quatre clefs de bois pour affermir les bandes.

*o, o, o, o;* quatre vis de fer pour serrer les bandes à l'endroit où les bouts des couteaux sont enclavés dans les *e, e, e, e* rainures des bandes.

*C;* une planche qui s'incline depuis le bout du fût vers le fond de la caisse D en y poussant les tranches.

*c, c, c, c;* deux bouts relevés pour empêcher qu'elles ne se débordent & se jettent en dehors.

D; ledit fond & caisse qui reçoit les tranches *d* où on les tire pour les porter au séchoir.

E; le second appui à l'autre bout du fût, & les deux pieds.

F, F; l'ouverture, entre-deux, par où les tranches passent, vers la partie extérieure de la caisse.

G; le fond de toute la machine.

H; vide pour s'en servir pour ce qu'on jugera à propos, comme pour y réduire le coffre avec son couvercle.

*I, I;* les côtés de toute la caisse.

K; planche pour soutenir celle de *C.*

A, A; le coffre sans fond qu'on remplit de pommes de terre, & qui court par ses tringles *d, d* dans les rainures *e, e,* ci-dessus.

*A, b;* le couvercle du coffre avec sa caisse *c,* pour couvrir les pommes de terre, & les presser vers le fût, ou vers les couteaux.

Le petit coffre A, A est ordinairement ouvert par le haut, parce qu'en y plaçant les têtes des clous, on les presse avec la main contre les couteaux, pour que leurs tranches puissent agir avec plus de force; & la grosseur de ces têtes empêche qu'on ne risque de se blesser, parce qu'à mesure qu'elles s'expédient, on en remet d'autres: par contre, les pommes de terre étant souvent petites, on ne peut les presser à la fois, & on risqueroit de se blesser la main. Pour remédier à cet inconvénient, il sera nécessaire de faire une planche quarrée A, *b* de bois dur, qui joigne exactement & ferme par le haut ce petit coffre: sa pesanteur servira à presser cette planche de la main sans risque; on y place quelque pierre ou morceau de plomb ou de fer.

Au moyen de cette machine les pommes de terre sont coupées en tranches minces & d'épaisseur à peu près égale: on sentira quel avantage il en doit résulter pour les dessécher de même, également, & au degré qu'on le jugera à propos, ce qui n'arrivera jamais avec les morceaux coupés par quartiers avec le couteau, sans compter la différence énorme qui se trouve entre les deux méthodes, pour le temps qu'on y emploie & la quantité qu'on en expédie.

COUPER; c'est, dans le jardinage, séparer avec un instrument tranchant une branche du tronc de l'arbre, ou en raccourcir l'extrémité.

*Couper en pied de biche*, c'est couper *de biais.*

COURBURE *des branches;* c'est l'inclinaison en arc. On fait cette opération quand une branche pousse trop, & qu'elle n'a ni chancre ni défaut qui puisse la faire casser en la pliant. Il suffit de la courber en la forçant un peu, afin d'en amortir la trop grande vigueur. Pareillement il est sûr qu'un gourmand cessera de pousser, si on lui fait faire le cerceau.

COURONNÉ; (*arbre*) c'est un arbre dont les branches de la cîme sont mortes.

COURONNÉ; (*fruit*) c'est un fruit qui étant trop dégarni de feuilles, & par conséquent exposé aux coups de soleil, est brûlé sur la peau, & souvent jusqu'au noyau. Quelques poignées de cosses de pois jettées sur l'arbre suffisent souvent pour parer à cet inconvénient, & pour briser les rayons du soleil.

COURONNER *un arbre;* c'est, dans le jardinage, tailler toutes les branches fortes ou foibles d'un arbre à la même hauteur, de façon que l'arbre ainsi taillé présente par en haut une surface égale. Mais dans cette opération on taille uniformément une branche qui a six pieds de haut & un pouce de gros, par supposition à six pouces seulement; & une branche qui n'est pas plus grosse qu'un fétu, également à six pouces comme la grosse branche. Mais qu'arrive-t-il ? à la pousse la grosse branche réduite à six pouces, dont le canal régorge de sève, fait des jets prodigieux; la petite, au contraire, dont le diamètre est très-circonscrit, & qui par conséquent ne peut contenir qu'une quantité de sève fort bornée, ne fait que de petits jets fluets & mesquins. Il s'ensuit de là que l'arbre *couronné* qui, pendant l'hiver & durant le tems que l'on ne fréquente pas les jardins, paraissant parfaitement symmétrisé, devient après la pousse hideux, inégal & épaulé. Il faut donc s'en tenir à la règle prescrite par le bon sens & par l'expérience; c'est de tailler chaque branche suivant sa force, sauf lors de la pousse à rabattre & ravaler comme il convient pour satisfaire les yeux.

Il est encore un autre *couronnement* qui n'est pas moins vicieux, savoir: de tailler aussi dans le même goût toutes les pousses du tour des buissons, & c'est ce que dans le jardinage on appelle *double couronne.*

COURSON; on nomme ainsi, dans le jardinage, un rameau d'arbre coupé tout court. Quand on veut avoir à quelqu'endroit d'un arbre une branche bien forte, il n'y a qu'à la tailler à un œil ou deux, & l'on est sûr alors qu'il en sortira du fort bois pour garnir où besoin est. Il est quelquefois convenable de tailler en *courson;* mais il est dangereux de le faire sans nécessité, parce qu'alors l'arbre pousse autant de gourmands qu'on a fait de *coursons.*

Les vignerons appellent aussi *courson* un sarment raccourci à trois ou quatre yeux. On a soin d'en laisser au bas des ceps pour les renouveller, en cas qu'ils viennent à manquer.

COUTEAU *de bois, de buis ou d'ivoire.* On se sert de cet instrument dans le jardinage, pour gratter la mousse, le noir de la punaise & son couvain sur tous les arbres & vignes d'espalier. Il faut faire cette opération après une grande pluie, lors d'un brouillard épais, ou mouiller amplement avec une éponge, à plus d'une reprise, en grattant jusqu'à ce que l'écorce devienne lisse, belle & luisante.

COUTEAU *en manière de scie, ou scie à main.* Il y en a dont la lame se replie dans le manche, & d'autres sont à lame fixe.

COUVERT; c'est l'endroit d'un jardin planté d'arbres qui donnent de l'ombrage.

COUVERTURE; c'est, dans le jardinage, tout ce que l'art a inventé pour garantir de la gelée ou des mauvais vents les plantes un peu délicates; comme les arbustes, les fleurs, les fruits noués, les bourgeons, les légumes.

COUVRIR *une plante;* c'est la cacher, en étendant dessus quelque corps pour la garantir.

On *couvre* des semences, ou des plantes dont on a coupé les feuilles, en répandant dessus du terreau; on *couvre* les arbustes avec des paillassons, afin de les préserver de la gelée; on emploie aussi pour le même effet des cloches de verre, avec de la grande litière ou de petits paillassons.

CRAIE; pierre calcaire, fort blanche, & plus ou moins friable, qui se trouve assez près de la superficie de la terre, & souvent à plusieurs pieds de profondeur. Les arbres & les plantes ne viennent que très-difficilement dans les terrains où la *craie* se trouve en abondance.

CRAYON; on donne ce nom à une terre dure, blanchâtre & stérile. Souvent le *crayon* se trouve au-dessous de bonnes terres, & si près de la superficie, que le soleil pénètre trop vîte ces bonnes terres, & que les racines des arbres, n'ayant pu pousser assez avant, y sont altérées & brûlées; ce qui fait jaunir & enfin périr les arbres.

Il y a un *crayon* blanc; il y en a aussi de noirâtre, de grisâtre, de rouge.

CREVASSE; c'est une gerçure ou fente que les arbres & la terre éprouvent également.

Dans les arbres, les *crevasses* viennent d'une sève trop abondante qui s'extravase à travers l'écorce; elle vient aussi de la disette des sucs lorsque la peau des branches se sèche, & que leur écorce s'entr'ouvre.

Les *crevasses* de la terre n'ont lieu que dans les grandes sécheresses. Un jardinier doit avoir soin de mettre de la terre en miette dans les *crevasses* qui se font au pied des arbres.

CRIBLE; les botanistes & les jardiniers appellent ainsi certaines parties des plantes, à travers lesquelles passent le suc nourricier & les liqueurs qui doivent recevoir une certaine préparation. Les feuilles sont les *cribles* naturels, & les plus universels des végétaux.

CRIBLE; instrument large de différentes formes sur le plan duquel sont quantité de petites ouvertures, dont l'effet est que le grain, éprouvant un mouvement rapide, la poussière & autres particules étrangères au grain s'échappent par ces issues, & laissent le grain plus net qu'il n'étoit auparavant. (*Voyez* pl. XVI & XXIV, fig. 28 & 39).

Il y a des *cribles de mégisserie* ou *de main*, composés d'un cercle de bois avec un fond de peau d'âne, percée symmétriquement d'une infinité de petits trous faits à l'emporte-pièce, assez petits pour ne pas laisser échapper le grain, & assez gros pour donner passage aux ordures pesantes que le vent n'a pu chasser.

Crible *de crin*; c'est un cercle de bois assez profond, dans lequel est tendue une toile de crin à claire voie. On s'en sert pour tamiser la terre fine sur les semis.

Crible *en tambour*. Pour séparer les grains ou les graines de grosseur & d'espèce différente, on a inventé une sorte de tambour garni de deux ou trois grilles de fils de fer posés comme les cordes d'un clavecin, & assez près pour que le bon grain reste sur la première en s'agitant, & que les autres graines tombent & passent par les autres grilles, selon l'espace qu'on aura donné aux fils de fer.

On peut garnir ce *crible* ou tambour d'un fond de cuir, pour retenir, si l'on veut, les graines qui s'échappent à travers les fils de fer.

Crible *à pied* ou *en plan incliné*, (*le*) est composé d'une auge élevée ou trémie, dans laquelle on verse le grain, qui en sort peu-à-peu pour se rendre en nappe sur un plan incliné, lequel est formé de fils d'archal rangés parallèlement les uns aux autres, & assez près à près pour que les grains ne puissent passer au travers. Ce plan est incliné à l'horison d'environ quarante-cinq degrés. Le bon grain qui y roule se rend seul au bas de la partie antérieure; & les petits grains, une partie de ceux qui sont viciés, la plupart des insectes & les ordures traversent le *crible*, roulent sur un cuir tendu à trois pouces de distance sous le fil d'archal, & tombent dans un vaisseau placé en bas de la partie postérieure du *crible*.

Cet instrument coûte peu, & est très-expéditif, mais il ne nettoie pas parfaitement le grain.

Crible *cylindrique* ou *en bluteau*; c'est une espèce de bluteau qui, au lieu de toile, est alternativement garni de feuilles de tôle piquées comme des grilles à raper du sucre, & de fils d'archal parallèles les uns aux autres. Dans le trajet de ce cylindre en pente, le grain est fortement gratté toutes les fois qu'il rencontre les zones de tôle piquées; la poussière et les grains défectueux s'échappent par les zones qui sont en *crible* de fil d'archal, & en conséquence le grain qui sort par l'extrémité opposée à la trémie est clair, brillant & de bien plus belle couleur qu'avant cette opération.

Crible *à vent*. Le grain, au sortir de la trémie, est reçu sur un *crible* de léton maillé en lozanges & un peu incliné, d'où il traverse un courant d'air pour se rendre sur un second *crible* à mailles plus fines. Le courant d'air est formé par la rotation rapide de huit aîles formées de planches minces, qui, produisant un vent considérable, chassent au loin tout ce qui est plus léger que le bon grain. Les mottes & les ordures grossières restent dans le *crible* supérieur.

Crible ou *tarare à brosses* pour nettoyer les grains, par le citoyen Perrin.

Cet instrument, dont la forme se rapproche assez de celle d'un bluteau, a cinq pieds de long sur un & demi de diamètre; il est composé d'abord de deux demi-centres en bois, joints solidement, mais qu'on peut séparer avec facilité, quand on a besoin d'y faire quelque réparation intérieurement.

Chacun de ces demi-cintres est encore divisé en dix-huit parties ou carreaux attachés solidement ensemble, mais qu'il est possible aussi de séparer pour les rétablir en cas de besoin.

Des traverses & des cerceaux maintiennent à l'extérieur toutes ces parties dans la rondeur du cylindre; tous les carreaux qui le composent sont, pour nettoyer le grain destiné à convertir en farine, garnis d'une toile en fil de fer; dont la maille a trois quarts de ligne d'ouverture, & peut donner passage à la poussière qui est détachée du bled.

Ce cylindre qui est incliné, afin que le grain puisse sortir facilement par l'extrémité la plus basse, à mesure qu'il est nettoyé, est fixé par ses deux bouts, de manière qu'il n'est destiné qu'à contenir le grain, & à le laisser échapper après qu'il a subi l'opération; c'est-à-dire, le frottement répété auquel on l'expose.

Un arbre en bois solide & quarré, de trois pouces d'épaisseur, traverse ce cylindre dans toute sa longueur & dans son milieu.

Sur chacun des côtés de l'arbre qui sert d'axe au cylindre, s'élèvent trois petits montans de la hauteur de trois pouces; ils servent à soutenir une traverse en bois qui règne dans toute la longueur du cylindre, & qui est proprement le bois d'une longue brosse, garni de deux rangs de petits faisceaux de crin de quinze lignes de largeur.

Il y a un intervalle d'une ligne ou environ,

entre l'extrémité des brosses & le tissu de fil de fer qui compose le cylindre, afin de laisser au grain un passage convenable, mais de manière qu'il y soit un peu gêné quand il éprouve le frottement.

Tout ceci est contenu dans un coffre à-peu-près pareil à celui d'un blutoir : la poussière, détachée du bled, tombe au fond de ce coffre; le grain nettoyé, lorsqu'il est parvenu à la partie la plus basse du cylindre, en sort sur le-champ à la faveur d'une ouverture faite au côté du coffre qui répond à l'extrémité du cylindre, & tombe dans un sac ou une caisse placée au-dessous de cette ouverture. Une trémie placée au-dessous du coffre, du côté le plus élevé du cylindre, & dont l'extrémité la plus étroite a une communication avec lui, reçoit le grain qui doit être nettoyé, & peut ne le laisser échapper que dans la quantité qu'on juge convenable.

D'après les détails que nous venons de présenter, on sent que dès l'instant où l'arbre qui porte les brosses est mis en jeu, au moyen d'une manivelle & d'une petite lanterne adaptée à cette machine, & lorsque la trémie fournit du bled, le grain fortement agité dans l'intérieur du cylindre, en passant & repassant sous les brosses, y est encore mieux nettoyé qu'il ne le seroit par le simple ballottement qu'on lui feroit éprouver sur la toile en fil de fer.

Cet instrument, tel que nous venons de le décrire, n'est destiné proprement qu'à détacher du grain la poussière provenant, soit de la carie, soit de toute autre cause; les mailles, en effet, de la toile en fil de fer sont trop serrées pour que les petits grains de bled & même les pailles puissent passer à travers & tomber avec la poussière au fond de la caisse; mais il est aisé d'obtenir, à cet égard, le double effet qu'on doit desirer; il ne s'agit que de faire, par intervalles, les mailles de la toile en fil de fer, plus ouvertes dans dix-huit carreaux dont la moitié du cylindre est composée, & de donner par-là de tems en tems un passage libre aux menus grains imparfaits, à mesure qu'ils se présenteront à la surface du cylindre, où la maille en fil de fer aura une largeur convenable pour les laisser échapper.

L'idée de nettoyer ainsi les grains par le moyen des brosses, & sur-tout de leur enlever, autant qu'il est possible, la poussière de carie dont ils sont souvent noircis, n'est pas absolument nouvelle : un fermier de Picardie la proposa, il y a plusieurs années, & fit construire une machine où le grain étoit frotté par des brosses, à mesure qu'en sortant de la trémie, il passoit dans l'endroit par lequel il devoit se rendre dans une caisse, pour y être recueilli après l'opération préalable du tarare ordinaire; car ce fermier n'avait eu pour but principal, que de dépouiller le grain de la poussière de carie, & supposoit qu'il avoit été d'abord *criblé*. Les brosses qu'il employoit n'étoient pas composées, comme celles du citoyen Perrin, de petits faisceaux de crin, mais de tuyaux de paille de froment fort serrés, un peu courts, & qui, présentant une surface unie, s'appliquoient assez exactement sur le grain, à mesure qu'il glissoit pour tomber dans la caisse destinée à le recevoir. Cette même idée a été mise à exécution beaucoup plus en grand, au moyen d'une machine qui, avec un changement essentiel, est également propre à bien nettoyer le grain, & à le broyer parfaitement, lorsque ce changement n'a pas eu lieu. On a remplacé les meules ordinaires d'un moulin par deux autres construites en bois, dont l'inférieure, toujours immobile, présente une surface unie; & l'autre, qui est la meule courante, ne présente, à proprement parler, qu'un cintre en bois, construit solidement & destiné à contenir des faisceaux de paille, serrés étroitement, tranchés aussi également qu'il est possible du côté qui doit porter sur le grain, & capable par là de produire un frottement bien propre à le nettoyer.

Quoi qu'il en soit, de l'effet plus ou moins avantageux qui peut résulter de l'emploi des instrumens proposés pour nettoyer les bleds, & auxquels on a adapté des brosses en paille, quelques inconvéniens qu'on ait lieu de craindre dans l'usage des brosses de cette espèce, à cause de leur dégradation occasionnée assez promptement par un frottement continuel, & du mêlange de la paille brisée avec le grain, qu'on a cependant pour but de nettoyer; nous nous bornons à faire considérer la tarare du citoyen Perrin, où des brosses en crin sont employées, comme étant utile dans l'état où il est, pour dépouiller le grain de la poussière dont il peut être chargé, & pour en séparer aussi le bled maigre, retrait, ainsi que les menues pailles, lorsque le cylindre de ce tarare sera composé en partie d'une toile de fer, dont les mailles seront plus ouvertes que celles de la toile qui actuellement compose en total le cylindre. Peut être pourroit-on espérer un avantage plus prompt & plus marqué de cet instrument, si l'on y adaptoit six rangs de brosses au lieu de quatre; mais le citoyen Perrin, à qui l'on a fait cette observation, & à qui elle n'avoit point échappé, craindroit que, par cette augmentation, l'arbre du cylindre ne devînt sensiblement plus difficile à tourner; que cet instrument qui, dans son état actuel, est déjà d'un prix assez haut pour les laboureurs, ne leur parût trop cher par une suite de l'augmentation dont il s'agit, & que la valeur un peu considérable de ce nouveau tarare ne les éloignât d'en faire l'acquisition.

CRIC *perfectionné*. Il n'est guere d'instrumens plus en usage dans les travaux que le *cric*, & cependant, dit Mocock, on a observé depuis long-tems qu'il arrivoit beaucoup d'accidens avec cet utile instrument. Lorsqu'on leve des fardeaux considérables, la puissance ne se trouve pas toujours capable de vaincre la résistance; alors le poids retombe avec rapidité; de-là les accidens que l'imprudence n'a pas prévus. Malgré cela, on n'avoit pris jusqu'ici aucune précaution pour préserver l'ouvrier des suites de sa témérité. L'auteur vient de parer à tout inconvénient par une invention fort simple, aussi a-t-il reçu une récompense de la société établie à Londres pour l'encouragement des arts.

Son *cric* perfectionné ne differe des autres qu'en ce qu'il s'y trouve une roue à dents dans laquelle s'engage d'elle-même une espece de dent de loup. S'il arrive que le poids soit trop considérable, relativement à la force de l'ouvrier, & fasse rétrograder le ratelier. Par ce moyen simple l'ouvrier est toujours en sûreté.

CROCHET; nom que l'on donne dans le jardinage à une branche placée sur les membres des arbres, & qui a la forme d'un crochet. Ces sortes de branches en *crochet* sont bonnes à ménager, comme étant des organes de fructification.

CROCHET, outil de jardinage; c'est un instrument dont sur-tout les vignerons font un usage journalier pour labourer les vignes. Cet outil a deux dents de fer recourbées & longues d'un pied, avec une douille où s'emmanche un bâton un peu plus long.

Les jardiniers s'en servent ordinairement pour charger de fumier les paniers d'un cheval.

Le *crochet* est aussi fort utile au labour des carrés & des allées d'un potager, où l'on veut semer de l'orge, de l'avoine, ou planter des pois & des haricots.

CROCHETS *de fer*. A tous les treillages des jardins on scelle d'ordinaire dans le mur des *crochets* de fer; mais les clous à *crochet* sont préférables quand les murs ont de bons enduits, soit qu'ils soient en plâtre ou qu'ils soient à chaux & à sable, ou qu'ils soient construits avec de la pierre tendre & de la brique. Voici comme on s'y prend. On choisit dans les murs de pierre dure faits avec de la chaux & le sable, un bon joint, & l'on chasse à force une cheville de bois de chêne, dans laquelle on fait entrer un bon clou à *crochet* qui serre mieux & bien plus uste que les *crochets* scellés; mais si ce sont des murs de terre, il faut sceller des *crochets* seulement.

CROCHET; instrument de labour pour arracher les arbrisseaux & les buissons.

Les arbrisseaux & les buissons qui nuisent aux laboureurs, devant être arrachés, le moyen le plus expéditif pour cette opération, est d'en envelopper le plus grand nombre avec une chaîne de madriers, & d'y atteler une couple de chevaux; mais si ces arbrisseaux ne sont pas assez hauts ni assez forts pour en venir à bout de cette façon, on peut se servir de l'instrument suivant, qui est également bon pour le bouleau, le jonc marin & autres plantes semblables. Cet instrument est composé d'un manche d'environ quatre pieds de long, d'un *crochet* dentelé & d'un autre *crochet*. Voici la maniere de s'en servir: on saisit avec le *crochet* dentelé le genêt ou le buisson qu'on veut arracher; on saisit sa tige avec le second *crochet* pour qu'elle ne glisse point; après quoi, en pressant avec l'épaule sur l'extrémité du manche, on le déracine & on l'enleve.

CROISER; terme de jardinage: c'est faire passer les branches d'un arbre ou les bourgeons les uns sur les autres, & les placer à contre-sens. On convient en général de la difformité d'un tel travail. Rien de plus ordinaire dans tous les jardins que de voir des vignes dont les pousses entrelacées enjambent les unes sur les autres.

Mais, outre la confusion occasionnée par la *croisure*, il en résulte un défaut plus grand, c'est la privation d'air pour les bourgeons & les fruits. Cependant il vaut mieux *croiser*, quand on le fait avec méthode & intelligence, que de laisser la muraille dégarnie.

Un autre inconvénient de la croisure, c'est qu'une branche croisée ayant pris un faux pli, elle ne peut être remise dans son sens naturel sans se casser.

CROISSANT; instrument de jardinage, composé d'un fer coupant de dix-huit pouces, qui imite le croissant de la lune. Il a une douille, & est emmanché d'un morceau de bois long pour atteindre au loin. Un ouvrier élagueur se sert du *croissant* à tour de bras, donnant des coups sur les branches & sur les bourgeons qu'il veut abattre. Il les incise à pied droit pour faire une sorte d'esplanade de verdure. (*Voyez* planche XXIV, fig. 25.)

CROSSETTE. On appelle ainsi une branche de vigne ou de figuier qu'on a taillée, de maniere qu'il reste au bout un peu de bois de l'année précédente. En effet, par ce bout qui pousse aisément des racines en terre, cette branche imite la figure d'une *petite crosse*.

CROTTIN; nom que l'on donne à la fiente de cheval & de mouton.

Le *crottin de cheval* est convenable pour toutes les terres en plus ou moindre quantité, suivant la nature des terres plus chaudes ou plus froides, seches ou humides. Il faut le laisser quelque tems dans un trou au nord, & l'y laisser pourrir.

Le *crottin de mouton* convient aux terres froides & humides. On doit le mettre, comme la *fiente de pigeon*, dans un trou au nord pour y pourrir. Etant déposé sur terre sans être pourri, il seche trop, & s'évapore même en pure perte.

CROUPIERE; espece d'anneau de cuir rembourré en partie, qui tient à l'extrémité postérieure du harnois pour y passer la queue du cheval. Son effet est de maintenir la selle en place, & d'empêcher qu'elle ne vienne en avant, surtout dans les descentes.

On fait des *croupieres* de plusieurs façons. Celles qui ont des boucles sont les moins bonnes. Les meilleures *croupieres* sont celles à l'angloise La boucle pour raccourcir & allonger est au milieu de la *croupiere*, & il n'y a pas d'ardillon à la boucle qui tient à la selle, & dans laquelle la *croupiere* passe.

CRUCHE. Dans le jardinage on entend par ce terme un arrosoir qui verse par un bec ou tuyau ouvert, à la différence du vrai arrosoir, d'où l'eau sort en forme de rosée par les petits trous de ce qu'on appelle sa pomme.

CUEILLETTE *de fruits*. C'est un mot assez ordinaire pour marquer le tems dans lequel on cueille les fruits.

CUEILLOIR; c'est dans le jardinage un panier d'osier à anse, bien évasé du haut, servant à contenir tout ce que l'on cueille sur les arbres & dans le jardin.

CULTIVATEUR; instrument d'agriculture propre à de légers labours, où il n'est besoin que de remuer la terre sans la changer de place, à détruire les mauvaises herbes, & disposer la terre à être pénétrée des pluies & des rosées.

Lullin de Châteauvieux a donné particuliérement ce nom à une espece de charrue sans coutre, sans versoir, & dont le soc est à-peu-près en fer de fleche renversé. Tout son effet est de diviser & ameublir la terre où il est, & de l'entretenir dans l'état de légereté qui favorise l'action & les progrès des racines.

Un avantage de ce *cultivateur* est qu'un seul cheval suffit pour le tirer, parce que l'instrument pese peu, et qu'on suppose la terre déjà en bonne façon. Pour s'en faire une idée, il faut se représenter un arriere-train de charrue, qu'on assemble à volonté avec l'avant-train, & dont le soc est formé d'un long bec quarré par son extrémité qui est d'acier, un peu incliné contre terre & applati, & de deux petites aîles plattes & anguleuses, lesquelles servent de support à un manche recourbé, très-angulaire & un peu tranchant par le devant, afin qu'il tienne lieu de coutre. (*Voyez* l'art. CHARRUE.)

CULTIVER; c'est donner à la terre les façons nécessaires pour la fertiliser; c'est y répandre les semences & en tirer les productions; c'est aussi donner aux arbres les soins que leurs progrès & leur fécondation exigent.

CULTURE. On entend par le mot *culture* l'art & l'action de préparer la terre à recevoir la semence qu'on lui confie.

La diversité des climats a fait imaginer plusieurs manieres de cultiver, & chaque pays a, pour ainsi dire, la sienne. La *culture* des terres est-elle établie sur des principes certains, ou seulement sur une routine qui se transmet de pere en fils? Enfin, peut-on établir une loi générale utile à tous les pays? Il est constant que les principes d'après lesquels & par lesquels la végétation s'exécute, sont un dans tous les pays, parce que la marche de la nature est par-tout la même; mais cette marche, uniforme dans son principe, varie en raison des modifications que chaque espece de végétal lui présente. Il est donc essentiel de diriger la culture conformément à ces modifications & à la maniere d'être du climat que l'on habite.

Plusieurs écrivains se sont occupés de dicter des lois sur la *culture*, & on a appelé leur code un systême. On en compte plusieurs principaux, que nous allons faire connoître.

*Culture ancienne.*

Les premiers principes de *culture* qu'ont établis les anciens agronomes, consistoient à diviser la terre pour des labours, à la fumer pour la rendre fertile, & à lui donner du repos, c'est-à-dire, la laisser en jachere après avoir recueilli ses productions; ils ne connoissoient point assez le mécanisme de la végétation pour établir sur ce principe des regles certaines de *culture*, comme l'ont fait quelques auteurs modernes. Les agriculteurs qui joignoient à cet art quelques connoissances de l'histoire naturelle, croyoient que les racines des plantes étoient les seuls organes destinés à pomper les sucs qu'ils transmettoient aux végétaux ; que les molécules de la terre, extrêmement atténuées, mêlées avec certains sels, étoient le seul aliment analogue à chaque espece de plantes. Avec de telles idées, est-il étonnant que leur maniere de cultiver n'eût qu'un rapport immédiat avec les racines ? Sur ce principe, les labours furent établis, afin de bien atténuer la terre pour la rendre propre à être introduite dans les canaux des racines. Ils produisoient cet effet en faisant usage, après les labours, des herses, des rouleaux & des rateaux. Malgré toutes ces opérations, la terre s'épuisoit quand elle avoit donné plusieurs récoltes consécutives ; &, pour prévenir cet épuisement, il fallut avoir recours aux engrais, établir des jacheres ou tems de repos.

Dans ses Géorgiques, Virgile prétend que les principes & la pratique de la *culture* doivent être établis & fondés sur la connoissance particuliere du sol. Voici à-peu-prés comme il s'explique à ce sujet. Avant de mettre la main à la charrue, il est essentiel que le laboureur connoisse l'espece de terre qu'il se propose de mettre en valeur, pour savoir ce qu'elle peut produire. Il y en a qui sont propres à donner de belles moissons, d'autres sont favorables à la *culture* de la vigne ; dans les unes il est facile de former d'agréables vergers ; dans d'autres, on peut faire croître avec succès une herbe abondante pour la nourriture des bestiaux. De cette maniere de raisonner il conclut qu'il faut absolument connoître la nature, les qualités des différentes terres qu'on exploite, afin de les ensemencer, relativement à la nourriture qu'elles sont capables de fournir à la végétation des plantes.

Varron, dans ses Principes de *culture*, ne s'éloigne pas de ceux de Virgile ; il les établit, 1°. sur la connoissance du terrain & des parties qui le composent ; 2°. sur celle des différentes plantes qu'on peut y cultiver avec avantage. Parmi les anciens agronomes, aucun n'est entré dans un aussi grand détail des différentes qualités de terre, relativement à leurs productions, que Palladius.

Pour la saison & les tems des travaux de *culture*, les anciens étoient dans l'usage de se régler sur le cours des astres. Virgile disoit qu'il falloit interroger les cieux avant de fillonner la terre, & avant de recueillir ses productions : suivant son sentiment, le cinquieme jour de la lune étoit funeste aux travaux de la campagne ; le dixieme au contraire étoit très favorable. En général, les anciens agriculteurs, & tous ceux qui ont donné des méthodes de *culture*, étoient persuadés qu'on pouvoit vaquer aux occupations champêtres tant que la lune croissoit, mais qu'il falloit les interrompre quand elle étoit sur son déclin.

Les labours sont une suite nécessaire de l'opinion des anciens agronomes, touchant le mécanisme de la végétation. Malgré cette opinion, les labours n'étoient point aussi multipliés qu'ils auroient dû l'être relativement à leur systême, ils employoient différens instrumens capables de produire en partie cet effet. 1°. La charrue étoit d'abord mise en usage pour fillonner & ouvrir la terre ; 2°. les rateaux à dents de fer brisoient ensuite les mottes ; à leur défaut, une claie d'osier rendoit à-peu-pres le même service ; 3°. le rouleau perfectionnoit la *culture* : on le faisoit passer sur toute la superficie du terrain, afin de l'unir & de l'égaliser parfaitement. Le nombre des labours nécessaires avant d'ensemencer, n'étoit point fixé : suivant leurs principes, ils auroient dû être très-multipliés ; nous observons, au contraire, qu'ils labouroient moins fréquemment que nous. Virgile s'est éloigné, dans ses préceptes sur la *culture*, de la méthode de ses contemporains ; il prétend que deux labours sont insuffisans pour disposer une terre à être ensemencée. Si l'on veut avoir des moissons abondantes, il pense qu'on ne doit point se borner à deux ni à quatre, mais agir selon le besoin des terres. Caton paroît n'en prescrire que deux, lorsqu'il dit : » Une bonne *culture* consiste premiérement à bien labourer, secondement à bien labourer, troisiémement à fumer.

Les anciens agronomes étoient dans l'usage de donner le premier labour très-légérement, persuadés que les racines des mauvaises herbes étoient mieux exposées à l'air, & plus tôt desséchées par l'ardeur du soleil. Les labours suivans n'étoient guère plus profonds : leur charrue, peu propre à fouiller la terre, ne pouvoit ouvrir des sillons que de cinq à six pouces de profondeur. Quoique leurs instrumens de labourage fussent moins propres que les nôtres à la *culture* des terres, ils avoient cependant soin de proportionner l'ouverture du fillon à la légereté ou à la ténacité du sol. Dans un terrain léger & friable, le labour étoit superficiel ; profond dans un terrain dur, & autant que la charrue pouvoit le permettre. Virgile insiste beaucoup sur cette méthode, afin de ne pas donner lieu à l'évaporation de l'humidité nécessaire à la végétation, en faisant de profonds sillons dans un sol large. Dans un terrain fort argilleux, il veut qu'on ouvre de profonds & larges sillons, pour développer les principes de fécondité, qui seroient nuls pour la végétation sans cette pratique.

Suivant l'opinion des anciens, toutes les saisons n'étoient point également propres à labourer les terres. Virgile condamne les labours faits pendant les chaleurs de l'été & pendant l'hiver, comme étant très-nuisibles à la fertilité : le tems le plus favorable, selon lui, étoit lorsque la neige fondue commençoit à couler des montagnes. La saison des labours dépendoit encore de la qualité des terres. Le même auteur prescrivoit de labourer après l'hyver un sol gras & fort, afin que les guérets fussent mûris par les chaleurs de l'été ; quand, au contraire, il étoit léger, sabloneux ou friable, il prétendoit qu'il falloit attendre l'automne pour le labourer.

Columelle n'était pas du sentiment de Virgile ; il vouloit, au contraire, qu'une terre forte, sujette à retenir l'eau, fût labourée à la fin de l'année, pour détruire plus facilement les mauvaises plantes.

Les anciens agronomes ont ignoré la méthode de cultiver les plantes annuelles pendant leur végétation : toute leur *culture*, à cet égard, se réduit au sarclage ; à faire paître par les moutons, les sommités des fromens trop forts en herbe, avant l'hiver ; à répandre du fumier en poussière lorsqu'ils n'avoient pas pu fumer leurs terres avant de les ensemencer.

*Des engrais.* Les anciens croyoient rendre raison de la cause de la stérilité d'une terre autrefois fertile, en disant qu'elle vieillissoit. Parmi eux, quelques-uns avoient imaginé que, dans cet état de vieillesse, elle étoit incapable de donner des productions comme auparavant. C'étoit le sentiment de Trémellius ; il comparoit une terre nouvellement défrichée à une jeune femme qui cesse d'enfanter à mesure qu'elle avance en âge. Columelle s'élève fortement contre cette opinion capable de décourager le cultivateur : une terre, suivant lui, ne cesse jamais de produire par cause de vieillesse ou d'épuisement, mais parce qu'elle est négligée.

La méthode de bonifier les terres par le moyen des engrais, est presque aussi ancienne que l'art de cultiver. Tous les auteurs agronomes prescrivent cette pratique comme très-propre à augmenter la fertilité de la terre, & capable d'empêcher son dépérissement. L'histoire de la Chine nous apprend que Yu, le premier empereur des Yao, fit un ouvrage sur l'agriculture, dans lequel il parloit de l'usage des excrémens de différens animaux. La méthode de les améliorer en les fumant, d'arrêter leur dépérissement, de prévenir la décomposition du terreau, si nécessaire à la végétation, s'est établie successivement : dès qu'on s'est apperçu qu'un champ, après plusieurs récoltes, cessoit d'en produire d'aussi abondantes, on a eu recours aux engrais pour lui rendre sa première fertilité. Pline assuroit que l'usage de fumer les terres étoit très-ancien : dans son dix-septième livre, chapitre IX, il dit que, selon Homère, le vieux roi Laertes fumoit son champ lui-même. Le fumier fut d'abord employé en Grèce par Augias, roi d'Elide : Hercule, après l'avoir détrôné, apporta cette découverte en Italie, où l'on fit un Dieu du roi Stercutus, fils de Faunus.

Dans le détail des engrais, Virgile recommande principalement les fèves, les lupins, la vesce : il est persuadé que le froment vient avec succès après la récolte de ces sortes de grains capables de bonifier la terre, loin de l'épuiser, comme feroient d'autres espèces de légumes. Les chaumes brûlés après la moisson sont encore, suivant son opinion, très-propres à fumer les terres, parce que leurs cendres y laissent de nouveaux principes de fertilité.

Columelle distingue trois sortes d'engrais, dont l'usage lui avait paru le plus capable de bonifier les terres ; 1°. les excrémens des oiseaux, 2°. ceux des hommes, 3°. ceux du bétail : la fiente du pigeon étoit, selon lui, le meilleur ; ensuite celle de la volaille, excepté celle des canards & des oies. En employant les excrémens humains, il avoit soin de les mêler avec d'autres engrais ; sans cette précaution, leur grande chaleur auroit été nuisible à la végétation. Il se servoit de l'urine croupie pendant six mois, pour arroser les arbres & les vignes ; le fruit qu'ils donnoient ensuite en grande abondance, étoit d'un goût excellent. Parmi les fumiers des bestiaux, Columelle préféroit celui des ânes à tout autre ; celui des brebis & des chèvres, à la litière des chevaux & des bœufs : il proscrivoit absolument le fumier des cochons, dont plusieurs agriculteurs de son tems faisoient usage.

Varron employoit avec succès le fumier ramassé dans les volières des grives : les anciens, très-friands de cette espèce d'oiseaux, les nourrissoient pour les engraisser, comme on fait aujourd'hui des ortolans : cette sorte d'*engrais* étoit répandue principalement sur les pâturages dont l'herbe étoit ensuite très-bonne pour engraisser promptement le bétail. Caton, afin de bonifier les terres, y faisoit semer des lupins, des fèves, ou des raves ; il employoit aussi le fumier du bétail des fermes, sur-tout lorsque la litière des chevaux, des bœufs, étoit faite avec les longues pailles de froment, de fèves, de lupins, ou avec des feuilles d'yeuse, de ciguë, & en général, avec toutes les herbes qui croissent dans les saussaies & les marais.

Pour fertiliser les terres froides & humides des plaines de Mégare, les Grecs employoient la marne, nommée, selon lui, *argille blanche.* Dans la Brétagne & dans la Gaule, cet engrais étoit aussi connu & employé ; ce n'étoit qu'après le le labourage qu'on le répandoit : souvent même il falloit le mêler avec d'autres fumiers pour qu'il ne brûlât pas les terres.

Les anciens avoient coutume de répandre les engrais avant de semer, ou lorsque les plantes étoient levées : la première méthode étoit la plus suivie. Lorsque les circonstances n'avoient pas été favorables pour fumer avant les semailles, immédiatement avant de sarcler, on répandoit le fumier en poussière. Columelle conseille de transporter les engrais & de les répandre dans le mois de septembre, pour semer en automne ; dans le courant de l'hiver & au déclin de la lune, quand on ne sème qu'au printems. Dans cette dernière circonstance, il fallait laisser le fumier en tas dans les champs, pour ne le répandre qu'immédiatement avant le premier labour. Selon le besoin des terres, il suivoit la méthode d'un de ses ancêtres, elle consistoit à mêler la craie avec les terres sabloneuses, & le sable avec les crayeuses. Il observait cette pratique pour les terrains en vigne, comme pour ceux à froment : rarement il fumoit les vignes, persuadé que les engrais, en augmentant la quantité du vin, en altéroient la qualité. Quand un cultivateur n'avoit pas les fumiers nécessaires pour l'exploitation de ses terres, il conseilloit d'y semer des lupins, & de les enterrer avec la charrue avant qu'ils fussent parvenus à maturité.

*Des jachères.* Quoique les anciens fussent persuadés que les molécules de la terre, extrêmement atténuées par les labours, étoient l'aliment pompé par les racines des plantes pour fournir à la végétation, ils s'apperçurent cependant que la trituration des parties terrestres n'étoit pas toujours un moyen efficace pour procurer aux végétaux la nourriture nécessaire à leur accroissement. Malgré la fréquence des labours, ils observèrent que les plantes languissoient dans un terrain presque stérile après plusieurs productions. Quelques agriculteurs crurent avoir trouvé la cause de ce phénomène, en disant que la terre vieillissoit. Après avoir observé un terrain abandonné & laissé sans culture, produire cependant de mauvaises herbes, ils imaginèrent qu'au bout d'un certain tems la terre reprenait sa première fertilité, & qu'elle étoit capable de produire des végétaux comme auparavant. Suivant cette opinion, la terre, susceptible d'épuisement par des productions trop fréquentes, pouvoit se lasser de fournir de nouveaux sucs aux végétaux. L'épuisement & la lassitude furent donc considérés comme la suite & l'effet d'une culture trop continue, & d'un labourage trop fréquent.

Pour obvier à ces inconvéniens & éloigner le terme de la vieillesse de la terre, les anciens ne crurent pas que le secours des engrais pût suffire. Il fallut donc établir des jachères, ou tems de repos absolu ; pendant cet intervalle plus ou moins long, relativement à la qualité des terres, elles n'étoient ni labourées, ni ensemencées ; toute *culture* cessoit, afin de ne point les forcer à donner leurs productions. Virgile a fait des jachères un principe important d'agriculture ; quoiqu'il conseille les fréquens labours pour diviser & atténuer la terre, il exige cependant qu'après avoir été moissonnée, elle soit pendant une année entière sans être cultivée. Si l'on ne veut pas perdre la récolte d'une année, le seul parti qu'il y a à prendre, selon lui, consiste à l'ensemencer de lupins, de fêves, de vesces, ou autres légumes, après la récolte desquels il n'y a point d'inconvéniens d'ensemencer une terre en froment, parce que ces sortes de légumes, loin de l'amaigrir, la bonifient.

Columelle n'adopte point le système des jachères ; selon son sentiment, une terre bien fumée n'est jamais exposée à s'épuiser ni a vieillir. Aucun des agronomes anciens n'a aussi bien connu que lui les moyens propres à prévenir le dépérissement des terres.

### *Culture des Modernes.*

Les principes de culture de Duhamel se réduisent en général à ces objets : 1°. au choix des instrumens de labourage ; 2°. à la fréquence des labours, & à la maniere de les exécuter ; 3°. à l'épargne de la semence ; 4°. à la façon de cultiver les plantes pendant qu'elles végètent, &c. Duhamel est persuadé que pour faire une *culture* convenable, il faut choisir des instrumens de labourage propres à cultiver les terres, suivant qu'elles l'exigent, relativement à leur qualité. Il croit qu'une charrue légère, qui pique peu, qui est propre à cultiver un terrain léger, ou qui a un fonds de terre peu considérable, ne feroit qu'un mauvais labour dans un sol fort, argilleux, qui demande à être fouillé à une grande profondeur ; ce qu'on ne peut exécuter sans une forte charrue, autrement dite, à versoir.

L'usage du semoir paroît à Duhamel une invention très-utile pour se procurer d'abondantes récoltes, en épargnant la semence. Par le moyen de cet instrument, elle est distribuée de manière que tous les grains lèvent & produisent des plantes vigoureuses, étant placées à une distance convenable les unes des autres. Suivant cette manière de semer, & à l'exemple de Tull, il adopte la *culture* par planches.

Pour procéder avec ordre dans l'exposition des principes de culture que suit Duhamel dans l'exploitation des terres, nous les considérerons, 1°. suivant leur état inculte, ou en friche ;

2°. dans l'état de *culture* où elles sont entretenues par les labours.

Sous le nom de *terres incultes*, Duhamel comprend toutes celles qui ne sont point dans l'état de *culture* ordinaire, c'est-à-dire, qui n'ont jamais été cultivées, ou qui ne l'ont pas été depuis long-tems. Il range ces terres en quatre classes : 1°. celles qui sont en bois ; 2°. celles qui sont en landes ; 3°. celles qui sont en friche ; 4°. celles qui sont trop humides.

I. Pour ensemencer une terre, il faut la fouiller : c'est le cas où se trouvent les bois ; mais ils offrent des obstacles qu'on ne peut vaincre sans des travaux considérables. Autrefois on se contentoit d'y mettre le feu ; aujourd'hui, plus éclairé sur ses propres intérêts, on enlève les grosses racines, & la vente de leurs bois paie les frais de l'opération.

Aussi-tôt après on égalise le terrain autant qu'il est possible, pour donner ensuite un labour en automne, avec une forte charrue, afin que les gelées d'hiver brisent les mottes, fassent mourir les mauvaises herbes. Au premier printems, on donne un second labour, après lequel on sème des grains de ventôse, qui produisent une récolte très-abondante. On continue à cultiver ces sortes de terrains, comme ceux qui sont en bon état de *culture*.

Si ces sortes de terrains en bois sont encore remplis de genêts, d'aubépine, de bruyères & d'autres broussailles, un labour avec une forte charrue ne suffit pas pour les mettre en bon état. Dans ces circonstances, Duhamel fait fouiller la terre pour arracher les racines avant d'y faire passer la charrue, qu'on risqueroit de briser à cause des obstacles qu'elle rencontreroit à tout instant de la part des racines & des broussailles. Cette opération très-coûteuse, exécutée à bras, est faite à peu de frais en employant la charrue à coûtres sans soc : il la fait passer deux fois dans toute l'étendue du terrain, en ayant attention de croiser les premières raies au second labour : par ce moyen, toutes les racines sont coupées. Un second labour, avec une forte charrue, renverse aisément la terre, parce qu'il n'y a pas d'obstacle qui s'oppose à la direction qu'elle suit dans sa marche. Ces terres, qu'on pourroit appeler vierges relativement aux grains, fournissent pendant plusieurs années d'excellentes récoltes sans le secours des engrais, & elles peuvent en produire de semblables lorsque la terre commence à diminuer de force en minant ce terrain, c'est-à-dire, en lui donnant une *culture* à la bêche, en faisant une espèce de fossé de dix-huit à vingt pouces de profondeur : on le comble à mesure qu'on creuse le suivant, & ainsi successivement l'un après l'autre. Cette opération longue & coûteuse rend à la terre sa première fertilité. Aux cultivateurs effrayés par cette dépense, Duhamel propose l'observation suivante :

» Qu'on fasse attention que les frais d'une telle *culture* sont une avance faite, dont on sera amplement dédommagé par les récoltes qui la suivront. Les fumiers qu'on auroit été obligé de mettre pendant plusieurs années, seroient un objet de dépense au moins aussi considérable que la façon de cette *culture*, & ils ne bonifieroient pas le terrain avec autant d'avantage. »

II. On nomme *landes*, les terres qui ne produisent que des broussailles en général ; c'est-à-dire, du genêt, de la bruyère, des genévriers, &c. On réduit ces sortes de terrains en état de *culture*, par le moyen du feu, ou en coupant & arrachant toutes ces plantes. Si l'on n'a pas un grand intérêt à profiter du bois, le feu est le meilleur moyen & le plus court. En voici les raisons : 1°. les cendres de toutes ces mauvaises productions améliorent le terrain ; 2°. le feu qui a consumé toutes les plantes jusqu'aux racines, est cause qu'elles ne repoussent plus, quand même il en resteroit quelques-unes dans la terre ; 3°. en consumant toutes ces mauvaises plantes, on brûle aussi leurs graines, qui auroient germé l'année suivante. Il y a bien des précautions à prendre quand on veut brûler des landes voisines des bois ; souvent il arrive que le feu s'étend & gagne la forêt.

Après avoir brûlé toute la superficie d'une lande, les racines des landes subsistent. Duhamel conseille de les arracher avec la pioche. Lorsque cette opération est faite, on donne un labour après les premières pluies d'automne, en ouvrant de larges & profonds sillons ; on sent aisément ses motifs.

Au printems suivant, il fait donner un second labour, après lequel on sème des grains de ventôse. La seconde année, il fait préparer la terre par trois labours pour y semer du froment. Quand le terrain est fort & d'une bonne qualité, il ne conseille de semer du froment que la troisième année, parce qu'il seroit à craindre qu'il ne poussât beaucoup en herbe, & ne versât ensuite avant la moisson. Ce n'est qu'à force de labour qu'on entretient ces terres en bon état de *culture*, en détruisant peu-à-peu les racines des plantes qui restent toujours, quelque soin que l'on prenne de les arracher.

Duhamel suit une autre méthode lorsqu'il veut profiter du bois des landes, soit pour brûler, ou pour en faire des fagots qu'on enterre dans les fossés des vignes, afin de les fumer. Après avoir coupé toutes les plantes, pour éviter l'opération longue & coûteuse de la pioche, il fait passer la charrue à coûtres sans socs, tirée par quatre à cinq paires de bœufs, selon que le terrain oppose plus ou moins de difficultés : des personnes qui marchent derrière, ramassent toutes les racines coupées. Le terrain étant labouré dans toute sa longueur, on le laboure en largeur, afin de croiser les premières raies, & de détacher les racines qui auroient pu rester entre les sillons du premier labour. En automne ou au printems, on fait les autres *cultures* à l'ordinaire, avec une forte charrue à soc.

Il faut comprendre sous le nom de *terres en friche* les prés, les luzernes, les sainfoins, les trèfles, & généralement toutes les terres couvertes d'herbes, qui n'ont point été labourées depuis long-tems. Pour les réduire en état de *culture* ordinaire, afin de les ensemencer, il ne suffit pas de couper le gazon, il faut encore le renverser sans dessus dessous, afin qu'il puisse bonifier le terrain. La charrue ordinaire paroît peu propre à produire cet effet, quand même elle seroit assez forte pour surmonter sans se briser les obstacles qu'elle rencontre dans un sol si difficile à ouvrir. Pour se dispenser de la *culture* à la bêche, longue & dispendieuse, Duhamel conseille d'employer la charrue à coûtres sans socs en la faisant passer deux fois en croisant à la seconde les premières raies. Une forte charrue entre ensuite aisément; elle renverse, sans beaucoup de peines, les pièces de gazons coupées par les coûtres. Ce labour fait en automne, les mottes sont brisées par la gelée, & la terre est en état d'être ensemencée au printems. Après la récolte des grains de ventôse, on donne plusieurs labours, afin de préparer la terre à recevoir du froment.

Duhamel observe qu'il n'est pas toujours avantageux de semer du froment la même année qu'on a réduit une prairie en état de *culture* réglée : si la terre est d'une très-bonne qualité, il vaut mieux attendre la troisième année, parce que le froment, qui demande plus de substance que les autres grains, se trouvant dans un sol neuf capable de lui en fournir beaucoup, pousseroit si considérablement en herbe, qu'il verserait. Il remarque encore que cette plante étant plus vivace que celle des autres grains, resteroit plus long-tems verte, le grain mûriroit par conséquent trop tard : pour éviter cet inconvénient, il y fait semer de l'avoine, des légumes ou du chanvre pendant les deux premières années.

A l'égard des prairies maigres, remplies de mousse, situées sur un mauvais sol, des terres qui ont été en jachère pendant plusieurs années, parce qu'elles sont peu fertiles, & dont la surface est couverte de gazons, Duhamel propose de les écobuer, pour les brûler, afin que les cendres du gazon & des plantes fertilisent le terrain. Cette opération, qu'il regarde comme très-utile quand elle est faite à propos, peut être nuisible, si on ne la fait pas avec beaucoup de précautions. Lorsque le feu est trop vif, il calcine la terre, consume les sucs propres à la végétation; elle n'est plus alors qu'un sable stérile, ou une brique réduite en poussière, incapable de fertiliser.

Quant aux *terres humides & pierreuses*, lorsqu'une pièce de terre est humide, parce qu'elle a un fond de glaise ou d'argile, qui ne permet pas à l'eau de se filtrer, ou qu'elle est située de façon à recevoir les eaux des champs limitrophes, elle forme une espèce de marécage qui produit toutes sortes de plantes aquatiques, qu'on a bien de la peine à détruire entièrement. Duhamel exige qu'auparavant de labourer un terrain de cette espèce, on procure un écoulement à l'eau.

Lorsqu'un terrain a de la pente, il est très-aisé de le procurer, & chacun sait que les fossés en sont le moyen; & la terre qu'on en retire à la longue devient un excellent engrais.

Après cette opération, les joncs & toutes les plantes aquatiques, privées de leur élément, se dessèchent bien visiblement. Lorsque le terrain est bien desséché, l'auteur conseille de l'écobuer pour le brûler, ou d'y passer la charrue à coutres sans socs avant de lui donner un labour de *culture*, pour le disposer à être ensemencé.

Si le sol est d'une qualité à retenir l'eau, & qu'il ne soit marécageux que pour cette raison, il ne suffit pas de l'entourer de fossés, il faut encore en creuser quelques-uns de distance en distance dans l'étendue du terrain, en les faisant aboutir à celui qui est le plus bas. Quand on veut que la pièce de terre ne soit point coupée par tous ces fossés, il faut les combler avec des cailloux, en remettant ensuite la terre par-dessus; mais alors on sera obligé de les rouvrir tous les cinq ou six ans, parce que la terre qui sera placée dans tous les vides que laissoient entre eux les cailloux, ne permettra plus à l'eau de s'écouler. Après toutes ces opérations, l'on réduit aisément ces sortes de terrains en état de *culture* ordinaire, si toutefois le champ vaut la dépense nécessaire pour son desséchement.

Exploiter une terre, c'est la mettre en état, en travaillant, de donner les productions dont elle est capable. Pour cet effet on laboure, on met des engrais, l'on sème, on cultive. Duhamel ne croit pas que les labours tiennent lieu d'engrais dans toutes les circonstances

Selon Duhamel, l'objet du cultivateur doit être de rendre ses terres fertiles, afin que leurs productions le dédommagent de ses soins & de sa dépense. Il ne connoît que deux moyens capables de produire cet effet : l'un par des labours, l'autre par les engrais. Quoiqu'il soit persuadé de l'utilité de ceux-ci, il lui paroît bien plus avantageux de rendre une terre fertile par les labours, lorsqu'elle est d'une qualité à n'avoir pas besoin d'autres secours. Pour qu'un terrain soit en état de fournir aux plantes les sucs qui contribuent à leur accroissement, ses parties doivent être divisées, atténuées, afin que les racines aient la facilité de s'étendre. Le fumier, suivant Duhamel, produit en partie cet effet par la fermentation qu'il excite; mais il pense que l'instrument de *culture* l'opère d'une manière plus efficace : outre qu'il divise la terre, il la renverse encore sens dessus dessous; par conséquent, les parties qui étoient au fond sont ramenées à la surfaces, où elles profitent des influences de l'air, de la pluie, des rosées, du soleil, qui sont les agens les plus puissans de la végétation; les mauvaises herbes qui épuisent la terre sont détruites & placées dans l'intérieur, où elles portent une substance qui accroît les sucs dont les plantes ont besoin. Une terre où l'on se dispense de quelques labours, soit de préparation, ou de *culture*, sous prétexte des engrais qu'on y met, se durcit à la surface : elle ne peut donc point profiter de l'eau des rosées, de la pluie qui coule sans la pénétrer. Duhamel observe que le fumier expose à des inconvéniens qu'on n'a point à craindre des labours; 1°. la production des plantes fumées est d'une qualité bien inférieure à celles qui ne le sont point; 2°. les fumiers contiennent beaucoup de graines qui produisent de mauvaises herbes; ils attirent des insectes qui s'attachent aux racines des plantes & les font périr. Toutes ces considérations l'ont décidé à multiplier les labours dans les terres d'une bonne qualité au lieu de les fumer. Aussi, en recommandant les engrais, il conseille toujours de les réserver pour les terres peu fertiles, & de labourer fréquemment celles qui ont un bon fond.

En établissant pour premier principe de *culture* la fréquence des labours, l'auteur observe que la plupart des cultivateurs imaginent qu'elle est nuisible à la fertilité de la terre, qui perd une partie de sa substance quand elle est trop souvent cultivée. Il répond à cette futile objection, 1°. que l'évaporation n'enlève jamais que les parties aqueuses, & non point celles de la terre; 2°. que dans bien des circonstances cette évaporation est utile : en supposant que les labours donnent lieu au soleil d'enlever les parties humides nécessaires à la végétation, les pluies qui arrivent après que la terre a été remuée, lui rendent d'une manière plus avantageuse l'eau qu'elle a perdue. Il conclut donc que la fréquence des labours est très-utile pour rendre les terres fertiles, pourvu qu'ils soient faits à propos.

Duhamel distingue, ainsi que Tull, deux sortes de labours; ceux de préparation & ceux de *culture*. Pour ces derniers, il a imaginé des charrues légères qu'il nomme des *cultivateurs*, capables de remplir assez bien son objet.

Pour préparer la terre à être ensemencée, suivant Duhamel, on ne sauroit faire des labours trop profonds. Cependant, dans la pratique, il a soin de proportionner la profondeur des sillons à la qualité du terrain, qui doit être relative au fond de bonne terre plus ou moins considérable. En général, il fait labourer les terres fortes avec des charrues qui prennent beaucoup d'entrure, c'est-à-dire, qui piquent à une profondeur considérable, & pour celles qui n'ont pas de fond, des labours légers suffisent.

Lorsque la terre est sujette à retenir l'eau, il fait labourer par planches ou par sillons plus ou moins larges, afin de procurer l'écoulement des eaux qui resteroient à la surface, si l'on ne donnoit pas une pente à leur cours. Quand elle n'est point exposée à cet inconvénient, les labours sont faits à plat, & on ouvre de distance en distance, de grands sillons qui donnent issue aux eaux.

Avant d'ensemencer une terre en grains hivernaux, principalement en froment, Duhamel exige qu'elle ait reçu quatre labours de *préparation*. Le premier doit être fait avant l'hiver, afin que la gelée brise les mottes, pulvérise la terre, fasse mourir les mauvaises herbes : ce premier labour s'appelle *guéreter*. Le second, nommé *binage*, est fait dans le courant de ventôse pour disposer la terre à profiter des influences de l'atmosphère, & sur-tout des rayons du soleil. Le troisième, appellé *rebinage*, est fait au mois prairial, pour détruire les mauvaises herbes qui ont poussé depuis le binage. Le quatrième, nommé *labour à demeure*, se fait immédiatement après les moissons. Duhamel ne croit point que ces quatre labours suffisent dans toutes les circonstances, ni pour toutes sortes de terrains.

Si le printems est chaud & pluvieux par intervalles, l'herbe pousse avec vigueur : il ne faut pas alors s'en tenir aux labours d'usage; il est à propos de les multiplier, afin d'arrêter la végétation des mauvaises herbes.

Pour semer les grains de ventôse, il exige que la terre soit préparée au moins par deux labours, & condamne la méthode des cultivateurs qui sèment après un seul labour fait en pluviôse ou en ventôse. Il prétend que la terre ne peut être bien disposée sans un labour fait avant l'hiver, immédiatement après les semailles des hivernaux, & par un second fait après l'hiver. « L'expérience, ajoute-t-il, prouve évidemment la nécessité de deux labours, puisque les avoines, les orges, faites après un seul labour, ne sont jamais aussi belles que quand la terre a été préparée par deux ».

Un des grands avantages de la méthode de cultiver adoptée par Duhamel, consiste à pouvoir cultiver les plantes annuelles pendant leur végétation. Lorsque le printems est favorable, celles qui ont résisté à la gelée poussent vigoureusement ; c'est alors, dit-il, qu'il faut aider à leur accroissement par des labours de *culture*. Quoique la terre ait été bien ameublie par le labourage de préparation, elle a eu le tems de se durcir, & de former à la superficie une croute qui la rend impénétrable à l'eau. Pour obvier à cet inconvénient, & rendre facile la *culture* des plantes annuelles, Duhamel a imaginé de diviser une pièce de terre par planches, comme on le verra dans la suite, afin de pouvoir donner quelques labours aux plantes pendant qu'elles croissent. Il fait ordinairement donner le premier labour de *culture* après l'hiver, afin de disposer la terre à profiter des pluies, des rosées : à mesure que la mauvaise herbe pousse, on en donne un second pour la détruire ; lorsque le grain commence à se former, on fait le troisième labour de *culture*, parce que c'est le tems où la plante a besoin d'une plus grande partie de substance pour parvenir à donner des épis longs & bien fournis en grains. Le nombre des labours de *culture* est relatif à la qualité des terres sujettes à produire plus ou moins de mauvaises herbes ; Duhamel les multiplie en proportion de ce défaut, mais non pas dans le tems pluvieux.

Cet auteur n'est pas du sentiment des anciens, qui ne labouroient point les terres lorsqu'elles étoient sèches, humides, gelées ; il pense, au contraire, qu'un labour de préparation, fait pendant la sécheresse, ne peut point être nuisible : dans cette circonstance, on détruit les mauvaises herbes avec bien plus de succès. Un labour fait pendant la sécheresse, loin d'épuiser la terre, la prépare au développement des principes de sa fertilité, en la mettant dans l'heureuse disposition de profiter des influences bienfaisantes de l'atmosphère, dont elle seroit privée tant que sa surface formeroit une croute impénétrable à l'eau. Quoique l'auteur observe que les labours faits pendant la sécheresse ou pendant la gelée, sont utiles à la terre, il préfère ceux qu'on exécute par un tems ni trop sec ni trop pluvieux.

Les terres sur lesquelles il n'est pas possible de multiplier les labours, ont besoin d'*engrais*. L'auteur s'est occupé des moyens de les employer utilement : il pense qu'un tems pluvieux est la circonstance la plus favorable aux transports des fumiers, parce que la terre ne perd rien de leur substance, qui s'évapore facilement, si le soleil est trop vif. Comme on n'est pas toujours libre de choisir le tems le plus convenable à leur transport, dans pareille circonstance, il faut mettre tous les fumiers en tas, les couvrir de terre, afin d'empêcher l'évaporation, & les répandre seulement avant de labourer : sans cette précaution, il ne resteroit que de la paille à enterrer, qui ne seroit pas d'un grand secours pour améliorer le terrain. Quand les fumiers sont transportés, dans l'intention de les enterrer tout de suite, il faut les étendre à mesure qu'on laboure, pour les couvrir avant la pluie ; autrement l'eau qui les délayeroit, entraîneroit la meilleure partie de leur substance.

Duhamel conseille de transporter les engrais avant le labour à demeure, de les étendre tout de suite, & de les enterrer. Il y a des cultivateurs qui étendent les fumiers seulement avant de semer, & les enterrent avec la semence. Cette méthode est vicieuse, parce qu'il y a des grains qui peuvent se mêler avec des tas de fumier où ils pourissent, quand ils ne sont pas dévorés par les insectes qui s'y trouvent.

*Art d'ensemencer.*

La nouvelle méthode d'ensemencer les terres, introduite par Duhamel, se trouve conforme à celle de Lignerolle. Voici de quelle manière le terrain est disposé.

« Supposons, dit Duhamel, une pièce de terre bien labourée à plat & bien unie, prête à recevoir la semence & à prendre la forme qu'on voudra lui donner ; supposons encore que la terre soit assez bonne, qu'elle ne soit pas trop difficile à travailler, & qu'on veuille y faire des planches de quatre tours de charrue, ou de huit raies, qui produiront sept rangées de froment : comme c'est la première fois qu'on ensemence cette pièce suivant la nouvelle *culture*, il faut la disposer de façon qu'il y ait alternativement une planche de guéret & une ensemencée ; ce qui servira tant qu'on la cultivera suivant la nouvelle méthode. En commençant par laisser à une rive de la pièce la planche de guéret, il faut compter 1, 2, 3, 4, 5, 6, 7, 8, 9, 10 raies de guéret : voilà la planche qui restera en guéret cette année, & qu'on ensemencera l'année prochaine ; parce qu'il faut dix raies de guéret pour faire une planche de quatre tours, formant huit raies de planches qui produisent sept rangées de bled. Pour ensemencer, on compte 1, 2, 3, 4 de ces dix raies ; on fait répandre du bled à la main sur les deux cinquièmes raies qui doivent former le milieu de la planche ; ainsi les cinquièmes raies se trouvent adossées par les quatrièmes, en même-tems qu'on forme une enréageure : par ce tour de charrue, ou par les deux traits, la semence qu'on a répandue, se trouve enterrée sur le milieu de la planche, &, quoiqu'on ait répandu du grain dans les deux raies 5, il n'en résultera à la levée qu'une forte rangée qui équivaudra à deux.

» Après avoir fait répandre du grain dans les deux sillons qu'on vient de former, on pique un peu moins dans le guéret; on fait un second tour de charrue, qui recouvre le grain qu'on vient de semer, & on forme deux nouvelles raies.

» Ayant fait répandre du grain dans les raies à mesure qu'on les forme, & ayant fait un troisième tour, la planche est entièrement formée par huit raies qui ne doivent donner que sept rangées de froment, les deux premières n'en produisant qu'une, qui est, à la vérité, plus forte que les autres.

» Il est bon de faire attention, 1°. qu'afin que les planches aient leur égout dans les raies qui les séparent, il faut qu'elles fassent un cintre surbaissé : c'est pour cela qu'on pique profondément les raies 4, 4, & qu'on en renverse la terre sur les raies 5, 5, pour former ce qu'on appelle l'ados d'une planche; & on pique de moins en moins les raies 3, 3, 2, 2, 1, 1, afin que la pente soit bien conduite depuis l'ados, jusques & comprise la dernière raie.

» 2°. Qu'il faut huit raies de guéret pour quatre tours de charrue, formant huit raies de planches qui ne produisent que sept rangées de froment; parce que, comme il a été dit, l'ados n'en produit qu'une forte qui équivaut à deux. Si l'on veut faire les planches plus étroites, on ne prend que huit raies de guéret pour trois tours de charrue, formant six raies de planches qui ne produisent que cinq rangées de froment. Si on ne prenoit que six raies, pour deux tours de charrue, formant quatre raies de planches, on n'auroit que trois rangées de bled : ces planches sont très-étroites & bordées de deux sillons. Quand il n'y a que l'ados formé de deux raies poussées l'une contre l'autre par-dessus les deux du milieu qu'elles couvrent, on forme ce qu'on appelle un billon qui ne porte qu'une rangée de froment. On conçoit que la charrue à versoir opère le labour, d'abord en poussant deux raies l'une contre l'autre qui forment l'ados & deux fonds de raies de chaque côté, qui fournissent des enréageures pour former successivement le nombre des raies qui doivent composer une planche de quelque largeur qu'elle soit, laquelle finit, & est bordée par deux fonds de raies ou sillons dans lesquels on enréage quand on bine, pour remettre la terre où on l'avoit prise au premier labour : ainsi elle change de place, comme quand on laboure avec les charrues à tourne-oreille.

» Les soins dont on vient de parler pour les premières façons, n'ont pas lieu lorsqu'on guérète ou lorsqu'on bine : comme alors il n'est point important de donner un écoulement aux eaux, on ne fait point d'ados, & on pique également dans toute la largeur des planches.

» Le grain qui se trouve répandu sur les deux raies dont l'ados d'une planche est formé, doit réussir, parce qu'il étend ses racines dans le guéret sur lequel on le répand, & dans la terre des deux raies qu'on creuse pour former l'ados; de sorte que le grain jouit presque de la terre de quatre raies. Le grain des deux rangées qui suivent immédiatement, est encore bien pourvu de terre, puisqu'il jouit du revers des deux premières raies de l'ados & des deux secondes raies qui le couvrent. Les troisièmes rangées qui sont les cinquièmes de la planche, quoique moins relevées que les précédentes, fournissent encore assez de substance au grain, parce qu'il est assis sur un bon guéret, & recouvert de la terre qu'on prend aux dépens de la dernière rangée. Ces rangées qui terminent les deux côtés de la planche, sont par conséquent les plus mal situées, & les moins fournies de guéret : on s'en apperçoit à la récolte, car elles sont les plus foibles de toutes : ainsi elles ont plus besoin que toutes les autres des secours qu'elles ne peuvent recevoir qu'en pratiquant la nouvelle *culture*, par l'adossement qu'on peut leur donner aux dépens de la planche voisine qui reste en guéret. Les labours que les plantes de ces rangées reçoivent au printemps, suffisent pour leur donner autant de vigueur qu'à celles du milieu des planches. Cette pratique s'étend également sur tous les autres grains, la luzerne, les sainfoins, &c. »

*Duhamel* est persuadé que rien ne contribue plus aux progrès des végétaux, que des labours faits à propos pendant l'*accroissement des plantes*. L'expérience lui a découvert trois principaux moyens, afin d'obtenir des récoltes abondantes : ils consistent 1°. à faire produire aux plantes beaucoup de tuyaux; 2°. à faire porter un épi à chaque tuyau; 3°. à cultiver de façon que chaque épi soit entiérement rempli de grains bien nourris. Comme on ne peut, dit-il, opérer ces effets que par des labours réitérés, ce n'est pas en suivant la manière ordinaire d'ensemencer, qu'on les obtiendra, parce qu'il n'est pas possible de cultiver les plantes pendant leur végétation.

Si on veut que les plantes profitent des labours de *culture*, il est important de les faire dans des circonstances favorables. *Duhamel* pense, ainsi que *Châteauvieux*, que le premier labour de *culture* a pour objet, 1°. de procurer l'écoulement des eaux; 2°. de préparer la terre à être ameublie par les gelées d'hiver. Il est donc essentiel de faire ce premier labour avant que la terre soit gelée : en conséquence de ce principe, *Duhamel* est du sentiment de donner une *culture* au bled, dès qu'il a trois ou quatre feuilles, en ayant la précaution de border les planches par un petit sillon pour recevoir les eaux. Après les grands froids, ou, au plus tard, lorsque les plantes commencent à pousser, il fait donner un second labour : si l'on attendoit plus long-temps, il ne seroit point aussi avantageux ; il ne serviroit tout au plus qu'à faire alonger les tuyaux des plantes, sans les faire taller. Ce second labour est très-utile pour faire produire aux plantes plusieurs tuyaux chargés d'épis.

Avant que les bleds soient défleuris, *Duhamel*, à l'exemple de *Châteauvieux* & de *Tull*, fait donner plusieurs labours pour fortifier les plantes, alonger les tuyaux, donner de la grosseur aux épis & détruire les mauvaises herbes. Il ne détermine point le nombre de ces labours, ni le temps convenable pour les faire : ils dépendent, selon lui, de l'état des terres, qu'on ne doit point labourer dans cette saison, si elles sont trop humides. Quand la saison est favorable, on peut multiplier les labours à son gré : il considère celui qu'on fait immédiatement avant que l'épi sorte du tuyau, comme le plus indispensable pour faire croître l'épi en grosseur & en longueur. Lorsque les fleurs sont passées, alors il est nécessaire de faire donner le dernier labour de *culture*, afin que le grain puisse prendre toute la substance dont il a besoin pour être aussi beau à la pointe de l'épi qu'au commencement.

Les labours de *culture* n'étant point praticables dans les planches entre les rangées de froment, il faut, dit *Duhamel*, se contenter de labourer les plates-bandes, en ouvrant les raies aussi près des dernières rangées, qu'il est possible. Il seroit à desirer, ajoute-t-il, qu'on pût trouver la manière de faire passer un cultivateur entre les rangées de froment ; ces plantes deviendraient bien plus vigoureuses. En attendant qu'on ait trouvé ce moyen, il ne faut point négliger d'arracher les mauvaises herbes : ce travail peu difficile ne porte aucun dommage au froment, comme il arrive dans la manière ordinaire de semer & de cultiver.

*Système de culture de* Patullo.

1°. On essaiera, dit *Patullo*, de défricher en automne, afin que les gelées d'hiver mûrissent la terre & fassent périr les herbes.

2°. Au printemps, aussi-tôt que la terre sera ressuyée, on donnera un second labour.

3°. On y transportera les amendemens convenables à la nature du terrain.

4°. Sur le champ on donnera un troisième labour profond, & on hersera, s'il est nécessaire, pour briser les mottes.

5°. Dans le mois fructidor on donnera un quatrième labour.

6°. On semera en vendémiaire du froment, dont on aura lieu d'espérer une bonne récolte.

7°. Aussitôt après la moisson on retournera les chaumes.

8°. Dans le mois ventôse on donnera un second labour & on semera de l'orge, qu'on recueillera comme les avoines dans le mois thermidor.

9°. Aussitôt après cette récolte, on retournera le chaume d'orge, & l'on passera la herse, pour briser les mottes.

10°. On donnera un second labour au mois vendémiaire, pour semer du froment en brumaire.

Voilà la méthode de *Patullo* pour les terres fertiles. A l'égard des terres sabloneuses, graveleuses & légères, il suffit, dit *Patullo*,

1°. De leur donner trois labours ; après le second, on portera les engrais ; après le troisième, on semera du froment qu'on enterrera avec la charrue.

2°. Aussitôt après la récolte, on brûlera les chaumes, on donnera un labour léger, & on semera des turnips ou gros navets.

3°. Après la récolte des navets, on donnera un profond labour, & l'on semera des pois blancs.

4°. Après la récolte des pois, on labourera la terre, & on semera des navets, comme on avoit fait l'année précédente.

5°. Au printemps suivant, ayant préparé la terre par un ou deux labours, on y semera de l'orge.

6°. Après la récolte de l'orge, on labourera la terre, on la hersera, & on semera en vendémiaire du trefle, si la terre est peu humide ; on profitera des gelées d'hiver pour y voiturer des engrais, qu'on répandra sur le trefle.

7°. Dans l'automne de la troisième année, on labourera le trefle ; on donnera, au printemps, un second labour, & on semera de l'orge.

8°. Après la récolte de l'orge, on donnera deux labours, & on semera du froment.

9°. On pourra faire, dans l'année suivante, une seconde récolte de froment avant la récolte des menus grains, ou bien, on suivra les récoltes; comme il a été dit plus haut; mais à la fin de la troisième année, on femera du trefle, ou, suivant la qualité du terrain, d'autres herbages.

*Autre syſtême de culture par le gentilhomme cultivateur.*

Le *labourage* eſt conſidéré par l'auteur, comme la principale & la plus eſſentielle des opérations d'agriculture : qu'on ne ſoit donc point étonné, dit-il, des différentes eſpèces de charrues inventées pour perfectionner cette partie, ni de la variété des préparations données à la terre relativement à ſes qualités, pour la rendre fertile, & propre à la végétation des plantes dont nous attendons les productions. Tous les ſols ne ſe prêtent pas aux mêmes méthodes de *culture*; s'il ne falloit les cultiver qu'en ſuivant des principes uniformes, l'agriculture ne ſeroit plus un art, mais un ſimple jeu, peu fait pour mériter les ſoins des hommes célèbres qui ſe ſont appliqués à nous tracer la vraie route que leur avoit indiquée l'expérience.

*Utilité des labours.* Pour rendre la terre fertile, il faut rompre & diviſer ſes parties. On opère la diviſion de molécules de deux manières; 1°. par l'inſtrument de *culture*, qui fouille la terre, & diviſe ſes parties; 2°. par les fumiers dont la fermentation empêche la réunion des molécules ſéparées par le labourage. Ces deux manières ſont communément combinées enſemble : ſouvent la première eſt employée toute ſeule, mais jamais la ſeconde. L'auteur eſtime qu'il eſt bien plus avantageux de contribuer à la fertilité de la terre par les labours que par les fumiers, dont il eſt rare d'avoir la quantité néceſſaire dans les grandes exploitations; au lieu qu'il eſt toujours en notre pouvoir d'augmenter les labours à notre volonté. L'auteur, ſans donner dans l'excès de *Tull*, qui bannit abſolument les engrais de l'agriculture, obſerve qu'il eſt à propos d'en faire un uſage très-modéré, & de les remplacer par des labours, autant que les terres peuvent ſe prêter à cette pratique; parce qu'ils corrompent en quelque ſorte le goût naturel des productions, comme l'expérience nous en convainc tous les jours dans les plantes potagères.

Lorſque la terre eſt améliorée par le labourage, elle n'eſt point expoſée à l'épuiſement cauſé par les mauvaiſes herbes; toutes ſes parties reçoivent ſucceſſivement les influences de l'atmoſphère, lorſqu'un labour les remet au fond pour ramener les autres à la ſurface, afin qu'elles profitent des mêmes avantages; elles y portent des principes certains de fertilité, qui n'altéreront point le goût primitif des productions des plantes dont elles aident merveilleuſement la végétation.

Les terres légères ont des interſtices trop groſſiers entre leurs molécules, de ſorte que les racines qui s'étendent dans ces cavités, ont peine à toucher leur ſurface, & par conſéquent à pomper les ſucs nourriciers. L'effet du labourage, dans ces ſortes de terres, conſiſte donc à opérer une plus grande diviſion de molécules, que celle qui exiſtoit déjà. Il faut obſerver, ajoute l'auteur, que les racines, dans leur extenſion, doivent néceſſairement éprouver une certaine réſiſtance, afin d'attirer les ſucs nourriciers; ſans cette preſſion réciproque des racines & des molécules la végétation languit, parce que les racines paſſant ſur les parties terreſtres ſans toucher leur ſurface, elles ne peuvent point enlever les ſucs dont les molécules ſont chargées. Sans les labours, les terres légères ſeroient par conſéquent peu propres à la végétation.

Quoique le fumier, par la fermentation qu'il excite dans l'intérieur de la terre, diviſe auſſi ſes parties, ce ſeroit une erreur, ſelon l'auteur, de le croire auſſi avantageux que les labours dont l'effet eſt bien plus certain : il porte, à la vérité, des principes de fertilité, très-utiles à la végétation; mais auſſi il eſt ſujet à des inconvéniens nuiſibles aux productions de la terre : ainſi qu'il a déjà dit pluſieurs fois, la méthode la plus ordinaire d'améliorer les terres, étant d'avoir recours au fumier, l'auteur indique un moyen aſſuré de faire mourir les inſectes qui y ſont; pour cet effet, avant de commencer le tas, on met une couche de chaux vive, & à meſure qu'il avance, on répand de temps en temps quelques couches de la même chaux; en ayant cette précaution, on détruit les inſectes & les graines des mauvaiſes herbes qui pouſſent en quantité dans les terres bien fumées.

L'auteur conſidère la herſe, dans les mains du laboureur ignorant, comme l'inſtrument d'agriculture le plus dangereux, lorſqu'il en fait uſage pour ſe diſpenſer des labours qu'il devroit au contraire multiplier; il imagine que cet inſtrument rompt & diviſe ſuffiſamment la terre, ſans faire attention que les chevaux dont il ſe ſert, font plus de mal avec leurs pieds, que la herſe ne fait de bien.

Selon les principes de l'auteur, lorſqu'on veut conſerver un terrain en vigueur par le labourage, il eſt eſſentiel de multiplier le nombre de labours, afin d'accroître, ou pour mieux dire, de développer les principes de fertilité : mais il faut obſerver de mettre un intervalle de temps convenable entre chaque labour; ſans cette précaution, on les multiplie ſans que la terre en reçoive aucun avantage. Un terrain médiocre, bien labouré, eſt bien plus fertile qu'un autre d'une qualité meilleure, mais qui n'eſt point amendé

par

par les labours. Une terre nouvellement rompue, & suffisamment ameublie, est, comme une terre neuve, pour tous les usages auxquels on veut l'employer; d'où il conclut que les labours produisent les mêmes effets que les engrais. Les sols légers, suivant ses observations, deviennent plus serrés & plus lourds lorsque la terre est bien rompue & divisée par les labours dont l'effet est de donner plus d'adhérence à ses parties après leur division. Les terres fortes, au contraire, deviennent plus légères, par la même opération qui raffermit celles qui sont trop friables; leurs molécules étant divisées par la *culture*, elles perdent en partie la ténacité & l'adhérence qui s'opposent à l'extension des racines.

L'auteur entre dans ce détail pour faire comprendre au cultivateur qui ne veut employer d'autres moyens pour améliorer ses terres, que le seul labourage, combien il est essentiel de les multiplier s'il veut réussir dans son entreprise: sans cette connoissance, cette méthode très-avantageuse peut être nuisible à ses terres.

Suivant la méthode ordinaire de cultiver, l'effet du premier labour, suivant lui, est peu sensible; celui du second l'est un peu plus: ce n'est qu'après avoir fait l'un & l'autre, qu'on doit regarder la terre comme préparée à être labourée. Le troisième & le quatrième labour commencent à produire des avantages réels, & tous ceux qu'on donne ensuite, deviennent infiniment plus efficaces que les premiers pour rendre la terre fertile. Il est certain, ajoute l'auteur, que rien n'est plus propre à faciliter & à augmenter les effets des engrais, que les labours donnés à un terrain nouvellement fumé. Au bout de trois ans, une terre qui a été fumée, se trouve communément épuisée; en lui donnant un double labour moins dispendieux que le fumier, on la remettra en vigueur pour six ans; & plus on augmentera le nombre des labours, plus elle pourra se passer du secours des engrais.

Quoique l'auteur approuve la fréquence des labours, pour maintenir les terres dans un état propre à la végétation, il pense cependant que le meilleur moyen est de joindre les engrais aux labours, c'est-à-dire, après qu'un terrain a été long-temps fertile par les labours, il faut le secourir par les engrais, afin de le ranimer: quand, au contraire, il a été porté à un grand degré d'amélioration par les fumiers, il convient alors de multiplier les labours; cette alternative est, ajoute-t-il, la vraie méthode de conserver les bons effets, tant des labours que des engrais. Il ne trouve aucune raison qui puisse empêcher le cultivateur de se comporter autrement, parce que les labours & les engrais ne produisent pas des effets qui soient opposés les uns aux autres.

Selon les principes du gentilhomme cultivateur, on ne peut point établir une méthode uniforme de labourer les terres, parce qu'elles varient infiniment dans leurs qualités & leurs positions. Communément on regarde un labour profond, comme très-avantageux pour rendre un sol fertile; cependant, il y a des circonstances où il seroit nuisible. Toutes les terres n'ont pas autant de fonds les unes que les autres; elles n'exigent donc point d'être fouillées à la même profondeur. La charrue doit piquer beaucoup dans les terres nommées pleins-sols, parce qu'on ne craint point de ramener à la surface une terre de mauvaise qualité; mais lorsque le sol n'a que quelques pouces de profondeur, & qu'on trouve ensuite une terre non végétale, on doit prendre garde à ne point faire piquer la charrue trop avant, & à ne pas ramener à la superficie la mauvaise terre.

Les terres humides exigent une *culture* plus analogue à leur qualité. Il y a deux principales sortes de sols sujets à être refroidis par l'humidité; ceux qui se trouvent sur des montagnes où il y a un lit de glaise au-dessous de la superficie, & ceux qui, situés horizontalement, sont fort profonds & très-fermes. « La cause du mal dans ces terrains est très-évidente: les eaux des pluies filtrant à travers la terre molle qui forme la superficie, sont retenues par la glaise qui se trouve en-dessous, & dont les parties sont si intimément liées & compactes, qu'elles sont impénétrables aux eaux; de sorte que de nouvelles pluies succédant, les eaux en sont retenues par les précédentes: le sol étant alors engagé elles remontent vers la superficie, se mêlent avec la terre molle, qui, abreuvée se gonfle & se lève au-dessus de son niveau. »

Voici de quelle manière l'auteur procède dans la *culture* de ces sortes de terrains.

Le labourage n'est que d'une foible ressource dans ces sortes de terres; on ne peut donc point se dispenser de couper des tranchées en travers du terrain, afin de donner une pente à l'eau pour qu'elle puisse s'écouler: on ferme ces tranchées en les comblant avec de grosses pierres recouvertes ensuite de terre, afin que la charrue puisse y passer comme sur une surface horizontale.

Lorsqu'on a lieu d'espérer de retirer quelqu'avantage, en réduisant ces sortes de terres en état de *culture* réglée, pour l'entreprendre avec succès, il faut labourer en dirigeant les rayons transversalement, & leur donner une pente oblique. Si les rayons étoient dirigés transversalement en ligne droite, ou de bas en haut & toujours en ligne droite, on conçoit combien ces méthodes seroient défectueuses:

en suivant la première, l'eau n'auroit point d'écoulement, puisque les guérets la retiendroient; par la seconde, on lui procureroit un écoulement trop précipité, de sorte qu'elle entraîneroit toute la substance de la terre.

Pour rendre l'écoulement plus parfait, l'auteur exige qu'il n'y ait point de cavité dans les sillons, & que leur extrémité soit l'endroit le plus bas de toute leur longueur. Quant au degré d'obliquité qu'il convient de donner, soit aux rayons & aux sillons, il doit toujours être relatif à la position du terrain, c'est-à-dire, l'obliquité doit être moins sensible pour une terre dont la pente est très-considérable, que pour une autre qui l'est moins.

Quoiqu'un terrain situé sur le plan incliné d'un côteau ou d'une montagne, ne soit point sujet à retenir l'eau, on ne doit pas se dispenser, en le labourant, de tracer des raies transversales, afin de donner un écoulement aux eaux trop abondantes, & d'empêcher qu'elles n'entraînent les terres.

Lorsqu'un sol profond & ferme est horizontal, en le labourant transversalement, tantôt d'un côté, tantôt de l'autre, il est sujet à être froid & humide, parce que l'eau y séjourne longtemps. Pour remédier à ces inconvéniens si nuisibles à la végétation, il faut, en le labourant, le disposer en rayons obliques. L'auteur fait, à ce sujet, des observations pour détourner les cultivateurs de la méthode de labourer transversalement, afin de leur faire adopter la pratique des rayons, comme la plus propre à favoriser les productions de la terre. 1°. Le labour transversal, dit-il, est plus ordinairement désavantageux qu'utile, parce qu'il ne procure pas un écoulement aux eaux, indispensable dans les terres humides. 2°. Le cultivateur craint de perdre du terrain, s'il ne suit pas sa méthode de labourer transversalement; mais il est certain qu'un champ labouré en rayons, a plus de superficie, que quand il est labouré à plat. « Si, par cette méthode, nous donnons deux pieds sur seize pour un sillon vide, la différence de surface qui se trouvera entre le terrain labouré à plat, & le terrain labouré en raies, se trouvera à l'avantage du fermier; parce que toute la surface étant ainsi élevée en rayons, est en état de porter du bled, & que le fermier, par conséquent, gagnera autant de terrain de plus. »

Outre qu'on gagne une augmentation réelle en labourant en rayons, l'auteur est persuadé que, par cette méthode, on rend le sol sec & chaud, parce que les rayons se servent réciproquement d'abri les uns aux autres & se garantissent des vents froids: d'ailleurs, il ajoute que si le terrain se trouve épuisé, après avoir beaucoup produit, on a l'avantage de se procurer un terrain neuf très-fertile, en remettant les sillons en rayons.

*Des terres en friche.* L'auteur, à l'imitation de *Duhamel*, comprend, sous le nom de terres en friche, celles qui sont en bois, en bruyères artificielles ou naturelles; en un mot, toutes celles qui n'ont point été ensemencées depuis longtemps; ce qui nous dispense d'entrer dans de plus grands détails sur la manière de les cultiver. L'auteur s'éloigne seulement du système de *Duhamel*, relativement aux prairies artificielles ou naturelles, converties en terres à bled: il les regarde, avec raison, comme de vraies jachères, relativement au bled, parce que leurs racines n'ont pas épuisé la surface; & il conseille que la première récolte soit en turnips, & non en grains, qui verseroient dans une pareille terre.

Le gentilhomme cultivateur n'entre point dans le détail du nombre des labours qu'il convient de donner à la terre avant de l'ensemencer; il se contente de vanter les bons effets du labourage, afin d'exciter les cultivateurs à remuer souvent la terre, pour l'améliorer & la rendre propre à la végétation des plantes. Il observe cependant, que quoiqu'il soit très-avantageux de détacher les parties de la terre, de les ameublir, afin qu'elles s'imprègnent aisément des rosées, des pluies, de l'air, il convient de conserver au terrain une certaine consistance ou fermeté analogue au grain qu'on veut y semer; autrement les plantes seroient exposées à être renversées par le vent, leurs racines n'étant point assurées. Pour obvier à cet inconvénient, il approuve la méthode de faire passer le rouleau, ou de faire parquer les moutons sur un champ semé en froment, quand on a lieu de présumer que le sol n'a pas toute la consistance qu'il faut pour tenir les racines dans un état de fermeté.

Il ne faut jamais trop surcharger les terres d'aucune sorte d'engrais ou d'amélioration. Lorsqu'elle est trop fertile, rarement elle produit une récolte abondante en grains: la paille y abonde, & le cultivateur a manqué son objet. Si le terrain est trop riche, c'est une sage précaution de le dégraisser en y semant de l'avoine, avant d'y semer du froment. Il considère la marne, la chaux, la craie, le sel, comme les meilleurs engrais que la terre puisse recevoir avant d'être ensemencée, lorsqu'ils sont administrés avec intelligence & avec modération; parce qu'ils n'apportent point dans la terre les semences d'aucune mauvaise herbe, comme la plupart des fumiers souvent remplis d'insectes qui rongent les racines des plantes, & les font mourir.

Le trefle est un des meilleurs préparatifs que puisse recevoir un terrain où l'on se propose de semer du froment: cette plante n'exige pas assez de *culture* ni d'engrais pour que les mauvaises herbes puissent monter en graine, & se multiplier par leurs semences. Lorsque la terre a besoin d'être améliorée par des engrais, on peut les transporter sans danger en vendémiaire & en ventôse : l'herbe étant coupée avant ce temps, il ne reste plus de mauvaises plantes dont on doive craindre de faciliter la végétation. Les turnips procurent les mêmes avantages, parce qu'outre les principes de fertilité qu'ils laissent dans la terre, les labours de *culture* qu'on est obligé de leur donner, l'ameublissent parfaitement, & détruisent toutes les mauvaises herbes. Après une récolte de fèves, de pois, on peut espérer de recueillir du froment en abondance. Les lentilles & plusieurs autres grains & herbes, quand ils sont enterrés avec la charrue, fournissent à la terre un engrais admirable, qui la prépare parfaitement à recevoir du froment. Il ne faut pas semer du froment après avoir recueilli de l'orge ordinaire ; elle rend le terrain trop léger, & lui enlève une grande partie de sa substance.

Quant à la manière de préparer la terre par les labours, l'auteur croit s'être suffisamment expliqué, lorsqu'il a dit, que la façon de labourer devoit varier suivant les différentes natures des sols. Il adopte, comme *Duhamel*, la *culture* des plantes pendant leur végétation.

(Extrait des *Décades du Cultivateur*, ouvrage très-utile & très-instructif, imprimé chez *Dufart*, à Paris.)

CURURES ; vase ou limon qui reste au fond des étangs, des fossés & des mares après qu'on les a vidés. C'est un très-bon engrais pour féconder les terres sèches & sableuses.

CUVE ; grand vaisseau de bois haut de bord, bien relié, évasé par en haut, & qui n'a qu'un seul fond. Son usage est de tenir en fermentation des substances végétales.

# D

DARD. Dans le jardinage on donne ce nom à un petit filet blanc qui s'élève au milieu des fleurs des fruits, & qui reste tant que le fruit n'est pas noué : on l'appelle *dard*, parce que ce filet monte droit. Il en est de même des graines, tant que leur cosse n'est pas formée, le *dard* se fait voir. Quand le *dard* est sain & bien droit, on a bon augure de la fleur ; mais quand il est penché & flétri avant le tems où il doit l'être, la fleur tombe ou avorte.

DARDER. Ce terme se dit des branches d'un arbre qui, au lieu de s'élever, pointent en devant ou de côté comme un javelot ou une fleche.

DÉCAISSER ; dans le jardinage c'est ôter une plante de sa caisse pour la planter ailleurs, ou pour la mettre en pleine terre. Il faut avoir attention de ménager les racines de la plante qu'on *décaisse*.

DÉCHALASSER ; c'est ôter les échalas des vignes.

DÉCHARGER *un arbre* ; c'est en ôter les branches qui lui nuisent, ou une partie du fruit qui s'y trouve en trop grande quantité.

DÉCHARNER *un arbre* ; c'est le mutiler & lui ôter trop de bois, ou le tailler trop court ; il faut laisser aux arbres le plus de bois qu'il est possible, par proportion à leur vigueur.

DÉCHAUSSER *un arbre* ou *une plante* ; c'est, dans le jardinage, ôter du tronc, ou autour du pied de la plante, la terre qui ne doit pas y être, & qui occasionne une humidité morfondante, empêchant les influences de l'air & la chaleur du soleil. On *déchausse* un arbre ou une plante, soit pour mettre du fumier à la place de la terre qu'on enleve, soit pour dégorger sa greffe, soit pour vivifier les racines, ou pour hâter la maturité des fruits.

DÉCOLLER ; terme de jardinage, qui se dit d'un arbre dont la tige est emportée, ou quand un bourgeon se casse au collet où il a pris naissance. On le dit encore des plantes que les gros vers rongent rase terre ; enfin on se sert de cette expression, en parlant des greffes que le vent a *décollées*. C'est ce qui arrive quand la seve s'y porte avec trop d'abondance. Accident que l'on prévient en les attachant aux échalas, à une perche ou à une gaulette ; mais il faut en ce cas garnir & matelasser l'arbre avec mousse ou chiffons aux endroits où l'arbre touche à la perche.

DÉCOUVRIR *les plantes* ; après les grands froids le jardinier découvre les plantes, en ôtant les cloches ou paillassons qui les garantissoient.

DÉFLEURIR ; perdre ses fleurs. On juge que les fruits sont noués, lorsque les arbres sont *défleuris*. Certains fruits, comme les prunes, les raisins, se *défleurissent* quand on leur fait perdre leur velouté en y touchant avec peu de ménagement.

DÉFONCER *la terre* ; c'est la creuser profondément pour en enlever les pierres, le tuf, le sable, la glaise, qui s'opposent au progrès des racines, & pour y substituer de bonne terre. Au reste, on ne doit jamais planter sans avoir *défoncé* le terrain.

DÉFRICHER ; c'est mettre en valeur par la culture une terre vague ou qui est en friche.

Le *défrichement* ou le labour d'une terre en friche qui doit être fait avec une forte charrue à versoir, forme nécessairement beaucoup de grosses mottes que la gelée & les pluies d'hiver détruisent ; de sorte que quand le printems n'est pas trop humide, un second labour donné à propos les met en état d'être ensemencées en avoine ; mais il ne faut y mettre du bled que quand la terre aura été assez affinée par des labours répétés pour recevoir cette plante, qui est plus délicate que l'avoine.

A l'égard des terres qu'on ne laboure que tous les huit à dix ans, on a coutume de les brûler, afin que le feu divise leurs parties, & que la cendre des feuilles & des racines leur donne quelque fertilité. Voici comme se fait cette opération, suivant la méthode de Tull, agriculteur anglais, & de Duhamel son commentateur.

Des ouvriers vigoureux enlevent avec une houe ou avec une pioche courbe dont le fer est large & mince, toute la superficie de la terre, par des gasons à qui l'on conserve une figure la plus réguliere qu'il est possible, faisant en sorte qu'ils aient environ huit à dix pouces quarrés, sur deux ou trois doigts d'épaisseur.

Sitôt que les gasons sont détachés, des femmes les dressent & les appuient l'un contre l'autre en faitiere, mettant l'herbe en dedans.

Lorsque le tems est beau, l'air qui touche ces mottes de tous côtés, les desseche suffisamment en une couple de jours pour être rangées en fourneaux, & brûlées. Mais s'il survenoit de la pluie, il faudroit soigneusement redresser les gasons, car il faut qu'ils soient secs avant d'en former les fourneaux dont nous allons parler.

Pour former ces fourneaux, on commence par élever une espece de tour cylindrique d'un pied de diametre. Comme la muraille de cette petite tour est faite avec des gasons, son épaisseur est fixée par l'étendue des gasons; mais en bâtissant, l'on met toujours l'herbe en en-bas, & l'on ménage du côté que le vent souffle une porte d'un pied de largeur.

Au dessus de cette porte on met un gros morceau de bois qui sert de lintier, puis on remplit tout l'intérieur avec du même bois sec, mêlé d'un peu de paille, & l'on acheve le fourneau en faisant avec les mêmes gasons une voûte semblable à celle des fours à cuire le pain.

Avant que la voûte soit entiérement formée, on allume le bois qui remplit le fourneau, puis on ferme vîte la porte avec des gasons, & l'on acheve de fermer l'ouverture qu'on a laissée au haut de la voûte, ayant soin de mettre des gasons sur les endroits par lesquels la fumée sort trop abondamment, précisément comme les charbonniers font à leurs fourneaux; car, sans cette précaution, le bois se consommeroit trop vîte, & la terre ne seroit pas assez brûlée.

Si l'on couvroit les fourneaux avec de la terre, tous les espaces étant fermés très-exactement, le feu s'étoufferoit; mais comme on n'emploie que des gasons, & comme on met toujours l'herbe en en-bas, il reste assez d'air pour l'entretien du feu.

Quand tous les fourneaux sont faits, le champ semble couvert de petits meulons de foin de figure hémisphérique qui sont rangés en quinconce. Mais il faut veiller aux fourneaux jusqu'à ce que la terre paroisse embrasée, étouffer le feu avec des gasons, lorsqu'il s'est formé des ouvertures, rétablir les fourneaux que l'action du feu fait écrouler, & enfin rallumer le feu lorsqu'il s'éteint. Quand la terre paroît en feu, les fourneaux n'exigent plus aucun soin; la pluie même, qui avant ce tems étoit fort à craindre, n'empêcheroit pas les mottes de se cuire. Ainsi il n'y a plus qu'à laisser les fourneaux s'éteindre d'eux-mêmes.

Au bout de 24 ou 28 heures, quand le feu est éteint, toutes les mottes sont réduites en poudre, excepté celles de dessus qui restent quelquefois toutes crues, parce qu'elles n'ont pas été assez exposées à l'action du feu, & c'est pour cela qu'il ne faut pas faire les fourneaux trop grands, parce que les parois étant proportionnellement plus épais, la terre du dehors ne seroit pas assez cuite, lorsque celle du dedans le seroit trop; car si on la cuisoit comme de la brique, elle ne seroit plus propre à la végétation. D'ailleurs, pour faire de grands fourneaux, il faudroit transporter les mottes de trop loin. On pourroit les faire plus petits, mais ils consommeroient trop de bois. Ainsi il convient de se renfermer à-peu-près dans les proportions qui viennent d'être indiquées.

Quand les fourneaux sont refroidis, on attend que le tems se mette à la pluie; alors on répand la terre cuite le plus uniformément qu'on peut, n'en laissant point aux endroits où étaient les fourneaux, qui malgré cela donneront de plus beau grain que le reste du champ. C'est pourquoi on ne laisse à ces endroits que les gasons qui n'auront pas été cuits.

On donne sur le champ un labour fort léger, pour commencer à mêler la terre cuite avec celle de la superficie; mais on pique davantage aux labours suivans.

Si l'on peut donner le premier labour au mois de juin, & s'il est survenu de la pluie, il sera possible de retirer tout d'un coup quelque profit de la terre, en y semant du millet, des raves ou des navets; ce qui n'empêchera pas de semer du seigle ou du blé l'automne suivant. Néanmoins il vaut mieux se priver de cette premiere récolte, pour avoir tout le tems de bien préparer la terre à recevoir le froment.

Il y en a qui aiment mieux semer du seigle que du froment, parce que les premieres productions étant très-vigoureuses, le froment est plus sujet à verser que le seigle.

Quelques-uns attendent à répandre leur terre brûlée immédiatement avant le dernier labour qu'on fait pour semer le froment; & ceux-là se contentent de bien labourer la terre entre les fourneaux, qu'il ont soin de bien aligner, pour laisser un passage libre à la charrue. Mais c'est une mauvaise méthode; car, puisque les blés versent toujours la premiere année qu'une terre est brûlée, il vaut mieux répandre la terre cuite de bonne heure, pour qu'elle perde une partie de sa chaleur, & pour avoir la commodité de bien labourer tout le terrain ; car il est très-avantageux de mêler exactement la terre brûlée avec celle qui ne l'est pas.

Il faut convenir que cette façon de défricher les terres coûte beaucoup, parce qu'elle se fait à bras d'hommes ; mais elle est avantageuse ; car, après cette seule opération, la terre est mieux préparée qu'elle ne le seroit par beaucoup de labours. (*Voyez* pl. V, fig. 1, 2, 3, 4.)

DÉGARNIR *un arbre* ; c'est en retrancher les branches inutiles ou qui viennent mal. On dit aussi qu'un arbre est *dégarni*, lorsqu'il n'a plus de branches par le bas sur lesquelles on puisse tailler.

DÉGÉNÉRER. Ce terme se dit d'un arbre dont les fruits cessent d'être aussi bons & aussi beaux qu'auparavant.

DEMEURE (*à*) ; on dit planter *à demeure*, lorsqu'une plante élevée sur couche, est mise en pleine terre pour y rester, croître & parvenir à maturité.

DÉMONTER *un arbre* ; c'est en retrancher les branches superflues ou nuisibles.

DENTÉ, *qui a des dents*. Ce terme se dit des pétales & des feuilles qui ont des formes de dents ou des pointes fort serrées. Le calice des fleurs de l'olivier est *denté* par les bords.

DENTELÉ. Ce terme se dit des feuilles dont l'extrémité est découpée en petites parties plus écartées & moins égales que les dents. La feuille de l'orme est *dentelée*.

DÉPALISSER ; c'est détacher les branches d'un arbre qui est en espalier ; ce qui se fait, soit en ôtant les loques qui attachent ces branches, soit en coupant les joncs & les osiers qui les retiennent au treillage.

DÉPLANTOIR ; outil de jardinage qui se termine par un morceau de bois, ou plutôt par un fer en forme de palette, ou de houlette allongée : il a un manche de bois assez court.

Cet outil sert à enlever de terre une plante, en la prenant par-dessous les racines sans les endommager. (*Voyez* pl. XXIV, fig. 33 & 35).

On nomme encore *déplantoir* un outil de jardinage fait de feuilles de tôle ou de fer blanc arrondies en forme d'un tuyau de poële, avec deux anses & trois charnières de chaque côté. Un gros fil de fer, qu'on passe au milieu, ferme ce *déplantoir*. Il ne sert qu'à transporter, pour repiquer les melons élevés sur couche. On le fait entrer en terre au-dessous de leurs racines, & lorsqu'on les a enlevés avec leur motte & mis en place, on tire le fil de fer, le *déplantoir* s'ouvre, & la plante se trouve dans son entier.

DÉPOTER ; c'est ôter une plante d'un pot ou vase. Soit qu'on décaisse, soit qu'on *dépote*, il faut avoir le plus grand soin de ménager les racines ; il faut en *dépotant* se bien garder d'endommager la motte de terre ; il faut sur-tout ne point la dégrader en taillant les filets blancs qui l'entourent, d'autant que ces filets se détachent quand la plante est mise en terre, & qu'ils prennent leur direction du côté de la terre nouvelle.

DÉPOUILLER ; ce terme se dit d'un arbre auquel on a ôté tous ses fruits ; les arbres se *dépouillent* de leurs feuilles aux approches de l'hiver. Ceux qui n'en sont pas *dépouillés* durant cette saison, se nomment *arbres toujours verds*.

DÉRACINER ; découvrir les racines d'un arbre, les dégarnir de terre, & les en arracher. Les écoulemens d'eau & les ravines *déracinent* les arbres. *Machine à déraciner de gros arbres*. (*Voyez* pl. XXV, fig. 1, 2, 3, 4, & l'explication de cette planche).

DESSÉCHEMENT *d'un marais* ; quand on veut *dessécher* un marais, il faut toujours commencer par niveler le terrain, puis faire des fossés qui portent les eaux de la partie haute dans la partie basse. Quand la mer reflue dans ces marais, on empêche l'entrée de l'eau par des portes d'écluses.

DÉTOUPILLONNER ; retrancher les branches de faux-bois qui viennent par bouquets sur les arbres mal taillés.

DIABLE ; espèce de chariot à deux petites roues, dont on se sert pour le transport des pierres ou des terres. Cette machine a une flèche de neuf pieds, traversée d'un morceau de bois, au moyen duquel deux hommes la traînent. Les jardiniers l'emploient principalement pour sortir & rentrer les orangers. Ce *diable* suffit aux arbres d'une grosseur ordinaire. Le morceau de bois nommé *dos* sert à soutenir ceux qu'on est obligé de coucher par rapport au peu de hauteur de la serre. A l'égard des orangers très-gros, on se sert d'un chariot.

DIAMÈTRE ; c'est, dans l'usage commun & en jardinage, le tiers de la circonférence ou du tour de tout ce qui est rond. Ainsi on dit qu'il ne faut pas planter aucun arbre fruitier qui n'ait deux pouces de *gros ou de diamètre.* Or comme le *diamètre* est le tiers de la circonférence, un arbre de deux pouces de gros ou de *diamètre* aura six pouces de tour ou de circonférence.

DIRECTION, en terme de jardinage, s'entend de la manière de conduire un arbre. La *direction* consiste dans la connoissance & le choix des pousses avantageuses des arbres, ainsi que dans l'industrie pour leur en faire pousser qui soient fructueuses. C'est de cette *direction* primitive & bien entendue des arbres que dépend leur belle forme, leur santé, leur vigueur, enfin leur fructification.

*Direction* s'entend encore de la position des tiges & des racines qui s'élèvent & descendent plus ou moins horisontalement ou perpendiculairement.

DISSÉMINÉ; ce terme s'emploie à l'égard des feuilles ou des fleurs qui sont éparses & clair-semées.

DISTRIBUTION *d'un jardin.* Quelque petit ou grand que soit un jardin, la bonne *distribution* contribue non-seulement à l'ornement, à la beauté du coup-d'œil, mais encore à la facilité, à la promptitude du travail, & à la fertilité.

Il y a deux sortes de *distributions* : la primitive & l'annuelle.

La primitive est l'ordre & l'arrangement que l'on doit donner à un jardin, soit pour les espaliers, soit pour les allées & les carreaux. Toutes ces parties se tracent au cordeau, & se règlent & se distribuent avec la toise & le pied.

La meilleure de toutes les figures que l'on puisse donner à un jardin, quand on en est le maître, est le quarré long; de sorte que la longueur ait à-peu-près deux tiers de plus que la largeur, quand celle-ci est d'une certaine étendue, & qu'elle peut être partagée par une allée proportionnée & raisonnable.

Cette allée, pour la régularité, doit se trouver dans le milieu du terrain; on la recoupe par une ou deux autres allées de traverse, suivant l'étendue du jardin, ce qui donne les carreaux.

L'on fait aussi des allées, plus ou moins larges, le long des murs, à la distance de deux à trois pieds de ces murs, quand ils sont parallèles, ou également éloignés de l'allée du milieu.

On plante des arbres en espaliers le long des murs.

Si vos carreaux ont assez d'étendue, & que vous préfériez le fruit à une plus grande quantité de légumes, vous tracez, à deux ou trois pieds du bord de votre allée, un alignement, pour y planter des contre-espaliers.

Si le terrain vous permet d'y planter des buissons, ou espaliers en buissons, évuidés par le milieu en forme de gobelet, ce qui demande alors des carreaux grands & vastes, il faut tracer votre alignement depuis quatre jusqu'à six ou sept pieds du bord de l'allée, proportionnément à l'évasement ou étendue en rondeur que vous vous proposez de donner à votre buisson.

Quand le terrain est irrégulier, on rachète ce défaut par mille moyens que le bon ordre suggère; mais il faut bien combiner son plan, y rêver, & l'examiner sur-tout avec attention sur le terrain.

On masque les pointes par des contre-espaliers, des treilles, des cabinets de verdure; l'on met dans ces pointes une pépinière, un petit verger; l'on y fait les couches, si l'exposition en est bonne, & l'on y fait la fosse pour les engrais.

Si le terrain va en pente, on fait des coupures, que l'on soutient par des terrasses revêtues de murs, ou couvertes de gazon; on nivelle le terrain entre chaque coupure, & ensuite on dresse des allées.

Quand ces terrasses sont bien assurées, au lieu de les couvrir de gazon, on peut les cultiver, y planter des fraisiers, & les faire servir d'ados pour y semer des primeurs, si l'exposition en est bonne.

Pour bien assurer ces terrasses, quand elles ont quatre, cinq à six pieds d'élévation, faites un ou plusieurs murs à sec, avec des contreforts liés au mur; recouvrez le tout de terre, que vous assurez en la battant.

On appelle contre-forts des murs derrière celui de face, que l'on élève en T; on appelle *éperon* un pareil mur, quand il est au-devant du mur T, renversé en cette sorte ⊥. Les contre-forts sont plus sûrs que les éperons ou arcs-boutans, parce qu'ils rompent & partagent l'effort des terres.

Si les terrasses sont revêtues de murs d'aplomb, on y appuie des pêchers ou autres espaliers, suivant l'exposition, & ils y profitent beaucoup.

On se ménage des descentes pour passer d'une partie à l'autre dans le milieu, autant qu'il est possible.

Si le terrain va en montant vers le midi, alors le nord opposé domine sur toute la surface, & il devient trop froid pour bien des plantes, sur-tout dans les pays couverts de montagnes; l'on ne peut y avoir des primeurs que par des ados, des coupures que l'on fait pour mettre à l'abri d'un trop grand froid quelque partie de jardin.

En distribuant son jardin, il faut avoir égard aux différens aspects du soleil, qui sont: le levant, le midi, le couchant & le nord.

Chaque aspect, en jardinage, ne s'entend point du moment précis où le soleil est au levant, au midi, &c.

Mais on appelle aspect du levant, la partie d'un jardin où le soleil donne depuis son lever jusques vers dix heures; aspect du midi, la partie où il donne depuis dix heures jusqu'à deux ou trois heures; aspect du couchant, la partie où il ne donne que l'après-midi jusqu'à son coucher; enfin, on appelle nord celle où le soleil ne donne jamais directement. Mais ces quatre aspects ne sont jamais tels qu'ils ne profitent l'un de l'autre, & ne s'étendent de l'un à l'autre, suivant l'élévation du soleil sur l'horison; le midi seul conserve à-peu-près la même durée, tandis que le levant & le couchant sont presque réduits à rien pendant l'hiver.

Il y a des expositions & des terrains si ingrats, qu'il faut plutôt les abandonner que de les mettre en jardins.

Si le terrain est considérable, & que l'on soit curieux d'avoir de bonnes pêches, on élève, à l'aspect du midi, de petits murs en potence sur le mur principal, qui le partagent en autant de parties que l'on veut; sur les uns & les autres on appuie, on élève des pêchers; le soleil se concentrant entre ces murs rapprochés, les pêches y acquièrent plus de goût & de maturité.

Sous le climat de Paris, le levant est la meilleure exposition pour le pêcher; mais sous des climats plus froids, la meilleure exposition est le midi, ou approchant du midi, à proportion du plus ou moins de froid.

La *distribution* annuelle consiste à régler, chaque année, ce que l'on doit mettre dans chaque planche ou carreau, & à changer aussi chaque année cet ordre; les plantes potagères demandent ce changement, sinon elles ne viennent qu'étiolées & dégénérées.

Il faut en excepter les asperges, qui restent quinze à seize ans en terre au même endroit, les artichauts, au plus neuf ou dix. Le *Manuel du jardinier* apprendra à connaître les autres plantes qui doivent rester plus d'une année.

Les haricots viennent mieux dans un terrain où l'on a déjà planté, que dans un terrain nouveau.

On *distribue* son terrain par planches, c'est-à-dire, par espaces de quatre pieds ou environ de largeur, sur la longueur du carreau; on sépare ces planches les unes des autres, par un sentier d'un pied de large, que l'on tire au cordeau.

La plupart des jardiniers ne divisent point en planches les terrains où ils sèment des oignons, des carottes, des panais, &c., mais cette méthode n'est pas des meilleures; les plus beaux oignons, les plus belles carottes viennent ordinairement près de ces sentiers; ce qui en prouve l'utilité, joint à la commodité pour la culture.

DISTRIBUTION; terme du jardinage, qui s'entend aussi de l'art de diriger les racines & la sève d'un arbre. Le jardinier habile sait, avant la plantation, *distribuer* les racines qui sont mal placées, & qui se croisent; il sait proportionner ensuite la quantité des branches à la vigueur de l'arbre; il sait discerner le bois à laisser ou à ôter; il sait, en un mot, tenir un juste équilibre dans toutes les parties de l'arbre pour qu'il soit également plein & garni par-tout. La *distribution* proportionnelle de la sève dépend aussi de l'intelligence du jardinier, qui est le maître de la diriger de façon que l'arbre ne s'emporte d'aucun côté.

DOG, *ou* CHIEN, *ou* MACHINE DE CHIEN; instrument d'agriculture anglais.

Le *dog* est fait d'un morceau de bois rond de six ou sept pieds de longueur sur trois à quatre pouces de diamètre. A un pied ou un pied & demi du bout d'en-bas, on attache avec des écrous un crochet de fer garni de dents dans l'intérieur. Le bout de ce crochet, qui s'attache au bois, a ordinairement neuf à dix pouces de longueur, & l'autre bout douze, sur neuf lignes d'épaisseur. L'on donne au crochet cinq pouces d'ouverture dans ses bouts, & un pouce & demi à sa partie inférieure. Pour s'en servir, l'on prend, avec le crochet, la tige de la plante par le bas avec effort, tant qu'avec la main gauche on l'attire à soi; ensuite, appuyant le bout de l'instrument sur la terre, on lève l'autre bout avec la main droite: par ce moyen, la tige, telle forte qu'elle soit, s'enlève facilement.

DOS DE CHAT; on dit qu'une branche d'arbre est courbée en *dos de chat*, lorsqu'on lui fait faire un coude.

DOS D'ANE; ce terme se dit d'une élévation de terre plus haute dans le milieu que des côtés.

DOUBLE. (*allée*) On appelle ainsi une allée qui a quatre rangs d'arbres & forme trois allées parallèles, une dans le milieu & deux plus petites de chaque côté.

DOUILLE, espèce de cylindre creux pratiqué à l'extrémité supérieure des instrumens de fer qui ne peuvent servir au jardinage ou au labour sans être emmanchés.

DRAGEONS; on entend par ce mot les pousses multipliées des plantes fortes & des arbres vigoureux. Les *drageons* percent de toutes parts, & des écorces, & de la tige, & du pied.

DRESSER; c'est en général lever, faire tenir droit.

On dit *dresser* un jardin, c'est-à-dire le former & en bien distribuer & arranger toutes les parties.

*Dresser* une allée, c'est l'aligner; *dresser* une terrasse, c'est l'applanir, la rendre unie.

*Dresser* les arbres, c'est les tenir droits & d'alignement; c'est aussi les former de jeunesse pour leur faire prendre la figure qu'ils doivent avoir; c'est encore les bien conduire, les tailler, les ébourgeonner, &c.

*Dresser* des palissades; c'est, en les tondant, avoir soin qu'elles ne soient pas dérangées, qu'elles ne se déversent point, qu'elles ne soient pas creuses en des endroits, & bombées dans d'autres.

*Dresser* une branche qui pend, ou qui se jette de côté; c'est l'attacher de façon qui convient pour lui faire prendre un bon pli.

*Dresser* une planche de potager ou de jardinage; c'est, après qu'elle a été labourée & avant de la semer, lui donner un coup de rateau, mais avec le rateau à grosses dents; puis la disposer pour la semer en tirant des lignes dessus avec le cordeau, quand c'est pour semer en rigole; pour planter, c'est le même procédé.

*Dresser* un piège; c'est disposer dans un jardin ou dans un champ une machine, comme, par exemple, un 4 de chiffre, pour prendre les loirs, les mulots, les taupes & autres animaux destructeurs.

DRILL; c'est le nom que Tull, célèbre agriculteur, donne à un instrument de son invention pour semer le grain. Ce semoir étant tiré par un ou deux chevaux, forme des rigoles à telles profondeur & distance que l'on veut; & en même-tems il répand dans le fond de chaque rigole la quantité de semence convenable, laquelle est enterrée sur-le-champ par l'effet du même mécanisme. (*Voyez* SEMOIR).

# E

EAU. L'*eau* de source qui forme les fontaines & les rivières, est la plus convenable aux arrosemens. Celle de puits ne doit s'employer qu'après avoir été exposée à l'air. C'est l'*eau* qui contribue principalement à la végétation & à l'accroissement des plantes.

EBARBER. En terme de jardinage, c'est retrancher de menues branches d'arbres avec le croissant ou les ciseaux, par leur extrémité seulement.

Les fagotteurs *ébarbent* les fagots avec la serpe.

EBORGNER. En terme de vigneron, c'est ôter une partie des yeux d'une vigne qu'on veut faire monter pour former un cordon le long du chaperon d'un mur.

EBOTTER; terme de jardinage qui signifie abattre en partie les branches d'un arbre: dans cette opération, on ne laisse à un arbre que les plus grosses branches taillées fort courtes. On se sert, dit-on, de ce moyen pour mettre à fruit les arbres, ou pour leur faire pousser du bois; ce qui ne réussit pas toujours.

EBOURGEONNER. Dans le jardinage, c'est l'art de supprimer avec discernement les bourgeons surnuméraires, pour ne laisser en place que les nécessaires & les plus convenables. C'est de la manière d'*ébourgeonner* à propos que dépend la belle figure de l'arbre, sa fécondité & sa santé.

L'ébourgeonnement demande encore plus de précaution & d'intelligence que la *taille*, en ce que l'on peut réparer une taille défectueuse, & que rien ne peut suppléer à un ébourgeonnement vicieux.

A la taille, on rapproche, on resserre, on concentre l'arbre; à l'ébourgeonnement, au contraire, on ne sauroit lui donner trop d'extension, pour que la sève puisse jouer & travailler à son aise.

Le pêcher a sur-tout besoin d'être ébourgeonné.

En l'ébourgeonnant, il faut tirer du plein au vuide, sans forcer, croiser, ni faire aucune confusion.

Le vrai tems de l'ébourgeonnement est lorsque la pousse du pêcher est à un pied ou quinze pouces, ce qui arrive à la fin de mai, ou au commencement de juin; il y a danger & inconvénient à le faire plus tôt ou plus tard.

Si on a taillé tard, l'ébourgeonnement se diffère à proportion.

Les poiriers & les pommiers doivent être ébourgeonnés aussi à la fin de mai, ou dans les premiers jours de juin, parce qu'il faut donner le tems aux bourgeons de se former & de se façonner: plus tôt, il est à craindre que la force de la sève ne se jetant ailleurs, ne fasse éclore d'autres bourgeons nouveaux, qu'il faudrait ensuite *ébourgeonner*; & cette nouvelle production, occupant la sève, ne travailleroit pas à donner du fruit.

Plus tard, le même inconvénient se rencontre: la sève, occupée à la nourriture de trop de bourgeons, néglige & laisse avorter le fruit.

Dans le cas où l'arbre n'est point à fruit, il est alors permis de casser.

On peut connoître qu'un arbre sera à fruit l'année prochaine, la suivante, & même la troisième, par le nombre des feuilles & des boutons éclos sur le poirier.

Lorsque vous voyez six, sept, huit ou neuf feuilles sur un bouton, vous pouvez le regarder comme bouton à fruit pour l'année prochaine; s'il ne s'en trouve que quatre, cinq ou six, cela regarde la seconde année; enfin, s'il n'y en a que trois ou quatre, c'est du fruit pour la troisième année.

On doit palisser en même tems qu'on ébourgeonne, pour mieux juger du plein & du vuide qu'on doit laisser; il faut présenter la branche sur le treillage, avant d'ébourgeonner, pour décider de ce qui gêne, de ce qu'il faut supprimer, laisser ou arranger, si elles sont fructueuses, sans jamais rien forcer.

Si une branche fructueuse saillit trop en avant, on la coude un peu, & on l'attache avec le jonc, en demi-cercle.

Il faut, de préférence, commencer à *ébourgeonner* les arbres qui sont au midi, & les plus vigoureux, laisser pour les derniers ceux des autres expositions, en finissant par le Nord; il faut même différer de quelques jours l'ébourgeonnement des arbres les plus foibles, les plus vieux, & les infirmes, sur lesquels on ne doit travailler que légérement.

On doit conserver, tant que l'on peut, les gourmandes, proportionnément à la force de l'arbre, sur-tout aux extrémités, où il ne faut couper aucune gourmande que dans le cas de nécessité absolue.

Lorsqu'il y en a trop, on en coupe une entre deux; on abat toutes celles de devant & de derrière, & on palisse les autres.

Il ne faut pas jeter bas, sur les gourmandes qu'on laisse, les petites branches qui poussent à leurs extrémités, mais il faut les palisser, à moins que celles du dessous, quand il y en a plusieurs, ne soient meilleures, ce qui se fait sans retrancher le maître-brin, & qui a lieu, sur-tout à l'égard du pêcher.

On ébourgeonne ensuite toutes les branches irrégulières, inféconde, sans yeux, tortues, chancreuses, gommeuses, mortes ou mourantes, pour ce qui est des petites branches; car, pour les grosses branches qui seroient mortes, il faut attendre à l'année prochaine; l'on palisse pardessus, pour éviter de faire de larges plaies dans le cours de la sève.

On jette bas pareillement toutes les branches qui ont poussé devant & derrière.

Ensuite on jette bas, sur le pêcher, les bourgeons surnuméraires, quoique branches fructueuses pour les années suivantes, parce qu'il ne faut jamais laisser trop de bourgeons sur un pêcher; mais on en use autrement sur les arbres à pépin.

Les bourgeons gommeux, qu'on ne peut ôter quand ils sont nécessaires, doivent être coupés à un œil au-dessus de la gomme, & nettoyer cette gomme avec de l'eau: on taille de même, à l'ébourgeonnement, toutes les branches viciées ou malades, qu'on ne veut pas supprimer.

Dans le pêcher, on n'ébourgeonne point les branches qui sont à côté des fructueuses, parce que cela fait avorter le fruit.

En ébourgeonnant, il faut prendre garde de rien abattre avec ses habits.

Pour palisser, il faut bien placer les branches, éviter la confusion & le croisement; les bien étendre, les bien espacer sur le treillage, en les assujettissant avec l'osier; ne leur faire aucune contusion en les serrant trop: il ne faut jamais placer le lien sur un œil, ou sur la feuille; & enfin, ne passer aucune branche ni bourgeon derrière le treillage, ni autres branches.

S'il naît sur une branche dégarnie un bourgeon, on le palisse doucement le long de cette branche avec du chiffon, coton, ou morceau de drap, pour qu'il s'étende, & l'année suivante on coupe la branche, si le bourgeon est devenu une gourmande suffisante pour former une branche.

Après l'ébourgeonnement, il faut donner un ratissage, ou léger labour au pied des arbres.

EBRANCHER; c'est ôter à un arbre les branches qui lui sont inutiles ou qui le surchargent. Les tourbillons de vent sont sujets à *ébrancher* beaucoup d'arbres.

L'ébranchement fait partie de la taille, de l'élagage, & en général de la conduite des arbres.

ECHALAS. On dit *échalas de quartier*, parce qu'ils sont faits avec des bois fendus en quatre; & *échalas de cœur de chêne*, parce qu'ils sont formés de la partie intérieure du bois, & non de celle où est l'écorce. Ces derniers sont les meilleurs. On dit *ficher un échalas*, les *tirer de terre*, les *aiguiser*. Ils doivent être au moins de six pouces avant dans la terre; huit ou neuf encore mieux, alors on frappe avec un maillet pour les enfoncer.

Les *échalas* sont ordinairement de quatre pieds environ de hauteur; on en prépare aussi de plus longs qu'on destine à faire du treillage & des berceaux: pour ce dernier usage, on choisit communément le bois de chataignier, parce qu'il est souple & maniable, ce qui ne l'empêche point de durer long-tems.

Le principal usage des *échalas* est de soutenir les sarmens de la vigne, & de faire le treillage des espaliers & des contre-espaliers.

En différens vignobles, on donne aux *échalas* les noms de *charniers*, *paisceaux*, *œuvres*.

ECHALASSER. En terme de vigneron, c'est garnir une vigne d'échalas. C'est ce qu'on ne doit jamais se presser de faire.

ECHALLIER, *ou* ECHELLIER. En plusieurs provinces on nomme ainsi une espèce d'échelle pratiquée dans une haie, pour laisser le passage aux gens de pied & exclure le bétail.

ECHAPPER. (s') En terme de jardinage, se dit d'un arbre qui *s'échappe* en produisant trop, ou ne produisant que de fortes branches qui ne fructifient point. Il faut dans ce cas ravaler ces branches & réduire l'arbre de manière qu'il prenne une forme avantageuse & régulière.

ECHAUDÉ ; terme d'agriculture. On nomme *bled échaudé* celui dont le grain maigre, sec, ridé & flétri, contient peu de farine.

Duhamel dit que ce grain est bon pour ensemencer les terres, attendu qu'il germe très-bien, & que ce défaut étant produit par des chaleurs fort vives qui amènent le grain trop promptement à maturité, on ne seroit pas fondé à regarder cette maladie comme pouvant être héréditaire.

Il ajoute que le bled *échaudé* fait de bon pain, & que sa farine est belle, mais en très-petite quantité ; tout le reste n'est que du son ; en sorte que deux sacs de ce bled ne fournissent quelquefois pas plus de pain qu'un sac du même grain qui n'a point eu le même accident.

ECHAUFFER *un terrain*. C'est l'amender par des engrais chauds & restaurans.

ECHELLE ; instrument de jardinage, formé de deux montans de bois traversés d'espace en espace par des bâtons nommés *échelons*, qui servent à monter & à descendre.

L'*échelle* la plus commode pour palisser, est simple ; elle a deux chevilles d'un pied, placées à deux pouces de l'extrémité de ses montans. Ses pieds sont encastrés dans une boule de six pouces de diamètre.

Les *échelles doubles* sont composées de deux *échelles* qui s'élargissent par le pied, & dont les montans sont unis vers le haut par un boulon de fer. ( *Voyez* pl. XXIII, fig. 16, ces *échelles*.) Elles ont ordinairement neuf à dix pieds ; elles sont aussi commodes pour tailler les arbres en buisson & cueillir les fruits, que pour tondre les palissades.

On nomme *échelles quarrées* ou *échelles-chariotes* les *échelles* dont la hauteur d'environ quarante pieds, sont portées sur quatre roues, & ont plusieurs repos ou plate-formes sur lesquelles se place l'ouvrier.

ECHELLE, nommée vulgairement *écharasson*. Elle n'a qu'un montant traversé par de fortes chevilles. Afin de l'empêcher de tourner, on donne à son pied une double ajouture, ou un talon formé quelquefois par ses échelons. Le montant de cette *échelle* est ordinairement de bois de frêne ou d'ormeau, qui est pliant & peu cassant. On peut aussi employer le sapin.

Cette *échelle*, la plus simple de toutes, est portative, peu coûteuse, & très-utile pour cueillir des fruits ou des feuilles sur de grands arbres.

ECHENILLER ; c'est ôter les chenilles si funestes aux arbres, & détruire les nids que ces insectes attachent aux branches. Le tems de l'hiver est le plus propre à cette opération ; mais il faut encore y veiller au printems. Comme il est impossible d'atteindre également par-tout avec les mains, lorsque les arbres sont étendus & fort élevés, on se sert alors d'un *échenilloir*.

ÉCHENILLOIR, *ou* ECHENILLIER ; instrument de jardinage : c'est un bâton gros comme le pouce, de deux pieds de long, qui par son extrémité est garni de bourre ou de crin recouvert avec du chamois. Un homme, avec une échelle, dans l'arbre, tape avec ce bout ainsi garni sur chaque branche, lorsque les chenilles sont écloses, & fait tomber à terre tous ces insectes qu'ensuite on écrase : au moyen de cette garniture, on n'appréhende pas d'endommager la peau des branches. On recommence de la sorte tant que les chenilles continuent à éclore.

On appelle encore *échenilloir* une sorte de ciseaux montés sur un long bâton. ( *Voyez* planche XXIV, fig. 29.) A la partie supérieure des ciseaux est attachée une corde qu'on tire pour ouvrir ces ciseaux ; & quand on a placé sur la partie inférieure la branche où est le paquet de chenilles, on lâche la corde, à l'instant la branche est coupée par le tranchant de l'outil. On ne tarde pas à brûler ces paquets de chenilles qu'on a fait tomber.

Il y a diverses autres sortes d'*échenilloirs* ; un entr'autres qui est monté aussi au bout d'un long bâton, & lequel est en bec renversé, avec un double tranchant en-dessus & en-dessous. Par son moyen on coupe la branche où est le paquet de chenilles. Ce sont les coutelliers qui fabriquent cette dernière espèce d'*échenilloir*.

L'*échenilloir* sert encore à couper ou élaguer les petites branches qui sont à une certaine hauteur.

ECLAIRCIR *un plant*. C'est, lorsqu'il est trop dru & trop épais, en ôter le superflu qui l'empêche de profiter, ce qui lui est nuisible.

On éclaircit encore un bois, une pépinière, en abattant les arbres les plus foibles ou les moins venans, afin que les autres profitent mieux.

ECLATEMENT *d'une branche d'arbre*. C'est un moyen, suivant Roger Schabol, de dompter

& réduire les branches intempérantes, & les bourgeons fougueux d'un arbre qui s'emporte. Cela se fait en pliant, comme si l'on vouloit casser tout-à-fait, & si-tôt que la branche ou le bourgeon a craqué, l'on s'arrête & l'on rapproche ensuite les parties disjointes qu'on lie ensemble avec osier ou jonc, & un peu d'onguent de S. Fiacre. Par ce moyen, la branche est domptée & ne meurt pas.

ÉCLISSE; petit morceau de bois plat & mince dont on se sert dans le jardinage comme en chirurgie, pour soutenir & garantir des fractures, en assujettissant les branches félées, & facilitant leur reprise.

ÉCLUSE; c'est un rempart construit en maçonnerie ou en charpente, à l'effet de contenir les eaux & de les empêcher de suivre leur pente naturelle. Les *écluses* des canaux de navigation servent à forcer les eaux à monter & à s'élever dans les endroits où elles ne seroient point assez hautes pour soutenir les bateaux. Ces grandes *écluses* ont différens noms, suivant la forme de leur construction. On les appelle *écluses quarrées*, *écluses à vannes*, *écluses à tambour*.

On construit aussi de petites *écluses*, soit pour retenir les eaux dans les étangs & les vider ensuite dans les prairies, soit pour contenir les eaux dans les rigoles qu'elles ont creusées & les forcer ensuite à en sortir pour des inondations artificielles; soit enfin pour arrêter l'eau à volonté, ou pour déterminer son cours lorsqu'on la destine à mettre en mouvement la roue d'un moulin. Ces dernières *écluses* sont la plupart de simples coulisses qu'on élève à différentes hauteurs, selon la quantité d'eau qu'on veut laisser passer.

ÉCOBUE; instrument d'agriculture & de jardinage. C'est un instrument de fer qui est recourbé à-peu-près comme une houe, & qui a un long manche de bois.

Cet outil a seize pouces de long sur huit & demi par en-bas, d'où sa largeur commence à diminuer jusqu'auprès du manche, où elle est réduite à trois. Le fer, suffisamment épais, est renforcé dans le milieu, & coupant par en-bas. Le trou, pour passer un manche d'environ trois pieds, est rond, & a deux pouces de diamètre en-dedans.

L'*écobue* est de l'invention de Turbilly, fondateur des sociétés d'agriculture en France. Son usage a passé de l'Anjou par-tout ailleurs, où l'on a reconnu son utilité pour peler les terrains couverts de broussailles & de bruyères.

ÉCORCER; c'est enlever l'*écorce* du bois; opération qui se pratique dans le tems le plus fort de la sève sur les arbres dont l'*écorce* est utile, comme celle du chêne, du tilleul, de l'aune. C'est aussi un très-bon moyen d'augmenter la force & la durée du bois, lorsqu'on ne l'abat qu'après qu'il a séché totalement sur pied.

ÉCUSSON; dans le jardinage, ce terme se dit des greffes. La greffe en *écusson*, autrement dit *à œil dormant*, se lève sur une branche pour l'appliquer sur un autre arbre, & elle est assez semblable par sa figure à l'*écusson* des armoiries du blason.

On nomme proprement *écusson*, un œil levé sur un jet de l'année d'un arbre dont on veut multiplier l'espèce. Il faut choisir un jet qui ait de bons boutons à-fruit, les yeux bien formés, & bien nourris. Le bouton doit se trouver au milieu de l'*écusson* ou du petit morceau d'écorce séparé du bois.

EFFEUILLER; c'est, dans le jardinage, supprimer habilement les feuilles qui peuvent s'opposer à la maturité des fruits & à leur beau coloris.

On ne doit jamais, dit Schabol, arracher les feuilles, si ce n'est aux branches ou rameaux inutiles; mais les couper à moitié ou vers la queue à ceux des bourgeons dont on attend du fruit, ou sur lesquels on prévoit qu'on taillera l'année suivante. On coupe ces feuilles avec l'ongle ou avec des ciseaux.

Dans le jardinage, c'est assez la coutume, ajoute Schabol, d'*effeuiller* les raisins pour les avancer & leur faire prendre couleur. Il est même des jardiniers qui les *effeuillent* au point qu'il ne reste pas une seule feuille. Mais qu'arrive-t-il? C'est que les raisins cessent de profiter, qu'ils n'ont plus de goût, qu'ils se fanent & se vident.

Le même inconvénient arrivera pour les pêches & pour certains légumes, si l'on n'a pas soin de laisser autour du fruit ou dans le voisinage des feuilles pour servir d'auvents & de parasols.

EFFONDRER *la terre*; c'est la creuser en fond, afin que s'il y a du tuf, du sable, de la glaise, des pierres, des cailloux, de la craie, &c. on les enlève pour y substituer de la bonne terre.

ÉFRITER; en terme de jardinage, c'est user, appauvrir, épuiser un terrain. On le dit des plantes dont les racines, trop multipliées, mangent la terre; & de la terre même qui est dénuée de sucs, parce qu'elle a trop rapporté sans être amendée.

On *éfrite* encore la terre, suivant la Quintinie, à force de la labourer trop. Le labour souvent répété nuit, en ce que la terre n'a plus de corps, & elle devient ce qu'on appelle *veule*. Enfin, en labourant ainsi coup sur coup, on ne donne pas le tems aux engrais de l'air qui ont bonifié le dessus de passer dans l'intérieur de la terre.

ÉGAYER *un arbre*; terme de jardinage. C'est palisser si proprement un arbre en espalier, que les branches soient également partagées des deux côtés; de manière qu'elles ne soient pas liées plusieurs ensemble, mais chacune attachée séparément, avec des intervalles égaux; qu'il n'y ait de confusion nulle part, & que d'un coup-d'œil on puisse voir toutes les parties dont l'arbre est composé.

ÉGOUTER *les terres*. Pour dessécher les terres qui, étant dans de bas fonds, reçoivent l'eau des terres voisines, ou celles qui, retenant l'eau, sont presque toujours si humides, qu'elles ne peuvent être labourées, il suffit de pratiquer autour de chaque pièce de terre un bon fossé pour arrêter les eaux qui viendroient des terres voisines, & afin d'*égouter* l'eau de la pièce même, pour peu qu'elle ait de pente, sur-tout si on la laboure en planches ou par sillons.

Dans le cas où il y auroit un fond au milieu de la pièce, il sera nécessaire de la refendre par un bon fossé qui conduise l'eau dans le fossé du pourtour, même de faire de petites rigoles en patte-d'oie qui aboutissent au second fossé. Ainsi l'art consiste uniquement à donner à ces fossés la direction la plus avantageuse pour l'écoulement de l'eau relativement à la pente du terrain. Quand l'inégalité du terrain est peu considérable, il suffit de former de profonds sillons, qu'on pourroit comparer à de petits fossés; on se servira pour cela d'une forte charrue, qui ait deux écussons ou grands versoirs fort évasés, avec un long soc pointu, & fait en dos-d'âne à sa partie supérieure. Ces charrues n'ont pas besoin de coutre, parce qu'il ne s'agit point de couper une terre endurcie, mais seulement d'ouvrir dans celle qui est déjà labourée un large & profond sillon qui puisse tenir lieu de fossé. Ces profonds sillons se nomment, en quelques endroits, des *maîtres*.

On a coutume de former dans les terres argilleuses, des sillons où l'eau se ramasse & s'écoule comme par des ruisseaux. Mais on doit observer de ne les pas faire trop près les uns des autres, tant pour éviter la perte inutile du terrain, que parce qu'il n'est pas avantageux de trop faciliter l'écoulement des eaux; car il y a plusieurs circonstances où les grains souffrent de la sécheresse, sur-tout en été & dans les pays chauds.

Quand les terres ne sont pas extrêmement sujettes à être inondées, on fait les tranchées distantes les unes des autres quelquefois de cinq toises, de quatre ou de deux, larges de quatre à cinq pieds sur deux ou trois de profondeur; & les terres ainsi labourées se nomment *terres labourées en planches*. La terre qu'on tire des tranchées se répand sur les espaces intermédiaires, & y forme une élévation en dos-d'âne. On rabat la crête des fossés, puis on laboure à la charrue.

Lorsque les terres sont plus sujettes aux inondations, on ne laisse d'un sillon à l'autre que trois ou même deux pieds de distance; c'est ce qu'on nomme labourer *en billons*.

Quelques auteurs conseillent de garnir le fond des tranchées avec des pierres, & de les recouvrir avec un peu de terre des fossés. Il est vrai que les vides qui subsistent entre ces pierrailles pourroient favoriser l'extension des racines d'herbes utiles pour le bétail, ce qui feroit que ces endroits ne seroient pas absolument perdus pour le laboureur. Mais ce travail est coûteux. La terre la plus fine emportée par l'eau, venant à fermer les petits interstices des pierres, l'eau ne s'y écoulera que difficilement; d'ailleurs les pierres s'enfonceront dans la vase, quand le terrain sera fort mou. Ainsi du *fascinage* seroit préférable à tous égards: en le couvrant de terre, on y recueilleroit de l'herbe dont les racines auroient encore plus de liberté pour s'étendre. On peut employer des épines, du bois d'aune à ces fagots ou fascines.

Les pierrées sont plus praticables dans des potagers; encore est-on obligé de les relever de tems en tems.

Il faut aussi curer tous les trois ans les fossés qui restent ouverts. Mais ils ont l'avantage d'empêcher que les voitures n'entrent dans les pièces & n'endommagent les grains. (*Dict. econom.*)

ÉGRAVILLONNER; c'est ôter avec la pointe de la serpette, ou d'un outil, la terre engagée entre les racines d'un arbre levé en motte, comme l'oranger ou le figuier. Cela se pratique lorsqu'après avoir retranché une partie de la motte, la terre est encore trop dure, & que l'extrémité des racines n'est point assez découverte.

ÉGRUGEOIR *pour le chanvre & le lin*; instrument qui ressemble à un banc, mais dont un seul bout a deux pieds, & est garni d'une rangée de dents semblables à celles d'un rateau. L'autre bout porte à terre, & est chargé de pierres.

ÉHOUPER *ou* ÉCIMER; c'est couper la houpe ou cime des arbres.

ÉLAGUER ; c'est éclaircir un arbre, en lui ôtant les branches qui font confusion. Ce terme signifie aussi ébrancher jusqu'à une certaine hauteur les arbres qu'on veut faire monter, pour qu'ils forment une belle tige. Il faut, pour *élaguer*, choisir le tems que les arbres sont dépouillés de leurs feuilles.

Quand on *élague*, on doit couper toujours près l'écorce ; il ne faut point pourtant l'approcher trop. On ne doit pas laisser d'argots ni de chicots, & pour remédier aux plaies faites à l'arbre par l'*élagage*, il est à propos d'y appliquer l'emplâtre connue sous le nom d'*onguent saint Fiacre*.

Il faut avoir soin d'*élaguer* fréquemment les arbres pendant leur jeunesse, afin d'être par la suite dispensé de leur retrancher de grosses branches qui partent de dessus d'autres branches.

Il n'est pas besoin d'*élaguer* les arbres plantés en massif. Comme ils se trouvent les uns près des autres, leurs branches latérales sont étouffées ; & le principal montant est forcé de s'élever bien droit. Seulement pour accélérer l'accroissement du bois, on peut couper les arbres ou les branches foibles, qui ne manqueroient pas de périr dans la suite. Mais il faut se donner de garde d'ôter aux jeunes arbres les branches qui se couchent par terre. Ce sont elles qui contribuent le plus à étouffer l'herbe qui croît au pied des arbres, & qui leur est si nuisible. Ces branches inférieures périssent ensuite naturellement, quand les arbres sont devenus assez grands pour se joindre par leurs autres branches respectives.

Lorsqu'un bois récépé par nécessité est destiné à former une futaie, on doit l'*élaguer* quand il a cinq ou six pieds de hauteur, afin de ne laisser sur chaque souche qu'un seul brin vigoureux. (*Dict. économ.*)

ÉLAGUEUR ; c'est un ouvrier de jardinage qui, avec le croissant ou les ciseaux à tondre, dresse, unit, forme des palissades, des avenues, des berceaux, des compartimens de verdure, & tond les arbres de simple ornement. On reproche aux *élagueurs* d'avoir pris l'habitude de laisser aux arbres des espèces de fourches, dans l'idée qu'il en sortira des branches propres à les garnir. Mais cette pratique est mauvaise, soit que ces chicots, qu'on laisse aux arbres élagués produisent de la verdure, ou qu'ils n'en produisent point : d'ailleurs, il n'en résulte pour l'ordinaire que des têtes de saules ou des nids de pies, qui n'offrent à la vue que des toupillons hérissés de petites branches ; ou si ces moignons laissés à différens espaces viennent à pourir & à tomber, alors quel préjudice & quel vilain aspect pour les arbres ! Il est bien plus convenable de récéper tous ces chicots rase écorce : il en sortira de gros bois & des jets vigoureux qui donneront un bel ombrage. Tous les arbres des avenues & des grands chemins qu'on élague de cette manière font éclore, dès l'année même, des pousses nouvelles aux endroits récépés.

ÉLANCÉS ; (*arbres ou branches*) ce terme se dit dans le jardinage pour désigner un arbre ou une branche qui s'élèvent trop sans être fournis du bas, & sans profiter en grosseur par proportion à la hauteur. Il faut alors rabattre sur le jeune bois du bas.

Cependant, lorsqu'on veut faire d'un jeune arbre un arbre de tige, on retranche toutes les pousses depuis le bas jusqu'à sa tête, de sorte que sa tige est *élancée* sans pouvoir se tenir droite ; mais les bons pépiniéristes ont l'art de laisser de distance en distance des branches crochets pour, disent-ils, amuser la sève ; & dans la suite, quand l'arbre est fortifié, ils coupent ces crochets.

ÉLÈVE ; c'est le nom que les jardiniers donnent à une jeune plante qu'ils cultivent séparément.

EMBRYON. Comme on appelle en anatomie *embryon*, l'être vivant qui dans le sein de la mère n'est pas formé, on a donné par analogie ce nom, dans les plantes, au fruit qui est noué, & qui tend à se développer. Les *embryons* des végétaux existent bien réellement dans les germes des semences & dans les boutons des arbres.

ÉMIER *la terre* ; c'est, en labourant, diviser la terre en menues parcelles ; c'est casser les mottes à mesure qu'elles se rencontrent, & les mettre en poudre, comme de la mie de pain broyée dans les mains. En plantant un arbre, on ne doit jetter sur les racines que de la terre *émiettée*, point de mottes ni de pierres.

EMMANNEQUINER ; en terme de jardinage, c'est tirer de terre un arbre, un arbrisseau, une plante, &c., pour les mettre dans un mannequin, lequel, par la suite, on lève de terre pour le placer ailleurs.

On ne doit *emmannequiner* aucun arbre, ni aucune plante à longues racines, parce qu'on seroit obligé de couper ces racines, qui sont le premier principe de vie dans les végétaux.

Quand on a planté un arbre avec le mannequin, qu'on laisse ce panier se pourrir en terre.

ÉMONDER ; c'est, dans le jardinage, nettoyer un arbre, le débarrasser & le décharger des membres morts, des chicots, des argots, des onglets, des chancres, des gommes, des galles & de tout ce qui est difforme ou nuisible; comme aussi le débarrasser de la punaise, des pucerons, des chenilles, des vers qui s'entortillent dans les feuilles, des perce oreilles qui déchiquètent ces dernières, & des mousses qui les abîment.

ÉMOTTER; c'est rompre les mottes dans une allée avec la herse ou le rouleau; c'est aussi ôter les mottes de terre attachées aux racines d'un arbre.

ÉMOUSSER; c'est, dans le jardinage, gratter les parties mousseuses des arbres, employant à cet effet un petit morceau de bois fait en forme de lame de couteau, ou même le dos de la serpette. Jamais on ne doit *émousser* qu'après des humidités.

EMPAILLER; c'est envelopper de paille; ce qui se pratique dans le jardinage à l'égard des figuiers, afin de les préserver de la gelée; on *empaille* aussi les groseillers pour conserver leurs fruits, en automne; les cardons pour les faire blanchir; on *empaille* encore les tiges des arbres dans les pépinières pour les garantir des lapins.

EMPLATRE; c'est un médicament qui s'applique sur les plaies, soit des animaux, soit des végétaux. Il y a pour les plantes différentes sortes d'*emplâtres* qu'on est dans l'usage d'employer, mais qui ne sont point toutes également salutaires. Par exemple, la cire verte, dit Schabol, employée pour les plaies des orangers, leur est très-préjudiciable. 1°. La cire par elle-même est un dessicatif, par conséquent elle ne peut attirer la sève, & doit reculer la guérison. 2°. Elle est en même-tems un *graisseux* qui jamais ne peut faire alliage avec aucun liquide, telle que la sève. 3°. Personne n'ignore que le verd-de-gris qui sert à verdir cette cire ne soit un poison: le peu qu'il y en entre ne peut donc être que dommageable. Aussi les plaies des orangers ainsi pansées sont des tems infinis à guérir; au lieu qu'avec la bouze de vache, elles se cicatrisent d'abord.

L'*onguent saint Fiacre* sert ordinairement d'*emplâtre* pour les plaies des végétaux. (*Voyez* ce mot).

EMPORTE-PIÈCE; outil fait en forme de fermoir d'un ménuisier, & employé à la greffe qui porte ce nom. (*Voyez* GREFFE).

EMPORTER. (*s'*) On dit qu'un arbre *s'emporte*, lorsqu'il ne pousse que du haut, & point ou peu du bas & des côtés. On dit aussi qu'il *s'emporte* quand il pousse avec trop de vivacité, & qu'il est à craindre que sa croissance ne soit trop hâtive & nuisible.

EMPOTTER; c'est mettre une plante avec sa terre dans un pot; ce qui doit se faire avec précaution sans l'ébranler, & sans trop appuyer dessus.

On a un pot de fayence ou de terre, d'une grandeur proportionnée à la plante qu'on veut *empotter*; on l'emplit de terre ou de terreau, qu'on presse avec la main, afin que dans la suite elle ne s'affaisse point, & on y met la plante. Ces pots sont d'un grand usage & d'une grande commodité: on les transporte où l'on veut; on en garnit les parterres pour les orner de fleurs nouvelles dans toutes les saisons.

ENCAISSER. C'est, dans le jardinage, mettre dans une caisse neuve un arbuste ou toute autre plante, quand la terre étant usée, on les tire de l'ancienne caisse avec la motte de terre, dont on ôte toute la vieille terre pour en mettre de la neuve à sa place.

On appelle *demi-encaissement* quand, au lieu d'ôter toute la terre, on ôte seulement celle du tour de l'arbre pour en mettre de la neuve.

ENCLUME. L'*enclume* sur laquelle le faucheur redresse & bat la lame de sa faulx, est une petite masse de fer platte en-dessus & se terminant en pointe, pour être fichée en terre, dans un madrier, ou dans un étau.

ENFOUIR. En terme de jardinage & d'agriculture, c'est cacher dans la terre, seulement en superficie; au lieu qu'*enterrer*, c'est mettre avant dans la terre. Il faut *enfouir* les graines & les semences pour les faire germer. Le laboureur *enfouit* ses grains pour empêcher les oiseaux de les manger. On dit *enfouir* du fumier, lorsqu'on l'enfonce dans la terre pour faire des couches sourdes.

ENGORGEMENT. Ce terme, dans le jardinage, signifie l'embarras causé dans les canaux d'une plante; ce qui vient de trop de plénitude de la sève. Quand on n'a pas soin de lâcher la ligature d'une greffe en la coupant par derrière, il s'y forme un engorgement, une obstruction, & ce qu'on appelle une *strangulation*, un *étranglement*.

Il y a des *engorgemens* provenant de quelque vice particulier de la sève qui est arrêtée & interceptée dans son cours; & telle est la raison pour laquelle tant de branches d'arbres ont des espèces de paralysies en divers endroits où l'écorce

se

se sèche. Ces parties assez communément ne reprennent point de vigueur, & l'on est obligé de les recéper plus bas à quelque endroit bien vivant.

La plupart des greffes sont engorgées; & ce vice ne doit être attribué qu'à la précipitation qui préside aux opérations du jardinage, à la mutilation des racines, & au défaut d'attention, à l'affaissement qu'éprouvent nécessairement les terres remuées. Les bassins ou creux qu'on fait aux pieds des arbres pour *dégorger* les greffes, sont une foible ressource, & ne rémédient point à l'inconvénient qu'on veut éviter.

ENGRAISSER *la terre*. C'est l'améliorer & la fertiliser par des engrais & amendemens.

ENTE. Dans le jardinage, *ente*, ou l'action d'*enter*, est la même que greffe ou greffer. C'est une opération du jardinage par laquelle, en plaçant d'une certaine façon un œil ou un bout de rameau d'un autre arbre sur une branche d'un arbre d'une autre espèce, on change l'espèce de celui sur lequel on greffe.

On *ente* ou l'on greffe également les arbrisseaux & les arbustes, un jasmin d'Espagne, par exemple, sur un jasmin commun, soit en fente, soit en écusson, soit en approche. On greffe aussi la vigne, mais en pied, & dans le tronc même; autrement l'ancien sujet repousseroit toujours & ruineroit la greffe. On peut *enter* aussi les fleurs & les herbages même.

Les anciens greffoient des fruits sur les arbres des forêts; mais ces sortes d'*entes* ne durent qu'un tems, après quoi elles périssent.

ENTONNOIR; instrument de jardinage. Les jardiniers qui élèvent des ananas, se servent, pour les arroser, d'un *entonnoir* de fer blanc, qui a la forme d'une pipe. On fait de ces *entonnoirs* de différentes longueurs, jusqu'à neuf & dix pieds.

ENTRE-HIVERNER; terme d'agriculture. C'est donner un labour aux champs pendant l'hiver.

EPAULÉ. (arbre) C'est un arbre qui est tout de côté, lorsque la moitié de lui-même, ou une partie notable a péri par quelque accident; ce qui arrive presque toujours par la faute du jardinier.

1°. Parce qu'il n'a pas eu soin de ménager des branches & des bois de réserve en cas d'accident.

2°. Parce qu'il a mal conduit son arbre de longue main sans le renouveler, voyant du bois veule & défectueux.

3°. Parce qu'il aura cassé une grosse branche, faute de précaution & de ménagement.

4°. Parce qu'un accident ayant *épaulé* l'arbre, il ne l'a pas redressé en le dépalissant entiérement, si c'est un arbre en espalier; & si c'est un buisson, en tirant des branches du côté vide.

EPIDERME. On donne ce nom à l'envelope extérieure de l'écorce de l'arbre. C'est une membrane mince qui s'enleve aisément quand les arbres sont en pleine sève, & plus difficilement lorsqu'ils poussent avec moins de vigueur. Elle est très-adhérente aux branches qui sont sèches.

EPIERRER. C'est ôter d'une terre les pierres qui s'y rencontrent; opération fort simple qui se fait, soit avec un rateau, soit avec une claie ou un panier à claire-voire. En épierrant des jardins, on fait des tranchées dans les allées pour y enterrer les pierres. On épargne ainsi le transport, & les allées deviennent plus sèches; mais cela n'est pas praticable pour les champs de grande étendue. On en fait des monceaux, nommés en quelques provinces *murgés*; on les porte ensuite dans les chemins qu'on veut affermir. Au reste, l'expérience apprend que l'abondance des pierres n'est point toujours nuisible à la végétation; au contraire, il semble que le froment & certaines plantes se plaisent dans un terrain pierreux; cependant on sent qu'il est à propos d'enlever les grosses pierres ou les roches qui troublent le labourage.

Une terre émotée en tout sens par plusieurs labours, se nétoie plus facilement de pierres que celle qui est moins bien travaillée.

EPLUCHER. C'est, en terme de jardinage, 1°. arracher les mauvaises herbes d'un terrain en culture.

2°. C'est débarrasser un arbre d'une partie de ses fruits, lorsqu'il y en a une trop grande quantité de noués.

3°. C'est ôter le bois mort & les branches chiffonnes qui nuisent à la végétation de l'arbre.

4°. C'est nétoyer une grappe de raisin des grains qui sont gâtés.

EPOUVANTAIL. C'est, dans un jardin, ou dans un champ, tout ce qu'on dresse ou qu'on apprête pour faire peur aux oiseaux, & écarter les animaux qui viennent manger les graines & les fruits.

ERGOT. C'est l'extrémité de toute branche morte ou vive que le jardinier laisse par négligence à un arbre, au lieu de la couper près de la tige.

ESPACER. C'est, dans une plantation, laisser la distance régulière qui doit être observée entre les arbres d'un espalier, ou d'une allée, ou d'un quinconce.

ESPADE HOLLANDOISE. Les Hollandois ont inventé une machine pour espader ou broyer le lin sans l'endommager. En voici la description. Elle est représentée dans la figure 2, pl. LIV. C'est une planche mince qui a une large échancrure dans un de ses côtés, & qui est élevée perpendiculairement sur un châssis d'une forme quelconque, pourvu qu'il soit assez pesant pour rester fixe : ils suspendent leur lin dans cette échancrure ; il est impossible par cette situation que l'*espade* tombe sur la filasse dans cette position dangereuse où elle résiste plus fortement & se coupe aussi plus facilement. Et comme des instrumens bien faits répondent à plusieurs fins, cette machine dirige le coup de l'espadeur ; la main qui soutient le lin est à couvert, & l'on fait l'ouvrage étant assis.

Les Hollandois préviennent les inconvéniens de la méthode françoise, par la forme & la largeur de leur *espade* qui est presque circulaire, *fig.* 3, & qui n'a guères moins de dix-huit pouces de diamètre. La plus grande force de cet instrument tombe exactement où elle peut causer le moindre dommage sur la partie la plus épaisse de la filasse ; car l'espadeur le tenant par le manche A, sa plus grande action est en B ou en C, & s'exerce sur le milieu même de la poignée, qui est plus fort & qui ne reçoit qu'un coup léger ; car les Hollandois ne battent pas la filasse avec autant de force que les ouvriers françois. Les fils séparés & dispersés vers les côtés ne sont point tendus, mais ils se contournent doucement autour des bords de l'*espade*, & retombent ensuite sans être endommagés. Il en est de même des bouts de la filasse qui s'élèvent aux coups : ils ne peuvent s'entortiller autour d'une *espade* de cette forme & de cette grandeur ; ils rencontrent en s'élevant un plan large & uni ; ainsi ils n'opposent aucune résistance, & ils retombent doucement & dans leur entier. (*Voyez* BROYE HOLLANDOISE.

ESPALIER. Dans le jardinage, c'est une muraille au pied de laquelle on plante des arbres qu'on attache ensuite à cette muraille ou à un treillage, ou de quelque manière que ce soit. Quand on plante des arbres en *espalier*, il faut les déverser en les plantant en-deçà du mur à la distance de neuf pouces ou environ ; autrement les racines touchant au mur, ne pourroient point agir. De plus, quelque pluie qui puisse tomber, jamais les arbres ne s'en ressentent quand ils sont plantés à plomb du mur. La direction des *espaliers* est un des chefs-d'œuvre du jardinage, & on ne fait pas priser assez le travail régulier & entendu d'un *espalier* formant le plus superbe coup-d'œil.

L'usage a aussi donné le nom d'*espalier* à l'arbre même.

Le *contre-espalier* est un arbre planté à l'opposite de l'*espalier*, autour des carreaux d'un jardin. On l'appelle encore simplement *espalier*.

Les *espaliers* ne servent pas seulement à l'embellissement & à l'ornement des jardins, mais ils sont aussi d'un grand profit & d'une grande utilité. On en dresse, parce qu'au printems il arrive souvent des matinées fraîches & des gelées blanches, causées, soit par la fraîcheur de la terre ou par le vent du Nord, qui gâtent les fleurs les plus hâtives & les plus délicates, comme sont celles des abricotiers & de toutes sortes de pêchers, & même de quelques poiriers, nous privant ainsi du plaisir & de la satisfaction que nous aurions eue de leurs fruits. Afin donc de prévenir ces inconvéniens qui sont assez ordinaires, on s'est avisé de chercher des abris contre des murailles, qui par leur hauteur & leur épaisseur garantissent du mauvais vent, & qui recevant les rayons du soleil augmentent la force de la chaleur ; & les arbres plantés contre ces murailles, treillissés & ajustés convenablement sur des perches qui y sont attachées, font ce qu'on appelle *espaliers*. Parlons maintenant de la manière dont ils doivent être faits.

Il faut premiérement choisir un mur de clôture, qui ait le soleil levant & le midi, & qui soit bien fait & élevé au moins, s'il est possible, de douze pieds de haut ; car plus il est haut, plus long-tems il sert à cet usage d'*espaliers*. De toise en toise de largeur il le faut garnir de trois crochets de fer, attachés l'un au-dessus de l'autre, l'un à un pied de distance de terre ; l'autre à cinq, le troisième à dix, & ce dernier débordant du mur trois doigts plus que les autres, pour le sujet que nous dirons ci-après.

Secondement, il faut faire une tranchée d'une toise de largeur, en la prenant du pied du mur, & de quatre pieds de profondeur, dans l'été, si cela se peut, & la laisser ainsi ouverte deux ou trois mois, afin que le fond puisse jouir de la chaleur du soleil & de l'humidité des pluies. Au commencement de l'automne il faut remplir cette fosse de la même terre, si elle est bonne, en l'amendant encore avec du fient bien consommé, ou si elle n'est pas toute bonne, ôter celle qui est mauvaise, comme la terre argilleuse & le sable jaune ou rouge, & y en remettre d'autre apportée d'ailleurs; car si l'on plante en mauvaise terre, ou qui ne soit point amendée, les arbres ne prennent qu'avec peine, & ils sont comme en langueur sans pouvoir profiter; du moins ils en croissent lentement.

Les arbres qu'il y faut planter, sont ceux qui sont les plus tendres au froid: comme les abricotiers, toutes sortes de pêchers, soit venans de noyau, soit entés ou sur leur propre espèce, & sur pruniers, abricotiers & amandiers, diverses espèces de pruniers; plusieurs sortes de poiriers, qui doivent être entés sur épines ou sur coignassiers, pour demeurer nains; des figuiers, & les autres qui seront de même tempérament, ou qu'on desire avancer.

On les peut planter en deux saisons; savoir, en automne & au printems. On peut préférer l'automne, parce que la terre a encore quelque chaleur, & que les arbres ont du tems avant la rigueur de l'hiver, pour commencer à lier leurs racines avec la terre, ou au moins pour s'accommoder avec elle, afin d'en tirer aide pour se défendre contre le froid. Pour cet effet il les faut prendre dès qu'ils commencent à se dépouiller de leurs feuilles, & en les plantant les arroser une bonne fois si la terre est sèche; & alors on peut se dispenser de les tailler, surtout s'il y a de grosses branches à ôter, parce que le grand froid survenant, & trouvant de si grandes plaies, pourroit pénétrer au-dedans, & faire mourir l'arbre, ou du moins l'incommoder grandement. Il vaut mieux attendre vers la fin de l'hiver à en retrancher ce qui est convenable. Que si l'on plante au printems, il faut planter les arbres hâtifs, comme les abricotiers & les pêchers, plutôt que les tardifs, comme poiriers & figuiers, & les tailler & couvrir la plaie de cire, de poix-résine, ou d'autre chose semblable, afin que la chaleur ne la saisisse & ne l'empêche de se recouvrir.

Il ne les faut planter ni plus profondément que d'un pied, sur-tout en lieux froids & humides, ni plus près les uns des autres que de quinze pieds, parce qu'autrement leurs branches se toucheroient incontinent & se confonderoient, & elles ne porteroient pas tant de fruit; l'expérience faisant connoître qu'un arbre étendu à son aise, portera plus de fruit que quatre qui s'entrepressent, & se couvrent les uns les autres.

Au mois de mai que les chaleurs commencent à venir, il faut la première année après que la terre aura été labourée, la couvrir toute, s'il est possible, de quatre doigts d'épaisseur avec de la fougère amassée dès l'année précédente, ou avec de la paille, ou du foin, ou d'autre chose semblable, pour conserver la fraîcheur aux nouveaux plants. Si l'année se trouve sèche & chaude, il faut arroser assez abondamment de quinze en quinze jours par-dessus la fougère même & sans l'ôter; car il vaut mieux en donner ainsi beaucoup & peu souvent, que d'y retourner deux fois la semaine, ce qui ne fait qu'abattre la terre & la durcir. Vers la S. Jean il sera bon de détourner la fougère & de donner un autre labour, en prenant soigneusement garde de toucher aux racines des arbres; parce que le labour tient la terre plus fraîche en ouvrant ses pores & y faisant entrer l'air; & cela fait, il faut remettre la fougère & recommencer la même chose à la fin de septembre.

Cette même année il faut laisser pousser aux plants tout le bois qu'ils voudront, sans les blesser & les altérer en leur ôtant leurs jets, au moins y doit-on aller avec une grande discrétion & retenue; mais il n'est pas bon de leur laisser porter fruit, parce que cela les avorte & les empêche de pousser du bois. Il faut aussi laisser les jets libres, sans les lier & violenter; & même il n'est pas besoin de dresser l'*espalier*, parce que le bois ne feroit que se pourrir inutilement aux pluies. Mais la seconde année, si les plants ont beaucoup poussé, ou la troisième sur la fin de l'hiver, avant que les bourgeons des arbres poussent, il le faut dresser & y lier doucement les rameaux des arbres, en les élargissant & les étendant convenablement en forme d'éventail, & en retranchant les petites branches du dedans, qui ne peuvent ni pousser de beau bois, ni se tourner en bourgeons à fruit; il faut aussi continuer à labourer la terre quatre fois l'an; savoir, au printems, à la S. Jean, à la fin de septembre, & au commencement de l'hyver.

En labourant il faut prendre garde d'enterrer le collet de la greffe du poirier ou du pommier enté sur coignassier, parce qu'il pourroit prendre racine, & croîtroit puissamment, comme un arbre franc, sans qu'on le pyt retenir nain.

Quand les *espaliers* sont en fleur, il arrive quelquefois des gelées du matin, & ensuite de grandes ardeurs du soleil qui brouissent les fleurs & font périr le fruit. Il faut prévenir le mal par le moyen des plus hauts crochets dont j'ai parlé, débordans du mur plus que les autres; car en attachant des perches de l'un à l'autre, & à ces perches des toiles qui se couleront jusqu'au bas, sans toucher les fleurs & les fouler, on sauvera le fruit.

Il n'est pas bon de laisser nouer du fruit aux bouquets de fleurs qui viennent par fois à la pointe des branches, tant parce qu'elles sont foibles, que parce que la sève qui y monteroit seroit détournée du bas & du milieu des branches, qui sont proprement le vrai lieu où le fruit doit croître.

Les *espaliers* étant en leur beauté, il faut pour les y conserver autant qu'il se pourra, prendre garde aux bourgeons que les arbres poussent, soit vers le pied, soit vers les premières branches qui se divisent, & y laisser ceux qu'on jugera les plus propres pour réparer & pour entretenir le bas de l'arbre en sa beauté. Il est bon même d'avoir toujours des arbres de toutes les espèces, plantés en terre dans des paniers & des mannequins, afin que si par hasard un des arbres de l'*espalier* vient à mourir, on puisse aussi-tôt y en remettre un autre déjà tout repris, qui poussant autant selon sa portée que les autres de l'*espalier*, n'en défigure pas si fort la grace & la beauté, qu'un autre qui auroit à prendre terre avec un long tems.

ESPECE. Ce mot se dit des fruits & des plantes qui, outre leur caractere générique, ont quelque chose de singulier qui les distingue des autres sortes de plantes ou de fruits de la même famille.

ESPLANADE ; c'est dans un jardin ou dans un parc une terrasse ou lieu élevé & découvert pour jouir de la vue de la campagne & d'un grand horison.

ESQUILLE. Dans le jardinage on donne ce nom à de petits filets & à des parties inégales qui restent toujours aux extrémités des rameaux cassés.

ESSARTER ; c'est arracher tous les arbres, arbrisseaux & broussailles qui couvrent un terrain, & emporter les souches & les racines.

Quand on abat un bois dans les Ardennes, l'usage est de ramasser toutes les broussailles, feuilles, copeaux, brindilles, genêts, bruyeres, &c. les brûler, & en répandre les cendres sur le terrain même où le bois a été abattu, puis de labourer avec le crochet la terre qui est entre les souches & étocs, & y semer du seigle ou du sarrasin. C'est ce qui s'appelle dans le pays *faire des essarts*.

Duhamel fait sentir qu'une pareille méthode peut devenir fort utile, quand on ne se propose pas de convertir pour toujours le champ en terre labourable.

ESSORER ; c'est, en terme de jardinage, ressuyer ou exposer à l'air pour sécher ; ce qui se pratique à l'égard des graines & des oignons qu'on laisse quelque tems étendus sur un plancher pour en laisser dissiper l'humidité avant de les renfermer.

ÉTAGER ; terme employé par les jardiniers pour indiquer la conduite qu'on doit tenir dans le gouvernement des arbres que l'on fait monter peu à peu chaque année, & comme par *étage*. On dit aussi *étage* de branches & de racines, pour marquer celles qui sont placées par rang & sur la même ligne.

ÉTÊTER ; c'est trancher la tête d'un arbre. On est dans l'usage de couper jusqu'au tronc toutes les branches des arbres que l'on achete pour replanter. Ces arbres ainsi *étêtés* poussent quantité de bourgeons dans toute la longueur de leur tige. Au reste, cette méthode n'est bonne que pour les arbres nains & pour ceux qui doivent être mis en espalier.

ÉTIOLEMENT ; c'est, en terme de jardinage, l'altération qui survient aux plantes élevées dans des lieux renfermés. Cette altération consiste en ce qu'elles poussent des tiges effilées, blanches, & terminées par de petites feuilles pâles. Le défaut d'air & trop d'humidité sont la cause de l'*étiolement*.

ÉTIOLER. (s') On dit qu'une plante *s'étiole*, quand elle s'éleve beaucoup sans prendre de grosseur, & que ses jets sont maigres & allongés.

ÉTOILE ; c'est dans un jardin ou dans un parc une salle champêtre où aboutissent plusieurs allées d'arbres, comme à un centre commun.

ÉTOUFFER ; ce terme se dit des arbres dont les branches trop touffues se nuisent les unes aux autres, en gênant la circulation de l'air.

ÉTRIPER *un arbre* ; c'est faire quelque chose de plus que l'*élaguer*, & quelque chose de moins que de l'*ébotter* ; c'est-à-dire, lui ôter des branches de distance en distance pour le rajeunir, lui en faisant pousser de nouvelles, & rabaisser les autres, en les coupant où il peut y avoir du bon bois.

ÉTRONÇONNER *un arbre* ; c'est ne lui laisser que le tronc ; c'est lui couper la tête quand il est nouvellement planté, ou bien quand les racines étant bien saines encore, & lorsque son bois est usé, le récéper sur la souche pour le renouveler.

Les arbres des bois en coupe dans les forêts sont coupés rase terre, & ils repoussent. Il n'en est pas de même des arbres fruitiers des jardins, qui sont plus délicats. De plus, dit Schabol, quand on coupe les arbres des forêts, ils repoussent, parce qu'on les recepe dans le tronc même rase terre, & ils font de nouveaux jets ; au lieu que les arbres fruitiers étant coupés au-dessus du tronc, où la peau est bien plus dure, la seve ne perce point d'ordinaire, & ne pouvant se faire passage, elle retourne aux racines, & l'arbre meurt par en haut.

ÉTUI *ou* COFFIN ; instrument du faucheur : c'est un petit tuyau se terminant en pointe, ordinairement fait en bois, rempli d'herbe ou de paille mouillée, dans le milieu duquel on place la pierre à aiguiser. Au haut de ce *coffin* est un petit crochet en bois ou en fer, que le faucheur passe à sa ceinture, afin d'avoir à sa portée la pierre pour aiguiser sa faulx.

ÉTUVE ; bâtiment dans lequel on entretient du feu ou une chaleur douce, par le moyen des poîles, pour secher & conserver les grains. (*Voyez* planches XVII & XVIII.)

ÉVASER. Ce terme, dans le jardinage, se dit des arbres en buisson, & même de certaines tiges qu'on taille. L'art du jardinier est de faire prendre à ces arbres la figure d'un vase. Pour y parvenir, le meilleur moyen c'est d'y mettre des cerceaux, autrement on est des 10 à 12 ans à former un buisson.

ÉVENTAIL ; (*arbre en*) c'est un arbre d'espalier auquel on fait prendre la forme à-peu-près d'un éventail.

ÉVENTÉ, ou *exposé à l'air*. Quand les racines d'arbres sont *éventées*, elles sont bientôt altérées, ce qui devient très-nuisible à la reprise des jeunes plants.

ÉVENTER *la seve*, suivant l'expression des jardiniers, c'est faire de trop grandes plaies aux arbres, ou bien tirer ses coupes & ses tailles trop en longueur, ce qui cause la déperdition ou l'altération de la seve.

ÉVIDER *un arbre* ; c'est quand on éclaircit le trop grand nombre des branches. Les arbres en buisson, dans le milieu desquels on ne laisse point de branches, s'appellent des arbres *évidés*. On dit un oranger bien *évidé*.

EXCAVATION ; elle est occasionnée dans les branches ou dans le tronc par la seve extravasée qui suinte de la plaie d'un arbre.

Tous les arbres qu'on appelle *gommeux*, tels que les cérisiers, pêchers, abricotiers, amandiers, pruniers, & autres semblables, lorsque la gomme, qui n'est autre chose qu'une seve extravasée, découle le long d'une branche, sont minés par un chancre corrodant qui pénetre jusqu'à la moëlle, cause une *excavation* qui trop souvent fait mourir la branche & quelquefois tout l'arbre.

EXCORIATION. Ce terme, dans le jardinage, signifie le dépouillement de l'épiderme ou l'écorchure de la peau de l'arbre, occasionnés par quelques causes extérieures, telles que la brûlure, l'ardeur du soleil, les matieres âcres, les frottemens violens.

EXCROISSANCE ; ce terme se dit dans le jardinage des loupes, des enflures particulieres, des grosseurs des tumeurs, des poireaux ou verrues qui viennent à un arbre ou à un fruit. Ces *excroissances* sont produites par un amas de la séve arrêtée, par ce qu'on appelle *obstruction*, qui empêche la seve de passer, & qui cause un gonflement au dehors dans la peau de l'arbre ou du fruit.

EXOSTOSE ; c'est une excroissance qui paroît fréquemment sur le bois du corps des arbres.

EXOTIQUE ; (*plante*) c'est une plante étrangere au climat où on la cultive, & qui a été tirée d'un pays lointain.

Les plantes naturelles à un canton s'appellent *indigenes*.

EXPÉRIMENTAL ; c'est tout ce qui est fondé sur l'expérience. L'art du cultivateur doit rouler sur l'observation de la nature & sur l'expérience proprement dite. C'est avec ces deux boussoles qu'il entendra ce qu'il fait & pourquoi il le fait, & qu'il pourra enfin rendre raison de toutes ses opérations.

EXPLOITATION *des terres* ; c'est la pratique des moyens propres à faire valoir des terres.

EXPOLIATION ; c'est dans les arbres ou les plantes la désunion d'une partie morte & desséchée d'avec celle qui est vive ; elle a principalement lieu par rapport au bois & à l'écorce.

EXPOSITION ; terme d'agriculture & de jardinage. C'est la situation d'un lieu relativement au soleil, à la pluie ou à d'autres météores.

On a coutume de nommer *belle exposition* ou *bonne exposition* l'endroit où le soleil donne pendant une grande partie du jour ; & *mauvaise exposition* l'endroit où il ne donne que peu ou point du tout.

L'*exposition du levant* est la muraille qui reçoit

les rayons du soleil depuis le matin jusqu'à midi ; l'*exposition du couchant*, celle où le soleil donne depuis midi jusqu'au soir ; l'*exposition du midi*, celle où il donne le plus long-tems dans toute l'étendue de la journée, mais principalement depuis 9 heures du matin jusqu'à 3 heures après midi. L'*exposition du nord* est celle où le soleil donne le moins ; elle ne reçoit ses rayons qu'en été, quelques heures après le lever du soleil & quelques heures avant qu'il se couche.

En général, la meilleure *exposition*, dans notre climat, est celle du *midi* ; & la plus mauvaise, celle du *nord*. L'*exposition* du levant est aussi bonne que celle du midi, & même préférable dans les terres chaudes ; celle du couchant n'est pas mauvaise pour les pêches, les prunes & les poires, mais elle ne vaut rien pour les différentes especes de raisins.

On ne peut guere espérer de recueillir des fruits qui aient bon goût sur un arbre planté à une mauvaise *exposition*.

EXTIRPER ; terme de jardinage. C'est détruire, déraciner les plantes qui nuisent à la végétation des autres. Les plantes qui traînent, telles surtout que certains *gramens*, sont difficiles à *extirper*.

EXTRAVASER. (*s'*) Ce terme se dit du suc propre des plantes qui sort de ses canaux pour se répandre dans le tissu cellulaire ou dans les vaisseaux lymphatiques. Ce suc se montre alors sous la forme d'une seve épaissie à l'orme, sous celle de gomme au pêcher, au cérisier, à l'abricotier, & sous celle de résine au pin & à l'épicéa.

EXTRÉMITÉ *des pousses*. On appelle de ce nom, dans le jardinage, toute branche qui a poussé du dernier œil de la branche taillée. L'usage est d'abattre cette branche, & même les autres qui sont au-dessous, & de tailler sur celle qui a poussé au dernier œil d'en bas. Par ce moyen, dit Schabol, l'arbre a poussé à faux & en pure perte pour lui toutes ces branches supérieures dont on le dépouille. En outre, au lieu de croître, de s'allonger & de donner du fruit, il reste toujours circonscrit, avorton & stérile. Mais qu'au contraire on taille longue la branche qui a poussé à l'*extrémité* de la coupe précédente, on a en peu d'années des arbres immenses & fructueux au possible, grossissant de la tige à proportion.

On suppose que ces *extrémités* de pousses sont telles qu'elles doivent être dans un arbre bien conformé ; car, dans le cas où les *extrémités* des pousses seroient fluettes, il faut se garder de leur donner trop d'allongement.

# F

FAÇONNER ; en terme de jardinage, c'est l'art de former & de dresser la terre, les arbres & les plantes. C'est labourer, sarcler, faire les fouilles, dresser, tirer au rateau, répandre les fumiers, les enfouir, arroser, biner, & faire à l'égard de la terre & des plantes tout ce qui est requis pour les cultiver. Communément on donne trois *façons* à la terre, aux vignes & aux arbres; savoir : labour d'hiver, labour du printemps, & un labour au commencement de l'été.

FACTICE. (*terre*) C'est une terre préparée & composée de différens engrais; telle est celle qu'on destine aux orangers.

FANAGE; action de remuer les plantes, après qu'on les a coupées, afin que le soleil ou le hâle les desséche.

FANER ; c'est remuer les herbes qui ont été fauchées, & les retourner par le moyen de rateaux, de bois dentelés des deux côtés. Quand les foins ont été ainsi *fanés*, & qu'ils sont bien secs, on les serre dans des granges, ou on les met en meules.

FANER. (*se*) Ce terme se dit dans le jardinage, des feuilles & des fleurs des végétaux qui sont penchées, & paroissent flétries, ce qui annonce le besoin qu'elles ont d'arrosement ou d'autres secours. Les plantes nouvellement replantées se fanent, jusqu'à ce qu'elles aient repris.

FATIGUER *un arbre ;* c'est lui donner ou lui laisser trop de charge relativement à sa force; c'est aussi le tourmenter par un trop grand nombre de tailles, ou de plaies qui l'épuisent.

On dit aussi *fatiguer une terre*, quand on lui fait rapporter ou produire trop long-temps, sans la laisser reposer.

FAUCHER. Personne n'ignore la manière de couper le bled, ou plutôt sa paille avec la faucille, c'est la pratique la plus ancienne & la plus commune; mais il y a des cantons où on fauche les bleds, soit avec la faux ordinaire, soit avec une petite faux usitée en Allemagne; & quand on se sert de l'une de ces faux, on peut couper de deux manières, soit en déplaçant la paille coupée & la portant sur le côté, soit sans la déplacer, comme on fauche les prés; c'est la nouvelle manière usitée en Angleterre.

Dans celle-ci le faucheur fait tomber ce qui est coupé sur le bled qui ne l'est pas, ce qui donne plus de facilité pour le ramasser; ce sont des femmes qui suivent le faucheur, qui prennent par brassées le bled coupé & le portent en tas, que des hommes qui suivent les femmes lient en gerbes. Cette pratique qui est très-expéditive, épargne beaucoup de dépense; d'ailleurs faucher ne coûte pas moitié tant que de couper avec la faucille, d'autant plus qu'une partie de l'ouvrage est faite par des femmes. En fauchant le bled on gagne aussi beaucoup de paille qui est très-profitable au fermier, soit qu'il l'emploie, soit qu'il la vende.

D'un autre côté, il faut considérer que le bled s'égraine davantage en le fauchant & on en perd; en outre, la paille coupée si bas contient plus de mauvaises herbes, & il est par conséquent nécessaire de laisser plus long-temps les gerbes dans les champs pour que cette herbe sèche; car les mauvaises herbes retiennent plus d'humidité, & plus long-temps que la paille. Cette objection contre l'usage de la grande faux pour couper les bleds, mérite attention; car il y a beaucoup d'inconvéniens à laisser les gerbes sur le champ à cause des pluies & orages.

L'usage de la faux au lieu de faucille, influe encore sur la dépense du battage; il en coûte davantage pour faire battre du bled fauché, que pour battre du bled coupé à la faucille; car la paille du bled fauché étant plus longue, & contenant plus de mauvaises herbes, le battage sera plus difficile, plus long, & par conséquent plus coûteux.

Ce que l'on épargne ou ce que l'on gagne en fauchant le bled, au lieu de le couper à la faucille, est peu de chose, & va au plus de 36 à 48 sous par arpent, mais le battage du bled fauché coûtera environ cela de plus que le battage du bled coupé à la faucille. Ainsi on doit se déterminer sur le choix de la faux & de la faucille par les considérations suivantes : Si on emploie la faux, il faudra risquer davantage que la moisson soit mouillée, parce qu'on est obligé de la laisser sur le champ pour sécher l'herbe; mais on aura une plus longue paille : si on coupe le bled à la faucille, on aura un peu moins de paille, mais on ne risquera pas tant que la moisson soit mouillée, puisqu'on pourra l'enlever à mesure qu'on la coupera. Ainsi faucher le bled ne paroît avantageux qu'auprès des capitales où la paille se vend cher, & où on achète des fumiers. Dans des provinces où l'on est dans l'usage de scier le bled, le fermier fait ramasser le chaume après la récolte, pour en faire de la litière & le réduire en fumier; c'est une dépense qu'on ne fera pas si on fauche, parce que la faux coupe presque à ras de terre. D'un autre côté, cette dépense de ramasser le chaume est si petite, comme de 36 sous par acre, que cette épargne ne mérite pas de faire courir au bled le risque d'être mouillé.

D'ailleurs, il y a une grande différence d'être obligé de faire entrer le tout dans le temps de la récolte, où les ouvrages pressent, ou bien de ramasser le chaume quand on a du loisir. Plus les gerbes seront longues, plus il faudra de temps & de bras pour les voiturer, de place pour les serrer; ce n'est pas être économe que de multiplier le travail dans un moment où les ouvriers sont plus chers, & où il y a plus d'ouvrage urgent que dans tout autre temps.

FAUCHET; c'est le nom que les fermiers donnent au rateau, qu'ils promenent dans un champ pour ramasser le foin.

Ce rateau a ses deux côtés garnis de dents de bois.

FAUCILLE; instrument dont on se sert pour scier le bled & couper l'herbe. (*Voyez* pl. XXIV, fig. 27.) La *faucille* consiste en une lame d'acier finement dentelée & courbée en demi cercle. Cet outil est emmanché dans une poignée de bois; ainsi avec la *faucille* l'on coupe d'une main l'herbe, les bleds, &c. que l'on tient à poignée de l'autre main.

Dans quelques cantons, comme en Provence, la *faucille* n'a point de dents, mais un tranchant bien affilé.

FAUX; instrument dont on se sert pour faucher le froment, le seigle, l'orge, l'avoine, les prés & les gazons. Il est composé d'une grande lame d'acier, large d'environ trois doigts, courbée & emmanchée au bout d'un long bâton. (*Voyez* pl. XV, & pl. XXIV, fig. 26.) Dans la *faux simple*, il y a une manette fixe, ou une espèce d'arrêt en bois placé à l'extrémité du manche, & qui est empoigné par la main gauche de l'ouvrier.

On fait aussi dans quelques cantons des *faux* avec une manette courante qui s'abaisse ou s'élève suivant la longueur des bras du faucheur.

La *faux composée*, a au-dessus de la lame de longs doigts ou baguettes qui sont arrêtés sur un montant de bois & retenus par des vis dans la même direction que la *faux*. Il y a des pays où, au lieu de ces playons en bois, on se sert de petites tringles de fer de la grosseur d'une plume à écrire. Le montant auquel ces playons sont adaptés est également de fer, ainsi que la pièce qui part du manche de la *faux* & en soutient toutes les différentes parties.

L'acier de la *faux* a une trempe bien plus douce que celle des coignées, des couteaux, des rasoirs, parce qu'ayant à abattre une grande quantité d'herbe ou d'épis, il est impossible que son taillant ne s'émousse fréquemment dans un jour, de quelque manière qu'il soit trempé. Si la trempe étoit dure, on ne finiroit pas de la rapporter au taillandier; mais en laissant à l'acier assez de corps & de souplesse pour qu'il puisse être applati par le marteau sans se casser, on mèt le faucheur en état de faire l'office de taillandier. Ainsi dès que le tranchant est trop gros & trop mousse, il pose sa *faux* sur une petite enclume, qu'il porte toujours avec lui, & le rabat à petits coups de marteau; après quoi il suffit de repasser le tranchant avec une pierre qui est à peu près de la grandeur d'une pierre à rasoir, mais dont le grain est plus gros.

Au moyen de la trempe douce la lime peut mordre sur le tranchant de la *faux*, & ce tranchant n'est pas des plus vifs; mais la grandeur de la masse dont il fait partie, la longueur du manche auquel il tient, & la vîtesse avec laquelle la *faux* est poussée, suppléent au défaut de l'extrême dureté.

Quelques taillandiers composent la trempe de cet instrument avec la plupart des minéraux, & même des préparations de minéraux, outre grand nombre de plantes d'espèces différentes & surtout de celles qui ont l'odeur forte. Réaumur regarde comme inutiles beaucoup de ces ingrédiens, quelques-uns même comme nuisibles. Il observe que le fond se réduit à tremper la *faux* dans du suif ou dans des matières équivalentes; & il pense qu'en la trempant dans l'eau bouillante ou chauffée à un certain point, l'on pourroit donner au taillant le degré de dureté & de souplesse qui lui convient.

Comme il est difficile dans les *faux* que la trempe soit parfaitement égale, il est très-rare d'en trouver de bonnes. C'est cependant de leur bonté que dépend la facilité de l'ouvrier dans le travail, & l'art de faucher parfaitement & de ne point laisser d'herbe qui ne soit coupée. On pourroit avec un peu d'habitude apprendre à distinguer les bonnes *faux*; en y passant la pierre à aiguiser, on sent si elle mord également par-tout, ou bien avec une petite lime on en essaie le dégré de dureté. Lorsqu'on la choisit la plus

plus égale possible, & du degré de trempe requis, on remarque les endroits où la *faux* est la plus tendre; & lorsqu'on la bat dans ces endroits-là, on humecte le marteau ainsi que la petite enclume; dans les endroits au contraire où elle est la plus dure, on la bat à froid: ce battement occasionnant de la chaleur détruit un peu la trempe, & rend la *faux* plus égale dans ses parties. Un point des plus essentiels est que l'ouvrier passe sa pierre à aiguiser sur sa *faux* toujours dans le même sens, parce qu'elle y forme des espèces de petites dents qui se trouvent alors toutes inclinées du même côté: au lieu que si on la passe tantôt dans un sens, tantôt dans un autre, les dents sont inclinées en divers sens, & la *faux* ne coupe pas si bien. Il est d'autant plus avantageux de se servir de bonne *faux* dans les prairies où l'herbe est fine, qu'il en résulte quelquefois plus d'un écu de profit par arpent.

*Moyen de perfectionner les* faux *& faucilles.*

Les paysans de Silésie se plaignaient depuis long-temps de ne pouvoir se procurer des *faux* & des faucilles qui fussent tout à la fois légères, tranchantes & durables. Cependant on employoit les meilleures matières pour ces instrumens, & ces matières étoient travaillées avec soin; mais des expériences réitérées ont fait voir que la perfection de ces ustensiles dépend de la proportion entre le fer & l'acier dont on les forge, de leur parfait amalgamage, & du degré moyen de dureté de cette composition. Les papiers publics de Breslaw ont en conséquence répandu l'instruction suivante:

Il faut tâcher de lier le fer & l'acier de façon qu'il n'y ait entre eux aucune séparation; lorsqu'on les forge, il faut réduire la masse en lingot rond. En faisant souvent passer ce lingot par le feu, la masse s'épure, & ses parties sont plus prêtes d'obéir & de s'unir. Avec le microscope tous les instrumens tranchans sont de vraies scies; les pierres même avec lesquelles ont les aiguise, quelque fines qu'elles soient, les dentelent. On sait que le fer & même l'acier ont des veines, c'est-à-dire, des fils détachés qui règnent dans la longueur de la masse. C'est à jeter ces veines du dos sur le tranchant des instrumens qu'il faut travailler de façon qu'elles aillent former les dents imperceptibles de la faucille ou de la *faux*. Par ce moyen ce qui auroit rendu l'outil cassant, lui donne de la solidité en contenant les parties qu'il divisoit. Pour cela la matière étant préparée, comme on l'a dit, on met la barre ronde au feu, on la laisse à peu près rougir, on l'assujettit ensuite à un étau, on la tourne à droite & à gauche; & tant qu'elle conserve de la souplesse, on travaille à rejetter les veines vers le tranchant. Les instrumens sont d'autant plus parfaits que leur tranchant approche plus de la scie dont les dents sortent comme à travers de la lame: ils ont la dureté convenable. Les faucilles & les *faux* travaillées suivant ce procédé ont été trouvées fort supérieures aux autres.

La *faux brabançonne*, outil composé d'un crochet & d'une lame assez large dont la pointe est relevée, le tout est adapté à un manche un peu courbe & court.

La *faux hollandoise* est pareillement composée d'une lame large dont la pointe est saillante, avec un manche courbe dont l'extrémité se termine en boule.

FAUX LORRAINE, ou *hache-paille*; instrument d'agriculture.

Il y a différens usages pour la nourriture des bestiaux dans les étables. Le plus dangereux de tous est de ne pas hacher le fourrage & de le donner sans même séparer la paille du grain, comme cela arrive dans quelques campagnes trop éloignées de l'œil des propriétaires. Parmi ceux qui sont dans l'usage de hacher la paille & le foin, il y en a qui se servent de différens procédés.

Le plus ordinaire est l'emploi d'une *faux* à deux pointes en forme de demi cercle, attachée à un banc sur lequel est assis l'ouvrier.

La *faux* appellée *gramola* est cependant beaucoup plus utile; elle est composée de trois ou quatre morceaux de fer dentelés, ou petites *faux* attachées sur un pivot par autant de demi-cercles fixes & pareillement de fer, qui les traversent, & qui sont fortement serrés à un manche de bois. Le tout est assemblé sur une table adhérente à la muraille; le seul manche se mène & fait agir en même-temps les petites *faux* sur le fourrage placé au-dessous d'elles. Les avantages de cette machine sont, 1°. d'épargner le temps; 2°. d'avoir du fourrage & surtout de la paille plus écrasée, plus menue, & par conséquent d'une digestion plus facile; de plus, le fumier qui provient de cette paille est plus gras & meilleur pour les vergers.

Mais elle a un inconvénient pour ceux qui en font usage; il arrive souvent qu'elle offense l'extrémité des doigts de l'ouvrier qui lui présente la paille & le foin, à moins qu'il n'y apporte une extrême attention. La *faux Lorraine* supplée à ce défaut. On la nomme ainsi parce qu'elle a été apportée en Toscane par les Lorrains: elle est composée de deux montans de bois (Pl. XXXVI, fig. 6.) qui, au moyen d'un troisième B, posé en travers, soutiennent une caisse C pleine, dans laquelle on met la paille ou le foin D, qu'on veut hacher. La *faux* E, est la même que celle qu'on emploie à couper le bled dans les champs; elle est placée sur un pivot au milieu de deux règles F, attachées à l'extrémité inférieure des deux montans. A l'extrémité supérieure est placée une planche quarrée G, grande comme la partie antérieure de la caisse, & au moyen de deux chevilles I adhérentes, qui sortent par deux fentes pratiquées dans le côté des montans, cette planche sert à présenter le foin ou la paille au tranchant de la *faux*; on règle les mouvemens de la planche par deux cordes liées à un marche-pied mobile, semblable au *calcul* des tisserands. L'ouvrier travaille en-même-temps du pied & des deux mains : la droite tient la *faux* & la fait mouvoir, la gauche tient une fourchette de fer K, pour avancer le fourrage à mesure qu'il passe sous la *faux*, & le pied agit en proportion sur le marche-pied. Vers la moitié du montant, il y a une petite règle fixe L, pour reposer la *faux* quand elle ne travaille pas. Cette *faux* est en usage aux environs de Florence & en Lorraine, dont elle a pris le nom.

FAUX-BOIS; ce terme se dit dans le jardinage d'une branche parasite qui a crû dans un endroit où elle ne devoit pas être naturellement, & qui devient souvent plus longue & plus grosse que les autres branches dont elle s'approprie la nourriture.

FAUX-BOURGEON. Dans le jardinage ce terme se dit d'une pousse qui n'est pas née d'un œil, mais qui a percé directement de l'écorce. On ôte ordinairement le *faux-bourgeon*, parce qu'il est mal placé, & qu'il fait confusion; cependant il y a des moyens sûrs pour en faire des boutons à fruit. Les *faux-bourgeons* deviennent même quelquefois utiles & précieux, soit pour garnir un vuide, soit pour renouveler un arbre.

FENTES *des arbres*; ce sont des crévasses qui se font à l'écorce des arbres. La peau se déchire, & les deux parties séparées se retirent en se repliant sur elles-mêmes. Ces crévasses, plus ou moins fortes, viennent d'une trop grande abondance de seve qui s'élance dans le tissu cellulaire avec impétuosité.

Les *fentes* sont aussi quelquefois occasionnées par la gelée.

Il y a de petites *fentes* à la peau de l'arbre qui sont de couleur jaunâtre, & qui sont répandues çà & là, soit à sa tige, soit aux grosses branches. Elles sont autant de marques de vigueur & de fécondité dans les arbres, en ce qu'elles annoncent la plénitude & l'activité de la seve, qui, pour se faire un passage, dilate ainsi la peau. Les jeunes greffes surtout abondent en ces sortes de petites gersures, occasionnées par une extravasion du suc nourricier surabondant.

Outre ces *fentes* naturelles, il en est d'artificielles, que l'industrie met en pratique pour porter remede à un arbre languissant, comme la saignée, le cautere, la greffe en *fente*.

La greffe en *fente* ne se fait que sur certains arbres, mais n'a pas lieu comme la greffe en écusson.

FEU. (*jetter son*) Cette expression est employée dans le jardinage pour désigner un arbre qui pousse d'abord vigoureusement, & qui se ralentit ensuite, en ne faisant plus que des pousses mesquines. On excite un arbre à *jetter son feu*, non-seulement quand on le charge absolument en bois & en fruits, mais encore quand on lui laisse beaucoup de bourgeons surnuméraires, à dessein de le rendre sage, comme disent les bons jardiniers. Lorsqu'un arbre a *jeté son feu*, on doit changer de méthode, & le tenir plus de court, suivant l'occurrence.

FEUILLE; cette partie extérieure des plantes a toujours au-dessus d'elle un œil ou bouton, dont elle est la mere nourrice; elle est verte & mince, composée d'une queue, de son plat, & elle a un endroit & un envers avec différens contours.

Les *feuilles* sont tellement nécessaires, que sans elles point de bouton, de fleurs, de fruits ni plantes quelconques; elles servent à travailler, à préparer & à perfectionner la seve pour la faire passer ensuite dans les branches, dans la fleur, dans le fruit, dans l'œil, enfin dans toute la plante.

Les *feuilles des fleurs*, qu'on nomme *pétales*, sont celles qui composent & constituent les fleurs; ces *feuilles* sont absolument nécessaires à toutes les fleurs devenant fruits ou graines; elles sont destinées à allaiter & à substanter ce fruit ou cette graine quand ils ne sont encore qu'embryon. Mais quand le fruit noué ou la cosse renfermant les graines, peuvent subsister par le moyen d'une nourriture plus solide, alors la fleur épanouie repousse ses *feuilles* qui se fanent.

Les *feuilles dissimilaires* ou *dissemblables* sont les deux premieres *feuilles* de toute plante, & qui croissent aux deux côtés de la tige naissante, lors de la germination d'une graine. Elles sont toujours placées au-dessous des deux lobes qui sont les deux parties composant l'amande de la graine. Ces deux *feuilles* ne ressemblent en rien aux autres qui croissent après.

Tous les bourgeons qui croissent à chacun des boutons, ont nécessairement à leur empattement deux sortes de *feuilles dissimilaires.* A la vigne elles sont singuliérement remarquables dans chacun de ses bourgeons.

FIBRES; c'est en anatomie, les filamens dont les muscles & les membranes sont entretissus. On donne aussi ce nom à de longs filets qui empêchent que les végétaux ne soient cassans. Les *fibres* ligneuses sont autant de vaisseaux dont la fonction est de conduire le suc nourricier dans toutes les parties de la plante. On en distingue de trois sortes, de longitudinales, de transversales & de spirales.

Les *fibres* longitudinales sont directes & perpendiculaires, telles qu'on les voit dans les tiges & dans les branches des arbres.

Les *fibres* transversales sont celles qui sont en travers; une branche alors plie sans casser, on la courbe même jusqu'à lui faire prendre la figure d'un cerceau, parce que ses *fibres* sont longitudinales; mais les brandilles & les boutons à fruits dont les *fibres* sont transversales, cassent dès qu'on les plie.

Les *fibres* spirales sont celles qui sont courbées & repliées les unes sur les autres, ainsi que du fil dévidé sur un peloton. Telles sont les *fibres* qu'on apperçoit dans les bourrelets cicatrisans des plaies des arbres, dans les greffes & dans les *nodus* des divisions des branches.

Les racines *fibreuses* sont celles qui, au lieu d'être dures, compactes & ligneuses, ne sont autres que des filets blancs d'ordinaire & fort menues, tendres & cassans.

FICHER *des échalas*; terme de vigneron, qui signifie faire entrer un échalas au pied d'un cep de vigne, pour y attacher les branches nouvelles que la pesanteur du raisin & des feuilles feroit tomber à bas, & peut-être éclater & rompre.

FIENTS. Comme les *fients* sont propres & utiles pour réparer les défauts de la terre, il est nécessaire d'en faire distinction, afin que connoissant leur différence, on les puisse employer plus à propos, selon que le besoin l'exigera.

Le *fient* qui provient des excrémens de l'homme, est plus tempéré & plein de sel qu'aucun autre; & quand il est bien consommé, il est très-propre pour les orangers, les citronniers & les autres plantes que l'on met dans des vases ou caisses.

Le *fient* des chevaux & des ânes est abondant en une chaleur tempérée.

Le *fient* des bœufs & des vaches est frais.

Celui des brebis & des chevres est plus gras & plus tempéré.

Le *fient* des pourceaux est chaud.

Celui des pigeons & des autres volailles plus chaud encore, & celui des oiseaux aquatiques est presque brûlant.

Les bouillons & les lavures d'écuelles, la lessive, le sang des animaux & les animaux même servent d'autant de *fients* tempérés & gras. Celui du marc de vin & de la lie a une vertu infinie, tenant des qualités excellentes & des esprits subtils, dont la nature a rempli la vigne sur toute autre plante.

Celui du marc des huiles augmente extrêmement la vertu productive de la terre; mais le trop est dangereux, faisant le même effet en elles que les choses trop grasses font dans notre estomac.

Le *fient* des autres fruits participe à leurs qualités, & donne aux mêmes arbres ou plantes qui les portent une vertu fort fructifiante.

Celui qui se fait des sirops & des raffineries de sucre & de miel, est la douceur même, & il est très-propre aux plantes auxquelles on desire une douceur savoureuse. Celui qui est mêlé de saumure, en donnera le goût; & si les plantes particulieres dont on en pourra faire, abondent en qualités puissantes, en saveurs, couleurs ou odeurs agréables, leurs cendres en participeront aussi.

La corne des animaux a une grande efficacité en terre, l'employant rapée & par coupeaux, comme aussi les ergots & les ongles des brebis & des moutons.

Le tan qui a servi à apprêter les cuirs, y est propre, même celui qui se fait dans le tronc des saules, quand la pluie qui y entre les pourrit.

On peut encore employer la suie des cheminées, sur-tout pour multiplier les fleurs.

Les boues amassées par les rues & les chemins, bien séchées & évaporées, & employées en terre, augmentent d'autant plus sa bonté, qu'elles ont été mêlées & pétries long-tems avec le soleil, l'air & les pluies. Enfin, l'été, les poussieres des rues & des chemins sont bonnes aussi, lesquelles n'ayant pas tant de graisse que les *fients*, sont plus profitables aux vignes, & ne rendent pas le vin gras & huileux, comme font les autres *fients* en certaines terres grasses de leur nature.

Si l'on a même besoin pour les orangers & les autres plantes exquises qui se mettent dans des caisses & des pots, d'un *fient* qui ait abondance de ce sel produisant, il s'en fera un excellent, si creusant en terre une fosse de six pieds de large, de quatre de profondeur, & d'une longueur proportionnée à la quantité de fumier dont on aura besoin, vous la remplissez d'une couche de fumier menu, bien pourri, d'environ 2 pouces d'épaisseur, sur laquelle vous en mettrez une autre de pareille hauteur de bonne terre, une autre de marc de vendange, une de fumier de mouton, une autre de fumier de pigeon & une autre de vache, y mêlant les tiges & les feuilles des citrouilles, concombres & melons, même leurs fruits gâtés & pourris, continuant à mettre alternativement une couche sur l'autre, jusqu'à ce que la fosse soit remplie; puis ayant jeté quantité d'eau dessus, vous l'acheverez de couvrir de terre, & la laisserez deux ans se consommer & pourrir, ayant soin d'ôter les herbes qui croîtront dessus en abondance. Il sera bon de faire la fosse en un lieu frais, ou proche d'un puits, afin de la pouvoir arroser pour la faire pourir plus tôt, & empêcher que le fumier ne se brûle faute d'humidité; & par ce moyen vous aurez au bout de deux années un *fient* gras & bien pourri, qui servira d'un excellent remede aux arbres malades, & d'un grand secours aux plus vigoureux. Il seroit bon d'en faire tous les automnes, afin d'en avoir toujours de bien consommé & pourri; mais ceux surtout qui aiment ou qui ont charge des orangers, citronniers & autres plantes rares qui se mettent dans des caisses, & qui par conséquent ont besoin d'une grande nourriture, n'en doivent pas être dépourvus, puisqu'ils la trouveront suffisamment dans cette sorte de fumier. Que rien ne se perde donc, & que tout ce qui pourra être employé en *fients* soit recueilli aussi soigneusement que le mérite l'utilité qu'ils apportent, & spécialement les fruits pourris, & qui tombent avant d'être mûrs; car ils serviront aux mêmes arbres, ou à d'autres semblables, d'une nourriture propre à leur nature.

Chaque sorte de *fient* étant séparée, doit être mise en monceau par un affaissement soigneux, qui aidera & avancera la pourriture. Le plan de la terre où ils seront amoncelés doit être un peu concave & ferme, afin que leur jus ne se perde quand il viendra à couler. Pour cet effet, il ne faut pas que les *fients* soient mis en un lieu penchant, ni dessous les gouttieres des maisons, de peur que l'abondance d'eau ne les lave & n'emporte leur bonté; celle des pluies suffit pour contribuer à leur pourriture. Les *fients* les plus pourris sont les meilleurs pour augmenter la vertu productive de la terre, & s'il étoit possible d'attendre leur perfection, on ne devroit les employer que la troisieme année, & alors ils ne produiroient que de bons effets, tous les inconvéniens qui sont dans les *fients* nouveaux étant passés, comme la puanteur de leur pourriture, qui donne mauvaise odeur & mauvais goût, & leur chaleur excessive qui rend la terre intempérée, tue les plantes, & engendre des animaux qui les mangent.

Cependant les *fients* nouveaux ne seront pas inutiles, les uns servant d'un bon remede aux arbres, les autres préservant les plantes de la rigueur du froid; ceux-ci faisant germer les graines, ceux-là chassant les mauvaises brouées, & donnant à la terre des secours très-profitables. Nous avons déjà dit que les *fients* à demi-pourris servent à préparer & à échauffer les terres argilleuses trop pressées & trop froides; & quand ils sont achevés de pourrir, ils leur distribuent leur sel & leur vertu. La meilleure saison pour les employer est l'automne; car alors le *fient* est dissous en terre par les pluies qui surviennent; & durant l'hiver il est préparé pour la production qui se fait au printems, étant bien mêlé par les labourages.

On le peut aussi employer au printems, lorsqu'on prépare la terre pour les semences & les plantes; mais l'été il est séché trop soudainement par la chaleur véhémente qui empêche sa vertu, & sa propre chaleur le rend intempéré par celle de cette saison. (*Extrait du Traité du Jardinage.*)

FILAMENT; c'est un petit fil long & délié, tel que les racines menues & alongées que les fraisiers poussent sur la terre.

FILANDRE, FILANDREUX. Ces termes, dans les plantes, se disent de tout ce qui a la forme d'un fil, ou qui se tire & s'allonge comme des fils. Ainsi l'on dit, en parlant de la coupe & de la taille des branches, qu'elles doivent être nettes & aucunement *filandreuses*.

FILTRATION; c'est l'action de couler une liqueur à travers quoi que ce soit, pour la clarifier. La nature a établi dans les plantes une sorte de *filtration* pour spiritualiser la seve, afin qu'elle puisse s'insinuer jusque dans les moindres plis, ceux même des feuilles. Cette même action de filtrer appartient à quantité de parties internes des plantes, mais plus spécialement aux feuilles, dont le ministere est d'épurer & de filtrer la seve.

FLÉAU; instrument dont l'usage est de battre le grain. (*Voyez* planche XVI.) Il est composé de deux bâtons d'inégale longueur, attachés avec des courroies l'un au bout de l'autre; le plus long sert de manche. Les jardiniers emploient le *fléau* pour battre les pois, les haricots, les lentilles, les fêves de marais. Un bâton crochu suffit pour les autres legumes. (*Voyez* BATTEUR EN GRANGE.)

FLÉCHIR. En terme de jardinage on dit qu'un arbre *fléchit*, pour signifier qu'il dépérit.

FLEUR; partie de la plante qui contient les organes de la fructification. Elle est composée d'une tige ou queue, d'un vase ou calice, ainsi que de petites feuilles qui forment la figure & qui donnent les couleurs & les odeurs. Toute fleur est faite pour devenir fruit ou graine, ou pour leur servir de préparation. On appelle *fausses fleurs* celles qui par elles-mêmes ne nouent jamais. Cependant ces fausses *fleurs* contiennent ce qu'on appelle des *poudres séminales*, comme les chatons d'arbres à brou.

Il y a aussi des *fleurs* qui sont stériles dans certaines plantes, sur-tout dans celles qui se multiplient par la voie des boutures, des rejetons & des marcottes.

FLEURAISON; c'est le tems où les arbres & les plantes sont en fleurs.

FLUTE; on appelle *greffe en flûte* celle qui se fait par le dépouillement entier de la peau du sujet qu'on applique sur la branche qu'on veut greffer; & à raison de ce que cette peau ainsi dépouillée d'une seule pièce est ronde & creuse, on lui a donné le nom de *flûte*.

FLUTE; (*taille en bec de*) cette façon de tailler les arbres est commune, quoique les bons jardiniers la regardent comme vicieuse.

FOLIOLE; petite feuille qui accompagne les grandes. Les *folioles* sont attachées à une queue commune, & forment les feuilles composées.

FONDRE, *se fondre*; on dit dans le jardinage qu'une plante *se fond* quand elle dépérit peu-à-peu & qu'elle devient à rien.

FONDS; c'est le terroir, le sol dans lequel on élève des plantes, lorsqu'il est bon & qu'il a été bien préparé.

FONGUEUX; ce terme se dit d'un corps qui participe de la nature du champignon, & qui a des parties spongieuses & cellulaires dans toute sa substance. Il s'applique principalement au champignon formé sur les chênes, & de leur substance. Ce sont des excroissances vicieuses d'un suc dégénéré qui s'extravase & qui se coagule à l'air. Ces épanchemens de sève n'apparaissent que sur des branches & des arbres caducs, & toujours à l'endroit de leur adhérence l'écorce de l'arbre est desséchée.

FORCES; ce sont de grands & forts ciseaux dont les jardiniers se servent pour tailler les buis & palissades. (*Voyez* CISEAUX)

FORT; (*arbre*) c'est un arbre vigoureux qui pousse quantité de belles & grosses branches. Une terre *forte*, est celle qui est compacte, argileuse & difficile à cultiver.

FORT *des racines*; c'est l'endroit où elles sont dans leur grosseur formée. Il faut avoir attention, quand on plante, de ne point couper les racines dans leur *fort*.

Le *fort* des branches d'un arbre est l'endroit mitoyen entre leur grosseur formée, & celui où elles commencent à diminuer.

FOSSE *à fumier*; c'est un trou plus ou moins grand fait dans la terre, ordinairement dans les basse-cours, pour plus grande commodité; on y dépose toutes les ordures qui peuvent faire du fumier, on y jette les légumes montés, les mauvaises herbes, les fleurs fanées, qui s'y consomment & forment un très-bon terreau pour l'année suivante. Ces fosses sont nécessaires, & d'un grand usage dans l'exploitation des terres.

FOSSES; on appelle ainsi les trous que creusent les vignerons pour y provigner la vigne.

FOUET-RÊNES *ou* FOUET-GUIDE pour la charrue. (*Voyez* CHARRUE DE NORFOLK).

FOUGUE; c'est la force & la vigueur qu'on remarque dans la pousse de certains arbres. Le moyen d'arrêter cette *fougue*, qui pourroit être nuisible, c'est de laisser travailler ces arbres sans les tailler pendant un an. Mais c'est agir contre nature que de vouloir réprimer leur *fougue*, comme il n'est que trop souvent pratiqué, soit en coupant les grosses racines, soit en faisant un trou de tarière dans leur tronc, & y chassant à force une cheville. Il y a même des jardiniers qui, non contens de tourmenter ces arbres *fougueux* dans le sein de la terre, les récèpent pour leur faire pousser de nouveau bois; ce qui tourmente ces arbres en pure perte, & souvent les fait dépérir.

FOUILLE; ouverture faite en terre, soit pour une plantation d'arbres, soit pour un fossé, un canal, un mur, &c.

FOURCHE; morceau de bois pointu par le bas pour s'enfoncer en terre, & garni par le haut de deux branches en forme d'un V, qui servent de support aux branches des arbres en plein vent trop chargés de fruits.

La *fourche en bois* a deux dents longues & pointues ; elle sert à retourner le bled sur l'aire, ou le fourrage dans les prés.

FOURCHE *de jardinier ;* instrument de fer composé d'une douille & de trois fourchons ou branches pointues, un peu recourbées en-dedans & longues d'environ un pied. Cet instrument, garni d'un manche long de trois à quatre pieds, sert à remuer les fumiers, soit pour en charger la hotte ou le bât, soit pour faire les couches. Il sert encore à herser ou remuer & rompre les mottes de la terre nouvellement ensemencée de graines potagères, & les faire par ce moyen entrer au-dessous de la superficie, où elles doivent germer.

FOURCHE *de labourage ;* c'est un instrument champêtre aussi à trois dents de fer, nommés *fourchons*, & à douille, comme les *fourches* ordinaires à fumier, mais dont les fourchons sont tout différens. Ils ne sont point si pointus, si écartés, ni si menus : ils sont aussi moins courbés, mais autrement forts. Ces *fourches* dont est question, sont en usage dans bien des provinces. Rien de mieux pour travailler les terres mattes & caillouteuses, sur-tout pour la transplantation des arbres, & pour labourer leurs pieds sans endommager les racines. Cette *fourche* de labourage est quarrée de chaque côté de la douille, de sorte qu'on peut poser le pied dessus comme sur une bêche, afin de la faire entrer en terre. Au bout de son manche est un morceau de bois posé en travers, que l'ouvrier qui lève un jeune arbre appuie contre son estomac, pour avoir plus de force. ( *Voyez* pl. XXIV, fig. 24).

FOURCHÉ ; ( *arbre* ) c'est un arbre qui par l'extrémité se sépare en deux ou trois branches.

FOURCHER ; terme de jardinage : c'est pousser à l'extrémité de la branche taillée d'un arbre, d'autres branches latérales ; ces branches peuvent être nécessaires pour garnir deux côtés opposés, soit en espalier, soit en buisson ; il faut prendre garde à tailler avec tant d'industrie que, si on a besoin de deux branches, & que la branche taillée en puisse faire deux, elles *fourchent* si bien qu'on les puisse conserver l'une & l'autre, bien entendu qu'en taillant, il ne faut jamais en laisser à l'extrémité de la mère-branche deux nouvelles de même longueur, en sorte qu'elles fassent une figure de fourche qui seroit désagréable. ( *Dict. économ.* )

FOURCHETTE ; petit morceau de bois plat, taillé à dents & à plusieurs étages, que l'on place sous les cloches de verre d'un jardin, pour les élever & donner de l'air aux plantes.

FOURRÉE ; ( *branche* ) c'est, dans le palissage, une branche d'arbre fruitier que le jardinier fourre par-derrière d'autres branches pour s'épargner la peine de la palisser ; ce qui nuit nécessairement à la fructification.

FRANC ; ( *arbre* ) c'est un arbre qui produit du fruit doux sans avoir été greffé, comme le noisetier *franc*. Il est l'opposé de sauvageon.

FRANC ; ( *bois* ) ce terme se dit du bois des arbres & de leurs branches quand il est bien nourri & qu'il a une belle écorce. Une branche qui est *franche* est celle qui n'a ni chancre, ni contusion, ni nœud, & qu'on peut plier sans danger de la casser.

On dit *pied franc* en jardinage, quand, au lieu de faire une fouille le long du mur, à l'aplomb même du mur, on laisse un pied de terre au mur sans le fouiller, afin de ne le point endommager ni l'ébranler.

FRANC se dit des greffes. Un poirier greffé sur un sauvageon de poirier s'appelle *franc*, à cause qu'il est greffé sur un arbre de la sorte. Au contraire, on dit sur coignassier quand il est greffé sur un sauvageon de coignassier.

FRANC SUR FRANC. Ces expressions conviennent aux arbres déjà greffés qu'on regreffe : de tels arbres sont des arbres prodiges & donnent des fruits monstrueux, sur-tout quand ils sont regreffés six, sept & huit fois, même au-delà, en changeant toujours l'espèce.

FRANCHE ; ( *terre* ) c'est une terre qui a toutes les qualités requises pour la végétation des plantes.

FRÉTIN ; terme d'agriculture : ce terme se dit de tout ce qui est dans les arbres mal conditionné & presque inutile ; comme toutes les branches menues & chiffones ou usées de vieillesse. Il faut à la taille ôter tout le *frétin* des arbres, toutes les branches dont on ne peut espérer ni fruit ni belles branches.

FRICHE ; ce terme se dit également d'un terrain vague & abandonné, & d'une terre qu'on laisse quelque tems *en friche*, c'est-à-dire sans la cultiver.

FRUCTIFICATION ; c'est la formation du fruit.

FRUIT ; ( *mettre à* ) c'est seconder la nature, en taillant un arbre le moins qu'il est possible ; mais en évitant cependant la confusion.

FRUITIER *ou* FRUITERIE; lieu où l'on serre les fruits. La grandeur du bâtiment, sa position, son exposition, la hauteur du plancher, l'épaisseur convenable des murs, les ouvertures des portes & des croisées, la propreté, les tablettes & les distances entr'elles, ainsi que leur largeur, le transport & l'arrangement des fruits sont toutes choses qui doivent concourir pour former une bonne *fruiterie*.

Voici les conditions que doit avoir une *fruiterie* pour être bonne:

1°. Elle doit être impénétrable à la gelée. Le grand froid est très-dangereux aux fruits; ceux qui ont été une fois gelés, ne sont plus bons qu'à jetter.

2°. Une *fruiterie* doit être exposée au midi, ou au levant, ou du moins au couchant; l'exposition du nord lui seroit pernicieuse.

3°. Les murs doivent être pour le moins de vingt-quatre pouces d'épais; une moindre épaisseu ne garantiroit pas des fortes gelées.

4°. Les fenêtres doivent avoir de fort bons chassis doubles, faits de papier, & bien calfeutrés. Ils garantissent mieux que le verre. Il faut aussi qu'il y ait une double porte pour l'entrée, en sorte que jamais, dans les tems de gelée, l'air froid de dehors ne puisse avoir liberté d'entrer, car il détruiroit l'air tempéré qui est au-dedans. On ne sauroit avoir trop de précaution là-dessus; il ne faut qu'une petite ouverture négligée pour faire en une nuit de gelée un désordre infini.

L'on n'approuve nullement que l'on fasse du feu dans la *fruiterie*. Un bon & grand thermomètre, placé en dehors de la *fruiterie* à l'exposition du nord, est, durant la gelée, utile & même nécessaire. Il faut juger que le péril est grand quand deux nuits de suite, ce thermomètre continue d'être au cinquième ou au sixième degré au-dessous de zéro. Une première nuit peut n'avoir point fait de mal, une deuxième doit faire tout craindre : ainsi dès le lendemain d'une première nuit fâcheuse, servez-vous de bons matelats ou de bonnes couvertures de lit bien velues, ou de beaucoup de mousse bien sèche, pour mettre vos fruits si bien à couvert que la gelée ne puisse y atteindre. Si même vous avez une bonne cave, faites-les y porter, pour ne les y laisser que pendant le grand froid. En tous ces cas, prenez soin de remettre les fruits dans leur serre ordinaire, dès que le tems est radouci, & continuez d'ôter ceux qui sont mûrs & ceux qui se gâtent. La pourriture est un des fâcheux accidens à craindre pendant que les fruits sont hors d'état de pouvoir être souvent visités l'un après l'autre.

5°. Après avoir été muni contre le froid, il faut vous étudier à garantir les fruits contre le mauvais goût, le voisinage du foin, de la paille, du fumier, du fromage, de beaucoup de linge sale, sur-tout de linge de cuisine, sont extrêmement à craindre : ainsi il faut que la *fruiterie* en soit tout-à-fait éloignée. Attendu que certain goût de renfermé, avec une odeur de plusieurs fruits mis ensemble, font encore un grand désagrément, il est à desirer que non-seulement la serre soit bien percée, mais encore assez élevée, comme de dix à douze pieds. L'on doit en tenir souvent les fenêtres ouvertes; c'est-à-dire, aussi souvent que le grand froid n'est point à craindre, soit la nuit, soit le jour : un air nouveau de dehors, quand il est de bonne qualité, faisant des merveilles pour purifier & rétablir celui qui est renfermé depuis long-tems.

6°. Un rez-de-chaussée convient très-bien pour une *fruiterie*. Le fruit se conserve aussi parfaitement dans une cave sèche. Au premier étage, & dans les lieux plus élevés, il avance trop. Enfin, on peut regarder comme certain qu'une bonne *fruiterie* doit être un peu enfoncée en terre; en sorte qu'elle soit fraîche & sèche, qu'il n'y gêle pas, & que les rats ne puissent y entrer. Les fruits y étant arrangés sur des tablettes, peu de jours après on les voit couverts d'humidité; les jardiniers disent que ces fruits *ressuent*. Alors il faut laisser les croisées ouvertes pour qu'ils dessèchent. Ensuite, par un beau tems, on ferme exactement toutes les croisées, n'en laissant d'ouverte qu'une petite, afin de voir assez clair pour ôter les fruits qui se pourriront. On enveloppe les plus beaux dans du papier & on les conserve dans des armoires.

On sent que la serre doit être souvent visitée de celui qui en est chargé, ce qui arrive rarement quand elle n'est point commodément placée.

7°. Il faut que, dans une *fruiterie*, il y ait beaucoup de tablettes enchassées les unes dans les autres, afin d'y loger les fruits séparément; les principaux dans le plus beau côté, les poires à cuire dans le moins beau, les pommes encore à part. La distance raisonnable de ces tablettes doit être de neuf à dix pouces, avec une largeur convenable pour chacune, qui soit d'ordinaire de dix-sept à dix-huit pouces, pour y en loger beaucoup ensemble & en voir beaucoup d'une seule vue. Si les planches sont portées sur des poteaux & isolées, on a la commodité de visiter les fruits des deux côtés des tablettes.

8°. Il faut que ces tablettes soient un peu en pente vers la partie de dehors, c'est-à-dire d'environ trois pouces dans leur largeur, & qu'elles soient bordées d'une petite tringle d'environ deux doigts, pour empêcher les fruits de tomber. On ne voit pas si bien d'un coup-d'œil tous les fruits d'une tablette, quand elle est de niveau; on ne s'apperçoit pas si aisément alors de la pourriture qui survient à quelques fruits, & qui se communique à leurs voisins quand on n'y remédie pas d'abord.

9°. Cette pourriture à craindre oblige pour neuvième condition que, sans y manquer, on visite au moins chaque tablette de deux jours l'un, pour ôter exactement tout ce qui est gâté.

10°. On demande pour dixième condition, que les tablettes soient garnies de mousse bien sèche ou d'environ un pouce de sable fin, afin que chaque fruit posé sur sa base, c'est-à-dire sur la partie où est l'œil, se fasse une manière de nid ou de niche particulière qui le maintient droit & l'empêche de toucher à ses voisins; car il ne faut point souffrir que les fruits se touchent.

11°. Pour dernière condition, on aura grand soin de nettoyer & balayer souvent la *fruiterie*, d'en ôter les toiles d'araignée, d'y tenir des pièges pour les rats & les souris, & même il n'est pas mal à propos d'y laisser quelqu'entrée secrète pour les chats; autrement, on a souvent le chagrin de voir les plus beaux fruits attaqués par ces petits animaux mal-faisans. (*Extr. du Dict. économ.*)

FUMAGE; c'est l'action de fumer la terre avec les stercorations des animaux. On se sert du *fumage* de ces excrémens pour remonter par leur moyen les terres qui s'usent & s'épuisent par les diverses productions que nous en tirons.

FUMER; c'est répandre sur la terre & enfouir ce qui a servi de litière aux animaux domestiques, & qui contient leurs excrémens.

On *fume à champ*, lorsqu'on couvre de fumier toute la superficie d'un quarré ou d'une platebande.

*Fumer à vive jauge*, c'est creuser des tranchées où l'on fait entrer une bonne épaisseur de fumier. C'est ainsi qu'on *fume* les arbres en les dégorgeant, & mettent autour de leur tronc du fumier qu'on n'enfouit souvent qu'au printemps.

FUMIER. Il faut distinguer le *fumier* de l'*engrais*. On appelle *fumier* les stercorations des animaux, parce qu'effectivement soit qu'on les lève de dessous les animaux, soit qu'on les entasse en les déposant quelque part que ce soit, ou en les remuant, elles s'échauffent & rendent de la fumée; mais ce qu'on appelle *engrais* sont les terres neuves, les gazons, les feuilles pourries, les terreaux, les balayures, vanures, les marnes, les boues des chemins, la vase des étangs, des pièces d'eau des jardins & des mares desséchées ou écurées, les bêtes mortes, les tripailles de boucheries, &c. ce sont là des *engrais*; mais ce ne sont pas des *fumiers*; toutes ces choses ne s'échauffent pas jusqu'à rendre de la fumée.

Le *fumier neuf* est celui qu'on a récemment tiré de l'écurie & qui est plein de chaleur; elle diminue à proportion de son séjour. On dit qu'il est *consommé* lorsqu'il est bien pourri; en sorte qu'on n'y voit presque plus de vestige de paille. On ne doit l'employer que quand la fermentation est bien établie; il faut même attendre qu'il ait acquis un certain degré de putréfaction qui s'annonce par une odeur de sel alkali qui s'en élève. Ce *fumier* est le principal ressort de l'agriculture & du jardinage.

Le *fumier* des couches où l'on a élevé des laitues, des premières raves, ou des asperges de primeur est bon à mêler avec du *fumier neuf* en plus ou moins grande quantité, pour former de nouvelles couches dans le mois de janvier.

Le *fumier neuf* de cheval est susceptible d'une chaleur très-considérable; c'est pourquoi lorsqu'on en fait des couches, on y plonge un thermomètre pour n'y mettre des plantes que quand le feu est assez diminué, pour que les plantes ne soient pas endommagées. Du reste, la chaleur du *fumier* est une des plus réglées & plus égales: on la regarde même comme approchant beaucoup du degré de chaleur qui nous est naturel.

Quand on fait des couches avec le tan au lieu de *fumier*, la chaleur en est plus durable.

Lorsqu'on charrie le *fumier* sur les terres, il faut le décharger en petits monceaux plus ou moins éloignés les uns des autres, selon la quantité qu'on en a; & quand on voudra l'étendre, il ne faudra point tarder de l'enterrer au plus tôt. C'est une bonne pratique d'attendre qu'on soit prêt à semer, de crainte que, demeurant trop long-temps, il ne vînt à se dessécher par le hâle, ou n'être lavé par les pluies. Il faut avant de le couvrir de terre le bien disperser, çà & là, le plus également qu'il sera possible, & ne pas se contenter pour cette opération de jetter cet engrais avec la fourche ou le crochet; il est à propos de ne point dédaigner de le prendre quelquefois avec les doigts, pour le diviser & le répandre bien menu sur le champ.

FUTAILLE; tonneau ou barril de merrain, qui sert à mettre du vin ou autres liqueurs.

Il y a nombre d'endroits où l'on nomme indistinctement *futaille* tout barril qui est neuf ou qui a servi.

Suivant leur grandeur & jauge, on appelle les *futailles*, *tonneaux*, *barriques*, *pipes*, *busses*, *tonnes*, *feuillettes*, *queues*, *demi-queues*, *muids*, *demi-muids*, *quartaux*, *tierçons*, *&c.*

FUTAYE; arbres de tige, tels que chênes, hêtres, charmes, tilleuls, &c. qu'on a laissés parvenir à toute leur hauteur sans les abattre.

Une jeune *futaye* est un bois qu'on laisse s'élever en *futaye*.

Quand ce bois est parvenu à la moitié de sa hauteur, on le nomme *demi-futaye*; & *haute-futaye* lorsqu'il est à toute sa grandeur.

Un semis qui n'a jamais été coupé forme une *futaye* de brins.

Des brins reproduits d'anciennes souches & qu'on laisse croître sans les abattre, deviennent une *futaye sur taillis*.

On appelle *futaye basse*, *rabougrie*, celle dont les arbres sont tortus & de mauvaise venue.

La *pleine futaye* a ses arbres fort près les uns des autres, & tous sont d'une belle venue.

On nomme *quart de futaye* ou *hauts taillis*, le bois qui revient dans les *hautes futayes* coupées en âge, depuis vingt jusqu'à trente ans.

# G

GALE ; maladie qui se manifeste sur la peau des arbres, où elle produit des chancres. La *gale* s'annonce aussi par des rugosités qui s'élevent sur l'écorce des branches, sur les feuilles & sur la peau des fruits. Son principe est l'humeur âcre d'une sève crue & mal digérée ; elle est aussi occasionnée par les mauvais vents, la grêle, le gîvre que le soleil fond, & qui se regèle.

Les suites de cette maladie sont de rendre la peau raboteuse, noirâtre & pleine de petites croûtes qui s'écaillent. Les pluies en s'insinuant dans ces vides & dans ces cavités, causent aux arbres un préjudice notable ; plus la peau est tendre & mince, plus elle est sujette à cette sorte de maladie. Quand on ne remédie pas à la *gale*, elle fait mourir peu à peu les branches, elle empêche la fécondité des arbres & leur cause un grand préjudice. Un simple enduit de bouze de vache est le plus excellent antidote qu'on puisse employer contre la *gale*.

GALE ; tubérosité ou excrescence que les mouches font naître aux jeunes tiges des arbres & à leurs feuilles qu'elles piquent pour y déposer leurs œufs ; des vers qui en sortent vivent dans ces *gales* & y croissent jusqu'à leur transformation en insectes, pareils à ceux qui les ont fait naître.

GALE-INSECTE ; nom qu'on a donné à certains insectes à six jambes qui s'attachent à des arbrisseaux, & qui se fixent toute leur vie au même endroit. Ils s'y nourrissent, ils y grossissent & y forment une boule rouge, noire ou couleur de marron, grosse comme un pois, laquelle ressemble moins à un insecte qu'aux productions nommées *gales*. On trouve beaucoup de ces *gale-insectes* en Languedoc, en Provence, en Espagne, en Portugal sur des chênes verds de petite espèce.

GARNI ; on dit qu'un espalier est bien *garni* lorsque les arbres couvrent de leurs branches la totalité du mur ; un buisson est, dit-on, mal *garni*, quand il y a des vides dans sa circonférence.

GAZON *vif & tout saignant* ; on nomme de la sorte tout *gazon* levé & employé sur le champ, soit pour remplir les trous des arbres, soit pour gazonner quelqu'endroit. Il faut ne lever de *gazon* que jusqu'à la concurrence de la consommation actuelle ; c'est le moyen de le faire reprendre facilement & promptement.

Le *gazon* nouvellement levé est un des plus puissans engrais.

GAZONNER ; c'est plaquer du gazon dans un parterre, autour d'un bassin, ou ailleurs.

Pour *gazonner*, on coupe dans quelque pelouse pleine d'herbe fine, le dessus par pièces quarrées de l'épaisseur d'environ trois pouces, sur environ un pied de largeur, & à peu près un pied & demi de long ; & avec la bêche ou la houe, on sépare le dessus d'avec le fond, puis on va les placer promptement à l'endroit qu'on veut *gazonner*.

Le terrain doit être dressé & au moins gratté à la superficie, s'il n'est pas labouré, avant de *gazonner*.

C'est avec le gazon que l'on fait les tapis des jardins, des massifs & compartimens de parterres. On en garnit aussi des bassins, des pieds de palissades, &c.

On bat le gazon pour qu'il soit plus uni & qu'il ne se sépare point de la terre qui est dessous ; il faut aussi avoir soin de l'arroser, & de le tondre souvent, afin qu'il soit toujours uni & d'un beau vert. Il se tond avec la faux.

Les beaux gazons d'Angleterre, nommés *boulingrins* en françois, sont faits d'un petit chiendent à feuilles très fines & déliées. On les roule souvent, on les tond aussi à la faux, comme les autres, mais à fleur de terre & très-fréquemment ; on y met encore quelquefois le bétail. Il n'y a peut-être point d'autres herbes qui pussent résister si long-temps à être souvent rongées de si près.

On a grand soin d'arracher toutes les herbes qui ont les feuilles larges & qui pourroient gâter les gazons.

Dans les travaux militaires on revêt quelquefois un talus ou glacis avec des gazons coupés à la bêche, par mottes pointues, qu'on assied sur du clayonnage & des fascines pour empêcher l'éboulement ; on les nomme *gazons à queue*. Cette pratique peut être utile à la campagne.

(*Extrait du Dict. Econ.*)

GELÉE ; en glaçant & augmentant le volume

de l'eau dont la terre est pénétrée, les gelées divisent puissamment la terre & lui donnent une excellente façon; elles en cuisent pour ainsi dire les mottes; c'est pourquoi, s'il survient de l'humidité ensuite, ces mottes fusent, en quelque façon, comme de la chaux, & se réduisent en poussière. (*Extrait du Dict. Econ.*)

GELISSURE *ou* GELIVURE; nom qu'on donne à des fentes ou gerçures des arbres, occasionnées dans le bois par la grande gelée.

GENOU; nom qu'on donne aux nœuds des tiges des plantes légumineuses: ces nœuds placés d'espaces en espaces servent à les fortifier.

GENOUILLÈRE; terme nouvellement introduit dans le jardinage, pour signifier l'opération de courber le pivot des plantes, en lui faisant prendre la figure du genou quand il est plié. Au moyen d'une telle attitude, dit Schabol, ce pivot, au lieu de plonger en terre, devient racine horizontale. C'étoit une pratique universellement observée dans le jardinage de toujours couper le pivot, à quoi que ce soit qu'on plante. Le prétexte de cette pratique meurtrière, surtout pour les arbres, étoit le peu de fonds de certains terrains où l'on veut planter; mais l'invention de la *genouillère* outre qu'elle sauve aux plantes une operation cruelle, facilite toute plantation dans les terrains les plus ingrats, & elle est infaillible.

GERBÉE; paille longue, battue sur une espèce de billot, qu'en plusieurs endroits on nomme un poinçon. Cette paille ainsi battue sert aux jardiniers pour lier les légumes; aux vignerons pour accoler les vignes.

GERÇURE; fente ou crevasse qui se fait dans l'écorce des arbres, comme celle que le froid occasionne souvent sur notre peau.

GERMINATION; c'est le développement des parties constitutives d'une plante par l'entremise des sucs de la terre, & toutes les autres causes concurrentes de la végétation.

Il y a dans la *germination* une double action, l'une de la part de la terre, l'autre de la part de la graine. A ce double concours, il faut que l'air intervienne, sans le secours duquel nulle *germination*; il faut aussi préparer la terre avant que de semer, & ensuite lui donner toutes les façons requises jusqu'à ce que la graine arrive à sa perfection.

GIVRE; brouillard qui se gèle sur les branches des arbres, en sorte qu'elles semblent être chargées de neige.

Le *givre* n'étant qu'une glace superficielle, il fait moins de tort que le verglas; mais il charge quelquefois les branches, au point de les faire rompre.

GLACIS. Dans le jardinage, c'est un terrain disposé en pente, qui est plus alongé du bas & plus reculé du haut.

Le *glacis* est ordinairement revêtu de gazon; sa pente est beaucoup plus douce que le talus, sa proportion étant au-dessous de la diagonale d'un quarré.

Il y a des *glacis dégauchis*, qui sont *talus* dans leur commencement, & *glacis* assez bas en leur extrémité, pour raccorder les différens niveaux de pentes de deux allées parallèles.

GLAISE. C'est une terre matte, épaisse, gluante & condensée. Ses parties rapprochées les unes des autres ne permettent point l'entrée ni la sortie à l'air & à l'eau, ou que très-difficilement; par conséquent, elle n'est aucunement propre à la végétation par elle-même; elle est d'ailleurs froide, dépourvue de suc, & retenant les humidités; elle fait pourrir les racines. Elle se pétrifie au soleil & au hâle. Elle donne d'ailleurs un mauvais goût à toutes les productions de la terre. (*Voyez* ARGILLE pour les moyens de bonifier la *glaise*. *Voyez* aussi l'art. SABLE.)

GOBETTER. C'est, dans le jardinage, couvrir une couche de quelques pouces de terreau qu'on bat ensuite avec le dos d'une pelle.

GOMME, GORME, *ou* GOURME. Termes synonymes dans le jardinage qui signifient le suc naturel des plantes, qui se fige lorsqu'il est hors de ses conduits. De cette *gomme* viennent les gerçures, les crévasses, les chancres, & autres suites qui ruinent un arbre & le font périr. Mais la *gomme* n'est point nuisible aux arbres quand on l'ôte à mesure & qu'on ne lui donne pas le tems de caver. Il faut donc ne point laisser amasser la *gomme*, & ne l'ôter qu'après une humidité ou une rosée abondante.

La *gomme* n'est point si dangereuse sur les abricotiers & pruniers que sur les pêchers. Elle vient souvent d'une taille trop retardée, comme seroit à la mi-avril, ou trop prématurée, comme en janvier, ou dans les premiers jours de février, ou lors d'une forte gelée.

La *gorme* ou *gourme* se dit particuliérement de ce suintement de la sève qui s'attache aux nouvelles pousses, sur-tout aux pêchers. Elle forme sur les feuilles & sur les branches des taches livides & couleur de canelle. Le remède est de couper les bourgeons à un œil au-dessous de l'endroit malade ; sinon cette maladie devient contagieuse. Elle vient des brouillards & des fortes gelées du printems.

GOURMANDS, *ou* BRANCHES *gourmandes*. Ce sont des branches ou des rameaux des arbres qui sont produits par la nature avec une capacité plus grande, pour contenir plus de sève que les branches ordinaires. Le jardinier intelligent trouve le secret de former son arbre par le moyen de ces branches *gourmandes*, & d'avoir des arbres prodigieux en étendue & en grosseur, produisant des fruits à l'infini.

On a qualifié ces branches de *gourmandes*, à cause qu'elles prennent toute la substance & affament leurs voisines. Si dans les arbres taillés & bien conduits on élague des *gourmands*, c'est par nécessité, & quelques-uns seulement.

Les *demi-gourmands* sont des branches moins fortes que les *gourmands*, mais plus nourries que les branches ordinaires, & qui affament aussi leurs voisines.

On distingue les *gourmands naturels*, tels que les précédens, & les *gourmands artificiels* que l'industrie du jardinier fait naître.

GOUSSE. C'est l'enveloppe des plantes légumineuses. Cette enveloppe est oblongue, composée de deux paneaux unis par une suture longitudinale, & qui se séparent par la maturité. A leur limbe supérieur les semences sont attachées alternativement.

GRADIN. C'est, dans le jardinage, une élevation de terre composée de plusieurs dégrés en forme d'amphithéâtre. On en fait aussi en maçonnerie, en bois, en gazon, pour y placer des caisses & des vases garnis de fleurs.

GRAIN. Fruit & semence qui vient dans les épis. On divise les *grains* en gros & en menus. Les gros sont le froment & le seigle destinés à la nourriture de l'homme. Les menus se sement en mars, comme l'orge, l'avoine, la vesce, le sarasin, & autres réservés pour les animaux.

On appelle aussi *grains*, de petits fruits que produisent certains arbres & arbrisseaux, & qui leur servent de semence, tels que le raisin, la grenade, le genièvre, la moutarde.

GRAINE ; semence que produisent les plantes & qui sert à la conservation de leur espèce, après qu'elles ont produit leurs fleurs & leurs fruits. Chaque *graine*, quelque petite qu'elle soit, contient son arbre, quelque grand qu'il puisse être. On distingue les *graines* potagères, les *graines* à fleurs, & les *graines* d'arbres.

Il y a des *graines* à coquilles, comme noix, noisettes, noyaux. D'autres sont à simple peau, & c'est le plus grand nombre. Il en est qui ont un brou, tels que les mârons & les chataignes. Quelques-unes sont renfermées dans le centre des fruits, comme sont tous les pépins des arbres & ceux des citrouilles, concombres, melons & autres. Enfin il y a des *graines* qui au lieu d'être partagées en deux, ainsi que le plus grand nombre, sont d'une seule pièce, comme le bled, le seigle, l'avoine, & leurs semblables.

On appelle encore *graines* ou *grenailles* celles qui sont employées à notre nourriture & à celle des animaux domestiques ; savoir, pois, fêves, lentilles, féveroles & autres, &c.

GRAIS *ou* GREZ ; espèce de roche formée par la combinaison & l'assemblage de plusieurs grains de sable ou sablon.

Il y a du *grais* dur qui sert pour paver, & du tendre pour bâtir.

Le *grais* est propre à aiguiser les outils de fer ou d'acier. Sa poudre sert à écurer.

GRAISSER *les machines*. Il est absolument nécessaire de *graisser* les grandes machines, telles que sont les roues des moulins, des carrosses, chariots & charrettes, les vis des pressoirs, &c. Si on le négligeoit, il arriveroit que l'essieu, par exemple, venant à frotter contre le dedans du moyeu de la roue, il en enleveroit peu-à-peu grand nombre de parties ; particuliérement en tems de pluies où le moyeu se gonflant, approcheroit l'essieu de plus près, & ensuite venant à se resserrer pendant la chaleur, son diamètre ne se trouveroit plus rempli par l'essieu, & le mouvement de la voiture deviendroit plus irrégulier & plus difficile.

Pour *graisser* un mouvement de bois, il suffit de le frotter avec du savon.

On graisse les essieux des grandes machines & ceux des voitures avec de l'oing, c'est-à-dire, la graisse qu'on ramasse autour des intestins du cochon. Quand on l'a laissé un peu pourrir, elle devient plus coulante ; puis on la pile, & elle prend le nom de *vieux-oing*.

Dans quelques cantons on graisse les roues avec du goudron.

GRANGE ; lieu où l'on serre les recoltes de grains & où on les bat. On distingue dans la *grange* l'aire & les travées. L'aire est au milieu ;

les travées sont à chaque côté de l'aire. On entasse les gerbes dans les travées, & on bat le bled dans l'aire.

La *grange* doit être bâtie sur un terrain plus élevé que la cour, & il est bon que la porte soit exposée au soleil levant.

GRAPIN; c'est une sorte de croc qui sert à attacher & à retenir. On désigne aussi par ce mot les liens & les attaches que la nature a donnés à la vigne-vierge, au lierre, pour s'accrocher par-tout, & à quantité d'autres plantes semblables.

GRAS; terme d'agriculture synonyme de fertile. On dit un paturage *gras*, un terrain *gras*. Les terres fort *grasses* tiennent de l'argille.

GREFFE; opération qui consiste à unir une plante ou partie d'une plante à une autre de la même famille pour faire corps avec elle.

On pratique différentes sortes de *greffes* dont nous ne pouvons donner une idée plus juste & plus précise qu'en rapportant textuellement le petit traité sur les *greffes* en usage, extrait de l'excellent *Manuel du Jardinier*, qu'on trouve chez Dufart, libraire à Paris.

*Des* Greffes *ou Antes.*

La *greffe* sert à multiplier & à conserver sans altération les individus des espèces précieuses, en faisant adopter par un sauvageon une branche ou les rudimens d'une branche d'arbre franc. Elle se fait en diverses manières & en diverses saisons, d'où elle a pris divers noms qui sont: 1°. Les *greffes* par approche; 2°. en fente; 3°. en écusson; 4°. à œil dormant; 5°. en écusson à la pousse; 6°. entre l'écorce & le bois; 7°. par juxta-position, ou en sifflet, flûte, tuyau, &c.

Cet art a deux secrets dont l'effet est pareil:
Tantôt, dans l'endroit même où le bouton vermeil
Déjà laisse échapper sa feuille prisonnière,
On fait avec l'acier une fente légère:
Là, d'un arbre fertile on insère un bouton,
De l'arbre qui l'adopte utile nourrisson.
Tantôt des coins aigus entr'ouvrent avec force
Un tronc dont aucun nœud ne hérisse l'écorce.
A ses branches succède un rameau plus heureux,
Bientôt ce tronc s'élève en arbre vigoureux;
Et se couvrant des fruits d'une race étrangère,
Admire ces enfans dont il n'est pas le père.

DELILLE. (Géorgiques.)

*De la* Greffe *par approche.*

C'est la réunion de deux troncs, ou de deux branches qui se joignent avec force; il faut que les troncs de deux arbres soient assez voisins l'un de l'autre & se touchent en grossissant; & comme la végétation sera égale en force, ils se contre-buttent mutuellement & s'identifient tellement dans l'endroit de leur plus forte réunion, qu'ils ne forment plus qu'un même arbre. La preuve est, que si l'on coupe dans le bas l'un des deux pieds, les parties supérieures végéteront & suivront le cours des saisons. La végétation des deux têtes ne sera pas aussi forte que si les deux pieds subsistoient, parce que les racines du tronc coupées ou supprimées ne porteront plus la sève à leur ancienne partie, & il faudra que celle du tronc qui subsiste, se divise dans les deux têtes, qui languiront pendant quelques années; mais insensiblement l'équilibre se rétablira par la distribution égale de la sève.

La *greffe par approche compliquée* s'exécute souvent aussi naturellement que la première. On suppose que le tronc d'un arbre A ait été coupé ou cassé par un coup de vent; que le tronc d'un arbre voisin, par position naturelle ou forcée, soit couché sur le premier & s'y appuie fortement, il est clair qu'à la moindre agitation du vent, le biseau de l'arbre coupé froissera & écorchera le tronc de l'arbre B à l'endroit de leur réunion La pression & l'agitation de celui-ci endommageront à son tour l'écorce qui couvre la partie du biseau de l'arbre coupé, & le bois restera à nu. Les écorces de ces deux arbres agiront de manière qu'insensiblement les deux arbres n'en feront plus qu'un; & si l'on retranche le pied de l'un ou de l'autre, la végétation ne sera pas détruite. Cette expérience réussira mieux, si sur le tronc coupé C, on pratique une cavité proportionnée à la grosseur de l'arbre B, & dans laquelle on le fera entrer avec un peu de force, & si on assujettit les deux troncs d'arbres avec une corde, après avoir enlevé l'écorce de la partie qui doit être enchassée dans l'autre. En général, les méthodes dépendent toujours des arbres voisins.

On pratique aussi la *greffe* par approche, en taillant le tronc A, en rabaissant le tronc de l'arbre B, en aiguisant celui-ci de deux côtés, & en faisant entrer cette partie aiguisée dans l'incision faite au tronc de l'arbre A; on peut également supprimer le pied que l'on voudra.

Voulez-vous opérer sur des branches saines, grandes, avantageuses dans la formation des hayes? Cette méthode consiste à donner à deux branches de grosseur autant égales que faire se peut, la direction presque horizontale, & dans l'endroit où les branches commencent à diminuer de grosseur, & même plus près du tronc si on le peut; enlevez une partie de l'écorce & du bois de chacune dans l'endroit où elles doivent se réunir, en ayant soin de vérifier & marquer ce point sur l'une & sur l'autre avant l'amputation: alors on réunit les deux cavités, on les scelle l'une sur l'autre, & on observe que les bords de l'écorce des deux cavités se correspondent également entre elles, ainsi que le bois de chacune. Avec les doigts de la main gauche, on tient assujetties les deux parties, & avec ceux de la main droite, on les fixe au moyen d'un peu de filasse qu'on roule tout autour; la laine est préférable, parce qu'elle s'alonge à mesure que le point de réunion grossit. Cette opération finie, on met en terre, à l'endroit de la réunion des deux branches, un échalas avec de la mousse, de la paille, &c. on enveloppe la première ligature; & par une seconde en osier, paille, &c. on assujettit le tout contre l'échalas; il ne reste plus qu'à retrancher l'excédent des deux branches, mais on doit laisser au-dessus de la *greffe* un bon œil, ou bourgeon à chacune. L'échalas maintient les deux branches & empêche que l'agitation imprimée par les coups de vent ou l'élasticité naturelle des branches ne fassent décoller les *greffes*. Si on est dans le cas de redouter les coups de vent, il faut multiplier les échalas & les assujettir fortement en terre. Par la réitération successive de cette dernière opération, on parvient à former des hayes impénétrables.

### *De la* Greffe *en fente.*

La *greffe* par approche dont nous venons de parler, se fait rarement, parce qu'il est rare de trouver des sujets plantés volontairement aussi près des uns des autres que ces opérations l'exigent: la *greffe en fente* se pratique plus communément & avec plus de fruit; elle se fait peu de tems avant le premier mouvement de la sève, & réussit bien sur tous les arbres fruitiers, excepté sur le pêcher, l'abricotier, le figuier & le châtaignier: elle consiste à insérer une petite branche garnie de deux ou trois boutons dans une fente quelconque, pratiquée sur une branche forte ou sur un tronc d'un arbre. Il faut choisir une petite branche bien saine, garnie de deux à trois yeux, & l'on coupe l'excédent. La partie inférieure est coupée en manière de coin, très-unie, & l'écorce coupée nettement sur ses bords. On laisse aux deux côtés du coin une petite retraite, afin qu'ils portent sur la partie supérieure des lèvres de l'incision. La portion de ce coin, qui doit être insérée dans la fente, doit avoir moins d'épaisseur que celle qui correspondra à l'écorce de l'arbre, & l'écorce doit être conservée des deux côtés du coin. Il faut bien observer que la place de l'arbre dont on veut scier le pied, soit bien saine, que l'écorce soit bien lisse, bien unie; après avoir fait passer la scie, qui rend raboteuse & hérissée la superficie de la branche ou du tronc, on unit la plaie, de manière que les pores & les couches soient bien unies, parce qu'à mesure que le bourelet des deux écorces se forme, il recouvre plus intimément la coupure, lorsqu'elle est raboteuse.

Il s'agit actuellement d'insérer le coin de la petite branche dans le tronc, si le tronc de l'arbre ou la branche à greffer sont minces. On choisit une branche qui doit être d'un volume à peu près égal, on la coupe en pinule de hautbois, de manière qu'un peu d'écorce reste des deux côtés, & qu'elle corresponde à l'écorce de la circonférence du tronc ou de la branche, lorsqu'elle y est insérée. Un couteau ou une serpette servent dans ce cas, & suffisent pour faire l'ouverture. A cet effet, on appuie le tranchant de la lame juste dans le milieu de l'arbre ou de la branche, ensuite frappant plusieurs petits coups avec un maillet ou un marteau sur le dos du couteau ou de la serpette, on fend le tronc assez profondément, afin de substituer à l'instrument tranchant, lorsque l'on le retire, un petit coin de bois sec & dur, qui tiendra les deux lèvres écartées & qui facilitera l'introduction de la *greffe*. On retire ensuite doucement ce coin, lorsque la *greffe* est bien rangée, & on enveloppe le tout avec de l'onguent de S. Fiacre, ou avec de l'argile, de la mousse que l'on recouvre avec un linge & que l'on assujettit avec de la paille, ou du jonc, ou de l'osier. L'onguent de S. Fiacre est préférable à toute autre substance: il ne le graisse pas, il ne le réduit pas en poussière, la pluie ne le détrempe pas; & dans tous les cas possibles, il empêche le contact de l'air qui nuiroit à la plaie. Enfin, lorsque cette plaie est bien consolidée par le tems, on détache les liens & on enlève l'appareil. On fera bien cependant de le conserver sur place jusqu'à l'entrée de l'hiver, si le pays qu'on habite est sujet aux coups de vent.

Lorsqu'on veut opérer sur un tronc de trois à quatre pouces de diamètre, on doit alors placer au moins deux *greffes* opposées l'une à l'autre.

### *De la* Greffe *en couronne.*

Elle consiste à scier le tronc ou la grosse branche de l'arbre à la hauteur convenable, de rafraîchir, avec la serpette ou tel autre instrument, le bois meurtri par la scie, ainsi que l'écorce. Lorsque l'arbre est paré, on prend un petit coin de bois dur qu'on introduit entre la partie ligneuse & l'écorce; on soulève doucement celle-ci, afin de ne la point endommager; on retire doucement le coin, en tenant l'écorce soulevée avec l'instrument en Z, ou à crochet, & la *greffe* prend sa place.

La *greffe* doit être taillée sur la longueur d'un pouce au moins, en manière de coin; mais la réussite exige qu'elle ne soit taillée que d'un côté, de manière que le bois de la *greffe* corresponde directement & touche le bois de l'arbre; & du côté extérieur, que l'écorce touche à l'écorce dans le plus grand nombre de points possibles. Afin de mieux assujettir la *greffe*, on doit laisser un cran ou espèce d'entaille du côté du bois, & lorsque le tout est mis en place dans la situation convenable, on l'assujettit avec des liens, ainsi qu'il a été dit plus haut.

*De la* Greffe *en canon ou sifflet.*

On choisit une branche bien saine & de l'année précédente, lorsqu'on le peut, que l'on coupe à quelques pouces près du tronc, ou plus éloigné, suivant sa force & sa grosseur, qui doivent décider de ce retranchement. Avec le tranchant de la serpette, on fend l'écorce en lanières, qui sont ensuite doucement détachées du bois, sans les meurtrir.

Pendant qu'un ouvrier exécute cette opération, un autre prépare l'anneau ou cylindre, ou flûte garnie de son bouton, ou de plusieurs boutons, & d'un diamètre égal, s'il se peut, à celui du bois mis à nu. Alors, sans perdre de tems, on fait glisser sur ce bois, jusqu'à ce que sa base soit parvenue à la naissance des lanières. Si le cylindre qui s'applique sur le bois est dans une proportion avec lui, & s'il recouvre tout le bois & s'unit exactement avec lui, on coupe circulairement les lanières au dessous de ce cylindre; & après avoir fait rencontrer & joindre les deux écorces, on recouvre cette union, ainsi que le sommet du bois & du chalumeau, avec l'onguent de S. Fiacre.

Roger donne une autre manière de greffer par juxta-position. La voici: c'est lui qui parle.

Je perce l'écorce lisse & unie d'un poirier, & j'y fais un trou d'environ un pouce de profondeur, puis avec une gouge de menuisier, j'unis la plaie, sur-tout à l'endroit de l'écorce. Je prends ensuite la mesure de la profondeur du trou, & je diminue par le bout mon rameau en forme de cheville ronde, en observant qu'il soit de la même grosseur que la vrille. Après l'avoir fait entrer un peu à force, & l'avoir enfoncée jusqu'au fond du trou, j'observe que l'écorce de la tige de l'arbre & celle du rameau se touchent de toutes parts, après quoi j'enduis cet endroit avec de l'onguent de S. Fiacre. Le rameau étant toujours de la pousse précédente, je lui laisse trois ou quatre yeux. Cette manière de greffer doit se faire au commencement de germinal.

*Des* Greffes *en écusson.*

On appelle écusson un morceau d'écorce de douze à quinze lignes de longueur sur trois à quatre de largeur, garnie d'un bon œil dans son milieu. C'est de sa forme, qui ressemble à un écusson d'armoirie, que ce morceau d'écorce a pris son nom & qu'il a été consacré à ce genre de *greffe*.

Pour enlever l'écusson de dessus la branche, on fend l'écorce de celle-ci tout autour de l'œil, en observant de lui donner la forme de l'écusson ou d'un triangle. Après cette première opération, il faut enlever l'écusson, sans le meurtrir ni sans endommager l'œil. Pour cet effet, on presse, avec le pouce de la main droite, l'œil de l'écusson contre le bois, & on tourne lestement la main gauche, comme si on vouloit la tordre. Alors l'écusson se détache, parce que l'arbre étant en sève, l'écorce ne sauroit y être collée, & l'écusson cède facilement à l'impulsion qu'on lui donne.

Avec le tranchant de la lame du greffoir, on fait ensuite sur l'écorce de la branche à greffer, une incision en manière de cette figure T, ensuite avec la partie inférieure du greffoir on soulève doucement les deux parties de l'écorce coupée sur une largeur proportionnée à la moitié du diamètre de l'écusson, & l'on tient ces deux parties soulevées & écartées jusqu'à ce qu'on ait placé l'écusson. Comme les deux mains sont occupées pendant le cours de cette opération, on tient avec l'extrémité de ses lèvres l'écusson; ensuite, lorsque le soulèvement de l'écorce est fait & maintenu avec la main gauche, on prend de la droite l'écusson, & on l'insinue dans l'ouverture. On observe avec soin que l'écorce de la partie supérieure de cet écusson corresponde & joigne en tous points l'écorce coupée de la partie transversale T, après avoir insinué le reste sous les deux parties de l'écorce soulevée, qui forment alors deux angles. L'écusson une fois bien placé, enfoncé & collé contre le bois, vous ramenez les deux angles de l'écorce sur l'écusson, mais sans couvrir l'œil.

On doit avoir par avance préparé de petites ligatures, soit en laine, soit en coton (ce sont les meilleures, parce qu'elles ont la facilité de prêter & de s'étendre) soit en chanvre, écorce, brindilles d'osier, de saule, &c. le moment de les employer est venu. Prenez ce lien par le milieu, placez-le derrière la partie de la *greffe*, ramenez-le sur le devant, & recouvrez la ligne transversale T; ramenez-le sur le derrière, puis sur le devant, & ainsi de suite, jusqu'à ce que toute la *greffe* en soit recouverte, sans cependant cacher l'œil; nouez ensuite par derrière, & l'opération est finie.

La plupart des pépiniéristes suppriment l'excédent de la branche après l'avoir greffée. Ne vaut-il pas mieux le couper auparavant, après avoir examiné & choisi l'emplacement où l'on veut greffer? Souvent cet excédent de branche embarrasse, & plus souvent encore la secousse que l'on donne à la branche en la retranchant, puisque l'on est obligé de placer la main trop bas, peut occasionner le dérangement de l'écusson: il faut aller au plus sûr.

On est quelquefois surpris du peu de réussite de plusieurs *greffes*, quoique l'opération ait été bien faite. Une légère attention auroit prévenu ce contre-tems. Après avoir détaché l'écusson de dessus le bois, c'est le cas d'examiner si son œil est vide ou plein; c'est-à dire, si la partie intérieure & qui constitue essentiellement la *greffe*, n'est pas restée adhérente au bois. Dans ce cas, l'écusson est à rejeter, & sur mille il n'en réussira pas un. Le moyen le plus sûr de parer à cet inconvénient, est, lorsqu'on lève l'écusson, de laisser un peu de bois sous l'œil. L'habitude facilite cette pratique.

Il y a deux manieres de greffer en écusson, ou à œil dormant.

I. La *greffe* en écusson à la pousse ne diffère en rien, quant au mécanisme de l'opération qui vient d'être décrite, la saison seule a fixé sa dénomination. Elle s'exécute dès que l'arbre commence à être en sève, & l'on choisit alors un œil sur un bourgeon d'un arbre franc, œil qui n'a pas encore poussé.

II. La *greffe* en écusson à œil dormant se pratique lorsque l'arbre est en pleine sève, & elle ne diffère de la précédente que parce que la feuille, mère nourrice du bouton, est développée & couvre de sa base l'œil qui doit pousser au printems de l'année suivante. On l'a appelé *dormant*, parce qu'il reste engourdi & comme dormant jusqu'au retour des premières chaleurs du printems suivant.

Soit que l'on greffe en écusson à la pousse, soit à œil dormant, on peut placer deux *greffes* sur le même sujet aux deux côtés opposés, mais non pas sur la même ligne; l'une doit être plus haute que l'autre. Pour suivre l'ordre de la nature, on fera très-bien d'observer le même espace entre les deux *greffes* que la nature conserve d'un œil à l'autre.

Cette *greffe* diffère encore de la précédente, en ce que dans la première on abat la partie de la branche supérieure à l'écorce, tandis que pour celle-ci on la conserve jusque vers la fin de l'hyver prochain: alors on la rabaisse à cinq ou six lignes au-dessus de l'œil qui a dormi jusqu'à cette époque, & qui ne tardera pas à s'ouvrir & à pousser un jet vigoureux au moment que la chaleur viendra ranimer la végétation.

La *greffe à la vrille* (invention de Schabol), se fait en perçant l'écorce lisse & unie d'un poirier, à un pouce de profondeur, puis unissez l'ouverture à l'endroit de l'écorce; prenez un rameau de la pousse précédente, diminuez-le par le bout en forme de cheville de même grosseur que la mèche de votre vrille, & de la longueur du trou dans lequel vous faites entrer ce rameau un peu avec force; observez que les deux écorces se touchent; enduisez d'onguent de S. Fiacre le tour de votre *greffe*, & mettez un linge par-dessus. Quand cette *greffe* reprend, elle est supérieure à celle en fente.

Les arbres à pépin se greffent sur franc, sur sauvageon, sur coignassier, & sur d'autres arbres déjà greffés; ce qui s'appelle *franc sur franc*. Cette dernière façon donne les plus beaux fruits possibles, en renouvelant cette *greffe* plusieurs années de suite sur le même sujet, & changeant l'espèce à chaque fois.

La *greffe* en fente se fait au mois de février ou de mars; on peut encore greffer les pommiers à la mi-avril.

La *greffe* en écusson se fait en deux tems, à la pousse & à œil dormant; elle réussit mieux à la pousse sur les fruits à pépin, c'est-à-dire, quand la sève est dans toute sa force, à la fin de mai, ou au commencement de juin; on coupe alors la tige au-dessus de la *greffe*.

Les fruits à noyau, sur-tout le pêcher, ne doivent être greffés qu'à œil dormant; ce qui se fait en juillet, août, même en septembre si l'année est humide. Si l'année est sèche, on peut commencer cette *greffe* en juin.

Quoique l'on puisse greffer le pêcher sur prunier, abricotier, & pêcher venu de noyau, le mieux est de le greffer sur amandier, ainsi que l'abricotier, sans distinction de terrain, parce qu'on le plante dans des trous profonds de trois à quatre pieds.

On ne doit greffer un sujet que quand il a au moins un pouce de diamètre pour espaliers, & dix-huit lignes pour les plein vent & demi-tiges.

Quand

Quand la trop grande abondance de sève menace de noyer l'écusson, il faut, à quatre ou cinq pouces au-dessous & par derrière l'écusson, enlever l'écorce jusqu'au bois de la longueur d'un pouce.

Soit pêcher, soit tout autre fruit, il faut, quand on les sort de la pépinière, couvrir les racines avec du fumier moite.

Le pêcher ne se greffe qu'en écusson : les autres arbres se greffent en fente & en écusson.

Greffe, se dit aussi d'une partie d'une jeune branche de l'année, prise sur un arbre cultivé qu'on veut multiplier, on l'insère sur un autre dont on veut améliorer le fruit, ou changer l'espèce.

GREFFER ; c'est encore substituer une branche d'un arbre qu'on a dessein de multiplier, aux branches naturelles de l'arbre sur lequel on applique la greffe. On peut *greffer* un arbre à tel endroit autant de fois & à tel âge qu'on veut, pourvu qu'il ne soit ni trop jeune, ni trop vieux.

Les amandiers se greffent communément au bout de l'année, & les autres arbres à deux ou trois ans, selon leur force. On greffe également les arbustes & les arbrisseaux. Par exemple, un jasmin d'Espagne se greffe sur un jasmin commun, soit en fente, soit en écusson, soit en approche. La vigne peut aussi se *greffer*, mais en pied & dans le tronc même, autrement l'ancien sujet repousseroit toujours & ruineroit la greffe.

GREFFOIR ; c'est un petit couteau ayant une lame pliante, mince & très-tranchante, à l'ordinaire de bonne trempe, dont la pointe s'incline en forme de bec renversé. On ajoute & l'on fixe par un clou au bout du manche une petite lame arrondie comme une spatule, ou langue de chat faite en ivoire, en corne ou en acier bien poli. Cette seconde lame sert à pénétrer dans l'écorce de l'arbre, afin de la lever & de pouvoir y faire entrer l'écusson.

GRIFFÉ ; ce terme se dit de certaines plantes que la nature a pourvues de petits crochets en forme des *griffes* des animaux, avec lesquels ces plantes attachent leurs rameaux à tout ce qu'elles rencontrent. Le lierre, la vigne-vierge, les mousses ont de ces *griffes*.

GROU. Les jardiniers appellent la *grou* une matière pierreuse qui se trouve au-dessous de la superficie des terres. Il faut avoir soin, avant de planter, de percer la *grou* bien avant & au pourtour, & d'y substituer de bonne terre, sans quoi la plante ne réussiroit pas.

GROUETTE ; c'est une petite grou moins dure & moins pierreuse que la grou, & qui est un peu mêlée de terre. Il faut, quand on plante un arbre, prendre aussi des précautions pour que la *grouette* ne nuise point à la végétation.

GROUETTEUX ; *terrain*. C'est un terrain qui tient de la nature de la grou : il veut être passé à la claie, ensuite fumé amplement, arrosé & labouré souvent pour empêcher qu'il ne se durcisse trop.

GUERET ; terre labourée à la charrue.

*Lever le gueret*. Ce terme signifie donner le premier labour aux jachères. On dit aussi en ce sens *gueretter*.

GUI. Le *guì* est une plante parasite qui se forme sur quantité d'arbres, & qui a une feuille à peu près comme celle du buis. Il en vient sur de vieux chênes, & il n'est pas un bon signe pour l'arbre, étant formé d'une substance étrangère & parasite. Beaucoup de pommiers vieux & caducs ont des *guis* qui font périr les branches & l'arbre quand on n'y remédie pas. Le remède est de les ôter dès qu'ils croissent.

---

# H

**HABILLER** *un arbre par les racines*; c'est, suivant la pratique du plus grand nombre des jardiniers, écourter les racines au point qu'il n'en reste presque plus; mais, suivant une méthode mieux entendue, *habiller*, c'est rafraîchir simplement le petit bout des racines d'un arbre avant que de le planter; c'est ôter celles qui sont fendues, éclatées ou défectueuses; c'est supprimer les racines qui, en grossissant, seroient en danger de se rompre.

HACHE; instrument avec un manche assez court, dont le fer acéré & coupant, est large, épais & massif, propre à donner de forts coups pour entailler & abattre de gros bois. Il y a des *haches* de différentes force & grandeur, suivant les usages auxquels on les destine.

On se sert dans quelques départemens d'une petite *hache* pour émonder les arbres.

HACHE-PAILLE; instrument de ferme & d'agriculture.

Voici la description d'un *hache-paille* qui a le double avantage de couper toutes especes de fourrages & toutes sortes de racines. Il est si simple, qu'il peut être exécuté par tout ouvrier en fer, & d'après la seule description; il est si peu coûteux, que tout le monde peut s'en procurer; il est en même tems très-expéditif, ce qui est facile à concevoir, puisqu'ayant cinq couteaux, il coupe à la fois & d'un seul coup six longueurs de pailles toutes égales, ou six morceaux de racines d'égales épaisseurs, lorsqu'on l'emploie à cet usage. Enfin, il a encore l'agrément de pouvoir se transporter avec la plus grande facilité, même à cheval. (*Voyez* la pl. XXXIX, fig. 1.) *Hache-paille* vu dans la position où il doit être pour travailler. La fig. 2 est le plan de la premiere; les pieces semblables sont marquées des mêmes lettres dans l'une ou l'autre figure.

*a x b.* Cette partie est composée de six lames de fer courbes, ainsi qu'on le voit fig. 2. Ces lames sont séparées l'une de l'autre, & tenues à distances égales par leur bout *b*, au moyen d'anneaux de fer qui sont, alternativement avec les lames, enfilés sur un boulon de fer *x*, terminé d'un bout par une tête plate, & de l'autre par une vis, le tout assujetti par un écrou. Ces lames sont soudées par leur autre extrémité à un morceau de fer *a d*, de maniere qu'elles ne forment plus avec lui qu'une seule piece *d a x b*. Il faut observer dans la partie *a* la même distance entre les lames que celle de la partie *b*, afin de loger entr'elles les cinq couteaux qui y sont arrêtés par leur bout *c*, au moyen du boulon *f*.

*e h i*; Cinq couteaux tranchans, qui se logent entre les espaces des six lames *a x b*, qui y sont arrêtés par un boulon *f*, autour duquel ils se meuvent de *b* en *x*.

*i*; Autre boulon terminé par une vis: il traverse les cinq couteaux, les assujettit en *h*, & les tient également espacés entr'eux, au moyen d'anneaux de fer qui s'enfilent sur ce boulon, alternativement avec les couteaux, de même qu'en *b*.

Quatre des cinq couteaux sont légérement courbés en *h*, fig. 2. Cette courbure sert à réunir les cinq lames pour les introduire dans un manche de bois *k l*, auquel on met une forte virole de fer *k*. (*Voyez* FAULX LORRAINE.)

HAIE; clôture qu'on fait à la campagne avec des branches entrelacées.

On distingue deux sortes de *haies*: les *haies vives* & les *haies mortes* ou *seches*. Les *haies* mortes se font avec des fagots, des épines, des échalas & des branches d'arbres seches. Les *haies* vives se font avec des arbrisseaux vifs & enracinés.

On dit une *haie d'épines*. Un champ clos d'une *haie* vive & d'un bon fossé, est aussi en sûreté que s'il était enfermé par une muraille. Ces sortes de clôtures bien entretenues forment aussi un agréable coup-d'œil, & rendent un produit réel.

Divers plants sauvages composent ordinairement les *haies* vives. Sous ce nom sont compris l'aubépin, les ronces, le rosier sauvage, le houx.

L'aubépin, ou épine blanche, est un des meilleurs. Outre qu'il forme une *haie* épaisse & forte, il dure long-tems.

HAIE *d'une charrue*; c'en est la fleche. (*Voyez* CHARRUE.)

HAMPE. On donne ce nom dans le jardinage

à la tige qui porte des fleurs & des fruits sans feuilles, comme la *hampe* ou la tige du narcisse.

HANNETONNER ; c'est, dans le jardinage, secouer les arbres & les branches pour en faire tomber les hannetons lors du soleil levant, tems où ces animaux sont endormis. Quand les vers des hannetons rongent les racines des arbres, on découvre ces racines & l'on tue les vers. Il ne faut pas se lasser de leur faire assidument la guerre.

HANNETONNIER ; outil pour chasser & détruire les hannetons. Pour *hannetonner* avec succès, on prend un morceau de bois rond, tel qu'un parement de fagot ; on le coupe environ de deux pieds de long, & on garnit un des bouts, à la hauteur de six pouces, de bourre, recouverte de cuir qu'on attache avec de petits clous. L'autre bout, qui sert de manche, est percé d'un trou de vrille pour recevoir un cordon qu'on passe dans son poignet, comme celui d'une canne. Des hommes armés de cet instrument montent de grand matin sur les arbres, avant que les hannetons soient éveillés, frappent sur les branches, & font tomber ces insectes, tandis que des enfans les écrasent ou les ramassent en un tas pour les brûler.

HAUSSE ; morceau de bois où l'on forme des crans pour élever les cloches de verre ou les chassis des serres, afin de donner plus ou moins d'air aux différentes plantes qu'on fait venir sur des couches.

HATIF ; c'est le synonime de *précoce* : terme qui se dit des fleurs & des fruits qui paroissent avant le tems ordinaire.

HÉMORRHAGIE. Ce terme, dans le jardinage, désigne l'extravasion du suc propre des arbres. Cette extravasion est souvent plus utile que nuisible, sur-tout à ceux dont le suc propre est gommeux ou résineux.

L'*hémorrhagie* est bien marquée dans les greffes des arbres de fruits à noyau, lesquelles sont, dit-on, noyées par la gomme, quand la seve est trop abondante.

L'*hémorrhagie* se manifeste aussi dans les greffes des arbres de fruits à pépins, lorsque la seve surabonde, & elle forme au-dessous de sa ligature un bourrelet considérable. Le moyen de prévenir ces *hémorrhagies* est de lâcher les greffes par derriere, en coupant la ligature.

HERBAGE. On entend en général par ce terme tout ce qui reste toujours vert sur terre, sans jamais parvenir à la consistance du bois dur des arbres, arbrisseaux & arbustes.

Les *herbages*, dans le langage ordinaire, sont les légumes & toutes les denrées du jardin potager, servant à la cuisine.

HERBE ; on appelle ainsi toute plante dont la substance est molle, & qui s'éleve de terre en brin ou en feuilles. La tige périt annuellement après que ses semences sont mûres. Il y en a dont les racines vivent pendant quelques années, & d'autres dont les racines périssent avec les tiges. On divise les *herbes* en annuelles, bisannuelles & vivaces, ainsi qu'en potageres & en médicinales.

On nomme *mauvaises herbes* celles qui viennent sans culture dans les jardins & ailleurs.

HERSE ; instrument d'agriculture, fait en triangle, & hérissé en dessous de dents de fer ou de bois. Cet instrument est traîné par un cheval : il sert à rompre les mottes de terre & à recouvrir de terre les grains nouvellement semés.

*Herses propres à différens usages, par le citoyen Home.*

Un peu de réflexion, & encore plus l'expérience, démontre que la même *herse*, quelle que soit sa forme, ne peut servir également bien dans toutes les circonstances ; dans les terres argilleuses, sableuses, pierreuses, ou quand les terres sont molles, ou dures, ou pleines d'herbes. Il y a trente ans, le fermier de ce pays (l'Ecosse) n'avoit pas la plus légère idée qu'on pût avoir différentes charrues. Aujourd'hui il se sert de plusieurs charrues différentes : il est tems de faire aussi des améliorations pour la *herse*, celle qui est commune & ancienne ayant beaucoup de désavantages dans diverses circonstances. L'expérience m'autorise à recommander hardiment les *herses* dont je vais donner la description. (*Voyez* pl. XXXVI, fig. 1, 2, 3.)

Je me sers de trois différentes *herses*, suivant les circonstances ; elles sont de la même pesanteur, & tirées chacune par deux chevaux. Le bouleau est le meilleur bois à employer, & parce qu'il est à meilleur marché, & parce qu'il n'est pas sujet à se fendre.

1°. La premiere *herse* (fig. 1) est composée de quatre bras qui ont chacun 4 pieds 10 pouces de long, 3 pouces & un quart de largeur, & 3 pouces & demi d'épaisseur. Il y a 11 pouces 3 quarts de vuide entre ces bras, de façon que la largeur de toute la *herse* est de 4 pieds : les bras sont liés ou joints par quatre traverses ou barres qui passent dans chaque bras, & y sont attachées par des chevilles de bois à chaque bras.

A chaque bras il y a cinq dents de fer, dont il y a dix pouces de longueur apparente, & huit pouces qui traversent le bois & reçoivent l'écrou; elles ont la forme d'un couteau ou plutôt de l'extrémité pointue & coupante d'un coutre de charrue; elles sont attachées au bras qu'elles traversent, par un écrou, ce qui donne la facilité de les changer lorsqu'elles sont rompues & de les ôter pour les appointer au besoin. Elles ont par derriere un talon qui appuie sur la face inférieure du bras pour empêcher qu'elles ne soient courbées, renversées en arriere par les pierres qu'elles rencontrent. Chaque dent pèse 3 livres, & la *herse* entière pèse environ 60 livres. Pour renforcer la *herse*, on ajoute par dessus de corne en coin, suivant le sens du tirage, une tringle de fer plat qui s'attache aux bras, par des vis de fer avec écrou.

Une haussière à crochet, fig. 4, s'accroche à un des coins de la *herse*; sa hauteur est de 3 pouces, dans lesquels il y a quatre crans ou trous pour placer le crochet qui s'attache à la *herse*. On attache ce crochet à la haussiere, plus haut ou plus bas, suivant que l'on veut avoir la *herse* plus ou moins soulevée, ce qui détermine l'enfoncement des dents en terre. A cette haussière est attaché un épars qui porte deux paloniers pour deux chevaux qui tirent de front comme à la charrue.

2°. La seconde *herse* (fig. 2) est composée de deux parties, ou deux petites *herses*, attachées par le milieu avec une penture; à l'une est un gond; à l'autre, en outre, près de chaque extrémité latérale, une chaîne de fer, ce qui entretient ces deux parties parallèles, & à la même distance. La réunion des deux *herses* par une espèce de penture, permet aux deux parties de suivre les inégalités du terrain, comme feroient deux *herses* qui ne feroient attachées que par des cordes lâches; mais aucune des deux ne s'éleve au dessus de l'autre, comme si c'étoit une seule *herse* & d'une seule pièce. En un mot, elles peuvent bien former un angle dont la pointe soit vers le ciel, & non un angle dont la pointe soit vers la terre; aussi ces *herses* ont l'effet de deux *herses* sur un terrain inégal, & d'une *herse* pesante sur un terrain plat. Cette *herse* est composée de six bras, chacun de 4 pieds de long, 3 pouces de large, & 3 pouces & demi d'épaisseur. L'intervalle entre ces bras est de 9 pouces & demi, ce qui fait pour la longueur de toute la *herse*, y compris la charniere, 5 pieds 6 pouces. Chaque bras a 5 dents qui ont chacun 9 pouces sous bois, & 10 pouces en dehors; le poids de chaque dent est de 2 livres, le reste comme dans la *herse* précédente.

3°. La troisieme *herse* est composée de deux parties, unies comme dans la seconde; elle a huit bras, chacun de 4 pieds de long, 2 pouces & demi de large, & 3 pouces d'épaisseur. L'intervalle entre ces bras est de 8 pouces: la largeur de toute la *herse*, y compris la longueur de la charniere, est de 6 pieds 4 pouces. Chaque bras a 5 dents qui ont 7 pouces sous le bois, & 10 pouces & demi en dehors. Chaque dent pese une livre, le reste comme les deux autres *herses*.

Ces *herses* paroissent, à l'usage, être d'une grande utilité; elles s'adaptent, s'appliquent aux terrains inégaux, comme deux *herses* séparées, & lorsqu'elles sont traînées sur un terrain plat, égal, elles ont l'effet d'une charrue qui auroit le double de pesanteur, sans être aussi difficile à tirer; ce qui fait que les dents pénétrent plus profondément la terre.

La premiere charrue est spécialement propre à herser la terre, quand il s'est passé quelque tems entre le labour & le hersage, comme lorsque les avoines sont semées sur un gueret d'hiver; & en général, pour herser une terre rude, elle pénètre profondément au moyen de ses longues dents, & la divise en petites parties.

La seconde *herse* est propre à couvrir les semences: ses longues dents couvrent le grain de plus de terre que ne peut faire la *herse* ordinaire; ce qui n'est pas un petit avantage. En faisant en sorte que la semence soit un peu avant en terre, sans être trop enfoncée, les jeunes plantes sont plus garanties de la trop grande chaleur, elles ont plus d'humidité & plus long-tems, ce qui est nécessaire pour une bonne végétation; d'ailleurs, la semence est si bien couverte, qu'il n'y en a point de perdue; au lieu qu'en employant la *herse* ordinaire, souvent la semence étant trop peu couverte de terre, les racines de la plante manquent d'humidité, & sont brûlées par le soleil. Enfin, une autre portion de semence reste à la surface de la terre sans être couverte; elle est mangée par les oiseaux, ou se sèche, ou pourrit.

La troisième *herse* acheve ce que n'a pu faire la seconde, en égalisant encore plus la terre, & recouvra t plus exactement la semence. L'usage de ces trois *herses* rend de plus en plus la terre meuble, la réduit en poussiere fine, état qui hâte & facilite la végétation. Un autre avantage, c'est que les engrais sont plus divisés & mieux mêlés avec la terre, ce qui est très-important pour avoir une récolte également bonne dans tout le champ.

HERSE *roulante* ; instrument de labour. C'est un gros rouleau garni de fortes chevilles de fer. En faisant rouler cet instrument sur les guerets ensemencés, les chevilles écrasent les mottes, remuent la superficie de la terre & en recouvrent les semences.

HERSE (*petite*) instrument de jardinage, qui ne diffère de la *herse* du labour que par sa petitesse. Elle sert à tirer les allées des grands jardins après qu'elles ont été labourées avec la petite charrue. Cette *herse* se mene avec un cheval, ou bien par un homme ayant une sangle à travers son corps. (*Voyez* BRISOIR *à mottes*.)

HERSER ; c'est passer la herse dans une allée ou dans un champ labouré.

Il y a des laboureurs qui croient suppléer au défaut des labours en *hersant* beaucoup leurs terres après qu'elles sont semées ; mais cette maniere d'égratigner la terre n'est pas d'une grande utilité ; & quand la terre est humide, le trépignement des chevaux y cause beaucoup de dommage.

Lorsque la terre a été bien préparée, deux dents de herse lui suffisent : c'est-à dire que l'on peut se contenter de faire passer deux fois la herse par le même endroit. En *hersant* dans la nouvelle culture, il faut observer de faire marcher les chevaux dans les sillons, pour ne point pétrir & durcir la terre des rangées.

HOTTE ; espèce de panier d'osier garni de bretelles qui l'entretiennent sur les épaules du porteur. La *hotte* est large par le haut, étroite par le bas, & se termine en pointe applatie d'un côté & arrondie en forme de cône du côté opposé qui s'applique sur le dos. Elle est très-utile & très-commode pour le transport des terres, des pierres, des fruits, des légumes & de toutes sortes d'objets.

HOUE *ou* TRANQUE-PIOCHE ; instrument de jardinage & d'agriculture, fort commode pour remuer la terre en peu de tems, & faire un labourage assez profond, sans endommager les racines, comme on a souvent lieu de le craindre en employant la bêche, mais il pénètre moins avant. (*Voyez* pl. XX, fig. 15.)

Cet instrument est composé d'un fer, long de 13 à 14 pouces, sur 8 de largeur du côté de la douille, & 7 du côté tranchant ; il est un peu recourbé dans son milieu, d'acier bien battu à l'extrémité qui fait le taillant, & qui n'est épaisse que d'une ligne ou au plus une ligne & demie. L'extrémité opposée porte une douille, & est coudée, en sorte que le manche revient sur l'instrument, & en suit la direction. Ce manche est donc un peu courbe, & doit n'être écarté du fer que de 5 à 6 pouces au dessus du taillant, & seulement de deux attenant la douille. (*Voyez* pl. XX.)

HOUE FOURCHUE ; c'est un instrument qui, au lieu d'être d'une pièce, comme la *houe* ordinaire, est fendue en forme de fer à cheval, & qui a une douille & un manche. Elle sert pour les terres grouetteuses, où la *houe* ordinaire & la bêche ne pourroient aller. (*Voyez* pl. XX, fig. 14.)

On dit *houer* une vigne ou une terre, pour dire les labourer à la *houe*.

HOUE *à main des Américains*. Il faut observer que le manche de cette *houe* doit être plus ou moins long, suivant la taille de celui qui s'en sert. Pour déterminer cette longueur, il suffit de dire que, quand l'ouvrier est placé pour son travail, le bout du manche doit toucher le bas de sa poitrine. Le fer de la *houe* a de largeur 8 pouces & 7 pouces de hauteur.

La douille a 2 pouces & demi de longueur & 12 à 14 lignes de diamètre.

Cet outil a cela de commode, qu'il peut être employé sans que l'ouvrier se baisse. On fait plus d'ouvrage, & on remue la terre plus profondément avec cette *houe* qu'avec celle de nos jardiniers. Cet instrument est utile pour toutes les terres légères ou meubles, comme jardins, chenevieres, plants de maïs, de pommes de terre & autres, qu'on veut biner, ou dont on veut chausser les plantes.

HOUE *à laquelle est adaptée une herse*. (*Voyez* pl. XXXVIII, fig. 1.) Dans cette machine, la partie qui fait l'office de la *houe*, est composée d'un soc applati, dont les extrémités sont pliées à angle droit, & peuvent tourner sur des chevilles qui les fixent aux branches recourbées, de maniere qu'on peut donner au soc une inclinaison plus ou moins grande, dans laquelle on le maintient solidement par deux clavettes qui traversent en même tems les prolongemens coudés du soc & deux quarts de cercle percés de plusieurs trous à différentes hauteurs. Les branches sont retenues par la traverse & par l'essieu de la roue, qui porte la partie antérieure de la machine.

La herse est armée de plusieurs dents, montées sur un quadre arrêté aux pièces par un boulon, autour duquel il est parfaitement mobile. Cette herse traîne sur le terrain, & peut en être soulevée à volonté par la corde, qui passe par une boucle, & vient s'attacher près de la poignée d'une des queues de la charrue. Enfin, toute la machine est traînée par un cheval, dont le palonnier s'attache à un anneau formé par la courbure du tirant.

HOUETTE, Binette ou Piochette; instrument de labour ou de jardinage. C'est une petite *houe*, composée d'un fer large par le haut, en diminuant en forme de triangle, recourbée & creusée en dedans, avec un anneau ou œillet pour l'emmancher dans la partie opposée à la pointe de l'outil. Elle sert particuliérement au demi-labour.

La *houette* n'est point par-tout terminée en pointe; dans quelques provinces elle ressemble à une bêche coudée dans la partie où la *houette* s'emmanche.

HOULETTE; instrument de jardinage semblable à la *houlette* d'un berger, excepté que le manche de bois qui est dans la douille, a environ un pied de long; son fer est tantôt plat, tantôt creusé en forme de gouttiere. (*Voyez* pl. XXIII, fig. 4.) Cet instrument sert à faire de petits trous, comme pour mettre en terre de menues plantes & faire certains petits labours légers. Elle sert aussi à biner la terre des caisses & des pots de fleurs.

HOYAU; instrument de jardinage. C'est une sorte de houe à deux fourchons. C'est aussi une espèce de pioche à l'usage des terrassiers; son fer est un peu large, plat & quarré. Il sert à façonner la terre, à la différence du *pic*, qui est pointu par le bout. (*Voyez* pl. XX.)

HUILÉE; (*plante*) terme de jardinage, qui se dit d'une plante lorsqu'elle se gonfle, & qu'elle paroît comme pénétrée d'huile, ce qui la fait périr. Nombre de plantes élevées sur couche sont sujettes à cette maladie.

# J

JACHERE ; ce terme désigne l'état d'une terre labourable qu'on laisse reposer, pour être ensuite labourée & ensemencée de nouveau. On nomme *jachère* la terre même qui se repose.

Il y a des terres qu'on laisse en *jachère* de deux années une, d'autres de trois en trois ans. Ce repos rend les unes & les autres plus en état de faire végéter les plantes & les semences au moyen des labours répétés ; & autres façons qui préparent les terres pendant cette année.

Le premier labour qu'on donne aux *jachères* consiste à retourner le chaume d'avoine & à en former un *guéret ;* c'est pourquoi on nomme cette opération *guéreter*, ou *lever le guéret*.

Pour bien faire ce labour, il faut attendre que les terres qui ne sont pas argilleuses, soient pénétrées d'eau, sans quoi la charrue n'entreroit pas assez avant. Les fortes terres doivent même être assez imbibées pour que la charrue les retourne par gros morceaux.

Quand on dit qu'il faut labourer profondément, c'est eu égard à la nature & à la circonstance des saisons.

1°. On ne laboure pas très-profondément les terres bien légères, mais on leur donne jusqu'à cinq labours.

2°. Dans les terres très-fortes, on ne donne souvent que trois labours.

3°. Il y a des terres dont on diminueroit la fertilité par des labours trop profonds, au lieu que ces labours en améliorent d'autres. Les fermiers, attentifs à la culture de leurs terres, font passer successivement deux charrues dans une même raie tous les quatre ou cinq ans, afin de remuer la terre à une plus grande profondeur.

4°. Les travaux sont quelquefois interrompus par les grandes sécheresses, & encore plus par les pluies trop abondantes. En effet, dans les temps de grande pluie la charrue qui corroyeroit les terres fortes & argilleuses, ne produit pas cet effet sur les terres sabloneuses ou sur les pierreuses ; & dans un temps de sécheresse on n'enleveroit que de grosses mottes dans certaines terres, pendant que d'autres se labourent très-finement.

Les fermiers qui sont bien montés en chevaux donnent quelquefois un labour de plus à leurs terres dans les années où l'herbe pousse avec vigueur ; ce surcroît de travail est bien compensé par les avantages d'une récolte plus abondante.

JALON ; bâton bien droit, long de cinq à six pieds, pointu par en bas, & garni par le haut d'une carte pour prendre des alignemens d'allées, de plantations d'arbres, &c.

On appelle *jalon d'emprunt* une mesure portative de la même hauteur que les *jalons* qui supportent le niveau, & qu'on présente à tous ceux qui sont alignés pour les faire buter ou décharger.

JALONNER ; c'est placer des jalons de distance en distance sur des lignes droites, soit pour planter des arbres, soit pour faire des tranchées.

JARDIN ; c'est un terrain fermé de haies ou de fossés, ou de murs, planté, soit pour notre utilité, soit pour nos plaisirs, dans lequel on cultive des arbres, arbrisseaux & arbustes, ainsi que des fleurs, des légumes, ou ce qu'on appelle des simples, ou plantes médicinales. Suivant sa destination, on dit que c'est un *jardin* fruitier ou verger, potager ou légumier, fleuriste ou botaniste.

Le besoin, l'utilité, ont donné naissance aux premiers *jardins*, la curiosité, le plaisir, la vanité ont produit les seconds. Les premiers sont le potager, le *jardin* fruitier, ou verger, & le *jardin* botanique.

Les seconds *jardins*, ou *jardins* d'agrément sont les *jardins* de fleurs ; les parterres en compartimens, en découpures ou dessins ; les bosquets où se trouvent des allées, des cascades, des jets d'eau, des canaux, des labyrinthes, des boulingrins, & tout ce que la magnificence, la vanité, l'ostentation, aidées souvent par l'abus des arts ont inventé & fait excuter dans cette partie.

La France possede à cet égard les plus beaux & les plus vastes *jardins* de l'Europe, suivant le rapport des voyageurs.

Le *jardin* potager est celui où l'on cultive toutes sortes de légumes & de plantes propres à la nourriture de l'homme, & à l'assaisonnement de ses mêts. Le potager simple s'appelle marais aux environs de Paris, parce que dans le principe, la plupart des potagers y étoient de véritables marais que l'on a ensuite convertis en potagers ; d'où est venu le nom de maraichers, ou maraigers que l'on donne à ceux qui les cultivent.

Dans beaucoup de provinces on l'appelle encore de l'ancien mot *meix*, d'où l'on a fait meisage, pour en exprimer le produit.

Le *jardin* fruitier, ou verger, est un terrain qui n'est peuplé que d'arbres à fruit.

Depuis que l'on a trouvé l'art qui n'est pas bien ancien, de dresser des arbres en espaliers & contre-espaliers, la plupart des potagers sont devenus aussi des *jardins* fruitiers, & la culture de ces espaliers fait la partie la plus recherchée dans le jardinage.

Tout jardinier doit commencer par connoître à fond le terrain qu'il veut cultiver ; il ne faut pas qu'il se contente de l'examiner à la superficie, mais il doit faire des fouilles dans différentes parties de son *jardin* pour sonder & connoître par-tout la hauteur de la terre, & sur quel fond elle se trouve.

Un *jardin* quelconque doit avoir trois à quatre pieds de bonne terre en profondeur, sinon, il faut en porter & recharger le sol.

Fouiller & retourner par-tout la terre à trois ou quatre pieds de profondeur, la passer à la claie, est ce que l'on peut faire de mieux ; on est alors assuré de sa terre, & on lui donne les engrais qui lui sont propres.

Cette fouille est indispensable quand on plante des arbres.

Toutes les terres peuvent se réduire à quatre espèces qu'elles tirent de leur fond. Ces fonds sont 1°. ou de roche ; plus ou moins dure & compacte ; 2°. de grou ou grouine ; 3°. d'argille, ou terre grasse ; 4°. enfin de sable. Outre la variété dans ces espèces, il se fait encore entr'elles un mélange infini : les terres tiennent tantôt plus, tantôt moins des unes ou des autres, le coup-d'œil, l'examen décide de la qualité dominante.

La roche sous laquelle on comprend, depuis la craie jusqu'à la pierre la plus dure, le marbre & le caillou, indique au jardinier le soin qu'il doit avoir de la terre où cette espèce domine ; il faut *profonder* ce terrain, le dépierrer jusqu'à trois ou quatre pieds, & y mettre de fréquens engrais.

Les terres, dont le fond est de grou ou grouine, sont nitreuses & pleines de salpètre ; elles donnent des végétaux & des plantes fort chétifs, les arbres y croissent, & y durent très-peu, sur-tout, lorsque ce sol renferme de la minière de fer, ou qu'il en est voisin ; il faut améliorer & changer cette terre, si on ne peut le faire tout d'un coup, que ce soit au moins successivement.

Les terres glaiseuses, argilleuses & mattes doivent être labourées profondément, & émiées avec soin ; on n'y doit planter que peu avant, parce que l'air & les sucs qui sont l'aliment des plantes, y pénètrent & y circulent difficilement.

Quand ces terres sont basses & aquatiques, on conseilleroit volontiers l'enlevement de l'argille à un pied ou deux au-dessous de la bonne terre, & de remplacer cette argille, ou terre grasse par des pierres pour empêcher le séjour des eaux que l'on pourroit même conduire dans une espèce de vivier, ou réservoir, pour servir à l'arrosement.

Ce conseil devient une nécessité à l'égard des trous à faire pour planter des arbres dans ces terres.

Si le sable est à la superficie de la terre, il faut la recharger & remplacer le sable par de bonne terre ; s'il se trouve à trois ou quatre pieds au-dessous de la bonne terre, & qu'il soit entretenu dans une espèce de fraîcheur par de petites sources supérieures, c'est alors un bon fonds pour le jardinage.

La meilleure de toutes les terres pour le jardinage est la sabloneuse : on n'entend pas par là, une terre composée d'un sable sec & aride, & sans aucune liaison ; tel est le sable de rivière ; mais celle dont le grain noir, onctueux & gras, n'excède pas en grosseur un grain de sable, & qui ne s'attachant pas trop au grain voisin, donne au tout une mobilité essentielle pour la bonté de la terre ; c'est là ce qu'on appelle terre meuble, terre à potager.

Plus une terre approche de celle-là, plus elle est propre au jardinage.

Mais il dépend beaucoup de l'industrie du jardinier de rendre sa terre meuble jusqu'à un certain point, par les engrais, par les fréquens labours, par les changemens & mélanges de terre.

On entend par engrais tout ce qui rend une terre meilleure, & dans ce sens, le fumier est un engrais, mais il n'est pas le seul. Si la terre est trop grasse, glaiseuse & matte, on peut corriger ce vice avec les cendres qui ont servi à faire la lessive, avec des sables tirés des ravines, où ils ont été entraînés par le courant des pluies.

Les terres trop légères se lient par des engrais ; parmi les engrais le gazon fourni & touffu qu'on a laissé pourrir pendant l'hiver, ou dans une

une fosse, ou en monticule, l'herbe en dessous, fait un excellent engrais.

Les feuilles ramassées & pourries en tas sont bonnes pour les fleurs, panais, carottes, oignons & choux; on les étend sur la superficie des planches, après avoir semé & planté.

On fait un excellent engrais avec les fleurs fannées, les herbages & leurs montants, les tontures des charmilles, les bourgeons jetés au palissage, les issues de cuisine, (tripailles & autres chûtes) & toutes sortes de balayures de maison; on fait pourrir le tout dans une fosse, où il se convertit en terreau.

Les boues de ville & de chemin consommées au moins pendant un an, & passées à la claie.

Les terres neuves des bas prés, celles des taupinières, celles enlevées dans les cours des fermiers, dans les carrefours des villages sont excellentes pour renouveller celles du pied des arbres, remonter un *jardin*, & sur-tout pour changer les terres nitreuses, salpêtreuses, dont le fond est de grouine.

La marne est un engrais qu'il faut laisser aux laboureurs.

Parmi les fumiers, celui de cheval a la préférence, excepté dans les terres trop chaudes, où il ne faut l'employer que très-consommé; on préfère alors celui de vache, quoique moins substantiel.

On se sert de fumier de vache mêlé avec deux tiers de terre neuve pour renouveller un terrain sec & maigre.

Il est nécessaire de renouveller & de remonter un potager quand la terre est effritée, que les productions sont extrêmement maigres & chétives; ou bien, quand un *jardin*, pour avoir été trop engraissé par des fumiers, produit à la vérité de belles plantes, mais sans goût & sans saveur; c'est à quoi le commun des jardiniers ne prend pas garde.

On fait cette opération avec des terres neuves que l'on mêle avec celles du potager; on en fait des monticules à l'entrée de l'hiver & au printems; on répand le tout sur les carreaux. Ainsi la terre du fond est renouvellée par les influences de l'air & celles des monticules; la terre neuve y apporte des sucs nouveaux qui joindront la saveur à la fécondité.

Le fumier de mouton ne s'emploie qu'en petite quantité, parce qu'il est trop chaud; il entre dans la terre factice pour les orangers & les couches.

Il en est de même de la poudrette; on appelle ainsi les excrémens humains, qui, retirés des fosses, ont passé au moins trois ou quatre ans à l'air.

Le fumier de porc est fort mauvais, & ne peut aussi s'employer qu'en petite quantité, bien passé & consommé avec d'autres.

Les fientes de poules & de pigeons sont dangereuses par la quantité d'insectes qu'elles produisent, & par l'aigre qu'elles renferment; il faut les bannir du *jardin*, sur-tout celles de poule; on peut, mais rarement, se servir de celles de pigeon bien consommées; elles entrent alors dans la terre factice, pour les orangers & les melons. (*Voyez* POTAGER.)

(*Elémens du Jardinage.*)

*Jardins fruitiers.*

Le règne de Louis XIV fut l'époque de la perfection des arts en France. L'art des *jardins fruitiers* prit alors une nouvelle forme. Laquintinie parut, & les arbres, autrefois livrés à eux-mêmes, couvrirent de leurs branches, de leurs feuilles, de leurs fleurs & de leurs fruits, la nudité & la rusticité des murs. Enfin dans ses mains l'arbre prit la forme d'un espalier, d'un éventail & d'un buisson. Ce grand homme opéra une révolution presqu'aussi entière dans la culture du légumier.

Pendant que la France & l'Europe entière admiroient & adoptoient les méthodes de Laquintinie, & qu'on s'extasioit à la vue de ses espaliers, de simples particuliers, conduits par le génie de l'observation & de l'expérience, perfectionnoient à petit bruit, ou plutôt presqu'ignorés, la théorie de la taille des arbres. Enfin après des travaux soutenus pendant près d'un siècle, on a commencé à se douter que les seuls habitans du village de *Montreuil* avoient découvert le secret de la nature. Ce n'est que depuis quelques années que la vérité gagne de proche en proche. Il faudra bien du tems pour que la révolution soit générale & complette; on tient à ses anciens préjugés; on les caresse, & il est difficile d'en secouer le joug. Les partisans de la méthode de Laquintinie ne croiront pas sur paroles, & ils demanderont des preuves sur la supériorité de celle des Montreuillois. Sans entrer ici dans aucune discussion, je leur dirai seulement: « On voit encore aujourd'hui à Montreuil des pêchers plantés à la fin du siècle dernier ». Que l'on cite un pareil exemple dans les fruitiers de Laquintinie & dans tout le reste de la République. Laquintinie connut le genre de culture de ces bons travailleurs, mais trop attaché à la méthode qu'il avoit imaginée, & encouragé par les louanges que la nation lui prodiguoit, il crut au-dessous de lui de devenir imitateur. Il avoit fait venir le jeune Pepin, cultivateur de Montreuil, qui tailla en sa présence plusieurs arbres; mais Laquintinie, jaloux ou enthousiaste de sa propre méthode, se hâta de le congédier, & Pepin de retourner à son village y cultiver l'héritage de ses pères.

*Formation des jardins fruitiers.*

Ils supposent nécessairement une plus grande profondeur à la couche de terre végétale que celle des légumiers, afin que le pivot des arbres plonge & s'enfonce sans contrainte, & sur-tout sans être forcé de s'étendre horisontalement. Ceci demande des développemens & éprouvera beaucoup de contradiction.

J'établis en principes, 1°. qu'on ne doit planter aucun arbre dépouillé de son pivot. 2°. Que tout arbre doit être greffé franc sur franc; il résulte donc de ces deux assertions que, pour se procurer un bon & excellent *jardin fruitier*, il faut une couche de terre qui ait beaucoup de profondeur. On concluroit à tort qu'on désapprouve les *jardins fruitiers* dont la couche de terre franche n'a que trois ou quatre pieds, & qui porte sur une couche de gravier ou de pierrailles, &c. Lorsqu'il n'est pas possible de se procurer un autre sol, on est forcé de se contenter de celui-là; il est inutile alors de laisser le pivot, & de ne planter que des arbres greffés franc sur franc. Ces exceptions ne détruisent pas les deux assertions générales, elles les confirment, au contraire, puisque nulle règle sans exception. Mais je persiste à dire que celui qui est assez heureux pour avoir un grand fonds de terre & de bonne terre, doit en profiter & en tirer le meilleur parti. Je conviens que des arbres ainsi plantés resteront plus long-tems à se mettre à fruit, sur-tout s'ils sont taillés suivant la méthode ordinaire; que certaines espèces réussissent mieux greffées sur coignassier, sur prunier, &c., il ne s'agit pas ici de quelques exceptions particulières, mais de la masse des arbres fruitiers considérée dans son ensemble. En suivant les procédés que j'indique, on ne sera pas obligé de remplacer chaque année un grand nombre d'arbres & souvent un tiers ou une moitié après la première année de la plantation; enfin, on aura des arbres forts & vigoureux qui subsisteront pendant plusieurs générations d'hommes. J'ose dire plus, si un particulier avoit la patience d'attendre, je lui conseillerois de semer sur place le pépin, le noyau, &c.; de cultiver leur produit avec les mêmes soins que les semis des pépinières; enfin, de greffer lorsque les troncs auroient acquis la grosseur convenable & déterminée pour recevoir la greffe. La beauté & la durée de tels arbres bien conduits, feroient époque dans le canton, sur-tout si on n'avoit pas eu la manie de les semer trop près les uns des autres; on auroit alors l'arbre naturel & l'arbre dans toute sa force. Que l'on considère dans une forêt l'arbre venu de brin ou celui venu sur couche, & on décidera auquel des deux on doit donner la préférence. Il en est ainsi de l'arbre fruitier. Je sais que la greffe s'oppose à la grande & naturelle extension de l'arbre; mais, par exemple, les abricotiers à noyau doux n'ont pas besoin d'être greffés pour produire leurs espèces, ainsi que plusieurs autres fruits à noyau. Je demande si on pourra comparer avec eux, pour la force, pour la vigueur, un abricotier, un pêcher greffé sur un prunier ou sur un amandier, &c. &c.? si le pommier ou le poirier sont aussi vigoureux greffés sur coignassier que sur franc? enfin, si un arbre quelconque, dont on a supprimé le pivot, végète aussi rapidement & dure autant que celui dont on a ménagé le pivot, & sur-tout que celui qui a été semé à demeure? Nier ces faits, c'est vouloir se refuser à l'évidence, il y a très-peu d'exceptions à cette loi. L'on veut jouir, & jouir promptement, dès-lors il faut contrarier la nature, & l'arbre, par une caducité précoce, la venge des lois qu'on a violées.

Il est très-ordinaire de voir, dans un *jardin fruitier*, les arbres à fruits d'été, d'automne & d'hiver, mêlés indistinctement les uns avec les autres; on ne sépare pas plus les arbres dont la végétation a une force, par exemple, comme douze de ceux dont le degré de végétation n'excède pas six. Il résulte de ces bigarrures, qu'une allée, qu'une partie d'un espalier sont dégarnis de fruits & de feuilles, tandis que les arbres de certaines places en sont chargés. Il vaut beaucoup mieux destiner un emplacement pour chaque espèce en particulier; par exemple, tous les bonchrétiens d'été ensemble, &c. &c. Il en est ainsi pour les arbres inégaux en végétation. N'est-il pas plus agréable à voir dans une allée des arbres taillés, soit en éventail, soit en buisson, & tous de la même force & de la même hauteur, plutôt que d'en voir un plus haut, l'autre plus bas? Le jardinier aura beau tailler long ou court, par exemple, une arménie panachée, ses branches ne s'éleveront, ne s'étendront & ne se feuilleront jamais autant que celles d'un dagobert, &c.; le premier aura perdu ses feuilles à la première matinée fraîche, tandis que l'autre ne se dépouillera qu'aux gelées. Que d'exemples pareils il feroit facile de rapporter!

J'insiste sur la séparation des espèces, afin que le jardinier ne fasse point de méprise à la taille. L'homme instruit connoît la qualité de l'arbre à la seule inspection du bois; mais, pour parvenir à ce point de certitude, il faut une longue pratique, & sur-tout avoir l'art de bien observer. Un autre avantage qui résulte de cette séparation, consiste dans la facile cueillette des fruits, elle évite le transport çà & là des échelles, des paniers, &c.

Voici encore une proposition qui paraîtra paradoxale à bien des gens; j'ose avancer qu'on doit planter dans les endroits les plus froids & les plus battus des vents, les arbres à fleurs les plus précoces, comme abricotiers, pêchers, amandiers, &c. Ces arbres, originaires d'Arménie & de Perse, se trouvent en France dans un climat bien différent; cependant ils y fleurissent dès que le degré de chaleur de l'atmosphère est le même que celui qui les mettoit en fleur dans leur pays natal; ils ont beau avoir changé de climat, ils obéissent, quand les circonstances ne s'y opposent pas, à la loi que la nature leur a assignée dans le nouveau. Aussi voit-on, lorsque les fortes gelées sont tardives, des pêchers, des amandiers fleurir au commencement de nivôse & souvent de pluviôse; or, en plaçant ces arbres dans l'endroit le plus froid & le plus exposé aux grands courans d'air, ils ne fleuriront pas en pure perte, aussi-tôt que les autres arbres de leur espèce, plantés contre de bons abris. D'ailleurs ils fleuriront plus tard au printems; le développement & l'épanouissement étant retardés, la fleur craindra beaucoup moins les funestes effets des gelées tardives du printems. Admettons encore que ces arbres soient en fleurs dans le même tems que le seront ceux qui sont bien abrités, je ne crains pas de dire que les fleurs de ces derniers seront bien plus maltraitées que les autres, en raison de l'humidité qui les recouvre, tandis que le courant d'air l'aura dissipée sur les fleurs des premiers. On fera très-bien cependant d'avoir de bons abris pour les pêchers, les abricotiers, les amandiers, sur-tout dans les départemens du nord, afin que si les gelées détruisent les fleurs des arbres plantés sur l'élévation, elles n'endommagent pas celles des arbres bien abrités, & ainsi tour-à-tour. J'ai observé un très-grand nombre de fois, dans l'intérieur de la république, que les gelées du printems nuisoient plus aux arbres des bas fonds qu'à ceux des côteaux ou des éminences. Les sols argilleux sont à comparer aux bas fonds, ils retiennent l'eau trop long-tems, quand une fois ils en sont imbibés; la chaleur a-t-elle dissipé leur humidité? leurs molécules se resserrent, s'adaptent les unes aux autres, & la masse se durcit au point que les racines n'ont plus la liberté de s'étendre. Les fruits cueillis sur ces arbres n'ont ni saveur, ni parfum, & ces arbres offrent sans cesse le triste spectacle de la nature souffrante, & qui dépérit insensiblement.

Les *jardins fruitiers* sont communément environnés de murs, soit afin de défendre les fruits contre le pillage, soit pour se procurer de beaux espaliers. Les arbres y sont plantés & taillés ou en espalier ou en contre-espalier, ou en éventail, ou en buisson, ou bien livrés à eux-mêmes, s'ils sont à plein vent. Tout le monde convient que le fruit de ces derniers est infiniment supérieur au goût; mais dans les départemens du Nord, la chaleur n'est souvent pas assez forte pour lui faire acquérir une parfaite maturité : il convient, & on est forcé alors de les tenir ou à mi-tige, ou ravalés par une taille quelconque, soit en éventail, soit en buisson. Le premier offre le long d'une allée une jolie tapisserie de verdure, singulièrement embellie au tems des fleurs, & très-riche lorsque les fruits ont acquis leur grosseur & leur couleur ordinaire; mais la monotonie est fatigante. Les seconds permettent à la vue de pénétrer à travers le vide qui reste entre eux, à mesure qu'ils s'éloignent & forment une cloche dont l'évasement est au sommet. Il est certain que si tous ces arbres sont à la même hauteur, que s'ils ont un égal diamètre, ils produisent un très-bel effet.

On n'aime pas la bigarrure le long des allées ou des espaliers, que présentent les arbres à mi-tige, placés alternativement avec les arbres nains : ou tout un, ou tout autre. Le mi-tige seul figure très-bien, & la vue se promène agréablement par-dessous. L'arbre en éventail fait tapisserie, & ne permet pas de voir au-delà, pour peu que ses branches soient élevées. Lorsqu'on plante, on doit considérer, 1°. l'utile, 2°. l'agréable.

Admettons qu'on ait à former la totalité d'un *jardin fruitier*, & qu'on desire avoir des arbres sous toutes les formes; les allées une fois tracées, le sol divisé par plattes-bandes ou par quarreaux, on réservera les quarreaux du fond aux arbres à plein vent, les quarreaux qui les précèdent seront destinés aux arbres à mi-tige, ceux en avant aux arbres taillés en buissons; les seconds quarreaux aux arbres nains, livrés à eux-mêmes, & tels qu'ils pousseront après les avoir ravalés après leur plantation, & encore mieux sans les avoir ravalés; enfin, les quarreaux sur le devant seront occupés par des arbres taillés en éventail.

On sera peut-être étonné que je place dans le nombre des nains des arbres qui ne seront point sujets à la serpette ni à la taille, outre qu'ils produiront un effet pittoresque, & un peu sauvage au milieu de ces arbres symmétriquement arrangés, j'ose assurer que chaque année ils se chargeront de beaucoup plus de fruits que les autres, & l'on sera surpris de leur étonnante végétation. Enfin, après une longue suite d'années, on les mettra, si l'on veut, & sans courir aucun risque, en arbres à plein vent; il suffira petit-à-petit & médiocrement chaque année, de supprimer les branches les plus basses, & de recouvrir soigneusement les plaies avec l'onguent saint

Fiacre. Au surplus, la disposition de la forme des arbres dépend de la volonté du propriétaire.

Lorsque l'on plante un fruitier, l'espace paroît immense, & le pied de chaque arbre, très-éloigné du pied voisin, parce qu'alors on n'apperçoit qu'un tronc mince, sans branches, sans feuilles, & absolument nud, mais pour peu qu'on ait l'habitude de voir & de juger de l'espace qu'il occupera dans la suite, on se règle alors sur la distance proportionnelle que les arbres exigeront entr'eux : c'est pourquoi j'ai conseillé de mettre chaque espèce à part, soit par rapport au fruit, soit par rapport à la force de la végétation de chaque espèce. Ce n'est pas tout : on doit encore connoître la manière d'être & de végéter de chaque arbre dans le pays qu'on habite, & relativement au sol : par exemple, les bons-chrétiens d'été, d'Ausch, à feuilles de chêne, &c. poussent bien plus vigoureusement (toutes circonstances égales) dans les départemens du Midi que dans ceux du Nord; ils demandent donc à être plus éloignés entr'eux dans cette région qu'aux environs de Paris. C'est de cette manière que l'homme instruit juge & compare, tandis que l'ignorant tire des coups de cordeaux, alligne & espace symmétriquement ses arbres. Eh! le coup-d'œil, dira-t-on, doit-il être compté pour rien ? Je réponds : Eh! qu'importe votre coup-d'œil à la nature ? croyez-vous que la beauté d'un *jardin* dépend d'une monotone symmétrie ? Le premier point est de tirer du sol tout le parti possible, & d'avoir des arbres de la plus grande beauté. Veut-on encore absolument ne pas déroger au total à l'ordre symmétrique ? eh bien, placez dans les premiers rangs les arbres qui étendent moins leurs branches & s'élèvent moins, & ainsi successivement pour les autres, selon l'ordre de la végétation. Alors les coups de cordeaux seront sur le devant plus serrés & plus larges dans le fond; mais comme l'effet de la perspective est de paroître diminuer de largeur à mesure qu'elle se prolonge, la suppression d'un, de deux, de trois ou quatre arbres sur le fond sera insensible, suivant la grandeur & la largeur du quarreau; alors, au lieu d'avoir des lignes droites, vous en aurez d'obliques, mais parallèles & symmétriques. Tout l'art consiste, avant de planter, de mesurer la longueur & la largeur du quarreau, de désigner par des points sur le papier l'espace qui doit régner entre chaque arbre, & de calculer leur nombre, de manière qu'il se trouve toujours un arbre sur la bordure tout autour du quarreau. Sa grandeur & la force de végétation de chaque espèce, décident le nombre que l'espace doit contenir, ainsi que celle à laisser entr'eux. On ne se repent jamais d'avoir éloigné les arbres; au contraire, on se repent toujours, & bientôt, d'avoir planté trop près. Je plante près, vous dit-on, pour jouir plus vîte, à la longue je supprimerai un rang d'arbres. La précaution est utile pour garnir des espaliers, si toutefois on n'attend pas que les arbres aient souffert par l'entrelacement de leurs racines; alors ces arbres, surnuméraires de l'espalier, seront choisis parmi ceux qui se mettent les premiers à fruits, & on les taillera fort à fruit, sans se soucier qu'ils fassent jamais de beaux arbres, puisqu'ils doivent être supprimés après un certain nombre d'années. En général, on attend toujours trop tard à faire cette soustraction.

L'expérience démontre que les arbres plantés, soit dans les bas fonds, soit dans les terrains gouteux-marécageux, donnoient des fruits sans goût, & dont le parfum ne différoit guères de celui de la rave : de tels fruits sont très-indigestes, & ne se conservent pas. Ces arbres sont dévorés par la mousse, les lichens, &c., & la main attentive du jardinier ne peut complettement les détruire. Je préférerois un sol graveleux, ou caillouteux, ou sabloneux, parce qu'avec de l'eau & des engrais appropriés, je me procurerois des arbres passables, mais dont le parfum du fruit seroit admirable. Lorsque le terrain est gouteux, les fossés d'écoulement sont le seul moyen de les assainir, s'il n'est pas possible d'en ouvrir, il vaut mieux renoncer à l'établissement du *jardin*. Heureux, cent fois heureux, celui qui trouve une bonne & profonde couche de terre végétale.

La position la plus utile pour un *jardin fruitier*, est celle d'un côteau à pente douce, & à l'abri des vents orageux. Dans les départemens du Midi, il est indispensable que l'on puisse conduire l'eau au pied des arbres, au moins deux ou trois fois dans l'été, & après que l'eau a pénétré la terre, la travailler; sans cette précaution, le fruit flétrira sur l'arbre, ou bien, s'il y reste attaché, sa trop précoce maturité ne permettra pas qu'il prenne sa grosseur ordinaire ni son goût parfumé.

Peu de personnes se déterminent à planter des fruitiers séparés, & sur-tout avec des arbres à plein vent; alors c'est un verger proprement dit, & pour profiter du terrain qui se trouve entre les arbres, on sème de la graine de foin; mais on a soin chaque année de faire travailler deux fois la circonférence du pied des arbres. Si l'entretien de cette prairie exige une fréquente irrigation, ces arbres se trouveront dans le cas de ceux plantés dans les terrains humides, dont il a déjà été question. Cependant, cette terre ne doit pas rester inculte, on peut la semer ou la planter avec des légumes qui exigent peu d'eau, & qui sont en état d'être récoltés un peu auparavant l'époque des grandes chaleurs : les arbres profiteront singulièrement des labours donnés à la terre. Quant aux arbres en éventail ou en buisson, il n'est guères possible d'en cultiver le sol dans la vue d'en retirer des récoltes; leur ombre est trop rapprochée de la terre, trop épaisse, les plantes s'étioleroient. On doit cultiver la terre en plein plusieurs fois dans l'année, & la tenir rigoureusement sarclée.

Ce que j'ai dit jusqu'à présent s'applique aux *jardins fruitiers* en général. Ceux des départemens méridionaux, dans les Pays-Bas, & par conséquent très-chauds, exigent quelques précautions de plus; ils demandent à être arrosés par irrigation, & les grenadiers, les jujubiers, les caroubiers n'y exigent pas des abris ainsi que l'oranger & le citronnier. Quant aux figuiers, ils doivent être plantés dans un quartier séparé ou en bordures, & ils ne réussissent jamais mieux que lorsque leurs racines ont de l'eau tout auprès, & lorsque leur tête est exposée au plus gros soleil. Les capriers, arbustes à tiges inclinées, craignent singulièrement l'humidité & la terre forte; les cerisiers, appelés guigniers dans le Nord, y réussissent très-mal, malgré les soins les plus assidus; les griottiers à fruits, nommés cerisiers à Paris, y réussissent un peu mieux. On n'y cultive aucune espèce de vigne, ni en espalier, ni en contre-espalier, ni en treille, parce que les raisins de vignes sont si bons, si sucrés, si parfumés, qu'il ne vaut pas la peine de leur donner des soins particuliers. Il est inutile d'entrer ici dans de plus grands détails. (*Extrait des Décades du cultivateur*).

JARDINAGE; art de planter, de cultiver, de gouverner & de décorer les jardins, soit pour l'utile, soit pour l'agréable.

JARDINER; c'est s'occuper des pratiques & des travaux du jardinage. Ainsi beaucoup de personnes s'adonnent à la culture des arbres, ou des fleurs, & de differentes plantes dont elles font leurs délices.

JARDINIER; c'est non-seulement un homme expérimenté qui est préposé pour diriger, conduire & arranger les travaux du jardinage, mais encore celui qui possède la science & les talens requis pour tous les exercices & les fonctions propres à la culture & à la formation des jardins. L'état d'un bon *jardinier* demande une étude suivie de la nature, une expérience raisonnée, beaucoup de connoissances relatives, & même du goût, avec les ressources d'un génie observateur & inventeur.

JARRET; terme de jardinage: c'est une branche d'arbre fort longue qui forme un angle, & est dépouillée d'autres branches qui ne l'accompagnent ni à droite ni à gauche, soit qu'il y en soit venu, ou que le jardinier mal habile les ait ôtées. Ces sortes de *jarrets* font très-mal, tant dans un buisson que dans un espalier; il faut les rogner fort bas, pour leur faire pousser de nouvelles branches à l'extrémité qu'on leur donne, & continuer à tailler d'une longueur raisonnable les plus grosses branches qui en sortiront, à l'effet de regarnir.

On est quelquefois forcé de conserver les *jarrets* pour remplir des vides.

JAVELLE; grosse poignée de froment ou autre grain en épi qui, étant coupé, reste pendant quelques jours sur le champ pour se dessécher, ou, comme l'on dit, se *javeller*. Il faut communément trois ou quatre *javelles* pour faire une gerbe.

JAUGE; on donne ce nom à une fouille de tranchée qu'on fait pour y jetter une partie de la terre qui est à labourer. Il faut observer qu'il reste toujours une *jauge* pareille à la première, jusqu'au bout de la tranchée qui se remplit de la terre mise à part en commençant.

*Jauge* se dit aussi de la mesure de la profondeur que doit avoir la tranchée; c'est alors un bâton d'une longueur semblable à sa profondeur, & qu'on présente de tems en tems pour servir de règle.

JAUNISSE; maladie des arbres qui vient souvent de la sécheresse, ou de la trop grande humidité, ou de la morsure des insectes dans la terre.

La *jaunisse* de sécheresse se guérit par des arrosemens d'eau de fumier & par des relavures de vaisselle.

On remédie à cette humidité en changeant le sol glaiseux & mat qui retient les eaux, par d'autres terres sabloneuses & meubles, & en mettant même des pierres au fond pour faciliter l'écoulement des eaux.

On répare la morsure des insectes en fouillant & détruisant l'insecte, qui est ordinairement un ver blanc de hanneton; quelquefois ce sont des taupes & des mulots qui causent ce ravage: il faut nettoyer la morsure, la ratisser, & y appliquer l'onguent de saint Fiacre. Arrosez après avoir recouvert de bonne terre; ensuite fumez, ou mettez-y des issues de cuisine, ou des lavures de vaisselle.

JET; on nomme *jet* la pousse d'un arbre, parce qu'il monte & qu'il s'élève. Après avoir été bourgeon, le *jet* devient branche & bois formé.

JEUNE DES ARBRES; c'est une invention nouvelle, dit Schabol, pour empêcher qu'un arbre ne s'emporte tout d'un côté, tandis que l'autre côté ne profite point, & au contraire dépérit. On y remédie en ôtant toute la nourriture & la bonne terre au côté trop en embonpoint, mettant à la place de la bonne terre, de la terre maigre, ou du sable de ravine, pendant qu'on fume bien & qu'on engraisse bien le côté maigre; de plus, on courbe un peu forcément toutes les branches du côté trop gras, & on laisse en liberté entière le côté maigre. Voilà ce qu'on appelle faire jeûner les arbres, & leur faire pratiquer l'abstinence & la diète; c'est ainsi encore que, sans tourmenter les arbres qui ne se mettent pas à fruit, sans leur couper les racines, & les mutiler en cent façons différentes, on parvient à leur faire porter fruits.

INCISION *dans le jardinage*; c'est l'ouverture faite à la peau d'un arbre. Il est une infinité d'occasions dans le jardinage de faire des *incisions* aux arbres soit pour des chancres, des tumeurs, des contusions, des plaies diverses qu'il faut raviver; soit des entailles à pratiquer pour faire évaporer la sève, quand un arbre ne pousse point de la tige à proportion de la greffe & de la tête; &c. mais jamais d'*incision* sans l'emplâtre d'*onguent S. Fiacre*. (*Schabol.*)

On dit *incision* latérale, longitudinale, transversale, courte, ou longue, totale, ou d'une partie, grande ou petite, profonde ou superficielle, & de largeur seulement, le tout suivant les cas particuliers où les *incisions* ont été pratiquées.

INCUBATION; action de couver. On nomme fours d'*incubation* ceux auxquels on procure, par le moyen du feu, une chaleur égale à celle que les poules donnent aux œufs qu'elles couvent.

INDIGENE; on donne ce nom aux plantes naturelles au pays dont on parle. Les plantes d'un autre pays sont appellées exotiques.

INFIRMERIE. Les jardiniers donnent ce nom à un endroit séparé & à l'ombre, où l'on tient, pendant quelque tems, les plantes & les arbres nouvellement empottés & encaissés. On y place pareillement les arbres malades & ceux qui ont souffert quelque opération.

INFLUENCE; c'est l'action de l'air & du soleil sur la terre & sur les êtres organisés qu'elle renferme ou qui la couvrent. La terre est le théatre où s'opèrent tous les grands mystères de la végétation par le concours des influences d'en haut; elle est la matrice qui reçoit dans son sein toutes ces mêmes influences pour les transmettre ensuite dans les végétaux, à chacun suivant sa façon d'être.

Il y a deux sortes d'influences; des bénignes, telles que les rosées fécondes, les pluies humectantes; &c. des malignes, savoir: des vents roux, des brouillards vermineux apportant les œufs de quantité d'insectes, & des graines de mauvaises herbes dont l'air est le colporteur & le distributeur.

INGRAT; (*terrain*) c'est un terrain qui, malgré une bonne culture, ne donne que de mauvaises productions.

INHÉRENT; on exprime par ce mot, dans le jardinage, une qualité accidentelle qui est jointe à un sujet & qui lui est sur-ajoutée.

Ainsi le *blanc* ou le *meûnier* est une espèce de lépre qui étant *inhérente* au pêcher, rend tout blancs d'une sorte de duvet la peau, les feuilles & les fruits. La jaunisse est pareillement *inhérente* aux arbres infirmes; ces maladies sont *inhérentes*, au lieu que les mousses & les semences d'insectes sont simplement adhérentes aux arbres.

INNÉ. On nomme chaleur *innée*, celle renfermée dans les entrailles de la terre & qui est le principe de la végétation. Cette chaleur *innée* concourt avec celle du soleil pour agir dans les plantes.

INOCULATION; sorte de greffe inusitée & qui réussit très-rarement. Elle se fait en appliquant l'écusson de manière que son œil soit exactement sur la place où il y en avait un avant l'incision.

INSECTES, & *autres ennemis des végétaux*. Ces ennemis sont, les pucerons, les fourmillières, sur-tout celles de dessous terre, qui sont de fourmis jaunes, les punaises des deux espèces, les tigres (appellées *agathes* dans quelques provinces), les perce-oreilles ou fourchettes, les limaçons-escargots (ou à coquilles), les limaces, les vers de toute espèce, sur-tout, les vers blancs de hannetons, & ceux de diverses familles de scarabées, qui ressemblent à la chenille, les sauterelles à couteau, les lisettes ou coupe-bourgeons; parmi les mouches, les guêpes, & celles qu'en quelques endroits on appelle moines; les mulots ou souris de champ, les loirs, les taupes, les courtillières (ailleurs, tays ou taupes-grillons.)

*Le puceron* est un insecte petit, plat, transparent, & même de couleur verdâtre, avec des ailes plus longues que le reste du corps; quand

Il a brouté la feuille, il devient gros, rebondi, & d'un vert brun & foncé; il dépose ses œufs & ses excrémens sur les feuilles les plus tendres : c'est ce qui y attire la fourmi, qui ne va jamais sur un arbre que pour s'y nourrir des œufs & des excrémens des autres insectes, & pour continuer le dégât que les autres ont commencé.

Le puceron se renouvelle trois fois dans un été : il faut le chercher avec soin, l'écraser sur la feuille, qu'on lave ensuite, ou bien, on fait cette opération un moment avant la pluie.

On peut encore le détruire en mouillant les branches où il est, & ensuite y répandant du soufre en poudre.

On les détruit encore par le moyen d'une lessive de tabac, dont on arrose les feuilles de l'arbre où est le puceron, & on met du tabac rapé par dessus.

*Les fourmis.* Les plus dangereuses sont les jaunes, qui travaillent en dessous terre, & qui ruinent les racines des arbres & des autres plantes.

On les détruit par la lessive du tabac & le tabac en poudre, par de la lessive ordinaire chaude; par une lessive de tan, dans laquelle on laisse le tan (écorce de chêne, dont les tanneurs se sont servis pour les cuirs), & par de l'urine échauffée : il faut ensuite enlever les terres infectées, & en mettre d'autres; ce qui se pratique après tous les remèdes dont on se sert pour détruire les fourmillières.

On peut faire une mine au-dessous de la fourmillière, la remplir de soufre en poudre; y mettre le feu, puis boucher l'entrée de la mine, & laisser brûler pendant vingt-quatre heures.

On peut remplir cette mine de poudre à canon, & y mettre le feu avec une traînée.

On creuse autour d'une fourmillière, à un pied de profondeur, une jauge; on met dans cette jauge du bois sec; on en met encore au dessus de la fourmillière : on laisse brûler le tout, & on enlève les terres le lendemain.

On fait encore une jauge autour de la fourmillière, dont on bat bien le contour élevé en bassin, & on le remplit d'eau.

Presque tous ces expédiens entraînent aussi la ruine ou le dégât des plantes voisines : il faut avoir, pour ainsi dire, le champ libre pour les pratiquer.

Si la fourmillière est le long du mur, il faut la baigner souvent avec de l'eau, ou avec de la lessive de tabac ou de tan.

Les issues ou entrailles de poisson, le poisson gâté, font périr les fourmis, en en frottant le mur, & en y attachant le poisson ou les entrailles.

On se sert encore, pour les attraper, d'une ou plusieurs fioles remplies d'eau miélée, & attachées dans le corps de l'arbre.

Le charbon, ou la fumée du charbon fait fuir la fourmi : on larde de charbon un espalier; les fourmis le quittent; mais, après huit à quinze jours, il faut changer le charbon, dont les vapeurs, attirées par l'air, n'ont plus d'effet sur la fourmi.

*Punaises.* Il y en a de deux espèces, des petites & des grosses : les grosses allant toujours seules, peuvent aisément être attrappées & écrasées.

Les petites vont en bande; elles font, par leurs excrémens, sur la muraille & sur l'arbre, une traînée noire comme de l'encre : le soir, elles se retirent dans les creux du mur.

Il faut secouer les branches où il y a des punaises, ou les jeter bas avec un petit balai de plume, & les écraser à terre.

Ou bien, écarter de la muraille les branches où elles sont, & le soir, verser sur ces branches plusieurs arrosoirs d'eau fraîche, ce qui les fait crever.

Quand on prévoit un orage, on écarte les branches chargées de punaises, & cela fait l'effet de l'arrosoir.

On peut aussi blanchir, avec de la chaux vive, les creux où elles se retirent. (*Voyez* PUNAISES.)

*Les perce-oreilles* ou *fourchettes*, qui entament les fruits, & s'y logent, y attirent les fourmis, pour faire entr'elles le plus cruel dégât. On les prend aisément sur les espaliers, dans des cornets de papier à sucre, dans des cornes de bœuf ou de mouton, dans les montans de laitues, & dans de petits paquets d'herbes desséchées : ces insectes s'y réfugient la nuit; le matin, on secoue les pièges, & on les écrase.

*Les tigres* ou *agathes*, qui sont de petits insectes, presque ronds, d'une couleur vive, tantôt safranée, tantôt rouge foncé, avec de petites taches noires, n'attaquent que les poiriers & pommiers; ils se rassemblent chaque nuit, & dans les tems de pluie, dans quelque creux ou gerçure de l'arbre, où il faut les chercher & les écraser.

*Les limaçons-escargots* (ou grosses & petites coquilles), & *les limaces*, sont aisés à trouver;

ou la nuit, sur les arbres, ou le matin, en suivant leur traînée argentine.

Les petits collimaçons, ou coquilles, s'attachent à la feuille lors de la pousse : il faut les chercher & leur déclarer la guerre, car ce sont de grands destructeurs en jardinage.

*Les chenilles.* On doit chercher leurs nids pendant l'hiver, les couper & les brûler, de même que les bagues d'œufs de certaines chenilles, qui enveloppent & entourent une branche en forme de bague : il faut aussi chercher avec soin celles qui éclosent pendant l'été ; c'est le seul secret infaillible contre cet insecte : dès qu'on en apperçoit quelques œufs, il faut tout de suite les écraser, ou les brûler.

Les fumigations, soit avec des torchons gras que l'on brûle, soit avec le soufre allumé, sont des moyens insuffisans, & qui ne valent pas l'œil & la main, pour détruire les chenilles, & prévenir leur ravage.

Une corde de crin autour de la tige & des premières branches d'un espalier, empêche les chenilles, les limaces & les perce-oreilles d'y monter.

*Les vers.* Les vers ordinaires, ou de terre, sont inévitables : néanmoins, il faut les détruire, autant que l'on peut, en labourant, & par les tems de pluie, dans lesquels ils sortent volontiers de terre. Quoique ces vers ne nuisent pas beaucoup par eux-mêmes aux productions, néanmoins ils sont à craindre pour elles, en ce qu'ils attirent les taupes, qui gâtent & dérangent tout un jardin.

Il faut chercher & détruire exactement les vers de hannetons : on connoît où ils sont, par la langueur des arbres & des autres végétaux, aux racines & aux collets desquels ces vers s'attachent.

Ce ver est hideux, informe, & plus gros vers le cul qu'à la tête ; il est grisâtre ou blanc, suivant son âge ; il est trois ans à se former, avant de se métamorphoser en hanneton : c'est le plus dangereux destructeur des plantes, arbres ou légumes, tout lui convient : il ronge les racines, puis il pique le cœur.

Il y a un autre ver assez semblable à celui-ci, mais plus allongé & plus blanc, qui ne lui cède guère pour la destruction : il ressemble presque à une chenille lisse.

Pour prévenir le ravage du ver de hanneton, il faut détruire le hanneton, lorsqu'il paroît au printems, le chercher sur les arbres, les secouer pour le faire tomber, & l'écraser ; le chercher dans les bordures, & sur-tout dans celles de fraisier.

Il y a encore un petit ver à tête noire, qui, dès le commencement de la pousse, s'entortille dans les bourgeons & boutons à fruit : il faut le chercher soigneusement dans ce tems, & l'on est bien payé de sa peine, par le fruit que l'on sauve, non-seulement pour l'année présente, mais pour la suivante : car un arbre rongé par les vers, ne se remet souvent que dans la troisième année.

Il y a encore, au même tems que ces vers paroissent, une petite chenille lisse & verdâtre, non moins vorace que le ver, & qu il faut également détruire.

*Les sauterelles* coupent les légumes, en piquent le cœur : il est aisé de les voir, les prendre, & les écraser.

*La lisette* ou *coupe-bourgeons* est un petit insecte presque tout rond, aîlé, de couleur brune, ayant une tête pointue, & en avant, deux pinces avec lesquelles il coupe les bourgeons des arbres dans la première verdure : il faut le chercher, secouer les branches où on en voit, & l'écraser : cet insecte, qui est aussi un grand destructeur, ressemble en petit au hanneton.

Il y a encore d'autres petits insectes semblables, pour la forme du corps, à celui-ci, mais de couleur différente ; les uns tirant sur le vert, les autres presque noirs, qui ne détruisent pas moins que la lisette : il faut donc les traiter de même.

*Les mouches*, telles que les guêpes, se prennent dans des fioles d'eau emmiélée. Dans le tems, il faut donner la chasse à une espèce de mouche, dont le corps est allongé, les aîles noires ; & le reste du corps d'un rouge de corail.

Pour garantir les figuiers, les cerisiers & les chasselas de la voracité des moineaux, il faut faire trois tours avec un simple brin de laine rouge ; l'un vers le bas de l'arbre, le second vers le milieu, & le troisième vers le haut.

Les moineaux sont aussi de grands destructeurs des pousses & bourgeons, qu'ils coupent avec leur bec.

*Les mulots & les loirs.* On les prend dans les piéges ordinaires, ou on cherche à les empoisonner : le meilleur des piéges est de mettre en terre des pots, dont les bords sont au niveau de terre ; on les remplit à moitié d'eau ; ces animaux viennent s'y jetter & s'y noyer, ainsi que les taupes, les courtillières ou tays.

Pour mieux réussir dans le piège, il faudroit que les pots, un peu plus gros que les pots communs à œillets, fussent plus larges du fond que de de l'ouverture, & un peu plus profonds qu'un pot à œillets.

Une feuille de papier blanc, que l'on met auprès des pêches prêtes à mûrir, empêche les loirs & les mulots d'y toucher.

Pour les empoisonner, on fait une pâte avec de la farine, dans laquelle on met de la noix-vomique rapée : on fait cuire cette pâte, & on fait fondre dessus du vieux lard, qu'on saupoudre encore de noix-vomique ; on met des morceaux de cette pâte dans les endroits où passent les loirs, soit sur un tuilot, soit entre deux morceaux de tuile creuse ; ils en mangent, & s'empoisonnent : mais il faut prendre garde que ni chats, ni chiens ne mangent de cet appât.

*Les taupes.* On prétend que le fumier frais de chèvre, mis dans les trous de taupes, les fait fuir. On attribue un peu plus de vertu à la noix bouillie dans de la lessive : on ouvre cette noix ; on la met dans les trous ; la taupe en mange, & cela la fait mourir. Le hareng saure, découpé comme des vers ; mis dans les trous de la taupe, produit aussi quelque effet.

Un expédient plus sûr, est d'amasser des vers de terre, de les mettre dans un pot, de les couvrir & les saupoudrer par-tout de noix vomique rapée, de les laisser vingt-quatre heures dans cet état, & de les mettre ensuite dans les trous de taupes, qui les mangent, & elles périssent.

Mais, de tous ces expédiens, le sabot ou boëte, que l'on met au passage de la taupe, est le meilleur, si ce n'est celui de les guéter, & de les prendre avec la bêche, au lever & au coucher du soleil, ou un peu avant la pluie.

Il faut fouler la terre soulevée par les taupes, mais avant, il faut arroser, pour faire couler de la terre dans le trou fait par la taupe.

*La courtilière (ou tays, ou taupe-grillon)*, est un insecte aussi hideux, que dangereux & destructeur. On le prend aisément dans les pots dont on a parlé ci-dessus : on lui donne encore la chasse, & on le prend infailliblement, en versant dans le trou qu'il fait pour sortir de terre, qui est un peu moins large qu'un petit sou, de l'eau en suffisance, & sur cette eau, on coule un peu d'huile de navette ou de chenevis : ce qui force l'insecte à sortir, & on l'écrase.

INSERTION ; dans le jardinage on emploie ce mot dans le sens d'*ente*, *de greffe*. On donne aussi ce nom à l'endroit où les feuilles sont attachées à la plante.

INSTRUMENS D'AGRICULTURE. Ils doivent être solides pour ne point courir risque d'être brisés ou dérangés par des mains grossières & peu adroites. Il faut que ces *instrumens* soient, autant qu'il est possible, d'une construction simple, & d'un usage commode & facile. (*Voyez* CHARRUE, BÊCHE, RATEAU, HERSES, SEMOIRS, &c.)

INSTRUMENT AGRAIRE *pour défricher*.

Cet *instrument agraire*, est principalement destiné à déchirer & ouvrir la surface des marais desséchés qu'on veut mettre en labour.

Il est composé d'une flèche au bout de laquelle on attèle des animaux de labour. Au talon est fixé un manche arrêté par le fort brin de bois courbe qui y est chevillé & arrêté par l'autre bout sur la flèche. Le bois courbe représente une roue de rateau garni de fortes dents d'acier très-tranchantes en devant, & précédées d'une autre dent seule fixée sur la flèche. Cet *instrument* dont le manche est à hauteur d'appui, se lève moyennant le bout postérieur de la barre qui forme la diagonale, ou s'enfonce à la volonté de celui qui le guide & s'appuie dessus.

JONC ; c'est un herbage qu'on ne sème, ni qu'on ne cultive point, mais qui croît en touffe & par place seulement dans les lieux humides : au lieu de feuilles, il produit de petits tuyaux ronds d'un vert foncé, qui sont toujours droits & sans aucun nœud, de la hauteur d'un pied, ou d'un pied & demi. Il a une sorte de petite moëlle blanche. Il est plusieurs sortes de *jonc* ; le même qui est plein & ferme, c'est celui-là qui sert dans le jardinage pour lier les bourgeons tendres & les attacher aux treillages quelconques, ce qui s'appelle *palisser*.

Les autres *joncs* qui sont creux, longs, molasses & gros ne valent rien. Il faut que le *jonc* soit vert ; quand il est seché il se casse. Il est un *jonc* marin qui est le même & très-fort : beaucoup de jardiniers s'en servent, mais il coupe le bourgeon ; & comme il y a dessus une sorte d'éverins, il agace d'abord les serpettes les mieux tranchantes. Schabol conseille de faire lever des touffes de joncs dans les lieux marécageux, & de les transplanter dans les jardins à l'écart, en place perdue, au frais & à l'ombre, pour en avoir au besoin sous sa main. Rien de mieux non-seulement pour le palissage, mais pour servir de liens à la place de la paille, aux menus légumes & même pour attacher les vignes aux échalas.

JOUG ; pièce de bois traversant la tête des bœufs qu'on attèle à la charrue. (*Voyez* ANIMAUX *propres au labour.*)

JOURNAL, JOURNEL ou JOURNEAU ; terme

d'agriculture ; c'est une pièce de terre qu'on peut labourer en un jour avec une charrue & deux chevaux.

Cette mesure est ordinairement évaluée à environ cent perches quarrées de dix-huit ou vingt-deux pieds par perche. Au reste, comme il y a des terres plus aisées à labourer que d'autres, l'étendue du *journal* doit beaucoup varier suivant le sol des différens cantons.

JOURNÉE ; travail d'un homme pendant un jour. On appelle *gens de journée* des ouvriers qu'on loue pour travailler le long du jour.

ISSUES DE CUISINE, *ou* LAVURES DE VAISSELLE ; c'est, dit Schabol, un des plus puissans engrais, quand il a fermenté. Il en faut dire autant des *issues de boucheries*, qui sont toutes parties tant internes qu'externes des animaux destinés à nous nourrir, & qui étant décomposées par la putréfaction, contiennent quantité de parties volatiles propres à la végétation.

# L

LABOUR ; c'eſt l'action de remuer la terre avec quelque outil ou inſtrument que ce puiſſe être, la renverſant ſens deſſus deſſous, à deſſein de la rendre fertile.

Le premier *labour* eſt le défrichement de la terre qu'on veut mettre en valeur ; il ſe fait en tems ſec pour les terres humides, & en tems pluvieux pour les terres légères & pierreuſes.

On dit *labour foncier* quand il eſt profond & lorſque le ſol a du fond. On nomme *labour léger* celui qui ſe fait à la ſuperficie de la terre.

La profondeur du *labour* doit être proportionnée à la qualité du ſol, aux beſoins de la graine qu'on veut ſemer, & aux circonſtances qui déterminent à labourer. On ne peut ſans doute trop labourer les terres fortes pour les atténuer, les briſer, les diviſer & les réduire en menues parcelles. Quant aux terres légères, il faut être grandement en réſerve au *labour* qu'on leur donne. Dire qu'on doit labourer davantage les terres légères que les terres fortes, eſt un paradoxe inſoutenable. Les terres maigres remplies d'un ſable léger ſont ſujettes à perdre beaucoup de leurs ſucs par les grands vides qui s'y forment naturellement, d'où il ſuit que les *labours* trop fréquens en atténuent trop les molécules.

On doit donner deux *labours* aux arbres fruitiers, un au printems, & un autre avant l'hiver.

LABOURER ; c'eſt diviſer les molécules de la terre, les expoſer ſucceſſivement aux influences de l'air, & déraciner en même tems les mauvaiſes herbes qui nuiroient aux ſemences.

On dit *labourer* à la houe, à la fourche, à la bêche ; mais le *labour* le plus parfait eſt celui de la bêche.

Pour bien *labourer* en jardinage, il faut, 1°. que la jauge qu'on fait devant ſoi avec la bêche ſoit toujours bien évidée. On amaſſe dans ce creux les pailles, les fumiers, les mauvaiſes herbes qui ſont à la ſuperficie, excepté les chiendens & autres racines traînantes, & on recouvre le tout de terre.

2°. La bêche doit toujours entrer en terre juſqu'à la douille, & être peu inclinée ; les jardiniers pareſſeux l'inclinent beaucoup, pour aller plus vîte.

3°. On doit prendre garde en labourant de bien niveler la terre, la rendre égale par-tout & l'ameublir.

4°. Si quelques endroits ſont plus élevés, on en retire le trop de terre, on la réſerve pour la dernière jauge de ſon carreau, on en couvre les endroits les plus bas, ou on la répand partout.

5°. Les terres légères ſe labourent moins ſouvent que les fortes.

6°. Enfin, quand on veut ſemer dans un terrain ainſi labouré, on y paſſe le rateau avec lequel on nettoie & on unit la terre.

Mais paſſons aux différentes façons de *labourer*, indiquées par Tull, agriculteur anglois, & Duhamel, ſon commentateur.

Toutes les terres, diſent ces auteurs, ne doivent pas être labourées de même, & c'eſt probablement ce qui a donné lieu aux différentes eſpèces de charrues qui ſont en uſage dans diverſes provinces.

Il y a des terres maigres & légères qui n'ont point de fond ; c'eſt-à-dire, qu'à une petite profondeur, on trouve le tuf blanc ou la craie, ou même la roche. Jamais on ne peut eſpérer un grand produit de ces ſortes de terres. Néanmoins quand elles ſe trouvent dans un pays habité, on ne laiſſe pas de les cultiver ; & à force de les fumer, on en tire quelques ſecours, d'autant qu'il en coûte peu pour les *labourer* : car on ſe contente de gratter cette ſuperficie où réſide toute la fertilité, avec un crochet de bois qui eſt armé d'un morceau de fer ; & un petit cheval ou même un âne ſuffit pour tirer ces eſpèces de charrues qui n'ont point de roues.

Il y a d'excellentes terres à bled, mais qui ne forment qu'un lit d'environ quatre pouces d'épaiſſeur, ſous lequel on trouve une terre rouge ſtérile. Comme ces ſortes de terres s'imbibent de l'eau des pluies auſſi-tôt qu'elles ſont tombées, on les laboure à plat, & l'on a ſoin que la charrue ne pique pas juſqu'à la terre rouge, qui diminueroit la récolte ſuivante, à moins qu'à force de fumier l'on ne rendit à la terre ſa fertilité.

Il paroît probable qu'à la suite du tems & à force de culture, la terre rouge qu'on a mêlée avec celle de dessus deviendroit bonne ; mais un fermier ne veut pas s'exposer à perdre plusieurs récoltes : d'ailleurs il lui en coûte moins pour ne *labourer* que la superficie de la terre, que pour la *labourer* à une grande profondeur.

On laboure ces terres avec de petites charrues qu'on appelle *à oreille*, parce qu'à côté du soc qui est assez étroit, il y a une planche contournée de façon qu'elle renverse la terre du côté qu'elle est placée ; & comme cette planche peut être changée de côté, le charretier est le maître de renverser la terre du côté qu'il veut.

Pour rendre ceci plus clair, supposons qu'un charretier commence sa raie en A, & qu'il aille en B. Ayant mis l'oreille de sa charrue du côté de sa main droite, & incliné le coutre du même côté, il renversera la terre du côté de *c c c*. Etant arrivé en B, il retourne sa charrue ; mais comme il veut encore renverser la terre du côté de *c c c* dans le sillon qu'il vient de faire, avant de commencer la raie D, il détache l'oreille du côté droit où elle étoit, & il l'attache du côté de sa main gauche ; il change aussi la direction du coutre. De cette façon, la terre qu'on laboure se renverse toujours dans le sillon qu'on vient de former, & tout le champ se trouve labouré à plat.

Si l'on a fait le premier labour de A en B, on fait le second de C en D, & les raies se trouvent disposées comme *d*, *e*.

Il paraît que par ce croisement les mottes sont mieux brisées, & la terre mieux remuée que si l'on faisoit tous les labours dans le même sens de A en B. Lorsque les terres ont beaucoup de pente, ou lorsqu'elles sont longues & étroites, comme il n'est pas alors possible de croiser les raies, on les biaise le plus qu'on peut ; & si les raies du premier labour ont eu la direction *f*, *g*, on donnera à celles du second la direction *h*, *i*.

Quand les terres sont fortes, telles qu'un sable gras, on se sert de charrues plus fortes que pour les terres dont nous venons de parler. Le soc de ces charrues est au moins une fois aussi large que les socs des charrues à oreille. Ces grandes charrues n'ont point cette partie qu'on nomme *l'oreille* ; mais elles ont une pièce de bois qui en tient lieu, qui est fermement attachée au côté droit de la charrue. On la nomme le *versoir* ; & pour cette raison, l'on appelle ces sortes de charrues des *charrues à versoir*. Il est évident que comme le versoir est toujours du même côté de la charrue, il renverse toujours la terre du même côté qui répond à la main droite du charretier. C'est pourquoi l'on ne laboure pas avec ces charrues comme avec celles à oreille.

Pour faire comprendre cette autre façon de labourer, supposons qu'on veuille labourer la pièce ABCD, le charretier va de A en B, & il renverse la terre sur sa droite vers E. Ensuite il va commencer une autre raie en C ; & allant vers D, il renverse encore la terre sur sa droite vers F. Puis il transporte sa charrue pour ouvrir une nouvelle raie en G ; & allant vers H, il renverse la terre sur sa droite vers E dans le sillon qu'il avoit formé en faisant la raie AB. Cette raie achevée, il en va commencer une en I ; & allant vers K, il renverse la terre sur sa droite dans le sillon qu'il avait formé en faisant la raie CD, & quand tout le champ est ainsi labouré, il reste un grand sillon au milieu.

Ces charrues ne font pas un labour profond. Comme le soc est fort large, elles enlèvent une grande largeur de terre qu'elles renversent à côté presque tout d'une pièce. Il est vrai qu'on a plutôt labouré un arpent avec ces charrues, qu'avec celles à oreille ; mais aussi il faut quatre forts chevaux pour tirer les charrues à versoir, au lieu que deux suffisent pour celles à oreille.

Au second labour, on commence à ouvrir la première raie de *n* en *o*, & l'on verse la terre dans le grand sillon LM. Puis on ouvre une raie de *p* en *q*, renversant encore la terre dans le sillon LM qui se trouve rempli. La seconde raie s'ouvre de *r* en *s*, la troisième de *t* en *u*, & l'on finit par une raie de *x* en *y*, & une de *z* en *&*, où il reste deux petits sillons qu'on remplit lorsqu'on donne un troisième labour, après lequel il reste un grand sillon au milieu du champ comme au premier labour.

Comme par cette façon de labourer on renverse une bande de terre ou de larges gazons à côté de la charrue, on ne croit pas que la terre soit aussi bien remuée qu'elle l'est par le labour qui est fait avec la charrue à oreille.

La largeur des gazons que la charrue enlève, donne occasion aux paresseux de faire une très-mauvaise manœuvre que nous allons expliquer.

Je suppose, dit Duhamel, qu'on veuille labourer un champ pareil à ABCD, le laboureur commence une raie en A, & il renverse la terre du côté E ; il va ensuite, comme on l'a dit plus haut, commencer une autre raie en C, & il renverse la terre du côté F. Quand il est arrivé en D, il va former une troisième raie du côté de A ; mais au lieu de la commencer en G pour renverser la terre dans le sillon, il la commence en H, & il renverse la terre sur la terre non labourée G qui est à côté, & il reste un sillon HL. Il va ensuite commencer une autre raie de M en N, renversant la terre sur une lesse de terre qui n'a point été labourée.

Et continuant ainsi jusqu'à la fin, toute la terre paroît labourée par de profonds sillons, quoique réellement on n'en ait labouré que la moitié. Ceux qui suivent cette méthode, n'ayant en vue que de détruire l'herbe, ils croyent faire des merveilles, parce que l'herbe qui est sur les endroits non labourés, est étouffée par la terre qu'on renverse dessus. Mais il ne s'agit pas seulement de faire périr l'herbe, il faut de plus remuer & atténuer la terre; c'est ce que cette espèce de labour ne peut opérer. Il est vrai qu'au second labour on forme les sillons où étoient les éminences, qu'on renverse dans les anciens sillons. Mais qu'arrive-t-il de-là? C'est qu'on croit avoir fait deux labours, & que réellement on n'en a fait qu'un, puisque toute la terre n'a été remuée qu'une fois.

Quand les terres sont très-fortes & argilleuses, on les laboure avec des charrues à versoir comme les précédentes; mais leur soc n'est pas si large, & elles piquent plus avant en terre. C'est pourquoi il faut quatre chevaux pour les tirer, quoiqu'en faisant chaque raie on remue une moindre largeur de terre.

Les terres spongieuses (ou qui boivent l'eau) se labourent à plat, mais on est obligé de donner un écoulement à l'eau lorsque les terres la retiennent. C'est pour cela qu'on a coutume de former dans les terres argilleuses des sillons dans lesquels l'eau se ramasse & s'écoule comme dans des ruisseaux.

Quand les terres ne sont pas extrémement sujettes à être inondées, on fait les raies à une plus grande distance les unes des autres; c'est quelquefois à cinq toises, quelquefois à quatre, quelquefois à deux; & les terres ainsi labourées s'appellent des terres labourées en planches.

Lorsque les terres sont plus sujettes aux inondations, on fait les sillons beaucoup plus près à près, ne laissant d'un sillon à l'autre que trois ou même deux pieds de distance; & ces terres sont dites labourées en billons.

Il faut expliquer comment on s'y prend pour donner cette forme aux guérets.

Supposons pour cela qu'on veuille *labourer* en planches la pièce ABCD, & qu'on se propose de placer les sillons en EEEE.

Le laboureur commence par ouvrir une raie de F en G, puis il en ouvre une autre de L en I qui remplit le sillon qu'il vient de former.

Il revient de H en K, renversant encore la terre du côté du sillon F, ce qui forme le milieu de la planche; & continuant de labourer de M en N, de O en P, de Q en R, de S en T, une planche est formée, & elle est bordée de deux sillons; ce qu'il falloit faire.

Souvent on laboure toute la terre à plat avec la charrue à versoir; & quand tout le champ est ensemencé & hersé, l'on fait de distance en distance les raies EEEE qui forment les planches. Mais cette méthode n'est pas si bonne que la précédente, parce que les planches étant plates & bordées d'une petite élévation de terre, l'eau s'en écoule moins bien.

Pour *labourer* par billons, on ouvre un sillon de A en B, puis allant de C en D, & de E en F, non-seulement on remplit le sillon, mais on forme en cet endroit une éminence qu'on nomme le *billon*, qui est bordée de deux sillons. On fait la même chose aux endroits GH, IK, & toute la pièce est labourée en billons.

Il y a aussi des paresseux qui ouvrent une raie de *a* en *b*, renversant la terre sur l'espace *ccc* qui n'a point été labouré; puis ils ouvrent une autre raie de *d* en *e*, renversant encore la terre sur l'espace *ccc*. De cette façon, toute la terre paroît labourée, quoiqu'elle ne le soit effectivement qu'à moitié.

Il est inutile de faire observer que comme on ne fait tous ces sillons que pour égoutter les eaux, il faut les diriger suivant la pente du champ qu'on laboure, afin que l'eau s'écoule plus promptement.

Les terres légères ou douces qui ont été labourées à plat ou par grandes planches, sont ensemencées à la main. La plus grande partie des grains tombe dans le fond des raies; ensuite la herse abat les éminences des raies dans les petits sillons. De cette façon le bled est enterré, & il semble qu'il a été semé par petites rangées, ou comme dans des rigoles.

Il ne seroit pas possible de semer de même les terres très-fortes & argilleuses, parce que les mottes étant dures, la herse ne peut les briser, & saute dessus, & le bled seroit toujours mal enterré. C'est pourquoi l'on enterre le bled à la charrue, c'est-à-dire, qu'on répand la semence avant de donner le dernier labour qui renverse la terre & recouvre le grain.

Nous l'avons dit plus haut; il ne convient pas de labourer toujours les terres de la même manière. C'est pourquoi une charrue, qui est propre à labourer une espèce de terre, ne vaut rien pour en labourer une d'un autre genre.

Si on vouloit labourer les terres de Beauce avec les charrues sans coutre & sans roues qu'on emploie dans les terres extrêmement légères, à peine égratigneroit-on la terre. De même, si on vouloit labourer des terres très-fortes & argilleuses avec les petites charrues qu'on emploie en Beauce, on ne feroit qu'un labour superficiel qui ne vaudroit rien. Aussi les laboureurs de Beauce ont-ils des charrues à versoir pour défricher les sain-foins, les lusernes, & pour labourer les chemins où la terre est quelquefois si dure que les charrues à oreille romproient plutôt que de l'ouvrir.

A l'égard des terres fortes qui ont bien du fond, il faut les labourer le plus profondément qu'il est possible, & pour cela il faut de fortes charrues qui aient de la largeur; car si elles sont étroites, comme il faut ouvrir la raie tout auprès des sillons qu'on vient de former, & comme la terre résiste beaucoup, la charrue retomberoit dans le sillon; au lieu que quand la charrue est large, elle entame la terre à une plus grande distance du sillon, & elle l'ouvre sans tomber dans le sillon précédemment formé.

L'objet qu'on se propose en labourant les terres, est de détruire les mauvaises herbes, & de briser la terre de façon qu'elle soit réduite en petites molécules. La bêche est bien propre à remplir ces vues, parce qu'en retournant la terre, l'herbe se trouve recouverte de beaucoup de terre, où elle pourrit: d'ailleurs elle remue la terre à huit ou dix pouces de profondeur. Mais cette opération est longue, pénible & coûteuse, de sorte qu'on ne peut en faire usage que dans les jardins.

La charrue est beaucoup plus expéditive; mais communément elle ne remue pas la terre à une aussi grande profondeur, & souvent elle la renverse tout d'une pièce sans briser les mottes; car le coutre coupe le gazon, le soc qui suit l'ouvre, & le versoir ou l'oreille le renverse tout d'une pièce sur le côté. L'agriculteur anglois s'est attaché à perfectionner ce labour, & pour cela il a imaginé une charrue qui porte en avant quatre coutres au lieu d'un. Ces coutres sont placés de façon qu'ils coupent la terre, qui doit être ouverte par le soc, en bande de deux pouces de largeur; ce qui fait que le soc ouvrant un sillon de sept à huit pouces de largeur, le versoir renverse une terre bien divisée qui ne forme plus de grosses mottes plates, comme le font les charrues ordinaires. Il arrive de-là que quand on vient à donner un second labour, la charrue ne trouve à remuer que de la terre meuble au lieu de rencontrer des mottes, ou même des gazons qui ayant pris racine depuis le dernier labour, sont aussi difficiles à diviser que si la terre n'avoit jamais été labourée.

D'ailleurs, Tull prétend qu'avec sa nouvelle charrue il peut remuer la terre à dix, douze, & quatorze pouces de profondeur; & comme par cette charrue on fait de profonds sillons & des billons fort élevés, la terre est bien plus en état de profiter des influences de l'air.

Quand on veut mettre en façon une friche ou un champ qui n'a point été labouré depuis longtems, il faut que la terre soit très-humide, surtout si elle est forte, car sans cela elle seroit si dure que les coutres ne pourroient la couper, ni le soc la renverser. Mais quand les terres sont en façon, il faut éviter de les *labourer* lorsqu'elles sont fort humides; car alors le trépignement des chevaux & le soc même corroyent & aglutinent les terres fortes, à peu près comme le font les potiers lorsqu'ils préparent leur terre pour en faire des vases, & ainsi l'on gâte la terre au lieu de l'améliorer.

Cependant la charrue à quatre coutres la corroye moins que la charrue ordinaire; parce que le soc de celle-ci la détache par une pression, au lieu que les coutres de l'autre l'ayant coupée en plusieurs pièces fort petites, le soc la renverse sans presque la pétrir. D'ailleurs, comme la charrue à quatre coutres entre dans la terre jusqu'à la profondeur de douze ou quatorze pouces, elle y trouve la terre assez sèche, lors même que celle du dessus est très détrempée.

Tull recommande qu'on mette tous les chevaux les uns devant les autres quand on laboure une terre molle, afin que marchant tous dans le sillon, ils ne pétrissent pas tant la terre.

Si la terre est en bonne façon, l'on peut la *labourer* par le sec; mais le tems le plus avantageux est lorsqu'elle est un peu pénétrée d'eau, sur-tout pour la nouvelle charrue qui auroit peine à piquer bien avant si la terre étoit fort sèche.

Il est vrai que comme cette charrue pique bien avant & qu'elle remue beaucoup de terre, il faudra employer plus de force pour la tirer; ainsi il sera nécessaire de mettre trois chevaux au lieu de deux, & quatre au lieu de trois. Mais on sera bien dédommagé de cette augmentation de dépense par la perfection qu'on donnera au labour.

La charrue à quatre socs ne sert que pour les principaux labours, pour défricher les terres, ou pour mettre en bonne façon celles qui n'ont point été labourées, ou qui l'ont été mal depuis long-tems. Elle est encore très propre à faire des labours d'hiver, & l'on peut s'en servir de tems en tems pour former de grands sillons dans le milieu des plates-bandes entre les rangées de bled.

Mais l'agriculteur anglois ne prétend pas qu'on donne tous les labours avec cette charrue. Il ne bannit point la charrue ordinaire ; il en approuve même l'usage pour les labours d'été : il recommande aussi l'usage d'une autre espèce de charrue à un coutre qui n'a point de roues, & qui est plus légère que la charrue commune. Il la nomme la *houe à chevaux*, parce que cet instrument doit faire un labour assez semblable à celui qu'on fait à bras d'homme : nous la nommerons la *charrue légère*. C'est principalement avec cette houe qu'il laboure les plates-bandes, ou qu'il cultive les plantes pendant qu'elles sont en terre.

Pour bien exécuter ces labours, il faut que la charrue soit légère & maniable, qu'elle puisse approcher aussi près qu'on veut des plantes, & qu'on soit maître de faire prendre au soc une autre direction que celle des chevaux. C'est pour remplir ces intentions que Tull a supprimé les roues ; & effectivement on fait qu'en Provence les laboureurs font aller leurs charrues qui n'ont point non plus de roues, sous les oliviers, quoiqu'ils soient trop bas pour que les chevaux puissent passer dessous.

Mais ces charrues de Provence ne font qu'égratigner la terre, au lieu que l'intention de l'agriculteur anglois est que sa charrue la laboure. C'est pourquoi il l'a artistement construite de façon que quand le cheval marche suivant la ligne A B (Pl. II, fig. 20), le coutre suive une ligne parallèle, mais plus ou moins éloignée de A B, telle que C D, E F, ou G H, I K. (*Voyez* ANIMAUX *propres au labour*.)

LABYRINTHE ; bosquet formé d'allées étroites qui se croisent si artistement, que, lorsqu'on y est engagé, on trouve difficilement la route unique pour en sortir.

LAITERIE ; c'est, dans la campagne, un lieu à rez-de-chaussée, où l'on serre le lait & tout ce qui sert au laitage, & où l'on fait le fromage & le beurre. (*Voyez* pl. XXXII & son explication, & quant au plan, pl. XXXIX, fig. 4).

LAMBOURDE ; on entend par ce mot, dans le jardinage, une branche longuette de la grosseur d'un fétu, plus commune sur les arbres de fruit à pépin que sur ceux à noyau. Elle est placée sur les côtés comme un dard, & a des yeux plus gros & plus serrés que ceux des branches à bois. Les boutons à fruits naissent sur les *lambourdes*.

LANDE ; on donne ce nom à une grande étendue de terre uniquement couverte de bruyères, de genets, de broussailles.

LARDER ; en terme de jardinage, c'est fourrer avec la main du crottin chanci dans l'intérieur d'une couche à champignons, à travers l'enduit de terreau ; en sorte que toute la couche en soit garnie ; on rebouche les trous à mesure, afin que l'air n'y entre pas.

LATÉRALES ; branches. On donne ce nom aux branches & aux bourgeons qui, au lieu de pousser droit en montant, croissent & s'étendent sur les côtés.

LAVURE ; eau qui a servi à laver la vaisselle. Cette eau est très-convenable à la végétation, & c'est un des meilleurs engrais quand on l'a laissé fermenter. Cependant il faut être d'autant plus circonspect dans l'usage qu'on fait de cette eau, qu'elle est, comme l'on fait, brûlante, à raison des sels & des sucs qu'elle contient.

J'ai vu, dit Schabol, un figuier placé dans une encoignure d'une cour exposée au levant & au midi. Il pouvoit alors avoir deux pouces & demi de tour. En moins de six ans, cet arbre s'éleva à la hauteur du toit de la maison, & grossit de quatre pouces. Ses fruits étoient aussi excellens que nombreux. Ses racines avoient percé les joints des pierres des fondations & s'étendoient à trente pieds sous le pavé de la cuisine, plus bas de deux pieds que celui de la cour. En les suivant, on s'apperçut qu'elles remplissoient le puisard destiné à en recevoir les eaux. Cette pousse prompte & extraordinaire doit moins s'attribuer à la position du figuier le long d'un mur, qu'à l'eau du puisard où ses racines s'étendoient.

LÉGUMES ; on donne ce nom aux petits fruits verds qui viennent dans des gousses, comme pois, fèves ; on le donne aussi à toutes sortes d'herbes, plantes & racines cultivées dans le potager, & bonnes à manger.

Le jardinier *légumier*, légumiste, ou maraîcher, est celui qui se consacre uniquement à cultiver les *légumes*.

LÈPRE ; maladie des arbres, qu'on nomme aussi *le meûnier* ou *le blanc*. Elle attaque principalement le pêcher. Elle se manifeste par une espèce de duvet blanchâtre qui enveloppe les feuilles du bourgeon en juin ou juillet. Il faut enlever le bourgeon couvert de *lèpre*, sinon l'effet seroit mortel & contagieux pour les autres bourgeons : on arrête ces bourgeons à trois ou quatre yeux plus bas que le bout attaqué. (*Voyez* à l'article BLANC.

LESSIVE; ce terme s'entend, dans le jardinage, quand on lave avec une eau de savon, les arbres tout noirs de punaises, & où se trouve une incrustation du couvin de l'animal appellé *tigre*.

On frotte aussi ces arbres avec un couteau de bois; puis, avec une brosse courte, on les *lessive* enfin avec l'eau simple.

LESSIVE; (*eau de*) c'est l'eau qu'on verse sur du linge entassé dans un cuvier. Cette eau se charge de sels, en passant sur un lit de cendres placé par-dessus. On se sert, dans le jardinage, de l'eau de *lessive* pour arroser les orangers, & mouiller les planches où l'on a semé des plantes qui demandent une terre substancielle.

LESSIVE; eau composée que certains charlatans débitent pour faire des dupes, sous prétexte de favoriser & d'augmenter la végétation, ou sur la promesse de guérir les maladies des arbres, & d'en éloigner les insectes nuisibles.

LEVÉE; terme d'agriculture & de jardinage: c'est la sortie des germes dont on a mis les semences en terre. On dit faciliter la *levée* des grains, ou la *levée* des grains promet beaucoup, &c.

On dit aussi qu'une semence *lève*, quand on voit la jeune plante sortir de terre.

LEVER *un arbre*; c'est l'enlever d'un endroit pour le replanter dans un autre. On ne peut prendre trop de précautions pour bien *lever* tout arbre qu'on veut remettre en place. Il faut le *lever* avec toutes ses racines, & le replanter sans en couper aucune.

LEVIER; pièce de bois de brin qui, par le secours d'un coin nommé *orgueil*, lequel est posé dessous le bout, aide à lever avec peu d'hommes un gros fardeau. Lorsqu'on pèse sur le *levier*, on dit *faire une pesée*.

LÈVRES; on donne ce nom aux deux parties séparées de l'écorce qui a été incisée. La nature remédie à cette plaie faite à un arbre par un épanchement du suc nourricier qui rapproche & réunit les deux parties séparées dans l'incision.

LIEN; c'est une espèce de corde qu'on fait avec la paille, avec l'osier, avec le jonc pour *lier* plusieurs choses ensemble.

LIGATURE; terme employé dans le jardinage pour désigner les bandages qui retiennent les cataplasmes placés sur les plaies des arbres & sur leurs parties malades.

LIGNEUX; ce qui est de la nature du bois, comme la coque des noix & des amandes, les racines de certains végétaux, &c. On nomme *plantes ligneuses* celles sous l'écorce desquelles se trouve une couche de bois, telles que le lilas, le jasmin. Les *fibres ligneuses* sont celles qui sont dures & qui traversent la substance de plusieurs plantes annuelles. Si l'on coupe horisontalement le corps *ligneux*, ou la partie solide de certains végétaux, on y remarque des cercles excentriques & les empreintes qui se font chaque année dans leur intérieur, & qui désignent assez exactement leur âge.

LIMPIDE; ce qui est clair & transparent. Ce terme, dans le jardinage, se dit de l'eau de la sève.

Dans la vigne, lorsqu'on la coupe durant qu'elle est en sève, il en sort une quantité d'eau prodigieuse, & cette eau est plus *limpide* que celle qui auroit été filtrée à plusieurs reprises. Au contraire, la sève de quantité d'autres végétaux est visqueuse, glutineuse, laiteuse, &c.

LIT; ce terme désigne la couche d'un corps qui s'est étendu sur un corps différent. On dit dans ce sens un *lit* de gravier, un *lit* de glaise.

*Lit* s'emploie aussi pour épaisseur. Un *lit de* fumier est un monceau de fourchées de fumier sur une certaine longueur.

LITIÈRE; c'est ce qu'on met sur le pavé des écuries & des étables pour servir de lit aux animaux. On fait ordinairement la *litière* de paille. A son défaut, on peut se servir des tiges de pois qui restent dans le ratelier, quand on en a donné aux animaux; on se sert aussi du genêt ou de la bruyère pour faire *litière*.

La *litière* sert à amander les terres après avoir servi de lit aux animaux, & qu'ils y ont jetté leurs excrémens & urine.

LOBES; terme d'anatomie qui désigne les deux parties du poumon. On l'a introduit dans la physique du jardinage pour exprimer les deux parties qui composent certaines graines, telles que l'amande fruit de l'amandier, l'amande des noyaux, les deux parties d'une fève, d'une amande de citrouille, &c. Le bled, le seigle, l'avoine & autres semblables n'ont point de *lobes*, ces graines sont d'une seule pièce; les *lobes* s'ouvrent lors de la germination, pour laisser passer la tige qu'ils renferment.

LOGE; cellule ou cavité placée dans l'intérieur

rieur d'un fruit, & qui renferme les semences. Chaque *loge* est ordinairement séparée par une cloison.

*Loge* se dit aussi de quantité de petits espaces vides qui reçoivent & contiennent la sève des plantes.

LOQUE *ou* LOQUETTE; c'est, dans le jardinage, un petit morceau d'étoffe avec lequel on attache chaque branche & chaque bourgeon à leur place dans les murailles, chassant avec un marteau un clou sur chaque *loque*.

On dit palissage & palisser à la *loque*. Ce palissage est seul en usage à Montreuil & aux villages circonvoisins. Là, on ne se sert pas d'osier ni de jonc aux espaliers.

Le palissage à la *loque* n'est pas si magnifique que le palissage sur les treillages peints en vert, mais il est bien plus avantageux; il n'y a pas de comparaison pour l'abondance & le goût, la beauté & la maturité des fruits. En général, plus un fruit quelconque approche de la muraille, plus il acquiert de qualité, de couleur & de saveur. Telle est la raison pour laquelle les fruits de Montreuil sont si recherchés. (*Roger Schabol*).

Il faut, pour faire usage des *loques*, que les murs soient enduits de plâtre, ce qui ne peut convenir aux murs de terrasse, à cause de l'humidité des terres.

On observera, 1°. que la *loque* soit placée entre les feuilles, & qu'elle n'en engage aucune; 2°. que le clou qui l'attache au mur tire sur la branche.

LOUCHET *ou* LEUCHET; outil du jardinage: c'est une sorte de bêche étroite. Cet instrument est fait comme la bêche pour la figure, à l'exception que la bêche est toute de fer, & que le *louchet* est de bois, garni de fer tranchant pour fendre la terre.

LOUPES. Dans le jardinage, ce sont des grosseurs qui naissent aux écorces & à la peau des arbres. On peut les couper sans danger dès leur naissance, en y appliquant l'emplâtre de l'onguent saint Fiacre; mais non quand elles ont vieilli. (*Roger*).

# M

MACHINE ; c'eſt en général tout ce qui ſert à augmenter ou régler les forces mouvantes. On diſtingue ſix principales puiſſances ou *machines* auxquelles on peut rapporter toutes les autres. Ce ſont le levier, le tour, la roue dentelée, la poulie, la vis & le coin.

Les moufles, les verrins, le guindal, les grues, les cabeſtans, ſont des *machines* d'un fort grand ſecours. Le preſſoir & la calandre ſont encore des *machines* très-puiſſantes.

La *machine hydraulique* eſt une *machine* compoſée de roues, de pompes, de tuyaux, & ſervant à élever & conduire les eaux.

Les *machines à feu* ſont celles qui ont pour moteur les vapeurs d'une petite quantité d'eau échauffée par le feu, qu'on entretient continuellement ſous une forte chaudière. Les *machines* à feu ont une puiſſance formidable qu'on emploie avec ſuccès dans les plus rudes travaux des grandes manufactures, ou pour élever les eaux & faire agir les pompes.

*Machine pour élever l'eau d'une rivière au moyen de la vis d'Archimède.* (*Voyez* pl. XLIX).

La force des courans de la rivière A fait tourner la grande roue B, & en même-tems la roue dentée ſur champ C, qui eſt à ſon même eſſieu. Celle-ci fait ſuivre le même mouvement aux deux lanternes D & E, ainſi qu'à la ſeconde roue dentée ſur les deux champs F & aux lanternes des deux vis d'Archimède G & H. Par ce moyen, les deux vis d'Archimède, en tournant, doivent élever l'eau du réſervoir I juſqu'au réſervoir K; mais il faut obſerver que la roue dentée ſur ſes deux champs F faiſant tourner les deux vis d'Archimède en deux ſens oppoſés, il faut entortiller de même en deux différens ſens, ſur leurs eſſieux, les tuyaux de plomb qui compoſent les deux vis d'Archimède, afin que, comme on le ſouhaite, elles puiſſent élever l'eau du réſervoir I.

*Autre machine pour élever l'eau d'un réſervoir à une hauteur conſidérable.* (*Voyez* pl. L).

Les deux pignons A & B qui ſont maſſifs, faits en bois ou en métal, occupent tout l'eſpace de la caiſſe ovale CD, dans laquelle cependant ils doivent tourner librement & s'engréner l'un dans l'autre.

La caiſſe CD doit être ſolidement faite, & ne doit être ouverte que dans ſa partie inférieure D, comme le marque la figure, & à l'endroit E, où il y a ſeulement un trou de la groſſeur du tuyau F, qui doit y être placé. Toutes les autres parties de la caiſſe doivent être bien jointes & bien luttées.

Il faut mettre cette caiſſe dans le puits ou dans le réſervoir dont on veut ſe ſervir, & l'y arrêter ſolidement & de façon qu'elle y ſoit toujours couverte d'eau. Enſuite vous mettrez au pignon A l'axe coudé G, qui répond au ſecond axe coudé H par la pièce de fer I, & qui eſt obligée de ſuivre le mouvement de ce dernier, par la raiſon que la pièce de fer I eſt faite en coulis, comme la figure le repréſente, & ne peut ſe mouvoir qu'autour de la cheville fixe K; ce qui fait que ſes deux bouts ſont toujours, & en tout ſens, un ſemblable mouvement : ainſi le coude H, qui eſt le même que celui de l'axe de la grande roue L, venant à tourner, il faut que l'axe coudé G tourne auſſi, & par conſéquent non-ſeulement ſon pignon A, mais auſſi le pignon B.

Lorſque ces deux pignons tournent, l'eau qui ſe trouve entre leurs dents, à la partie marquée D de la caiſſe ovale CD, s'y conſerve juſqu'à ce qu'elle ſoit arrivée à la partie C, & qu'elle y ſoit comprimée par la continuelle augmentation d'eau que l'entre-deux des dents des pignons y apportent. Alors l'eau, qui ne peut contenir dans cette partie de la caiſſe, étant ainſi comprimée & ne pouvant reſſortir par où elle eſt venue, elle entre dans le tuyau F, & y monte ſucceſſivement juſqu'à l'endroit où vous la voulez élever.

La vue de la figure fait voir qu'on fait tourner à force de bras la grande roue L, & par conſéquent ſon axe coudé H & les pignons A & B, au moyen de la manivelle M.

*Autre machine très-ſimple pour tirer facilement, & avec abondance, de l'eau d'un puits, quoiqu'il ſoit bien profond.* (*Voyez* pl. LI).

Figures 1 & 2, aux deux bouts d'une chaîne ſuffiſamment longue, vous attachez le ſceau A & le ſceau B, qui doivent être d'une égale grandeur, & cette chaîne paſſant comme dans une poulie dans les ſix fourchettes attachées à l'eſſieu C, elle peut faire monter ou deſcendre chacun de ces ſceaux ſelon le côté que l'eſſieu tourne, sans que le sceau rempli d'eau puisse, par sa pesanteur, emporter le sceau vide, par la raison que les chaînons de la chaîne forment des especes de nœuds, & que ces nœuds empêchent la chaîne de couler sur les fourchettes.

Pour faire tourner l'essieu C, l'on place à ses deux bouts les grandes roues DE, qui lui servent aussi de balanciers pour le maintenir en mouvement, & ces deux grandes roues étant tirées de haut en bas à force de bras, avec des cordes semblables à celles des cloches, qui leur sont attachées à un point de leur circonférence, elles tournent continuellement; & faisant tourner de même leur essieu C, celui-ci fait monter le sceau plein d'eau, & fait descendre le sceau vide.

Si l'on veut se servir, pour cette *machine*, d'une corde en place d'une chaîne de fer, il faudra, pour empêcher la corde de couler sur les fourchettes, la faire croiser au moyen de deux poulies A & B, comme la figure 2 le représente.

MAILLE *de treillage*; c'est un petit quarré occasionné par la rencontre de quatre échalas disposés en longueur & en largeur, & liés avec du fil de fer. Les *mailles*, usitées pour les berceaux & cabinets, ont pour l'ordinaire quatre à cinq pouces en quarré. Les *mailles* des treillages sont de six à sept, de neuf à dix pouces.

MAILLER; c'est espacer par intervalles égaux, des échalas pour faire du treillage.

MAILLER; c'est encore tracer sur le terrain un parterre ou un bosquet en autant de carreaux qu'en forme sur le papier le dessin qu'on veut exécuter.

MAIN; c'est, dans certaines plantes, une production filamenteuse qui leur est nécessaire pour s'attacher aux corps solides qui sont à leur portée. La vigne, la couleuvrée & beaucoup de légumes ont des *mains*, qu'on nomme aussi *vrilles*.

MALADIE *des plantes*. Tous les corps organisés éprouvent de tems à autre certains dérangemens qu'on peut appeller *maladie*. La trop grande abondance ou la disette de sève, les mauvaises humeurs dont elle est imprégnée & l'inégalité de sa distribution, sont les causes les plus ordinaires des *maladies* des plantes.

MANCHE; c'est la partie d'un outil par laquelle on le prend & on le fait agir. Les outils de jardinage ont pour *manche* des morceaux de bois ou bâtons, dont la grosseur & la longueur sont réglées suivant l'usage qu'on en fait.

MANNE; ouvrage d'osier, fait par le vanier, pour transporter & conserver des fruits. On donne pour l'ordinaire aux *mannes* quatre pieds de long: leurs bords ont six pouces, leur fond est à claire voie. Les *mannes* sont très-commodes pour serrer les fruits dans une fruiterie, attendu qu'on les pose les unes sur les autres jusqu'au plancher, sans que la transpiration du fruit soit interceptée.

MANNEQUIN; panier long & étroit, rond & à claire voie.

On appelle *mannequins*, en jardinage, des paniers faits avec l'osier ou autre bois liant, & qui servent à transporter en mottes les gros plants, & même à y planter des pois de bonne heure, pour ensuite les mettre dans la serre.

Les *mannequins* destinés à la plantation des primeurs, sont ordinairement plus longs que larges. On y met deux rangées de petits pois; on y plante aussi de même des choux-fleurs, des fleurs & autres primeurs.

On fait encore des *mannequins* creux & ronds, qui servent à ramasser les pierres & les mauvaises herbes. Le laboureur doit toujours avoir un de ces *mannequins* devant lui, pour y jetter le chiendent, les pierres, &c.

MANNEQUIN; (*arbres en*) ce sont des arbres que des jardiniers tirent de terre, & mettent dans des *mannequins* ou paniers d'osier, lesquels ensuite ils remettent en terre pour les lever & les transplanter avec leurs *mannequins*.

MARAIS; terrain bas, mais élevé au-dessus du niveau de l'eau, dans lequel on cultive toutes sortes de légumes. On choisit des terrains bas pour la culture des légumes, qui ont besoin de beaucoup d'eau & de fumier, parce que les puits y sont moins creux, que l'apport du fumier y est plus facile, & que les légumes y viennent mieux que dans un terrain élevé.

*Machine pour sécher un marais, pour vider un batardeau, ou pour tirer de l'eau d'un endroit peu profond.*

Une simple inspection de la figure (pl. XLVII), avec l'indication des principales parties de cette machine, suffisent pour en faire connoître le jeu & le mécanisme.

Les grandes cuillières A B qui doivent puiser l'eau dans le réservoir C, & l'élever dans le réservoir D, sont attachées par le bout de leur manche, avec des chevilles de fer mouvantes, au bord du réservoir D; elles sont suspendues par les leviers E F à leur bout F avec les mains G H;

& ces leviers, dont la pointe fixe est en K, sont tirés à leur bout E par les deux autres mains LM, ces deux dernières mains étant attachées avec des anneaux aux deux coudes NO de l'axe de la roue P, font élever & baisser les leviers EF, & par conséquent les cuillières AB, lorsque la roue P tourne, & l'on fait tourner cette roue à force de bras, avec une manivelle que l'on place au bout de l'axe du pignon Q.

*Autre machine pour le même usage.* (Pl. XLVIII).

Les quatre grandes cuillières A qui doivent porter l'eau des réservoirs B au réservoir C, sont attachées, pour cet effet, comme celles de la précédente machine, par le bout de leur manche, au bout du réservoir C, & elles sont suspendues par leur gros bout avec les quatre barres de fer mouvantes D à la grande bascule EF qui a son point fixe en K, & qui est garnie, comme la figure le représente, des trois contrepoids GHI.

Pour mettre en mouvement la bascule EF, & en même-tems les quatre grandes cuillières qui lui sont suspendues, cette bascule a à ses deux bouts les cordes LM, que deux hommes tirent à force de bras, de la même manière que l'on tire les cordes des cloches.

Suivant ce mouvement, les quatre cuillières A de deux en deux ne cessant de se baisser & de s'élever alternativement depuis les réservoirs B jusques un peu en-dessus du réservoir C, elles puisent & vident abondamment, & en peu de tems, l'eau que l'on s'est proposé d'élever.

Il faut observer que les contrepoids GHI facilitent beaucoup l'exécution de la machine, & qu'ils lui servent de balancier pour maintenir en mouvement la bascule EF.

MARCHEPIED; petite estrade utile aux jardiniers pour le palissage, pour la taille des arbres, & pour cueillir les fruits. Cette estrade est formée de plusieurs degrés. On a soin que les montans soient emboîtés par le bas dans une petite coulisse, afin qu'ils n'entrent point en terre.

MARCOTTE, MARCOTTER; c'est faire prendre racine à un rameau de quelque plante, en le couchant en terre. Il y a deux sortes de *marcotte*, la simple & celle à entaille.

La simple se fait en couchant simplement en terre quelque rameau de celle des plantes qui prennent aisément racine. C'est ainsi qu'on *marcotte* la vigne, le figuier, le coignassier, le jasmin, le groseiller, le mûrier & autres.

La *marcotte* à entaille est celle qui se fait par une incision au rameau avant que de le coucher en terre; & telle on la pratique aux rameaux d'œillets.

Toutes ces *marcottes*, on les sèvre en les coupant en-dessus de l'endroit où elles ont pris racine, & on les transplante.

*Marcotter* est donc un moyen de multiplier les arbres, & beaucoup de plantes, sur-tout les ligneuses. Cette opération se fait dès l'automne, après la chûte des feuilles, pour les arbres robustes; en avril pour les arbres délicats, & au commencement de septembre pour ceux de verdure perpétuelle.

Nous venons de dire qu'il y a deux sortes de *marcottes*.

1°. La *simple*, qui se fait en couchant dans une petite rigole, à six pouces de profondeur, les branches qui sont assez basses pour le permettre, & qu'on arrête ensuite à deux yeux hors de terre.

2°. La *marcotte* à entaille se pratique en faisant une incision immédiatement au-dessus du coude d'une branche qu'on incise entre deux joints jusqu'à mi-bois sur un pouce de longueur, & mettant dans l'entaille un petit morceau de bois pour en empêcher la réunion. Cette dernière façon a principalement lieu pour les œillets & les arbustes précieux.

3°. A l'égard des arbres plantés dans des caisses, & dépourvus de branches à leur pied, voici comme on s'y prend. On met un entonnoir de fer-blanc à la branche qu'on veut enraciner, & on la *marcotte* vers le milieu de l'entonnoir, qui est rempli de bonne terre. On choisit encore une branche vers la mi-mars, on l'écorce dans sa partie basse de la longueur du doigt, & on enveloppe cet espace d'un morceau de cuir lié avec de l'osier; on passe cette branche par le trou d'un pot rempli de terre, qu'on élève à sa hauteur. Au mois d'octobre suivant, on la coupe près du trou du pot, & on la plante dans une petite caisse.

MARECHÉS, MARAISCHERS *ou* MARAGÉS; ce sont des jardiniers établis autour des grandes villes, qui cultivent, dans une certaine étendue de terrain, des herbes & des légumes qu'ils portent ensuite vendre dans les marchés publics; beaucoup de fumier, de terreau, d'arrosemens & de travail renouvellent sans cesse les productions de leurs marais ou jardins potagers. C'est bien pour eux qu'on peut dire, d'après un grand poëte :

> La Nature est inépuisable,
> Et le travail infatigable
> Est un dieu qui la rajeunit.

MARNE; c'est une terre grasse qui tient beaucoup de l'argille. Les laboureurs s'en servent pour améliorer leurs terres. Une *terre marneuse* est celle qui tient de la nature de la *marne*, ou bien une terre où la *marne* abonde.

MARRE ; instrument d'agriculture. C'est une espèce de *houe*. (*Voyez* ce mot).

*Marrer une terre*, c'est la labourer avec la *marre*.

MARS ; les *mars*, en terme d'agriculture, signifient les menus grains qu'on ne sème que depuis le mois de mars, en continuant le reste du printems. Tels sont les avoines, orges, maïs, sarrasins, vesces, pois, haricots.

MARTEAU ; instrument de fer dont presque tous les ouvriers font usage. Le *marteau* du jardinier doit être à tête ronde pour enfoncer les clous dans le mur lors du palissage, & à dents pour les en tirer.

MARTEAU *pour battre le fer de la faux & le rendre tranchant*. Ce *marteau* a sa masse montée sur un manche court & gros ; il a les deux côtés assez allongés, larges, & se terminant l'un & l'autre en un tranchant plus ou moins obtus.

MASSIF ; on désigne par ce mot, la réunion de plusieurs arbrisseaux dans les quarrés des bosquets, pour ne point laisser de passage à la vue.

On donne aussi ce nom à certains arbres qui, à mesure qu'ils poussent du haut, sont coupés en forme de planisphère ou plate-forme. On tond ces arbres avec des croissans fort longs & des ciseaux de même. Il est des *massifs* réguliers, & il en est d'irréguliers qui sont taillés en pente & en glacis.

Il y a des jardiniers qui, au lieu de tondre leurs *massifs* dans le tems de la pousse & en verdure, laissent croître les bourgeons, qui, formant alors de vrais hérissons, font un vilain coup-d'œil. D'ailleurs ces *massifs* sont pratiqués pour ne point ôter la vue qui est offusquée par ces bourgeons hérissés.

On appelle encore *massif*, dans un parterre, une plate-bande de gazon en enroulement qui s'unit à la broderie.

MAT ; c'est le synonyme de brut, grossier, & non travaillé. On se sert de ce terme en parlant des sucs *mats* de la végétation, qui sont cruds & indigestes ; tels sont ceux des arbres à greffes enterrées.

MATURITÉ ; c'est l'état de bonté du fruit, qu'on reconnoît à la couleur, à l'odeur & à la consistance du fruit. Son principe est la coction intérieure du suc nourricier qui rend la substance du fruit plus tendre, plus moëlleuse, & plus agréable au goût.

MELONNIÈRE ; endroit du potager destiné à élever des melons sur couche. Il est ordinairement renfoncé, soutenu par de petits murs, & environné de brise-vents.

MEMBRES ; on donne ce nom, dans le jardinage, à des branches ménagées de distance en distance sur les deux branches-mères. Celles qui montent garnissent le dedans de l'arbre, & celles qui descendent garnissent le dehors.

MENSTRUES ; terme qui désigne les fausses fleurs que jettent certaines plantes, comme les châtaigniers, les noyers & quantité d'autres. Ce sont des espèces de guirlandes longuettes, formant un amas de petites fleurs groupées, pendantes vers le bas. Elles précèdent toujours la fleur ; elles ne durent que quelques jours, puis se fanent, noircissent & tombent.

MERE ; (*branche*) grosse branche des arbres, ainsi nommée, parce que d'elle naissent toutes les autres branches.

MÈRE ; on donne aussi ce nom à la principale racine de la vigne ; c'est aussi le cep dont on tire des sarmens pour faire des marcottes & les placer dans des fosses.

Quand au printems on passe sous des noyers, on voit la terre couverte de ces fausses fleurs, qu'on prendroit, à leur figure, pour de petites chenilles.

MESQUIN ; ce terme se dit, soit des arbres, soit des fruits qui sont mal configurés.

MÉTIS ; on dit un fruit *métis*, une fleur *métive*, pour désigner un fruit ou une fleur nés du mélange de deux espèces ; ce qui produit des variétés dans les végétaux de même que parmi les substances animales.

METTRE *à fruit* ; terme de jardinier. Ce terme se dit d'un arbre qui, après avoir été long-tems sans donner de fruit, commence à en produire.

MEUBLE ; (*terre*) c'est une terre légère, émiée & aisée à labourer, telle qu'elle doit être pour recevoir la semence qu'on lui destine.

MEULE ; c'est en général un monceau, un

tas, une pile. On dit une *meule* de foin, de fumier, &c.

Les jardiniers donnent particuliérement ce nom à un tas de crottins de cheval, de mulet ou d'âne, qu'on place dans un lieu frais & qu'on laisse se chancir. Cette *meule* doit être préparée avant que de faire des couches à champignon.

MIETTES *de terre.* On ne doit, quand on plante, mettre que de la *miette de terre* sur les racines, & jamais ni mottes, ni pierres. On devroit aussi passer la terre à la claie; ce seroit, dit Schabol, le plus sûr expédient.

MOELLE; substance molle & spongieuse, placée dans l'intérieur des végétaux.

MOIGNON. Les élagueurs donnent ce nom à une branche assez grosse, coupée un peu loin de la branche principale, pour qu'elle pousse plusieurs jets. Un bon ouvrier ne doit point laisser de *moignons* aux arbres.

MONTER; terme de jardinage. On dit de plusieurs légumes qu'ils ne sont plus bons à manger quand ils sont *montés*, c'est-à-dire lorsqu'ils poussent leur tige.

On dit aussi, en agriculture, que les bleds *montent* en épi, que la sève *monte* dans les arbres, &c.

MONTREUIL, village à une lieue ou environ de Paris. C'est l'endroit de l'Univers où l'on cultive le mieux toutes les plantes dont les fruits sont recherchés, & forment un grand commerce dans leur nouveauté. Les habitans de *Montreuil* sont sur-tout renommés par leur méthode de traiter & de gouverner le pêcher.

*Montreuil*, quant à la culture des arbres, est un nom collectif, c'est-à-dire qu'il comprend les villages circonvoisins, Bagnolet, Vincennes, Charonne & autres.

MORFONDU. Ce terme se dit d'un corps incommodé par le contraste du chaud & du froid qui le pénètrent. Lorsqu'au printems des coups de soleil vif font monter la sève précipitamment, & qu'ils sont suivis de vents de galerne dont le froid saisit les arbres, on dit qu'ils sont *morfondus*, pour exprimer ce qui se passe en eux. Telle est aussi l'origine de la *cloque*, ou de la *brouissure*, qui sont des maladies funestes que les pêchers éprouvent lorsqu'ils ont été *morfondus*.

La sève qui passe par des greffes abreuvées de l'humidité de la terre, ne peut être que *morfondue*, parce que les greffes sont faites pour recevoir les impressions de l'air.

MORS; pièce de fer que l'on met dans la bouche du cheval qu'on mène au travail, & qui fait partie de son harnois. On y distingue l'embouchure, le tranche-fil, les branches, les chaînettes, les anneaux, les tourets ou tourettes, la gourmette, les crochets qui tiennent la gourmette, &c.

MORVE; substance glaireuse qui se trouve dans certains fruits & légumes avant leur maturité, comme dans les noix, les fêves & les pois.

On entend aussi par *morve*, l'extravasion de sève qui devient glaireuse en s'épaississant, & qui fait pourrir les laitues & les chicorées.

MOTTE; petite pelotte de terre qui s'agglutine, qui se dessèche ensuite, & se durcit ensuite par le hâle.

On ne doit jamais laisser de *mottes* en labourant. Il est sur-tout important de bien briser les *mottes* dans les terres compactes.

MOTTE; (*planter en*) c'est quand on lève un arbre avec ses racines en total ou en partie, la terre tenant au pied. On risque beaucoup de planter en *motte* des arbres trop vieux. Pendant quelque tems, ces sortes d'arbres paroissent réussir, & au bout de quelques années il faut replanter.

MOTTES, se dit encore de tout ce qui est planté ou semé dans des pots, & qu'on tire ensuite de ces pots pour les transvaser, ou les mettre en pleine terre. Quand il est question d'enlever & de tirer du pot une *motte* pour la placer quelque part que ce soit, il convient de renverser le pot sens dessus dessous, puis par un petit ébranlement la faire sortir pour la mettre en place sans la déranger, mais en la laissant dans son entier.

MOTTE *à brûler*; espèce de petit rond & plat, de cinq pouces de diamètre sur deux d'épaisseur, fait avec de la tannée. Lorsque les corroyeurs ont retiré des cuves les peaux des animaux qu'ils préparent, le tan qui reste est un pâté qu'on met dans des moules de cuivre & qu'on fait sécher à l'air. Les *mottes* que forme cette pâte sont d'un grand usage pour entretenir la chaleur dans les orangeries, & pour le chauffage économique.

MOUCHE A MIEL, *ou* ABEILLE; insecte qui fait le miel & la cire. Nous ne devons pas nous occuper ici de l'Histoire naturelle & de la description des *abeilles*; il suffit de rappeler qu'elles font une des richesses de la campagne où l'on peut les élever & les soigner.

Pour bien gouverner les *abeilles*, il faut connoître leurs besoins, & par conséquent être instruit de leur manière de vivre; de la température d'air qui leur convient; de la situation où elles se plaisent; des alimens propres à les fixer dans un endroit, à les maintenir en santé, & à faire qu'elles travaillent & produisent beaucoup.

Quoiqu'en général les *abeilles* rendent davantage sous un climat chaud qu'ailleurs, il se rencontre pourtant dans plusieurs régions septentrionales des positions favorables où ces insectes peuvent être à l'abri du grand froid, & dans la situation de travailler.

Mais pour que ces *mouches* réussissent à tous égards, il leur faut de bons prés, des bois, des arbres fruitiers & quantité de fleurs de toute espèce.

La ruche ou habitation d'une famille d'*abeilles* est susceptible de diverses formes, & elle peut être faite d'osier, de troëne, de viorne, de bourdaine, de paille, de jonc, de planches, &c. En Espagne, où il y a des arbres de buis gros comme nos chênes, on scie ces buis de deux en deux pieds pour les creuser & y mettre les *mouches*. On dit que ce bois a une vertu particulière pour les attirer, retenir, contribuer à leur santé & fécondité.

On fait aussi des ruches vitrées pour la curiosité; mais on ne peut jouir que très-imparfaitement du plaisir de voir les *abeilles* travailler, parce que les *gâteaux* où elles déposent leur cire & leur miel présentent par-tout un obstacle impénétrable. On a aussi imaginé des ruches de terre cuite.

Si un essaim sorti ne trouve pas son logement préparé, il choisit le creux d'un arbre, ou le trou d'un mur, ou il va même s'établir dans un abri sous terre.

Les *abeilles* n'affectent donc pas une forme déterminée pour leur habitation, & l'on peut leur construire des ruches cylindriques, quarrées, triangulaires, pyramidales, &c.

Au reste, les ruches de paille de seigle sont réputées les meilleures, & les moins coûteuses.

On a l'expérience qu'en général les ruches d'une grandeur médiocre valent mieux que les grandes, parce que les *mouches* ne jettent point d'essaim, à moins que la ruche ne soit pleine.

Le produit des ruches dépend beaucoup du choix que l'on aura fait des *abeilles*. Pour les connoître & examiner quelque tems, il faut en faire sortir en frappant doucement de la main contre la ruche, ou en la renversant à demi sur le côté. Le tems le plus favorable pour les transporter est depuis la Toussaints jusques vers la mi-mars, parce que c'est la saison où les *mouches* sont engourdies, & le miel fixé dans les alvéoles; mais il est préférable d'attendre à la fin de l'hiver, ou au commencement du printems. Au surplus, il est essentiel de n'acheter que des ruches pleines & en bon état.

A la fin de février ou en mars, on peut, sans faire tort aux *mouches*, ôter une grande partie de leur cire, & en même tems du miel qui reste de leur provision d'hiver. Il suffit de leur en laisser une quantité convenable pour les jours rigoureux qui peuvent survenir jusqu'au mois de mai. On peut aussi ôter alors plusieurs gâteaux qui sont vides de miel, & sur-tout ceux dont la cire a beaucoup bruni. Ce qu'on enlève de la sorte aux *abeilles* dans un tems où elles peuvent le remplacer assez vîte, est un superflu. Donc le retranchement les met plus à l'aise, & leur donne lieu de faire de nouvel ouvrage.

En général, le matin est le moment le plus sûr pour visiter les ruches, parce que les *abeilles* engourdies sont alors moins disposées à se défendre.

Un coup-d'œil jeté dans la ruche, apprend quels sont les gâteaux qu'il convient de couper. Alors avec un couteau dont la lame est un peu courbe, comme celle des serpettes, & qui coupe bien, on taille & retranche ce que l'on juge à propos.

On doit épargner absolument tous les endroits où il y a du couvain. C'est aussi le tems de faire la réserve des gâteaux garnis de miel que l'on gardera pour approvisionner les ruches qui en ont besoin.

La ruche étant suffisamment taillée, on la remet en place, tournant en devant le côté d'où on a le plus ôté; parce que les *abeilles* travaillent de préférence dans la partie que le soleil échauffe davantage. (*Voyez* RUCHES & RUCHER.)

MOUCHETURE; terme d'agriculture. C'est une poussière noire qui, sortant des grains de bled niellés lorsqu'on bat les gerbes, s'attache fortement au bon grain, & en salit principalement la houpe, où il laisse une tache noire. Cet inconvénient est purement extérieur, & il n'en résulte aucun préjudice pour la santé; mais le grain ainsi moucheté déplait aux yeux, & le pain qui en provient n'est point parfaitement blanc. D'ailleurs, il est très-bien prouvé que cette tache, toute superficielle qu'elle est, rend le grain très-disposé à produire du grain charbonné. Aussi le grain moucheté baisse-t-il communément d'un cinquième, ou même d'un quart du prix courant lorsqu'on l'expose en vente.

MOUFLE ; c'eſt un inſtrument compoſé de deux ou pluſieurs poulies enchaſſées ſéparément & retenues avec un boulon dans une main de bois, de fer ou de bronze, appelée *écharpe* ou *chape*. Cette main eſt proprement la *moufle*. La multiplication de ces poulies augmente conſidérablement les forces mouvantes. Par le moyen des cables, la *moufle* élève les arbres les plus forts, & les fardeaux les plus peſans.

MOUILLURE. On appelle ainſi l'arroſement qu'on donne aux plantes potagères, & à celles qui ſont en caiſſe.

MOULER *des arbres* ; c'eſt, en les taillant aux ciſeaux, leur faire prendre diverſes figures. Il eſt de ces arbres *moulés* qui forment des corps d'architecture, des portiques avec des cintres, des pilaſtres, des chapiteaux, des baſes, des piedeſtaux, des corniches, &c. La façon la plus ordinaire de *mouler des arbres*, eſt de les dreſſer en boules, ou en pommes & en maſſifs.

MOULIN. Nous avons décrit, dans un volume du *Dictionnaire des arts & métiers méchaniques*, le *moulin*, machine qui ſert à réduire en farine la pulpe des graminées, en l'écraſant entre deux pierres maſſives & orbiculaires, l'une fixe & l'autre tournante, appelée *meules*. Nous allons donner ici la deſcription de différens autres *moulins* de nouvelle invention, qui ſont employés utilement par les agriculteurs.

MOULIN *à main*. Il y a des occaſions où il eſt utile d'avoir à ſa portée des *moulins à main* pour moudre le froment. Voici la deſcription d'un *moulin* de cette eſpèce, dont on peut voir la repréſentation, pl. XI, fig. 2.

A, manivelle pour faire tourner le cylindre B, à l'extrémité duquel eſt attachée une roue de fer D. CC, ſoutien du cylindre. E, roue dentelée, laquelle s'engraine dans la roue F, dont l'axe tient au rouleau renfermé dans la boîte G. HH ſont deux plaques de cuivre qui ferment la boîte par les côtés. I, vis ſervant à ralentir ou à accélérer à volonté le mouvement du rouleau.

MOULIN *à bras*. (*Voyez* pl. LII.) Le principe du mouvement de cette machine conſiſte, pour ainſi dire, en la grande baſcule ABC, qui eſt ſuſpendue par ſon axe D, de manière qu'elle peut faire ſon jeu, c'eſt-à-dire, s'élever & ſe baiſſer à meſure que deux hommes, à force de bras, tirent les cordes EF, comme l'on a coutume de tirer les cordes des cloches. L'axe D eſt traverſé par la pièce de bois G, aux deux bouts de laquelle les manches des cliquets H & I ſont attachés avec des chevilles de fer mouvantes. Ces deux cliquets ſont poſés ſur la roue faite en rochet K ; & la font tourner l'un après l'autre, ſelon les mouvemens forcés que la baſcule leur imprime. Ils ſe ſuccèdent merveilleuſement bien dans cette manœuvre ; car lorſque la baſcule baiſſe ſon point A, le cliquet H fait tourner le rochet, & au moment que le point A ceſſe de s'abaiſſer, le point C ſe baiſſe, & le cliquet I pouſſe à ſon tour la roue. Ainſi, tant que le jeu de la baſcule ABC continue, il fait tourner dans un ſeul ſens la roue K, & de ces deux mouvemens contraires il en fait faire un qui eſt réglé.

La roue K, taillée en rochet, eſt encore dentée ſur champ ; & comme ſes dents engrennent les fuſeaux de la lanterne L, celle-ci ſuit ſon mouvement & fait tourner la meule du *moulin*.

Il faut remarquer que l'on charge la grande baſcule avec du plomb, ou avec des pierres à ſes points ABC, afin de la maintenir plus facilement en mouvement.

MOULIN *mis en mouvement par un bœuf ou un cheval*. (*Voyez* pl. LIII, fig. 1.) Après avoir conſtruit ſolidement la grande roue A, & le reſte de la machine que la figure repréſente, l'on fait entrer dans la grande roue A un bœuf qu'on a auparavant inſtruit à y marcher.

Lorſque le bœuf renfermé dans cette roue, fait les mouvemens néceſſaires pour marcher, il ne change pas de place, mais il en fait changer à la roue, ou pour mieux dire, à la partie de la circonférence ſur laquelle il appuie ſes pieds, par la raiſon qu'eu égard à la proportion qu'il y a entre ſa peſanteur & l'effort néceſſaire pour donner le mouvement au *moulin*, il ne ſauroit s'éloigner de la ligne perpendiculaire à l'axe de la roue dans lequel il eſt renfermé, ſans la faire tourner.

Ainſi cet animal, en continuant de cette manière de faire tourner la grande roue A, celle-ci communique ſon mouvement à la roue donnée ſur champ B, qui eſt au bout de ſon axe, & par conſéquent fait auſſi tourner la lanterne C & la meule du *moulin*.

MOULIN *portatif que l'on place ſur une charrette, & qui moud du bled quand on fait marcher la charrette*. (*Voyez* pl. LIII, fig. 2.) Les deux roues de charrette marquées A, & la petite roue dentée ſur champ B étant ſolidement attachées à l'eſſieu C, ne ſauroient tourner les unes ſans les autres. Ainſi quand la charrette marche, ces trois roues tournent enſemble, auſſi bien que leur eſſieu ; & la roue de champ B faiſant tourner la lanterne D, fait en même tems tourner la la meule du *moulin* qui est au bout de son axe.

L'on doit remarquer que l'essieu C est attaché au brancart de la charrette avec des bandes de fer qui, en l'enveloppant de tous côtés, lui laissent cependant la liberté de tourner, & que les clous des bandes des roues A doivent avoir la tête fort grosse & taillée en pointes de diamans, afin que par la résistance qu'ils feront à couler sur le pavé & sur le terrain, les roues puissent tourner plus facilement.

MOULIN *hollandois*, pour affiner le lin. Ce *moulin* à affiner est composé de différentes parties dont les unes sont absolument nécessaires pour son action, & d'autres seulement destinées à donner aux premières tout le jeu qu'elles doivent avoir, & à rendre le travail plus facile. Cette distinction est nécessaire dans toutes les machines, afin que le lecteur sache en quoi il doit suivre exactement son modèle, & jusqu'à quel point il peut s'en écarter sans perdre les avantages de la machine. (*Voyez* planche LIV, fig. 4.)

Les parties nécessaires du *moulin* à affiner sont le fuseau mobile C & les cylindres E, placés circulairement autour du fuseau. Le reste de la machine est arbitraire: on peut le charger à sa volonté, & lui donner une forme quelconque, pourvu que le mouvement du fuseau soit facile, & que les cylindres soient dispersés en cercle. Cependant, comme la machine hollandoise est simple, peu coûteuse & très-commode, on s'attachera à la décrire très-exactement.

Elle est composée, comme on le voit dans la figure, de deux fortes planches AA, perpendiculaires à l'horison, & retenues dans cette position par trois barres de bois marquées chacune d'un B. Elles sont destinées à donner de la fermeté à toute la machine, & elles doivent par conséquent être fortes, afin de ne point plier dans l'opération. L'effort sur ces parties est plus grand qu'on ne le croiroit d'abord.

Les deux barres supérieures reçoivent une troisième planche perpendiculaire F, qui est mobile. Elle doit être serrée entre les barres, afin qu'en glissant elle retienne sa position perpendiculaire, & qu'elle reste toujours parallèle à elle-même, quand on la pousse en avant ou en arrière selon les occasions. Par la destination de cette planche qui va être expliquée ci-après, on verra qu'elle est pressée avec beaucoup de force. Elle doit donc être solide & aussi ferme qu'aucune partie de la machine.

Les deux planches AA & la planche F sont percées dans la même ligne horisontale, pour recevoir un fuseau de fer C, inséré par une de ses extrémités dans la grande roue D.

Autour de ce trou il y en a huit autres, placés exactement en cercle pour recevoir les cylindres de bois E, d'un pouce de diamètre, qui traversent horisontalement toutes les planches, de même que le fuseau.

Il n'est pas nécessaire de décrire la roue; il suffit de dire que sa forme & sa grandeur dépendent entiérement de la puissance qu'on applique à cette machine, & elle doit être construite différemment, selon qu'elle est mue par le vent, par l'eau, par des chevaux, ou par des hommes. Il est bon seulement de remarquer que les mouvemens doivent nécessairement se faire de façon que la roue tourne dans deux sens differens de droite à gauche, & ensuite de gauche à droite. On va voir par l'explication de l'action de cette machine que l'opération ne peut réussir sans cela.

Pour entendre clairement cette explication, il faut d'abord savoir que le fuseau de fer a un œil qui s'étend d'un bout à l'autre, & qui est placé horisontalement quand on passe par cet œil la filasse divisée en petites poignées. On y place chacune séparément & alternativement de droite à gauche, & de gauche à droite. On en met environ six livres de Hollande, & les bouts de ces petites poignées sont disposés régulièrement & également de chaque côté du fuseau. Ces bouts qui sortent de l'œil d'environ trois pouces, sont liés sur le fuseau, chacun à celui qui est auprès de l'autre côté. La filasse étant ainsi attachée, une moitié pend d'un côté, & une moitié de l'autre. Il est clair que pour charger le fuseau de cette manière, il faut tirer les cylindres de bois qui l'entourent, comme on en voit un représenté dans la figure. On les repousse ensuite dans leur première situation pour comprimer le lin, & alors on commence à faire tourner la roue & à faire jouer la machine.

Si l'on trouve que le lin n'est pas assez resserré, & si l'intention de l'aprêteur est de lui donner toute la finesse que la machine peut lui communiquer, on se sert alors de la planche mobile F; on la fait avancer sur le fuseau; elle diminue l'espace que la filasse occupoit auparavant, & elle la pousse avec force sous les cylindres. Comme cette planche supporte alors toute la pression du lin, il est évident qu'elle doit être très-forte & solidement placée entre les barres B.

Il résulte de tout ceci que quand le fuseau tourne, il ne tire après lui qu'une moitié des petites poignées qui l'entourent étroitement & qui sont fortement comprimés entre les cylindres ; tandis que l'autre moitié se développe par le même mouvement, s'éleve entre les cylindres & résiste à l'action du fuseau. Il est donc nécessaire que la roue se meuve réguliérement & alternativement, d'abord dans un sens & ensuite dans un autre, afin que les différentes poignées supportent successivement les différens mouvemens de l'opération, s'élèvent entre les cylindres, & soient ensuite tendues autour du fuseau. Ces deux mouvemens réunis divisent la filasse, ouvrent ses fibres, & en quelque sorte les polissent.

Nous finirons par observer que les Hollandois font faire à la roue deux tours dans le même sens, & deux dans l'autre, & que 80 doubles tours de chaque côté donnent à la filasse la plus grande finesse que l'art humain puisse lui procurer.

MOULIN *hollandois pour nettoyer les graines.* Dans les pays & dans tous les cas on fait servir le vent à nettoyer les semences. Comme elles sont spécifiquement plus pesantes que les cosses, les balles, &c. qui les renferment, le vent les porte à des distances différentes & les sépare. Il est cependant vrai que cette méthode générale est accompagnée de quelques inconvéniens : le vent ne souffle pas toujours, & il manque souvent quand on en a le plus de besoin. Sa direction n'est pas toujours favorable, relativement à la situation des granges, & on n'en peut profiter hors des maisons, à moins que le tems ne soit beau; son action d'ailleurs n'est point égale; & quand il est violent, il peut déranger tout l'ouvrage & occasionner une grande perte de semence.

Les Hollandois ont inventé une machine qui produit un vent artificiel, uniforme, constant dans son action, & dont on peut se servir quand on le veut. (*Voyez* pl. LIV, fig. 5, 6 & 7.)

C'est un moulin renfermé dans une grande boîte KL, fig. 5. Il est librement suspendu sur son axe, & on le tourne par une manivelle A. La moitié de la boîte est vide, & reçoit la semence à mesure qu'elle tombe de la trémie B sur un plan incliné qu'on voit en C. La semence glisse le long de ce plan, & sort de la machine en D, tandis que les balles, les capsules & les corps les plus légers sont entraînés par l'action du vent vers E.

Voici en général l'effet de ce moulin ; il produit un vent plus ou moins fort à volonté; ce vent, renfermé dans la machine, agit avec force & toujours dans la même direction de A vers E. Il trouve dans son passage la semence qui tombe de la trémie, & il la pousse vers E plus ou moins loin, selon qu'elle est pesante. La bonne semence n'est jamais emportée jusqu'au bout de la machine ; elle tombe au-dedans de la boîte, & les balles vides sont entraînées avec la mauvaise au-dehors dans la direction du vent.

La trémie est ingénieusement disposée pour épargner du travail ; elle est suspendue par des cordes sur quatre chevilles, & la moindre force suffit pour la mettre en mouvement sans aucun effort de la part de l'ouvrier. Une planche triangulaire F est fixée au manche du *moulin*, & tourne en même tems que ce manche. Les angles de cette planche, en tournant, pressent l'extrémité inférieure d'une petite late courbée qui se meut librement sur une cheville en G : par l'effet de cette pression, l'extrémité inférieure de la late se porte vers H, ainsi l'extrémité supérieure se meut en sens contraire vers I, & par une corde qui s'attache à la trémie, elle la fait sortir de sa situation naturelle. Quand la pression finit & que les côtés du petit triangle touchent la late, la trémie librement suspendue se remet dans sa situation naturelle, & entraîne la late avec elle jusqu'à ce que l'angle suivant du petit triangle commence à presser, & ainsi de suite alternativement tandis que le *moulin* tourne.

Après que la semence est délivrée des balles, des capsules, &c. en passant par cette machine autant de fois qu'il est nécessaire, on la nettoie de tous les corps étrangers que leur poids a fait résister à l'action du vent. Les Hollandois commencent par les plus gros, tels que les pierres, les petites mottes de terre, & sur-tout les capsules de la graine, ou les racines des plantes. On fait passer la graine de lin à travers un crible dont les trous retiennent ces corps grossiers, tandis que la linette passe facilement.

Cette opération est bientôt finie ; mais comme elle n'ôte pas parfaitement toutes les semences nuisibles, pas même les plus grosses, on se sert ensuite d'un crible percé de trous ovales, & propres à laisser passer la linette. Des semences de figures différentes ne peuvent s'accommoder à ces trous ovales, & elles restent dans le crible, à moins qu'elles ne soient beaucoup plus petites.

S'il y a encore parmi la linette de petites semences, on la remet de nouveau dans un crible dont les trous ne laissent passer que les plus petites semences nuisibles, tandis qu'ils retiennent la linette.

Les Hollandois ne s'en tiennent pas là : ils se servent d'un plan incliné formé de fil d'archal. Dans cette opération, la linette tombe lentement d'une trémie, glisse doucement sur le plan incliné, & pendant cette descente, toute la poussière & tout autre mélange nuisible est entraîné. Les parties hérérogènes passent entre les fils d'archal, & laissent la graine de lin aussi cette qu'elle peut le devenir par l'art & l'induſtrie des hommes.

Moulins domestiques. Voici la deſcription & les avantages de nouveaux *moulins domeſtiques* pour moudre les grains à faire du pain ; par le C. Teſſier.

Ayant l'intention, dit ce ſavant agriculteur, de faire moudre ſous mes yeux différentes eſpèces de grains pour en faire connoître les farines, je fis venir d'Angleterre, en 1788, un *moulin* de fer dont la conſtruction eſt à peu près celle du *moulin* à café. Il conſiſte en un cylindre, une boîte cannelée, une trémie, un volant & une manivelle. L'inſtrument entier n'occupe que deux pieds & demi de place en carré. Le C. Lejeune, ſerrurier du fauxbourg Saint-Antoine, à Paris, en a depuis fabriqué de ſemblables, avec quelques degrés de perfection de plus. Deux hommes peuvent y moudre en dix-huit heures un ſeptier de froment, du poids de 240 livres, tantôt tournant enſemble, tantôt l'un après l'autre.

Ce *moulin* peut au moins ſervir à occuper en hiver des hommes qui ſeroient oiſifs, & à fournir de la farine quand la gelée arrête les *moulins* à eau. C'eſt à cet uſage qu'il a été employé pendant le froid rigoureux de 1788 à 1789. Le beſoin alors forçoit d'avoir recours dans beaucoup de pays aux *moulins* à café, bien moins expéditifs & bien moins commodes que celui dont il s'agit.

Le C. Durand, ſerrurier à Paris, rue Saint-Victor, paroît s'être occupé depuis long-tems des *moulins*. Il en a conſtruit & fabriqué beaucoup qui ont été d'une grande reſſource. On voit chez lui un beau *moulin* à manége, c'eſt-à-dire, tourné par des chevaux, & des *moulins* à bras de différentes grandeurs.

Le *moulin* à manége eſt à deux équipages, chacun ayant ſes meules & ſes bluteries & pouvant être interrompu ſans que l'autre équipage s'arrête. Les *moulins* à bras ſont auſſi accompagnés d'une bluterie.

Suivant des expériences qui m'ont été remiſes, le *moulin* à manége de Durand a moulu, en une demi-heure, un ſetier de froment de 240 liv. Un petit *moulin* à bras a moulu la même quantité de froment en ſix heures, & un autre *moulin* à bras plus parfait, en cinq heures. Peut-être dans un travail continu ces *moulins* ne moudroient-ils pas tout-à-fait autant de froment ; car des animaux ou des hommes, dans les premières heures de travail, ſont plus agiles & expéditifs que dans le reſte du tems.

Trois hommes peuvent ſe diſtribuer l'ouvrage qu'exige un *moulin* à bras, à raiſon de huit heures par jour & de 30 ſous pour chacun.

Pour tourner le *moulin* à manége, il faut ſix chevaux, travaillant deux par deux chacun huit heures par jour. On compte 3 liv. pour le loyer & la nourriture de chaque cheval. Ces animaux, en huit heures, parcourent 15,120 toiſes, ou ſept petites lieues. Des chevaux de ferme, labourant toute une journée, font le même chemin.

Je n'entrerai pas dans des détails de la deſcription de ces *moulins* : ce ſont les *moulins* ordinaires à mouture économique auxquels Durand, en ouvrier intelligent & habile, a donné beaucoup de perfection. Durand, ſon fils, ſerrurier, rue Saint-Etienne-des-Grès, a auſſi contribué à cette perfection. Je dirai ſeulement que Durand père a trouvé & exécuté un moyen de fixer la meule tournante à l'extrémité de ſon axe, de la déplacer ſans peine pour la *piquer*, & de la replacer de manière qu'elle pût moudre ſur le champ, étant parfaitement en équilibre, ce qui eſt un grand avantage ; car dreſſer les meules eſt le déſeſpoir des meuniers, parce qu'à peine dreſſées, elles perdent leur équilibre & moulent inégalement. A cette perfection, il en a ajouté pluſieurs autres moins importantes, qui rendent la machine plus ſolide & plus propre à moudre également.

Par une diſpoſition des leviers auxquels on attache les chevaux ſur l'arbre du *moulin*, on peut arrêter ſubitement les chevaux, ſans que le *moulin* ceſſe auſſi-tôt de tourner. Cette diſpoſition, quel qu'en ſoit l'inventeur, eſt bien précieuſe, parce qu'on ne craint pas que l'ébranlement donné au *moulin* ne bleſſe ou ne maltraite les chevaux lorſqu'on les détele, ou lorſqu'ils font un faux pas, ou qu'ils s'arrêtent pour uriner.

On aſſure que la conſtruction d'un *moulin* à manége ne ſeroit pas plus chère que celle d'un *moulin* à eau. Une charpente légère ſuffit. Il ne faut preſque pas de fondations, à moins qu'on ne veuille y joindre des greniers & des magaſins. Il y a chez Durand père, un beau moulin à manége en activité : il peut ſervir de modèle ; c'eſt une choſe à examiner & à calculer. On trouve chez lui des *moulins* à bras de 400 liv., de 600 liv, & juſqu'à 1,000 liv., y compris la bluterie. Toutes ſes meules ſont priſes à la Ferté-ſous-Jouarre, où l'on ſait que ſe prennent les meilleures meules. L'emballage & le tranſport des *moulins* à bras ſont aux frais de l'acquéreur.

On peut conſidérer les avantages de ces *moulins* ſous deux rapports, comme utiles à l'Etat, & comme utiles aux particuliers.

La nécessité de conserver les *moulins* à eau est un obstacle au projet de rendre beaucoup de rivières flotables ou navigables. On ne doit pas, pour le bien du commerce, détruire des usines aussi importantes que des *moulins*, à moins qu'on ne les remplace.

Dans les rivières navigables où il y a des *moulins*, souvent ces *moulins* causent de la gêne à la navigation.

Pour entretenir certains *moulins*, on arrête le cours des eaux, qui alors séjournent dans des prairies, & en font des marais infects, & capables de causer des maladies funestes aux hommes, tandis que si les *moulins* n'y étoient plus, on rendroit ces prairies fertiles, & le pays très-sain.

Il y a des cantons où l'agriculture a besoin qu'on arrose de tems en tems les prés, qui sans cela ne rapporteroient pas, ou rapporteroient peu. Cet arrosement, qui ne peut se faire qu'en suspendant le cours des rivières, est impossible, lorsqu'elles ne fournissent que de quoi entretenir les *moulins*.

La multiplication des *moulins* à manége & à bras de Durand, remédieroit à ces inconvéniens. On ne craindroit pas d'ordonner la suppression de beaucoup de *moulins* à eau, & le remboursement des propriétaires.

Les particuliers peuvent retirer beaucoup d'économie des *moulins* à bras. Pour droit de mouture, les meûniers ne doivent prendre que le seizième, ou le douzième, suivant l'usage du pays. Le plus souvent, ils prennent davantage. Il est inconcevable que jamais on n'ait pensé à établir une police sur les meûniers. J'ai envoyé exprès à un *moulin* du froment, que j'ai pesé auparavant. Au retour, ce qui m'a été rendu en farine & en son pesoit un sixième de moins. Je ne connois pas d'impôt plus fort. Qu'on suppose le froment à 36 livres le setier, comme nous l'avons vu; il a même été vendu beaucoup plus cher. Il en coûte six livres à l'homme qui envoie un setier de froment au *moulin*, avant qu'il puisse en manger le premier morceau de pain.

Il arrive fréquemment que du bon grain, envoyé au *moulin*, est changé par le meûnier, qui substitue du grain inférieur ou altéré, dont on retire moins de pain, & du pain de mauvaise qualité; ce qui augmente encore les frais de la mouture.

Les déchets au *moulin* à eau sont au moins de six livres pesant par setier, au dire des meûniers. Ils sont bien plus foibles dans les *moulins* à manége; dans les *moulins* à bras, il n'y en a presque pas.

Si on avoit chez soi un de ces *moulins*, on éviteroit donc d'être volé; on mangeroit le pain de son véritable grain, & on n'éprouveroit que très-peu de déchet.

Les *moulins* à bras peuvent se placer par-tout, & par conséquent être à portée de ceux qui doivent les veiller ou s'en servir. J'en ai vu chez Durand qui n'avoient, y compris le bluteau, que cinq pieds & demi de longueur, sur deux pieds dans leur plus grande largeur. Le très-grand vent, la gelée, la sécheresse, les inondations, rien ne les arrête. Dans les villes assiégées, ils seroient fort utiles. En hiver, lorsque le tems ne permet pas de travailler au-dehors, les ouvriers s'occuperoient à moudre. Les fermiers dont les domestiques, lors de la neige ou de la gelée, sont oisifs, les emploieroient à ce travail, qui procureroit pour une partie de l'année de la farine aussi commode à garder que le froment.

Le C. Parmentier, persuadé de tous ces avantages, pense avec raison que, quelques soient la mecanique & la construction des *moulins* à bras de Durand, on ne peut en donner le soin au premier venu; qu'il est nécéssaire que celui qui en achetera, ou la personne en laquelle il a confiance, ait les principales connoissances de la mouture; sans cela, les *moulins* seront mal conduits; on n'en retirera pas ce qu'on pourroit en retirer, & on rejetera sur la machine, qui est très-bonne, ce qui vient de la faute de ceux qui l'auront conduite. Appeler un meûnier à son secours pour la réparer, ou pour l'entretenir, ce seroit s'exposer à la voir détruire entiérement, ou à la voir tellement altérer, qu'il ne seroit plus possible de s'en servir; car les meûniers ordinaires ont un grand intérêt à empêcher l'introduction & l'usage des *moulins* à bras.

Si les propriétaires de ces *moulins*, ou leurs hommes de confiance ne se familiarisent pas avec les principales pièces, les ouvriers, pour se soulager, quand ils les tourneront, desserreront les meules, & les *moulins* donneront trop de son.

Le moyen de tirer parti de ces *moulins*, & d'éviter les petits inconvéniens auxquels ils sont sujets, c'est de donner à ceux qui les posséderont, des notions courtes, simples & à leur portée, des règles & des principes de la mouture. Il faudroit qu'une instruction bien faite en accompagnât toujours l'envoi, & même qu'on l'affichât dans les endroits où on placera ces *moulins*. Elle serviroit de guide & d'apprentissage. Tel est l'avis du C. Parmentier: cet avis est très-sage. Il doit s'occuper de cette instruction quand il aura fait de nouvelles expériences, en comparant le produit de ces *moulins*, soit par la mouture à la grosse, soit par la mouture économique, avec celui des grands *moulins* à eau & à vent. (*Voyez* pl. XXXIX, fig. 3.)

MOUSSE. La *mousse* est une plante parasite, à raison de ce qu'elle vit aux dépens des arbres sur qui elle croît. La *mousse* a, comme toutes les plus grandes plantes, des racines, un tronc, des branches, des feuilles, des fleurs & des graines.

La *mousse* fait tort aux arbres, en ce qu'elle empêche leur transpiration, en ce qu'elle attire à elle les sucs, & qu'elle vit de leur substance, en ce qu'elle gâte leur peau par l'application des petites griffes de ses racines; enfin, parce qu'elle *morfond* la sève par l'humidité qu'elle retient.

On ôte la *mousse* des arbres avec un petit morceau de bois fait en forme de lame de couteau, ou même avec le dos de la serpette, en grattant les parties *mousseuses* des arbres. On ne doit jamais faire cette opération qu'après des tems humides.

On nomme *arbre mousseux* celui qui est couvert de *mousse*.

MOUVER *la terre d'un pot ou d'une caisse*; c'est, dans le jardinage, y faire une manière de petit labour avec quelque outil de fer ou de bois, afin que cette terre étant rendue meuble, l'eau des arrosemens y puisse facilement pénétrer.

MULET; quadrupède engendré d'un âne & d'une jument, ou d'un cheval & d'une ânesse. La croupe du *mulet* est effilée & pointue. Sa queue & ses oreilles tiennent beaucoup de celles de l'âne : il ressemble assez au cheval pour le reste. On nomme *mule* sa femelle.

Ils tiennent de l'âne la bonté du pied, la sûreté de la jambe & la santé. Leurs reins sont très-forts; ils portent beaucoup plus pesant que le cheval ne peut faire.

On peut les mettre au labour. On gouverne en général le *mulet* à peu près comme le cheval.

MULTIPLICATION. Les greffes sont l'unique moyen de multiplier certaines espèces de plantes. Les semences, les marcottes & les boutures sont aussi les moyens de *multiplication* les plus universels.

MUR. Ce terme se dit d'un fruit qui est parvenu à son degré de perfection, & qu'il est tems de cueillir, de manger ou de serrer.

# N

NAIN. (*arbre*) On appelle ainsi un arbre fruitier qui ne s'élève qu'à une hauteur médiocre, & qu'on dresse en buisson ou en éventail. L'usage en le plantant est de le couper à la hauteur de cinq à six pouces.

NATURALISTE; c'est dans l'étude du jardinage & de la végétation un observateur exact des procédés & des opérations de la nature, pour agir en conséquence, quant au gouvernement des plantes. C'est dans cette partie surtout qu'il ne faut point admettre de système, & qu'on doit toujours agir d'après l'expérience.

NAVRER. Les treillageurs expriment par ce terme l'action de donner un coup de serpe à un échalas tortu pour le redresser, par le moyen de la hoche qu'ils y font.

NAVRER *une branche d'arbre*, c'est, dit Schabol, donner un coup de serpette ou d'un outil tranchant, pour ensuite, en appuyant dessus, ouvrir l'entaille; après quoi l'on rapproche les parties divisées, & on les attache avec une ligature, y mettant l'onguent St. Fiacre. Ce moyen est efficace pour empêcher qu'une branche ne prenne trop de substance sur un arbre trop fort d'un côté & maigre de l'autre. La *navrure* est aussi bien employée avec succès en quantité d'autres rencontres.

On *navre* une perche ou un échalas à l'endroit qui n'est pas assez droit. Le coup de serpe entrant un peu avant dans la perche ou l'échalas, fait qu'ils obéissent au jardinier pour les planter de la manière qu'il veut, soit en long, soit en ovale, ou en rond.

NEUVE. (*terre*) On nomme ainsi la terre qui n'a jamais rapporté, comme celle qui se trouve à quatre ou cinq pieds de sa superficie. Celle qui a été long-tems inculte & qu'on a mise récemment en valeur est aussi une *terre neuve*.

NIELLE; c'est une maladie particulière des bleds. Cette maladie se manifeste en vingt-quatre heures, & paroît être causée par ce qu'on appelle un *coup de soleil*, qui brûle la substance farineuse des grains. En effet, suivant l'observation des gens de la campagne, lorsque le soleil a paru dans toute sa splendeur, & que tout-à-coup du sein de la terre ou d'en haut il s'éleve un brouillard épais, alors si ces rayons ardens franchissent ces vapeurs & embrassent l'horison, on craint la *nielle* pour les blés, crainte qui n'est que trop bien fondée & presque toujours réalisée.

NITRE *ou* SALPÊTRE; c'est un sel fort répandu dans toute la nature, qui est regardé comme un puissant agent de la végétation. Du tems de Virgile on en saupoudroit les terres pour les faire produire. Cependant il est dangereux de se servir de ce moyen sans de grandes précautions. La neige est bienfaisante aux plantes parce qu'elle est, dit-on, nitreuse.

NIVEAU; instrument géométrique, utile dans l'agriculture & le jardinage.

Cet instrument sert à faire connoître si un point est plus élevé qu'un autre, par rapport au centre de la terre; on l'emploie aussi pour tracer une ligne parallèle à l'horison, pour dresser & unir un terrain, pour régler les pentes, conduite les eaux, &c. On nomme aussi *niveau* la ligne parallèle à l'horison, & l'on dit dans ce sens *poser de niveau*, *araser de niveau*.

Le *niveau* de jardinier est ordinairement l'équerre des maçons.

On dit qu'un terrain ou une allée est de *niveau*, lorsqu'ils ne sont pas plus hauts en un endroit qu'en l'autre. On dit aussi qu'il faut dresser une allée suivant son *niveau de pente*, lorsqu'on fait en sorte que sa pente soit égale par-tout dans la longueur de l'allée, de manière qu'elle paroisse unie d'un bout à l'autre, quoiqu'elle ne soit point horisontale.

NODUS; terme de jardinage. C'est une grosseur soit naturelle, soit contre nature, qui fait quelque saillie. On dit les *nodus* du bled & des autres plantes semblables, où le long de la tige sont des grosseurs faisant saillie, & ces sortes de *nodus* sont dans l'ordre de la nature.

Les *nodus* contre nature sont, dans les plantes, des tumeurs qui ont pour principes un dépôt d'humeurs vicieuses, ce qui arrive quand, par des coupes vicieuses & des plaies réitérées, il se fait dans une plante des tumeurs saillantes, de quantité de bourelets cicatrisans. Une plaie n'est pas encore fermée, que l'année suivante, à côté de cette plaie au-dessus & au-dessous, il s'en fait de nouvelles formant de nouveaux calus l'un auprès de l'autre, ce qui occasionne ces *nodus* si difformes. Une branche, un gros bois auront été forcés, tors, contournés par quelque cause que ce puisse être; alors il s'y forme des *nodus* par l'accession du suc nourricier. Il survient une grêle fort grosse, fouettée par le vent, laquelle hache, brise & enlève la peau de la plante, faisant des contusions & plaies sur plaies; alors par-tout aux vignes comme aux arbres; ce ne sont que de ces sortes de *nodus*. (SCHABOL.)

NOGUETTES *ou* NOQUETTES; on appelle ainsi des mannes d'osier fort plates, arrondies par les angles, ayant des bords peu élevés, & qu'une anse traverse dans leur milieu. Sur ces *noguets*, les jardiniers arrangent leurs fruits, dans des petits paniers aussi, pour les placer sur leurs têtes, & les transporter au marché, ou ailleurs.

NOMBRIL *des fruits*; c'est la petite cavité placée à l'extrémité du fruit du côté opposé à la queue, comme dans la poire & la pomme. Le *nombril* des fruits est ainsi que celui de l'homme, formé de la réunion des ligamens qui ont servi au fœtus de communication avec la matrice; c'est par-là que le fruit, avant que d'être noué, tenoit à l'œil ou bouton de la fleur.

NOVALE; terre nouvellement mise en valeur ou défrichée.

NOUE; terme d'agriculture. Ce terme sert en quelques cantons pour désigner un endroit noyé d'eau, qui y forme de petites mares.

NOUER; se dit de toutes les plantes qui portent des fruits ou des graines. Le fruit est *noué*, quand de la fleur épanouie sort le fruit formé en petit. On dit de même que les graines ou grenailles *nouent*, quand la fleur épanouie aussi fait voir la cosse formée également en petit.

NOUEUX; se dit des arbres & de leurs tiges quand il s'y trouve beaucoup de nœuds & de calus. On doit éviter de planter de tels arbres, d'autant que ces nœuds qui sont les anciennes plaies des branches retranchées & qui ne sont point encore recouvertes, dénoncent le peu de vigueur de l'arbre, & que d'ailleurs ils sont des obstacles continuels au cours de la sève.

NOURRICE. (*mere*) On appelle ainsi, dans les pêchers, la branche à bois placée à côté ou au-dessous des pêches.

NOUVEAUTÉS; on donne ce nom aux primeurs des fruits & légumes que l'industrieux jardinier fait venir à maturité avant la saison ordinaire, sur-tout en hiver & au printems. Tels sont les pois hâtifs, les fèves de marais, les asperges, les violettes printannières, &c.

NUD; planter à *nud*; c'est planter les racines à découvert, & non en mannequin, ni en mottes, ni en pot. C'est une bonne méthode pour être sûr de ses opérations, & ne point s'exposer à mettre en terre des racines viciées.

NUTRITION; changement du suc nourricier en la substance des parties de la plante. La *nutrition* se fait par la distribution de ce suc qui en augmente ou en entretient le volume. Les labours, les engrais, les pluies, les sels de la terre, animés par la chaleur du soleil, contribuent essentiellement à la *nutrition*.

# O

OBSTRUCTION ; c'est un engorgement ou un embarras causé par la quantité & l'amas des humeurs vicieuses & étrangères qui se fait dans la cavité des tuyaux & forme un obstacle à la circulation des liquides, d'où résultent différentes tumeurs, soit intérieures, soit extérieures. Dans les plantes, toute *obstruction* vient également d'une humeur visqueuse qui coagule le suc nourricier & l'empêche de couler comme auparavant. C'est, en un mot, une affection dans les conduits de la sève, laquelle y cause un gonflement contre nature ou un affaissement.

ŒCONOMIE RURALE ; c'est l'habile & sage conduite qui caractérise le bon cultivateur, ou le prudent administrateur qui préside à l'agriculture.

L'*œconomie rurale*, dit Chomel, est digne d'une ame généreuse, & qui se plaît à faire du bien. Moins occupé des richesses pour lui-même que pour subvenir aux besoins de nécessité ou de convenance, l'*œconome rural* pense à répartir les effets de sa propre industrie sur les hommes qui y ont contribué par leur travail ; il regarde comme une justice de mettre à l'abri des dangers & des horreurs de la disette le laboureur, le journalier, l'artisan, & en général le peuple de ses terres.

Une des maximes de Sully étoit, « que le labour & le pâturage sont les deux mammelles d'un Etat ». Telle fut la base de son systême & le principe des opérations de ce grand ministre. Il fit beaucoup de réglemens utiles pour encourager l'agriculture, mais tous avoient pour but de procurer de l'aisance au cultivateur. En effet, c'est là le principal ressort. Il seroit bien digne (continue Thomas dans son éloge de Sully), il seroit bien digne d'un siècle aussi éclairé que le nôtre, de tirer enfin cette classe d'hommes si utile de l'état vil & malheureux où elle a été jusqu'à présent. L'ancienne Grèce, de ses cultivateurs, fit des dieux. Il seroit à souhaiter que parmi nous on les traitât seulement à-peu-près comme des hommes. Quoi ! faut-il être à-la-fois nécessaire & avili ! Ce seroit aux grands & aux riches propriétaires à donner l'exemple ; car ils peuvent donner l'exemple en tout. Une vérité effrayante pour eux, c'est qu'ils ne peuvent subsister sans le laboureur, au lieu que le laboureur peut subsister sans eux.

C'est une coutume assez générale par tout, de placer des bataillons sur le passage des souverains. Un roi d'Angleterre, en traversant son pays, vit un autre spectacle ; deux cents charrues que les habitans d'une campagne vinrent ranger sur son passage. Ce trait est d'une éloquence sublime pour qui sait l'entendre.

Il s'en faut bien que dans notre Europe, avec toutes nos sciences & notre orgueil, nous ayons poussé la véritable science du gouvernement aussi loin que les Chinois. On sait que leur empereur, pour donner aux citoyens l'exemple du respect qu'on doit au labourage, tous les ans, dans une fête solennelle, manie la charrue en présence de son peuple. Nulle part l'agriculture n'est aussi honorée. Il y a même des places de mandarins pour les paysans qui réussissent le mieux dans leur art.

Par-tout les hommes sont les mêmes ; on les menera toujours par les distinctions & les récompenses. Mais avant qu'un paysan sache ce que c'est que l'honneur, il faut qu'il sache ce que c'est que l'aisance. Un cœur flétri par la pauvreté n'a d'autre sentiment que celui de sa misère.

Quelqu'habile que soit un *œconome rural*, il doit être en même-tems assez judicieux pour sentir qu'il a encore besoin de conseils. Il consultera donc souvent ceux qu'il a chargés de certaines parties d'administration. Mais il retiendra toujours le droit de décider, attendu que les gens en sous-ordre sont souvent incapables d'appercevoir, encore moins de saisir son plan général, & qu'ils ne font que tourner dans le cercle étroit de leurs préjugés. Il profitera des lumières de leur expérience, & son génie en appréciera l'utilité.

Il est de l'intérêt de l'*œconome rural* d'employer le moins de forces qu'il est possible pour ses opérations. Il veillera donc à ce que les gens qu'il paiera pour travailler ne soient pas oisifs. En donnant à ses gens l'exemple d'une vie active, en se montrant à eux, malgré la rigueur de la saison & les incommodités du tems, par-tout où ils sont occupés, on les rend exacts & diligens, & l'on a besoin de moins de monde pour faire la même quantité d'ouvrage que si on les abandonnoit à eux-mêmes.

Le père de famille, le grand propriétaire, enfin l'*œconome rural*, doit avoir une suffisante connoissance

connoissance de toutes les choses nécessaires au labour. Il seroit même à propos qu'il eût mené autrefois la charrue, il connoîtroit mieux les tems convenables aux différens ouvrages de la campagne. Quoi qu'il en soit, il doit donner son application à l'agriculture, & aux choses qui regardent le ménage & l'*œconomie*; car, s'il les ignore, il faut de nécessité qu'il s'en rapporte à la bonne foi d'un fermier qui souvent s'étudiera à le tromper & à dégrader ses terres ou sa ferme. Comme il y a des ouvrages plus nécessaires les uns que les autres, c'est n'entendre qu'imparfaitement le ménage des champs que de ne pas profiter des tems de pluie, de neige ou de frimats pour faire mettre en bon état généralement tous les instrumens qui sont à l'usage soit du labour, soit du jardin, & avoir une bonne provision d'outils, toujours prêts à être mis en usage, afin que quand les jours sont beaux, on ne consomme point son tems inutilement à ces occupations.

Le mauvais tems est encore celui qu'on doit choisir pour faire curer les étables, tondre les haies après que la pluie est passée, arracher les épines qui nuisent dans les prés, &c.

OIGNON; ce terme se dit des racines bulbeuses de quelques fleurs, comme les tubereuses, les lys, les tulipes. Leur conservation exige qu'on les lève de terre tous les trois ans; on les étale ensuite sur une table pour les ressuyer, avant que de les mettre dans un panier qui reste suspendu au plancher tout l'hiver.

ŒIL DORMANT; (*greffe à*) c'est la greffe la plus usitée qu'on fait en juillet, août & septembre, laquelle ne pousse qu'au mois de mars suivant. Cette greffe, aussi appellée en écusson, est nommée à *œil dormant*, parce qu'elle semble, dit Schabol, dormir durant l'hiver.

ŒILLETONS *ou* PETITS YEUX. Les *œilletons* sont en effet de petits yeux qui partent de la souche d'une plante, qui en sont les rejettons, & qui peu-à-peu grossissent & s'allongent. Ces espèces de boutons naissent au pied des plantes, percent la terre, & forment de petites souches autour du maître-pied.

Ces *œilletons* peuvent être replantés. Les bons *œilletons* doivent avoir quelques filets de racines; il faut que les *œilletons* d'artichaux aient au moins un bon pouce de grosseur.

ŒILLETONNER; c'est ôter ces espèces de boutons qui naissent aux pieds des plantes. On *œilletonne* les artichaux, les œillets & autres plantes, parce que si l'on leur laissoit tous ces œilletons au maître-pied, il ne pourroit les nourrir tous, & ils avorteroient.

OLÉAGINEUX; qui tient de la nature de l'huile, ou dont on peut tirer de l'huile. Les noix, les olives, les amandes sont des fruits *oléagineux*. Les pins, les sapins, dont on tire de la résine & de la térébenthine, sont des bois *oléagineux*.

ONGLET; c'est le bois mort restant de la coupe d'une branche, laquelle n'a pas été faite assez près de l'œil ou de la branche. L'*onglet* empêche que la sève ne puisse recouvrir la plaie de la coupe faite à la branche. On ne doit pas laisser de ces sortes d'*onglets*, sous prétexte de les abattre l'année suivante; outre que c'est faire deux plaies pour une, c'est reculer d'autant le recouvrement de la plaie.

ONGUENT SAINT-FIACRE; c'est l'emplâtre fait avec la bouze de vache, ou le terreau gras, ou la terre grasse, ou même la terre du lieu; cet *onguent*, employé par les jardiniers pour les plaies des arbres, a été ainsi nommé parce qu'ils prenoient S. Fiacre pour leur patron.

On assujettit cet emplâtre, quand il est un peu grand, avec du vieux linge & de la ficelle.

OPÉRATION; terme de jardinage. C'est l'action méthodique de la main du jardinier sur les parties d'un arbre, pour lui conserver ou lui rétablir la santé.

ORANGER. Il faut suivre, pour la culture de cet arbre précieux, la doctrine de Roger Schabol, que nous allons rapporter ici d'après ses *Elémens du jardinage*.

« Les *orangers* demandent une terre qui leur soit propre; voici sa composition : moitié terre de taupinière des bas prés, un huitième de crottin de cheval; un huitième de fumier de vache bien consommé; un huitième de poudrette ou terreau de matiere fécale; & enfin, un dernier huitième de crottin de mouton, qui aura été précédemment consommé avec du gazon, sinon le crottin de mouton sera mêlé avec de la terre franche.

» Il faut que toutes ces matières reposent au moins un an ensemble, afin que les sucs se mêlent: on les broie bien toutes, ce qu'on recommence avant de s'en servir; & pour rendre cette terre plus meuble, on la passe par une claie dont les jours soient petits, & on froisse les petites mottes & les grumaux, pour faire passer le tout, ou pour n'omettre aucun de ces ingrédiens; mais la terre de taupinière en doit toujours faire le fond.

» Les *orangers* viennent aisément de pepins plantés à trois pouces l'un de l'autre dans du bon terreau mêlé avec de la terre de taupinière; mais il vaut mieux en acheter de tout greffés, de ceux qui en font venir de Provence, pourvu que toutes les racines soient bien entières, surtout le pivot.

» On les plante, comme les autres arbres, avec toutes leurs bonnes racines rafraîchies à l'extrémité en bec de flûte.

» Cette plantation se fait dans une caisse, ou dans un pot assez grand.

» Leur taille & leur ébourgeonnement se font de même que pour les autres arbres, excepté que l'ébourgeonnement se fait au printems, & la taille en juillet & août.

» La greffe se fait de même, excepté dans celle à écusson, où l'on met l'œil à contre-sens; ainsi l'ouverture se fait de même.

» Quand les *orangers* sont malades, que les feuilles jaunissent, que le brûle des branches s'y met, & qu'il y a trop de racines, il faut les décaisser ou dépoter, retrancher de la motte & des racines jusqu'à trois pouces d'épaisseur à l'entour, & un peu plus de trois pouces par en dessous. On ôte ensuite ce qu'il y a de terre dans la caisse; on met au fond des platras, ou des pierres, ou des fagots; on jette de la terre composée comme ci-dessus dans le fond; on repose la motte; on met de la terre au pourtour, sans la presser nulle part; il faut qu'elle s'affaisse d'elle-même: c'est pourquoi le niveau de la motte doit surpasser de quelques pouces les bords de la caisse, autour de laquelle on fait, avec des bouts de planches, une rehausse, que l'on ôte quand la terre est affaissée.

» On fait quelquefois des demi-encaissemens, suivant le besoin ou la maladie de l'*oranger*. Ces demi-encaissemens consistent à ôter la terre des côtés, & à en mettre de nouvelle, sans déranger la motte.

» C'est par un mauvais principe qu'on laisse à découvert la naissance des racines de l'*oranger*: il faut qu'elles soient toujours couvertes de bonne terre.

» Mais si l'*oranger* est vieux, & qu'il ait été élevé, la naissance des racines découverte, ne la recouvrez que successivement d'année à autre.

« Lorsqu'on met un *oranger* à fruit, il ne faut lui laisser des fleurs qu'en petite quantité, un peu au-delà du milieu des branches, en tirant vers le bout, & n'en point laisser au bout ni à la naissance des branches.

» Les *orangers* ne doivent être arrosés que rarement & légérement, & quand la terre est audessus presque en poussière; cet arrosement se fait avec de l'eau reposée au soleil, vers les quatre ou cinq heures du soir; mais quand les jours sont plus courts, c'est entre trois & quatre heures.

» Quand les *orangers* sortent de la serre, ou quand ils paroissent malades, on leur donne une bouillie de crottin de cheval, ce qui se fait en mettant dans un baquet moitié eau, moitié crottin de cheval: on délaie bien le tout, même avec les mains, & on en arrose l'*oranger*.

» On tient les *orangers* sept mois dans la serre, & on ne les sort que depuis la fin d'avril ou le commencement de mai, jusqu'à la fin de septembre ou le commencement d'octobre.

Il faut les arroser dans la serre, quand la terre est en poussière à la profondeur de deux doigts: on les réchauffe dans ce lieu avec du feu fait avec des mottes de tanneur qui durent longtems; ces mottes allumées se mettent dans une braisière au milieu de la serre; ou bien, on brûle ces mottes dans un fourneau avec d'autres bois, mais il faut que cette chaleur soit tempérée, & au degré fixé pour les *orangers* sur un bon thermomètre.

» Il faut éviter de mettre les *orangers* trop près du mur, qui doit être garni de paillassons, & bien boucher tous les jours & les fentes par lesquels l'humidité, la fraîcheur des brouillards, la fumée, les vents coulis pourroient s'introduire dans la serre.

» Une orange est quinze mois à mûrir: on la cueille comme la pêche.

» Les maladies de l'*oranger* & ses ennemis sont les mêmes à-peu-près que ceux du pêcher: il faut se conduire aussi de même dans tous les cas, n'employer ni cire verte ni autres ingrédiens pour les plaies; l'onguent de Saint-Fiacre suffit. C'est une charlatannerie que d'employer tant de mystères pour la culture des *orangers*: cette culture ne consiste qu'en ce qui vient d'être dit, & dans ce qui se pratique à l'égard des autres arbres.

ORANGERIE; serre de plein pied au jardin, exposée au midi, & destinée à recevoir les orangers durant l'hiver.

*Orangerie* se dit encore collectivement des orangers renfermés dans des caisses.

ORANGERIE; on donne encore ce nom au parterre, ou l'endroit d'un parc ou d'un jardin dont les orangers font l'ornement dans la belle saison.

ORANGISTE ; jardinier qui s'applique à la culture des orangers.

ORDONNANCE ; c'est, en terme de jardinage, l'ordre, l'arrangement, & la propreté & l'heureux assemblage de toutes les parties d'un jardin d'après un plan bien dirigé. La belle *ordonnance* regarde non-seulement les jardins de propreté, les parterres & les ornemens, mais encore les jardins fruitiers & potagers.

OREILLES ; en terme de jardinage, les *oreilles* sont aux melons, concombres, haricots, &c. les deux premières feuilles qui sortent de terre qu'il faut se garder de couper. On les appelle en botanique *lobes* ou feuilles dissimilaires.

ORGANISATION ; c'est la disposition des parties faites pour les effets auxquels elles sont propres, ou c'est l'arrangement des parties constituantes des corps animés. Les semences renferment le premier principe de l'*organisation* des plantes.

ORIFICE ; ouverture de certains conduits ou vaisseaux. Les extrémités des racines ont des orifices par lesquels les sucs de la terre sont produits pour être répartis dans toute la plante. Les pores des végétaux sont autant d'*orifices* qui leur distribuent les bienfaits de l'air.

OSSEUSES. (*racines*) On appelle *racines osseuses* celles qui, couvertes d'une peau épaisse, sont plus dures & plus compactes qne le bois des branches, & qui imitent la dureté des os.

OUILLE, OUILLANT ; instrument de labour. (*Voyez* PIOCHE).

OUTILS *de jardinage*. Ce sont les ustensiles propres à opérer dans tout ce qui est du ressort du jardinage. On distingue trois sortes d'*outils* ; des gros, des moyens & des petits.

Les gros, tels que les diverses échelles simples & doubles, les bars, les civières, les brouettes, les arrosoirs appartiennent d'ordinaire au maître : on les donne par compte au jardinier, qui les doit bien soigner.

Les *outils* moyens, savoir : les bêches, les rateaux, ratissoires, pelles, serpes, marteaux, sont d'ordinaire au jardinier.

Les petits *outils* leur appartiennent également, & tels sont les diverses serpettes & scies à main, le greffoir, &c. (*Voyez* pl. XX & XXIII)

OUVERT ; (*arbre*) ce terme se dit de tout arbre d'espalier dont les branches, au lieu d'être serrées & rapprochées les unes contre les autres, sont à des distances proportionnées, & un peu déversées & couchées sur les côtés, fotmant un V un peu ouvert.

# P

PAILLASSON ; c'est un assemblage de pailles longues de froment, de seigle & autres qu'on arrange les unes près des autres à une certaine épaisseur, & qu'on attache ensemble soit avec des ficelles, soit avec des osiers ou du fil de fer, sur des échalas ou des cerceaux, suivant une longueur & une étendue plus ou moins grandes & déterminées quant au besoin.

On se sert de *paillassons* dans le jardinage pour garantir les plantes de l'impétuosité des vents & des pluies.

Un *paillasson* pour garantir les arbres fruitiers, tel qu'on en met, par exemple, devant un abricotier en palissade, doit avoir environ neuf pieds sur quatre de haut ; il a de chaque côté deux traverses de bois qui l'entretiennent, des crochets de fer le tiennent éloigné de 6 pouces de l'arbre ; & il est à la distance d'environ deux pieds de la terre.

Il y a aussi des petits *paillassons* liés avec de la ficelle, qui se roulent & qui ne servent qu'à couvrir les cloches.

PAILLOT. On nomme ainsi dans quelques vignobles, le dos d'âne qui est entre les ceps de vigne.

PALIS ; clôture qu'on fait avec des *palis*, des perches, ou des claies sèches, pour défendre un terrain du bétail ou des bêtes fauves. On en fait usage pour protéger les semis des forêts, ainsi que les légumes & les fruits des marais & des jardins potagers.

PALISSADE ; c'est dans le jardinage un assemblage d'arbres ou d'arbrisseaux, feuillus dès le pied, plantés près-à-près, d'un seul rang, formant une tapisserie verdoyante de telle longueur, hauteur & figure que ce soit. La *palissade* se tond au croissant ou aux ciseaux.

Il y a des *palissades* qui n'ont qu'une face, & d'autres qui en ont deux. Les premières sont plantées le long des murs, ou bordent les pleins bois ; on ne les tond souvent que pardevant.

Les autres *palissades* servent à entourer les bosquets & à marquer des quarrés semés en foin, ou destinés à de gros légumes. Elles exigent beaucoup de régularité dans les deux faces qu'elles présentent pour n'être pas plus épaisses du haut que du bas.

Les *palissades* se forment avec de l'ormille, de l'érable, & plus souvent avec de la charmille. On choisira le plant le plus fort qu'on levera avec soin, & qu'on étêtera à la hauteur de deux pieds ; c'est le moyen de gagner trois ou quatre ans. Comme il y a dans les plants, du fort, du moyen, & du petit, on les sépare, ensuite on ôte pardevant & parderrière les branches qui s'y trouvent, & l'on conserve uniquement celles des côtés.

Dans une tranchée de deux pieds en tout sens, on place le plant le plus fort, on l'espace à 24 pouces, on met le tronc à fleur de terre, & on plante à racines plongeantes & pivotantes sans en retrancher aucune ; ensuite on revient sur ses pas, & dans l'intervalle de deux pieds, on place alternativement du moyen & du petit plant. Alors pour tenir en état cette *palissade* on enfonce en terre, de toise en toise, des échalas auxquels on attache avec du fil de fer des traverses, tant dans le milieu que dans le haut.

La première année on laisse pousser la *palissade* à son gré & sans toucher aux côtés ni aux extrémités, on retranche seulement les branches qui ont poussé pardevant ou parderrière, & on lie les autres à ce treillage léger, soit avec de l'osier, soit avec de la ficelle. L'année suivante on tond la *palissade* aux ciseaux, sans la rabattre du haut, & ainsi d'année en année elle devient plus forte en trois ans qu'en douze, suivant l'usage de la récéper à 6 pouces de terre.

(*Dict. du Jardinage.*)

On nomme encore *palissade* une espèce de barrière de pieux fichés en terre à claire voie, qu'on fait au lieu d'un petit fossé & aux bouts d'une avenue nouvellement plantée, pour empêcher que les charrois n'endommagent les jeunes arbres. On s'en sert aussi pour enclorre un héritage.

PALISSADE. (*dresser une*) C'est la dresser, c'est-à-dire la tondre avec le croissant, qui est une espèce de faux. (*Voyez* CROISSANT.)

PALISSAGE ; c'est l'action d'arranger & d'attacher à un mur ou à un treillage, les diverses branches & les bourgeons des arbres & des arbrisseaux. Le *palissage* à la loque est le plus estimé.

PALISSER ; c'est attacher les rameaux des arbres, chacun suivant sa place naturelle, au treillage d'un espalier ou d'un contre-espalier. Il faut les attacher si proprement à droite & à gauche que le treillage en soit également tout couvert.

Avant de commencer à *palisser* un arbre, il faut lui laisser pousser tous les jets la première année, sans le tailler, ni ébourgeonner, jusqu'au mois de février ou de mars de l'année suivante qu'on retranchera tout le bois inutile, & les branches qui ne peuvent se coucher contre le mur ou le treillage ; & dès-lors on commencera par placer toute droite la maîtresse branche qui doit faire le corps de l'arbre, observant qu'elle ne penche ni d'un côté, ni d'autre, puis on l'arrêtera par le haut. On arrangera ensuite à ses côtés les autres branches, en les conduisant comme les bâtons d'un éventail étendu, & baissant les dernières jusqu'à un demi-pied de terre, s'il se peut, pour couvrir le pied de la muraille.

Il faut bien prendre garde de ne pas trop contraindre les branches, ni de les courber en dos de chat. Cette courbure en arrêtant la sève feroit pousser à l'endroit de ce coude un faux jet qui affameroit la branche ; c'est pourquoi on doit toujours faire en sorte que l'extrémité d'une branche s'élève en droiture, depuis l'endroit d'où elle sort.

Le grand art est de ranger par ordre, à droite & à gauche, les branches qui peuvent venir à chaque côté ; en sorte qu'il n'y ait rien de confus, de vide, ni de croisé ; mais comme le vide est le plus grand défaut, on ne doit pas balancer à croiser quand on ne peut l'éviter autrement.

Il faut recommencer à *palisser* autant de fois qu'il paroît des branches assez longues pour pouvoir être liées, & qui courroient risque de rompre si on ne les attachoit. C'est ordinairement avec des liens d'osier ou de jonc que l'on attache les branches.

PAMPRE ; branche de vigne garnie de feuilles & de fruit.

PAMPRES ; se dit aussi des *rameaux verts* des autres plantes.

PANIER ; vaisseau d'osier composé d'un corps, d'un fonds & d'une anse.

PANIER ; vase d'osier à claire voie dont on se sert à la campagne pour séparer de la terre ou du terreau, les pierres & les mottes qui peuvent s'y trouver.

PANIERS *à fumier ;* ils sont très-commodes pour le transport du fumier. On les attache avec des cordes au bât d'un cheval ; & ils s'ouvrent par le fond pour placer le fumier aux endroits où il est nécessaire.

PANIER *pour cueillir les légumes & les fruits.* On a dans les jardins fruitiers des espèces de mannes, longuettes ayant de fort petits rebords & une anse dans le milieu. On les nomme des *noguets.* Rien de mieux pour cueillir des fruits & des légumes.

PARADIS ; c'est le nom qu'on donne à un pommier nain, arbre qui croît peu, & reste toujours fort petit. Il n'a aussi que des fruits fort menus.

Cet arbre ne s'élève qu'à trois ou quatre pieds en forme d'un arbrisseau, dont les fruits rouges ne se mangent qu'en été.

On greffe sur les arbres de cette espèce toutes sortes de pommes qui deviennent alors plus grosses ; mais l'arbre reste toujours petit & rapporte promptement & en abondance.

On dit *planter sur franc*, quand on plante des pommiers greffés sur des arbres venus de pepins ou de boutons ; & *planter sur paradis*, quand on plante des arbres greffés sur ces pommiers de pommes, appellées pommes de *paradis.* Enfin, *greffer sur doucin*, lorsque l'arbre porte des pommes douces, & que sur ces pommes douces on greffe diverses pommes.

PARASITES. (*plantes*) On donne ce nom aux plantes qui vivent de la substance d'autres plantes, sur lesquelles elles végètent. De ce nombre sont le gui, la cuscute, l'orobauche, & la clandestine.

Les *fausses parasites* s'attachent aux végétaux sans leur dérober leur sève par leurs racines multipliées. Tels sont les mousses, les lichens, le lierre, les champignons.

PARTERRE ; pièce peu élevée d'un jardin, ordinairement voisine de la maison, & décorée de plate-bandes de fleurs, de gazon, de caisses, de vases. On en fait aussi des pièces coupées de gazon, d'eau, de fleurs, de broderie & à l'anglaise. Il n'est d'ailleurs aucune partie plus susceptible de variété & d'ornemens.

PASSER *à la claie ;* c'est jetter la terre avec la pelle sur une claie faite de grands osiers ou de fil d'archal, & qui est un peu à claire voie, afin que la terre puisse passer au travers, & que les pierres restent en deçà au bas de la claie. On ne doit jamais planter ni remuer les terres où il y a des pierres & des cailloux, sans passer à la claie.

PATTE-D'OIE; on désigne par ce nom plusieurs allées d'un bois, ou des avenues qui aboutissent toutes à un centre commun, en dessinant en quelque sorte ou imitant la *patte d'un oie*.

Ces allées ne doivent occuper que la moitié de la circonférence d'un cercle.

PEAU; c'est dans les plantes ce qui sert d'enveloppe à toutes les parties intérieures qui composent les plantes. Les racines, les branches, les fleurs, les bourgeons, les feuilles, les fruits & les graines ont toutes des peaux particulières.

Les peaux des plantes ont divers usages. C'est d'abord pour contenir toutes les parties internes & leur servir de robe, d'étui, de fourure; &c. ensuite pour parer tout ce qui pourroit endommager toutes les parties internes que ces peaux renferment. C'est encore pour servir à ce qu'on appelle la transpiration & la respiration. Toutes les peaux des plantes sont criblées de pores ou de petits trous imperceptibles par lesquels l'air pénètre, les rosées s'insinuent, & aussi l'air en sort, le soleil & l'air en pompent l'humide qui leur est rendu par les rosées & l'humidité de la nuit.

Il n'y a point de peau dans les plantes qui ne soit double. Toujours il y a une première peau qui est étendue sur la seconde; la première est fort mince, à cause de quoi on la nomme pellicule, puis une autre sur laquelle cette petite peau est collée.

Les peaux des arbres sont différentes de ce qu'on nomme *écorce*. On appelle communément *écorce* cette partie extérieure des arbres qui a été peau en son tems, & qui par la suite est devenue fendue de toutes parts, & écailleuse, ou toute par écailles. De ces écailles la nature se débarrasse peu-à-peu en les poussant dehors par parcelles; mais sur ces écorces écailleuses il y a toujours une peau qu'on appelle sur-peau, épiderme, ou peau de dessus; puis il y a la peau appliquée sur le bois, ou sur la partie solide de la plante. (SCHABOL.)

PELER; c'est en terme de jardinage, enlever des allées d'un jardin, de la terre ou de l'herbe, avec la bêche ou la pelle.

PELER; c'est aussi enlever de la terre des carreaux de gazon.

PELLE, instrument de jardinage. (*Voyez* pl. XXIII.) C'est un outil de bois plat & large, un peu creux dans le milieu, avec deux rebords aux côtés & un manche. On s'en sert, entre autres usages, pour remuer le bled.

On l'emploie principalement pour vider la terre des fossés, & à la charger dans des tombereaux quand elle a été fendue & divisée par la pioche ou par la bêche. Le manche & le corps de la *pelle* de bois sont d'un seul morceau de chêne ou de hêtre.

Il est des *pelles* de fer applati fort mince, ayant une douille aussi de fer & un manche de bois. Elles sont d'une grande utilité pour enlever la terre meuble.

On fait aussi pour le jardinage des *pelles* qui sont en fer avec un manche de bois; il ne faut pas les confondre avec les bêches qui sont différentes & pour un usage différent.

PÉPINIERE; originairement c'étoit un lieu consacré à la semence des pepins pour y élever des arbres provenans de ces pepins; mais à présent c'est un endroit où l'on éleve toutes sortes d'arbres, d'arbrisseaux & d'arbustes fruitiers & non-fruitiers.

Le terrain d'une *pépinière* doit être neuf, plus sec qu'humide, moins bon que celui où l'on plante; il doit être être exposé au levant & situé sur un coteau. On distribue le terrain d'une *pépinière* en différentes parties relativement à la diversité de culture, & à la variété des plants qu'on se propose d'y élever.

Les arbres fruitiers sont un des principaux objets d'une *pépinière*; on y plante des sauvageons sur des alignemens tirés au cordeau, on les greffe au bout de deux ou trois ans; on les laboure trois fois par an légérement au crochet, préférablement à la bêche qui endommageroit les jeunes racines, & on a soin d'arracher les mauvaises herbes sans cesse renaissantes. Dans le mois de février on arrête la tige des arbres fruitiers, selon leur destination, pour leur former une belle tête. Les jets qu'elle poussera seront disposés au mois de mai pour la taille de l'année suivante. C'est alors qu'on élague les jeunes arbres & qu'on retranche ou qu'on raccourcit leurs branches folles & superflues.

On sème à champ les pepins de poires ou de pommes en automne ou au printems; au premier cas, on les couvre de grande paille ou de fumier pendant l'hiver; s'ils lèvent trop dru, on les éclaircit, & on les tient éloignés d'environ trois pouces l'un de l'autre.

Quand ils sont assez forts, on les transplante à deux ou trois pieds de distance.

On peut aussi avoir de petits sauvageons, tirés des bois, enlevés avec toutes leurs racines, & les planter en *pépinière*, à la distance de deux ou trois pieds.

Tous les beaux sauvageons qui viennent au pied des arbres dans les jardins, se transportent aussi dans la *pépinière*.

Suivant Schabol, les arbres greffés sur sauvageons & cultivés suivant sa méthode, donnent abondamment des beaux & bons fruits; il les préfère aux arbres greffés sur coignassier.

Ceux qui veulent avoir des greffes sur coignassier peuvent mettre dans leur *pépinière* les rejets que l'on trouve au pied des arbres greffés sur cette espèce; ou bien une mere coignasse, ou tronc de coignassier, que l'on coupe à rase terre au printems ou en automne, sur lequel repoussent de petites branches que l'on couvre de terre l'année suivante, & dont on ne laisse à l'air que l'extrémité, depuis trois doigts jusqu'à un demi-pied, suivant la force, longueur & vigueur de la branche. Pendant l'été, ces branches s'enracinent; & en automne on les détache de la mere-coignasse pour les planter dans la *pépiniere*.

On ne doit jamais arracher ni couper les racines des arbres que l'on tire de la *pépinière*.

PÉPINIERISTE; jardinier qui cultive les arbres d'une pépinière, & qui en fait commerce.

Quand on achète des sujets chez les *pépinieristes*, il faut bien prendre garde si la greffe est à quatre, cinq ou six pouces du tronc. Une des supercheries de ce commerce est de greffer presque dans le tronc, pour que le jet en soit plus gros, plus nourri & plus apparent.

PERCER; ce terme est employé dans le jardinage en parlant des plantes en caisse que l'on arrose. Quand on veut arroser des orangers à fond, il faut les baigner & les *percer*, c'est-à-dire jusqu'à ce que l'eau passe à travers les joints de la caisse par en bas.

PERCHÉE; on entend par ce mot, la maniere de palisser la vigne latéralement, au lieu de l'attacher perpendiculairement.

Suivant cette pratique qui consiste à allonger extrêmement ses bourgeons, la vigne profite merveilleusement, & dans l'espace de cinq à six ans, on est obligé de mettre les ceps à vingt-quatre pieds.

PERCHI; clôture qui se fait à la campagne avec des perches, les unes mises & fichées d'un pied dans la terre, & épaisses d'environ huit à neuf pouces; les autres mises en travers à la même distance, en sorte qu'elles font des mailles & empêchent que les hommes ni les gros animaux puissent entrer dans un clos ainsi fermé par des perches.

PERDUE. (*branche*) On nomme ainsi des brindilles placées derrière les branches des arbres en espalier, & qu'on épargne souvent à la taille, sans même les raccourcir. Les fleurs y étant abritées, résistent mieux aux intempéries de l'air que celles qui sont plus exposées.

PERPENDICULAIRE; dans le jardinage, on nomme *branches perpendiculaires* celles qui montent droit, soit de la tige, soit du tronc de l'arbre. On les nomme encore branches verticales. Ces branches dans les arbres dévorent toujours les latérales & les obliques. Jamais, dit Schabol, il ne faut laisser que des branches obliques & latérales à tous arbres fruitiers en espalier & en contre-espalier. Quant aux branches *perpendiculaires* qui croissent sur les obliques, comme elles ne le sont pas directement ni primitivement, elles ne peuvent emporter la sève à moins qu'elles ne fussent branches gourmandes, alors si elles sont mal placées on les supprime.

PIC, instrument de labour; outil de fer pointu & acéré, emmanché d'un morceau de bois rond de deux pieds & demi de long. Le *pic* est très-commode pour remuer la terre dure & pierreuse.

PIED; c'est la partie d'en bas de la plante, & à la superficie de la terre, où est la jonction du tronc avec la tige. On dit le *pied* d'un arbre, un *pied* de vigne, &c.

Ce mot *pied* en jardinage, se prend aussi très-souvent pour la plante toute entière. Ainsi on dit un beau *pied* d'arbre, un *pied* de fraisier, un *pied* d'œillet, &c.

PIERRE NAXIENNE, ou *pierre à aiguiser* dont les couteliers font beaucoup d'usage; elle est aussi très-nécessaire aux jardiniers pour repasser leurs serpettes & autres petits outils, en y répandant un peu d'huile.

PIEUTRER; terme d'agriculture, usité dans quelques cantons; il signifie passer le rouleau sur les terres.

PILASTRE *de treillage*; corps d'architecture long & étroit, fait d'échalas en compartimens, pour décorer les portiques & cabinets de treillage dans les jardins.

PILE *ou* MEULE DE FUMIER. C'est un tas de

long fumier proprement rangé ou entassé pendant l'été, pour s'en servir l'hiver à couvrir des plantes, ou à faire des couches étant mêlé avec de grand fumier neuf. On dit par cette raison *empiler du fumier* ou *le mettre en pile.*

PINCE ; barre de fer ronde, aiguisée par un bout en biseau. On s'en sert comme d'un levier pour arracher de grosses pierres qui se trouvent dans les tranchées & dans les trous destinés à la plantation des arbres.

PINCEMENT ; c'est l'action d'arrêter, de casser, ou de couper par les bouts, les bourgeons de la pousse de l'année, quand ils sont à une certaine longueur. Ce *pincement* est fort désapprouvé par tous les bons jardiniers qui le regardent comme la ruine des arbres.

PINCER ; en terme de jardinage, c'est avec l'ongle du pouce & le second doigt qu'on doit casser l'extrémité d'un rameau tendre ; ou bien, quand le rameau est devenu bois dur, l'éclater par le bout avec les doigts, ou le couper avec la serpette. Ainsi font, dit Schabol, tous les jardiniers pinceurs au grand détriment des arbres.

Il y a cependant des occasions où le *pincement* est utile, & même nécessaire ; par exemple, lors de la taille, au lieu de faire des coupes aux bourgeons latéraux, ou de côté des arbres en buisson & même de ceux en éventail, il faut ne faire que *pincer* & éclater par les bouts, & l'on est sûr alors d'avoir en peu de tems, des fruits à l'infini. De même si vous voulez dompter un gourmand de milieu & en faire une branche avantageuse pour garnir votre milieu, il ne faut pas le laisser pousser à sa volonté, parce qu'il absorberoit toute la sève, parce qu'il appauvriroit les autres branches, & qu'il ruineroit tout l'arbre. Quand donc il a environ deux pieds de long, vous le ravalez & le réduisez à un pied seulement, alors les yeux au-dessous du pincement poussent plusieurs bourgeons que vous étendez en palissant, & au bout d'un mois vous le raccourcissez encore en ravalant de nouveau sur les bourgeons qui ont poussé plus bas.

C'est le cas encore d'un buisson que vous voulez former, & qui ne pousse qu'une seule branche ou deux branches ; vous-*pincez* alors pour faire drageonner. Enfin vous *pincez* heureusement & à propos une giroflée & autres semblables pour les évaser, quand, ne poussant qu'un jet, elle s'étoileroit.

PIOCHE ; instrument de labour : outil de fer large de trois ou quatre pouces, & long de sept à huit ; courbe, tranchant par le bout, emmanché à angle droit d'un morceau de bois rond de deux pieds & demi de longueur. On s'en sert pour fouiller les terres légères & sabloneuses. On l'emploie aussi pour piquer la terre dans les endroits où elle est dure & où il y a des pierres à en retirer. (*Voyez* pl. XX & XXIII).

La *pioche* diffère du pic en ce que celui-ci est en pointe non tranchant par le bout.

PIOCHER ; c'est fouir la terre avec une *pioche*.

PIOCHON ; diminutif de *pioche*. La *pioche* est connue en certains cantons sous les noms de *trancher*, *ouille*, *ouillon*.

PIONNIER ; ouvrier qui travaille à la terre.

PIQUET ; petit morceau de bois pointu qu'on enfonce en terre pour tendre un cordeau & prendre des alignemens, lorsqu'on veut exécuter un plan sur un terrain, ou lorsqu'on veut planter un jardin.

On appelle *taquets* ces morceaux de bois ou ces piquets quand ils sont enfoncés & cachés en terre, afin qu'on ne les arrache pas, & qu'ils puissent servir de reperes dans le besoin.

PIVOT ; dans le jardinage, on appelle *pivot* ou *racine pivotante* la grosse racine d'un arbre, laquelle est placée immédiatement sous le tronc & qui darde en terre toujours en diminuant de grosseur. Beaucoup de jardiniers s'accordent, dans la pratique, à supprimer tout *pivot* à tout arbre. Schabol s'élève avec force contre cette mutilation ; il prétend que la plupart des jeunes arbres ne périssent que par-là, & il appuie son observation sur le raisonnement & sur l'expérience.

PIVOTER ; ce terme se dit, dans le jardinage, d'un végétal qui pousse sa principale racine perpendiculairement en terre.

PLAIE ; blessure faite par une cause extérieure. On donne ce nom, dans le jardinage, à une ouverture dans l'écorce ou dans la partie ligneuse des arbres, causée par quelque accident ou par la corruption de la sève.

Il est encore des *plaies* aux arbres lesquelles sont occasionnées exprès, & qui sont artificielles, savoir : celles qu'on leur fait en les taillant, les greffant, les rapprochant, les récépant, &c. Il ne faut pas attendre que ces *plaies* soient frappées par l'air pour y apporter les remèdes convenables, mais il faut les traiter dès leur naissance.

PLAN ; dessin qu'on se propose d'exécuter dans la plantation ou la formation d'un jardin, d'un bois, d'un potager.

PLANCHE; c'eſt, en terme de jardinage, un eſpace de terre plus long que large qu'on dreſſe ordinairement, & qu'on pratique de trois à quatre pieds de large ſur la longueur du quarré dont cette plate-bande fait partie. Toujours une *planche* doit avoir à droite & à gauche un ſentier d'un pied de large. On dit dreſſer, former, labourer, border, ſemer, ſarcler une *planche*.

On plante dans les *planches*, ſoit des fleurs, ſoit des légumes ou des herbages.

On appelle *planche côtière*, celle qui eſt au pied d'une muraille ou d'une paliſſade. Ces ſortes de *planches* ſont ſouvent bordées de fines herbes. (*Voyez* pl. XXVI).

PLANCHE; terme d'agriculture. On laboure en *planches* des terres médiocrement ſujettes à garder l'eau qui y afflue. En les labourant, on laiſſe ſubſiſter une raie profonde, au bout de trois, quatre ou cinq toiſes, plus ou moins, ſelon la diſpoſition du ſol, & les eſpaces intermédiaires ſont bombés.

Cette pratique, uſitée depuis très-long-tems en France & ailleurs, a été adoptée par Tull, Anglois, célèbre agriculteur, pour caractériſer en général la méthode qu'il a propoſée indiſtinctement pour toute ſorte de terre; obſervant toujours de faire les *planches* moins larges & plus bombées dans un terrain humide, que dans celui qui eſt de meilleure qualité.

Si on laboure une terre qui ait été en froment, dans l'intention d'y en remettre d'autre ſans interruption, il faut former les *planches* au milieu de l'eſpace occupé ci-devant par les ſéparations ou grands ſillons, & les bien relever, ſans toucher aux rangées qui viennent de porter du froment. Si on méloit le chaume avec la terre, on ne pourroit pas ſemer avec les nouveaux ſemoirs, ni dans la ſuite labourer près des rangées de bled, ſans courir les riſques d'en arracher beaucoup de pieds : car le chaume s'y trouvant entrelacé & long, entraîneroit tout; lorſque la charrue, venant à le rencontrer, l'attireroit avant qu'il fût pourri. Si cependant on a eu l'attention de faire couper le bled très-près de terre, comme le chaume ſera alors fort court, il incommodera peu en labourant. C'eſt auſſi ce qu'on doit pratiquer, ſi l'on a quelque bonne raiſon pour changer la direction des *planches*. Il ſeroit encore mieux d'arracher tout-à-fait le bled, comme on arrache le lin, le chanvre, &c.

*Nota*. Il eſt toujours avantageux d'éviter, en labourant, qu'une partie de la longueur des *planches* ſoit humide; il faudroit que la partie ſèche ſouffrît, en attendant que l'autre fût aſſez deſſéchée pour être labourée; au lieu qu'en diſpoſant autrement les *planches*, on peut labourer celles qui ſont ſuffiſamment ſèches, pendant que la terre des autres ſe reſſuie.

Pour former les nouvelles *planches* dans une terre qui vient de produire du froment, on commence par approfondir le ſillon par un trait bien profond, pour qu'il ſe trouve plus de guéret ſous le froment. Enſuite non-ſeulement on remplit ce profond ſillon, mais on fait en ſorte qu'il ſe trouve ſous la partie la plus élevée de la *planche*, épargnant toujours les endroits où il y a du chaume, qu'on ne détruira qu'au premier labour des plate-bandes. On évite ainſi les inconvéniens que pourroit produire le mélange du chaume avec la terre; & l'on s'épargne une peine abſolument inutile, le froment n'étendant point aſſez ſes racines durant l'hiver pour atteindre la terre des anciennes rangées.

Suivant cette méthode, il reſte dans chaque ancienne plate-bande deux petits ſillons aux côtés de la nouvelle *planche*, chacun entre le chaume & le froment qu'on vient de mettre en terre; ce qui eſt avantageux pour égoutter l'eau pendant l'hiver. Mais il faut que ces ſillons ſoient aſſez loin des rangées de froment, pour que la terre des *planches* n'écroule pas dans les ſillons. Quand il n'y a pas de chaume, on ne fait qu'un grand ſillon au milieu des plate-bandes. (*Extr. du Dict. économ.*)

PLANE; inſtrument tranchant de la longueur d'environ deux pieds, lequel étant emmanché par les deux bouts, ſert à polir les échalas que le jardinier a couchés ſur un établi fait pour cela.

On nomme auſſi cet inſtrument *plaine*.

On dit *planer* des échalas pour faire un treillage.

PLANER; c'eſt, en terme de jardinage, labourer en ſuperficie ſeulement au pied des arbres, dans les endroits où l'on craint d'atteindre & de bleſſer les racines.

PLANT; on déſigne par ce mot les élèves qu'on fait des graines ſemées, afin de les replanter.

PLANT ſe prend auſſi pour le lieu où l'on a planté des jeunes arbres.

PLANT ſe dit encore de la choſe même plantée. Ainſi on dit un *plant* d'artichauts, de fraiſiers, &c.

PLANT *d'arbres*; c'eſt l'aſſemblage de pluſieurs arbres, de mêmes ou de différentes eſpèces plantés en un même lieu. On dit *plant* de poiriers, *plant* d'ormes ou de tilleuls en quinconce.

Enfin, on appelle *plant* le scion ou le petit rejetton qu'on tire de certains arbres pour planter.

PLANTATION; action de planter.

PLANTATION se dit aussi d'une partie de terrain un peu étendue, nouvellement plantée ou à planter.

On peut planter toutes sortes d'arbres dans les quatre aspects, mais le meilleur est le levant.

Il n'y a que le pêcher qui ne se plante jamais au nord. On évite encore d'y planter des fruits à pepin, d'été ou d'automne; les fruits d'hiver, les prunes, les abricotiers y viennent passablement, quoique tardifs.

Pour planter avec fruit, il faut défoncer la terre de quatre pieds de profondeur, dans toutes sortes de terrains, & l'on met à part la terre de la première fouille. Si on ne fouille pas la terre entre trois ou quatre pieds de profondeur, jamais les arbres ne profitent bien.

Le meilleur tems pour planter est à la chûte des feuilles, en octobre & novembre; on peut aussi planter en mars.

Quand on a le tems de faire les trous cinq à six mois avant de planter, l'arbre réussit beaucoup mieux.

Si la terre des trous est trop grasse, trop glaiseuse ou trop maigre, il faut la corriger en la mêlant.

Quand on plante un arbre à la place d'un autre, il faut changer la terre du trou, & la renouveller de bonne terre.

Entre les vieux pêchers, il faut planter, au printems, des amandes en cosse, que l'on aura fait germer dans du sable pendant l'hiver, pour ne plus être déplacées.

On les greffe après la seconde pousse, quand le bois est de grosseur suffisante.

Avant de planter un sujet, il faut bien examiner, 1°. la tige de l'arbre, & n'en planter que de bien sains, revêtus de toutes leurs racines & de leur chevelu, le plus qu'il est possible.

2°. Voir s'il n'y a point de racines mortes, ou rongées par les vers, ou éclatées, & les retrancher.

3°. Ménager soigneusement le pivot, ne jamais le couper près du tronc.

4°. Ne point toucher au chevelu, à moins qu'il ne soit chanci ou pourri.

5°. Rafraîchir l'extrémité du pivot & des racines, en bec de flûte, du côté qui doit poser sur terre.

6°. Bien espacer les racines, & les bien distribuer, de sorte que les fortes & les foibles trouvent également par-tout, sans en tordre ni gêner aucune dans sa position; si on l'arbre (& sur-tout le pêcher) ne pousse que d'un côté; s'il n'y a que de grosses racines, il faut les mettre du devant, sans chercher à placer la greffe du côté du mur.

Il faut observer, en plantant, que la terre qui a été fouillée, s'affaisse au moins d'un pouce par pied; & comme la greffe ne doit jamais être enterrée, il faut prévoir cet affaissement; ainsi, quand on a creusé de quatre pieds, il faut que la greffe soit, en plantant, à cinq ou six pouces au-dessus de terre.

Quelque arbre que l'on plante, il faut qu'il ait trempé pendant vingt-quatre heures dans quelque mare de fumier ou eau bourbeuse.

Avant de planter, mettez de la bonne terre au fond du trou; le mieux est d'y mettre deux ou trois lits de gazon, dont on renverse l'herbe en-dessous; on jette ensuite de la terre, sur laquelle on pose son arbre; on espace les branches; on jette légérement de la miette de bonne terre sur les racines, sans rien plomber avec les pieds; on se contente de l'arranger avec la main, de la faire couler entre les racines, & de la presser légérement avec la main; puis on met la terre de la première fouille, si elle est bonne, sinon on a recours à d'autre: ensuite on soulève légérement l'arbre, afin que la terre coule entre toutes les racines: prenez toujours vos mesures, de façon qu'après l'affaissement à prévoir, votre greffe soit toujours au-dessus du niveau du terrain; l'on achève de combler de bonne terre, & l'on met du fumier sur le trou.

Il faut planter plus avant dans une terre légère & sablonneuse, que dans une terre forte; mais, dans l'un & l'autre cas, il faut qu'on ne puisse endommager les racines en labourant.

On plante moins profondément le pêcher greffé sur amandier, que celui sur prunier; parce que le premier pivote, & l'autre trace.

Règle générale: tout arbre ne doit jamais être plus profondément en terre, que depuis un pouce au-dessus de la naissance du tronc, jusqu'à trois.

Dans les terres humides & spongieuses, on enfonce moins les racines, on courbe même le pivot en genouillière; dans ces terres, il faut au fond du trou, qui sera au moins de quatre pieds, mettre des pierres sans être serrées, sur lesquelles on met le gazon, puis on plante.

Il faut toujours laisser un pied, ou environ, de distance entre le mur & l'arbre, & l'on fait cambrer ou couder la tige, pour joindre le mur.

Quand on plante par un tems sec, il faut arroser, pour lier les terres.

Après avoir planté, l'on coupe les pousses inutiles, soit au pied, soit à la tête, sans les casser; on ne coupe point le maître-brin quand on plante en automne, l'on attend le printems suivant.

En plantant des pêchers, il faut les éloigner les uns des autres des neuf pieds dans les terres légères & chétives, de douze dans les médiocres, & de dix-huit à vingt-quatre dans les bonnes.

Les autres arbres en espalier doivent être plantés dans la même proportion, mais un peu plus serrés, suivant la hauteur des murs de clôture; si ce mur a douze à quinze pieds de roi en hauteur, on met une tige entre deux nains.

Quand l'arbre est planté, on met au pied du fumier bien consommé par-dessus.

Au printems qui suit la *plantation* d'un arbre, lorsque cette *plantation* s'est faite en automne, on coupe le canal direct de la sève ou maître brin du milieu à la hauteur d'un pied au-dessus de terre, quelquefois à un pied & demi quand les yeux du bas sont bien sains : le tout proportionnément à la force de l'arbre, sans excéder néanmoins dix-huit pouces. Cette taille se fait un peu en bec de flûte, en commençant derrière l'œil, au niveau de cet œil pour le terminer pardevant à une ligne au-dessus de l'œil. Il ne faut point ébranler les racines, en faisant cette taille : il faut ensuite labourer le pied de l'arbre, enterrer le fumier, & faire un bassin autour pour recevoir les arrosemens.

On fait aussi cette taille à l'arbre planté en mars, mais on ne laboure pas le pied de l'arbre; on met dessus du fumier.

Pendant le cours de l'année, on nettoie les mauvaises herbes, & en octobre, on donne un labour au pied de l'arbre, & on y met encore deux pouces de bon fumier.

Ces labours & ces ratissages se renouvellent tous les ans en mars & en octobre; mais on n'y met du fumier que quand la terre en a besoin, excepté aux pêchers, auxquels il en faut donner tous les trois ans, & même tous les deux ans dans les terres maigres.

Le fumier ne se met point directement sur le tronc.

Quand le jeune arbre pousse, il n'en faut rogner, casser, couper ni pincer aucune branche; mais à l'ébourgeonnement avec la demi-serpette ou le serpillon, vous formez votre arbre sur deux mères-branches, auxquelles vous faites prendre la forme d'un V déversé. Ensuite vous les palissez.

Cependant, si vous ne pouvez y trouver deux branches qui soient propres à cette opération, attendez à l'année suivante.

Le pêcher ne souffre point cette opération la première année; il faut en palisser toutes les pousses, sans en rien retrancher : quand il n'a point poussé, ou qu'il n'a poussé que foiblement la première année, parce que la sève est occupée dans les racines, il faut attendre à la seconde année pour palisser les branches, & dans ce cas, on ne met le pêcher en V déversé sur deux branches, qu'à la troisième année.

A la seconde année de la *plantation* d'un arbre à pepin, il a donné des bourgeons sur les deux mères-branches; vous dépalissez le tout au tems de la taille; vous étendez d'abord le plus qu'il est possible chaque mère-branche : ensuite vous cherchez, en dedans & en dehors de chacune de ces mères-branches, les plus belles pousses de l'année précédente, pour en former le second ordre de branches, c'est-à-dire, les membres.

Il ne faut point tirer ces membres du devant ou du derrière des mères : on retranche toutes les branches qui sont dans ces deux positions, pour ne point faire ce que l'on appelle des *dos de chat*; il faut aussi éviter de croiser aucune branche.

On rabat les mères-branches à quatre, cinq ou six yeux, quelquefois à trois; ce qui réduit le nombre des membres à quatre, cinq, six & quelquefois à trois : on taille aussi ces membres à trois, quatre, cinq ou six yeux, suivant la vigueur de l'arbre, & alternativement l'un à plus, l'autre à moins d'yeux.

Dans le cas où l'une des deux mères-branches seroit plus forte que l'autre, on taille très-long la plus forte, & très-court la plus foible, afin qu'elle pousse à l'extrémité une gourmande plus forte.

Règle générale : moins la sève a d'espace à parcourir, plus les pousses deviennent fortes.

L'année suivante, on allonge cette branche sur la gourmande, & on la rend égale à l'autre.

Sur les gourmandes qui forment les membres, vous trouvez des pousses ou bourgeons, qui sont venus en même-tems que ces membres : servez-vous de ces pousses pour faire le troisième ordre de branches, ou branches-crochets.

De plus, vous trouvez encore sur votre arbre des branches chiffonnes, quelquefois des lambourdes & des brindilles.

Vous retranchez d'abord toutes ces dernières branches : les chiffonnes, comme inutiles, & les secondes, comme dangereuses, parce qu'il ne faut jamais mettre un arbre à fruit dans la seconde année, il périroit bien vîte : il faut s'assurer du bois, avant de penser au fruit.

De ces pousses, sur les membres qui vous restent, après celles ci-dessus ôtées, vous choisissez les meilleures, pour former les branches-crochets.

Vous retranchez, tout près de leur naissance, celles qui sont devant & derrière ; vous conservez, mais en petite quantité, celles qui sont de côté ; vous les taillez depuis un œil jusqu'à quatre, en observant que, si le premier est à un œil, le second doit être à deux ou trois : le tout proportionnément à la vigueur de l'arbre.

On élève aussi de ces branches-crochets sur les mères-branches : on commence même par-là, après avoir choisi & taillé les membres.

A la troisième année de la *plantation*, on dépalisse également tout l'arbre ; on étend les mères-branches comme l'année précédente, le plus que l'on peut, & l'on taille les plus belles gourmandes poussées à l'extrémité de ces mères-branches, depuis un pied jusqu'à deux ou trois, suivant la vigueur de l'arbre.

On élève sur cette continuation de mères-branches, des branches-crochets.

Il en est de même des gourmandes qui ont poussé aux extrémités des membres : on donne à la plus belle d'entr'elles l'étendue qu'elle peut supporter, proportionnément à ceux des mères-branches, & on élève, sur ces nouveaux membres, des crochets.

Ensuite on taille court les branches-crochets élevées l'année précédente, pour avoir du fruit sur le pêcher, & des branches à fruit pour l'année suivante, ou pour avoir des lambourdes sur les fruits à pepin.

Après quoi, l'on rabat tous les chicots provenant de la taille précédente.

On laisse dans cette année, sur les fruits à pepin, des lambourdes & des brindilles, mais en petite quantité.

Dans toutes ces opérations, il ne faut jamais élever aucune branche perpendiculaire ; mais si vous avez besoin d'une branche droite, pour garnir quelque vide, il faut la prendre sur une branche oblique, & ne vous écartez jamais de cette règle.

A la quatrième année de la *plantation*, l'arbre doit être considéré comme un arbre fait, à moins qu'il n'ait été arrêté par quelques défauts ou vices ; ce qui retarde son état parfait jusqu'à la cinquième, sixième, septième & huitième année : mais si l'arbre ne fait rien, & ne prend point la vigueur qu'il doit avoir dès la seconde ou la troisième année, il faut en substituer un autre à sa place.

On peut redresser un jeune arbre sur le plan qu'on vient de donner, quoique d'abord il n'y ait pas été élevé.

On peut aussi renouveller un vieil arbre sur le même plan, le réduire à deux mères-branches que l'on choisit parmi les plus belles, & les mieux disposées pour former l'V déversé : mais cette opération doit se faire successivement d'année à autre, pour ne pas multiplier les grandes plaies ou coupures sur un arbre.

PLANTE ; terme général qui comprend toutes les différentes sortes d'arbres, d'arbrisseaux, d'arbustes, d'herbages, de fleurs, de légumes & autres qui croissent soit dans les terres, soit dans les jardins, soit dans les campagnes & les bois.

Toute *plante* est un corps organisé venant de graine ou de bouture, ou de marcotte, ou de rejetton. Ce corps est nourri des sucs de la terre ; il a des racines, un tronc, une tige, des branches, des feuilles, des yeux ou boutons, des fleurs, des graines & des fruits, le tout ensemble ou séparément.

PLANTER ; mettre en terre les racines d'une plante pour qu'elle s'y fortifie & qu'elle y croisse. Ce mot se dit également de toutes les graines qu'on met en terre l'une après l'autre avec la main, par opposition à *semer*. On plante des pois, des fleurs, des oignons, des noyaux, un bois, un parterre, des allées.

Enfin *planter*, c'est, après avoir ouvert la terre en longueur & en profondeur convenables, & fait un trou suivant les règles, mettre dedans une plante, puis la recouvrir de terre. Il y a encore bien des façons de *planter* ; savoir, en bordure, en rigole, en échiquier, au plantoir, dans des pots, en caisse, en mannequin, en rayon, en pépinière, en motte, en quinconce, &c.

On dit aussi *planter* sur franc, sur coignassier, sur doucin, sur paradis. (*Voyez* PLANTATION).

Lorsqu'on *plante*, soit un arbre, soit du replant potager, on doit le faire avec toutes les racines; les rafraîchir un peu sans les écourter, & bien ménager le pivot.

PLANTER *en pépinière*; c'est replanter des jeunes arbres les uns près des autres, ou du replant de plantes potagères, pour s'en servir au besoin.

PLANTOIR; outil de jardinage. (*Voyez* pl. XXIV). C'est un morceau de bois ou de fer coudé en forme de béquille, lequel est de diverses grandeur & grosseur, suivant les plantes qu'on veut mettre en terre.

Le *plantoir* forme la figure d'un 7 dont la queue est un peu arrondie à son coude, & il dégénère en pointe.

On appuie dessus le manche pour faire un trou dans la terre, puis on l'en retire, & l'on met la plante dans le trou.

Les *plantoirs* pour les bois sont par en-bas applatis des deux côtés de la largeur d'un pouce & demi, & armés de fer par le bout.

Cet outil sert non-seulement à planter, mais aussi à enlever le replant, à donner de la terre aux jeunes plantes & à quelques autres usages de culture.

Tull, agriculteur anglois, propose un *plantoir* qui serve à régler la profondeur à laquelle on doit mettre la semence en terre. A cet effet, il prend un *plantoir* ordinaire, & le fait traverser à un demi-pouce de son extrémité par une cheville; faisant des trous avec ce *plantoir* à cheville, on sera assuré qu'ils ne seront que d'un demi-pouce de profondeur, parce que la cheville arrêtera le *plantoir*. On aura d'autres *plantoirs* pareils, dont la cheville traversante sera à un, à deux, à trois, à quatre pouces de son extrémité. Par ce moyen, l'on semera les graines qu'on veut éprouver à différentes profondeurs, & quand elles seront levées, on saura quelle est la profondeur à laquelle il faut semer chaque espèce de plante. Ce *plantoir* peut s'adapter à un semoir de façon qu'il enterre la semence à la profondeur précise qu'on aura reçonnue être convenable.

PLAQUER *ou* POSER. On plaque du gazon dans un parterre, autour d'un bassin, dans les boulingrins, & on l'affermit avec la batte.

PLATE-BANDE; c'est, dans le jardinage, un terrain long & étroit, bordé d'un côté seulement, ou de tous les deux. Les *plate-bandes* sont ordinairement destinées & employées à des fleurs, ou à de menues plantes.

Il y a des *plate-bandes* qui sont plates, d'autres qui sont bombées. Les premières sont sablées ou gazonnées; les autres sont labourées en forme de compartimens. Toutes deux renferment ordinairement un parterre. On les borde de buis, de staticées, de mignardises, & de tringles de bois. Il règne aussi des *plate-bandes* le long des espaliers & des contre-espaliers.

PLEINE-TERRE; (*arbre de*) c'est l'arbre qui n'a pas besoin d'être élevé en pot ou en caisse.

PLEURER. On dit que la vigne pleure, lorsqu'au printems la sève sort en larmes très-lympides par les endroits taillés.

PLEYON; terme de jardinage. C'est la paille de seigle longue & ferme dont on couvre les couches & dont on fait les paillassons. On s'en sert aussi pour lier la vigne aux échalas.

PLOMB *ou* D'APLOMB. Ce terme se dit d'un corps posé perpendiculairement, sans être plus d'un côté que de l'autre. Un arbre, soit en pleine terre, soit en caisse, doit être toujours sur son *aplomb*.

PLOMBER veut dire s'affaisser. La terre remuée se *plombe* & s'affaisse d'un pouce par pied; c'est à quoi il faut prendre garde quand on plante, pour que la greffe ne soit pas enterrée.

On *plombe* le fumier en marchant dessus; on *plombe* aussi la terre lorsqu'on la foule avec les pieds autour d'un arbre planté d'alignement, pour l'affermir dans sa position; ce qui ne doit se faire pourtant qu'avec légereté. Il convient même que la terre s'écoule d'elle-même en la versant entre les racines, puis on la *plombe*, en la pressant tant soit peu par-dessus avec les mains.

POMPE pour les arrosemens. Voici la construction d'une *pompe*, qui coûte très-peu, & dont on peut tirer un grand service.

Elle consiste en quatre ais qu'on a soin de joindre & de clouer ensemble, & que l'on fortifie avec des lames de fer posées sur les jointures. On peut faire jouer cette *pompe* avec un manche commun aux deux corps de *pompe*, ou avec un manche double. Le tuyau de la *pompe* est d'un diamètre égal d'un bout à l'autre; à l'extrémité inférieure est une soupape qui donne passage à l'eau & qui l'empêche de ressortir. Il y a un piston garni d'une soupape, qui s'ouvre & qui se referme à mesure qu'on le fait jouer, lequel étant descendu, élève toute la colonne d'eau contenue dans le cylindre, & la fait sortir par les ouvertures.

On peut faire les ais aussi longs & aussi larges que l'on veut, suivant la hauteur où l'on veut élever l'eau; il faut seulement observer que plus la *pompe* est longue, plus le cylindre doit être petit, parce que la colonne d'eau est plus pesante. Un homme peut faire aller avec beaucoup de facilité une de ces *pompes*, qui a douze pieds de long, un pied en quarré, & qui épuise une grande quantité dans une heure, parce que le mouvement se fait dans l'eau sans aucune abstraction, laquelle oppose plus de résistance que la pesanteur même de l'eau.

Un des grands défauts des *pompes* ordinaires, suivant l'observation de Mortimer, est que leurs ouvertures ne sont pas égales, & que le piston agit sur l'eau. J'en ai éprouvé l'inconvénient, dit cet auteur, dans plusieurs *pompes*, sur-tout dans une de 60 pieds de long, que je fis percer d'un bout à l'autre de quatre pouces & demi; je poussai le piston jusqu'au bas avec des perches que j'emboîtai l'une dans l'autre & liai avec de petites bandes de fer: je fis faire ces bâtons de la grosseur de l'ouverture de la *pompe*, pour diminuer le poids de l'eau dans le cylindre; après que j'y eus fait ce changement, je levai trois fois autant d'eau avec la moitié moins de force que je n'en avois employé auparavant. Ces sortes de *pompes* sont sujettes à moins de réparations que les *pompes* aspirantes que la moindre chose dérange.

POMPE *pour arroser les plantations.* (*Voyez* pl. XXV, fig. 5, & son explication.)

POMPER; c'est proprement élever de l'eau avec le secours d'une pompe. On dit par analogie que les racines *pompent* les sucs de la terre, comme le piston d'une pompe aspire l'eau pour s'élever dans un réservoir. Non-seulement les racines pompent & aspirent les sucs qui leur sont contigus, c'est-à-dire, ceux qui sont à l'entour d'elles, mais encore les sucs éloignés haut & bas & au pourtour.

POREUX; qui a des pores. Il est dans les plantes grand nombre de sujets fort *poreux*; telles sont les plantes à odeurs fortes; de même toutes les plantes aromatiques & les fleurs parfument les airs.

PORTIQUE; décoration faite avec des arbres dont les branches sont taillées en arcades. Il est rare de trouver des *portiques* dont les cintres soient bien proportionnés. Il y en a de vingt-cinq pieds de haut qui n'en ont que quatre d'ouverture. Les règles de proportion exigent que la hauteur ait trois fois la largeur; ainsi, un cintre qui a six pieds d'ouverture, doit avoir dix-huit pieds d'élévation.

PORTIQUE *de treillage*; c'est une décoration d'architecture en pilastres, montans, fronton, &c. faite de barres de fer & d'échalas de chêne, maillés, & qui sert pour l'entrée d'un berceau dans un jardin.

POTAGER; jardin où l'on cultive toutes sortes d'herbages, de légumes & de fruits. Un *potager* bien tenu, où tous les légumes se succèdent, & où règne la propreté jointe à une belle ordonnance, présente l'agréable & l'utile, & semble préférable à un parterre émaillé de fleurs. (*Voyez* pl. XXVI.)

Qu'il nous soit permis, pour bien remplir cet article, de rapporter ici l'excellente doctrine du rédacteur des *Décades du cultivateur*, que nous avons eu déjà occasion de citer comme un guide sûr & expérimenté dans plusieurs autres endroits de cet ouvrage.

*Préparation du sol d'un légumier.*

Voulez-vous avoir des légumes monstrueux pour la grosseur; ayez un fonds de terre de deux pieds de profondeur uniquement composé de débris de couches, de débris de végétaux unis à quantité de fumiers; enfin une quantité d'eau suffisante aux arrosemens. Ces légumes seront magnifiques à la vue; mais le goût sera-t-il satisfait? Non; ils sentiront l'eau & le fumier. Les laitues, les herbages que l'on cultive en Hollande, sont monstrueux par leurs volumes; ils étonnent, & voilà tout. Leur graine transportée & semée ailleurs, quand les circonstances ne sont pas égales, la plante acquiert en qualité, en saveur, ce qu'elle perd en volume; & semée plusieurs fois de suite dans un terrain médiocre, elle revient par dégénérescence au premier point dont elle est partie, sur-tout s'il y a une grande différence dans le climat.

Desirez-vous obtenir des légumes bons & bien savoureux; ayez une terre franche, modérément fumée & arrosée; mais ce n'est pas le compte des maraichers, il leur faut du beau & du promptement venu; la qualité leur importe peu.

C'est d'après l'un ou l'autre de ces points de vue qu'il faut choisir le sol d'un jardin. Comme on n'est pas toujours le maître du choix, l'art doit suppléer à la nature, & il en coûte beaucoup lorsqu'on veut la maîtriser. C'est au propriétaire à examiner le but qu'il se propose; il travaille à se procurer des légumes pour sa consommation, ou pour en faire vendre la plus grande partie. Dans ce cas, qu'il dispose donc le sol de son jardin en conséquence; voici une loi générale, capable de servir de base à la culture de tous les légumes en général. L'inspection des racines décide la nature & la profondeur du sol qui leur convient. Les plantes potagères sont ou à racines fibreuses, ou à racines pivotantes. Il est clair que les premières n'exigent pas un grand fonds de terre, puisque leurs racines ne s'enfoncent qu'à cinq ou six pouces de profondeur. Les secondes, au contraire, demandent une terre qui ait du fond, & une terre un peu tenace. Sans l'une & l'autre de ces conditions, elles ne pivoteront jamais bien. Or, si le terrain n'est pas préparé par les mains de la nature, il faut le faire ou renoncer à une bonne culture. Afin de diminuer les frais, le propriétaire destinera une partie de son terrain aux plantes à racines fibreuses, & l'autre aux racines pivotantes, & lui donnera par le travail ou par le mélange des terres, la profondeur convenable. Il est aisé, dans le fond d'un cabinet, de prescrire de pareilles règles; il n'en est pas ainsi lorsqu'il s'agit de les mettre en pratique; le travail est long, pénible, très-dispendieux, & souvent trop au-dessus des moyens du cultivateur ordinaire: celui qui se trouvera dans ce cas, doit se résoudre à ne défoncer ou à ne mélanger chaque année qu'une étendue proportionnée à ses facultés; s'il emprunte pour accélérer l'opération, c'est folie.

Il n'est pas possible d'attendre aucun succès, si on rencontre une terre argilleuse; la préparation qu'elle demande, coûteroit plus que l'achat du sol. La terre rougeâtre que le cultivateur appelle *aigre*, est dans le même cas; elle est bonne, tout au plus, à la culture des navets. Un des grands défauts de la terre pour les jardins, est d'être trop forte, trop compacte, trop liante; elle retient l'eau après les pluies, se serre, s'agglutine & se crévasse par la sécheresse. Lorsque le local ou la nécessité contraignent à la travailler, la seule ressource consiste à y transporter beaucoup de sable fin, des cendres, de la chaux, de la marne, de grands amas de feuilles, & toutes sortes d'herbes, afin d'en diviser les pores. Malgré cela, en supposant même tous ces objets réunis & transportes à peu de frais, ce ne sera qu'après la troisième ou quatrième année que l'on commence réellement à jouir du fruit de ses dépenses & de ses travaux.

Après avoir reconnu la qualité de la couche supérieure jusqu'à une certaine profondeur, on doit s'assurer de la valeur de la couche inférieure. Si celle-ci, par exemple, est sabloneuse, elle absorbe promptement l'eau de la supérieure, & le jardin exigera de plus fréquens arrosemens. Si au contraire elle est argilleuse, il ne sera pas nécessaire d'arroser autant pendant l'été; mais dans la saison des pluies, il est à craindre que les plantes ne pourrissent. Ces attentions préliminaires sont indispensables avant de fixer l'emplacement d'un jardin. De ces généralités passons à la pratique.

Long-tems avant de tracer le plan d'un jardin, on doit avoir examiné mûrement les avantages & les inconvéniens du local, la position de l'eau, la facilité dans sa distribution, la commodité pour les charrois, le transport commode & le lieu du dépôt des engrais; enfin, la position où seront construits le logement du jardinier, le hangard destiné à mettre à couvert les instrumens aratoires, & le terrain destiné au placement des couches, des chassis, des serres, &c. suivant l'objet qu'on se propose.

Le plan & le local une fois décidés, & le jardin tracé, il ne s'agit plus que de défoncer le sol, afin que dans la suite on soit en état de le travailler par-tout également. Si un particulier aisé entreprend la confection d'un jardin, il doit ouvrir des allées de communication entre chaque grands carreaux; celle du milieu & qui correspond à l'entrée, sera la plus large. Le jardin de l'humble maraicher n'a pas besoin de cet agrément; son but capital est de profiter de plus de superficie qu'il est possible.

Les allées tracées, on enlévera la couche supérieure de terre, & on la mettra en réserve, suivant que le terrain total sera pierreux; on excavera les allées, afin de recevoir les pierres & les cailloux qui se présenteront lors de la fouille générale.

Le grand point, le point essentiel est de si bien prendre ses précautions, qu'on ne soit jamais obligé de manier ou transporter deux fois la même terre.

Si le sol est marécageux ou simplement humide, ces pierrailles deviendront de la plus grande utilité, & serviront à établir des aqueducs, ou filtres, ou écouloirs souterrains, qui transporteront les eaux au-dehors de l'enceinte.

La fouille du total de l'emplacement doit être de trois pieds de profondeur. Si on veut économiser, on donnera ce travail à l'entreprise, & à tant par toise quarrée de superficie sur la profondeur convenue. Mais pour ne pas conclure un marché en dupe, on commencera à faire fouiller, à journées d'hommes, une ou deux toises, & on jugera ainsi, toute circonstance égale, quelle doit être la dépense générale, & combien on doit payer par toise. Si on désire connoître bien particuliérement le prix, il faut que le propriétaire ne quitte pas un seul moment ses travailleurs, & qu'il calcule ensuite à combien lui revient chaque toise. S'il s'en rapporte à d'autres yeux qu'aux siens, il est difficile qu'il ne soit pas trompé. Malgré l'avis que je donne, mon intention n'est pas que le propriétaire se prévale des lumières qu'il a acquises pour ruiner les prisataires. Il faut que ces gens vivent, & gagnent plus sur le prix fait que si l'ouvrage avoit été commencé & fini à journées, parce qu'ils travaillent beaucoup plus, la tâche étant à leur compte, que s'ils remuoient la terre à journées. Il ne convient pas non plus que les intérêts du propriétaire soient lésés; à prix fait, bien entendu, il en coûte moins, & l'ouvrage est beaucoup plutôt achevé. C'est au propriétaire à veiller ensuite sur la manière dont l'opération s'exécute. Pour cet effet, il coupe un morceau de bois, & marque la longueur de deux ou trois pieds, suivant la profondeur convenue, & de tems à autre il vient sur le chantier, & enfonce en différens endroits cette jauge, afin de se convaincre que les ouvriers se sont conformés aux conditions admises.

Est-il nécessaire, dans la fouille générale du sol, de comprendre celui sur lequel les allées sont ou doivent être tracées? Plusieurs auteurs sont pour la positive; cependant cela paroît une dépense superflue. C'est dans le cas seulement où il seroit impossible de se procurer du sable & des pierrailles, qu'il conviendroit de fouiller la totalité du sol. On pourroit encore éviter les trois quarts de la dépense, en portant sur ces allées, & avec la brouette, un peu de terre des quarreaux voisins : alors les allées seront de niveau, ou si l'on veut, plus élevées que la terre.

Supposons actuellement que tout soit disposé pour commencer les tranchées sur la longueur ou sur la largeur d'un quarreau. On commence par enlever la terre de la première fouille de trois pieds de profondeur sur quatre à cinq pieds de largeur, & on la porte à l'autre extrémité du quarreau. Les brouettes sont très-commodes pour l'opération; d'ailleurs elles peuvent être conduites par des femmes ou par des jeunes gens, dont les journées sont de moitié moins chères que celles des hommes, & elles font autant d'ouvrages. On peut encore se servir de tombereaux; mais je réponds, d'après ma propre expérience, que ce second moyen est plus coûteux.

La première tranchée ouverte, & la terre enlevée, les ouvriers commencent la seconde & en jettent la terre derrière eux, s'ils se servent de pioches ou de tels autres instrumens à manches recourbés, en observant que la terre de dessus soit retournée & forme le dessous. Au contraire si l'ouvrier travaille avec la bêche, il va à reculons & jette devant lui & dans le creux, la terre qu'il soulève avec cet outil. Dès que le sol n'est pas pierreux, on préferera la bêche à tout autre instrument, parce que la terre est mieux & plus régulièrement divisée, émiettée & nivelée. — L'ouvrier continue ainsi son travail, jusqu'à ce qu'il parvienne à l'extrémité du quarreau. Là il trouve la première terre transportée, qui lui sert à remplir le vide formé par la dernière tranchée; alors le quarreau est complettement défoncé, & sa superficie se trouve de niveau.

Plusieurs particuliers couvrent de fumier la superficie du sol à défoncer. On ne voit pas le but de cette opération, à moins que le terrain ne soit destiné à être tout à la fois & légumier & fruitier. Dans ce cas, l'engrais servira & favorisera l'accroissement des racines des arbres qu'on doit planter; mais dans un simple légumier, les racines des plantes n'iront jamais chercher la nourriture à trois pieds de profondeur; ni aucun travail, à moins qu'il ne soit semblable au premier, ne ramenera jamais plus cet engrais à la superficie. Si les tranchées ont été bien conduites, la terre de la superficie, une fois retournée, doit occuper le fond de la tranchée, & celle du fond le dessus.

Dans quel tems doit-on commencer à ouvrir les tranchées? Cela dépend des saisons, du climat, de la nature du sol & de l'époque à laquelle les ouvriers sont le moins occupés. Dans les départemens méridionaux, il convient de commencer l'opération à la fin de ventôse ou de pluviôse, afin que la terre ait le tems de s'approprier les influences de l'atmosphère, & d'être pénétrée par la lumière & la chaleur vivifiante du gros soleil d'été; quelques légers labours, même à la charrue, suffiront à la préparation des planches, des tables, &c. à moins qu'il ne soit survenu de grosses pluies d'orage; on pourroit encore commencer à semer & à planter les légumes pour l'hiver suivant. Il est bon cependant d'observer qu'il vaut mieux donner quelques coups de charrue pendant l'été, afin de détruire les mauvaises herbes, que de trop tôt se hâter de semer & de planter. Dans les départemens du nord, l'automne est la saison favorable; la terre n'est ni trop sèche ni trop mouillée. Si elle est trop sèche, le travail est long, pénible & coûteux; si elle est trop pénétrée par l'eau, il est inutile de le commencer; on pétriroit la terre, on la durciroit & on la retourneroit mal. Dans quelque climat que l'on habite, on doit consulter les circonstances; l'hiver & les glaces produisent dans le nord un effet opposé à ceux des départemens méridionaux; ils soulèvent le terrain & l'émiettent, mais les pluies & la fonte des neiges le tassent & le plombent trop vite.

Plusieurs auteurs qui se sont fidellement copiés les uns après les autres, conseillent de défoncer le le sol jusqu'à la profondeur de quatre pieds, si on ne peut pas facilement se procurer de l'eau pour arroser, parce que la terre ainsi profondément retournée, conserve la fraîcheur pendant plus long-tems. Je demanderois à ces auteurs s'ils pensent de bonne foi que cette terre se soutiendra toujours ainsi soulevée; si petit à petit elle ne se plombera pas, & si une fois plombée elle conservera plus de fraîcheur qu'auparavant? Je crois au contraire qu'il y aura plus d'évaporation, & par conséquent, que les effets de la sécheresse se manifesteront bien plus vîte. Sans la quantité d'eau convenable pour les arrosemens, il faut renoncer à toute espèce de grand légumier, à moins que l'on n'habite un pays où les pluies soient très-fréquentes pendant l'été, & en outre, un pays où la chaleur soit très-tempérée dans cette saison.

J'ai dit plus haut que le sol des tranchées devoit être défoncé à la profondeur de trois pieds, mais c'est dans le cas qu'on plante des arbres fruitiers dans le légumier; autrement la tranchée de deux pieds de profondeur est très-suffisante, parce qu'on ne connoît point de légumes à racine pivotante qui plongent au-delà de ce terme. A quoi sert donc de multiplier la dépense, & d'enfouir au fond de la tranchée de trois pieds la terre de la superficie qui ne reverra jamais le jour, & qui devient inutile à la nourriture des plantes?

Si la fouille a été faite immédiatement avant l'hiver, il est à propos de couvrir le sol avec du fumier bien consommé, afin que les pluies, les neiges la détrempent & imbibent la terre de sa graisse. Si au contraire, la fouille a été faite pendant l'hiver, il convient d'enterrer le fumier à quelques pouces de profondeur, afin que l'ardeur du soleil & le courant d'air ne détruisent & ne fassent pas évaporer ses principes vivifians. Ce qu'on vient de dire suppose qu'on n'a pas la puérile envie de jouir du terrain aussi-tôt après que le travail est fini. Il faut que la terre de dessous, ramenée à la superficie, ait eu le tems d'être travaillée & pénétrée par les météores. On éloigne, il est vrai, le moment de jouir, mais on jouit ensuite bien plus sûrement.

Jusqu'à présent tout a été du ressort des manœuvres des journaliers; ici commence le travail du jardinier. Il soudivise ses quarreaux en tables ou planches, & dispose le local des petits sentiers de séparation. Si le jardin doit être arrosé par irrigation, il trace le plan des rigoles & celui des plate-bandes; en un mot, il prépare le terrain pour recevoir des plans enracinés, ou les semences.

Le simple jardin ne demande aucune étude; des quarreaux plus ou moins allongés sont tout ce qu'il exige. C'est la commodité, la facilité dans le service, dans l'arrosement, le transport du fumier qu'il faut se procurer par-dessus tout; enfin ne rien négliger de ce qui tend à simplifier le travail & à diminuer les frais de main-d'œuvre. C'est-là le premier bénéfice.

Il me reste encore une question à examiner. Les fouilles ou tranchées plus ou moins profondes sont-elles indispensables dans tous les cas lorsqu'il s'agit de créer un jardin? Elles sont très-utiles en général, mais elles ne sont pas d'une nécessité absolue. Cette distinction tient à la qualité du sol; en effet, si la couche de terre est par elle-même profonde, meublée, riche, si elle ne retient pas trop d'eau, à quoi serviront les grandes tranchées? Si le sol est naturellement composé d'un sol gras & fertile, les fouilles le rendront d'un côté plus perméable à l'eau, & de l'autre plus susceptible d'évaporation. Les fouilles ont pour but de faciliter le pivotement & l'extension des racines, & dans les deux cas cités, rien ne s'oppose à leur développement. Les grandes fouilles sont donc très-inutiles: il suffit avant de tracer le jardin, d'égaliser le terrain à la charrue, afin d'enlever les broussailles, les touffes d'herbe, & de passer ensuite la herse sur deux labours croisés, afin de niveler & d'égaler le terrain. On parviendra par cette méthode à tracer facilement les allées, & la plus légère raie les dessinera & les séparera à l'œil, du sol destiné à former les quarreaux, les plates-bandes, &c. Le plan une fois tracé, arrêté & fixé par différens piquets, il ne s'agit plus que de bien former la superficie, & de donner un fort coup de bêche pour l'enterrer.

### *Du tems de semer.*

Fixer une époque générale pour les semailles, c'est établir l'erreur la plus décidée, ou bien il faut se contenter d'écrire pour un canton isolé, & encore doit-on subordonner à la manière d'être des saisons, les préceptes que l'on donne. Cependant comme on ne peut traiter ici de tous les cantons de la république en particulier, on se contentera d'envisager les deux extrémités, celle du midi & du nord, comme les deux qui sont les plus opposées. Les particuliers dont les jardins s'éloignent des extrémités de l'un ou l'autre climat, modifieront l'époque des semailles en raison de leur éloignement, & sur-tout en raison des abris que la nature leur fournit.

Lille en Flandre & Paris ont des exemples pour le nord, Marseille & Béziers pour le midi. Les deux ** indiquent qu'il faut semer sur couche & sous cloche pour le climat de Paris seulement. La couche & la grande paille, au besoin, suffisent pour l'autre. La seule * marque que la graine demande à être semée dans un lieu bien abrité; le reste sans * en pleine terre.

## ÉPOQUE DES SEMAILLES.

*Climat de Paris & de Flandres.*

### NIVOSE.

** Fèves.

** Laitues... crêpe. / Versailles. / printanière.

** Melons.
** Radis.
** Petites raves.
** Pourpier vert.
** Chicorée sauvage.
** Cardons.
** Concombres.
** Cerfeuil.
** Cresson alenois.
* Oignons de Antoine.

### VENTOSE.

** Melons.
** Aubergines.
** Petites raves.
** Concombres.
** Oignons.
** Carottes.
** Choux de Milan.
** Choux fleurs.
** Basilics.
** Couches à champignon.
** Asperges.
** Haricots.

* Pois... verts. / michauds. / dominis. / nains.

* Fèves de marais.
* Ail.
* Échalottes.
* Rocamboles.
* Ciboule.
* Oignons.
* Chicorée.
* Escarole.
* Chou frisé nain.
Epinards.
Cerfeuil.
Persil.
** Laitues du mois précédent.

POT

*Climat des bords de la Méditerranée.*

### NIVOSE.

** Melons.
** Concombres.
** Pourpier.
** Céleri.
* Radis.
* Petites raves.
* Choux-fleurs hâtifs.

* Laitues.. allemande. / pomme de Berlin. / grosse rouge. / jeune rouge. / coquille. / passion. / grosse blonde. / grosse gorge. / Bapaume. / les Gênes. / l'Italie. / la Royale. / la gotte. / sanguine ou flagellée. / chicon rouge. / panaché. / gris. / hâtif.

* Cresson alenois.
* Mâche.
* Cerfeuil.
Poireaux.
Oignons.

Choux.. blancs. / pommés. / de Milan. / verts. / rouges.

Fèves.
Pois.
Persil.
Echalotte.
Epinards.

### VENTOSE.

** Choux.. fleur. / brocoli. / cabu ou pomme. / de Milan. / de Strasbourg.

** Poivre d'Inde.
** Aubergine.
** Courges.
** Concombres.

*Climat de Paris & de Flandres.*

GERMINAL.

** Couches à champignons.
** Melons.
** Potirons.
** Courges.
** Concombres.
** Chou-fleur.
** Céleri.
** Capucine.
** Basilic.
** Chicorée sauvage.
** Fêves de marais.
** Haricots.

* Laitues... { Versailles. la George. la petite crêpe. la Bagnolet.

Persil.
Cerfeuil.
Radis.
Raifort.
Petites raves.
Navets.
Pimprenelle.
Pourpier verd.
Poirée.
Cresson alenois.
Oignons.
Epinards.
Fêves de marais.
Pois.
Carottes jaunes & rouges.
Lentilles.
Pommes de terre.
Estragon.
Chicorée sauvage.
Moutarde.

FLORÉAL.

** Chou... { de Milan. fleur.

** Céleri.
** Cardon.
** Potiron.
** Différentes laitues.
** Pourpier doré.
Chou de Milan.
Poirée.
Radis.
Petites raves.
Chicorées.

*Climat des bords de la Méditerranée.*

** Melons.
** Céleri.
** Basilic.

* Laitues.. { coquille. pareffeuse. Versailles. d'Autriche. brune de Hollande. Perpignan. petite crêpe. grosse crêpe. celles du mois précédent.

* Oignons d'automne.
Pois.
Fenouil.
Chervis.
Topinambour.
Pomme de terre.
Poirée.
Petites raves.
Radis de toute espèce.
Persil.
Fêves.
Fournitures de salades.
Cardons d'Espagne.
Haricots.
Asperges.
Carottes.
Panais.
Salsifix.
Cerfeuil.
Chicorée.
Escarole.
Mâche.
Senevé.
Arroche.
Lentilles.

VENTOSE.

Laitues. { à coquille. de la passion. romaine. chicon vert. grises. d'Espagne. d'Allemagne. panachées. alphange.

On peut encore essayer des laitues des mois précédens.
Porreaux.
Oignons d'été.
Oignons d'automne.
Echalottes.
Aulx.

*Climat de Paris & de Flandres.*

Maïs ou bled de Turquie.
Cardon.
Haricots.
Pois.... à cul noir. goulu. quarré.
Fêves.
Persil.
Carottes.. jaunes. rouges.
Laitues.
Chicorée sauvage.
Salsifix.
Betterave jaune. rouge.
Sarriette.
Panais.
Laitues.. de Silésie. de Versailles. d'Italie.
Choux.. frisés. nains. fleurs durs. de la Saint-Rémi. brocolis.
Céleri... long. plein. branchu.
Cardons.
Potirons.
Concombres.

PRAIRIAL.

** Chou-fleur.
Chou tardif.
Cardons d'Espagne.
Melons.
Haricots blancs.
Fêves de marais.
Poirée.
Oseille.
Céleri.
Cerfeuil.
Laitues.
Pourpier doré.
Pois & sur-tout le quarré blanc.
Choux d'hiver.
Scorsonère.
Betterave.
Concombres.
Cornichons.
Radis.

*Climat des bords de la Méditerranée.*

Pois.... quarrés. nains. à parchemin. romain. d'Angleterre. verts. michauds. barons. à cul noir. de tous les mois. goulus.
Fêves.
Chervi.
Raifort.
Radis.
Petites raves.
Epinards.
Persil.
Poirée.
Betterave jaune. rouge.
Cardons.
Haricots.
Artichauds.
Asperges.
Basilic.
Capucines.
Bourrache.
Sarriette.
Carottes.
Panais.
Scorsonère.
Salsifix.
Céleri.
Cerfeuil.
Chicorées de toute espèce.
Pourpier.
Cresson alenois.
Angélique.
Courges.
Melons.
Concombres.
Estragon.
Percepierre.
Navets.
Radis.
Petites raves.
Pomme de terre.
Topinambour.
Pomme d'amour ou tomates.
Choux de toutes les espèces, & même le chou-fleur.

*Climat de Paris & de Flandres.*

MESSIDOR.

Haricots.
Chicorées.
Mâche.
Poirée blonde & verte.
Pourpier doré.
Laitues d'été.
Chicons verts.
Cerfeuil.
Choux... { pommés hâtifs. frisés hâtifs. de Milan. }
Pois....... { Michauds. Suisses. }
Radis.
Raves.
Raiforts.

THERMIDOR.

Oseille.
Poirée.
Cerfeuil.
Laitue royale.
Chicorées.
Pourpier doré.
Pois...... { michauds. quarrés. }
Navets.
Radis.
Raiforts.
Raves.
Chou de Bonneuil.
Haricots.
Oignons blancs.
Ciboule.
Fraisier des mois.

FRUCTIDOR.

Cerfeuil.
Chicorées.
Poirée.
Epinards.
Navets.
Laitues d'hiver.
Mâche.
* Oignons blancs.
Raves.
Ciboule.
Oseille.
* Choux.. { fleurs durs. pommés hâtifs. frisés hâtifs. Milan. gros de Milan. de Bonneuil. d'Aubervilliers. }

*Climat des bords de la Méditerranée.*

FLORÉAL.

Laitues.. { la Royale. la crêpe blonde. la petite rouge. la capucine. l'Autriche. roulette verte. tous les chicons. }
Chou... { fleur. de Milan. rave. brocolis. }
Pois.... { à cul noir. nains. goulus. michauds. }
Oignons.
Chicorées endives.
Epinards.
Persil.
Fêves.
Raifort.
Radis de toute espèce.
Cardons.
Artichauds.
Haricots.
Oxès ou alléluia.
Anis.
Oseille.
Basilic.
Carottes.
Scorsonnerre.
Salsifix.
Pourpier.
Pommes d'amour ou tomates.
Poivre d'Inde.
Aubergine.
Navet.
Fenouil.

PRAIRIAL.

Laitues. { chicons de toute espèce. brunes de Hollande. petite crêpe. de Milan. }
Chou.. { fleur tardif. raves. }
Pois à cul noir.
Epinards.
Raifort.
Radis de toute espèce.
Poireaux.
Haricots. { verds. d'Espagne. blancs communs. }

*Climat de Paris & de Flandres.*

Salsifix.
Scorsonère.

VENDÉMIAIRE.

Raves.
Radis.
Raiforts.
Carottes jaunes & rouges.
Epinards.
Mâches.
Oignons blancs.
Cerfeuil.
* Pois michauds.

BRUMAIRE.

Epinards.
Cerfeuil.
Mâche.
Radis.
Petites raves.
* Pois verts.
Laitues . { romaine. crêpe.
* Chou-fleur.
Pois.... { verts. dominés. michauds. } à semer. en mannequin.

FRIMAIRE.

* Pois verts.
* Fèves de marais.

*Climat des bords de la Méditerranée.*

Carottes.
Scorsonère.
Céleri.
Chicorée. { endive frisée. scarole. à la régence. de Meaux.
Pourpier.
Cresson alenois.
Concombres.
Tomates.
Poivre d'Inde.
Navets gris.

MESSIDOR.

Chicons de toute espèce.

Choux... { verts. Milan. brocolis.
Pois.... { nains. à cul noir.
Toutes espèces de radis, & surtout le gros radis noir de Strasbourg.
Epinards.
Haricots.
Concombres.
Carottes.
Basilic.
Chicorée endive scarole.
Pourpier doré.
Mâche.

THERMIDOR.

Laitues.
Ciboules.
Epinards.
Radis de toute espèce.
Haricots de toute espèce, excepté celui d'Espagne.
Cerfeuil.
Endives de toutes espèces.
Navets.
Pourpier.

FRUCTIDOR.

Laitues.. { petite crêpe. grosse blonde. brune de Hollande. cocasse. coquille. la passion. laitue-épinard.
Chicons romains & verts.
Oignons d'été.
Choux.. { fleur. cabus. de Milan.
Epinards.
Cardons.
Carottes.
Scorsonère.
Endives.
Chicorées.
Mâche.
Navets.
Raves.
Raiforts.
Radis de toute espèce.

VENDÉMIAIRE.

Laitues.. { à coquille. de la passion. pommées.

Laitues.. petite crêpe. brune de Hollande. la roulette. la royale. la Gênes. chicons d'Allemagne. laitue épinard.

Epinards.
Oignons. Ail. Rocambole. Echalotes. à remettre en terre.
Chou-fleur hâtif.
Cerfeuil.
Endives.
Chicorées.
Mâches.
Navets.
Radis.
Petites raves.

BRUMAIRE.

* Chou... fleur. cabu.
* Fêves.
* Concombres.
Oignons.
Endives.
Chicorées.
Raiforts.
Navets.
Radis.
Petites raves.
Epinards.
Pois.... goulus. barons. michauds. nains.
Mâches.
Cresson alenois.
Coriande.
Laitues.. roulette. la George. la mignone. de Silésie. panachées. de la passion. capucine. paresseuse. d'Autriche. crêpe verte.
* Chicons.
Oignons.
Raifort.
Radis.
Petites raves.
Epinards.
* Fêves.
Pois.... michauds. nains. goulus.

FRIMAIRE.

Laitues, les mêmes que dans le mois précédent, & en sus :
La rouge pommée.
La royale.
La Versailles, & les mêmes qu'en janvier.
Oignons.
Fêves.
* Radis.
* Petites raves.

On sera peut-être étonné de voir certaines espèces semées chaque mois de l'année, sur-tout dans les départemens méridionaux, les radis, les épinards par exemple. Sans cette précaution, on n'en auroit à cueillir que depuis le mois de vendémiaire jusqu'à celui de ventôse ; alors les derniers & les premiers seroient trop durs après trois semaines ou un mois de leur semis. Si on veut jouir pendant toute l'année, il faut semer souvent, parce que la grande chaleur fait promptement monter les plantes en graines. On peut dire en général que chaque graine est dans le cas d'être semée à trois époques différentes dans les mêmes années ; mais il faut avoir un jardinier intelligent qui sache saisir le moment. Cette classe d'hommes a une routine très - bonne en elle-même, & sait que le jour de la fête de tel saint, il convient de semer telle & telle espèce. Si la saison est dérangée, ses plantes montent en graine, ou ne réussissent point ; il rejette la faute sur la qualité de la graine, tandis que cela tient à la constitution de la saison qui ne s'accordoit pas avec son calendrier. Ce fait prouve encore combien les époques générales que l'on prescrit sont abusives. (*Extrait des Décades du Cultivateur.*)

POTS *pour le jardinage ;* on en distingue de trois sortes ; savoir, 1°. des *pots* communs de terre cuite pour y mettre diverses plantes ; 2°. d'autres, soit de fayence ou de porcelaine, de toutes grandeurs & de toutes figures, soit de cuivre ou de fer fondu qu'on fait bronzer pour y mettre des fleurs & des plantes curieuses ; 3°. enfin, des *pots* de simple ornement, appellés *vases*, & qui sont de pierre, de marbre, de porphire, de plomb, de bronze, & lesquels sont ornés & sculptés, & dans lesquels on ne met rien.

On dit *arbres en pots:* Ce sont d'ordinaire des paradis ou des pêchers nains de la petite espèce ; mais dont les fruits ne valent rien. On ne doit point compter sur les arbres en *pots*, mais bien sur les fleurs & sur quelques arbustes.

POUDRETTE ; on a donné ce nom au terreau qui se forme au bout de deux, trois ou quatre années des vuidanges des matières fécales, dont on fait les décharges hors de Paris. Ce terreau alors ne sent plus rien du tout, mais il est fort chaud, & il le faut bien battre, & le mêler avec la terre ; si l'on le mettoit dessus, de même qu'on fait à l'égard du terreau ordinaire, ce terreau étant fort spiritueux, seroit bientôt évaporé, s'il étoit long-tems au grand air.

La *poudrette* ne convient qu'à certaines plantes, & aux terres froides, ainsi que la fiente des pigeons. La *poudrette* entre aussi dans la composition de la terre à orangers ; mais il faut qu'elle soit employée avec prudence.

POULIE ; machine employée à la campagne, comme ailleurs, à élever des fardeaux. La *poulie* est composée d'une roue, d'un goujon & d'une chape. La roue a quelque épaisseur : on pratique dans sa circonférence un canal qui reçoit la corde & qui est nommé *gorge*. Le goujon est une pièce qui traverse la roue dans le centre, & sur lequel elle tourne. La chape embrasse la roue, est aussi traversée par le goujon, & sert à suspendre la *poulie*.

POUPÉE ; (*greffer en*) on nomme ainsi toutes les greffes en fente, parce que pour retenir ces greffes dans leur place, ainsi que pour empêcher que l'air ne les saisisse & ne les dessèche ; pour également empêcher que les pluies, les rosées, les brouillards n'entrent dans la fente, on applique dessus de la terre grasse avec de la mousse, qui sert à les entourer en détrempant le tout dans de l'eau avec du foin.

POUSSE ; c'est le nouveau jet d'un arbre. La première & la seconde *pousses* désignent les jets qu'ont produits les arbres à la sève du printems & à celle d'automne.

POUSSER ; on dit *faire pousser les arbres*, quand on excite la végétation, & qu'on obtient des progrès considérables à force de fumer les arbres, de les labourer, de les mouiller.

*Pousser à l'eau les plantes*, c'est les arroser abondamment pour qu'elles ne montent pas en graine ; & pour les avoir plutôt & plus nourries.

PRATICIEN ; (*jardinier*) c'est un jardinier qui a acquis de l'expérience, & qui, ne donnant rien au hasard, opère conformément à des régles & suivant de bons principes. Tels sont la plupart des *jardiniers praticiens* de Montreuil pour la culture des arbres fruitiers.

PRÉ ou PRAIRIE ; étendue de terre destinée à produire de l'herbe & d'autres végétaux pour la nourriture du bétail.

On nomme *prés bas* ceux qui, étant situés dans des fonds ou en plaine à peu de distance des eaux, sont fréquemment submergés, & habituellement humides. Leur herbe est moins estimée que celle des *prés hauts*, qui, n'étant point exposés aux inondations, donnent un herbage d'une finesse, d'une saveur & d'une odeur agréables que l'on ne trouve point dans les *prés bas*.

On nomme *près secs* ceux situés dans un fonds gras où naturellement le foin vient en abondance, & beaucoup meilleur que dans les terrains qui ne produisent qu'à force d'être arrosés.

Les *prés humides* sont ceux qu'on voit dans des fonds où des ruisseaux les fertilisent par l'épanchement des eaux. La terre de ces *prés* est d'une nature légère & peu substantielle.

On distingue encore les prairies en *naturelles* & *artificielles*.

Les premières sont celles où l'herbe croît naturellement, les secondes sont fertiles autant qu'on les cultive & qu'on y sème de la luzerne, du trèfle, du sainfoin & autres herbes propres à la nourriture des animaux.

PRÉCOCE ; ce terme se dit des fleurs, des fruits & des légumes qui devancent en maturité les autres plantes de la même espèce.

PRENDRE ; on dit dans le jardinage qu'une plante *prend* racine ; on dit qu'une greffe, une bouture ont *repris* ; on dit aussi qu'un fruit *prend* chair quand il commence à grossir. Il y a des plantes qui ne *prennent* pas dans toutes sortes de terres.

PRÉPARER ; c'est, dans le jardinage & la culture, disposer la terre par des labours & des engrais, à recevoir la semence & les plants qu'on lui destine. Une terre *préparée*, est celle dont on a fait un mélange avec différens engrais, pour les orangers & les fleurs.

PRESSOIR ; c'est une machine qui sert au vigneron pour exprimer le jus du marc après que le raisin a été foulé & cuvé. (*Voyez* les pl. XXI & XXII).

Le *pressoir* est en général composé de la *maye*, nom du plancher, qui doit être immobile, & même soutenu par une maçonnerie. C'est sur ce plancher que l'on met le raisin qu'on veut presser. Autour de ce plancher est un rebord qui oppose un obstacle au jus du raisin, & le force à couler par une pente douce dans le vase destiné à le

recevoir.

recevoir. Ainsi on étend sur ce plancher une certaine quantité de raisins qu'on appelle *le tas* ou *pain*; on pose sur ce *tas* des planches fortes & rapprochées; on croise sur ces planches, en les mettant l'une sur l'autre, de grosses pièces de bois appellées *chantiers* & *moyeux*, & une grosse vis de bois ou de fer posée entre deux piliers qu'on fait tourner à force de bras par le moyen de longs leviers, descend sur cet appareil & presse plus ou moins les raisins, selon le nombre de pas qu'on lui fait faire.

L'usage du *pressoir* est nécessairement par-tout le même. Quant à la forme, elle peut varier, mais celle que nous venons d'exposer est la plus commune & la plus commode. Les *pressoirs* sont d'une origine si ancienne, qu'on en attribue l'invention à Bacchus. Suivant les monumens qui nous restent de l'antiquité où l'on a représenté des *pressoirs*, on voit qu'ils étoient composés d'un plancher sur lequel on étendoit le marc & l'on pressoit les planches pour écraser le raisin, en faisant entrer de force, à grands coups de marteaux, des chantiers qu'on introduisoit dans un châssis.

Il y avoit autrefois en France des *pressoirs bannaux*, appartenans à des propriétaires de fiefs auxquels, dans certaines coutumes, les vignerons étoient assujettis de porter les raisins de vendange, & de payer une certaine rétribution. Mais depuis notre révolution, le citoyen est délivré de cette servitude, & peut faire son vin à son *pressoir*.

Le *pressoir* n'est pas seulement en usage pour exprimer le jus du raisin; on s'en sert encore pour tous les fruits qui rendent un suc ou de la liqueur. Ainsi, c'est avec le *pressoir* qu'on obtient l'huile des olives & des amandes, le suc des pommes & des poires, & de plusieurs graines, &c. On pourroit même, avec le *pressoir*, tirer une huile des pepins de raisin, suivant le procédé rapporté dans les *Arts & Métiers mécaniques*, tome VI, page 328.

*Moyen simple & peu coûteux pour exprimer le suc du raisin.*

Tout le monde sait que la méthode de faire fouler le raisin dans les cuves par des hommes est dangereuse. Souvent les vapeurs asphixient ceux qui sont chargés de cette opération. Il n'y a point de vendange qui ne coûte ainsi la vie à plusieurs individus.

Un américain (la Voyepierre) a proposé un moyen simple qui fait disparoître ce danger, & qui est en même-tems plus économique. Il consiste en une machine formée de deux cylindres en bois, sur lesquels règne une cannelure dont les rayons, disposés obliquement, ont deux pouces de large sur deux lignes de profondeur. Ces cylindres sont portés sur deux tourillons qui s'enchâssent dans un cadre solide. Posés horisontalement & parallèlement, ils sont surmontés d'une trémie destinée à recevoir le raisin. Deux manivelles placées à sens opposés les font mouvoir. Au moyen de cette machine extrêmement simple, il n'échappe pas un grain de raisin à l'écrasement. Dans le foulage, au contraire, le pied du fouleur passe vingt fois sur les grains déjà écrasés, & vingt fois d'autres grains lui échappent. Il y a encore un autre inconvénient attaché au procédé du foulage usité; c'est que le fouleur presse peu sur le fond de la cuve, parce qu'il perd de son poids à mesure qu'il plonge davantage dans la vendange. Dans la machine proposée, il n'y a pas un mouvement de perdu. L'écrasement complet du raisin, l'homogénéité de la masse opéreroient une fermentation réglée, plus égale, & le vin en seroit nécessairement meilleur.

Ces motifs, joints à celui de la conservation des hommes, devroient engager le gouvernement & les possesseurs de vignobles à introduire l'usage d'une machine aussi utile que peu compliquée. On peut s'en servir pour écraser des groseilles, des merises, &c. Son inventeur en a écrasé deux mille quatre cents livres en moins de deux heures; il écrasoit même les noyaux à volonté, en rapprochant les cylindres au moyen de vis de pression. (*Extr. de la Décade du 30 thermidor de l'an 3*[e].

PROBLÊME; dans le jardinage, c'est un procédé de la nature qui donne carrière à différentes opinions & à différentes pratiques pour en découvrir les causes & les effets. C'est un *problême* continuel de voir comment la sève peut se modifier en tant de manières dans les racines, la tige, les branches, les feuilles, les fleurs & les fruits; c'est un *problême* que le changement d'un mauvais fruit en un bon par le moyen des greffes; c'est un *problême* de savoir pourquoi la ciguë & l'aconit font mourir, tandis que d'autres plantes sont salutaires & vivifient. Ainsi tout est *problême* dans les œuvres de la nature.

PROVIGNER; c'est coucher en terre des sarmens de vigne pour leur faire prendre racine. Ce terme s'est étendu à tous les arbres qu'on multiplie de cette façon, ce qui se pratique quand il n'y a plus de gelée à craindre.

PROVIN; branche de vigne qu'on couche, & qu'on couvre de terre.

PUCERON; insecte qui s'attache à quantité de plantes, sur-tout aux feuilles du pêcher, qui les ronge, & fait un tort considérable aux arbres. Il est des *pucerons* de différentes espèces; il en est de si petits, & ce ne sont pas les moins dangereux, qu'on ne peut les appercevoir qu'à la faveur de la loupe ou du microscope.

On dit *épuceronner*, comme on dit *écheniller*, ce qui signifie détruire ces insectes. Il n'y a pas de meilleure recette que de les chercher & de les tuer.

PUNAISE *des jardins*. Il y en a de deux sortes; la grande & la petite espèce. Les insectes de la grande espèce sont de la largeur d'une grosse lentille, & ont une odeur infecte. Elles ont des aîles doubles; celles de dessus sont comme des écailles semblables à celles des hannetons, celles de dessous sont repliées & à jour comme des réseaux. Ces insectes mangent les fruits tendres & nuisent beaucoup aux pêchers. La meilleure manière de s'en délivrer est de les chercher & de les écraser. Il faut les attaquer lors du soleil, qu'ils aiment beaucoup. On arrache une feuille & on a soin de les prendre avec: autrement les doigts seroient empestés par leur odeur insupportable.

L'autre sorte de *punaise*, de la petite espèce, n'a aucune odeur, mais elle est bien plus à redouter pour les arbres. Ce petit insecte ronge les feuilles en dessous, & par sa fiente noircit & charbonne les feuilles, l'écorce & les fruits, de même que les treillages & la muraille. Il fait des coques d'œufs qu'il répand par-tout, & qui pullulent à l'infini. Ces œufs n'éclosent que lorsque la verdure est suffisante pour les nourrir, vers les mois d'avril & de mai. Si l'on néglige de les détruire, l'arbre s'en trouve fort mal, & souvent il meurt. Lors donc qu'on les a laissé engréner jusqu'à un certain point, il n'y a pas d'autre moyen pour s'en débarrasser, que de laver les arbres, les treillages & la muraille avec de l'eau de savon, puis éponger avec de l'eau simple. On n'en est pas quitte pour une seule fois. Il faut recommencer à plusieurs reprises d'année en année, à raison de ce que quelque précaution qu'on prenne, il reste toujours du couvin qu'on ne peut appercevoir; de plus, il en renaît d'autres. Le tems d'y procéder est lorsque les boutons ne sont pas en mouvement durant l'hiver. Alors, au lieu de frotter du haut en bas ou horisontalement, il faut toujours frotter du bas en haut, de peur d'arracher ou d'endommager les boutons.

Il est une troisième sorte de *punaises* qui sont rouges & de moyenne grosseur. En Normandie, où elles sont fort nombreuses, on les appelle des *mazarins*. Elles sont aussi fort répandues par-tout ailleurs. Elles vont en bande & désolent les jardins, dévorent les fruits, criblent les feuilles & les mettent à jour. Au printems, quand ces insectes attaquent un pêcher, ils rongent [illegible] la verdure naissante jusque dans l'écorce même, & font périr l'arbre. Comme ils aiment fort la chaleur, ils s'adonnent aux espaliers, & ne se débandent ailleurs que lors du tems chaud. On détruit ces *punaises* rouges comme les autres, en les écrasant. (SCHABOL).

# Q

QUARRÉ *de jardin ;* espace particulier ayant une forme quarrée & des allées au pourtour qui partagent le jardin & le distribuent en différentes pièces.

On coupe & l'on divise les différens *quarrés* par planches, ayant autour d'elles des sentiers.

Il est aussi des *quarrés* d'une seule pièce, destinés à une sorte de plante. Ces derniers, on les sème à la volée, & on n'y pratique ni planches ni sentiers. Mais il est plus convenable & plus régulier, sur-tout dans un jardin qui n'est pas immense, de partager les *quarrés* en planches & en sentiers.

QUEUE ; futaille pour contenir les liqueurs, particuliérement le vin. La *queue* de Nuits, de Mâcon & de Dijon contient un muid & demi de Paris. Celle de Blois & d'Orléans lui est égale.

QUENOUILLE. (*arbre en*) On appelle ainsi un arbre nain planté autour des carreaux, à la place des contre-espaliers ; dont on élève les branches tout autour de la tige, depuis sept à huit pouces au-dessus de terre jusqu'au sommet de l'arbre, en taillant les branches par degrés, pour donner à l'arbre la forme d'un pain de sucre ou de cône. L'expérience fait connaître que les arbres en *quenouille* réussissent très-difficilement ; peu d'espèces d'arbres y sont propres, & trompent presque toujours l'attente du cultivateur. L'arbre en *buisson* vient beaucoup mieux.

QUINCONCE ; c'est une manière de planter qui se fait en posant le premier plant de la seconde ligne de sa plantation vis-à-vis le milieu des deux premiers plants de la première ligne, & ainsi de suite, en suivant toujours les milieux ; de sorte qu'à la fin de l'ouvrage, les plants de la troisième ligne répondent aux plants de la première, & ceux de la seconde aux plants de la quatrième.

On nomme aussi *quinconces* des rangées d'arbres disposés sur une ligne droite retournée d'équerre, formant trois allées d'égale largeur. Sa beauté consiste dans son alignement exact.

La façon de planter la plus générale est de planter en échiquier, ce qui est encore une forme de *quinconce ;* elle est fort avantageuse pour gagner du terrain, pour faire les labours légers & les sarclages ; elle est aussi fort agréable à la vue.

# R

RABAISSER *un arbre* ; c'eſt quand il monte trop, le ravaler en le coupant plus bas, ou ſur des bons yeux, ou ſur des branches jeunes & vigoureuſes.

On rabaiſſe les branches ſur les côtés quand au lieu de les placer perpendiculairement aux eſpaliers, ou aux contre-eſpaliers, on les tire de côté depuis le bas du mur, ou du contre-eſpalier juſqu'en haut.

RABATTRE *un arbre* ; c'eſt, en terme de jardinage, tailler court un arbre qui pouſſe foiblement ou qui ſe dégarnit du bas.

RABATTRE *les branches* ; c'eſt diminuer de longueur toutes les branches d'un arbre.

L'opération du *rabattement* ſe fait principalement ſur un arbre dont on n'eſpère preſque plus rien. Elle conſiſte alors à réceper tous les vieux bois de l'arbre, & à couper toutes les branches près du tronc.

RABLE *ou* ROUABLE ; eſpece de rateau ſans dents, qui ſert à égaliſer un terrain nouvellement remué, & à divers autres uſages dans les travaux de la culture.

RABOT ou *butte-avant* ; outil de jardinage. (*Voyez* pl. XXIII, fig. 9.) Cet outil eſt fait avec une douve ronde par en haut & plate par en bas. On y attache vers le milieu un long manche de bois ; on s'en ſert pour unir les allées après que le rateau ou la charrue y ont paſſé. Le *rabot* ſert auſſi pour ramaſſer le grain épars lorſqu'il a été battu, & à le raſſembler en un tas.

RABOT *de menuiſerie*. On ſe ſert de cet inſtrument pour dégroſſir le bois & polir les planches.

Le *rabot* eſt fait d'une pièce de bois fort polie par-deſſous, qui lui ſert de ſûr ; au milieu de ce bois eſt une entaille nommée *lumière*, par où paſſe un fer ou eſpèce de ciſeau incliné, fort tranchant, qui enlève les inégalités du bois ſur lequel on le fait couler.

La taille du fer du *rabot* varie, elle eſt ou pointue, ou tranchante, ſelon les diverſes lignes ou figures, droites ou courbes que l'on veut faire avec le fil de ce tranchant.

RABOUGRI, terme de jardinage qui exprime la mauvaiſe venue des plantes dont la figure annonce leur mauvaiſe qualité. Un *arbre rabougri* eſt celui dont les pouſſes ſont maigres, qui ne donne que des fruits meſquins, dont l'écorce eſt toute raboteuſe & mouſſeuſe, qui au lieu de profiter, ſemble décroître. C'eſt un arbre hideux & vilain à voir.

Ces ſortes d'arbres péchent par un vice d'origine, par la mauvaiſe nature de la terre, ou par une mauvaiſe plantation & un mauvais régime. Il n'y a point d'autre remède que de le remplacer par un autre, en changeant auſſi la terre.

Les *fruits rabougris* ſont de petits fruits ratatinés, graveleux en dehors, pleins de boſſes & de creux, pierreux en dedans, & qui ſont dénués de ſaveur.

On dit auſſi des plantes & des herbages *rabougris*, lorſqu'ils ont les mêmes défauts que les arbres & les fruits *rabougris*.

RACINE ; c'eſt dans les plantes la partie inférieure qui tient à la terre. La *racine* eſt toujours formée la première dans les ſemences. Elle pompe directement les ſucs de la terre pour les tranſmettre à tout le reſte de la plante. Le principal brin des racines ſe nomme *pivot*, parce qu'il eſt ordinairement dirigé comme le tronc.

Excepté le lierre, la cuſcute, le gui, les lichens, qui ont la plupart de leurs *racines* découvertes, on ne connoît point de plantes qui les ait hors de terre. Celles qui rampent, au lieu de plonger, s'alongent horiſontalement ſans s'éloigner de la ſurface de la terre.

Tull, agriculteur anglois, & ſon commentateur Duhamel du Monceau, rangent les *racines* des plantes ſous deux claſſes relativement à la direction qu'elles prennent en terre.

Les unes, dit-il, nommées *pivotantes*, s'enfoncent preſque perpendiculairement dans le terrain, & les autres, appelées *rampantes*, s'étendent ſuivant une direction preſque horiſontale.

Les *racines* qui ſortent immédiatement de la ſemence, ſont toujours du genre des *pivotantes*. Elles pénètrent perpendiculairement dans la terre, juſqu'à ce qu'elles trouvent le ſol trop dur ; & quand la terre facile à percer, a du fond, ces *racines* pivotantes pénètrent quelquefois à plusieurs brasses de profondeur, à moins qu'on ne les coupe ou qu'on ne les rompe, soit de dessein prémédité, soit par accident; car alors elles changent de direction. C'est une observation qu'on a eu occasion de faire bien des fois, mais principalement en élevant des plantes dans de l'eau bien pure.

Les *racines* pivotantes poussent des rameaux qui s'étendent horisontalement; & ces rameaux sont d'autant plus vigoureux qu'ils sont moins profonds en terre; de sorte que les plus forts se trouvent à la superficie dans cette épaisseur de terre qui est remuée par la charrue.

Ce sont là les *racines rampantes*. Elles s'éloignent quelquefois assez considérablement de la plante qui les a produites; mais alors elles deviennent si fines, qu'elles échappent à la vue, sur-tout quand elles ont pris la couleur de la terre qui les environne, ce qui arrive ordinairement.

Une carotte, par exemple, qui ne paroît avoir qu'une grosse racine en navet, garnie de quelques filamens, jette néanmoins, suivant Tull, ses racines à une distance considérable; mais elles sont si déliées qu'on ne peut les distinguer de la terre qui les couvre, à moins qu'on n'y fasse beaucoup d'attention. Il en est de même de presque toutes les plantes. Pour s'en convaincre, on peut faire l'expérience suivante que cet auteur propose.

Il faut choisir un champ qui n'ait pas été labouré depuis long-tems, & y bêcher un espace de terre triangulaire ABDC, qui ait vingt brasses de longueur de A en D, douze pieds de largeur de B en G, & que cet espace se termine en pointe du côté A. Ensuite il faut semer dans la longueur AD vingt graines de ces gros navets qu'on appelle des *rabes*, & avoir soin de labourer fréquemment cet espace de terre. Quand les navets seront parvenus à leur grosseur, si l'on observe que celui qui est à la pointe A est le plus petit, & que les autres grossissent toujours de plus en plus en s'approchant de E, où le champ labouré a quatre pieds de largeur, on pourra conclure que les *racines* de ces navets se seront étendues à deux pieds de distance; & si les navets sont à peu près d'une égale grosseur depuis E jusqu'à D, on aura lieu de croire que leurs racines ne se seront pas étendues au-delà de deux pieds.

C'est une façon très-commode de connoître à quelle distance une sorte de plante peut étendre ses *racines* dans une terre labourée, qui est la plus favorable à leur extension. Voici comment on s'en est assuré. En examinant celles d'une haie fossoyée, on a vu qu'après avoir passé par-dessous le fossé, elles remontoient pour se distribuer dans la terre de la superficie qui étoit labourée.

J'ai fait la même observation sur une allée d'ormes qui pensa périr, parce qu'on avoit fait à une petite distance un grand fossé, dans l'intention d'empêcher les *racines* d'endommager une pièce de terre; mais les ormes jetèrent des *racines* dans la terre qui s'étoit écoulée dans le fossé; ces *racines* remontèrent de l'autre côté du fossé pour se distribuer dans la terre labourée, & bientôt les ormes reprirent leur première vigueur.

J'ai encore remarqué que si, à une petite distance d'un jeune orme, on faisoit une tranchée, en la remplissant de bonne terre, les *racines* de cet orme prenoient la direction de cette tranchée, & y devenoient fort longues.

De plus, quand on a planté des arbres trop avant en terre, ils languissent jusqu'à ce que leurs *racines* étant remontées vers la superficie, aient atteint l'épaisseur de terre qui est remuée par les labours; mais souvent il vaut mieux les arracher pour les planter plus à la superficie.

Toutes ces observations prouvent que les *racines* s'étendent fort loin, sur-tout quand elles rencontrent une terre remuée. Cela est assez naturel. Les feuilles sont les organes de la transpiration, & les *racines*, ceux de la suction de la sève. Or il est nécessaire qu'il y ait plus de sève aspirée qu'il ne s'en dissipe par la transpiration. Si maintenant on fait attention à l'énorme surface des feuilles, & à la grande étendue des organes de la transpiration, on sera disposé à croire que les *racines*, ou les organes de la suction se procurent par leur grande étendue en longueur, des surfaces au moins aussi considérables que celles des feuilles.

Ce raisonnement exige une petite restriction. Les feuilles qui transpirent pendant la chaleur, aspirent la nuit l'humidité des pluies & des rosées; & il est très-bien prouvé que cette aspiration contribue beaucoup à la nourriture des plantes. D'ailleurs il n'y a point d'expérience qui prouve que la transpiration & la suction se fassent en raison des surfaces; & il pourroit arriver qu'un pouce de surface des *racines* aspireroit plus de sève qu'un pouce de surface des feuilles ne laisseroit échapper de transpiration. Il est pourtant vrai que les *racines* courent beaucoup; car de même que les veines lactées des animaux ont leur ouverture dans les intestins pour sucer le chyle, les plantes ont les ouvertures de leurs vaisseaux lactés, ou plutôt de leurs vaisseaux à sève à la superficie de leurs *racines*. Mais les animaux vont chercher leur nourriture, & ils en remplissent leur estomac & leurs intestins; au lieu que les *racines* sont obligées d'aller chercher la nourriture des plantes dans l'intérieur de la terre. Il faut dès-lors que les *racines* s'allongent beaucoup, sans quoi, elles auroient bientôt épuisé la terre qui les environne.

Il est donc avantageux de labourer les terres, afin que les *racines* puissent s'étendre, & être ensuite pressées par la terre à mesure qu'elle s'affaisse. Mais voici un autre avantage des labours qui est moins douteux.

Il est prouvé que quand on coupe ou qu'on rompt une *racine*, elle ne s'allonge plus, mais bientôt elle produit plusieurs *racines* au lieu d'une, & ces nouvelles *racines* sont toutes propres à fournir beaucoup de nourriture aux plantes. Or il est certain que quand on laboure, on coupe ou rompt beaucoup de *racines*, d'où il suit qu'on multiplie les suçoirs toutes les fois qu'on laboure.

On appelle encore *racines* certaines plantes dont on ne mange que la partie qui vient en terre. Tels sont les raves, les navets, les carottes, les betteraves, &c. On lève ces *racines* tous les ans vers la fin de l'automne pour les replanter aussi-tôt, si on veut les couvrir l'hiver, sinon on les met dans la serre.

Les *racines* succulentes se tirent de terre au printems, & les autres en automne.

Toutes les *racines* des plantes sont composées d'une peau & d'une sur-peau, & criblées de toutes parts de petits trous ou de pores très-ouverts. La deuxième peau est toujours imbibée d'un gluant, qui est un suc limoneux & gras, servant à faire couler la sève. Il est aussi dans toutes les *racines* des espaces, des interstices, des parois, qui se vident & se remplissent continuellement des sucs de la terre.

Quiconque est au fait du mécanisme tant interne qu'externe des *racines*, & de ce qui compose leur tissu intérieur, se garde bien, dit Schabol, de les mutiler & de les offenser aucunement.

RACINES; *machine propre à couper en terre les racines, publiée dans les Mémoires de la Société d'Agriculture de Paris.*

Les navets peuvent servir d'engrais, & être considérés sous ce point de vue comme une très-grande ressource lorsqu'on manque de fumier. On peut alors cultiver les navets de la manière que nous avons déjà indiquée : on les éclaircit, afin que ceux qui restent deviennent plus gros; on donne ensuite un coup de charrue, afin de découvrir les racines & de les faire pourrir en les exposant ainsi à la gelée. Dès que les navets ont été endommagés, ils s'enflent, ils pourrissent, & forment un très-bon engrais en même tems qu'ils ameublissent la terre. C'est dans cette intention qu'on peut employer avec succès une charrue garnie de coutres disposés de manière que les *racines* sont découpées en terre. M. Rey de Planazu a bien voulu nous communiquer le dessin d'une machine de ce genre, & dont nous joignons ici la figure. Les terres dans lesquelles on a laissé des navets ainsi découpés, sont très-bonnes pour les chanvres, les lins, &c. Celles où l'on a récolté toutes les *racines* doivent être ensemencées d'orge.

Cette machine est composée de trois parties qui forment une espèce de charrue : d'un train, d'un avant-train, qui portent les roues, & d'une sorte de herse. L'avant-train (fig. 3, pl. XXXVII), a deux branches CF, FD, qui traversent l'essieu AB, dans lequel elles sont solidement arrêtées, par des coins de fer; à la naissance des deux fusées A & B. Cet essieu reçoit, selon sa longueur, un coussinet GF, qui est traversé, ainsi que l'essieu en E, par un boulon de fer G destiné à assujettir la chaîne C. C'est pour donner passage à cette chaîne que le coussinet est échancré en F à sa partie inférieure. Dans son échancrure supérieure est appuyé l'axe BG de la charrue. Cet axe, entraîné par la chaîne dont nous venons de parler, est percé de plusieurs trous, afin qu'on puisse le faire avancer plus ou moins sur l'essieu, parce que la hauteur des roues D étant toujours la même, on donne par ce moyen plus ou moins d'inclinaison à l'axe, & par conséquent aux coutres de la herse G, qui fait corps avec lui. Cette herse est dessinée plus en grand dans la fig. 2; elle consiste en un bâtis de bois ABCD, très-fort, & dans lequel sont fichés les dix coutres de fer E, dont les inclinaisons & la disposition sont telles, qu'aucun d'eux ne passe sur la trace d'un autre. En appuyant sur les poignées des queues EH, on force ces coutres d'entrer en terre à une certaine profondeur, & de couper toutes les *racines* qu'ils peuvent y rencontrer. Ces *racines* ainsi découpées en morceaux, pourrissent beaucoup plus promptement, augmentent & améliorent l'engrais.

RACORNI. On dit, dans le jardinage, d'un arbre, d'un fruit, d'un légume, qu'ils sont *racornis*, quand ils se fanent, se flétrissent, se rident, en se durcissant, & que leur peau cesse d'être bandée & rebondie; ce qui est un signe certain de dépérissement.

RADICAL; (*humide*); c'est un principe de végétation que les plantes tirent de la terre. Lorsque cet *humide radical* est altéré, les plantes ont beaucoup à souffrir, si les arrosemens n'y suppléent.

RAFRAICHIR ; c'est, en terme de jardinage, couper & rogner ; c'est-à-dire qu'avant d'insérer une plante en terre, on a soin de *rafraîchir* les racines, en se bornant à retrancher tant soit peu leur extrémité fanée ou gercée.

RAGRÉER. Ce terme se dit dans le jardinage, des branches qui ont été sciées & dont on unit la superficie avec la serpette.

RAIE ; terme d'agriculture. C'est l'enfoncement qu'on fait en labourant un champ : le sillon est une *raie* profonde.

RAJEUNIR *un arbre* ; c'est le tailler uniquement sur les branches de la nouvelle pousse, & supprimer la plus grande partie du vieux bois. Cette opération doit être faite avec précaution, & toujours en employant l'onguent S. Fiacre sur les plaies sérieuses.

RAME. On entend par ce terme, dans le jardinage, une branche sèche que l'on pique en terre pour soutenir des plantes flexibles. De-là est venue l'expression de *pois ramés*.

RAMEAU ; petite branche d'arbre. C'est aussi une branche coupée en été pour en tirer des greffes & des écussons.

RAMER ; c'est, en terme de jardinage, soutenir des haricots, des pois ; avec des *rameaux* ou petites branches qu'on enfonce en terre. Ces rameaux doivent être proportionnés à l'espace, & placés non à chaque raie, mais de deux en deux. On observe de les pencher les uns vers les autres en forme de berceau, de façon à procurer du soleil & de la chaleur aux plantes qui sont ainsi soutenues : en même tems que l'on donne au jardinier la facilité d'en recueillir les fruits.

RAMIFICATION. On appelle *ramification* dans les plantes, les diverses distributions des rameaux, ou branches moindres qui tirent leur origine de rameaux plus forts.

RAMILLES ; menues branches qui restent après l'exploitation des bois, & qui ne servent qu'à faire des *bourrées*.

RAMPANTES ; (*plantes*) ce sont celles qui étant extrêmement tendres, & creuses en dedans, ne peuvent supporter d'être assujeties à quoi que ce soit, & sont répandues à plat sur terre, où elles s'étendent ; tels sont les melons, les concombres, les citrouilles, les courges, & autres.

Beaucoup de légumes, tels que l'oseille, les épinars, le pourpier, sont aussi des plantes *rampantes*. Il est des plantes sarmenteuses, telles que la vigne & ses semblables, qui rampent également sur terre, mais à qui il faut des supports. Il en est d'autres à qui la nature a donné des griffes pour s'attacher, ou des grapins, tels que le lierre, la vigne vierge & autres. Enfin, il est des plantes *rampantes* qui ont la faculté de s'entortiller spiralement autour de tout ce qu'elles rencontrent ; tels que les pois, les haricots, les lizerons.

RAPPELER *un arbre*. Ce terme se dit d'un arbre qui après avoir été quelque tems laissé un peu à lui-même jusqu'à un certain point, à cause de son trop de vigueur, est par la suite tenu un peu plus court. On le *rappelle* alors, c'est-à-dire, qu'on le soulage à la taille, en le rapprochant un peu, en le rabattant, en le déchargeant de son superflu.

RAPPORTER *des terres* ; c'est transporter dans un endroit les terres qu'on a été chercher dans un autre ; soit pour changer le terrain, soit pour l'améliorer, soit pour l'unir.

RAPPROCHEMENT *des arbres & des palissades*. Ce rapprochement a lieu quand les arbres s'étant trop allongés du haut & des côtés, sont dépouillés du bas & du milieu ; alors on est obligé de les tailler plus bas pour les regarnir. Ce *rapprochement* se fait par gradation, un peu dans une année, & un peu dans une autre, en trois, quatre, cinq ou six ans.

Les palissades *rapprochées* présentent toujours au printems suivant un spectacle désagréable ; mais il est un moyen sûr de les voir aussi garnies que voyantes, l'année même de leur *rapprochement* : c'est de faire un bâti avec des gaulettes qu'on attache en travers avec du fil de fer ou de l'osier ; on ménage ensuite les branches des côtés capables de donner de la verdure, en les liant au bâti. Les arbres, débarrassés de leur bois caduc & usé, font au printems de belles pousses de tous les sens. Alors avant que de tondre, on prend celles qui peuvent s'appliquer sur le bâti, & on les y palisse à droite & à gauche en forçant & inclinant un peu les bourgeons de devant & de derrière lorsqu'ils sont encore tendres ; on tond ensuite près de la tige ceux qui restent. L'année suivante, l'élagueur se contente d'attacher sur les côtés les plus grands jets qui paroissent sur le devant ; les branches continuent à prendre leur pli, & la tonture devient sans sujétion. Lorsqu'on rapproche une palissade, il se forme aux extrémités des tourpillons de verdure qui augmenteront en nombre si l'on continue à les tondre. Le moyen de prévenir cette foule de bourgeons, est de couper avec la serpe ces têtes de saules, & avant que de faire jouer le croissant, de n'épargner que ceux qui sont bien droits & qui doivent garnir sur les côtés. (*Dict. du Jardinage.*)

RATEAU; instrument de jardinage. (*Voyez* pl. XXIII, fig. 6.) C'est un outil armé de dents de fer ou de bois qui sortent d'un ou de deux côtés, & emmanché d'un bâton de cinq à six pieds, pour attirer à soi les immondices du jardin & les amasser afin de les enlever. Il sert aussi à nettoyer les allées, à unir le terrain, & à séparer la grosse paille du grain.

Il y a deux sortes de *rateaux*, le gros & le fin. Leur différence consiste en ce que le premier a les dents plus éloignées & plus fortes que le second.

Il y a des endroits où on se sert de *rateaux* tout de bois, qui ont jusqu'à cinq ou six pieds de long, & qu'un homme traîne aisément avec une sangle ou une bricole passée autour du corps, en sorte qu'il peut seul faire l'ouvrage de plusieurs.

RATEAU *à dents larges*. On se sert dans les provinces occidentales d'Angleterre, pour abattre les fourmillières, d'une espèce de *rateau* dont les dents sont de fer & fort larges; ce qui les rend propres à saisir la terre & à l'éparpiller. Le dos de cet instrument est composé d'une sorte de maillet qui sert à briser les mottes.

RATELER; passer le rateau dans les allées d'un parc ou d'un jardin, pour les unir & en ôter les pierres, les feuilles & les herbes.

RATELIER; c'est dans une écurie une espèce de balustrade faite de roulons tournés, où l'on met le foin pour les chevaux, au-dessus de la mangeoire ou auge.

RATISSAGE; labour superficiel qui tend à nettoyer des mauvaises herbes les allées d'un jardin.

RATISSER; c'est enlever en raclant la superficie d'une allée, ou d'une cour, & en ôter l'ordure qui y est attachée.

RATISSOIR *à tirer*; outil de jardinage. (*Voyez* pl. XXIII, fig. 7.) C'est un instrument de fer plat, replié. Son tranchant est long d'environ un pied, & large de quatre pouces, ayant une douille & un long manche de bois.

Le *ratissoir à pousser*; (*Voyez* pl. XXIII, fig. 8.) c'est un outil dont le fer est à plat, & que l'on pousse en avant pour écrouter la terre; au lieu qu'avec l'autre *ratissoir* il faut tirer à soi.

Il y a un autre *ratissoir* évidé, propre à pousser & à rejetter les recoupes.

Ces trois *ratissoirs* servent principalement à couper & à détruire les mauvaises herbes dans les allées des parcs & des jardins.

RATISSOIR ou *galère*. C'est une machine à roues pour les forts ouvrages. On place un cheval entre les deux brancarts comme pour une charrette. Ce grand *ratissoir*, par la position des harnois du cheval, forme un angle & permet à la lance de fer tranchante d'entrer dans la terre, d'en soulever plus ou moins, suivant que le jardinier presse de ses deux mains sur les barres courbées qui sont aux deux côtés du bâtis de ce *ratissoir*.

RAVALEMENT; dans le jardinage on appelle *ravalement* une opération qui se pratique en récépant tout le vieux bois d'un arbre dans le dessein de le rajeunir, en lui faisant pousser de nouveaux jets.

RAVALER; c'est rendre un arbre plus court & plus bas qu'il n'étoit, par une diminution considérable de sa hauteur. Quand on a laissé pousser aux arbres des jets ingrats & stériles, ou qu'ils sont ruinés, on les coupe sur le vieux bois, pourvu que ces jets ne soient point trop gros, autrement le recouvrement des plaies ne pourroit se faire.

RAYON; c'est dans le jardinage une petite raie sur terre, ou une espèce de petite rigole, pronfonde d'un pouce, & qu'on tire au cordeau.

*Semer par rayons*; c'est lorsqu'après avoir fait avec un traçoir une trace sur terre au cordeau, on y répand de la semence ou des graines que l'on couvre de terre.

*Planter en rayons*, se dit de la vigne, & plus particuliérement des asperges. On fait au cordeau une fouille d'un ou de deux pieds de profondeur, sur autant ou environ de large, & on laisse un entre-deux de terre de semblable grandeur, sur lequel on jette la terre de la fouille; l'on plante dans ce fond ainsi creusé; puis d'année en année, on prend de la terre de ces entre-deux pour réchauffer toujours le plant jusqu'à ce que le fond soit rempli, & que tout soit de niveau. Tel est l'usage ordinaire. Mais il y auroit peut-être plus d'avantages pour la culture, à faire les espaces plus grands.

On

On nomme encore *rayon* le sillon qu'on trace en labourant les terres ; ce *rayon* est ordinairement en ligne droite, quelquefois en biais dans les terres fortes, pour l'écoulement des eaux pluviales.

RAYONNER ; c'est en terme de jardinage, tirer & marquer avec un outil des raies sur la terre, & la creuser ensuite suivant ce qu'on veut y planter.

RAYONS ; on appelle aussi de ce nom des bâtons qui entrent par un bout dans le moyeu d'une roue, & par l'autre dans les jantes. Les jardiniers s'en servent & les font sceller sous le chaperon de leurs murs, afin d'y attacher de petits paillassons, & de garantir les arbres fruitiers en palissade.

On *rayonne* en traçant avec la pointe d'un bâton des rigoles à une distance convenable, suivant un cordeau étendu d'un bout à l'autre de la planche où l'on veut semer des graines, ou faire une plantation d'arbres.

REBATTRE, ou *battre une seconde fois* ; opération de jardinage qui se fait à l'égard d'une couche, afin de la mettre en meilleur état en battant la paille avec la fourche.

REBINAGE ; on nomme ainsi le troisième labour des terres.

REBORDER ; terme de jardinage ; c'est retirer avec le rateau un peu de terre d'une planche autour de sa longueur & de sa largeur, à l'effet de retenir dans le milieu l'eau de la pluie & des arrosemens.

REBOTTÉ. (*arbre*) C'est un arbre coupé tout près de sa greffe.

Le rebottement n'a lieu que par rapport au pêcher qui se dégarnit du bas quand on le laisse sans le rabattre.

REBOTTER ; opération du jardinier pépiniériste, qui consiste à récéper au printems à un oeil ou deux au-dessus de la greffe un arbre de rebut. Les pépinieristes font dans cet usage à l'égard des arbres qu'ils n'ont pu vendre. Ces arbres poussent un ou deux jets assez semblables à ceux de l'année précédente, mais ils réussissent rarement à cause de leurs plaies, trop voisines l'une de l'autre. Il faut éviter de se fournir de ces arbres *rebottés*.

RECEPER ; c'est couper entiérement la tête d'un arbre, soit pour greffer d'un autre espèce, soit pour le rajeunir, lorsque son bois est usé. Il faut que ses racines soient bien saines & qu'il soit d'âge moyen & vigoureux, pour résister à une semblable opération. Elle ne réussit guère que sur de vieux pêchers sur amandiers. On coupe par le pied les bois taillis, & ils repoussent parce qu'on les *recepe* rez-terre. Les arbres fruitiers sont plus délicats, & lorsqu'on les coupe à une certaine hauteur de leur tige où la peau est bien plus douce, ils meurent par le haut, la peau ne perçant point ordinairement à travers leur écorce.

RECEPER *un arbre* ; c'est le couper une seconde fois ; ce qui a lieu à l'égard d'un arbre déjà rebaissé qu'on rabat plus bas encore, parce qu'il ne s'est pas remis.

RÉCHAUF ; terme de jardinage ; c'est du fumier chaud, & principalement du fumier de cheval ou de mulet sortant de dessous l'animal. On en fait autour de la couche, qu'on veut réchauffer, un sentier de douze à quinze pouces de large, & qui surpasse de cinq à six pouces le fumier de la couche.

RÉCHAUFFER ; c'est échauffer ce qui est refroidi. On *réchauffe* les couches en pratiquant des réchaufs dans les sentiers qui les environnent.

Quand on veut *réchauffer* un plant d'asperges, au lieu de les déplanter pour les mettre dans le terreau, soit sous châssis, soit sur couche, il est possible de les *réchauffer* en place. On creuse pour cet effet aux côtés d'une planche d'asperges, plantées à plat, deux tranchées d'un pied & demi de large sur une pareille profondeur ; on y met du fumier chaud qu'on foule bien pour qu'il conserve sa chaleur, & on l'exhausse de six pouces au-dessus de la planche d'asperges. On forme sur celle-ci un taillis recouvert de paille brisée qui n'ait pas été sous les chevaux, ou de grande litière qui ait été long-tems à l'air ; on met par-dessus huit à neuf pouces de fumier chaud recouvert de paillassons afin de prévenir l'humidité. Les châssis sont préférables à tout cet appareil ; la disposition du tems sert de règle pour couvrir & découvrir les asperges. On commence cette opération vers la fin d'octobre, & on peut compter d'avoir à Pâques des asperges à-peu-près aussi grosses & aussi bonnes que dans la belle saison. Mais il ne faut pas dissimuler que cet artifice épuise les plantes, les brûle, & oblige même de les renouveller.

RÉCHAUSSER ; c'est en terme de jardinage, rapporter de la terre au pied des arbres & des vignes lorsqu'ils ont été déracinés, ou dégarnis par les ravines. On *réchausse* aussi le plant lorsque la terre s'est affaissée & qu'elle laisse du vide.

RECHIGNER ; ce terme se dit d'un arbre qui languit & ne fait que des jets foibles, accompagnés de feuilles jaunâtres. Ce vice vient, soit de la mauvaise qualité du terrain, soit parce que les racines de l'arbre, lors de sa plantation, ont été mutilées, soit parce qu'il est trop enterré, soit enfin parce qu'il est trop tourmenté.

RÉCOLTE ; terme d'agriculture ; se dit de la dépouille que l'on fait des fruits de la terre, mais principalement des bleds & autres graines.

Quand les épis & tuyaux de froment & de seigle sont bien jaunes, & le grain médiocrement ferme, on les scie le plus souvent avec une faucille. Il y a des provinces où à mesure on les étend à plat sur le champ en longueur, de deux ou trois pieds au plus, par forme de sillons ou gradins ; c'est ce qu'on nomme mettre en *javelles*. Ces javelles doivent être les plus minces qu'il est possible, afin que s'il survient de la pluie, les tuyaux ne s'échauffent pas, & ne s'attachent point ensemble, & afin que le soleil venant ensuite ils se sèchent plus aisément.

RECOUVRIR ; ce terme s'emploie en parlant des plaies des arbres qui se cicatrisent quand le *liber* ou la pellicule s'étend dessus.

REGALER *un terrain* ; c'est le dresser, l'aplanir & le mettre de niveau suivant une pente réglée.

REGARNIR ; garnir de nouveau. On *regarnit* un espalier d'arbres, quand on en plante de nouveaux dans des places vides. On *regarnit* une plate-bande en y mettant de nouvelles fleurs, ou fortifiant le buis qui l'entoure, &c.

REGREFFER ; c'est greffer un arbre qui l'a déjà été.

Quand on veut avoir des fruits monstrueux, on n'a qu'à greffer tous les ans un même arbre sur la pousse de la nouvelle greffe ; en changeant toujours d'espèces de greffes, & au bout de 9, 10, 11 ou 12 ans les fruits qui viendront sur la dernière greffe seront surprenans. L'expérience justifie ce point. (SCHABOL.)

REJETON ; ce terme désigne la nouvelle pousse d'un arbre étêté ou recépé. On leve aisément ces *rejetons* en les détachant de la plante lorsqu'ils émanent du tronc ou des racines. On les greffe ensuite. Beaucoup d'espèces d'arbres ou d'arbustes peuvent se multiplier de la sorte par les *rejetons*.

REMETTRE *un arbre* ; c'est dans le jardinage, différentes réparations pour rétablir un arbre fatigué ou malade.

REMISE ; petit bois formé d'arbrisseaux pour y retirer & conserver le gibier.

On garnit une *remise* en arbres qui viennent fort vîte, ou en arbrisseaux dont les fruits attirent les oiseaux.

REMONTER *des terres* ; c'est renouveller les terres, soit par d'autres terres qu'on y rapporte, soit par abondance de fumier, ou de terreau gras qu'on mêle avec les anciennes terres, qui étant dépourvues de substance par leur nature ou pour avoir trop porté, ont besoin de ces engrais.

RENCAISSER ; c'est retirer une plante d'une caisse, pour la remettre dans une autre caisse, où la terre a été déjà réparée. Les arbres à fleurs, les orangers, les myrtes, les grenadiers qu'on élève dans des caisses, sont rencaissés lorsque leur culture l'exige, ou qu'il leur faut plus d'espace. Si l'on se contente d'ôter la terre du dessus & des côtés seulement en mettre de neuve ; cette opération s'appelle demi encaissement.

REPARE ; c'est une marque pour reconnoître un endroit. Les terrassiers donnent aussi ce nom à des rigoles dressées au cordeau sur deux piquets enfoncés en terre, qu'on pratique pour dresser un terrain.

RÉPARER ; terme de jardinage, c'est lorsqu'on a scié la branche d'un arbre, unir sa plaie en ôtant avec le tranchant de la serpette toutes les bavures, les espèces d'esquilles, les petits lambeaux de l'écorce occasionnés par les dents de la scie ; cela est d'autant plus nécessaire, que sans cette précaution la plaie ne se recouvriroit point, que le bois sécheroit, & qu'il s'y feroit un chancre. Il ne faut point surtout oublier l'emplâtre d'onguent de S. Fiacre.

REPIQUER ; ce terme se dit des plantes élevées sur couche, & qu'on replace sur une autre couche, lorsqu'elles sont un peu grandes, sans déranger leurs racines. Le plantoir ou le doigt seul suffisent pour cette opération. Il est à observer que la chaleur de la nouvelle couche, ne doit pas excéder de deux degrés celle de la première.

REPLANTER ; c'est planter une seconde fois ; soit un arbre à la place d'un autre, soit un arbre qu'on lève pour le transporter ailleurs.

REPOSER ; ce terme se dit des terres qu'on

laisse en jachères après avoir beaucoup rapporté, afin de leur laisser le tems de se remplir des sucs, qui doivent les rendre fertiles.

REPRISE; ce terme s'applique aux plantes qui font des jets assez vigoureux pour faire présumer qu'elles ont poussé de nouvelles racines.

REPRODUCTION *des arbres*. Sur un espalier, près de terre, choisissez une branche de l'année précédente; faites-y une ligature au dessus ou au-dessous d'un bouton: cette ligature se fait avec un fil de fer posé sur un cuir; serrez bien le fil de fer, & couchez ensuite cette branche le plus en terre que vous pourrez; elle y prendra racine, & au bout de trois ans, vous aurez un arbre tout fait.

On peut encore faire deux ou trois ligatures, couper la branche à moitié, & la coucher en terre; c'est en mars qu'on fait cette opération.

Si l'arbre n'est point près de terre, on fait cette ligature en mars; &, au mois de novembre suivant, on coupe cette branche au-dessous du bourrelet qui s'est formé, & on la met tout de suite en terre, pour y rester à demeure.

Ces *reproductions* ne réussissent bien qu'avec le pommier.

Si l'on veut conserver quelque branche de bon fruit, soit à pepin, soit à noyau, cassée ou éclatée, ou si l'on veut multiplier un bon arbre par le moyen d'une de ses branches: ayez un sauvageon, ou autre tige de pareille grosseur que celle de la branche que vous voulez conserver; sciez la tige & la branche également; passez ensuite le couteau sur les deux parties sciées, afin de les rendre plus unies, en conservant l'écorce le plus qu'il est possible; posez ensuite la branche sur la tige; assujettissez-la par des piquets, car il faut qu'il n'y ait pas le moindre jour entre-deux; mettez autour de cette jonction du terreau gras de vache, mêlé avec de la terre glaise; recouvrez cette mixtion d'écorce de tanneur, de sorte que le tout fasse un bourrelet de trois ou quatre pouces; vous recouvrirez encore ce bourrelet de gros chanvre détrempé dans un vieux-oing, de la cire jaune & de la poix grasse: le tout fondu ensemble. Cet ouvrage se fait quand l'arbre est en seve.

Cette opération a réussi, mais il ne faut la pratiquer qu'à défaut d'autres moyens, ou quand une branche éclate.

RÉSERVE. On appelle *branche de réserve*, celle qui est placée entre deux branches à fruit, & qu'on taille fort court pour fournir l'année suivante à la place de celles qui ont porté fruit. C'est une précaution nécessaire pour empêcher les arbres de se dégarnir du bas, ou par place.

RESSUYER, *sécher*; on se sert de ce terme en parlant des terres auxquelles il ne faut pas travailler après la pluie, & qu'on doit laisser *ressuyer* au soleil ou au vent.

RESSUYER, se dit encore de certains fruits, comme des poires & des pommes qu'on laisse entassées dans la fruiterie durant plusieurs jours, jusqu'à ce qu'elles soient couvertes d'humidité; on les essuie ensuite avant que les placer sur les tablettes.

RETARDER *les arbres*; c'est en ralentir la végétation, & arrêter leur accroissement.

RETENIR *un arbre*; c'est couper très-court les branches d'un arbre lorsqu'elles s'échappent trop.

RETOUR; (*arbre sur-le*) c'est un arbre qui commence à décliner.

RETOURNER; on *retourne* une plate-bande, une planche en lui donnant un labour, & renversant le dessus dessous.

RETRANCHER; ôter aux arbres leurs branches inutiles & parasytes en les taillant; c'est aussi leur couper une partie de leurs racines.

REVÊTIR; c'est dans le jardinage, garnir de gazon un glacis droit ou circulaire; c'est aussi palisser de charmilles ou d'autres plantes un mur de clôture ou de terrasse pour le couvrir.

RIGOLE; c'est, en terme de jardinage, un petit creux tiré en long; c'est une fouille étroite faite dans la terre pour y mettre des semences ou des menues plantes.

C'est aussi une petite tranchée fouillée en terre pour conduire l'eau, ou pour planter des bordures de buis, des arbustes ou des palissades.

La *rigole* differe de la tranchée, en ce qu'elle n'est pas ordinairement creusée quarrément.

RIGOLER, pour faire écouler les eaux; c'est faire de petites tranchées en forme d'ornières pour diriger les eaux dehors. Il y a aussi des rigoles faites avec des gouttières, pour porter les eaux d'un quartier du jardin ou d'un champ dans un autre.

RINCEAU; c'est, dans le jardinage, une espèce de feuillage qu'on emploie dans les compartimens en buis d'un parterre.

ROBE; c'est l'enveloppe de certains fruits. Les noisettes, les avelines, le gland, &c., ont à l'extérieur une espèce de surtout qui les renferme & les couvre comme une *robe*.

ROMPRE; ce terme se dit des arbres qui ont des branches si chargées de fruits, qu'elles sont prêtes de se casser ou de *rompre*, si on ne les soutient point par des *tuteurs* ou fourches fichées en terre.

ROUILLE; c'est une maladie des arbres & des plantes qui leur cause des taches livides de la couleur de la *rouille* du fer. Les arrosemens faits avec des eaux trop dures & trop crues de puits fort profonds, & qui sont trop froides ou qui ont passé par des bancs de pierre tendre; les humidités froides & les pluies démesurées, enfin le contraste du chaud & du froid, sont autant de causes de la *rouille*.

Les parties d'une plante attaquées de la *rouille* ne croissent plus.

La *rouille* attaque plus ordinairement les fruits à pepins & beaucoup de plantes potagères; elle se manifeste sur les pousses & les feuilles. Cette maladie n'attaque point la tige & le corps de la plante.

Cette maladie a souvent les mêmes principes que la jaunisse: on doit donc y appliquer les mêmes remèdes. (*Voyez* JAUNISSE).

Souvent aussi la *rouille* vient du dégât des insectes, & sur-tout des limaces qui broutent les bourgeons tendres pendant la nuit. Il faut dans ce tems leur rendre visite & les détruire, ou, dès le matin à la rosée, les chercher sur leurs traces argentines.

ROULEAU. Le *rouleau* est un instrument d'une grande utilité en agriculture; mais, dans la plupart des cantons, il est trop léger pour qu'on en retire tous les bons effets qu'il peut produire. Le *rouleau* se fait de pierre, de fonte, de fer & de bois: chacune de ces espèces a ses avantages: on conseille ceux de bois, mais construits de la manière suivante: Prenez un corps d'arbre long de six pieds dix pouces ou sept pieds; plus il aura de grosseur, meilleur il sera; il faut qu'il soit aussi arrondi qu'il se peut. Entourez ce *rouleau* de trois rangs de jentes, l'un au milieu & les deux autres aux extrémités. Couvrez ces jentes avec des planches de bois, qui aient la même longueur que le *rouleau*, & assez étroits pour faire une surface comme la font les douves de tonneau. Attachez-les toutes ensemble avec des anneaux ou cercles de fer. Le hêtre est le meilleur bois pour cet usage, à cause de sa dureté. Le *rouleau* ainsi monté doit avoir trois pieds dix pouces de diamètre. Il aura une double limonière pour deux chevaux de front, qui suffisent dans les terrains plats; mais, s'ils sont montueux, il en faut quatre. Le *rouleau* avec ses limonières pesera environ deux mille. La grandeur de son diamètre le rend facile à mouvoir, malgré son poids.

Les effets du *rouleau* employé comme il faut, sont importans; d'abord, il rend plus serrée, plus compacte la terre qui est lâche & sans liaison: ce qui favorise la levée & l'accroissement des plantes, en faisant toucher & presser les racines par la terre. La terre comprimée conserve plus d'humidité; le soleil ni l'air sec n'y pénètrent pas si facilement, il n'y a point à craindre que la terre soit endurcie ou rendue trop compacte. Dans une saison sèche, l'usage ou l'omission du *rouleau* peut faire, pour les terres légères, la différence d'une bonne récolte ou d'une mauvaise récolte.

En troisieme lieu, passer le *rouleau* sur les terres qui viennent d'être semées en foin, favorise sa levée; & il y a lieu de croire que de passer le *rouleau* sur les fromens, augmenteroit la quantité de la paille.

On fait usage d'un plus petit *rouleau*, pour écraser les mottes dans les terres où on a dessein de semer de l'orge. Quand on ne peut pas les faire rompre avec des maillets, parce que cela est trop coûteux, ou qu'on manque de monde, si on veut employer le *rouleau* pour donner cette façon, on traîne d'abord la herse, qui rompt en partie les mottes; & après avoir laissé la terre sécher un ou deux jours, on passe le *rouleau*, qui réduit en poussière le reste des mottes. Ces façons ne tiennent cependant pas lieu de celles qui se donnent avec le gros *rouleau*, dont l'effet est de rendre le terrain plus compact & de le préserver d'éprouver aussi profondément la sécheresse de l'été. Un *rouleau* de pierre long de quatre pieds, qui a quinze pouces de diamètre, & est tiré par un seul cheval, est suffisant pour rompre les mottes des terres qui ne sont pas très glaiseuses. Mais, pour ces dernières terres, il en faut un fait d'une autre manière, quoique sur les mêmes dimensions que celui de pierre; il faut y attacher, dans sa longueur, de cinq en cinq pouces, des rondelles de fer, épaisses de six pouces, qui rompront les mottes les plus dures. Ces rondelles seront applaties du côté du bois, & en couteau du côté extérieur qui porte sur terre: ce qui divisera les mottes les plus dures, & les émiettera. Cette façon sera très-avantageuse pour les terres glaiseuses.

A ce qui a été dit ci-dessus de l'usage du *rouleau*, on doit ajouter ici qu'il est important de le passer au mois d'avril sur les terres lâches légères, parce que les dégels, en soulevant la terre, & les grandes pluies, ont élevé les racines à la surface, & ont enlevé toute ou une partie de la terre de dessus les racines.

Il faut traîner le *rouleau* sur l'orge aussi-tôt qu'il est semé, sur-tout quand on sème en même-tems du foin.

Le tems où il est le plus à propos de passer le *rouleau* sur un terrain sableux, léger, c'est aussi-tôt qu'il est assez sec pour supporter cet instrument, sans que cette terre s'y colle. Quant aux sols glaiseux, il ne faut les labourer, les herser, ni y passer le *rouleau*, que quand ils sont suffisamment secs. Comme on ne passe le *rouleau* sur ce sol que pour en unir la surface, on peut attendre patiemment, parce que cette façon peut encore se donner sur des grains qui ont trois pouces de hauteur. Il y a encore une plus forte raison pour attendre en pareil cas, c'est que s'il tombe de fortes pluies peu après qu'on a passé le *rouleau*, & qu'il survienne immédiatement de la sécheresse, la surface de la terre forme une croûte dure qui empêcheroit le grain de lever.

L'avoine, dans les terres légères, doit recevoir le *rouleau* aussi-tôt qu'elle est semée, à moins que le terrain ne soit si humide, qu'il s'attache au *rouleau*; mais dans un sol glaiseux, on attendra que ce grain soit bien levé.

Le tems le plus convenable pour semer du foin dans une avoine, est lorsque le grain est haut de trois pouces, & on y passera aussi-tôt le *rouleau*, quel que soit le sol.

Le lin doit recevoir le *rouleau* aussi-tôt qu'il a été semé, ce qu'on ne devroit jamais négliger. Cette façon a l'avantage de faire lever le lin également & à la fois, ce qui est très-important, afin que tous les pieds se trouvent à la fois au degré de maturité convenable pour le serancer, & que la récolte soit de la même qualité.

Il faut, au premier printems, passer le *rouleau* sur les foins semés de l'année, dès que les chevaux peuvent y marcher sans enfoncer, cela rend le terrain plus ferme, & les racines talent mieux, s'enfoncent davantage. Quand le soleil est léger, lâche, il est avantageux de donner la même façon pour la deuxième & la troisième années, quoique cela soit moins nécessaire que pour la première récolte. (*Bibl. phys. économ.*)

*Autre rouleau de Tull, agriculteur anglois, & de Duhamel, son commentateur.*

C'est un *rouleau* pour briser les mottes. La manière de le tirer est fort différente de celle d'un *rouleau* ordinaire, dont le train est difficile à faire & coûte beaucoup; celui-ci n'ayant que trois pieds de long, est tiré par le moyen d'une simple paire de limons joints par deux barres, qui sont bien clouées à leurs bouts.

Ses goujons ou bouts de son axe, ne doivent pas sortir au-delà de la surface extérieure des limons, de peur qu'ils n'accrochent les plantes quand on le tire dans les plates-bandes. Les bouts de derrière des limons doivent aussi se courber un peu en haut derrière les goujons, pour la même raison; ce cylindre, qui est de pierre, a deux pieds & demi de diamètre, & pèse onze cents, sans compter les limons: on ne doit jamais s'en servir que dans les tems les plus secs, quand ni la charrue ni la herse ne peuvent rompre les mottes; comme il est fort pesant & court, il les réduit en poussière, ou en si petits morceaux, qu'un peu de pluie, ou même les rosées, si elles sont abondantes, les dissolvent.

Il est d'une grande utilité, dit Duhamel, pour préparer les raies pour les navets; le tems étant sec à la mi-été (qui est la meilleure saison pour les planter), la terre étoit en grosses mottes, de sorte qu'il n'y avoit point d'espérance qu'on pût la mettre en état d'être semée en navets, les mottes étant si grosses qu'il auroit fallu beaucoup de vicissitudes de tems humides & secs pour les amollir: mais cet instrument les brisa, & la charrue le suivant immédiatement, les raies furent hersées & plantées avec le semoir avec beaucoup de succès.

Je m'en suis servi, ajoute cet auteur, pour le même effet dans le milieu d'un champ rempli de mottes, où il les a si bien pulvérisées qu'on en a pu voir clairement l'avantage par la verdeur & la force de deux récoltes suivantes, qui ont été différentes de celles des autres parties du champ qui étaient de deux côtés, & où le *rouleau* n'avoit pas été tiré.

Mais comme en écrasant il produiroit un effet tout contraire à celui qu'il produit en pressant simplement, si on s'en servoit quand la terre est humide, il seroit pernicieux en empêchant la pulvérisation; c'est dans cette appréhension que je le laisse reposer quelquefois une année entière.

Il y a aussi une herse qui est longue & triangulaire, dont on peut se servir quelquefois utilement dans les plates-bandes, quand la terre est bien tempérée entre l'humidité & la sécheresse.

ROUX-VENT; nom qu'on donne aux vents du mois d'avril qui sont froids, secs & forts. Ces vents sont très-nuisibles aux pousses herbacées des arbres fruitiers, & rendent leurs feuilles rougeâtres & recoquillées.

RUCHES. Nous devons encore rapporter ici, d'après la *Bibliothèque physico-économique*, un excellent mémoire sur une nouvelle manière de construire les *ruches* pour le gouvernement des abeilles.

Une longue expérience & une étude réfléchie des ouvrages de Ducarne, de Blangy, Palteau, Rozier, Ricour & autres sur les *ruches* & les *ruchers*, nous font assurer que la nouvelle manière que nous proposons ici de construire les *ruches* est préférable à l'ancienne, soit parce qu'elle est moins dispendieuse, soit parce qu'elle réunit de plus grands avantages. Nous allons présenter aux lecteurs cette nouvelle méthode de la manière la plus simple, avec le soin qu'exigent les abeilles dans les divers tems de l'année, & nous nous bornerons à de courtes observations, d'après ceux qui ont écrit sur cette matière.

*Construction des nouvelles ruches.*

Une *ruche* est composée de plusieurs petites, appellées *hausses*. Pour faire une hausse, il faut de la paille fraîche de seigle, propre, & entiérement dégarnie de ses épis & de ses feuilles, & qui n'ait point été mouillée; elle doit n'avoir aucun mauvais goût ni aucune mauvaise odeur. L'ouvrier serre cette paille par cordons avec de l'osier, ou de la ronce, ou, ce qui seroit le mieux, avec la seconde écorce de tilleul. Il unit ensuite les cordons les uns aux autres, il en forme une hausse de trois à quatre pouces d'élévation, & il en fait une espèce de couronne d'une largeur uniforme, & de douze à treize pouces de diamètre en dedans œuvre. On observera la plus grande exactitude pour faire toutes les hausses de la même dimension, afin qu'elles puissent s'adapter exactement l'une sur l'autre. (*Voyez* pl. XXXVII, fig. 1, une *ruche* en paille à deux hausses).

Chaque hausse aura un fond de bois de chêne sans aubier, ou de bois blanc, de même diamètre, de manière qu'il l'effleure en dehors. Ce fond sera attaché à la paille avec du fil de fer ou d'archal. Les planches qui le composeront seront de voliges, bien jointes, & de trois à quatre lignes d'épaisseur. Chaque fond sera percé de cinq grands trous d'environ deux pouces de diamètre, à égale distance, à prendre du centre, pour établir la communication des abeilles dans toute la *ruche*, & leur procurer la facilité d'allonger leurs rayons. Outre les cinq grands trous, on en percera dans le reste du fond cinquante ou soixante petits de huit à dix lignes de diamètre, pour servir d'issue aux abeilles. On aura grand soin que chaque trou soit bien net, & pour cet effet, dès qu'il sera percé avec la vrille, on y fera passer une broche rougie au feu.

Si l'essaim dont on forme le commencement de la *ruche* est fort, on réunira trois hausses ensemble pour le recevoir; chaque hausse se joint à une autre avec de la bouze de vache fraîche; à mesure que le travail avancera, si la *ruche* composée de trois hausses est pleine, vous en ajouterez une quatrième par dessous, ensuite une cinquième, enfin jusqu'à sept, si l'année est abondante. On aura soin de les bien assujettir, pour que le vent, ni aucun autre accident, ne les renverse pas.

Si l'essaim est foible, vous ne mettrez que deux hausses; la hausse qui terminera la *ruche* sera surmontée par un fond sans trou, qui pourra être plus large que la hausse de quelques lignes tout autour. Il sera assujetti avec une pierre ou une brique, qui sera ensuite couverte d'un chapiteau de paille comme les *ruches* ordinaires, afin d'empêcher la chaleur du soleil de le tourmenter & de le faire déjetter.

Au lieu de placer les *ruches*, ainsi composées de leurs hausses, sur une planche à côté les unes des autres, on établit chaque *ruche* séparement sur une table isolée. Cette tablette doit être de pierre, si cette matière est commune dans le pays; si elle est rare, la table sera faite d'une ou de plusieurs planches de chêne bien sec, sans aubier, de deux pouces d'épaisseur, de forme ronde, & de quatorze à quinze pouces de diamètre. Il faut avoir soin que la rainure ne puisse jamais occasionner de fentes, & s'il en survenoit, on les remplira avec de la bouze de vache, ou, encore mieux, avec du mastic de vitrier.

Le côté de la tablette sur lequel sera établie la *ruche*, doit être bien poli, & la table sera de forme concave, se terminant en pente douce à une ouverture quarrée de six à sept pouces. A l'aide de cette pente, tout ce qui tombera de la *ruche*, soit abeilles mortes ou papillons, retombera nécessairement sur cette ouverture, qui sera l'endroit le plus bas, le poli empêchant que rien ne puisse s'arrêter ailleurs. Cette ouverture servira encore à donner de l'air aux abeilles, à examiner leur travail, & à voir le moment où il est à propos de donner une hausse, sans causer le moindre dérangement, enfin à les nettoyer.

On pratique, à cette ouverture, une feuillure dans laquelle on place un cadre de bois de la même dimension, qui puisse entrer juste sur toutes faces. A ce cadre est attachée une grille de fer-blanc ou de fer battu, percée de petits trous, à-peu-près comme une grosse rape, ou une grille de fil de fer, assez serrés pour que les abeilles ni les papillons ne puissent entrer ni sortir. Cette grille sera attachée à la table par deux tourniquets qui l'assujettiront à volonté. La table sera soutenue sur trois piliers de bois de chêne ou de pierres, ou de briques, à environ un pied & demi de terre. Elle sera terminée sur le devant par une avance en forme de bec, de trois à quatre pouces de long, dans le milieu de laquelle sera pratiquée une rigole en pente douce sur le devant, pour faciliter l'écoulement de l'eau, & pour servir de chemin aux abeilles pour entrer dans la *ruche*.

*Avantages des nouvelles ruches sur les anciennes.*

Exposer les inconvéniens des anciennes *ruches*, auxquels les nouvelles ne sont point sujettes, c'est déjà montrer l'avantage de ces dernières. Par la forme des premières, il est impossible de bien distinguer tous les gâteaux de cire vieille qu'il seroit à propos de retrancher, parce qu'elle se gâte, répand une mauvaise odeur, & fait mourir les abeilles. Il est très-difficile de ne pas enlever quelques gâteaux de cire neuve, qui contiennent ordinairement plus de couvain. Si l'on arrache de la cire neuve, dans laquelle il n'y ait pas encore de couvain déposé, il faudra que les abeilles emploient, à réparer le désastre, le tems qu'elles auroient occupé à augmenter le nombre des alvéoles. Lorsque l'année est favorable, & que la *ruche* est bien peuplée, faute de trouver de l'espace dans la *ruche* même, elles font un ouvrage perdu en travaillant en dehors. On renverse les *ruches* ordinaires pour en ôter la cire & le miel; il reste des débris de cire, le miel coule, les guêpes le sentent, il peut en arriver de tous côtés pour s'approprier le miel & les débris de cette cire, & il en résulte le pillage. Comme on travaille un peu à tâtons, si l'instrument dont on se sert tombe sur l'alvéole de la reine, on ne peut plus espérer d'essaim pour l'année, trop heureux si la *ruche* ne périt pas toute entière. L'expérience apprend que, dans ces sortes de *ruches*, il est presque impossible de garantir les abeilles des souris, des vers, des papillons & de tous les insectes qui font souvent périr une *ruche*. On ne peut pas plus entretenir les abeilles dans la grande propreté qu'elles aiment:

*At neque munditiæ magnas par cura per urbes*
*Privatasque domos: nil sordis in ædibus.*

Præd. Rust. L. 14.

Comme les *ruches* sont ordinairement établies sur de longues planches, lorsqu'on visite les abeilles, l'ébranlement d'une seule *ruche* trouble toutes les autres. On ne parle pas de ceux qui tuent les abeilles pour s'emparer de leur dépouille; c'est le comble de l'ignorance.

Les nouvelles *ruches* ne sont pas exposées à tous ces inconvéniens. Si l'on a recueilli un essaim foible, on le laisse dans une hausse seule qu'on place sous un autre essaim pareillement foible. Quand ces deux essaims seroient sortis à trois semaines ou un mois de distance l'un de l'autre, ils se réuniront & en formeront un bon qui ne craindra point l'hiver. Pour l'assurer davantage, on peut arroser les deux avec un bon verre de miel & autant de vin cuit, refroidis ensemble, assez liquides pour que le plus grand nombre des abeilles en soit mouillé; ensuite on scelle les jointures des hausses tout autour avec de la bouze de vache, & on les fume un peu.

Pour enlever le miel & la cire, après avoir ôté les fonds supérieurs qui couvrent la *ruche*, on détache très-doucement la hausse de dessus; on replace le fond sur la hausse de laquelle on vient de détacher celle qu'on enlève, on l'emporte à l'ombre, loin du rucher, ou chez soi, pour que les abeilles ne la suivent pas; on chasse avec un peu de fumée celles qui pourroient y être restées; on l'examine ensuite à son aise dans le cours de la journée; on s'approprie le tout ou une partie de la récolte qu'elle contient. S'il y a du couvain, on l'y laisse, & le soir on rapporte cette hausse, qu'on met au bas de la *ruche* dans la même position qu'elle étoit en haut. Il est facile d'enlever ainsi & de visiter successivement toutes les hausses les unes après les autres. Si, dans quelqu'une, il se trouve de la vieille cire ou de la moisissure, ou de la vieille poussière de fleurs, on la nettoie: s'il s'en trouvoit sur la tablette ou sur les fonds, on les lave avec de l'urine fraîche, & la *ruche* est toujours en bon état. Pour remettre les hausses dans la même situation où on les a prises (ce qui est essentiel), on y trace une ligne rouge ou noire, qui soit assez sensible pour pouvoir les replacer précisément comme elles étoient.

Soit par l'ouverture quarrée qui est au centre de la tablette, soit par l'inspection des hausses, il est facile de s'assurer s'il faut donner une nouvelle hausse, ou s'il est besoin de donner de la nourriture aux abeilles. Comme il ne faut pas être trop avide de miel, on est à portée de savoir la quantité qu'on en peut ôter, & celle qu'on en doit laisser pour que la *ruche* soit toujours dans l'abondance. Enfin, on est à même de prendre toutes les précautions nécessaires, sans crainte de se tromper.

*Position des ruches; leurs visites; nourriture des abeilles.*

Il n'est pas indifférent de placer les *ruches* dans un lieu quelconque, sans choix & sans distinction. La position qui leur convient le mieux, est la proximité d'une habitation, afin d'y veiller plus facilement. Le soleil de sept heures du matin est l'aspect le plus favorable. Vous choisirez, autant qu'il vous sera possible, le voisinage des bois, des prés, des ruisseaux, des lieux garnis de thim & d'autres plantes odoriférantes. Le rucher doit être défendu de l'approche des bestiaux, &, si vous le pouvez, des hirondelles, qui se nourrissent des abeilles & en nourrissent leurs petits. Vous le garantirez des effets du vent, & sur-tout de celui du nord ou de la bise, par des murs, haies ou cloisons de roseaux seulement :

*Principiò sedes apibus statioque petenda,*
*Quò neque sit ventis aditus (nàm pabula venti*
*Ferre domum prohibent) neque oves hædique petulci*
*Floribus insultent, &c.*

Georg. L. 4.

Les *ruches* doivent être placées en échiquier & à telle distance l'une de l'autre, que l'on puisse y travailler sans toucher, que le moins qu'il sera possible, aux chapiteaux.

Si vous voulez visiter vos *ruches* pour les nettoyer, vous les renverserez sur une table ou autre chose, en commençant par la hausse de dessous, que vous replacerez ensuite dans le même ordre, exactement au même aspect, & avec célérité, en suivant l'opération que nous avons déjà annoncée.

C'est une erreur de croire que les abeilles puissent abuser de la nourriture qu'on leur donne, & qu'elles en deviennent plus paresseuses. Il ne faut point négliger cette opération quand la mauvaise saison les met dans l'impossibilité de s'en procurer, & lorsqu'une nouvelle génération va paroître ; sur tout si elles ne sont pas suffisamment pourvues de leur nourriture naturelle, qui est la meilleure de toutes. Pour vous acquitter de cette fonction, vous mettrez, soit sur la grille, soit sur la hausse supérieure, des rayons garnis de miel, que vous rendrez liquide s'il est grainé, ou deux tiers de miel & un tiers de bon vin que vous réduirez ensemble en syrop, au point de faire pâte, ou que vous ferez au moins bouillir un moment ; & enfin du jus de fruits préparés de même. Vous le mettrez dans un vase un peu concave, que vous couvrirez légérement de mousse, pour donner appui aux abeilles qui, sans cette précaution, seroient exposées à périr. Si vous placez ce vase sur la hausse supérieure, vous le couvrirez par une hausse sans trous & exactement adaptée. L'heure la plus favorable pour toutes les opérations autour des abeilles, est depuis huit à neuf heures du matin jusqu'à trois ou quatre du soir.

Mais avant que de procéder à aucune de ces opérations, la prudence exige que vous preniez des précautions contre la piqûre des abeilles. Ayez en main un bâton chargé de mauvais linge, blanc de lessive, de thim & autres plantes odoriférantes, dont vous formerez un tout assujetti avec de l'osier ou du fil de laiton, & de la grosseur d'une andouille, que vous aurez mis au feu pour le faire seulement fumer, afin d'éloigner les abeilles sans leur faire aucun mal. Vous vous couvrirez ensuite d'un camail de toile, dont la partie antérieure forme un large masque saillant, de fil de laiton, assez serré pour que l'abeille ne puisse y passer. On peut encore se garantir par le jus de lierre terrestre. On en a fait l'expérience en broyant cette plante dans ses mains. Si cependant vous êtes piqué malgré ces précautions, tirez l'aiguillon, pressez la plaie pour en faire sortir le venin, lavez-la avec de l'eau fraîche, ou mettez-y de la bouse de vache, du jus de plantain, de l'huile de laurier, du baume du Pérou, ou, pour les riches, de l'alkali volatil fluor.

*Gouvernement des abeilles pendant tous les mois de l'année.*

*Mars.*

Le moment où la saison s'adoucit & où la végétation commence, est aussi celui où les abeilles commencent à avoir besoin de soins particuliers. C'est le tems le plus sûr pour acheter des *ruches*. Choisissez un jour où le soleil ne brille pas, & transportez-les dans une hotte, sur le dos, le plus doucement qu'il est possible ; ou bien fermez-les exactement avec un linge ou autre chose, renversez-les & les assujettissez ensuite sur une voiture. Lorsqu'elles seront arrivées à leur destination, vous les placerez sur des tablettes, & ne les ouvrirez que le lendemain matin.

Vous aurez soin dans ce mois de nettoyer vos *ruches*, suivant la manière que nous avons indiquée ; de laver les tables avec de l'urine fraîche, & d'examiner si les abeilles ont une provision suffisante de nourriture.

*Avril.*

Quoique ce soit la saison des fleurs où les abeilles peuvent aller faire leur récolte, vous devez cependant veiller à la nourriture de la peuplade naissante, & subvenir à ses besoins. Quel que soit le zèle des ouvrières, elles ne le peuvent par elles-mêmes si vous n'y suppléez pas. Les voyages les empêchent, les soins les distraient, & souvent elles sont arrêtées par la pluie, le vent ou la neige, cette saison étant la plus inconstante de l'année. Ainsi la perte ou le gain dépend de votre attention.

*Mai & juin.*

*Mai & Juin.*

Si vos abeilles ne sont pas à portée de l'eau, mettez auprès du rucher une auge de pierre ou de bois, dans laquelle vous entretiendrez de l'eau propre, que vous renouvellerez de tems en tems, & dans laquelle vous répandrez çà & là des brins de mousse, pour servir d'appui aux abeilles. Si vous avez une *ruche* foible & une très-forte, mettez, par un beau jour, à onze heures ou midi, la forte au lieu de la foible, & celle-ci à la place de la première, où se porteront les abeilles qui étoient dehors. Toutes vivront en bonne intelligence & formeront une *ruche* bien peuplée. Cette expérience a réussi au C. Collot, de Troyes, en 1783 & 1784.

Préparez vos hausses pour recevoir vos essaims; deux pour l'essaim ordinaire & trois pour un essaim fort, c'est-à dire pesant cinq à six livres. Faites veiller constamment depuis huit heures du matin jusqu'à cinq du soir. Quand un essaim sort de la *ruche*, le moyen sûr pour l'arrêter, est d'y jeter de l'eau avec un balai ou de la poussière. Lorsqu'il sera fixé aux haies, arbustes ou arbres, vous (étant armé de l'andouille & couvert du camail) mettrez sous la branche une hausse, sans trous, dans laquelle vous les ferez tomber & les poserez ensuite à terre. Vous la couvrirez d'une *ruche*, à deux ou trois hausses, que vous aurez frottée avec du thym ou autre plante odoriférante, & où vous aurez fait couler du miel & du vin bien delayé. Vous ne couvrirez pas cette *ruche* exactement, mais vous y laisserez un vuide suffisant, afin que les abeilles du dehors puissent s'y introduire, & au soleil couché vous la porterez au rucher. Il est prudent de bien fumer l'endroit où elles se sont fixées, pour empêcher le retour. Si deux ou trois essaims foibles se réunissent à la même branche, recevez-les dans une seule *ruche*; s'ils sont forts, essayez de les diviser avec une ficelle, de découvrir les reines, & d'en porter une dans chaque ruche, avec une quantité d'abeilles à peu près égale. On y est parvenu à l'aide d'un petit balai de plume; les mains lavées avec de l'urine servoient de cuiller. Si vous ne le pouvez pas, alors divisez au hasard. Comme il importe quelquefois d'empêcher une *ruche* de s'affoiblir par un second, & même un premier essaim, vous y parviendrez en mettant une hausse dessous.

Si vous vous êtes servi de la *ruche* sur laquelle vous avez adapté un saladier, quinze jours ou trois semaines après, au plus tard, vous introduirez avec précaution un petit coin de chêne très-mince, ou une lame de couteau, pour donner entrée à un fil de laiton que vous ferez passer entre la tablette & le saladier, après avoir enlevé celle qui l'assujettissoit, & vous le trouverez plein du plus beau miel, comme l'expérience le prouve.

*Juillet.*

A commencer au 15 juillet, jusqu'à la fin d'août ou environ, on peut, par un beau jour, & depuis neuf heures jusqu'à trois, appliquer, sans risque, à son profit, tout ce qui excède le besoin des abilles, mais avec beaucoup de discrétion. Armé & habillé comme pour recevoir un essaim, j'introduis çà & là un ciseau ou une lame de couteau; je divise la tablette sans trous, qui couvre la hausse supérieure, où j'introduis le plus de fumée qu'il est possible. Les abeilles descendent; alors je détache avec précaution la première hausse de la seconde, je l'enlève, la renverse & vois si je ne puis rien prendre, ou si je puis prendre le tout ou une partie. Dans le premier cas; je remets exactement ma hausse dans sa première position, suivant la ligne rouge ou noire que j'aurai tirée, comme on l'a observé. Dans les second & troisième cas, il faut user d'adresse & de célérité: je fais mettre ma hausse à peu de distance du rucher, sur le vuide d'une chaise renversée, tandis que, par les trous, je me rends certain de ce qu'il y a de miel dans la seconde. Je couvre celle-ci de la tablette, & lui donne un appui de trois bâtons de la grosseur d'un doigt, mis en triangle pour éviter d'écraser les abeilles. Celles qui sont restées dans la hausse enlevée, sont chassées par la fumée que j'introduis en-dessous, & à l'aide d'une plume que je passe entre les rayons; puis sans faire périr une seule abeille, & tranquille dans ma chambre, j'enlève de mes *ruches* les rayons de miel des deux côtés. Je me donne garde de toucher aux autres, & moins encore à ceux où il y a du couvain d'ouvrières. Si je ne prends qu'une partie, je fais lever ma *ruche* & pose ma hausse sur la table; & le soir, mes abeilles tranquilles, j'enduis mes *ruches* avec de la bouse de vache, fraîche & sans mélange.

Si l'abondance de la *ruche* & l'état de la hausse me permettent de m'emparer du tout, ma hausse est mise en magasin. En vendangeant mes *ruches*, j'ai soin d'avoir près de moi trois ou quatre grands vases de terre qui ne servent qu'à cet usage (le cuivre seroit pernicieux), je les couvre de claies propres à égoutter les fromages; je pose sur les unes les rayons les plus beaux, c'est-à-dire, les plus blancs, & sur les autres ceux qui le sont moins. Je racle les côtés du rayon pour donner plus d'issue au miel, & j'établis tous mes vases dans un endroit bien fermé, près d'une croisée sur laquelle donne le soleil. Quand la plus grande quantité de miel est égouttée, je le passe à travers un linge & le mets dans des pots de terre, en distinguant les qualités; puis je réunis tous les rayons & les presse dans une chausse de toile, ce qui forme un troisième miel. Pour jouir de celui qui reste dans la cire, je la jette dans l'eau chaude; je la divise le plus qu'il m'est possible, &, après avoir laissé fermenter le tout ensemble pendant quelques heures, je le passe de nouveau à la chausse, d'où il tombe dans une chaudière d'airain, où je la fais cuire à un feu doux & clair; je l'écume, & vois qu'il est cuit, lorsqu'en le mettant sur une assiette ou sur l'ongle, il forme une gelée. Ce miel est pour la nourriture des abeilles : je porte aussi l'écume & les instrumens dont je me suis servi auprès de mes abeilles, qui en font leur profit. Si la saison étoit mauvaise, c'est-à-dire, pluvieuse ou froide, &c. au lieu de récolter, il faudroit fournir de la nourriture aux *ruches*. Sans cette précaution, il feroit possible que tout pérît. Si les chaleurs sont fortes, donnez de l'air en mettant une hausse dessous. Cette opération se fait le soir ou le matin.

Si vous avez des *ruches* foibles, ce que vous connoissez par le petit nombre, par le peu d'ardeur & d'activité des abeilles, vous en réunirez deux ensemble le soir ou le matin. Ce n'est pas une précaution inutile de faire sur les deux extrémités une aspersion de bon vin & de miel, & de fumer un peu, comme il a été dit.

### *Août & Septembre.*

Nourrissez les *ruches* foibles; dégraissez les fortes. Gardez quelques rayons de miel, & tenez-les dans la même position qu'elles étoient dans la *ruche*.

### *Octobre.*

Nettoyez les tables; visitez, fermez exactement vos *ruches*, & ne laissez d'ouverture que par l'entrée & la grille. Si la hausse qui porte sur la table est pleine de cire, mettez-en une autre dessous, que vous enleverez au printems. Si, au contraire, elle étoit vuide, & que celle qui est immediatement au-dessus ne fût qu'à moitié pleine, ôtez celle de dessous. En cas de besoin, donnez de la nourriture abondamment & sans craindre; mais donnez-la sur la hausse supérieure, faites-la même couler dans le milieu de la *ruche*; par-là vous éviterez le pillage dont il faut vous garder soigneusement. Ne laissez à la grille d'entrée d'autre ouverture que pour le passage d'une abeille; elles pourront sortir trois ou quatre de front dans la largeur. Cette précaution est nécessaire contre les mulots & les insectes. S'il y a des *ruches* foibles, réunissez-les en mettant la plus forte dessus.

### *Novembre, Décembre, Janvier & Février.*

Avec des chapiteaux de paille, garantissez vos *ruches* des neiges & des pluies. Tâchez de les préserver des mulots & des souris, ainsi que des fourmis pendant l'été. Tendez des pièges aux premiers, & mettez autour de chaque piquet qui soutient la table, à la hauteur de six à sept pouces, une bande de tôle ou de fer blanc que vous enduirez de suie bien délayée dans de l'urine ou de l'huile de chenevis; l'un empêchera les souris de monter, & l'autre éloignera les fourmis.

Un agrément qu'on peut se procurer, est celui d'avoir du plus beau miel, en mettant un saladier ou un vase quelconque sur le fond de la dernière hausse. Ce vase couvrira parfaitement les cinq grands trous, & les abeilles y viendront former des rayons & déposer leur miel. On met le vase le jour qu'on a recueilli l'essaim, & quinze jours ou trois semaines après, on peut le détacher en introduisant un fil de laiton entre le vase & le fond. Il faut observer que le fond sur lequel on met le vase, ne soit percé que des cinq grands trous, ou n'en faire qu'un grand de toute la largeur du vase.

### *De la perte des ruches.*

On sait que la mort de la reine l'occasionne infailliblement.

*— Inter apes dux fœmina regnat.*

*. . . . . . . . . . . . . . . . .*

*— Spes & fortuna penarum*
*Illius ex vita pendent : opera omnia cessant,*
*Reginâ languente, &c.*

*Præd. Rust. Lib. 14.*

Si l'on peut pressentir la mort de cette reine, on pourra éviter la perte de la *ruche*, en la réunissant à une foible qui aura une reine. Les fleurs de cornouiller, d'orme, de tilleul ne donnent pas lieu au flux ni à la rougeole, puisque ces maladies sont aussi fréquentes dans les lieux où il n'y a pas de ces arbres que dans ceux où ils se trouvent. Le besoin seul les occasionne. Ces maladies cesseront, ou vos abeilles n'en seront point attaquées si vous leur procurez de la nourriture. J'en ai rappelé à la vie de languissantes & même d'expirantes, par une aspersion de miel délayé avec de l'eau-de-vie ou du kirschwaser, faite entre les rayons ou gâteaux, une ruche mise le bas en haut. Je conseille le remède comme sûr; mais il faut encore plus éviter d'être forcé par la négligence, ou par une économie mal entendue, de recourir à cet expédient.

*Essaims forcés.*

Il est possible de se procurer des essaims sans en attendre la sortie, & en voici les moyens principaux :

1°. Lorsque par le très-grand nombre d'abeilles, ou par quelque autre indice, vous vous appercevrez que votre *ruche* doit *essaimer* dans peu, armé, comme nous l'avons dit, vous mettrez celle à cloche dans le vuide d'une chaise renversée, celle à hausse sur une table, le bas en haut. Vous la couvrirez d'une *ruche*, préparée comme pour les essaims. S'il y a un vuide, vous le remplirez avec du linge. On frappe sur la *ruche* pleine, en partant de la partie inférieure, avec deux petits bâtons. On monte peu à peu, & l'on réitère jusqu'à ce qu'il soit passé un nombre suffisant d'abeilles pour former un bon essaim. Si un panier ne peut le fournir, on en ajoute un second. On remet à leur place ceux dont on a tiré les abeilles, & la nouvelle à vingt ou trente pas du rucher, jusqu'au lendemain seulement. S'il y a une reine, vous serez assuré du succès.

Vous emploierez le même procédé pour échanger les abeilles des vielles *ruches*. S'il en reste entre les rayons, on les en fait sortir par la fumée, & à l'aide d'une plume que l'on passe doucement entre les gâteaux.

2°. Divisez une *ruche* à hausse (je la suppose de quatre pleines.) Vous enleverez la hausse qui porte sur la grille, vous la placerez sur une hausse vuide qui aura été mise sur la table ou linché. Vous remplacerez la première par une hausse vuide, puis vous enleverez la hausse supérieure avec son dessus, & couvrirez très-vîte la *ruche* dont vous aurez pris deux hausses pleines, par une tablette sans trous, c'est-à-dire, former l'essaim par la hausse supérieure & par l'inférieure d'une *ruche* pleine, & mettre dessous les deux une hausse vuide ; & couvrir la première d'une tablette sans trous.

3°. Si votre *ruche* n'est formée que de trois hausses pleines, vous fumerez par le quarré de la grille que vous aurez ôtée ; vous enleverez les deux hausses supérieures avec le dessus, vous poserez le tout doucement à terre, & à l'instant vous couvrirez la troisième d'une tablette sans trous. Ne laissez aucun vide entre l'une & l'autre, posez dessous une hausse vuide, & après avoir renversé les deux premières, que vous couvrirez des deux autres, vous procéderez comme nous avons dit. Enfin, pour forcer un essaim & le former d'abeilles tirées d'une ou de deux *ruches*, vous porterez la nouvelle *ruche* renversée sur la table de l'ancienne, & celle-ci sur une autre, où vous aurez fait poser une hausse vuide.

4°. Mettez une *ruche* vuide, bien préparée, à côté d'une autre que vous jugerez devoir donner un essaim. Fermez exactement toutes les issues, fournissez-en une par un tuyau d'un pouce de hauteur, d'un pouce & demi de largeur, qui partira de la *ruche* pleine dans la *ruche* vuide, & le plus proche de l'ouverture qu'il est possible. Ensuite vous préparerez des rayons de miel, du syrop ou du jus de fruits cuits, que vous mettrez pour appât sur la hausse supérieure de la *ruche* vuide où l'essaim établira sa demeure. (*Voyez* pl. XXXVII & son explication.)

*De la matière dont on fait les ruches dans l'Archipel ; & nouvelles ruches conseillées par le C. de la Rocca.*

La matière dont nos *ruches* sont composées, est aussi simple que commune : c'est de la terre cuite avec laquelle on fait les vases ordinaires & la brique. Nous avons en France plusieurs espèces d'argile ; mais il faut par-tout se servir de la meilleure.

La forme de nos *ruches* est ronde, & leur longueur d'environ trois pieds : leur diamètre a un pied dans la partie extérieure qui, en se resserrant, forme à l'une des extrémités un fond de sept à huit pouces. Ordinairement le fond de ces *ruches* est fermé ; mais on commence à les construire ouvertes des deux côtés, & d'un diamètre égal dans toutes leurs parties.

Autour de l'ouverture il y a une espèce de baguette semblable à celle des marmites ; elle doit cependant être plus large, pour que le couvercle puisse bien fermer & s'y adapter commodément.

Avant de les mettre au four, on doit faire attention de faire pour les cuire, trois ou quatre petits trous autour de la baguette, pour faire passer des chevilles qui tiendront le couvercle. Quand les *ruches* seront posées dans la situation qu'elles doivent avoir pour les rendre plus solides & impénétrables à l'humidité, il faut les enduire à l'extérieur d'un vernis. Quant à l'intérieur, on observera de n'en vernir que la moitié dans sa partie inférieure. Sans cette précaution, les abeilles, qui n'attachent leurs rayons que dans la partie supérieure, ne les y colleroient que très-difficilement.

Cette partie, qui ne doit pas être vernissée, & qui recevra les rayons, se a canelée, & ses canelures entrecoupées d'espace en espace : les *ruches* devant être placées horisontalement, la partie canelée sera toujours en-dessus ; ce sera là que les abeilles placeront leurs rayons avec solidité.

Le couvercle de nos *ruches* sera du même diamètre & de la même forme, c'est-à-dire, rond : on l'adaptera au bord de l'ouverture de la *ruche* ; mais au lieu d'être à plat, comme sur une marmite, il restera droit, parce que la *ruche* doit être posée horisontalement ; les petits trous dont nous avons parlé, autour de la baguette, serviront à y mettre des chevilles ou des clous pour le soutenir : la position horisontale de la *ruche* exige cette précaution.

On peut construire ces couvercles de quatre manières : en terre cuite & toujours plats & unis, avec un bouton au milieu ; en ardoise ; en planches & en fer blanc.

Tous conviennent également ; mais les premiers sont plus fragiles ; en planches, ils peuvent être rongés par les rats. Je conseillerois ceux d'ardoise ou de fer blanc, & en les faisant de cette dernière matière, on pourroit mettre deux feuilles ensemble bien soudées ; pour que les abeilles puissent y marcher commodément, on enduiroit ce couvercle d'un gros vernis posé quelques semaines à l'avance, pour lui laisser perdre sa mauvaise odeur : il le garantiroit en même tems de la rouille.

Autour du couvercle adapté à la *ruche*, nous faisons sept à huit entailles, qui doivent former autant de portes pour le passage des abeilles : il faut observer que ces entailles ne soient que d'une dimension relative à leur forme ; car si elles étoient trop grandes, leurs ennemis pourroient s'introduire dans la *ruche*, & si elles étoient trop petites, elles ne pourroient y passer.

Nous observons aussi de tracer une marque quelconque sur ces couvercles, dans leur partie extérieure, afin de les placer toujours dans la même position. On ne pourra pas s'y tromper, en distinguant le haut du bas. Sans cette précaution, toutes les fois qu'on ouvriroit les *ruches*, on pourroit les ébranler, & les abeilles en seroient continuellement dérangées.

Voilà la forme des *ruches* dont on se sert dans l'Archipel, & particulièrement dans l'Isle de Syra. Ces sortes de *ruches* sont commodes pour les propriétaires, & avantageuses pour les abeilles. Tous ceux qui les ont vues, & même les gens de la campagne, ont été très-satisfaits.

Le potier qui les a faites à Paris, est un nommé Pinchon, rue de la Roquette, fauxbourg Antoine. Ceux qui voudront en avoir de pareilles, peuvent s'adresser à lui.

*P. S.* Après l'essai que j'ai fait à Versailles de mes *ruches*, je me suis décidé d'en faire faire les couvercles avec des planches qui soient bien adaptées à la *ruche*. Au bas de ces couvercles, je forme une ouverture par où les abeilles puissent seulement passer. A cette ouverture j'ajoute une porte de fer blanc ou de tôle, percée d'un côté avec des petits trous pour leur donner de l'air quand on ne veut pas qu'elles sortent ; je fais de l'autre des trous plus grands, pour qu'elles puissent librement entrer & sortir.

*Manière dont on place les ruches dans l'Archipel ; avantage de cette position ; par le même.*

Notre méthode sur ce point est différente de ce qui se pratique par-tout ailleurs : il en résulte une autre manière de gouverner les abeilles. Dans toute l'Europe, où l'on tient les *ruches* droites, les abeilles commencent leur travail du haut en bas, & leurs rayons ont autant de longueur que la *ruche* a de hauteur. Nos *ruches*, au contraire, s'étendent horisontalement en longueur, & nos abeilles attachent toujours leurs rayons dans la partie supérieure & cannelée, avec cette différence, que tantôt elles commencent à travailler dans le fond de la *ruche*, en s'avançant vers le devant, & que tantôt elles s'arrêtent au milieu, où elles commencent à former leurs premiers rayons.

Pour placer nos *ruches*, nous formons dans toute la longueur du mur, des niches que nous élevons de terre à volonté. Nous leur donnons environ un demi-pied de plus que la *ruche* n'a de longueur, & un peu plus de hauteur & de largeur qu'elle n'a de diamètre. Nous avons soin que le mur où nous formons ces niches soit sur un terrain plein, & qu'il en soutienne un autre plus haut & plus élevé : par ce moyen, la partie de la niche dans sa longueur est construite dans le mur, & l'autre partie s'appuie sur le terrain de derrière, soutenu par le mur lui-même. Tous les murs à Syra & dans les campagnes, soit pour soutenir un terrain, soit pour enclore un domaine, sont en pierre sèche, & nos niches sont construites de même ; mais nous en couvrons la partie supérieure avec de grosses pierres fort larges, afin que l'eau de la pluie s'écoule sans endommager les *ruches*. La partie inférieure ou le pavé de la niche se fait aussi avec de petites pierres, afin que s'il y tombe de l'eau, elle ne s'y arrête pas.

Lorsque les niches sont ainsi formées, nous faisons un lit de foin sur lequel nous posons notre *ruche* ; nous la garnissons tout autour, pour garantir du froid les abeilles en hiver, & en été de l'ardeur du soleil. Les *ruches* ainsi dispofées, pourroient supporter tous les froids du Nord sans en être incommodées. Si elles vivent en Pologne & ailleurs, dans des cavités ou des creux de rocher, pendant les hivers les plus rigoureux, elles doivent se trouver encore mieux dans des *ruches* placées, comme les nôtres, presque dans la terre.

Pour remplir le vide qui est entre & le bord de la *ruche*, nous y construisons un petit massif tout autour en pierres & en ciment, pour boucher les interstices & empêcher qu'il ne s'y niche quelque araignée ou autre ennemi des abeilles. Les petits trous dont nous avons parlé, doivent rester aussi à découvert, & il faut avoir attention, en posant la *ruche* dans la niche, de l'enfoncer d'environ un demi-pied, afin que la pluie ne puisse pas l'endommager. Par la même raison on couvre le devant de la *ruche* & de la niche avec une pierre quarrée, de la largeur environ de l'une & de l'autre, c'est un second couvercle auquel on laisse des deux côtés un passage pour les abeilles, & qui les met à l'abri de tous fâcheux accidens.

Mais si le lieu où nous voulons placer nos *ruches* ne fournit pas une terre pleine, & si les murs en pierre sèche n'ont pas assez d'épaisseur pour les niches, alors nous formons à côté du mur des caisses quarrées de quatre pieds, sur deux pieds & demi de largeur & de hauteur; nous couvrons leur partie supérieure avec de bonnes pierres, & mettant de la terre par-dessus, nous formons dans ces caisses des niches semblables à celles que nous avons décrites : la sûreté complette qui règne à Syra pour les *ruches*, nous permet de les placer à notre gré entre les collines & les vallées, & les abeilles y réussissent à merveille.

Je crois avoir décrit avec assez de précision la forme, la matière & la disposition que les *ruches* doivent avoir. C'est la base de toute l'économie des abeilles; c'est le fondement de toutes les opérations sur le gouvernement de ces insectes, & c'est de-là que dérivent les grands avantages que notre manière de les conduire a sur toutes les autres.

*Description des ruches de Syra, en pierre.*

Outre les *ruches* en terre cuite dont j'ai parlé, on employoit & on emploie encore quelquefois des *ruches* faites avec cinq pierres réunies, qui sont d'une grande solidité.

Dans l'isle de Syra, il se trouve une espèce de pierre semblable à l'ardoise, mais plus forte, ayant plus de consistance, & qui se travaille très-facilement. On forme avec cette pierre quatre morceaux de la longueur dont on veut que soit la niche ou la *ruche*; c'est ordinairement d'environ trois pieds. Celui qui doit servir de plafond doit être de la largeur de la niche.

On choisit ensuite un terrain favorable, soit au fond d'un vallon ou sur une colline; on y place les niches : on dispose son terrain; on pose deux pierres parallèles à un pied de distance l'une de l'autre, & on place entre elles celle qui doit servir de plafond. Il importe peu que l'une des deux pierres parallèles soit plus ou moins enfoncée dans la terre; il suffit que le haut soit bien de niveau, pour que la pierre qu'on doit mettre par-dessus, laisse le moins d'interstice possible. Ces quatre pierres une fois placées, on en met une autre par derrière pour fermer la *ruche*, & les ouvertures qui peuvent se trouver à leur jonction, doivent être hermétiquement bouchées, afin que les fourmis ou les vers ne puissent pas y pénétrer. Du mortier à chaux & à sable suffit pour cette opération.

On ferme la partie antérieure de la *ruche* avec un couvercle de la même pierre & de la même dimension; on l'adapte à l'ouverture, & on pratique comme aux autres *ruches*, de petits trous pour l'entrée & la sortie des abeilles. La manière de couvrir le devant de la *ruche* est la même que celle dont nous avons parlé pour celles de terre cuite.

Cette espèce de *ruches* ne s'emploie qu'à Syra; on ne s'en sert dans aucune autre partie de l'Archipel, ni, je crois, dans tout le Levant. Cependant les abeilles y réussissent à merveille; elles y sont ordinairement plus actives, plus fortes, y donnent une plus grande quantité de miel, & leurs essaims valent mieux que ceux qui viennent dans les *ruches* de terre cuite. Mais j'ai remarqué que les abeilles vivoient plus longtems dans les dernières; c'est sans doute parce que les *ruches* de terre cuite offrent aux propriétaires des moyens plus faciles pour traiter & soigner les abeilles, & sur-tout pour les préserver des vers, que les autres. Il faut observer, à l'avantage de celles qui sont en pierre, que les essaims égarés qui cherchent un asyle, les préfèrent souvent aux *ruches* de terre cuite.

RUCHER; c'est l'endroit où l'on réunit un certain nombre de ruches. Quand on élève un bâtiment pour garantir les demeures & les travaux des abeilles, il faut avoir soin que ce bâtiment soit exposé entre le levant & le midi dans les pays chauds, & au midi dans les pays froids & tempérés. Les *ruchers* sont ordinairement environnés d'arbustes à fleurs, de plantes aromatiques, & de petits arbres en buissons. Il est essentiel sur-tout qu'il n'y ait point d'immondices & de mauvaises odeurs aux environs; on ne doit pas même souffrir de gazons, du milieu desquels les abeilles ne se relèvent qu'avec peine dans leur chûte. Il ne faut pas encore qu'un *rucher* soit trop près de chemins fréquentés. L'emplacement le plus convenable est dans le bas de collines abritées, dans le voisinage des prairies, proche des ruisseaux d'eau courante, dans lesquels on jette quelques branchages, & des cailloux pour donner aux abeilles la facilité d'aller boire & de se baigner sans risque.

Voici quelle est à peu près la disposition d'un *rucher*. Construisez un mur sur lequel on établit un toit soutenu au-devant par des poteaux de chêne. L'intervalle de chaque poteau jusqu'au mur sera fermé par une cloison percée de fenêtres qu'on ouvre quand on veut rafraîchir le *rucher* en été. Les ruches sont assises sur des planches rangées par étages. C'est une précaution utile de ménager entre les ruches & le mur un espace où l'on puisse passer aisément, afin d'en écarter les ordures, les insectes, & les animaux qui pourroient nuire aux abeilles. Le bâtiment ou le hangard d'un *rucher* peut être couvert en chaume; il n'en sera que plus frais en été & plus chaud en hiver. Les planches doivent être bien jointes, afin qu'elles ne retiennent aucune sorte d'humidité.

Voici la description d'un *rucher* que le C. de la Rocca a fait exécuter dans un jardin de Montreuil, près de Versailles. (*Voyez* ci-devant l'article RUCHES *dans l'Archipel.*)

Ce *rucher* a onze pieds de long, sur cinq & quelques pouces de haut, & deux pieds & demi de large.

Les ruches ayant deux pieds de longueur, & se trouvant engagées horisontalement dans le mur, de manière que leur partie antérieure s'y trouve enfoncée de six pouces, il s'ensuit que ces ruches sont par l'autre extrémité de niveau avec la face du mur. Il seroit cependant à desirer qu'il y eût par derrière ces mêmes ruches un pareil enfoncement, pour avoir la facilité d'y mettre de la paille pendant l'hiver, afin de les tenir chaudement en cas de besoin. Au défaut de ces enfoncemens, on s'est vu obligé de bien couvrir la partie postérieure de la ruche ou couvercle avec de la bouze de vache, qui étant une fois séchée, formoit un bon abri contre le vent. Il y a deux rangées de ruches de terre cuite, & à chaque rangée trois ruches de planches.

Dans un espace d'onze pieds de long, sur deux & demi de large, on pourroit aisément placer quinze ruches, en formant trois rangées au lieu de deux, & en substituant des ruches rondes de terre cuite, au lieu des ruches de planche. Mais en ce cas, il faudroit commencer la première rangée un peu plus bas, & ne lui donner au plus qu'un pied d'élévation au-dessus de terre.

Ce *rucher* est couvert de paille, & le toît déborde le mur de tous les côtés d'un pied & demi environ. Cette saillie du toît est très-avantageuse pour les abeilles, en empêchant les grosses pluies qui surviennent tout-à-coup, & les rayons du soleil de frapper sur l'entrée des ruches. Ces insectes venant alors en grande foule pour entrer dans leurs ruches, celles que la pluie feroit tomber ne trouvant point d'abri, seroient exposées à périr à la vue du port.

Au premier coup-d'œil, ce *rucher* paroîtra peut-être un peu coûteux; mais outre que les gens de la campagne pourront l'établir à beaucoup moins de frais que les bourgeois, & que par sa solidité & sa durée il peut passer de père en fils, il doit être censé plus économique que les ruches de paille même.

Chaque hausse doit avoir un treillis aux deux bouts, composé de six baguettes un peu plates & de bois vert, pour qu'elles puissent plier en les faisant passer les unes sous les autres. Lorsque la ruche est montée, les deux treillis doivent être placés l'un sur l'autre; le fond du bout inférieur de la ruche qui doit reposer sur la planche du *rucher*, est aussi garni d'un treillis, comme le bout supérieur (sur lequel on place une planche avec une pierre, ainsi que je viens de le dire pour tenir la ruche ferme), & cela parce que les treillis étant posés l'un sur l'autre, servent, lorsqu'on sépare les deux hausses, à soutenir les gâteaux qui alors ne se brisent qu'entre les joints des quarrés des treillis. Quand on fait cette séparation, un homme tient la hausse inférieure, tandis qu'un autre enlève la hausse supérieure, en la penchant d'un côté.

Il est à observer qu'avant d'en ôter l'ouvrage, on doit faire passer les mouches, au moyen d'un linge fumant, dans la hausse qu'on veut laisser, car il est indifférent à laquelle des deux hausses on enlèvera la cire & le miel; ensuite on placera une hausse vuide sur celle qu'on aura laissée: on concevra aisément que cette ruche composée de deux hausses doit avoir quatre treillis: on donnera à chaque hausse dix pouces (mesure de France) de diamètre, sur dix pouces de hauteur; la hauteur de la ruche sera donc de vingt pouces.

# S

SABLE ; substance très-dure, composée de cailloux ou *silex*, commencement d'un fort petit volume, dont la forme & la couleur varient à l'infini. Le *sable* mérite beaucoup d'attention dans l'agriculture.

En considérant le *sable pur* & l'argile ou la glaise pure comme deux extrêmes, on voit que l'alliage des différentes espèces de *sable* & des différentes argiles ou graisses produit de grandes diversités dans les natures des terrains. Plus il y a de *sable*, plus le terrain est léger ; au lieu que la quantité d'argile ou de glaise rend la terre plus ou moins compacte & forte.

Le *sable* pur est infertile ; la glaise pure est peu propre à la végétation ; mais le mélange de l'un avec l'autre, suivant différentes proportions, forme différentes espèces de terres convenables aux végétaux. Ces variétés sont encore multipliées par les différentes espèces de *sable* & les différentes natures d'argile qui peuvent se trouver mêlées ensemble. Il y a des *sables* vitrifiables tels que des fragmens de grès ou de silex : d'autres sont mêlés de fragmens de pierres calcaires, & ceux-ci semblent être plus propres que les autres pour la végétation. Parmi les glaises il y en a de blanches, de brunes, de vertes, de rouges & d'autres couleurs, ce qui peut dépendre d'un alliage de substances métalliques. Il paroît que les glaises qui contiennent beaucoup de parties vitrioliques sont les plus ingrates pour la végétation.

On peut s'assurer de ces différens alliages en lavant les terres dans beaucoup d'eau. Le *sable* & les fragmens de pierre, comme plus pesans que la terre, proprement dite, ne tardent pas à se précipiter au fond de l'eau. En laissant reposer l'eau qui aura servi à ces lotions, on aura une terre presque pure, argilleuse, glaiseuse ou limoneuse ; ce qui fournit un moyen bien simple de soumettre à plusieurs examens les parties qui composent les terres.

Une terre dont le fond est de glaise alliée de beaucoup de *sable*, est ce qu'on nomme *sable gras*, qui est excellent pour tout genre de productions végétales. Ce terrain très-substancieux est toujours assez humide sans être marécageux.

Le *sable* de rivière est d'un grain beaucoup plus fort que celui du *sable* qu'on trouve ordinairement en fouillant la terre, à certaine profondeur.

Quelques-uns appellent *sable mâle* celui qui, dans un même lit est d'une couleur plus forte qu'un autre, qu'on nomme par opposition *sable femelle*. Le gros *sable* est appellé *gravier* : on en tire le *sable fin*, en le passant à travers une claie serrée, pour sabler les terres battues des allées de jardin.

Le *sable* entre dans un mélange de terre que l'on prépare pour les fleurs, le safran.

On enterre par lits dans le *sable* le gland, le marron d'Inde, la châtaigne, la noisette, les amandes & noyaux qu'on destine à être semés après l'hiver.

Le *sable* de la mer est très-propre à fertiliser les campagnes. Suivant le docteur Cox, agriculteur anglais, l'effet général de l'amendement que procure le *sable* de mer est que les tuyaux des plantes sont courts, mais séparés par de longs épis bien fournis de grains, lorsqu'on a employé beaucoup de *sable* ; au lieu que si on n'en met que peu, on a de longue paille & peu de grain, qui même est maigre.

(*Extrait du Dict. Econ.*)

SABLER ; c'est répandre du sable dans une allée. Le sable se tire des terres ou d'une rivière. Le premier se met tout simplement dans l'allée, après qu'elle a été dressée, à environ deux pouces d'épaisseur. Le sable de rivière ne s'emploie ordinairement que par-dessus des recoupes de pierre bien battues, & recouvertes d'une aire de salpêtre.

Avant de *sabler* une allée, il faut d'abord la bien dresser, puis la battre à deux ou trois volées, afin que le sable serve plus long-tems sans se mêler avec la terre ; cela étant fait, on répand un pouce & demi ou deux pouces d'épaisseur de sable. Il est bon de battre l'allée de tems en tems.

SAGE ; ce terme de jardinage se dit d'un arbre fougueux, qu'un habile jardinier a su dompter & modérer à force de lui avoir laissé produire des gourmands, & de l'avoir chargé & alongé pour lui faire jetter son feu. Ainsi un arbre *sage* ne doit produire que des branches fructueuses.

SAIGNÉE *des arbres* ; c'est une incision faite avec précaution & connoissance de cause. Il ne faut pas faire cette incision en face du soleil, ou à l'exposition des pluies ; on ne la fait point à des arbres catereux. La *saignée*, quand elle est nécessaire, se pratique toujours de côté & par derrière. Cette invention a été proposée, il y a plus de deux siècles, par Tongres, médecin anglois.

La *saignée* est sur-tout employée quand c'est le trop de sève qui emporte l'arbre, qui ne lui fait produire que du bois & des gourmandes, & qui l'empêche de se mettre à fruit.

La *saignée* se fait avec la pointe de la serpette, que l'on enfonce dans l'écorce jusqu'au bois, depuis le bas du tronc de l'arbre, jusqu'à six, sept, ou huit pouces au-dessus de la naissance des grosses branches: le tout proportionnellement au plus ou moins du trop de vigueur que l'on veut arrêter dans l'arbre : on recouvre cette incision avec de l'onguent de S. Fiacre.

Quand un arbre ne profite point, & que cela vient d'un vice du terrain, on rechange la terre ; on creuse le plus à fond qu'il est possible, entre les racines, sans les endommager, & on y coule de la nouvelle terre ; ensuite on l'arrose, & l'on met au pied du fumier bien consommé, ou autre bon engrais.

Si le terrain est trop gras, ce qui fait que l'arbre ne pousse que du bois, on change la terre trop grasse ; on y substitue de la terre neuve un peu sèche ; ou bien on mêle, avec la terre, du sable de ravine, sur-tout, si cette terre est matte.

Quand une branche devient trop grosse pendant l'année, & qu'elle prend toute la sève de l'arbre, il faut, si l'on peut, la retrancher, ou bien la forcer contre le mur, la courber presque à casser, pour en arrêter le trop grand progrès.

Si l'arbre ne maigrit que d'un côté, il faut pratiquer la *saignée* sur ce côté, depuis le tronc jusqu'aux branches maigres, pour attirer la sève dans cette partie, & la diminuer dans l'autre.

L'année suivante, on renouvelle encore cette opération, si elle est nécessaire, & on taille l'arbre, long sur le côté le plus fort, & court sur le côté le plus foible.

Quand la tige d'un arbre ne grossit point, & qu'il se fait un talut à la greffe, il faut pratiquer l'incision, ou la *saignée*, sur les branches & sur les racines.

Cette *saignée* se fait aussi sur le tronc du pêcher, pour détourner la gomme, & l'empêcher de se jetter sur les branches.

Elle se pratique encore pour diminuer la fougue d'un arbre qui jette trop de gourmandes, & pour lui faire porter du fruit avec plus d'abondance, n'importe de quelle espèce de fruit que ce soit. Quand l'emplâtre de bouze de vache tombe, & que la gomme se met dans l'incision, on nettoie bien la plaie, & l'on met un nouvel emplâtre.

SALLE ; c'est dans un jardin ou dans un parc un espace de forme régulière, bordé de charmilles & d'arbres de haute tige, suivant la grandeur de ce lieu. Il y a des *salles* couvertes, & d'autres découvertes, dont les charmilles & les taillis sont coupés à hauteur d'appui.

SALON *de treillage*. Espèce de grand cabinet rond ou à pans, fait de treillage de fer & de bois, & couvert de verdure, dans un jardin.

SARCLER ; c'est ôter soit avec la main, soit avec un outil, & de quelque façon que ce soit, les mauvaises herbes qui peuvent nuire aux végétaux qu'on cultive.

SARCLER ; c'est aussi éclaircir un plant, en ôtant ce qu'il y a de trop ou de nuisible. On *sarcle* particuliérement les bleds ; ce qui se fait de deux façons différentes : 1°. des femmes s'arrangent de front, & le *sarcloir* à la main, elles coupent les herbes les plus apparentes, qui se réduisent aux chardons & à quelques pieds de ponceaux ou de bluets ; c'est ce qu'on nomme quelquefois *échardonner*. Si ces plantes sont encore jeunes, les sarcleuses ne les apperçoivent pas ; ce qui fait que, quand elles sont plus grandes, on se trouve quelquefois obligé de recommencer ce travail. Mais on n'ôte point du champ les plantes mêmes qui sont au moins aussi préjudiciables ; telles que le vesceron, la folle avoine, l'ivraie, la nielle, l'arrête-boeuf, la queue de renard, &c. De plus, il n'est guère possible qu'on ne coupe du bled encore pour les mauvaises herbes.

La seconde manière exempte de ces inconvéniens, mais sujette à d'autres, est d'arracher les mauvaises herbes. Les femmes ne demandent souvent pas mieux que d'aller arracher l'herbe des bleds pour nourrir leurs vaches, mais elles arrachent aussi beaucoup de bled, & font un tort considérable au reste, sur-tout quand la terre est humide, en foulant les bleds avec leurs pieds, & traînant les sacs qu'elles emplissent d'herbes.

Le meilleur moyen de détruire les mauvaises herbes, semble donc être de continuer les labours pendant que les grains sont sur terre.

SARCLOIR.

SARCLOIR ; espèce de serfouette : c'est un instrument fait à-peu-près comme la houe, mais dont le fer est moins large & moins recourbé. On se sert de cet outil pour arracher les mauvaises herbes, ce qui s'appelle *sarcler*.

(*Voyez* pl. XX.)

Le *sarcloir* proposé par Tull & Duhamel est un petit crochet tranchant emmanché au bout d'un bâton de trois ou quatre pieds de longueur. Avec cet instrument, des sarcleuses coupent les herbes les plus apparentes d'un champ ou d'un jardin, tels que les chardons, les pieds de ponceau ou de bluets.

*Voyez* fig. 23, pl. II de la culture des terres par Duhamel.

SARCLURE, ce qu'on ôte d'un jardin en le sarclant.

SARMENT ; bois que pousse la vigne. On donne aussi ce nom aux branches souples des autres plantes qui s'étendent comme la vigne.

SARMENTEUSES. (*plantes*) On appelle ainsi les plantes dont les branches, quoique ligneuses, sont tellement souples & pliantes qu'elles ne peuvent se soutenir d'elles-mêmes. De ce nombre sont la vigne, la vigne-vierge, &c.

SAUPOUDRER ; c'est couvrir légérement. On *saupoudre* de fumier certains légumes qu'on veut garantir d'une première gelée ; on *saupoudre* de terreau le pied des arbres fruitiers nouvellement plantés.

SAUTELLE ; sarment de vigne qu'on couche en terre tout autour du cep, en forme de dos de chat. On observe qu'il soit surmonté d'un bourgeon, & qu'il y ait deux yeux à l'extrémité de la branche qui sort de terre. Lorsque les *sautelles* sont enracinées, il en vient des marcottes qu'on lève au bout de deux ou trois ans.

SAUVAGES. (*fruits*) On donne ce nom à des fruits qui viennent sans être cultivés, ni greffés, tels que ceux des bois, & dont le goût est âpre & désagréable.

SAUVAGEON ; ce terme se dit d'un arbre qui a besoin d'être greffé pour porter des fruits savoureux.

Tous les arbres sont originairement *sauvageons*. Ceux que l'on greffe ont été pris dans les bois, & apportés dans un jardin pour être entés sur d'autres *sauvageons*.



Quand au pied d'un vieil arbre il pousse un *sauvageon*, on peut greffer ce *sauvageon* auquel le vieil arbre sert de tuteur pendant deux ou trois ans ; on observe alors de faire place aux pousses de la greffe & de les fixer sur le treillage au bout de trois ans. Si le *sauvageon* est bien empâré par le bas, on coupe le vieil arbre le plus près de terre qu'il est possible sans endommager le nouveau, & on recouvre la coupe avec l'onguent de S. Fiacre.

SCARIFICATION ; opération de jardinage qui se fait à un arbre lorsqu'il pousse à outrance, donnant des fleurs & point de fruits.

Lorsqu'on veut *scarifier* un tel arbre, on lui laisse son bois durant une année, sans le tailler aucunement, on le scarifie ensuite, & l'on est sûr qu'il rapportera la même année de l'opération.

La *scarification* se fait avec le tranchant de la serpette. On incise transversalement du bas en haut toutes les branches jusqu'à la partie ligneuse, en faisant une espèce de hoche, en coulant la serpette en dessous & la couchant par conséquent. Vous faites de semblables incisions dans tous les sens, par-devant, par-derrière & des deux côtés. La distance d'une incision à l'autre, doit être depuis 7, 8 ou 9 pouces jusqu'à un pied. Si l'on faisoit les incisions du haut vers le bas, elles ne tarderoient pas à se fermer, & toujours la sève reprendroit son même cours ; mais ces incisions étant faites en-dessous du bas en haut, il faut absolument que cette sève soit retardée dans son cours, qu'elle n'arrive que difficilement & par menues parcelles ; & par ce moyen, elle est de toute nécessité élabourée, cuite & digérée. Cette opération se fait dans le mois de mars.

(Schabol.)

SCIE *à main* ; instrument de jardinage qui sert à retrancher le bois sec & vieux, ou à ôter celui qui est si gros ou si mal placé qu'on ne pourroit le couper aisément avec la serpette. (*Voyez* pl. XXIV, fig. 37.)

Les *scies* à main ont différentes formes : les unes sont à manche de buis non fermantes ; d'autres sont à virole ou à ressort qui ferment.

Ces *scies* ont depuis six jusqu'à neuf pouces de lame. Elles ont beaucoup de voie & sont plus épaisses par les dents que par le dos ; sans quoi elles ne passeroient pas aisément, parce que les dents seroient bientôt engorgées.

Il y a une espèce de *scie* à main qu'on nomme *passe-partout* ; elle est destinée à ôter les branches en fourches, où la largeur des autres *scies* les rendroit inutiles ; elle fait d'ailleurs une coupe moins grossière eu égard à la finesse de ses dentelures. La lame de ce passe-partout a 5 pouces de long sur 1 pouce par en bas. On peut faire de ces *scies* ou *passe-partouts* avec de vieux ressorts de pendule.

SCION ; c'est le petit rejeton d'un arbre ou d'un arbrisseau.

SÉCHOIR *en étendage* ; pour sécher les pommes de terre coupées en tranches.

Pour cet effet, on peut disposer un appartement au-dessus d'un four ordinaire dont on se sert pour cuire le pain, & en faire un *séchoir*. Cette chambre sera encore plus propre au but qu'on se propose s'il y a deux fours dessous, un grand & un petit, comme dans les fours bannaux que l'on chauffe presque tous les jours. Voici l'explication du *séchoir* :

Les deux fours, un grand & un plus petit.

L'espace entre les fours & le plancher du *séchoir* rempli de décombres.

Ledit plancher.

Le vuide ou intérieur de cette chambre ou *séchoir*.

L'étendage ou treillis de fer, ou simples claies d'osier pour y placer les tranches & fruits à sécher.

Etendage d'en bas & celui d'en haut, chacun à deux battans, qui se joignent vers un poteau ou jambage, & se soutiennent par des gâches, afin qu'ils ne s'abaissent pas avant qu'il soit nécessaire.

Poteaux ou jambages des quatre coins de tout le tréteau, qui en assemblent & retiennent les pièces.

Un de ces battans est incliné & abattu, pour qu'il verse les tranches sèches sur une toile étendue sur le plancher.

Canaux de cheminée qui, depuis la bouche du four, conduisent toute la chaleur vers les deux espèces de poëles.

Cheminée, non de briques, mais de tuiles, afin qu'elles puissent attirer la chaleur qui sort avec la fumée du fourneau, & en faire participer la chambre ou *séchoir*.

Autre espèce de cheminée composée de tuyaux de tôle ou plaque de fer non soudés, pour pouvoir les détacher & les nettoyer de la suie.

Ventel pour fermer ces tuyaux en haut, lorsque la fumée s'est dissipée, afin qu'alors ils conservent plus long-tems la chaleur, & la communiquent à la chambre.

Châssis-coulis pour laisser évaporer en tous cas, soit les vapeurs humides des fruits, soit la chaleur, si on la jugeoit trop forte.

Fenêtres.

Coins ou angles de pierre avancés sur les côtés du four ou fourneaux de particuliers, pour y placer, au défaut des *séchoirs*, des étages ou treillis d'osier, & y sécher les fruits.

Soupiraux depuis la clef du four jusqu'au susdit plancher, pour les ouvrir & fermer comme ci-dessus.

Après cette simple explication, on conçoit quelle chaleur ces deux fours pourroient communiquer au *séchoir* ; combien il seroit aisé de l'augmenter par des tuyaux de chaleur, ou la tempérer au moyen des fenêtres & du châssis-coulis.

SEMAILLES ; ce mot signifie également, 1°. l'opération de semer les grains ; 2°. la saison de les semer ; 3°. les grains qui sont semés. On distingue les *semailles* du printems & celles d'automne.

SEMBRADOR *ou* SPERMATABOLE *d'Espagne*. Les laboureurs, tant anciens que modernes, conviennent que la perfection de l'agriculture consiste à placer les plants dans des espaces proportionnés, où les racines puissent trouver une profondeur suffisante pour s'étendre & tirer de la terre assez de nourriture pour produire du fruit & l'amener à maturité.

On n'a donné aucune attention à la pratique de cette partie importante de l'agriculture, dit l'inventeur du *spermatabole*. On s'est contenté jusqu'à présent de semer par poignées toutes sortes de bleds & de graines, en les jettant devant soi inconsidérément & au hasard, parce qu'il seroit fort fatigant de les semer un à un dans de grands espaces. D'où il arrive que nous voyons que le bled se trouve semé trop épais dans des places & trop clair dans d'autres, & que la plus grande partie n'est pas couverte ou n'est pas suffisamment enterrée : ce qui l'expose non-seulement à être mangé par les oiseaux, mais aussi à être endommagé par les gelées dans les pays froids, & par l'ardeur du soleil dans les climats chauds.

Ces considérations déterminèrent, à la fin du dernier siècle, Lucatello, après plusieurs expériences, à perfectionner un instrument qui, étant attaché à la charrue, puisse servir en même-tems à labourer, semer & herser ; par-là, on épargne la peine de semer, & le grain, tombant à mesure dans le fond du sillon, se trouve tout placé à égale distance & dans la même profondeur de terre; de sorte que de cinq parties de semence, on en épargne quatre, & qu'avec cela la récolte est encore abondante.

L'inventeur de cet instrument le présenta au gouvernement, qui en fit faire l'essai à Buen-Retiro, où il a réussi à souhait, malgré la sécheresse de l'année qui causa alors un grand dommage à tous les bleds. Un laboureur ordinaire y ayant semé à la façon usitée un terrain dont on avoit mesuré l'étendue, y recueillit 5125 mesures; tandis qu'au même endroit, dans un espace égal, où l'on s'étoit servi du *sembrador*, la récolte fut de 8175 mesures, outre ce qu'on avoit encore épargné de grain par cette nouvelle façon de semer. (Voyez *page* 212.)

Sur cette épreuve, le gouvernement accorda à l'inventeur & à ses associés, le privilége de distribuer cet instrument dans toute l'Espagne, au prix de 24 réales chacun, & de 32 réales pour les pays hors de l'Europe, dont le cinquième seroit perçu au profit du gouvernement, avec défenses à toutes autres personnes de fabriquer cet instrument & de s'en servir, sous différentes peines.

Avant que l'inventeur parût à la cour d'Espagne, il avoit fait de grands essais de cet instrument devant l'empereur, dans ses terres de Luxembourg, où il avait réussi à merveille, comme il paroît par un certificat donné à Vienne le 1er août 1663, nouveau style, par un officier de l'empereur qui avoit été chargé de voir faire cette expérience.

Ce privilége ayant été expédié, il rendit publique la description du *sembrador* avec des instructions comme il suit. (*Voyez* la pl. IX des gravures de l'*Art aratoire*).

La figure 1 représente une boîte de bois *a*, *b*, *c*, *d*. Le couvercle de la partie de la boîte où se met le grain, *w*. Ce couvercle, qui est levé dans la figure 2, & *e*, *f*, *g*, *h*, *k*, *l*. Les deux côtés de cette partie de la boîte, où un cylindre rond, garni de trois rangs de petites cuillères, tourne sur lui même pour jetter le bled au-dehors; ces côtés de la boîte sont supprimés dans la fig. 2, pour laisser voir le cylindre RS avec les cuillères *x*, *x*, *x*. La forme intérieure de ces côtés est représentée dans la fig. 3, où l'on peut voir quatre pièces triangulaires *d*, *d*, *d*, *d*, qui servent à conduire le bled qui étoit tombé dans les cuillères, & à le décharger à la pointe du cylindre, afin qu'il puisse tomber précisément par les trous qui sont sous la boîte. La place de ces trous correspond à la partie de la fig. 1, relativement aux lettres. T est l'une des roues; V est l'autre bout du cylindre, sur lequel l'autre roue doit être placée.

Le *sembrador* doit être fermement attaché à la charrue, de la manière qu'on le voit dans la fig. 4; en sorte que le bled puisse tomber dans le sillon, & que les oreilles de la charrue, à mesure qu'elle tourne, puissent couvrir de terre le bled du sillon précédent.

Comme le grain qu'on a semé avec cet instrument se trouve placé au fond du sillon, & à une profondeur convenable, au lieu que les semences répandues à la façon ordinaire, sont bien moins enterrées, ou tout-à-fait découvertes, il est à propos par conséquent d'avancer un peu les semailles; & que le laboureur qui se sert du *sembrador*, prévienne de huit ou dix jours le tems ordinaire de semer, en commençant à la mi-septembre, pour finir au milieu du mois d'octobre.

Dans les terrains durs, la profondeur des sillons doit être de cinq ou de dix pouces; dans les terres de médiocre qualité, de six ou sept, & dans celles qui sont légères & sabloneuses, de sept à huit pouces, & en suivant ces proportions, c'est au laboureur à juger par lui-même du plus ou moins de profondeur qu'il doit donner au labourage, suivant l'égalité des terres.

Il faut sur-tout avoir soin que les roues qui sont sur les côtés de cet instrument tournent toujours rondement, que jamais elles ne traînent sans tourner, & que les oreilles de la charrue soient un peu plus grandes qu'elles ne le sont ordinairement.

Il est à propos aussi que les grains soient bien criblés & nettoyés, afin que les petites cuillères puissent les jetter sans obstacle, & les mieux distribuer.

À l'égard de l'orge, il faut qu'il soit bien nettoyé, & que les pailles & les barbes soient séparées du grain, d'aussi près qu'il sera possible, afin que cela ne l'empêche pas de sortir du *sembrador*.

Après les semailles faites, il faudra pratiquer un sillon pour assainir le terrain & en tirer les eaux, en suivant l'usage du pays, sans qu'il soit besoin d'y rien faire de plus jusqu'à la moisson.

*Instructions.*

1°. Avant que d'ensemencer un terrain, il faut lui donner autant de labourage qu'il est d'usage dans les pays où on laisse reposer les terres.

2°. Quand le tems des semailles est venu, le laboureur doit commencer à ouvrir un sillon avec la charrue sur un ou deux pas de long, & quand la charrue est dans la terre à une profondeur convenable, il faut attacher alors le *sembrador* au train de la charrue de telle façon que les clous des roues puissent s'accrocher à la terre, & les faire tourner uniformément.

3°. Les oreilles de la charrue étant plus larges qu'on ne les a faites jusqu'à présent, il en résultera deux avantages : premièrement, elles donneront plus de largeur aux sillons pour recevoir les semences, & elles recouvriront mieux ceux qui sont ensemencés ; secondement, elles empêcheront que les grosses mottes de terre & les pierres ne donnent des coups contre le *sembrador*, au cas que ces mottes n'aient pas été brisées & les terres enlevées ; mais s'il y avoit dans un terrain une si grande quantité de pierres que la charrue ne pût y pénétrer, alors le laboureur doit passer outre, en enlevant la charrue jusqu'à ce qu'il retrouve une terre praticable ; il faut enlever en même-tems le *sembrador*, dont le poids très-léger ne fait point un grand embarras au laboureur.

4°. Quand une seule paire d'oreilles ne suffit point à la charrue pour écarter les mottes de terre & les pierres, on pourra y ajouter une autre paire d'oreilles de quatre ou cinq pouces plus hautes que les premières, & de même grosseur, que l'on placera dans un endroit convenable du train de la charrue, & cependant un peu en arrière des autres oreilles ; par ce moyen, le *sembrador* sera parfaitement garanti & défendu contre les pierres & les mottes de terre, comme l'expérience l'a fait voir.

5°. Au rapport des fermiers les plus expérimentés, le tems propre aux semailles est quand la fleur de la terre est sèche, ou qu'elle approche un tant soit peu de l'humidité ; dans l'un ou l'autre de ces cas, les roues de ce nouvel instrument tourneront sans obstacle, & les trous par où tombent les semences ne seront pas fermés par la boue.

6°. Quand on se servira du *sembrador* comme il convient, on semera en froment trois célamines ou environ un quart de boisseau ; & en orge, cinq célamines ou un demi-boisseau dans autant de terrain qu'il en faudroit pour semer environ un boisseau & demi suivant l'usage ordinaire. Si, dans cette proportion, il se trouve plus ou moins de semence, cela proviendra de quelque défaut dans l'instrument, ou de la négligence du laboureur.

7°. Il faut proportionner les cuillières aux grains, & en faire faire exprès pour chaque espèce de semence.

8°. On doit faire les sillons très-près les uns des autres, en sorte que la charrue en repassant puisse mieux recouvrir le précédent sillon qu'on vient d'ouvrir & de semer.

9°. Après avoir ensemencé un terrain, on doit le rendre aussi uni qu'il est possible, à l'exception des sillons qu'on a faits pour l'écoulement des eaux, comme cela s'est pratiqué jusqu'à présent ; mais il suffira d'en laisser un à chaque distance de quatre verges ; car l'expérience nous a appris qu'un terrain où on n'a laissé aucuns sillons ouverts, rapporte plus de bled que celui où on en a laissé beaucoup, par la raison que dans ce dernier cas, le froment, l'orge ou d'autres grains sont sujets à dépérir par la sécheresse ; & c'est à quoi l'on doit sur-tout prendre garde en Espagne, qui est l'une des plus sèches contrées de l'Europe.

10°. On a observé en 1664, dans plusieurs endroits de l'Espagne, que les terres ensemencées au mois de septembre avoient produit de meilleur grain que celles qui l'avoient été en octobre ; & celles emblavées en octobre, du bled mieux conditionné que celles semées en novembre ; ce qui prouve qu'il est plus avantageux de semer tôt que tard. (*Recueil académique*).

SEMENCES. Toutes les semences demandent d'être recueillies bien mûres, bien nettoyées, & conservées dans un lieu sec pendant l'hiver, enfermées dans un petit sac étiqueté de leur nom & de l'année de leur récolte, pour celles qui se conservent plusieurs années, ce que le manuel ci-après indiquera suffisamment.

Il faut toujours choisir ce qu'il y a de plus beau, pour le laisser grainer : on aura de bonnes semences de melons & de choux-fleurs, en faisant ce qui est dit à ce sujet aux articles de ces plantes.

L'expérience nous apprend que, dans le jardinage ainsi que dans le reste de l'agriculture, il est souvent avantageux de changer les *semences*, sur-tout quand on s'apperçoit que l'espèce n'est plus si belle que les années précédentes.

Il faut alors tirer ses *semences* de quelque contrée voisine, ou de quelque ami sûr qui demeure dans cette contrée, avec lequel on fait des échanges.

Faites toujours tremper vos *semences*, vingt-quatre heures ou environ, dans de l'eau de fontaine, rivière ou ruisseau : ne vous servez d'eau de puits qu'à défaut d'autre ; n'y mettez jamais ni vin, ni autres ingrédiens : c'est une invention de quelques jardiniers charlatans, qui n'est propre qu'à gâter les *semences*.

Celles de l'année sont toujours les plus sûres, quoiqu'il y en ait qui se conservent bonnes pendant plusieurs années.

*Miller*, agriculteur anglois, assure qu'il a constamment éprouvé que la plupart des graines lèvent beaucoup mieux dans de petits pots que dans des grands. Pour ménager le terreau & le fumier, il conseille de mettre les pots pour semer sur des couches médiocrement chaudes; de ne mettre ce terreau que dans les pots, & de remplir les intervalles avec d'autre terre.

SEMER; c'est répandre la semence sur la terre, & l'y enfouir en la couvrant de terre. Il y a plusieurs façons de *semer*; savoir, *à champ*, *à plein champ* ou *à la volée*, *en rigole*, *en pots*; c'est-à-dire, en faisant de petits bassins pour y mettre pois, fêves, lentilles, &c. On dit encore *semer au talon* dans les terres meubles & les terres légères, lorsqu'en frappant fermement du talon sur la terre, on y fait un trou dans lequel on met des pois & autres semences, qu'ensuite on recouvre de terre.

Suivant le proverbe, *qui sème dru recueille clair*, & *qui sème clair recueille dru*, les habiles semeurs sont chiches de semence, & cependant recueillent le double de ceux qui la prodiguent. Mais pour s'assurer de la bonté des semences, il faut mettre la graine tremper dans l'eau tout simplement durant cinq ou six heures. Les graines qui ont des amandes bonnes vont au fond, celles qui sont vuides surnagent. On enlève avec une écumoire tout ce qui flotte. On met les bonnes graines sécher au soleil ou en un lieu sec, ensuite on les sème avec la certitude d'une bonne & prompte germination.

On sème, c'est-à-dire qu'on répand du grain ou de la graine dans une terre qui a été auparavant fumée & labourée. La graine doit être bien mûre & enterrée à une profondeur convenable, selon sa grosseur. Il faut *semer* un peu plus dru dans les terres maigres & légères, que dans les bonnes terres.

La saison de *semer* chaque sorte de grain, est constamment un article soumis à la discrétion d'un prudent agriculteur qui doit se régler sur la qualité de sa terre. Plus tard on sème au printems dans une bonne terre sujette à produire des herbes inutiles, meilleure est la récolte. Au contraire, dans un terrain sec & de sable, on se trouve toujours bien de *semer* de fort bonne heure au printems; sans cela, la chaleur du soleil, jointe à celle de la terre, font jaunir & blanchir les plantes, & rendent la récolte fort douteuse. Un été froid & humide est très-avantageux aux grains semés de bonne heure dans ces sortes de terre.

Une circonstance des plus favorables pour les semailles, est que la terre se trouve un peu humide, sans être assez humectée pour se pétrir; car il faut que le dessus soit un peu affermi avant les gelées, pour que le grand froid pénètre moins dans la terre. Les pluies affermissent ordinairement assez la terre, pour qu'on soit dispensé d'avoir recours à d'autres moyens.

Il arrive quelquefois que la terre, pénétrée d'eau & battue par les pluies, ne peut être labourée ni hersée. Les semailles se font alors très-mal. On est même obligé de les suspendre dans les terres fortes; & tel qui comptoit ensemencer soixante arpens de froment, n'en sème quelquefois pas trente. Néanmoins la perte devient peu considérable, lorsqu'on sème des mars au printems dans ces terres qui étoient préparées par plusieurs labours pour le froment. L'abondante récolte de ces mêmes grains dédommage beaucoup le cultivateur.

Au reste, quelque méthode que l'on suive quand les terres ont été labourées à propos, & lorsqu'elles ne sont pas dans le cas de trop retenir l'eau, on parvient presque toujours à bien faire les semailles.

Suivant d'anciennes manières de labourage, 1°. il est à propos de commencer à *semer* lors de la première chûte des feuilles des arbres, si le tems est beau; 2°. quand le soleil fait appercevoir des toiles d'araignée sur les guérets, en automne, on ne doit pas différer à *semer*: les bleds germeront promptement.

L'usage le plus commun est de *semer* à la main, & l'habitude des semeurs fait qu'ils répandent le grain assez uniformément. Pour cela, on attache devant soi une espèce de grand tablier fait exprès, où est une certaine quantité de grains. Le semeur y prend le bled à pleine main, & le jette en arrière du bras opposé à la main qui sème; c'est, comme il est dit ci-dessus, ce qu'on nomme *semer à la volée*. Le semeur avance la jambe droite en même-tems que le bras droit qu'on suppose être celui dont il se sert pour *semer*. En donnant à son bras un mouvement circulaire pour jetter la semence avec force, il ouvre peu-à-peu sa main, afin que le grain ne tombe point par tas, mais qu'il s'éparpille & se répande comme une espèce de pluie.

L'art du semeur demande beaucoup d'adresse. Les bons semeurs ont contracté l'habitude de prendre leurs poignées de grain assez précisément les mêmes, pour répandre dans un arpent de terre la quantité de grain qu'ils jugent convenable, suivant qu'ils veulent *semer* plus ou moins épais: ils distribuent si également la semence, qu'il n'y a pas un endroit du champ plus garni que les autres ; encore moins doit-on n'appercevoir ensuite aucune place vuide de grain.

On enterre le grain avec la herse ordinaire, que l'on promène en divers sens jusqu'à ce que le champ soit uni, & qu'on n'apperçoive plus les sillons du labour. Par cette méthode, on a l'avantage de faire les semailles en fort peu de tems. On observe encore la même chose lorsqu'on a pratiqué des planches bien larges en labourant des terres douces. Mais une telle herse ne suffit pas encore dans les terres fortes, ni dans celles qui déchaussent ; on est obligé d'y enterrer la semence par le moyen de la charrue, ce qui exige beaucoup de tems. Cette opération consiste à répandre la semence avant de donner le dernier labour, & aussi-tôt après avoir semé, refendre avec une binette ou autre charrue qui pique peu, les éminences des raies pour recouvrir la semence qui est tombée dans le fond. On a soin que ce labour soit très-léger & superficiel, afin de ne pas trop enterrer le grain qui alors ne leveroit pas.

Le grain demande aussi à être recouvert avec la charrue, lorsque la terre est très-légère. La superficie de cette terre se convertissant en poudre, & étant par-là très-sujette à changer de place, le grain qui ne seroit en terre qu'à la herse courroit risque d'être bientôt découvert, de devenir la proie des oiseaux ou au moins de ne pas lever, n'ayant point près de lui une humidité convenable.

On se sert d'une pratique que l'on nomme *semer sous raies* dans les terres qui déchaussent & dans les terrains fort légers, où l'on craint que le vent ne découvre la semence ou que le soleil ne dessèche les grains qui auroient germé trop près de la superficie. Pour cela, on répand la semence dans un sillon qu'on vient d'ouvrir, & on la recouvre aussi-tôt en faisant une autre raie. Tout le grain se trouve ainsi placé au-dessous de la terre remuée par les labours, mais sur un fond dur.

On nomme *semer à toutes raies* la pratique que nous venons d'indiquer, lorsque la semence répandue dans chaque raie que le soc a formée est recouverte par la même charrue, en faisant la raie voisine. Par opposition, l'on dit *semer à raies perdues* quand, ayant répandu le grain dans une raie, on en forme une autre où on ne jette pas de semence, & on en met dans la suivante ; de sorte que dans toute l'étendue d'un champ il y a alternativement une raie semée & une qui ne l'est pas, ce qui donne plus d'espace au grain pour étendre ses racines, rassembler de la nourriture & former de grosses talles.

En beaucoup d'endroits où on se sert de la charrue pour enterrer le grain, on ne répand quelquefois que la moitié ou le tiers de la semence, & on jette le reste derrière la charrue dans les sillons qu'elle vient de former. Cette méthode consomme beaucoup de grain ; & celui qu'on répand dans les sillons est souvent trop enterré, pendant que la portion qu'on a jettée sur le champ ne l'est pas assez.

Il est évident que toutes les pratiques dont nous venons de parler distribuent la semence assez irrégulièrement ; s'il se trouve une cavité, quinze ou vingt grains s'y rassemblent, tandis qu'ailleurs il n'y a absolument point de semence : celle qui se trouve recouverte d'une trop grande épaisseur de terre ne peut en sortir, & beaucoup de grains qui restent sur le champ, ou trop près de la surface, sont dévorés par les oiseaux ou desséchés par le soleil. D'où résulte une consommation considérable de semence en pure perte. Ces raisons ont fait naître l'idée d'instrumens dont le mécanisme opérât avec certitude la précision que l'on peut désirer. (*Voyez* SEMOIR).

SEMIS ; endroit où l'on sème des graines d'arbre, pour les lever & les mettre en pépinière au bout de trois ou quatre ans.

### *Du semoir.*

Le *semoir*, comme l'indique son nom, est un instrument avec lequel on sème le bled & les autres graines par rangées. Il fait les sillons, y sème la graine & la couvre tout à la-fois avec beaucoup d'exactitude & de vitesse.

Les principales parties du semoir sont la boîte à semence, la trémie & la charrue avec sa herse.

De ces parties la boîte est la principale ; elle mesure, ou plutôt elle compte la semence qu'elle reçoit de la trémie, & elle est par rapport à cela comme une main artificielle qui la délivre avec plus d'égalité qu'une main naturelle ne pourroit faire.

De même que la boîte à semence est la principale partie du semoir, de même la mortaise est la principale partie de la boîte à semence.

Les descriptions suivantes feront voir en quoi cette mortaise diffère des ordinaires.

Cette mortaise diffère d'une mortaise commune, en ce qu'il est impossible de l'ajuster avec un tenon, à cause qu'elle est plus étroite par en haut, & plus courte par en bas.

Les aires ou les plans imaginaires de son haut & de son bas sont parallèles, mais non pas égaux ; ses deux côtés opposés sont égaux, mais non pas parallèles, à cause qu'ils inclinent l'un vers l'autre de bas en haut, ce qui fait le biais dont nous allons parler.

Les deux bouts ne sont ni parallèles ni égaux, à cause que celui de derrière est perpendiculaire à l'égard du haut & du bas, & celui de devant oblique, & par conséquent plus long.

Quand deux côtés opposés aux deux surfaces inclinent l'une vers l'autre de bas en haut, j'appelle cette inclination un biais : mais quand elles inclinent de haut en bas, je l'appelle un biais renversé.

" Le bout de la mortaise étant élevé à sa place, sera à angle droit avec les plans du haut & du bas, lesquels étant tous les deux des parallélogrammes rectangles, prouvent que le biais est le même d'un bout des côtés à l'autre; lesquels côtés sont les hypoténuses de ces deux triangles : mais cela ne pourroit pas être prouvé par les triangles du bout opposé, à cause que les bases étant les mêmes que l'autre, & ayant les côtés plus longs, les angles verticaux sont plus aigus; les côtés sont plus longs, à cause que l'extrémité, quand elle est dans sa place, n'est pas à angle droit avec le haut & le bas de la mortaise.

Ce qui doit ensuite être décrit dans la mortaise, est le grand trou, lequel se voit mieux dans le côté de celle d'un semoir à froment, étant plus grand, c'est la section d'un cylindre creux qui passe par la mortaise, & dont l'axe est parellèle aux bords des extrémités de la mortaise; ce cylindre étant coupé obliquement par le côté de la mortaise, & non parallèlement à sa base, est une ellipse.

Le plus long diamètre de cette ellipse, est à angle droit avec les bords d'en haut & d'en bas des côtés de la mortaise.

Son plus court diamètre est le diamètre du cylindre qui coupe le plus grand diamètre à angle droit au centre.

La demi-ellipse est la partie la plus utile, & par conséquent le bord doit être bien uni & sans crevasse, comme le doivent être aussi les surfaces des côtés de la mortaise entre l'ellipse & le bout de devant.

La langue de la boîte à semence diffère de celle du sommier d'un orgue, d'où j'en ai pris l'idée, par la figure, par la situation, & par la manière dont elle est attachée à la mortaise.

Celle de l'orgue est dans sa surface un long quarré ou un parallélogramme rectangle, & est un peu plus large & plus longue que la mortaise, ou la rainure qu'elle forme; mais cette langue qui est ici tournée en bas, étant dans sa surface supérieure un plan, est un trapèse de la même figure que le bout de devant de la mortaise, que nous venons de décrire, excepté que la langue a un moindre biais.

Celle de l'orgue est située dans le dehors de la mortaise, qu'elle ferme par le ressort qui est par-derrière, s'ouvrant immédiatement par le doigt de l'organiste, qui presse en bas la clef pour laisser entrer l'air comprimé dans les tuyaux : mais celle-ci est située au-dedans de la mortaise de la boîte à semence, & placée d'une manière presque diagonale; car si elle étoit placée comme l'autre, la semence se mettant entre elle & les bords de la mortaise, ne permettroit pas qu'elle se fermât, comme l'air le permet à l'autre, & la tiendroit toujours ouverte, ce qui la rendroit inutile pour semer le grain.

La manière d'attacher la langue de l'orgue à sa mortaise, est de coller du parchemin ou du cuir à sa surface & au bout du sommier, qui est opposé à celui que la clef ouvre en pressant, & qui se ferme par le ressort : mais la nôtre est attachée au-dedans de la mortaise, & fait son mouvement sur un axe qui passe par son bout d'en haut, qui est plus étroit, & cet axe est la cheville qui doit être exactement parallèle au bord du bout de la mortaise.

La largeur de la langue doit être conforme à la largeur & au biais de la mortaise; quand étant sur son axe bien dressée, l'on voit ses bords d'en haut toucher les deux côtés de la mortaise de toute leur longueur, alors elle est bien faite, & en touchant lesdits deux côtés bien exactement, quand elle est dressée à ce degré, il paroît que les deux bords d'en haut de ses côtés, inclinent l'un vers l'autre en un angle qui est plus aigu d'environ un tiers, que l'angle d'inclinaison des côtés de la mortaise.

Il arrive de-là que quand on la laisse en bas à sa place, il y a des deux côtés un espace vide entre elle & la mortaise, qui forme un triangle fort aigu dont l'angle vertical est plus ou moins aigu, suivant qu'elle approche ou s'éloigne plus du noyau.

La raison pourquoi la surface inférieure est plus étroite que la supérieure, est pour conserver le biseau du triangle vide; car quoique le biseau des côtés de la mortaise puisse suffire pour cela, s'il étoit sûr que les deux côtés de la langue gardassent une égale distance du noyau; comme cependant la langue n'est jamais si serrée sur son axe, qu'un de ses coins ne soit quelquefois plus près du noyau que l'autre, en ce cas le côté qui est le plus près renverseroit ce biseau, de façon qu'il rendroit l'espace vide, qui est entre la mortaise & la langue, plus large en haut qu'en bas.

La longueur de la langue doit être telle, qu'elle puisse atteindre plus bas que pour toucher précisément le fond du grand trou, comme une tangente; car si elle n'étoit pas plus longue, il pourroit arriver quand il n'y a point de semence dans la mortaise, & que la langue est bien serrée, qu'une roue en tournant ou autrement, reculât un peu, & fût cause qu'un cran du noyau saisît le bout de la langue, & l'arrachât de la mortaise; c'est pourquoi il est bon qu'elle descende un peu au-dessous du noyau.

Si la langue étoit placée si obliquement, qu'elle fit un angle de beaucoup moins de 45 degrés, elle se leveroit trop contre le biseau de la mortaise, & le ressort auroit plus de difficultés à la faire retourner dans sa place, quand elle auroit été chassée en arrière par la force des crans.

D'ailleurs si la langue étoit éloignée du noyau, il pourroit y avoir tant de place entre elle & les côtés de la mortaise, que quelques grains de semence passassent par-là.

La longueur de la vis qui tient le ressort attaché à la langue, est ordinairement d'un demi-pouce ou environ; son épaisseur doit être proportionnée à ses autres dimensions, & au degré de roideur qui est nécessaire; son épaisseur ordinaire est d'environ celle d'une pièce de 24 sous.

On mesure les degrés de roideur de cette manière: on attache deux planches, laissant dans un endroit une ouverture entre elles d'un pouce de longueur; on met le ressort quand il est trempé à travers de cette ouverture, de manière que son milieu soit exactement dessus. On met alors sur le ressort un cordon, dont on fait passer les deux bouts par l'ouverture, & on y attache au-dessous des planches un poids capable de tirer en bas son milieu, au point qu'il touche l'ouverture, & qu'il soit au niveau de ses deux bouts; cela fait voir le degré de sa roideur: on remarque qu'il doit être courbé, & porter seulement sur ses bouts, le côté creux devant être en haut.

Il doit porter contre le revers de la langue aux deux bouts, & être creux au milieu; le degré de son creux est essentiel, car c'est de-là que dépend la distance du mouvement que fait la langue vers le noyau par la semence qui est pressée contre elle par la force des crans quand les roues les font mouvoir; car plus le ressort est courbé, plus il poussera la langue loin de son milieu, si sa force est supérieure à celle qui lui résiste, comme elle doit l'être: ce mouvement de la langue est appellé son jeu.

Pour mesurer la distance ou la quantité de ce mouvement, il faut considérer que la langue se mouvant sur son axe en haut, décrit par son bout d'en bas un arc de cercle, la corde duquel arc est la mesure requise.

Mesurer cette distance par l'angle que la langue fait à son centre, ne seroit pas une règle pour faire les boîtes, à cause que quelques langues sont plus longues, d'autres plus courtes à proportion des différens diamètres des noyaux contre lesquels elles ont leur mouvement: les plus courtes doivent cependant avoir autant de jeu que les plus longues; c'est-à-dire, qu'elles doivent décrire un aussi grand arc à l'endroit de la pression, & par conséquent les plus courtes feroient les plus grands angles.

Une manière courte & aisée de la mesurer, est donc la suivante. On tourne la vis du dedans, jusqu'à ce que la langue soit à un quart de pouce près du noyau; on ôte alors ce dernier, & on tire du centre du trou sur le côté de la mortaise une ligne perpendiculaire à la langue, sur le bord de laquelle on fait une marque avec un compas ou une plume; on la fait alors retourner par force contre la vis aussi loin qu'elle puisse aller, c'est-à-dire, jusqu'à ce que le ressort touche le revers entier de la langue. On prolonge la même ligne au même bord de la langue, ou on y met le bout de la règle, & on tire avec elle une autre ligne depuis la marque jusqu'au bord de la langue, quand elle est le plus en arrière, & l'on y fait la seconde marque: la règle employée de cette façon montrera & la perpendiculaire, & la mesure.

Une voie plus expéditive est celle-ci: on place la langue avec la vis sur le bout du trou; & lorsqu'elle est enfoncée à force, on mesure depuis la langue jusqu'à la plus proche partie du trou, ce qui fera toujours une ligne perpendiculaire tirée du centre du trou à l'endroit de la pression ci-devant mentionnée, & on y fait une autre marque. Or, la distance qu'il y a entre ces deux marques, est à peu près la mesure du jeu de la langue à l'endroit de la pression; quoique cette ligne qui est tirée sur le côté de la mortaise ne soit pas exactement perpendiculaire à la surface de la langue, mais seulement à son bord, cependant la différence n'est presque rien, & on ne doit pas y avoir égard.

Si la mesure est un quart de pouce, l'expérience fait voir qu'elle est d'une bonne grandeur pour toutes les sortes de bled & les pois; si elle est un peu moindre, il n'y a pas de mal: mais si elle est un peu plus, c'est un défaut préjudiciable.

Quand la langue a trop de jeu, la semence est sujette à être chassée trop vîte ou bien trop lentement, quoi que fasse le semeur; car quand elle est mise à sa vraie distance du noyau, & qu'elle est poussée tout-à-fait en arrière par la semence que les entaillures en tournant pressent contre elle ; le ressort n'étant pas capable de la faire retourner à sa première place d'une telle distance, dans le tems qu'elle passe les intervalles qui sont entre les entaillures ; comme l'espace qui est entre le noyau & la langue est trop ouvert, la semence sort trop vîte.

Pour obvier à cet inconvénient, le semeur la met contre le noyau ; & alors toutes les fois qu'il arrive que le ressort surmonte la force de la pression de la semence, comme il le fait quelquefois, elle sort trop lentement.

Quand elle sort avec inégalité, ces boîtes deviennent inutiles.

Il y a différentes manières de varier, c'est-à-dire, d'augmenter ou diminuer la proportion de la semence ; comme premièrement par la vis avec laquelle on peut sans inconvénient mettre la langue si loin du noyau, qu'un tour des entaillures puisse faire sortir quatre fois autant, qu'il fait sortir quand la langue est fort près du noyau ; on peut ainsi varier la proportion à des degrés moyens sans nombre.

Secondement, si on veut augmenter cette proportion encore davantage, on peut faire les entaillures plus grandes ; mais on ne peut rien ajouter à leur nombre, à moins qu'il n'y ait assez de place pour les doubler, en faisant une nouvelle entaillure entre deux. On ne peut pas diminuer la proportion de la semence par les mêmes entaillures, à cause qu'elles ne peuvent pas être faites plus petites ou en plus petit nombre ; si on veut faire quelqu'autre changement dans la proportion de la semence par les entaillures, il faut en faire un autre rang, ce qui est faisable, à cause que le noyau de bois peut avoir trois rangs. On peut se servir de celui des trois qu'on veut, en mouvant les rondelles ou les roues vers l'un ou l'autre bout du noyau de bois, comme il sera démontré dans la description des trémies.

Quant au noyau de cuivre du semoir à navets, il ne peut y avoir qu'un rang d'entaillures ; par conséquent, quoiqu'on puisse augmenter la proportion de la semence en aggrandissant les entaillures, ou en doublant leur nombre, on ne peut pas la diminuer par les entaillures mêmes, à moins qu'on en ait un nouveau rang ; & cela met dans la nécessité d'avoir un autre noyau. Quant à la vis du semoir à navets, elle augmente la proportion de la semence avec les mêmes entaillures, beaucoup plus que celles du semoir à froment.

Une autre manière de varier la proportion de la semence dans les mêmes boîtes, est de le faire par le diamètre des roues quand on peut les changer ; car de quelque diamètre qu'elles soient, il faut qu'elles fassent faire le tour à toutes les entaillures dans une révolution ; de manière que des roues de 20 pouces de diamètre font sortir dans la même longueur des canaux, un tiers plus de semence que celles qui ont 30 pouces : mais on a rarement occasion de les changer, à moins que ce ne soit pour planter une espèce de semence d'une différente grandeur, comme sont les pois de la grosse espèce, du froment à petit grain, & la semence de sainfoin.

Il n'y a point d'autres manières que celle-ci de changer la proportion de la semence qu'on plante avec la même boîte ; les deux grandeurs ci-devant décrites étant suffisantes pour toutes sortes de grain & de semence qu'on sème communément depuis les gros pois, jusqu'à la semence de navets : mais les boîtes doivent être plus grosses pour planter des fèves, & on les fait communément de bois, en donnant au noyau 2 pouces de diamètre au plus, & 2 pouces de largeur aux boîtes. Il est bon de remarquer que cette augmentation de la langue de la mortaise d'un pouce & demi jusqu'à deux, augmente la quantité de la semence presqu'au double, à cause que ce demi-pouce est ajouté tout entier au milieu des entaillures, où elles sont plus profondes que leurs bouts, le biseau desquels prend une partie considérable de la longueur des premiers. Pour planter des fèves on fait en sorte d'avoir des roues aussi basses qu'elles puissent l'être : ces semoirs de bois sont à présent fort communs dans beaucoup d'endroits.

Les boîtes de bois ne diffèrent de celles de cuivre dans aucune des parties essentielles ; les premières doivent seulement être plus épaisses que les dernières ; le ressort doit aussi être droit, au lieu que l'autre est courbé ; & étant dans le derrière de la langue de bois, il porte contre ses deux bouts ; le canal dans lequel il est placé étant creux dans le milieu, le ressort y a son jeu, & doit être plus roide, & avoir un peu plus de jeu dans le semoir à fèves, que dans les boîtes à semence qui sont plus petites.

Les boîtes à semence de bois de buis bien sec réussissent fort bien ; mais il est plus avantageux d'en faire de cuivre, à cause qu'elles sont à quelques égards meilleures que celles de bois, qui est sujet à s'enfler & à se resserrer. D'ailleurs elles durent plus que celles de bois, & ne coûtent pas beaucoup plus.

Quant aux noyaux des boîtes à navets, on les fait d'un métal mêlé, moitié étain, moitié zinc ; ils sont fort faciles à faire, à cause que ce métal fond aussi facilement que le plomb ; au lieu que le cuivre ne fond pas sans un creuset, & un grand feu.

SEMOIR. Voici un *semoir* d'une nouvelle construction pour semer les pois & les fèves ( fig. 5 de la pl. IX. )

On se sert de cet instrument dans la vallée d'Aylisbury, pour semer les pois & les fèves, qui réussit au mieux L'inspection seule suffit pour apprendre à le connoître. Telles sont ses dimensions.

La roue est de fer & a vingt pouces de diamètre.

La longueur de la boîte depuis A jusqu'à B, est de vingt pouces.

Sa largeur BC, de dix.

Sa hauteur CD, de cinq pouces & demi. Le cylindre de bois qui est au dessus de l'axe de la roue, a quatre pouces de diamètre. Ce cylindre est percé de vingt-quatre trous de trois lignes de profondeur, & de six lignes de diamètre.

La fig. 6 est la languette qui couvre le cylindre. Elle a six lignes d'épaisseur, sept pouces de long, & un pouce trois quarts de large. Lorsqu'il se présente une fève plus grosse qu'à l'ordinaire, la languette s'éleve & retombe ensuite d'elle-même.

E, fig. 5, est la languette avec sa coche, laquelle répond exactement aux trous du cylindre.

Cette boîte a un couvercle, lequel est arrêté dans l'endroit marqué F.

Un homme conduit cet instrument devant lui comme une brouette après la charrue; il répand la semence dans le sillon, & elle se trouve couverte au second tour.

Ce *semoir* est de l'invention d'Ellis, riche fermier dans la province de Herfford, qui a donné plusieurs ouvrages sur l'agriculture. *Gent. Mag.* Feb. 1770.

*Autre semoir, de l'invention de Rundall, Anglais.*

Le principe qui a servi à la construction de cette machine, est nouveau & curieux. Son usage est d'ensemencer trois sillons à la fois, en les espaçant à volonté. Elle est construite de manière que les trémies & les timons se trouvent toujours parallèles à l'horison ; au moyen de quoi les *semoirs* se trouvent également enfoncés dans la terre ; & à l'aide d'un méchanisme qui lève ou qui enfonce celui du milieu, on peut s'en servir pour labourer les terres qui ne sont point de niveau. ( *Voyez* la pl. XI, fig. 1. )

A, la chaîne qui doit être proportionnée à la grosseur du cheval pour tirer le plus également qu'il est possible.

BD, Coutres arrêtés dans la traverse.

E, timon du milieu dans lequel est enchassé le coutre C.

Il y en a un autre parallèle à celui-ci, dans lequel sont enchassés les *semoirs* FG sur la même ligne que les coutres.

M, traverse qui sert à affermir la machine.

N, continuation du timon du milieu.

O, traverse.

H, roue dentée.

PP, trous pratiqués dans l'axe pour recevoir les roues qui tracent les sillons.

I, bord de la trémie dans laquelle on met le grain.

Il y a dans le milieu un cône renversé K, par le moyen duquel il tombe par une ouverture en talud dans une autre trémie, où est un fragment de cône dans un sens contraire, sous lequel est une diagonale dont le fond est fixe, & où sont trois ouvertures qui répondent aux *semoirs*, d'où le grain passe dans des boîtes, & des entonnoirs qui le répandent dans la terre. Les ouvertures sont proportionnées à la grosseur du grain qu'on veut semer, depuis un grain de moutarde, jusqu'à une petite pomme de terre.

*Autre semoir, de l'invention du docteur Hunter, d'Yorck.* ( Pl. IX, fig. 9 & 10. )

Avec cet instrument on peut semer telle espèce de grain que l'on veut, pourvu que celui qui s'en sert ait de l'intelligence.

Lorsqu'on veut en faire usage, on commence par herser le terrain le plus uniment que l'on peut ; après quoi on prend une herse plus grosse & plus pesante, avec laquelle on trace les sillons de la distance qu'on veut. Un homme remplit ensuite le *semoir*, & l'ayant attaché autour de son col, il suit les sillons, tournant la manivelle 4, fig. 9 ; au moyen de quoi & à l'aide d'une petite roue, fig. 10, percée de trous proportionnés, la semence tombe dans un tube 5, fig. 9, & du tube en terre.

Le sac 1 & 2 dans lequel on met la semence, peut être de cuir, de cannevas, &c. Il est entouré d'un anneau de laiton dans lequel la roue tourne, lequel est garni tout autour d'un morceau de peau d'ours 10, fig. 10, qui enlève la poussière de la roue à mesure qu'elle tourne, & facilite le passage de la semence. On recouvre enſuite les ſillons avec une herſe ordinaire. *Gent. Mag. Feb.* 1770.

Semoir *à cylindre*; c'eſt une machine avec laquelle on laboure, on ſème, & on couvre la ſemence tout à la fois. Cette machine conſiſte en une boîte portée entre un avant-train & un arrière-train ſupportés ſur des roues : on met dans cette boîte le grain qu'on veut ſemer; il tombe ſur une planche diſpoſée en plan incliné, & va à chaque inſtant ſe ramaſſer dans un coin de la boîte, où roule un cylindre mu par le mouvement des roues qui ſervent à traîner la machine. Ce cylindre eſt garni dans toute ſa circonférence de petites loges creuſes qui ſe rempliſſent de grains; & le cylindre, en tournant, porte ces grains dans des trémies terminées par une ouverture par laquelle la ſemence ſe répand, & va tomber dans le fond du ſillon à meſure qu'il eſt tracé par le ſoc qui précède; vient enſuite une herſe, qui eſt une pièce de bois armée de dents, & qui ſert à recouvrir la ſemence à meſure qu'elle tombe.

Ce *ſemoir* met le cultivateur en état d'économiſer une partie de la ſemence. A l'aide de cette machine, tous les grains ſont mis en terre à la profondeur néceſſaire, & ils ſont recouverts de terre.

Mais quelque utiles que ſoient ces *ſemoirs* à cylindre, il ne faut pas compter pouvoir en faire uſage dans les terres où il ſe rencontre beaucoup de roches, ou même quantité de groſſes pierres, non plus que dans les terrains fort argilleux & qui ſont quantité de groſſes mottes; on ne peut guères ſe ſervir de ces *ſemoirs* que dans les terres labourées à plat ou en larges planches.

*Semoir inventé par Cook, Anglois. Deſcription de ce ſemoir.* (*Voyez* pl. XXXVIII, fig. 2.

A, caiſſe où ſe verſe la ſemence.

B, ſa partie inférieure inclinée de la même caiſſe, où tombent les ſemences.

C, planche garnie d'un manche & poſée tranſverſalement, ſervant à empêcher les ſemences de tomber dans la partie inférieure de la caiſſe.

D, cylindre ſur lequel ſont fixées des eſpèces de cuillers, qui prennent les ſemences dans la partie inférieure de la caiſſe, & les verſent dans l'entonnoir E, d'où elles tombent dans une raie faite dans la terre par le coutre F, placé au-devant de l'entonnoir : les ſemences ſont recouvertes à meſure par un petit rateau G.

H, levier, au moyen duquel on ſoulève une des roues K; & on l'empêche de s'engrainer avec l'inférieure, lorſqu'on veut faire tourner la machine & qu'on ne veut plus que les cueillers ſe chargent de ſemence : au moyen du même levier, on ſoulève le rateau G par la traverſe *h h*.

L, autre levier chargé d'un poids à ſon extrémité, pour déterminer la profondeur à laquelle doivent aller les coutres, &, par conſéquent, celle où doivent être portées les ſemences.

M, vis fixée à la pièce qui ſoutient le coutre, qui ſert à ſoulever ou à baiſſer la caiſſe qui contient les graines, afin que les cuillers ne les écraſent point & les prennent également.

N, rateau armé de dents de fer qu'on fixe, au moyen de deux vis, aux parties poſtérieures *n n* du *ſemoir*. On ſe ſert de ce rateau pour faire différentes opérations; comme celle d'amaſſer du foin, de ſarcler les terrains ſemés nouvellement, de travailler les jachères, &c. Alors on enlève de deſſus la machine la caiſſe qui contient les ſemences, le cylindre avec les cuillers, les coutres, les entonnoirs & les rateaux.

O, houe au moyen de laquelle un ſeul homme peut biner deux acres par jour dans un ſol léger, rechauſſant en même tems les racines des plantes.

On a décrit le *ſemoir* avec une ſeule caiſſe contenant les ſemences, un ſeul coutre, & un ſeul rateau, pour ne pas rendre la figure trop compliquée; mais un *ſemoir* complet eſt garni de cinq coutres, cinq rateaux, &c. & les cuillers ſont plus ou moins profondes, plus ou moins évaſées, ſuivant la groſſeur des graines qu'on veut ſemer.

On peut ſemer avec cette machine toutes ſortes de graines, même celle de carotte, & on peut enſemencer huit ou dix acres par jour. La machine eſt dirigée par un homme & traînée par deux chevaux, conduits par un garçon. Des ſemences ſont répandues également ; quelque quantité qu'on en emploie, on peut les enfouir à la profondeur qu'on deſire, depuis ſix lignes juſqu'à ſix pouces, & on peut eſpacer les raies de douze à ſeize, juſqu'à vingt-quatre pouces & même au-delà : on peut employer également ce *ſemoir* dans toutes ſortes de terres; & quoiqu'il paroiſſe aſſez compliqué, il eſt cependant très-ſolide, & exige peu ou preſque point de réparations.

Lorſqu'on veut ſemer de la graine de turneps, de trefle, de colza, &c. on met ſur le cylindre les plus petites cuillers, & on ſème pour lors à raiſon d'une livre de graine par acre. Le froment, le ſeigle, le chanvre, le lin, &c.

exigent des cuillers un peu plus grandes, & on emploie alors un peu plus d'un boisseau (de 61 livres) par acre. Des cuillers un peu plus grandes que les premières sont employées pour semer l'orge, à raison d'un boisseau & demi par acre. Enfin, on sème avec des cuillers plus grandes de l'avoine, des fèves, des pois, des vesces, &c. & on met alors deux boisseaux de semence par acre.

Il est inutile de rappeler ici qu'avant de semer on a préparé la terre par les labours nécessaires, & qu'on y a fait passer la herse, & même le rouleau, lorsqu'il est possible, afin de rendre le terrain très-uni.

On sème les graines de carotte mêlées avec de la sciure de bois, dont on met une partie sur huit de semences.

Un des principaux avantages de ce *semoir* est de pouvoir semer même avec le vent le plus fort, en allongeant les entonnoirs qui portent la graine jusques dans la terre; & on a semé ainsi très-également, & par un très-grand vent, les graines les plus légères, telles que celles du pastel.

Il faut avoir l'attention de faire sécher les semences avant de les mettre dans la machine; & les grains qui ont été chaulés doivent être aussi bien séchés. Le bled vieux est préférable au nouveau; on sait d'ailleurs qu'il est moins sujet que celui-ci à la carie. Il est bon d'observer que, dans des terres fortes & argilleuses, le froment ne doit jamais être enterré au-dessous de deux pouces : dans une terre sèche, cette attention est moins nécessaire.

La houe, dont on voit la figure dans la même planche, sert à biner le froment & le seigle; mais il faut attendre que le terrain soit assez sec pour pouvoir y faire passer le rouleau. On fait cette opération deux ou trois jours après la pluie dans les terres fortes, & en tous tems dans les terrains légers.

En Angleterre, plusieurs fermiers très-instruits ont employé ce *semoir* pour les différentes espèces de graines, & ont reconnu, qu'outre l'épargne de la semence, ils obtenoient toujours des récoltes plus abondantes que lorsqu'ils avoient semé à la volée, & que les graines étoient aussi de meilleure qualité. Toutes ces expériences, assez multipliées pour ne laisser aucun doute sur l'utilité de ce *semoir*, ont été faites comparativement.

*Description & usages d'un* semoir *inventé par Don Joseph Lucatello, Espagnol. (Extrait des transactions philosophiques, par* Duhamel.)

On convient généralement, dit cet auteur, qu'il est très-avantageux de distribuer les plantes à des distances convenables, relativement à la grandeur qu'elles peuvent acquérir; & qu'il faut les mettre en terre à une suffisante profondeur, afin qu'elles reçoivent de la terre assez de nourriture pour que leurs fruits puissent parvenir à leur état de perfection; néanmoins on a coutume de répandre les semences à la main & sans assez de précision, ce qui fait qu'à des endroits il y a trop de grain, qu'à d'autres il y en a trop peu; qu'une partie de la semence étant placée à une trop grande profondeur en terre, y périt sans en sortir, pendant qu'une autre étant trop à la superficie, court risque d'être mangée par les oiseaux, d'être desséchée par le soleil, ou endommagée par les fortes gelées. Don Joseph Lucatello s'étant proposé de remédier à ces inconvéniens, inventa un instrument qui, étant fermement attaché à une charrue ordinaire, ouvre le sillon, seme & herse en même tems; de sorte que sans employer trop de semence, les grains sont placés à la distance réciproque & à la profondeur qu'on juge être la plus convenable; ce qui fait qu'on peut épargner les quatre cinquièmes de la semence qu'on consomme ordinairement. De sorte que si l'on s'éloigne de cette proportion, c'est ou par la négligence du semeur, ou par les défauts de cet instrument.

Voici la description de cette machine. Boîte de bois; couvercle de la partie dans laquelle on met le blé. Les deux côtés qui couvrent la partie de la boîte où le cylindre qui a trois rangées de petites cuillères capables de contenir seulement un grain de semence, est renfermé & tourne pour jeter le bled.

Quatre pièces triangulaires, avec les interstices aussi triangulaires, par lesquels passe le bled que les cuillères y déchargent pour sortir par les trous qui sont au-dessous de la boîte. Une des roues dans laquelle passe un des bouts du cylindre. L'autre bout du même cylindre passe dans l'autre roue.

Il est bon de remarquer que tout cet instrument doit être attaché ferme à la charrue, de façon que le bled puisse tomber dans le sillon que le soc vient d'ouvrir, & qu'à mesure que la charrue avance, ses oreilles puissent couvrir de terre le bled qui a été répandu dans le dernier sillon; car par cette méthode la semence n'est point répandue sur la superficie de la terre, où elle reste souvent découverte : mais elle est placée au fond du sillon, ce qui fait qu'elle sort de terre un peu plus tard; c'est pourquoi quand on se sert de cet instrument, il faut semer huit à dix jours plutôt que quand on sème à l'ordinaire.

Notre auteur dit que dans les terres fortes on

peut donner cinq à six pouces de profondeur au sillon, sept à huit dans les terres légères & sablonneuses, & six à sept dans les autres qu'il appelle moyennes. Les expériences qui ont été faites font croire que ces profondeurs seroient trop grandes pour notre climat, & on peut à cette occasion consulter ce que nous avons dit dans le corps de l'ouvrage.

Il faut avoir grande attention que les roues ne glissent pas sur le terrain, mais qu'elles tournent & qu'elles emportent avec elles le cylindre qui les traverse. C'est pour cela qu'on fait la tête des clous qui attachent les bandes fort grosse. Les oreilles de la charrue doivent aussi être un peu plus ouvertes qu'elles ne le sont ordinaire[illegible].

Il est presque inutile d'avertir qu'il faut que le bled soit bien nettoyé, & qu'il ne reste point de barbe à l'orge pour que les cuillères puissent enlever un seul grain à chaque fois, & que ce grain coule aisément par les ouvertures qui sont au fond du *semoir*.

A l'égard des préparations qu'on donne à la terre pour la disposer à être ensemencée, elles sont les mêmes qui sont en usage dans chaque province. Mais quand on veut semer, le laboureur commence par ouvrir un sillon de trois à quatre pieds de longueur, jusqu'à ce que la charrue ait assez piqué dans la terre, alors on attache le *semoir* à la charrue.

On a recommandé que les oreilles de la charrue fussent plus ouvertes qu'à l'ordinaire, pour que le grain fût mieux enterré; mais elles produisent encore le bon effet de détourner les pierres & les mottes, & d'empêcher qu'elles ne frappent contre le *semoir* & qu'elles ne le dérangent. Néanmoins si elles ne produisoient pas suffisamment cet effet, on pourroit ajouter deux autres oreilles, qui seroient de quatre à cinq pouces plus hautes que les premières; alors le *semoir* ne courra aucun risque d'être endommagé.

Le tems le plus avantageux pour semer le froment, est quand la terre est sèche, ou médiocrement humectée; dans ce cas le *semoir* fait son office sans que les roues se chargent de terre, & sans que les trous par lesquels la semence doit sortir se ferment. Il faut faire les raies assez près les unes des autres, pour que la semence soit bien distribuée; & quand la terre est ensemencée, on la herse pour la bien unir, & qu'il ne reste pas d'apparence de sillon. Mais quand les terres sont en plaines & sujettes à retenir l'eau, on les refend par des sillons qui en procurent l'écoulement, ayant soin de ne pas les faire trop près, pour ne point perdre inutilement du terrain, & parce qu'il n'est pas avantageux de trop faciliter l'écoulement des eaux, puisque dans plusieurs circonstances les grains souffrent de la sécheresse, sur-tout l'été & dans les pays chauds.

L'essai de cet instrument & de cette façon d'ensemencer les terres, fut fait en présence du roi d'Espagne à Buen-retiro, avec un succès qui passa toute espérance; car un homme de la campagne ayant semé à l'ordinaire une certaine quantité de terre, on recueillit 5125 mesures; & une pareille quantité de terre ayant été semée suivant la méthode qu'on vient d'expliquer, on recueillit 8175 pareilles mesures; ce qui faisoit un bénéfice considérable, sans faire attention à l'épargne qu'on avoit faite sur la semence.

On fit quelque tems après une autre épreuve de cette façon de semer dans le Luxembourg (*in Istria*), en présence de l'Empereur. La récolte ordinaire n'est dans cette province que de quatre à cinq pour un, & elle fut de soixante pour un; ce qui fut constaté par un certificat en forme, donné à Vienne le 1^er^ août 1663, par un officier que l'Empereur avoit expressément commis pour suivre cette expérience depuis la semence jusqu'à la récolte.

Ces expériences prouvent qu'il y a plus de cent ans que l'essentiel de la méthode de M. Tull a été éprouvé en Espagne. Et un Espagnol fort éclairé nous a assurés qu'on la suivoit encore dans quelques provinces d'Espagne.

SENTIER; c'est un petit chemin étroit qui sépare les planches d'un quarré; il a ordinairement le quart de leur largeur. Les *sentiers* d'un parterre qui en divisent les compartimens, doivent avoir la moitié de la largeur de la platebande. Ils sont nécessaires au jardinier pour l'arrosement & la récolte des légumes, des fleurs, & de leurs graines.

SERFOUETTE, (*la*) espèce de *binette*, est un outil de jardinage qui a une partie de son fer faite en forme de petite besoche, & l'autre en forme d'une petite fourche à deux dents renversées. Cet outil sert à donner un labour léger aux plantes. (*Voyez* pl. XXIV, fig. 34.)

SERFOUIR; c'est labourer avec la binette, ou la serfouette de l'un ou de l'autre de ses côtés, ou de tous deux, pour enfouir les graines ou enlever les mauvaises herbes.

SERPE; instrument de fer plat, large & tranchant, en forme de grand & large couteau dont la lame a le bout courbe & croissant. La *serpe* est emmanchée dans une poignée de bois. On se sert de la *serpe* dans le jardinage pour émonder les arbres. (*Voyez* pl. XXIV, fig. 38.)

SERPETTES *ou* PETITES SERPES ; outils de jardinage. ( *Voyez* pl. XXIV, fig. 38. ) Les *serpettes* ordinaires ont une lame alongée, de la longueur même du manche, & ne sont que médiocrement courbées par le bec. Le manche est fort court, le ressort affleurant la garniture du manche, & la taille de la lame qui emboîte le ressort étant également à fleur du manche, comme le tout est à tous les couteaux ; le clou rivé de la lame est par une conséquence nécessaire sur le petit bord du manche.

Dans les *serpettes* de nouvelle invention, le manche est d'un pouce plus long ; le ressort, au lieu d'être à fleur, est plus court au moins d'une ligne ; par conséquent l'emboîture de la lame descend d'une ligne de plus, & le clou rivé se trouve plus bas d'autant ; ce qui fait qu'une partie de la lame est enfermée dans le manche, & jamais elle ne peut ni branler, ni se casser. Enfin le bec de la lame des nouvelles *serpettes* a beaucoup plus de croissant, ce qui facilite beaucoup le service des ouvrages auxquels elles sont destinées.

On peut distinguer encore quatre sortes de *serpettes* :

1°. Les grandes, qu'on nomme dans plusieurs départemens *goyes*, ou *serpes*, pour les gros ouvrages, quand on veut travailler dans les haies, les broussailles & dans les bois.

2°. Des *serpettes* moyennes, pour tous les ouvrages quelconques.

3°. Des demi-*serpettes*, pour les moindres ouvrages.

4°. De petites *serpettes*, appelées *serpillons*, qui sont de la plus grande commodité pour l'ébourgeonnement & le palissage, & pour nombre de même besogne, comme pour marcotter des œillets, tailler les melons & concombres, &c.

Les *serpillons* ont un long manche, une lame courte & à petit bec.

Il y a aussi des *serpettes renforcées*, dont le manche a quatre pouces un quart de long, dégénérant par le bas un peu en arrondissement en dehors. Ce manche a onze lignes de diamètre & neuf d'épaisseur ; la lame a deux pouces trois quarts, & les plus grandes trois pouces sur un de largeur. Au lieu d'être alongée & peu courbée par la pointe, elle a une sorte de bec arrondi en dedans. L'œil ou le clou rivé qui traverse le manche & la lame, est à trois quarts de pouce en-deçà de son extrémité supérieure. Cet éloignement du bord garantit la lame & la tient ferme.

L'outil nommé *fausse serpette*, diffère des autres *serpettes* en ce qu'il a vers le milieu du dos un tranchant qui sert à couper des osiers ou de petites branches en frappant.

L'instrument vulgairement nommé *poudadoure* dans les départemens méridionaux de la France, sert particuliérement pour tailler la vigne & en couper les plus gros sarmens. Cette *serpette* réunit dans sa construction les avantages d'un grand nombre de petits instrumens tranchans. Elle peut même servir de hache pour couper à coups successifs les gros tronçons des ceps, tandis qu'un autre tranchant peut couper en glissant les sarmens les plus robustes.

Enfin il y a une sorte de *serpette* faite en forme de petite *faucille*, dont on se sert dans plusieurs provinces pour travailler à la vigne.

SERPETTE *à crochet & à échenilloir*. Cet outil s'ajuste sur une perche de bois léger de cinq à sept pieds de longueur, & la douille est retenue sur le bois par une vis qui traverse l'un & l'autre de part en part. Cette *serpette* est composée de différentes parties qui font un seul tout. Une de ces parties est tranchante & sert à couper les bourgeons qui poussent inutilement du tronc ; une autre division de la lame est la vraie *serpette* pour abattre les bouts des branches chargées de nids de chenilles. Sur un des côtés est une forme de crochet en fer & non tranchant, pour tirer doucement à soi des branches trop élevées, soit pour en cueillir les feuilles, soit pour les tailler.

SERRE ; c'est tout lieu destiné pour serrer pendant l'hiver les plantes & les arbres en caisse qui redoutent le froid.

SERRE CHAUDE ; édifice destiné à élever des plantes exotiques, ou à accélérer la maturité des plantes indigènes par le moyen d'une chaleur artificielle. ( *Voyez* planche XXVII, XXVIII, XXIX, XXX, & leur explication.

On distingue deux sortes de *serres chaudes*. La première est construite en charpente, avec des châssis vitrés. On les place vers Noël le long d'un espalier dont ils doivent enfermer les arbres. Cette *serre* s'échauffe avec des mottes de terre, ou avec du bois qu'on allume dans des poêles de fayence dont les tuyaux de grès sont portés horisontalement sur des soutiens de fer. On leur substitue des tuyaux de tôle à l'endroit où ils montent, afin de conduire la fumée derrière la *serre*. Le bois est préférable aux mottes pour la chauffer, parce qu'elles communiquent leur odeur aux fruits. Au reste, ceux qui y naissent, n'ont que le mérite de la précocité ;

mais ils sont privés de la saveur des fruits venus dans l'ordre de la nature.

La seconde espèce de *serre chaude* se nomme *serre à tan.* Son emplacement est en plein midi; elle doit être peu profonde, comme de quatre pieds, très-large, & garnie par-devant de châssis vitrés & inclinés qu'on ouvre & ferme à volonté. On les couvre aussi dans les mauvais tems de toiles roulées en manière de stores vers leur partie supérieure. Si on veut donner à cette *serre* une certaine étendue, de 80 pieds, par exemple, on la sépare en deux parties par une cloison vitrée.

Dans la première, on creuse au milieu une fosse ou bache de quarante pieds de long sur six de large & quatre de profondeur, entourée d'un mur à fleur de terre, de neuf pouces d'épaisseur, & arrondie dans ses angles. On l'emplit entièrement de fumier de cheval qu'on laisse durant quelques jours s'affaisser, on le plombe ensuite, & on met par-dessus un pied & demi de tannée pour recevoir les pots d'ananas. La cheminée est placée derrière la *serre*, dans une petite pièce séparée à l'endroit où est la cloison qui la partage en deux; elle doit être de brique & fermée de plaques de tôle. On la divise en deux parties, & on scelle en travers une grille de fer un peu élevée, destinée à porter le bois ou les mottes à brûler. Deux conduits formés de briques, d'un pied de large, & renfermés entre les deux murs & de la fosse sous des carreaux de terre cuite, fait circuler la chaleur tout autour, & reviennent à l'endroit d'où ils sont partis pour faire sortir la fumée par la cheminée.

Dans la seconde partie de la *serre* qui est également carrelée, & dont les conduits de brique font également le tour, on arrange le long des murs, sur des gradins de bois, les plus jeunes ananas, qui seront ensuite mis dans la fosse. On y renferme ensuite les plantes exotiques, qui demandent le même dégré de chaleur qu'un thermomètre y entretient. Il ne faut pas oublier d'y placer un baquet rempli d'eau: on la puise avec un pot, & on la verse dans un entonnoir qui la distribue aux plantes.

On pourroit aussi faire une *serre* qui coûteroit très-peu, dans l'angle formé par deux murs, l'un au midi, l'autre au couchant, en creusant un peu au pied de ces murs, & en enveloppant le pourtour de paillassons dont ceux du devant seroient mobiles.

Suivant l'opinion de Linnæus, les plantes de la Zône tempérée froide ne s'accommodent pas de la chaleur des *serres chaudes* portée au-delà de 33 dégrés. Les plantes de la Zône glaciale soutiennent les plus fortes gelées, & la chaleur des *serres* leur est nuisible. Celles qui croissent sur les plus hautes montagnes sont de même nature.

Ce savant naturaliste souhaite donc qu'un jardin ait trois *serres* différentes: l'une destinée aux plantes qui viennent sous la Zône torride, dont la chaleur soit toujours de 56 à 70 dégrés; la seconde pour les plantes de la Zône tempérée, voisine de la torride, ne demande que 35 à 40 dégrés de chaleur. La troisième, où seront conservées les plantes de la Zône tempérée, voisine de la glaciale, n'a pas besoin de chaleur; elle ne sert qu'à garantir d'une gelée trop rude.

On doit regarder comme très-utile de pouvoir renouveler de tems à autre l'air des *serres*.

Aux plantes originaires des pays situés au-delà de la ligne, il faut donner de la chaleur en hiver; à celles qui croissent sur les montagnes, ce doit être au printems; & en automne, à celles qui viennent sous la ligne.

Les *serres* communes ne servent pas seulement aux arbustes en caisses ou en pots, & aux plantes élevées de même: on transporte aussi avant les fortes gelées certaines plantes élevées en pleine terre dans le potager, mais que le froid endommageroit, ou dont on ne pourroit pas jouir si la terre venoit à s'endurcir considérablement.

SEVE; c'est, dans les végétaux, ce liquide spiritueux provenant des sucs de la terre; lequel est le principe de la formation des plantes, de leur accroissement, de leur fécondité & de leur multiplication. La *sève* leur sert de nourriture, & leur tient lieu de sang.

On dit que les arbres sont en *sève*, quand les boutons commencent à mouvoir. Il faut saisir le tems de la *sève* pour greffer les arbres.

On distingue la *sève* du printems & celle d'août. La *sève* étant le principe actif de la végétation, on emploie, suivant les circonstances, divers moyens, ainsi que disent les agriculteurs, pour l'*arrêter*, la *troubler* dans son cours, la *retarder*, la *précipiter*, l'*éventer*, l'*épuiser*, l'*appauvrir*, & même l'*amuser*, en laissant beaucoup de bourgeons à un arbre, suivant l'expression & la méthode de certains jardiniers.

SEVRER *une plante*; c'est quand ayant couché en terre un rameau de quelque plante, ce qu'on appelle *marcotte*, on le coupe, & on le sépare de la plante sa mère, après que ce rameau a pris racine, pour le replanter ailleurs.

Cette séparation se fait en coupant le rameau, quand cela se peut, avec le couteau; ou en le ſciant quand la ſcie y eſt néceſſaire, à cauſe de la groſſeur & de la dureté du bois.

Il faut ne *ſevrer* les greffes que quand elles ont bien repris; & les marcottes, lorſqu'elles ont produit ſuffiſamment des racines pour fournir à leur ſubſiſtance.

SILLON. Tout *ſillon*, dans le jardinage comme dans le vignoble, doit être fait au cordeau, pour être droit & régulier.

On nomme pareillement *ſillon*, la raie qu'on fait en labourant à la charrue; cette raie eſt large & profonde, droite ou courbe, ſuivant la nature des terres.

SIMPLES; terme qui a différentes acceptions; c'eſt, 1°, un nom générique qui comprend toutes les herbes & les plantes.

2°. *Simple*, par oppoſition à compoſé, ſe dit d'une tige, d'une feuille unique.

3°. Par oppoſition à double, on dit une roſe *ſimple*, une giroflée *ſimple*, lorſque ces fleurs n'ont qu'un rang de pétales; les *doubles*, au contraire, ont pluſieurs rangs de pétales qui rempliſſent leur diſque.

On dit encore une échelle *ſimple*, une allée *ſimple*, pour les diſtinguer des doubles.

SOC *à deux pointes*. Il eſt des plantes dont les racines ſe propagent latéralement avec peu de profondeur; d'autres qui pivotent ou s'enfoncent, en jettant même quelques brins latéraux. Le labour extirpe les unes & les autres: mais il doit être moins profond pour les premières. Le labour eſt le meilleur moyen d'extirper les plantes biennales & vivaces, ſur-tout celui d'automne & d'hiver. Le *ſoc à deux pointes* ou fourchu vaut mieux pour extirper ces herbes que celui de forme ordinaire. La herſe enſuite achevera l'ouvrage.

SOLE; étendue de terre deſtinée à une certaine culture. On dit à *ſole* des bleds, des avoines, &c. On diviſe ſouvent une terre par *ſoles*; de ſorte que de quatre-vingt-dix arpens, trente ſont chaque année mis en froment, trente autres en avoines, & le reſte en jachères.

D'habiles cultivateurs penſent qu'il n'eſt pas néceſſaire de changer de terre les plantes d'une année à l'autre; par exemple, de mettre de l'avoine dans la terre qui a porté du froment l'année précédente, pourvu qu'on ait ſoin de bien cultiver la terre. On convient néanmoins que, ſuivant la pratique ordinaire d'agriculture, il y a de l'avantage à ſemer ſucceſſivement différentes plantes dans une même terre, tant à cauſe de la quantité de nourriture néceſſaire à certaines plantes, que pour la délicateſſe de quelques-unes, & la quantité de labours que chaque plante exige.

Enfin, comme on remarque ſouvent qu'une partie des terres d'une groſſe ferme eſt très-propre pour le froment, pendant qu'une autre n'eſt bonne que pour les menus grains, dans ce cas un propriétaire feroit l'avantage de ſon fermier, en lui permettant de déranger les *ſoles* pour les employer à produire l'eſpèce de grain qu'il ſaura par expérience y mieux réuſſir.

SORTIES; dans le jardinage, on appelle *ſorties* tous boutons à bois ou à fruit ſortant de la tige, par en bas, aux arbres nains qu'on plante.

Aux arbres de tige, il faut auſſi des *ſorties*, mais elles doivent être aux branches. Les pépiniériſtes dont les arbres ne ſont pas aſſez éloignés, coupent toutes les pouſſes du bas qui gêneroient leur travail. Ces arbres, privés de *ſorties* lorſqu'on les replante, ne percent que très-difficilement une écorce épaiſſe quelquefois de deux lignes, & périſſent.

Au lieu d'abattre la tête des arbres de tige, il vaut mieux leur laiſſer quelques branchettes pour ſervir de paſſage à la ſève. Par ce moyen, on a des arbres qui forment un coup-d'œil agréable dès la première année. A la ſeconde, les *ſorties* laiſſées ſur le vieux bois font des jets qu'on éclaircit; à la troiſième, les arbres ſont touffus & formés comme ils le ſont ordinairement à dix. Cette pratique doit être commune à tous les arbres fruitiers, quand on peut y ménager des *ſorties* & du vieux bois.

SOUCHE; c'eſt la partie de toute plante qui eſt entre la tige & les racines, & autrement dit, le tronc auquel ſont attachées les racines.

On nomme plus particulièrement *ſouche*, le tronc d'un vieux arbre coupé à un ou deux pieds de terre.

SOULAGER; en terme de jardinage, on dit qu'on *ſoulage* une branche trop chargée de boutons à fleurs, lorſqu'on la raccourcit; on *ſoulage* un arbre qui a trop de bois, lorſqu'on en coupe une partie, ou qu'on le tient de court s'il eſt fatigué.

SOULEVER *la terre*; c'eſt, ſuivant certaine pratique du jardinage, enfoncer la bêche entre deux terres plus bas que les racines, & faiſant une peſée la *ſoulever* avec l'arbre, pour fourrer enſuite un peu de terre en-deſſous. Mais il réſulte beaucoup d'inconvéniens d'une telle pratique

tique. D'abord, cela doit endommager & mutiler les racines; puis cette terre ainsi *soulevée* ne tarde pas à s'affaisser, comme auparavant, & l'arbre reste enterré.

On nomme encore terre *soulevée*, celle qui est gonflée dans sa superficie, soit par les labours, soit par la neige & la gelée, soit par le travail des taupes.

SOUPIRAUX. Dans les plantes, on appelle *soupiraux* quantité d'ouvertures imperceptibles, par lesquelles l'air entre dans la capacité intérieure des plantes & en sort, de même que dans les corps animés.

Faute de liberté de ces *soupiraux*, les plantes languissent ou périssent. Les arbres plantés trop avant dans la terre ne périssent que par cette raison. C'est aussi par la même cause que les arbres galeux & mousseux ne profitent pas. Il en est de même des arbres qu'on entortille par la tige, qui cessent de profiter. Les arbres & les plantes qui sont trop long-tems ensevelis sous des paillassons au printems, s'affaiblissent & s'attendrissent faute de respiration. C'est même un moyen qu'on emploie à l'égard de certaines plantes potagères que l'on veut faire blanchir par une sorte d'étouffement.

SOUS-ALLÉE; c'est une allée qu'on pratique au pied d'une terrasse ou d'un talus de gazon, le long d'un canal renfoncé ou dans un boulingrin. On la nomme *sous-allée*, par rapport à l'allée supérieure qui lui est parallèle.

SOUS-ARBRISSEAU; petit buisson moindre que l'arbrisseau, & qui ne pousse point en automne des boutons à fleur ou à fruit. Le thym, le romarin, le groseiller, sont des *sous-arbrisseaux*.

SOUS-YEUX. On entend par ce mot les petits yeux ou boutons qui sont placés au-dessous des yeux formés de tous les arbres. Ces *sous-yeux* ne grossissent jamais & ne produisent que des bourgeons nains. Chacun de ces *sous-yeux* a une plus petite feuille, aussi construite tout différemment que les grandes feuilles qui sont aux yeux formés.

SPERMATABOLE. (*Voyez* SEMBRADOR).

STERCORATION; ce mot, en jardinage, signifie tous les excrémens des animaux servant à amender la terre & à faire venir les plantes.

STIPULES; ce sont deux petites feuilles pointues qui paroissent à la naissance des vraies feuilles de certaines plantes.

SUC; c'est, dans le règne végétal, la substance liquide propre à la nourriture & à l'accroissement des plantes. Ce *suc* des plantes se divise en propre & en lymphatique; le premier est une humeur particulière à chaque individu, telle qu'une liqueur laiteuse, la résine, la gomme. En elles résident particulièrement la saveur & les propriétés affectées aux espèces. Le *suc* lymphatique est nommé simplement *suc* ou sève. Il coule par la taille & les plaies faites aux arbres, quand ils sont en pleine sève.

SUÇOIRS; ce terme s'entend, dans le jardinage, des racines qui sucent, pompent & attirent les sucs de la terre, pour les transmettre au tronc, qui est le réservoir commun d'où ils sont répartis dans tout l'arbre.

C'est un fait certain, dit Schabol, que toutes les racines ne pompent, ne travaillent & ne charient la sève qu'à raison de leur étendue & de leur capacité. Les arbrisseaux & les arbustes ne parviennent jamais à la grosseur des chênes & autres grands arbres, que parce qu'ils n'ont que de petites racines & en quantité bornée. Il faut pourtant observer que quelquefois la multitude des *suçoirs* dans certaines plantes, comme dans l'if, le pin, le sapin, le cyprès & autres semblables à racines touffues, équivaut, par un ordre particulier de la nature, aux arbres les plus forts qui sont pourvus de racines ligneuses d'une grosseur prodigieuse & d'une étendue considérable. C'est donc une mauvaise méthode de couper & de raccourcir les *suçoirs* des plantes qui sont le premier principe & les agens de la végétation. Il faut dire aussi qu'en détruisant quelques *suçoirs* pour en faire pousser nombre d'autres (suivant la pratique de quelques agriculteurs), c'est infirmer la végétation au lieu de la procurer.

En effet, ce n'est pas tant la multitude des petites racines, sur-tout de telles racines procréées contre l'ordre de la nature qui opèrent la végétation, que le volume, la force, la longueur & le diamètre. Une seule racine osseuse tire plus de sève & la travaille mieux que cent racines fibreuses & un millier de chevelus. Entre les exemples à l'infini de cette vérité, on produit celui des arbres fruitiers, ce qu'on appelle *sur franc*. Ces sortes d'arbres n'ont la plupart pour toutes racines qu'un pivot en forme de crosse allongée; cependant nuls arbres aussi abondans en sève.

SUJET; terme de jardinage. C'est un arbre ou sauvageon sur lequel on applique une greffe ou une branche d'un autre arbre que l'on veut multiplier.

SURGEON; c'est le rejeton qui sort de la

tige d'un arbre vers le pied; on le nomme plus communément *scion* & *rejeton*.

SURPOUSSE; terme de jardinage. C'est une pousse surajoutée à une pousse de l'année. Ces *surpousses* sont de deux sortes; les unes sont naturelles, les autres accidentelles. On a remarqué que toutes les pousses que font les arbres au solstice, ne sont pas si franches que celles qui sont dans l'ordre ordinaire de la nature, opérant lors du printems successivement, & par degrés.

Il en est de même des *surpousses* accidentelles, lesquelles n'adviennent que parce que l'on a coupé & rogné les pousses primitives. Leur couleur est pâle & leur peau est comme velue. On évite de se servir de ces *surpousses* & de tailler dessus. Les habiles jardiniers en font seulement usage quand il est question d'arrêter la seve, de la détourner ou de la consumer.

SUTURE; ce terme, emprunté de l'anatomie, se dit aussi dans le jardinage pour exprimer la guérison des plaies des arbres, par la réunion des deux côtés de la plaie.

# T

TAILLE *des arbres*. La *taille* des arbres est contre nature. On ne *taille* pas les arbres des forêts, non plus que ceux des pleines campagnes & des vergers. Cependant ces derniers, parce qu'ils ne sont pas taillés, poussent prodigieusement, grossissent & s'allongent en peu de tems. Un seul d'entre eux porte plus de fruits qu'une douzaine des menus arbres qui sont taillés.

Au reste, voici ce que c'est que la *taille* des arbres. C'est la suppression des rameaux superflus & le raccourcissement de ceux qui sont nécessaires, & que l'on fait par les moyens d'un instrument tranchant ou de la scie à main. Mais la *taille* de tout arbre doit être faite avec prudence, avec sagesse, avec discernement. Tailler n'est point écourter les arbres, les mutiler, les inciser sans raison, les charpenter & les réduire presque à rien. Au lieu donc d'énerver les arbres & de les appauvrir en les destituant de presque tout leur bois, il faut simplement les décharger de ce qui fait confusion, & de ce qui peut nuire à leur figure réguliere, mais toujours en secondant la nature.

Or, voici les principes que les maîtres de l'art ont posés relativement à la *taille* des arbres à fruits.

L'arbre, considéré par rapport à la pousse d'une année, porte cinq sortes de branches, dont le jardinier convertit, pour la *taille*, les trois premières en mères branches, en membres & en crochets; ce qui facilite ses opérations bien mieux que suivant l'ancienne méthode.

La *taille* est la perfection du jardinage : elle dépend beaucoup de l'intelligence & du coup-d'œil. Bien des gens coupent, mais peu savent tailler.

Le tems de la *taille* est depuis la fin de février jusqu'en avril : on peut encore, à la mi-avril tailler les pommiers.

Avant de se mettre à tailler un arbre, il faut en examiner les branches & leur vigueur, & dépalisser tout ce qui pourroit gêner la *taille* & l'extension des branches.

On dégage ensuite l'arbre de tous les bois morts, des branches ruinées, gangrenées, galeuses; on abat toutes les mousses avec un couteau de bois, ou un couteau sans tranchant; on amène ensuite les branches qui doivent servir à remplir les vides, sans les forcer, ni les tordre, ni rien croiser.

On coupe tous les chicots, les argots, les onglets, qui sont les bouts desséchés des branches, restés de la *taille* précédente; on les coupe jusqu'au vif avec la scie, de même que les branches qu'on veut abattre; on repolit la plaie avec le couteau, & l'on met sur toutes les plaies de l'onguent de Saint Fiacre, que l'on arrête par un linge, quand la plaie est un peu forte.

Il faut aussi enlever les chancres & les gommes sur les fruits à noyau, jusqu'au vif, nettoyer & ratisser de même les vieilles plaies, & recouvrir le tout de l'emplâtre ci-dessus.

Jamais un bon jardinier ne doit tailler qu'il n'ait fait d'abord ce que l'on vient de dire, à la réserve de l'onguent de St. Fiacre, qui ne s'applique qu'après la *taille* de l'arbre.

Ensuite on se met à tailler, en tenant la main gauche au-dessous du bouton, sur lequel on *taille*, quand on fait sa *taille* en-dessus; & au-dessus du bouton, quand on fait sa *taille* en dessous, ce qui arrive rarement.

La *taille*, ou coupe, se fait en bec de flûte, sans être néanmoins trop allongée, c'est-à-dire, qu'il faut que la coupe soit plus basse derrière l'œil que devant; qu'elle soit au niveau de cet œil par derrière, & qu'elle le surpasse au plus d'une ligne pardevant.

Il faut que la coupe soit unie, sans rien faire éclater, & bien conserver l'écorce autour; sinon, retailler plus bas.

On commence à tailler, par le bas, le côté le plus difficile; les branches du bas ne doivent jamais être plus près de terre que de 6 pouces, au moins, pour pouvoir labourer facilement le pied de l'espalier.

On espace les branches le plus également qu'il est possible, à mesure que l'on *taille*, & on les palisse.

Quand on a fini un côté, on passe à l'autre, puis on revient au milieu, par où l'on finit.

On examine si toutes les branches sont bien placées, si aucune ne croise sur l'autre, & si elle n'y croisera point à la pousse prochaine, & on remédie à tous ces défauts.

On examine aussi les endroits où il faut élever des branches de réserve, pour suppléer à celles qui ont quelques défauts, que l'on supprimera à la *taille* suivante, & qui seront remplacées par celles de réserve; on *taille* ces branches de réserve à un, deux, ou trois boutons au plus, pour qu'elle produise une belle gourmande.

En taillant, on ne touche point, généralement parlant, aux lambourdes ni aux brindilles, dans tous les fruits à pepin.

Quelquefois cependant, quand l'arbre manque de bois dans quelque place, on *taille* à un ou deux yeux, les lambourdes, & même les brindilles, pour les faire pousser en bois; ce sont alors des branches de réserve.

S'il n'y a que des lambourdes sur les arbres à pepin, & qu'elles ne se mettent pas à fruit, on en *taille* légérement quelques-unes à l'extrémité, ce qui les rend fructueuses.

Si l'arbre ne donne point de fruit, & qu'au contraire, il pousse beaucoup de faux-bois & de gourmandes, on pratique d'abord la *taille* longue sur un grand nombre de branches, pour dompter la sève, & l'obliger à travailler en fruit.

En second lieu, on pratique le cassement, qui est infaillible pour mettre un arbre à fruit; mais il faut en user avec modération, pour ne pas ruiner un arbre tout d'un coup, & il faut se régler sur sa vigueur.

Le cassement se fait à la *taille*, ou bien à l'ébourgeonnement, en appuyant le taillant de la serpette ou du serpillon près des sous-yeux & de l'empâtement de la branche ou bourgeon, que l'on fait éclater avec le pouce.

On fait ainsi éclater les faux-bois, gourmandes inutiles, & quelques-unes des branches chiffonnes les plus fortes.

En général, les faux-bois ou gourmandes veulent être taillés longs dans le corps de l'arbre; lorsqu'on est obligé d'en laisser, pour remplacer quelques branches ruinées, leur *taille* doit être d'un pied, dix-huit pouces, & même plus, sauf à rabattre l'année suivante; les gourmandes se choisissent sur les branches de réserve qu'on a ménagées l'année précédente, ou parmi celles qui ont poussé dans le cours de l'année.

Il faut laisser environ une demi-douzaine de gourmandes, des mieux nourries, sur chaque arbre, aux extrémités des mères-branches & des membres: on les *taille* depuis un pied jusqu'à trois, suivant la vigueur de l'arbre; on rabat tout près de ces gourmandes, la partie des mères-branches & des membres qui sont au-delà de la naissance des gourmandes.

On *taille* des crochets, autant qu'on le peut, sur cette continuation des branches.

Celles des gourmandes ainsi taillées, qui se trouvent au haut de l'espalier, se palissent en les courbant, lorsque le mur n'a pas assez d'élévation, ou pour le mettre à fruit.

Cette courbure est encore un moyen de fructification pour les espaliers; elle est prise des arbres à haut-vent, sur lesquels les branches les plus courbées sont les plus fructueuses.

Quand on veut conserver tous les boutons à fruit qui se trouvent sur une branche, on courbe cette branche en demi-cercle ou anse de panier, & l'on fixe cette courbure par l'osier, le jonc, ou autres liens.

A l'égard des branches à bois qui sont dans le corps de l'arbre, il faut les faire servir de branches-crochets; ou si ces branches ont leur naissance à l'extrémité de ces dernières, on les *taille* suivant la vigueur de l'arbre, à un, deux ou trois yeux.

Si ces branches sont trop multipliées, on en abat de deux une, & on les *taille* alternativement à un, deux, ou trois yeux.

On abat celles des branches-crochets qui sont usées, rabougries ou viciées, & qui ne donnent aucune apparence de porter du fruit.

On recepe toutes les branches chiffonnes, sans exception, à moins qu'on en casse quelqu'une des plus fortes, pour mettre l'arbre à fruit, s'il n'y est pas suffisamment.

On abat également toutes les gourmandes & branches à bois inutiles, mal placées, & dont on ne peut tirer aucun parti.

Le coup d'œil doit influer pour beaucoup sur toutes ces opérations; c'est lui qui doit décider sur le plus ou le moins, sur le bel ordre & l'arrangement, & il fait éviter la confusion & la multiplicité des branches, si préjudiciables aux arbres.

Il faut, sur-tout, prendre garde à la situation des boutons, & tailler sur ceux qui se trouvent de côté, autant qu'il est possible, afin que la pousse, qui en doit sortir, n'apporte aucune confusion.

Si l'arbre est jeune, il faut tailler long, pour dompter sa sève; s'il est de moyen âge, on le *taille* médiocrement, suivant sa vigueur; s'il est vieux, si les pousses sont chétives, on le *taille* très-court, &, presque par-tout, à un œil; on le *taille* même alors sur des branches chiffonnes, à défaut d'autres.

Règle générale : il ne faut point laisser trop de bois sur un arbre, & jamais n'en élever perpendiculairement sur la tige, & prendre toujours son bois sur des branches obliques.

Une autre règle, c'est de ne jamais croiser les branches : il faut que l'œil puisse suivre, depuis la tige, la naissance de chaque branche, sans être arrêté.

Une autre règle générale, c'est que, plus un arbre jette de bois, plus il faut lui en laisser, pour dompter la sève, & l'amuser.

Mais, quand il est devenu sage, c'est-à-dire, quand il ne pousse pas trop en bois, on *taille* médiocrement.

Si un arbre se porte plus d'un côté que de l'autre, on *taille* très-court le côté foible, pour renforcer la sève dans cette partie ; & l'autre, on le *taille* très-long, pour dompter la sève.

En général, on ne sauroit donner trop d'extension à un arbre en espalier.

Les arbres en contre-espaliers se *taillent* de même que ceux en espaliers, si ce n'est qu'on les *taille* sur les deux faces.

Les quenouilles se *taillent*, au pour-tour, comme un espalier, & l'on proportionne la *taille* à la figure qu'on veut leur donner.

A l'égard des buissons, il faut élever toutes les branches obliquement ; nulle ne doit être perpendiculaire ou verticale, mais toutes, latérales & obliques, c'est-à-dire, de côté.

Pour former un buisson, après que le jeune arbre a été planté comme on a dit, on choisit trois branches de côté, que l'on *taille* court, & au palissage, on donne aux pousses de l'année, la forme d'un gobelet, en les assujettissant d'abord au moyen d'un petit cerceau.

A la *taille* suivante, on suit cette direction, en observant de ne tailler que sur l'œil du dehors, & jamais sur celui de dedans, à moins que la branche ne s'écarte trop ; auquel cas, pour la remettre dans son rang, il faut tailler sur le bouton du dedans, ou de côté, suivant la direction dont cette branche a besoin.

C'est une erreur de croire que, pour former un buisson, & le couronner, comme on dit, il faille tailler également le haut ; ce couronnement ne paroît qu'à la *taille*, & disparoît à la pousse.

Il faut, au contraire, tailler long sur les branches les plus vigoureuses, & tailler court sur les fluettes : cette opération fait qu'à la pousse & à l'ébourgeonnement, les branches deviennent égales ; sinon on rabat les branches en mai, juin, juillet & août.

A l'égard des branches du pourtour, si quelqu'une se jette trop en dehors à l'ébourgeonnement, on la coupe près l'écorce, & on ne la casse jamais à moitié, comme font la plupart des jardiniers, pour rendre le feuillage égal ; on ne casse que quand on veut mettre à fruit, & de la façon ci-dessus dite.

Quand les arbres ont poussé, il ne faut pas attendre à l'année suivante pour abattre les petites branches mortes, mais le faire le plutôt possible.

*De la taille du pêcher.*

Les règles générales ci-dessus détaillées, ont aussi leur application pour le pêcher : ce que nous allons dire n'est que des exceptions particulières à cet arbre.

Quand, par succession de tems, les branches du pêcher sont trop haut montées, & que le bas se dégarnit, on rabat ces branches d'année en année, & on profite de celles qui poussent aux environs, & des gourmandes voisines, pour rapprocher la *taille*.

Le pêcher est celui de tous les arbres sur lequel on doit le plus ménager des branches de réserve.

A la *taille* du pêcher, on casse les lambourdes par le bout, sans cependant trop les rogner : on ne touche point aux brindilles.

Il faut bien remarquer d'où naissent ces brindilles & ces lambourdes, parce qu'on doit conserver la branche & ne point l'abattre, si elle est courte ; si elle est longue, ne la taillez que le moins possible, sinon le fruit avorteroit.

Si le pêcher s'est trop emporté par le haut, l'année précédente, on le rabaisse, en le taillant, sur celle des branches qui aura poussé de l'œil le plus bas, sur la *taille* précédente.

Si le pêcher, déjà vieux, pousse de bonnes branches du bas, on les ménage pour renouveller l'arbre, & on les *taille* long.

Les branches à fruit & les branches-crochets doivent être taillées ; les fortes, à cinq ou six yeux, & les foibles, depuis un jusqu'à trois.

Observez que le pêcher donne du fruit partout, & non pas seulement sur les lambourdes & les brindilles, mais le fruit est plus beau & plus assuré sur celles-ci.

On ne doit tailler le pêcher qu'une seule fois, & ne point pincer & abattre les gourmandes, lors de leur pousse ; cela fait avorter les fruits : il faut les laisser croître, & les palisser jusqu'en juillet ; alors on les rabat à deux, trois où quatre yeux, ou même à un bourgeon; il en naît des branches-crochets qui feront à fruit l'année suivante.

S'ils sont trop forts, s'ils croissent considérablement tout-à-coup; à la fin de mai, on rabat ces gourmandes jusqu'à la branche, ou rameau de côté, qu'ils ont poussé; puis, dans le mois de juin, on les rabaisse à un ou deux bourgeons, ou *crûtes* latérales: puis, en juillet, on les rabat à un, deux, trois, ou quatre yeux: le tout avec la serpette ou le serpillon, & proportionnément à leur vigueur.

C'est sur les gourmandes qu'il faut asseoir sa *taille* annuelle, autant que l'arbre peut l'exiger, en leur donnant une charge, c'est-à-dire, une étendue proportionnée à leur vigueur, en les allongeant le plus qu'il est possible.

Il faut toujours se conformer à la règle de l'V deversé, qui a sur tout lieu pour le pêcher, & allonger toujours, le plus qu'il est possible, les mères-branches, sauf à rabattre & à concentrer l'année suivante, s'il se fait quelque vide.

Le pêcher se *taille* depuis le 15 mars jusqu'au mois d'avril; mais il faut pourtant avoir égard à la rigueur de la saison; car si l'hiver était encore trop rude, il faudroit différer.

(*Elémens du Jardinage.*)

TAILLIS; bois que l'on coupe réguliérement tous les sept, neuf, dix, douze, vingt, vingt-cinq, trente & même jusqu'à quarante ans. Ceux qui sont plus âgés ont le titre de *demi-futaies*.

TALON; dans le jardinage on donne ce nom à la partie basse d'une branche coupée, où il se trouve un peu de bois de l'année précédente. On s'en sert pour greffer lorsque l'extrémité est trop foible.

TALUS; ce terme se dit, dans le jardinage, d'une élévation de terre ou naturelle ou artificielle qui a du devers, étant beaucoup plus saillante par en bas que par en haut. Le *talus* est plus roide que le *glacis*, qui doit être imperceptible.

On dit *talus* d'un rayon d'asperges, d'un rayon de vignes, &c.; *talus* d'une terrasse retenue par des gazons en guise de muraille.

*Border une allée ou une planche en talus*, c'est-à-dire qu'il faut battre les terres, afin de les faire rentrer du haut, & que le bas soit plus saillant.

On bat le *talus* avec le revers de la bêche, ou avec le dos d'une pelle, pour empêcher que les terres ne s'éboulent dans les sentiers.

*Couper en talus*, c'est retrancher en biais ou en pied de biche une branche ou un tronc d'arbre.

TAN ou TANNÉE. Le *tan* est de l'écorce de jeunes chênes pilée & battue, réduite en poudre, dont on se sert dans la tannerie pour travailler les cuirs ou peaux des animaux, en ressersserrer les pores, & leur donner plus de consistance & d'épaisseur.

Le *tan* est aussi employé dans le jardinage, pour mettre sur des couches de fumier chaud; mais ce n'est point la *tannée* qui a servi à la préparation des cuirs, laquelle a perdu dans ces apprêts tous ses esprits & ses forces, c'est le *tan* lui-même & qui n'a pas servi. On en met sur ces couches chaudes communément un bon pied d'épaisseur: on dépose au fond sur le fumier même, le plus gros de cette poudre, qui tient plus de chaleur que les parties fines & déliées.

Dans cette superficie, on fait des trous, & l'on y dépose des pots qu'on remplit d'une terre factice où l'on sème & où l'on plante des ananas & autres plantes curieuses qui ne peuvent venir dans nos climats que par une sorte d'artifice. Le *tan* ainsi déposé sur une couche de fumier tient fort long-tems sa chaleur; elle dure le triple & le quadruple des couches de fumier ordinaire. C'est principalement aux jardiniers anglois & hollandois que l'on est redevable de cette invention.

TAPIS; grande pièce de gazon pleine & sans découpure. Les beaux *tapis* de verdure sont faits avec des gazons rapportés d'herbe fine qu'on lève dans les endroits où paissent les moutons, & qu'on assujettit avec la batte. Ils doivent être fauchés souvent, battus & foulés avec de gros rouleaux très-pesans.

TAQUET; piquet qu'on enfonce en terre à tête perdue, à la place des jalons qui ont été dressés sur un alignement. Le *taquet* sert par la suite de repaire ou de reconnoissance. (*Voyez* PIQUETS).

TARDIF; se dit du fruit qui ne vient qu'après d'autres d'une même espèce, ou qui se garde bien avant dans l'hiver.

TAUPES; voici un secret indiqué dans les livres de jardinage comme infaillible pour détruire ces animaux ennemis des jardins:

Il faut prendre des noix, les faire bouillir une heure & demie dans de l'eau avec une bonne poignée de ciguë; en mettre environ de la grosseur d'une noix dans chaque trou. La *taupe*, fort friande de ce mets, n'en a pas plutôt mangé qu'elle meurt. La même recette peut servir pour la destruction des rats, des loirs, des mulots.

TAUPIÈRE ; cylindre creux fait de bois & garni d'une soupape dont l'usage est de prendre des taupes.

Il y a une autre sorte de *taupière* d'un pied de long ; assez semblable à une petite pièce de fer qu'on introduit dans le boyau que trace la taupe. On entr'ouvre un de ses bouts avec une plaque de fer que l'animal renverse dans sa course : aussi-tôt la pièce se ferme par le jeu d'un ressort placé à sa partie supérieure, & saisit la taupe.

TAUPINIERE *ou* TERRE DE TAUPES. Cette terre, que les taupes jettent dehors après l'avoir broyée avec leurs pattes, est peut-être le plus excellent engrais pour toutes les plantes.

Par ces terres de *taupinière*, on n'entend pas ici toutes les terres quelconques que les taupes fouillent indistinctement dans toutes sortes d'endroits bons & mauvais, mais celles des bons terrains, & sur-tout celles des bas prés, où de toutes parts ces petits animaux élèvent au-dehors des monceaux d'une terre noire, douce, émiée & pulvérisée. Voilà ce que vraiment on doit appeller terre franche ; elle doit faire la base de toute terre factice, soit pour les orangers, soit pour les fleurs quelconques, les œillets, entr'autres, soit pour les légumes, & particuliérement pour les melons & pour les plantes curieuses, & aussi pour garnir les couches en guise de terreau pur, qui est l'excrément & le *caput mortuum* du fumier, & qui par conséquent est destitué de sucs, d'esprit & de toute vertu ; ou, s'il contient encore quelques sucs, ils sont trop déliés & pas assez substantiels ; raison pour laquelle tant de melons sont si mauvais.

TENAILLES ; instrument de fer trop connu pour avoir besoin d'être décrit ici. Le jardinier s'en sert pour dépalisser les arbres dont les branches sont attachées au mur avec des loques & des clous. (*Voyez* pl. XXIV, fig. 21).

TENDRE *un cordeau* ; opération qui se fait quand on veut dresser une allée, une platebande, une rigole, une tranchée, un rayon, &c. Il faut *tendre le cordeau* pour tracer sur terre ce qui est à faire, & pour diriger son travail.

TENONS ; on nomme ainsi ces liens verds en forme de cornes qui croissent à la vigne & à quantité de plantes. C'est avec ces *tenons* que les bourgeons s'attachent l'un à l'autre, & s'accrochent à ce qui se rencontre dans leur voisinage.

Aux vignes bien gouvernées dans le jardinage, on ne voit aucun de ces *tenons* qui consument inutilement la sève ; & qui font confusion & difformité. On les appelle aussi des *vrilles*, parce que leurs extrémités sont repliées & comme torses, ainsi que l'extrémité des mèches des vrilles pour pouvoir creuser & faire des trous. C'est par le moyen de ces sortes d'attaches, ainsi pratiquées par la nature, que les rameaux des vignes tiennent si fort à tout ce à quoi ils peuvent s'accrocher.

TERRASSE ; terrain élevé par la nature ou par l'art, sur lequel on forme des allées qui dominent sur le reste du jardin.

TERRASSIERS ; ce sont des ouvriers du jardinage faisant des fouilles de terre pour dresser des jardins, ou pour former des terrasses, &c.

TERRE ; dans l'agriculture & le jardinage, c'est le terrain que nous cultivons pour en tirer les productions si nécessaires à notre subsistance & à nos besoins.

Il y a différentes sortes de *terres*, terroirs ou terrains. Il est des *terres* sableuses, marneuses, argilleuses, glaiseuses, fortes, légères, froides, brûlantes, humides, sèches, & bonnes enfin, médiocres & mauvaises.

La Quintinie, après avoir exposé tous les caractères distinctifs d'une bonne *terre*, établit pour preuve infaillible de la bonté de toute *terre*, la vigueur & l'embonpoint de toutes ses productions.

La *terre neuve* ou *novale* est celle qui est nouvellement défrichée ou mise en valeur, de quelque façon que ce puisse être.

La *terre vierge* est celle qui n'a jamais rapporté, comme les *terres* en fond que l'on creuse, soit celles des caves, des fosses, soit celles des terrains particuliers où l'on fouille fort avant.

La *terre franche* est toute *terre* exempte d'aucunes mauvaises qualités, & qui possède toutes les bonnes qu'on requiert pour la végétation de toutes sortes de plantes.

On dit *terre à chenevière* pour signifier la plus excellente *terre*, parce que, pour le chanvre comme pour le lin, il ne peut être de trop bonne *terre*.

On dit aussi *terre effritée*, qui est usée & appauvrie, qui a trop porté, & qui n'a pas été remontée par de bons engrais.

On appelle *terre factice* toute *terre* apprêtée, composée & mélangée, telle que celle des orangers & de diverses sortes de fleurs, de fruits

& de légumes qui requièrent qu'on ait recours à l'art pour les faire venir dans certains climats, ou pour les avoir plus promptement; telle encore la *terre* propre pour avoir de bons melons.

TERRES JECTICES; on appelle ainsi toutes les *terres* des fouilles quelconques qui sont transportées, jettées & répandues, soit pour s'en débarrasser, soit pour hausser des terrains, remplir des creux, & former des voiries ou chemins. Les démolitions de bâtimens, les immondices qui embarrassent, les pierrailles, les écurures d'étangs, de fossés, de bassins, de canaux & de marres qu'on enlève & qu'on transporte, tout cela s'appelle *terres jectices*.

Parmi ces *terres jectices*, il en est quelques-unes qui sont très-bonnes, telles sont celles qu'on répand pour former des jardins & des terrasses. Celles sur-tout des boues & des immondices, des chemins & des rues des grandes villes; les issues d'animaux provenant des boucheries, les vidanges des fosses des lieux d'aisance, pourvu qu'elles aient été essorées pendant un couple d'hivers, avant que d'être transportées dans les jardins pour y être employées, car plutôt elles brûleroient les plantes.

TERRE DE GADOUE. On appelle ainsi les amas de boues des rues qu'on enlève tous les jours à Paris, & autres grandes villes, dans des tombereaux. Cette *terre* ou cette *gadoue* est employée utilement pour faire venir des légumes & autres herbages.

Les *bonnes terres* pour l'agriculture sont celles qui se font connoître par la beauté de leurs productions naturelles. Or, on ne peut pas disconvenir qu'il y a de bonnes & mauvaises *terres* de toutes couleurs. Néanmoins la grise noirâtre, qui plaît le plus en général, & qui a mérité l'approbation des agriculteurs anciens & modernes, est d'ordinaire à cet égard un des meilleurs signes de bonté, sans être pourtant infaillible. On en voit quelquefois de rougeâtres & de blanchâtres qui sont merveilleuses; mais rarement y en a-t-il d'absolument blanches dont on puisse dire la même chose dans les cantons passables. D'ailleurs on en trouve de noires, soit sur le haut des montagnes, soit dans les vallons, lesquelles sont très-infertiles.

Les *terres pierreuses* sont fort bonnes pour produire des plantes aromatiques & du bois de charpente. Le chêne & le charme viennent volontiers par-tout où la *terre* est ferme & le terrain pierreux, mais beaucoup d'arbres fruitiers n'y profitent pas.

Une *terre pierreuse* ne produit pas une grande quantité de bled, & si l'on en veut faire à-peu-près quelque chose de bon, il faut ôter une partie des pierres, & labourer le plus avant que l'on pourra; c'est-à-dire aussi profondément qu'on verra qu'il y a de bonne *terre*. Cette manière de travailler une *terre* s'appelle en terme de labourage *la forcer*, & toute *terre* forcée devient ingrate à son maître.

Pour les jardins, on passera à la claie une *terre* fort pierreuse; mais dans les champs, on pourra ôter seulement les grosses pierres: les petites seront avantageuses, sur-tout quand le fond de la *terre* retiendra l'eau. Certains terrains où l'on n'apperçoit que des pierres de la nature de la craie font de belles productions.

Pour amender les *terres* pierreuses, on se sert de fumier de mouton préférablement à d'autres.

Il y a deux espèces de *terres sabloneuses*; l'une est un gros sable jaune fort propre à produire du grain, l'autre est un sable blanc & sec; celui-ci n'est bon que pour y planter du bois, & y semer du sarrazin. Le seigle y viendra aussi. Le premier de ces sables ne seroit cependant pas bien fertile, si l'on n'y ajoutoit point de fumier lorsqu'on veut le faire porter. Mais dès qu'il est mêlé moitié de fumier de vache, & moitié des boues qu'on a ramassées & qu'on a laissé égoutter, il fait des merveilles. Les *terres* sabloneuses sont fertiles lorsque l'eau n'y manque pas. Quand on veut labourer ces *terres*, il faut toujours choisir un tems un peu humide & jamais un tems trop sec.

Dans les *terres* sèches & sabloneuses, il est à propos de planter les arbres un peu avant, afin que les racines ne soient pas desséchées par l'ardeur du soleil. Dans ces sortes de *terres* on laisse moins de distance entre chaque pied d'arbre que dans celles qui sont grasses & humides.

Un sable très-fin, extrêmement blanc & aride, est bien suffisant pour des pins, des cèdres & des chênes verds. Il est d'expérience que les arbres élevés dans du sable ont beaucoup de racines, mais qui sont menues & peu vigoureuses. On s'est assuré par l'expérience qu'il est avantageux de labourer légèrement, mais fréquemment ces sortes de *terres*.

Lorsque la *terre* d'un jardin est sèche & sabloneuse, & que le terrain a de la pente, il est avantageux de pratiquer des rigoles pour faciliter l'écoulement des eaux de pluies trop abondantes; outre que cela sèche les allées, l'eau en filtrant abreuve la *terre* voisine des racines; ce qui est un arrosement plus efficace & plus durable que celui qu'on donneroit à la superficie des plantes.

Les *terres légères & chaudes* participent foncièrement aux mêmes qualités que celles des *terres* sabloneuses : il leur faut du fumier gras. On peut les amender en les mêlant bien avec des *terres* grasses & humides. Les arbres fruitiers plantés dans les *terres* sèches & légères veulent être arrosés tant que la chaleur est continuelle & excessive.

Quant aux *terres fortes*, on en compte trois espèces. La *terre* forte proprement dite, ou *terre* argilleuse; la *terre* forte sabloneuse ou sable fort gras, & la *terre* forte pierreuse. Toutes trois d'une nature visqueuse qui demandent un labour profond & toujours fait par un beau tems, afin de détruire les herbes inutiles qui y abondent. On doit aussi choisir un tems chaud & sec, pour labourer dans les jardins les *terres* fortes & humides; cette circonstance étant très-propre pour dessécher & réchauffer.

A l'égard des fumiers qui leur conviennent, ce qu'on peut faire de mieux est de mélanger ceux de mouton, de vache, & celui de cheval bien consommé.

Ces fortes de *terres* sont plus propres au froment qu'à d'autres grains. Il y vient en abondance, sur-tout lorsque les années ne sont point trop pluvieuses.

On donne jusqu'à quatre & cinq labours aux *terres* fortes pendant l'année de jachère, à mesure que les herbes y croissent. Ces *terres* demandent à être labourées profondément.

On peut encore amender cette sorte de *terre* en la mêlant bien avec du sable, des cendres lessivées, de la marne graveleuse, du fumier de cheval & de bergerie, &c.

Il y a des pays où la *terre* est pleine *de craie*, & ce ne sont pas les plus fertiles en bled. Deux sortes de fumiers paroissent propres pour cette espèce de *terre*, pourvu qu'ils soient pétris avec elle; savoir, celui de mouton & celui de vache; & si l'on veut y ajouter encore des boues ramassées & égouttées, elles ne pourront produire qu'un bon effet. En général, il faut attaquer cette *terre* peu-à-peu, multiplier les labours & ne pas épargner les engrais.

On ne sauroit guères espérer de profit par rapport au bled, des *terres marécageuses*. Ce n'est pas que le froment n'y vienne quelquefois bien; mais lorsque cette *terre* est nouvellement défrichée, souvent on y recueille beaucoup de folle avoine, ou le bled y pousse avec tant de force, qu'on moissonne beaucoup de paille & très-peu de grain; c'est ce qui fait qu'un pareil terrain est toujours meilleur en pré qu'en labour. Cependant, à force de labours, on parvient à détruire les mauvaises herbes, ces *terres* perdent un peu de leur excessive fertilité; & l'on a des fromens & des avoines magnifiques dans des marais desséchés.

On reconnoît la *terre meuble* en la maniant. Elle n'est ni trop sèche ou légère, comme les *terres* sabloneuses; ni trop humide, comme les *terres* marécageuses; ni trop forte, comme les *terres* franches : mais on sent qu'elle est douce & qu'elle a le grain menu & sans pierres.

TERREAU; c'est le résidu, l'excrément en quelque sorte, & l'arrière-faix du fumier. C'est aussi le fumier même réduit en terre après avoir servi aux couches. On appelle encore *terreau* de la bonne terre bien meuble, bien grasse, & déposée depuis long-tems. Pour avoir de bons melons, point de *terreau* pur, mais une terre factice à-peu-près comme pour les orangers, excepté qu'il la faut moins matte, mais douce & molette. Pour que le *terreau* soit gras & vif, il est essentiel qu'on l'ait nouvellement amoncelé en brisant les vieilles couches; à son défaut, on prend le dessous préférablement à la superficie. Toutes sortes d'herbages entassés depuis long-tems & réduits en terre, forment un excellent *terreau*.

TERREAUTER; terme de jardinage. C'est répandre deux ou trois pouces de terreau au pied des arbres nouvellement plantés, sur une couche, sur une planche de potager. Cette précaution entretient les arbres verts, sert à faire avancer les graines & empêcher les terres d'être trop battues par les pluies.

TERREIN; on emploie ce mot relativement à certaines qualités de la terre; ainsi on dit un *terrein* maigre, dur, gras, bon, mauvais, &c.

TERRER; terme de jardinage. C'est porter de la terre dans les places creuses & dans celles qu'on veut élever. On *terre* les vignes, c'est-à-dire qu'on les amende par des terres neuves. Ce secours est plus durable que le fumier; il est aussi plus utile pour leur fertilité. Cependant il n'est guères usité que pour les vignes situées sur un terrein en pente, lorsqu'elles ne poussent que foiblement. On porte tout du long de leur extrémité supérieure plusieurs hotées de terre, jusqu'à ce qu'il y en ait au moins un pied de haut sur douze de longueur, & on la met sur leurs racines mêmes. Cette opération se pratique depuis septembre jusqu'en mars. Par les labours subséquens, la terre descend toujours assez. Dans les vignes dont le terrein est plat, on la place dans les rigoles à une distance raisonnable. (*Dict. du Jard.*)

TÊTES DE SAULE; on donne ce nom à

certains tourpillons ou assemblages de toutes sortes de branchettes qui croissent à des arbres appauvris & ruinés. Ces tourpillons sont dus souvent à la manière de rogner par les bouts & de casser l'extrémité des bourgeons & des pousses de l'année. Il arrive aussi que ces branchettes pullulent sans fin ; & que plus on en ôte, plus il en repousse ; abondance vicieuse qui épuise inutilement la sève. D'ailleurs, on force les yeux du bas qui ne devroient s'ouvrir que l'année d'après pour donner des fruits, de s'épanouir prématurément l'année même de leur pousse, & on les fait ainsi avorter ; au lieu que laissant les bourgeons de toute leur longueur, aucun de ces inconvéniens n'arrive, & l'accroissement a lieu sans troubler la nature, & sans déranger son cours, ni altérer ses organes.

THÉATRE ; c'est, dans un jardin, une terrasse élevée, ornée d'arbres & de charmilles qui forment une décoration en perspective.

THÉATRE *de fleurs*. On donne ce nom à un assemblage de planches disposées en gradins qui s'élèvent les uns derrière les autres, pour y placer des caisses & des vases remplis de fleurs.

TIGE ; c'est le support principal & vertical des plantes, qui naît des racines & porte les feuilles, les fleurs & les fruits.

Les *tiges* sont simples ou composées. Les premières s'élèvent sans interruption depuis le bas jusqu'en haut ; les secondes se ramifient.

La *tige* des plantes graminées se nomme paille, chalumeau, chaume ; on la coupe quand elle est parvenue à son état de perfection.

TIRÉ, *branche tirée ;* on désigne sous ce nom une invention de Laquintinie pour avoir des fruits à plein vent & d'espalier tout ensemble. Voici la preuve :

On détache de l'espalier une branche de pêcher ou d'abricotier ; & l'on fiche en terre quelques échalas, auxquels on attache dans la plate-bande ces sortes de branches, lorsque le fruit est bien noué & à couvert de tout danger. On laisse ainsi ces branches jusqu'environ une quinzaine de jours avant la maturité ; alors on les ôte des échalas, & on les remet en leur place, les palissant à l'espalier, ménageant du jour aux fruits, afin que le soleil leur donne du coloris, & par ce moyen l'on a des fruits de plein vent aux espaliers.

TIRER. On dit *tirer* les allées du jardin quand après avoir ratissé la superficie, on se sert du rateau pour unir, applanir, dresser, & égaler les terres, ou le sable de ces mêmes allées.

TOISE ; mesure de bois qui est de six pieds, chacun de douze pouces, & qui est ordinairement marqué avec de petits clous par pieds & pouces. Cet instrument sert souvent dans le jardinage.

TOMBEREAU ; petite charette en forme de caisse, que deux hommes peuvent traîner. On s'en sert dans le jardinage pour transporter de la terre, du sable, des immondices.

TOMBEREAU ; c'est une caisse montée sur un brancard à deux roues, & qu'un homme ou deux peuvent traîner. Ce *tombereau* est utile dans les parcs ou les grands jardins. (*Voyez* pl. XXIII, fig. 15.)

TOMBEREAU *à gravier qui se charge lui-même.* (*Voyez* pl. XII, fig. 3 & son développement.)

Cette machine est de l'invention du citoyen Duguet. Elle est composée des pièces suivantes :

A B est le coffre d'un *tombereau* ordinaire dont l'essieu D est emboîté dans le moyeu, de manière qu'il ne forme, pour ainsi dire, qu'une seule pièce avec la roue : ce même essieu porte deux autres roues plus petites qui ont chacune deux chevilles, dont on va voir l'usage.

Il y a sur le devant du *tombereau* un autre essieu H I qui lui est parallèle, dans le milieu duquel est attaché le manche de la cuiller L ; à ses extrémités sont deux leviers M N que les chevilles F & de petites roues font mouvoir, de manière que, lorsque les leviers sont dans la direction O P, le manche de la cuiller prend la direction *L R.* On conçoit aisément que les chevilles ne mordant point sur les leviers, la cuiller tombe par son propre poids ; comme leur direction de part & d'autre est parallèle, & que les leviers correspondent exactement avec elles, tous deux agissent de concert pour faire l'ouvrage.

Le char ainsi construit, on y attèle un cheval, que l'on fait avancer ou reculer ; les leviers baissent, la cuiller se lève & se vide elle-même dans le *tombereau.* On doit la placer de façon qu'elle se présente toujours de front, & il convient même pour en accélérer l'effet, de rendre le gravier le plus meublé qu'il est possible, pour qu'elle le pénètre plus aisément.

Les boueurs & les maçons peuvent se servir utilement de cette machine.

(*Extrait des papiers Anglois.*)

TONDRE *les arbres ;* c'est leur couper les bourgeons, pour leur faire prendre diverses formes. On les tond en palissades, en boule, en massifs, &c. Aux ifs, par le moyen de la tonture on fait prendre toutes sortes de formes, de vases, d'obélisques, de pyramides, & même d'animaux.

On *tond* au croissant les palissades de charmilles, d'ormille, d'érable, de marroniers, de tilleuls, de même que les arbres des parcs, des avenues dont on veut former des éventails.

L'élagueur intelligent commence par examiner l'état de la palissade qu'il doit *tondre*, & dirige ensuite son opération, de manière qu'il *serre* à l'endroit des saillies, *ébarbe* aux endroits où il y a des creux, rentre du haut s'il y a du *sur-plomb*, & se retire en devant s'il y a du *fruit*.

Pendant qu'un tondeur est à l'échelle, un autre se place en bas à une distance proportionnée, & sert de guide au premier. Il doit tenir une longue perche, pour indiquer les places où il faut varier l'opération selon les circonstances. Dans le cas où les palissades mal tenues depuis long-tems offriroient des rides considérables, l'élagueur attireroit du haut ainsi que des côtés les branchages & les plus longs bourgeons qu'il attacheroit, sur des perches passées en travers, si elles avaient des saillies qui ne pourroient être rectifiées qu'en prenant fort avant sur le vieux bois, il remettroit ce travail à la mi-octobre, vers la chûte des feuilles. On sait que les fortes plaies sont dangereuses aux arbres dans le tems que leur sève est en mouvement.

La manière de *tondre* les arbres, arbrisseaux & arbustes auxquels on fait prendre diverses formes est plus recherchée, elle se fait aux ciseaux. Présentement elle est bornée aux arbres en boule & aux massifs devenus fort à la mode, parce qu'ils ne nuisent point à la vue. On les tond deux fois chaque année, savoir dans le courant du mois de juin, lorsque les bourgeons sont suffisamment allongés, & ensuite vers les solstices, tems auquel ils ont cru & se sont multipliés.

Les arbustes ne se tondent qu'une fois, lorsque leur fleur est passée. Ceux qui ne veulent pas faire *tondre* deux fois attendent la mi-juillet.

On reproche aux élagueurs de se contenter d'ébarber les palissades, & de ne les prendre pas d'assez près. En supposant que chaque année, ils laissent six pouces de longueur aux bourgeons d'une palissade tondue à double face, cela fera un pied d'alongement tous les ans, & par conséquent au bout de dix ans, elle aura dix pieds d'épaisseur; ajoutez-y au moins un pied de chaque côté pour les mères-branches d'où émanent ces bois saillans, vous trouverez douze pieds: alors qu'arrive-t-il? Le vieux bois se dépouille nécessairement de verdure, & une palissade ainsi échappée, est hideuse & toujours pleine de bois mort.

(*Dictionnaire du Jardinage.*)

TONNEAU *pour les arrosemens.* Le *tonneau* auquel on a adapté l'appareil dont on va parler, peut avoir environ trois pieds de longueur sur deux pieds quelques pouces de diamètre vers le milieu de son renflement, & un pied dix pouces de diamètre à chacune de ses extrémités. Il est en bon bois de châtaignier & bien cerclé en fer, à raison de trois cercles vers chaque bout. Les deux cercles entre lesquels se trouve le bondon ou l'ouverture, ont huit lignes de largeur sur sept lignes d'épaisseur, & sont retenus chacun par quatre arrêts de fer placés à distances égales les uns des autres, & fixés sur les douves du *tonneau* avec une de bois à tête noyée. Ces arrêts se logent par le bout dans des entailles ménagées dans l'épaisseur de chacun des cercles, & ont chacun un embasse ou talon qui ne permet point à ces cercles de s'écarter. Ils sont encore placés entre les cercles dont on vient de parler, & qui servent à assujettir les fonds du *tonneau*. Ces cercles de fer, qui ont une certaine épaisseur, tiennent lieu de bandes de roue, & le *tonneau* lui-même se transforme en chariot au moyen du mécanisme simple & ingénieux dont on va parler.

Sur chacun de deux fonds du *tonneau*, est fixée, avec des vis en bois, une pièce de fer ayant trois branches applaties & distantes entr'elles de cent vingt dégrés ou du tiers de la circonférence du cercle. Du milieu, ou plutôt du point où se réunissent ces trois branches, s'élèvent verticalement un boulon de fer représentant les bouts de l'axe du *tonneau*, & ceux-ci sont percés à l'extrémité pour recevoir chacun une clavette. Une pièce de fer forgée, & d'une certaine force, ayant une longueur égale à celle de l'axe du *tonneau*, se coudant ensuite à angles droits dans le même plan, se prolonge & se coude jusqu'à ce qu'elle puisse embrasser les deux boulons dont on vient de parler.

Cette destination suppose deux choses; la première que cette barre de fer est brisée à-peu-près vers le milieu de la longueur, & qu'elle y fait charnière, pour que ses prolongemens qui sont coudés, puissent embrasser le *tonneau*; la seconde, c'est qu'on a pratiqué une ouverture circulaire ou collet dans chacune de ces pièces coudées, pour recevoir les deux boulons dont on a fait mention. Cet appareil est arrêté par des rondelles & des clavettes. Près de la brisure de la barre dont on vient de parler, & qui est parallèle à l'axe du *tonneau*, se trouve une longue barre de fer dans le même plan que les extrémités coudées de la première, & perpendiculaire à l'axe du vaisseau. Au bout de cette barre, qui peut avoir deux pieds & demi de long, est adaptée, vers le milieu de sa longueur, une nouvelle barre ayant un pied & demi de longueur, & qui est cylindrique. Cette petite barre facilite les moyens de pouvoir tirer le *tonneau* en le faisant rouler sur son axe. On adapte un robinet de cuivre à l'un des fonds du *tonneau-charette* dont on vient de parler, après qu'il est arrivé à l'endroit où l'eau qu'il contient, doit en être retirée. Lorsque le *tonneau* est en mouvement, le robinet n'y est point adapté; il n'y a qu'un simple tampon ou bouchon de bois, ainsi que pour former le bondon. — Il est facile de voir combien un pareil *tonneau* est commode & économique, quand il s'agit d'aller chercher de l'eau par un chemin plat & uni, à quelque distance, & de la faire transporter par des hommes.

TONTURE; terme de jardinage, qui s'entend de l'extrémité des branches retranchées des palissades, ou de la coupe des feuilles des bordures de buis qu'on veut unir.

Tonture, signifie aussi l'action de tondre les arbres, arbrisseaux & arbustes.

TOPIQUE; c'est, dans le jardinage, un remède, un emplâtre qu'on applique sur la partie ulcérée d'un arbre. Il y a beaucoup de choix à faire pour ne point endommager la plante entiere en voulant remédier à un mal local. Les astringens, les dissolvans, les corrodans sont pernicieux. Pareillement, les *topiques graisseux* appliqués sur les arbres, leur sont funestes.

TORDRE *une branche*. Lorsqu'on veut empêcher une branche ou un gourmand de profiter, il n'y a qu'à les *tordre*. Quand on a couché en terre un cep de vigne pour provigner, si on a la mal-adresse de le *tordre*, alors il se fait un craquement qui dénote que l'arrangement des fibres du dedans est détruit; en effet, cette vigne ne pousse pas l'année même, & ne donne pas de fruit.

TOUFFE; on entend par ce mot un gros pied de plante accompagné de plusieurs autres plus petits, qu'on peut détacher & planter séparément.

TOUPILLON; dans le jardinage, ce mot désigne la confusion de petites branches chargées de folioles & venues fort près les unes des autres. Un bon jardinier a soin de n'épargner que celles qui sont le mieux placées.

TRACER; c'est, dans le jardinage, tirer sur terre des lignes droites ou courbes pour former des allées, des quarrés, des sentiers, ou pour y planter. On dit *tracer* une plate-bande, un rayon de vigne, &c.

On *trace* un bosquet, un parterre en plantant des piquets alignés d'espace en espace, & tendant un cordeau de l'un à l'autre, qu'on suit avec le *traçoir*.

Tracer; ce terme se dit encore des racines qui s'étendent entre deux terres, & qui produisent des drageons. Les filamens du chien-dent & du fraisier *tracent* sur terre, & poussent aussi des racines.

TRAÇOIR; c'est un instrument du jardinage qui n'est autre qu'un long manche, au bout duquel est un morceau de fer, dégénérant un peu en pointe camuse, & qui sert à *tracer* sur terre des dessins de parterre, ou telles autres figures diverses. (*Voyez* pl. XXIV, fig. 32).

TRAINASSES; ce sont de menus filets allongés qui partent de la souche même des fraisiers & qui rampent sur terre. Ces *traînasses* ainsi rampantes ont divers nœuds d'où sortent des racines qui piquent dans terre. La première *traînasse* devenue plante produit son semblable qui se plante également lui-même, & qui en produit aussi d'autres à son tour, jusqu'à cinq ou six de file. De cette souche du fraisier d'où est partie cette première *traînasse* si féconde, on voit pulluler à un fraisier vigoureux cinq ou six autres pullulans de la sorte. Mais toutes ces productions si multipliées font avorter le maître-pied qui dépérit d'autant. Quiconque veut conserver ses fraisiers doit, durant le cours de la belle saison, arracher tous les huit jours chacune de ces *traînasses*. (Schabol).

TRAINEAU; voiture sans roue montée sur deux pièces de bois, armée d'un fer poli qui sert à voyager ou à transporter des fardeaux en glissant sur la glace dans les pays où la terre est couverte de neige, & où les eaux des rivières sont devenues solides par l'action du froid. Le *traîneau* est dans ces climats la voiture du riche comme celle du pauvre. Le Lapon y attèle des rennes; le même *traîneau* lui sert de toit pour s'abriter pendant la nuit, & de bateau pour voyager dans les lacs qui ne sont pas gelés.

Le Kamtschadale y attèle des chiens. Enfin, en Russie les *traîneaux* sont d'une forme élégante & traînés par de superbes coursiers.

Les *traîneaux* qui ont le plus de rapports avec l'agriculture, sont de petits chariots sans roue attelés à un cheval, & qui servent à traîner des ballots ou des barriques à des distances peu éloignées.

TRAIT DE BUIS ; on nomme ainsi un filet de buis nain & étroit, employé dans la broderie d'un parterre, & qui renferme les platebandes.

TRANCHÉE ; ouverture de terre longue & profonde, destinée à la plantation des arbres le long d'un espalier ou d'une allée.

TRANSPLANTATION ; c'est le transport d'un arbre placé dans un lieu pour le planter dans un autre. Il y a deux sortes de *transplantations*, l'une qui est prochaine, l'autre qui est éloignée. Celle qui se fait en proximité est bien plus facile & plus heureuse ; mais celle qui se fait au loin est moins sujette à réussir, à cause du transport durant lequel les racines, quelque couvertes qu'elles soient, sont frappées & halées par l'air ; dans l'autre, au contraire, bien moins d'évaporation.

Cependant on peut donner des règles sûres pour réussir dans l'opération de transplanter. Deux sortes d'arbres s'offrent pour être transplantés : des jeunes qui n'ont pas des racines fortes, & d'autres plus âgés qui ont des racines plus allongées. Pour les uns comme pour les autres, il faut laisser, avant que de fouiller, une motte d'un bon pied au pourtour, puis en-deçà de la motte faire une tranchée jusqu'aux premières racines : sitôt qu'on rencontre les racines, on doit cesser de fouiller avec la bêche, & employer les fourches, allant jusqu'à l'extrémité de ces racines, & les dégager toutes ainsi sans en couper une seule. Sapper par en-dessous la motte qui tombe d'elle-même, l'enlever & replacer l'arbre dans un trou avec les racines, ainsi qu'elles étoient lors de la déplantation, soulager l'arbre par la tête en le déchargeant amplement. Un tel arbre ainsi transporté & travaillé, reprendra infailliblement & portera fruit.

TRANSPLANTOIR ; instrument de jardinage.

Cet outil, nommé *transplantoir*, est employé dans quelques cantons de la province de Norfolk en Angleterre, où il sert à transplanter les gros navets ou turneps. On sait que toutes les parties d'un champ semé en turneps ne réussissent pas également bien, & qu'il s'y trouve souvent des places vides, tandis que d'autres sont couvertes de plantes beaucoup trop rapprochées entre elles.

Lorsqu'on veut dégarnir les parties du champ qui sont couvertes de plantes, & garnir celles qui étoient dégarnies, on emploie deux hommes à cette opération. Ils ont chacun un *transplantoir*, & tandis que l'un enlève une plante avec la terre qui adhère autour de sa racine, l'autre enlève, dans l'endroit qui est dégarni, de la terre qu'il rapporte dans le trou que le premier a fait ; celui-ci place la plante dans le trou qui a été fait par l'autre, & fait un autre trou dont il enlève la terre pour remplir celui que l'autre a fait en enlevant une autre plante ; de cette manière l'opération se fait très-promptement.

Pour employer cet outil, on met la main gauche au bout du manche, & on saisit, avec la main droite, la petite poignée placée vers le milieu du manche ; on place alors l'outil sur la plante qu'on veut enlever, & en appuyant avec force sur le pied, on le fait entrer dans la terre comme une bêche, dont cet outil ne diffère presque pas, excepté qu'il est formé par une espèce de cylindre ouvert par les deux bouts. Lorsqu'on a bien enfoncé l'outil en terre, on le tourne, & alors en l'enlevant avec précaution, la portion de terre qui environne la plante & qu'on a séparée par cette sorte d'emporte-pièce, adhère à l'outil, & on la transporte dans le trou qu'on a fait dans un autre endroit, en enlevant de même la terre avec un outil de la même grandeur. Dès que le *transplantoir* chargé est dans le trou destiné à recevoir la plante, on tient la main droite fixe sur la petite poignée, & on retire l'outil avec la gauche ; de cette manière la plante, avec la terre qui l'environne, est retenue dans le trou, & les racines ne sont nullement dérangées. Ce n'est pas seulement pour transplanter des navets qu'on emploie cet instrument, il sert encore pour transplanter toutes les plantes qu'on veut traiter avec soin. Il est employé avec avantage, & en grand, dans la culture des turneps ; mais il est sur-tout très-commode pour le jardinage. (*Voy.* pl. XXXVIII, fig. 4.)

TRANSPORT ; action par laquelle on amène des terres d'un lieu à un autre.

TRANSPORT *d'arbres*. On commence par en former des bottes liées avec des osiers & garnies de foin. Afin de faire approcher les tiges des arbres, on a soin d'entrelacer leurs racines avec précaution, & de garnir les principaux vides de tiges avec des bouchons de paille, & ceux des racines avec de la mousse enveloppée de paille. Si les arbres doivent rester long-tems en route, on observe de plus de les couvrir de bruyere, sur laquelle on étend une toile attachée avec des cordes assujetties à la voiture. A l'égard des arbres précieux & difficiles à reprendre, on commence par couper leurs feuilles avant que de les arranger par lits dans des caisses avec de la mousse,

& leurs tiges sont liées aux bords des caisses dont le dessus est percé de trous. ( *Dict. du Jardinage.* )

TRANSVASER ; c'est tirer d'un vase une plante avec sa motte & ses racines sans les endommager, & la mettre dans un autre vase plus grand ou plus convenable.

TREILLAGE. On nomme ainsi un ouvrage fait avec des échalas ou des perches de bois bien dressées, & qu'on attache les unes aux autres avec du fil de fer, en formant des mailles, soit à peu près quarrées, soit en lozange. On garnit de *treillage* les murs des espaliers ; on en fait aussi des contre-espaliers, des berceaux, des tonnelles.

D'autres *treillages* fort peu coûteux se font avec des lattes de deux pouces de largeur, clouées les unes sur les autres, pour faire les mailles.

Un *treillage* d'échalas doit être de bois de quartier, ou de cœur de chêne : chaque échalas d'un pouce en quarré, & si faire se peut, sans nœuds. Il faut qu'ils soient bien placés, & ouvrés même aux endroits qui demandent de l'être. Les échalas qui ne sont point planés, sont grossiers & fort vilains à voir.

Pour bien faire un *treillage*, il faut avoir des crochets de fer exprès pour cela. Ils sont quarrés ; leur épaisseur est d'environ un quart de pouce, & leur longueur est d'un demi-pied, sans compter le bout qui remonte à angle droit à l'extrémité de dehors, & qui doit avoir environ un pouce & demi de long. L'extrémité qui entre dans le mur doit être fendue en petites branches écartées l'une de l'autre, pour tenir plus solidement dans le mur où elle doit entrer d'environ quatre pouces. C'est assez qu'il en reste deux par dehors.

On espace ces crochets de trois pieds en trois pieds, & toujours en échiquier ; commençant le premier rang à un pied près de la superficie de la terre, & continuant jusqu'au haut du mur. Les rangs de crochets doivent être mis sur une ligne fort droite, & tous parallèles les uns aux autres.

A l'égard des échalas, les marchands en tiennent de différentes longueurs : savoir, de quatre pieds & demi, de six, sept, huit & neuf. On en fait quelquefois de douze pieds. Au reste, on en prend de la longueur qu'on veut, & suivant la hauteur des murs qu'on veut garnir.

On lie les échalas l'un à l'autre avec du fil de fer qu'on tord avec de petites tenailles.

Régulièrement les quarrés ou mailles de *treillage* doivent être de sept ou huit pouces. Les mailles en quarré long ont meilleure grace qu'en quarré parfait.

On laisse un bon pouce de jour entre l'échalas & la muraille.

La dernière perfection du *treillage* consiste à être peint en premier lieu d'une couche de blanc de céruse. Quand cette couche est sèche, il en faut mettre une seconde, qui soit d'un beau verd de montagne.

Le *treillage* des contre-espaliers se fait de quatre, cinq ou six pieds de haut, comme on veut. Pour le rendre solide, il faut que de six en six pieds il y ait un pieu de chêne de quatre pouces en quarré, enfoncé d'environ un bon pied dans la terre, & que son extrémité de dehors soit pointue pour durer plus long-tems ; car si elle étoit quarrée, l'eau de pluie s'y arrêteroit & le feroit pourrir. Les mailles doivent être semblables à celles des espaliers, avec cette seule différence qu'aux contre-espaliers les échalas doivent être attachés avec des clous dans le corps du pieu, qui pour cet effet doit être entaillé pour recevoir ces échalas. ( *Voyez* le mot ESPALIER. )

On fait aussi un *treillage* avec du gros fil de fer ; ce qui est moins coûteux que celui de bois. Mais il faut avoir soin dans le palissage de croiser l'osier ou le jonc sur le fil de fer, & n'attacher la branche de l'arbre que sur cet osier ou jonc croisé.

Les *treillages* des berceaux, des salles & des portiques sont à plus petites mailles que ceux des espaliers, & sont ornés de pilastres, de colonnes, de corniches & de vases. On y emploie des échalas & du bois de boisseau.

On fait aussi un *treillage* avec des os de pieds de mouton, qui sont enfoncés dans le mur à distance égale de 6, 7, 8 ou 9 pouces, & dont on laisse saillir environ la moitié hors le mur, sur laquelle on palisse les branches d'arbres.

Le *treillage*, ou pour mieux dire, le palissage se fait encore avec des loques ou petits morceaux d'étoffe dont on enveloppe la branche & dont on fixe les deux extrémités par un clou dans le mur, lorsqu'il est enduit d'un plâtre qui résiste à la gelée.

Enfin, on peut faire un *treillage* composé de montans seuls, mais plus serrés que dans le *treillage* à carreaux. L'on fixe ces montans par le haut & par le bas sur des traverses qui les éloignent du mur environ d'un pouce : si le mur est haut & passe six à sept pieds, on ajoute une traverse dans le milieu.

TREILLE ; espèce de berceau en treillage, ordinairement garni de vigne.

TREILLIS ; assemblage de plusieurs morceaux de bois longs & étroits, posés les uns sur les autres en forme de losange. Les jardiniers s'en servent pour soutenir en hiver la litière qui couvre les pois.

TRÉPIGNER *la terre*. Ce terme a deux significations. On trépigne la terre nécessairement & forcément, quand on est obligé d'aller autour des arbres pour les travailler ; & on la trépigne exprès quand on veut semer ou planter dans des terres trop légères & qui n'ont point de corps. Ce dernier trépignement est un art en quelque sorte auquel il faut s'exercer.

TRONC. Par ce mot on entend communément cette partie de l'arbre qui tient le milieu entre les racines & la tige. C'est au *tronc* que sont attachées les racines, & il est le vase commun auquel toutes se portent. La tige porte d'aplomb sur le tronc, comme une colonne sur sa base. Les racines y sont en quelque sorte soudées ; la tige est entée & incorporée avec lui. A l'endroit où les racines tiennent au *tronc*, il en a la dureté & la roideur ; & à l'endroit où la tige ne fait qu'un avec lui, il est d'un tissu moins dur ; ainsi le *tronc* est une partie intermédiaire entre les racines & la tige, qui tient des unes & de l'autre. Son emplacement naturel est la superficie de la terre, ou entre deux terres.

TROU ; c'est, dans le jardinage, une ouverture creusée en terre pour y planter les arbres. On doit ouvrir les *trous* long-tems avant la plantation, afin que la terre du fond, exposée à l'action du soleil & à la pluie, soit amendée par les vapeurs de l'air, par les sels & les autres parties servant à la végétation.

TROUSSE *du jardinier*. C'est une espèce de poche attachée à une ceinture, & séparée en dedans par deux autres poches plus petites. Elle sert au jardinier, lors de la taille des arbres en espalier & de l'ébourgeonnement, pour y placer les loques, les clous & les outils nécessaires. Sur les côtés de cette *trousse*, on attache deux anneaux, où l'on passe les tenailles & le marteau à dents.

TROUSSER ; terme de jardinage. *Trousser* les menues branches qui sont trop basses, c'est les relever en les attachant à quelque chose qui les soutienne.

TUER. Ce terme s'entend des gourmands des arbres à fruit. La plupart des jardiniers *tuent* ces gourmands en les abattant, jusqu'à ce que l'arbre épuisé ne pousse plus ni gourmands, ni autre branche. Au contraire, les jardiniers de Montreuil *tuent* les gourmands en les chargeant prodigieusement, & ils les métamorphosent ainsi en branches fructueuses. C'est dans ce sens qu'il faut entendre le *dicton* familier aux Montreuillois : qu'*on doit tuer les gourmands, mais non les détruire*.

TUF ; terre dure & compacte, placée au-dessous de la bonne terre. Les arbres languissent & meurent lorsque leurs racines ont atteint le *tuf*. Il est donc essentiel de percer le *tuf* & de l'enlever à une profondeur considérable des trous destinés à la plantation. On nomme aussi *tuf* un terrain graveleux, ou crayonneux, qui commence à se former en pierre. On entend encore par ce même terme une terre dont sa couleur fort différente de celle qui est plus voisine de la superficie, devient suspecte pour la végétation, quoique d'ailleurs aisée à labourer.

TUTEUR. On donne ce nom dans le jardinage à un morceau de bois debout, à une perche, à un échalas, auxquels on attache ou un arbre trop foible, ou une branche qu'on craint que le vent ne casse, ou une jeune greffe qui pousse trop impétueusement & que le vent pourroit décoller.

On donne encore le nom de *tuteur* à une tige d'arbre morte, à laquelle par en-bas a poussé un beau rameau qu'on dresse le long de cette tige. On n'abat cette tige morte que quand ce rameau est suffisamment grand, & lorsqu'il est assez fort pour se passer de *tuteur* & pour se soutenir tout seul. Quant à l'emploi des *tuteurs*, voici quelques observations essentielles. Il faut garnir l'arbre avec de la mousse bien pelotée, ou un fort bouchon de paille, ou quelques vieux chiffons, à tous les endroits où la perche touche à l'arbre, sans quoi l'ébranlement, l'agitation & la secousse des vents causeroient autant d'entamures à la tige & aux branches qu'il y auroit d'endroits où la perche toucheroit à l'arbre. Au lieu d'employer des cordes & des ficelles qui coupent & qui maculent la peau, il faut, pour retenir l'arbre, faire usage d'osier ou de harre.

# V

VACHE; bête à cornes, qui est la femelle du taureau. On estime la *vache* qui est de taille moyenne, longue de corps, large de flanc; âgée de quatre à cinq ans, de couleur rouge quand elle est de grande espèce; sinon noire, ou tachetée de blanc & noir, qui a la pannetière arrondie, grande & pendante, le ventre large, le front grand, l'œil noir, gros & vif, les cornes assez droites, ni trop grosses, ni trop menues; mais polies, noires, de bonne proportion, & plutôt courtes que longues; l'oreille bien velue, la mâchoire serrée, les nazeaux bien ouverts, les lèvres abattues & noires, les dents médiocrement larges, la tête large d'en haut & menue par en bas; la peau fine & jaune, la démarche légère, le poil poli & épais, les jambes courtes, les cuisses grosses, de grosses épaules, la queue longue, pendante jusqu'aux talons; les ongles courts & égaux; de fort grosses veines sur le ventre; les côtes & le ventre arrondis, le pis grand & gros, & les trayons gros, longs & terminés en pointe.

On ne doit pas compter qu'une *vache* qui n'est point douce, fasse jamais grand profit.

On doit ne mettre les *vaches* à la charrue que dans la dernière nécessité.

Quoiqu'il soit d'un usage assez universel de fatiguer peu les *vaches*, on assure que dans le duché de Plaisance on les attèle, soit à la charrue, soit à des voitures, afin qu'elles rendent davantage de ce lait exquis dont on fait le fromage de Parmesan.

VAN; sorte de panier d'osier, ouvert en avant & bordé sur les côtés en forme de coquille presque plate, avec deux anses pour le tenir des deux mains. (*Voyez* pl. XVI.)

On se sert du *van* pour nettoyer le grain battu. On agite ce panier appelé *van*, en le portant alternativement sur chacun de ses genoux; le grain séparé de l'épi est encore mêlé aux bâles de son calice qu'on appelle *menues pailles*, & à des ordures légères; mais dans l'agitation du *van*, le grain reste au fond & sur les bords, & la menue paille se rassemble en dessus. Puis le vanneur faisant sauter le tout avec adresse, le vent ou l'agitation de l'air emporte la menue paille & en débarrasse le grain.

Le *van* des jardiniers est plus petit que celui des batteurs en grange. (*Voyez* BATTEUR EN GRANGE.)

VANNER; c'est séparer, par le moyen du van, la paille & l'ordure d'avec le bon grain.

VARENNE; plaine inculte qui ne se cultive, ni ne se fauche.

VARET; on appelle ainsi en quelques cantons une terre qui demeure en jachère depuis le mois de mars qu'on l'a défrichée, jusqu'en octobre. Dans l'intervalle, elle reçoit plusieurs labours. On y sème du froment au mois d'octobre.

VARIÉTÉS. Dans les plantes on distingue les *variétés* des espèces, en ce que celles-ci ne changent point, & que les *variétés* ne se perpétuent pas constamment par les semences.

VASE; *terme d'agriculture*. C'est le limon de rivières, d'étangs, de mares, & de tout amas d'eau. Ce limon est comme le dépôt de parties terrestres de toute nature que l'eau entraîne avec elle, & dont elle se charge dans tous les endroits où elle passe & où elle séjourne.

Les *vases* sont en général de bons engrais; mais n'étant pas toutes les mêmes, elles ne conviennent point également aux différentes terres.

Quiconque veut user de la *vase* ou de terres de rivières, doit les laisser s'essorer à l'air, & se briser, s'amalgamer, pour ainsi dire, durant au moins un été & un hiver.

VASE; *terme de jardinage*. On plante les fleurs dans des *vases*, pour orner les plates-bandes. On décore les jardins avec des *vases* de marbre, de pierre, de terre cuite, de fayence, de bronze, ou de fer fondu qu'on met sur des piédestaux.

VASE *de treillage*; ornement fait de bois de boisseau contourné & de verges de fer. On remplit ce *vase* de fleurs & de fruits qui imitent le naturel; son usage est de servir d'amortissement aux portiques de treillage.

VÉGÉTATION; *terme d'agriculture*. C'est l'action par laquelle les plantes se nourrissent, croissent, fleurissent, & se multiplient au moyen

de

de leurs graines. On dit : les engrais sont favorables à la *végétation*.

L'accroissement se fait dans l'intérieur de la plante, lorsque les sucs de la terre s'insinuent dans les racines pour les distribuer ensuite aux diverses parties de la plante ; c'est donc le mouvement de la sève qui produit la *végétation ;* c'est la sève, cette humeur précieuse qui fait que la graine germe, que les feuilles se déploient, que la racine & la tige s'allongent, que les boutons paroissent, que les branches s'étendent, que les fleurs s'épanouissent, & qu'enfin le fruit & la graine se forment.

VÉGÉTAUX. On donne ce nom aux plantes, soit terrestres, soit aquatiques, & aux arbres, arbrisseaux, arbustes, herbages. En général, les *végétaux* sont tous les êtres qui vivent immédiatement de la substance de la terre, & qui produisent dans leur accroissement des boutons, des branches, des rameaux, des feuilles, des fleurs, des fruits, des graines.

VEINE DE TERRE. On entend par ce terme la différence des terres qui se rencontrent dans les mêmes fouilles ou dans le même sol.

On emploie aussi cette expression pour indiquer certains cantons d'un terrain qui sont plus ou moins propres à la culture de certaines plantes, à cause des qualités de la *veine de terre.*

VENDANGE ; c'est la récolte de raisin, ou le tems même qu'on le cueille pour faire le vin. On emploie encore ce terme pour signifier le raisin & le vin qui sont dans la cuve.

Lorsque les *vendanges* approchent, on a soin d'examiner les cuves, de faire provision de tonneaux bien reliés, d'avoir des tines ou bacs pour porter le moût, de voir si le pressoir est en bon état. On se pourvoit de paniers, hottes, serpettes, pelles & rateaux. Enfin on a soin de faire nettoyer les celliers & les caves, & de les tenir propres.

La règle la plus certaine qu'on puisse établir pour faire vendanger, est lorsque les raisins sont mûrs, ce qui arrive quelquefois en septembre, & quelquefois seulement en octobre, suivant les pays & les climats où les vignes sont situées. L'œil juge sainement si le raisin est parvenu à sa juste maturité : lorsqu'on voit qu'il a la couleur qui lui est naturelle, soit rouge, soit noire, soit blanche, on dit que ce raisin est mûr. Le goût en décide aussi, quand l'eau en est douce, sucrée & d'un goût fin. On choisit pour le cueillir, de beaux jours autant qu'on peut.

La coutume de certains cantons est de cueillir les raisins noirs séparément d'avec les blancs ; en d'autres on les mêle.

Ceux qui se piquent de faire de bon vin, se donnent bien de garde de mêler les bons raisins avec ceux qui sont de peu de valeur, & ont toujours soin de recommander qu'on sépare les espèces pour les mettre à part, afin d'en faire du vin commun.

Chaque pays, dit le proverbe, chaque guise. L'un foule la *vendange* dans les vaisseaux qu'on porte aux vignes avant de la charrier à la maison ; l'autre en fait le transport sans l'ecraser. Il est aussi des endroits où l'une & l'autre methode se pratique. ( *Extr. du Dict. œconomique.*)

VENT ; terme relatif à l'état des arbres. On dit : arbre de *haut-vent*, de *plein-vent*, de *demi-vent.*

VENTOUSE. Ce terme est employé par d'habiles jardiniers pour signifier toute branche, tout bois, tout jet, tout rameau qu'on laisse à certains arbres pour consumer la sève quand elle est trop abondante, & lesquels on jette à bas par la suite quand l'arbre se modère & se tourne à bien. Sans cette précaution & cette industrie, beaucoup d'arbres fourmilleroient de branches gourmandes & de branches de faux bois.

VERDURE ; terme dont on se sert pour signifier toutes les plantes dont la bonté & l'usage consistent en leurs feuilles.

*Verdure* se dit aussi de la couleur verte que présentent les feuilles.

VERGER ; lieu planté d'arbres fruitiers en plein vent.

La première observation à faire est que pour former un *verger*, il faut que les arbres aient au moins cinq à six pouces de grosseur.

La distance entre eux est relative à la qualité du terrain.

Dans les terres légères, cette distance peut être de dix-huit pieds, & de vingt-quatre, au plus.

Lorsqu'on donne cette dernière distance, comme les arbres étendent moins leurs branches dans ces terres que dans les fortes, on peut élever un buisson entre chaque arbre.

Dans les terres fortes, on ne doit planter qu'à vingt-quatre pieds de distance, & même plus, suivant la force & la bonté du terrain.

Il est inutile de mettre des buissons entre chaque plein-vent, parce que les branches des plein-vent les auroient bientôt couverts par leur étendue.

Dès que l'arbre est planté, on le soutient par un *tuteur*. *Voyez* ce mot.

La distance entre chaque arbre doit s'étendre en tout sens. Elle se règle au cordeau par des lignes que l'on trace à 18 ou 24 pieds, plus ou moins éloignées les unes des autres, suivant la distance que l'on doit donner d'un arbre à l'autre.

Sur ces lignes, on fait les trous, ou vis-à-vis les uns des autres, ce qui s'appelle planter en échiquier; ou ces trous sont en *quinconce*. *Voyez* ce mot.

On laisse au moins quatre, cinq ou six pieds de tige à un arbre à haut-vent, après qu'il est planté; on ne l'étête qu'au printems, quand on a planté en octobre.

Sur la tête ainsi coupée, vous élevez deux, trois ou quatre branches au plus.

Dans le cas où la tête de l'arbre est formée avant la plantation, vous rafraîchissez seulement les branches de cette tête, & vous n'en laissez que deux ou trois des mieux venues & des plus propres à donner un bel ordre.

Il faut donner au pied du plein-vent, la culture, les labour & fumier convenables.

Si quelque branche s'emporte trop par la suite, il faut en diminuer la *fougue*. *Voyez* ce mot.

Quoiqu'il n'y ait aucune taille annuelle à faire sur les arbres à haut-vent, le jardinier soigneux ne laisse pas que de les visiter tous les printems, pour en retrancher les branches mortes ou périssantes, pour enlever les mousses, nettoyer les chancres & supprimer les branches qui font un mauvais effet.

On peut aussi planter des arbres à demi-tige, dont on élève la tête en buisson, & même en espalier, pour former des allées, non moins belles & plus profitables que des allées de charmilles.

VERMINE; nom collectif donné à tous les insectes qui sont les fléaux des végétaux, tels que les pucerons, les fourmis, les tigres, les mouches, &c.

VERRUE; excroissence qui naît sur l'écorce des arbres. C'est une espèce de bouton qui provient de la surabondance de la sève, lorsqu'elle se porte plus sur une branche que sur une autre.

VERSÉ; (*bled*) De grands vents ou des pluies abondantes font incliner plus ou moins les tuyaux du froment & des plantes fromentacées.

On ne peut exactement nommer *bleds versés*, ceux qui étant exposés au vent du couchant, penchent sous le poids des épis. La récolte n'en souffre point.

Les bleds simplement penchés continuent à croître en cet état; ils s'allongent; des épis grossissent, se remplissent également de grain jusqu'à la pointe, & ces grains sont suffisamment pourvus de substance farineuse, qui est bonne & très-nourrissante. Ainsi, tout n'éprouve aucune perte, & cette situation des tuyaux n'interrompt point, comme dans les *bleds versés*, les fonctions des sucs nourriciers. Si la végétation étoit interrompue, les plantes ne feroient point de tels progrès.

La nouvelle culture de Tull, agriculteur anglois, procure l'avantage de pouvoir souvent remédier au versement des bleds. En rechauffant promptement les plantes, on leur communique une vigueur qui les rétablit, & qui les rend, outre cela, capables de résister ensuite aux mêmes accidens qui les avoient couchés. D'ailleurs, l'air qui traverse les rangées, durcit la paille, & ainsi la rend plus capable de résister au vent.

Au reste, de Châteauvieux, habile agriculteur, en convenant que les bleds de la nouvelle culture ne sont pas absolument en état de résister aux vents d'une extrême violence, accompagnés de pluies abondantes, assure que l'état de ces bleds médiocrement versés, bien loin d'être préjudiciable aux grains, leur est très-salutaire, sur-tout dans les années pluvieuses, ou dans celles où il survient des rosées froides dans le téms de la maturité. L'inclinaison des tuyaux n'est pas même, dit-il, un obstacle qui empêchât un laboureur adroit & attentif à son travail de donner encore un labour si on le jugeoit nécessaire. Ce cultivateur l'a fait exécuter, sans qu'aucun épi en ait été détruit ou gâté.

VERJUS; nom qu'on donne au raisin encore verd & à la liqueur qu'on en exprime.

Il y a aussi quelques espèces de raisins auxquelles on donne proprement le nom de *verjus*.

La culture qui convient au *verjus* est pareille à celle des autres vignes. La taille est la même; & il n'y a que le tems de les cueillir qui diffère de celui des autres raisins bons à manger.

VERTUGADIN; terme de jardinage. Il signifioit autrefois un glacis de gazon en amphithéâtre, dont les lignes circulaires qui le renferment ne sont point parallèles.

VEULE. (*terre*) C'est une terre foible & sans vigueur, qui est trop légère, & qui n'a point de corps. On appelle arbre *veule*, celui qui est trop menu pour sa hauteur ; on nomme aussi *veule* une branche élancée & trop foible pour porter du fruit.

VIERGE. (*terre*) C'est une terre neuve qui n'a point encore rapporté ; telle est celle des terrains où l'on fouille profondément.

VIERGE. (*vigne*) C'est une vigne stérile dont les feuilles ressemblent à celles de la vigne ordinaire. Comme elle ne rapporte jamais de fruit bon à manger, elle ne peut être employée qu'à tapisser de grandes parties de murailles. Elle offre du moins une agréable verdure à la vue.

VIGNE. Elle doit être plantée avec toutes ses racines : il ne faut jamais en écoter aucune, à moins qu'elle ne soit chancie, moisie ou viciée.

En taillant la *vigne*, on laisse un onglet au-dessus de l'œil, mais on doit rabattre cet onglet l'année suivante, de même que les ergots & les chicots, ce qui se pratique avec une serpette bien tranchante & une scie à main : on applique ensuite l'onguent de S. Fiacre sur la plaie, car il vaudroit mieux les laisser, que de ne pas couvrir la plaie.

Les terres légères sont préférables pour y planter de la *vigne*, parce que le vin y est meilleur : les montagnes presque inaccessibles leur conviennent peu, quoique le vin y soit très-bon, par la raison que la dépense excède la recette.

Si la *vigne* ne se plaît point dans une province ou dans un canton, il est inutile d'y en planter ; quand même vous transporteriez de la terre de Bourgogne ou de Champagne, avec du plant de ces pays. Ces tentatives, renouvellées plusieurs fois, n'ont jamais réussi.

L'exposition la plus favorable à la *vigne*, dans les pays un peu froids, est le midi ; dans les pays plus chauds, c'est le levant ; le couchant n'est pas aussi bon que les deux autres aspects ; mais on ne peut que perdre son tems & sa peine en plantant de la *vigne* à l'exposition du nord.

Dans les terres sabloneuses, caillouteuses, & pierreuses, quoique bien exposées, les ceps poussent peu ; mais le vin y est spiritueux : il n'y faut labourer que peu profondément, & rechausser souvent le pied du cep avec de la bonne terre, ou du gazon pourri.

Le fumier seul épuise trop la *vigne*, en la faisant trop pousser, sur-tout quand elle est jeune ; il communique au vin un goût désagréable : si l'on met du fumier dans la *vigne*, il faut l'enterrer profondément.

La *vigne* se multiplie de plant en racine (vive plante), de marcottes (provins), de boutures de deux sortes, les unes avec du vieux bois, les autres sans vieux bois. L'essentiel est de bien choisir son plant, & de n'en propager que du bon.

Il faut, pour la *vigne*, avoir au moins dix-huit pouces de bonne terre, sinon, il faut en transporter, rechausser & butter le pied des plants.

Quand les terres ont du fond, on creuse jusqu'à trois pieds de profondeur, à moins que le terrain ne soit humide dans le fond.

Le trou ou la jauge faite, si on plante toute une *vigne*, on met six pouces de bonne terre au fond, & plus même, si on a profondé jusqu'à trois pieds ; sur ce lit de bonne terre, on couche la plante circulairement ; on en relève en ligne droite le bout qui doit sortir de terre, & on couvre cette plantation de bonne terre.

Quand on ne peut se procurer d'autre terre que celle qui se trouve sur place, on met de côté les terres de première fouille, que l'on place ensuite au fond, comme étant la meilleure ; puis celle de la seconde fouille, puis enfin, celle de la troisième, sur laquelle on met des engrais.

La *vigne* doit être plantée en quinconce, les ceps plus éloignés les uns des autres qu'on ne le fait ordinairement ; il faut qu'ils aient trois à quatre pieds de distance en tous sens : le raisin vient mieux, & mûrit beaucoup plutôt.

A l'égard des provins, il faut aussi les enfouir le plus qu'il est possible, lorsque le fond le permet, sur-tout dans les terres légères.

Les meilleures boutures sont celles où il y a un peu de vieux bois, ou bois de deux ans, d'environ sept à huit pouces, ce que l'on appelle *crossette*.

Pour que la *vigne* donne du bon fruit, & du meilleur que dans les vignes où les ceps sont presque à un pied l'un de l'autre, il faut, comme on a dit, les tenir éloignés de quatre pieds de distance en quinconce, que ces ceps soient dressés en contre-espaliers : pour cela faire, on plante de forts échalas de chêne, qui ont au moins quatre pieds au-dessus de terre ; on les traverse par deux gaulettes ; fasces, ou longs paisseaux de treillage ; la première à deux pieds au-dessous de terre, & la seconde à un pouce du bout de l'échalas : on assujettit ces perches ou gaulettes avec de bons osiers, & on conduit la *vigne* obliquement sur ces gaulettes; on dresse des espèces de contre-espaliers, de façon que le midi donne en plein entre deux, ce qui ne peut se faire qu'après avoir planté dans cette direction.

Les anciennes *vignes* peuvent s'arranger & se dresser sur ce plan; au mois de novembre, pour les ceps; en mars, pour les échalas, en laissant néanmoins une distance moindre que ci-dessus entre les ceps.

Comme il faut souvent renouveller les *vignes*, on peut, sur le plan que l'on vient de donner, faire des trous entre les vieux ceps, & planter de la manière ci-dessus; & alors, pendant que les jeunes ceps croîtront, les vieux donneront toujours du fruit, & ensuite on les arrachera. Cette forêt de *mères-vignes*, qu'on couche & qu'on propage sous terre, & souvent presque à la superficie, prend tous les sucs de la terre & s'en nourrit; il n'en reste plus que les moins bons pour les ceps & pour les raisins, &c.

Cette façon de dresser la *vigne* n'est point nouvelle : depuis long-tems elle est en usage dans le pays d'Auxerre, Tonnerre, Coulanges-la-vineuse, & dans tout le pays dit la petite Bourgogne qui, dans son étendue, produit plus de vin, proportion gardée, qu'aucun autre pays de la France, & dont le vin est très-estimé.

Les meilleurs engrais pour la *vigne* sont les terres, les gazons pourris, la vase ou le fond des marres, les boues des villes, les terres nouvelles; mais le fumier n'y doit entrer que bien consommé, & mêlé avec de la terre franche, ou bien, enterré profondément.

Il faut, en taillant, avoir égard à l'embonpoint de la *vigne*, ne point tailler de bonne heure dans les climats où les gelées sont à craindre, jamais avant la fin de février jusqu'au commencement d'avril. La *vigne* taillée avant ce tems, périt tôt ou tard.

Peu ou presque point de provins, si ce n'est dans la jeunesse d'une *vigne*, car, provigner des ceps usés & viciés, que peut-on espérer ? Il vaut donc beaucoup mieux avoir en réserve une pépinière de replant.

Cette pépinière de replant se fait dans quelque coin vide au bas de la *vigne*, & par-tout où l'on veut. On fait une jauge entre deux, à trois pieds de large, de dix-huit à vingt-quatre pouces de profondeur, sur chaque côté de laquelle on couche des boutures ou retranches d'une belle venue, à dix-huit lignes ou deux pouces de distance, que l'on recouvre ensuite de bonne terre : on tâche que ces boutures aient dans le bas du bois de deux ans, comme on l'a dit ci-dessus : on leur donne le plus d'étendue possible dans cette jauge; on en recourbe les deux bouts, avec cette différence qu'on n'en laisse sortir de terre qu'un de chaque côté.

Suivant la nature & la vigueur de la *vigne*, on taille depuis un œil jusqu'à quatre; dans une *vigne* élevée en contre-espaliers, on laisse cinq ou six coursons ou brochettes, que l'on taille à plus ou moins d'yeux, suivant la vigueur de ces coursons; s'ils étoient tous également vigoureux, il faudroit néanmoins les tailler alternativement, l'un court, l'autre plus long, pour ne pas ruiner la *vigne*; c'est ainsi, sur-tout, que l'on taille les treilles.

On ne taille jamais près du bouton, pour que la sève, qui vient ensuite abondamment, ne noye point le bouton; c'est donc à l'opposition, derrière celui où la taille doit se faire, environ un pouce au-dessus.

Il seroit mieux d'ébourgeonner avec la serpette, que de casser, comme on fait, avec la main : on ne doit se servir de la main que pour jetter bas les entre-feuilles.

Le premier labour que l'on donne à la *vigne* ne doit pas être si profond que le second : dans l'un & l'autre, il faut que la bêche plane, c'est-à-dire, soit un peu couchée en bêchant autour du pied; il faut ensuite biner ou ratisser profondément, pour troisième culture : on se sert dans bien des endroits d'une simple ratissoire pour cet effet, mais elle ne fait qu'un peu retourner la simple superficie de la terre; la houe ou houette, à bec allongé, mordroit plus dans la terre, & vaudroit beaucoup mieux.

Pour le labourage ordinaire, la fourche plate, est préférable à la bêche.

Un bon cultivateur donne une quatrième culture en faisant ratisser ses *vignes*, pour détruire les herbes au commencement de la maturité du raisin.

Mais si l'année a été fort sèche, on ne doit point faire ce labourage, & sur-tout dans les terres légères.

Le premier labour se donne après la taille; le second, après l'ébourgeonnement, avant que le raisin soit en fleur; le troisième, quand le verjus est bien formé; le quatrieme, quand le raisin commence à mûrir. (*Voyez* les planches XIX & XX.)

VIGNOBLE ; pays dont une partie considérable des terres est occupée en vignes propres à faire du vin.

VIN ; c'est une liqueur qu'on a exprimée des raisins, & qu'on a laissé fermenter pour la rendre propre à boire. Avant que ce suc tiré par expression ait fermenté, il est d'un goût doux & agréable ; c'est ce qu'on appelle communément du *moût*.

On distingue plusieurs sortes de vins. Leur différence vient ou des diverses espèces de raisins ; ou de leurs couleurs, odeurs & saveurs ; ou enfin des différens degrés de fermentation qu'on a donnés au moût.

Pour faire un excellent vin, on doit choisir les meilleurs raisins, c'est-à-dire, ceux qui sont d'une bonne qualité, bien mûrs & sans pourri. On égraine les grappes, ce qui est très-facile en se servant d'une *fourche de bois*, longue de trois pieds ou environ, qui ait à l'extrémité d'en bas cinq ou six fourchons disposés en rond & non sur une même ligne, long de chacun d'environ un demi pied.

D'autres emploient des *fourches de bois* qui n'ont que trois dents.

On met une bonne panerée de raisin dans une tine ou petite-cuve ; & avec cette fourche dont le bout du manche est appuyé sous le bras, on remue les raisins, en les tournant, jusqu'à ce que les grains soient séparés de la grappe ; qu'on ramasse & jette à mesure dans un autre vaisseau pour retirer le jus qui en dégouttera ; ou bien pour y jetter de l'eau, & faire passer ensuite cette eau sur le marc pour en faire une boisson commune. On continue d'égrainer de la même manière autant de raisins qu'il en faut pour la pièce qu'on veut remplir ; ensuite on foule ce grain séparé de la grappe, & on le jette à mesure dans la cuve.

La cuve étant pleine, deux hommes, avec chacun un *rabot* (instrument semblable à ceux dont on se sert pour éteindre la chaux vive), remuent & agitent continuellement ce marc, jusqu'à ce qu'on tire le moût. Dans les années chaudes, & quand la vendange se fait par un beau tems, vingt-quatre heures suffisent pour faire le *vin* : mais quand la vendange est pluvieuse, il faut au moins deux ou trois jours.

Pour tirer le moût de la cuve on y enfonce un mannequin, au travers duquel il passe séparé du marc ; & le puisant ainsi, on l'entonne dans la futaille qu'on a toute prête. Le *vin* qui reste au fond de la cuve, & qu'on est obligé de tirer par la canelle, n'est pas si bon que le premier.

VIS ; pièce de bois ronde & cannelée en ligne spirale. On s'en sert avec beaucoup de succès pour encaisser & décaisser les orangers.

Deux treteaux de quatre pieds ont chacun une *vis* perpendiculaire qui entre dans un écrou cannelé d'elle-même. Ces *vis* sont surmontées de crochets de fer qui reçoivent deux boulons de huit pieds de long. On place entre les treteaux la caisse de l'oranger, dont on attache la tige à ces boulons garnis de chiffons pour ne pas endommager l'arbre. Lorsque la caisse est ouverte, & que la motte est un peu dégagée de terre, deux hommes passent des barres de fer dans les trous des *vis* & les font tourner en montant ; l'arbre s'élève avec elle, on taille sa motte, on remplit la caisse de terre neuve, & on y descend l'arbre avec la même facilité par un mouvement contraire. Cette machine est de l'invention du célèbre mécanicien Laurent.

VIVACE. (*plante*) On nomme ainsi les plantes qui portent des fleurs plusieurs années de suite sur les mêmes tiges sans être transplantées.

Il y a des plantes qui sont toujours vertes, comme le giroflier, le violier ; d'autres qui perdent leurs feuilles l'hiver, comme la fougère. On distingue les plantes *vivaces* de celles qui meurent après avoir donné de la semence. Quelques plantes ne sont *vivaces* que par leurs racines. Le chêne & l'oranger passent parmi nous pour les plantes les plus *vivaces*.

VIVE JAUGE ; se dit de l'action de fumer, quand au lieu de ne mettre qu'une superficie de fumier sur la terre, on fait des tranchées où l'on fait entrer une bonne épaisseur de fumier. C'est ainsi qu'on fume les arbres en les dégorgeant & mettant au pourtour du fumier qu'on laisse tout l'hiver, & qu'on enfouit au printems. C'est de la sorte que les vignerons fument leurs fosses, & que les maraichers fument leurs planches d'asperges.

VOLANT ; c'est un outil avec un long manche de bois, armé d'un fer coupant, & courbé en forme de croissant de la lune. Il est destiné à tailler les charmilles & autres palissades. (*Voyez* CROISSANT.)

VORACES. (*plantes*) On entend par ce mot les plantes qui épuisent les autres plantes & qui effritent la terre. Tels sont le chiendent, le chou & les autres végétaux qui consument beaucoup.

Les mousses sont plantes *voraces*. L'orme est une des grandes plantes les plus *voraces*. On ne doit point planter dans le voisinage, ou trop près de ces grands végétaux, dont les branches très-étendues pompent l'air, ou dont les racines vont puiser au loin les sucs de la terre.

VRILLE; c'est, dans certains végétaux, un menu filet contourné en spirale, au moyen duquel une plante, comme la vigne, s'attache fortement à un autre corps qui est à sa portée. Sans le secours de la *vrille* les sarmens longs & fragiles de la vigne ne pourroient se soutenir, & se romproient tant par leur poids que par celui du fruit.

# Y

YEUX ; on donne ce nom aux petits boutons qui paroissent sur les branches ou rameaux des plantes. (*Voyez* BOUTONS.)

# Z

ZONES ; nom des diverses couches végétales dont les arbres sont formés. C'est par les *zones* qu'on peut connoître l'accroissement annuel & l'âge des plantes ligneuses.

# EXPLICATION

*Suivie de cinquante-quatre planches gravées, (y comprenant deux doubles), & des figures relatives aux opérations de l'Art aratoire.*

## PLANCHE PREMIERE.

*Vignette.*

*Figure première.* Laboureur qui ouvre un sillon.

*Fig.* 2. Charrue ordinaire.

*Fig.* 3. Charrue de Tull, agriculteur anglois.

*Fig.* 4. Semeur qui conduit le semoir, dit de Soumille, son inventeur, dans le sillon, où la semence est aussi-tôt recouverte par la terre que le versoir, ou oreille de la charrue (*Fig.* 1.) y jette en formant le sillon.

*Fig.* 5. Semeur qui répand la semence à la main sur une pièce de terre préparée par différens labours.

*Fig.* 6. Charretier qui conduit la herse pour couvrir la semence.

*Fig.* 7. Charretier qui conduit le rouleau ou brise-motte, pour rabattre & égaler la terre.

## PLANCHE II.

*Fig.* 1. *La charrue à versoir vue en perspective.*

AB, les rouelles, 9, V, le têtard, *a*, *a* les jumelles.

5, 8, l'épart ou balance.

5, 1, 7, 2, traits du cheval sous la main gauche.

6, 3, 8, 4, traits de l'autre cheval.

V, P, N, le collier ou chignon.

O, les rondelles ou entrempoirs.

C, D, la haye.

c, D, le cep.

L, G, étamon.

L, H, L, K, mancherons.

E, F, versoir ou écu, ou oreillon.

T, sellette.

R, S, chevalet ou hausse.

*c*, *d*, *b*, soc.

*d e*, *e f*, aiguille.

M, Q, C, coutre.

*g*, clef.

*Fig.* 2. L'avant & l'arrière-trains séparés & représentés à vue d'oiseau.

5, 8, l'épart ou balance.

9, V, le têtard.

V, N, le collier ou chignon.

*a*, *a*, les jumelles.

6, 7, chevilles où l'on attache les traits du dedans.

10, autre cheville où l'on attache le trait du palonier d'un troisième cheval quand on s'en sert.

T, sellette.

R, S, chevalet ou hausse.

*a*, S *a* R

*a*, S, *a*, R, épées.

L'essieu A, B des rouelles fait avec le têtard un angle d'environ 85 ou 86 degrés du côté du versoir, afin que la pointe du soc reste engagée dans la terre à main gauche, & que l'arrière-train ne retombe pas dans le sillon précédemment tracé.

L'arrière-train C, L la haye.

*b*, *c*, *d*, le soc.

*c*, *b* D, le cep.

L, G, étançon.

L, H, L, K, les mancherons.

*Fig.* 3. L'arrière-train en perspective, vu du côté du versoir.

M, Q, *c*, le coutre.

D, *d*, *c*, le cep recouvert du soc.

*d*, *c*, tranchant du soc.

*e*, *f*, l'aiguille.

E, F, versoir ou oreillon.

G, étançon.

K, H, mancherons.

*Fig.* 4. Le profil de la charrue en entier, la roue antérieure A supprimée. Les mêmes lettres ci-dessus désignent les mêmes parties.

*Fig.* 5. Le soc & l'aiguille séparés.

## PLANCHE III.

*Fig.* 1. La charrue entière, vue en perspective.

A, B, les rouelles ou roues, *fig.* 1, 3.

9, V, le têtard, *fig.* 3, 5.

*a*, *a*, jumelles ou mammelles, *fig.* 1, 3, 5.

5, 8, traversier, *fig* 1, 3.

*u*, P, N, le collier, *fig.* 4, 5.

O, rondelles ou dehourdoirs, *fig.* 1, 5.

C, D, la haye, *fig.* 1, 5.

*c*, *d*, le cep, *fig.* 1, 5.

L, G, étançon, *fig.* 1, 3, 5.

L, H, L, K, mancherons *fig.* 1, 3, 5, 6.

E, F, oreille, *fig.* 2, 3.

T, sellette, *fig.* 1, 5.

R, S, joncquoi ou joncquoir, *fig.* 1, 5.

Z, Æ, l'embranloir, *fig.* 1.

Z, Œ, la hardière ou hardeau, *fig.* 1.

Æ, Œ, la commande, *fig.* 1.

X, Y, le soc, *fig.* 1, 3, 5, 6.

1, 2, la lumière, *fig.* 3.

6, 7, les briolets, *fig.* 1, 3.

G, mortoise en gueule de loup sur le haut de l'étançon, *fig.* 3, 6.

10, 11, le petit têtard, *fig.* 1, 3, 5.

13, le prêtre, *fig.* 1, 3, 5.

14, 15, le pleyon, *fig.* 1, 5.

T R, T S, essais ou épées, *fig.* 1, 5.

*Fig* 2. *e*, *f*, la face intérieure de l'oreille.

*h*, l'arbalêtrier qui s'implante dans le trou L de l'étançon.

*g*, poignée de l'oreille.

*e*, crochet qui entre dans un piton fixé en *b* à chaque côté du cep, *fig.* 1, 3, 5.

E, F, face extérieure de l'oreille.

*Fig.* 3. Plan à vue d'oiseau de l'avant & de l'arrière-train de la charrue.

X, Y, les fourchettes ou fourceau.

*Fig.* 4. Le collier ou chignon.

P, la clef du chignon qui embrasse le têtard en dessous.

Le chignon s'applique sur la cheville 11, *fig.* 3, qui traverse le petit têtard.

*Fig.* 5. Profil de la charrue où la roue antérieure est supprimée.

*Fig.* 6. Vue de face des fourchettes X, Y.

PLANCHE IV.

*Fig.* 1. Herse quarrée.

A B, palonier.

C D, la corde.

E F, grand bras.

E G, tête.

G H, second bras.

O, bras du milieu.

P P, petit bras.

*k*, *l*, *m*, *n*, épée ou batte.

Cette herse a vingt-cinq dents.

*Fig.* 2. Profil de la herse, vue du bras G, H.

*Fig.* 3. Herse triangulaire faite de deux bras assemblés à mi-bois en D, sous un angle de 60 degrés, & écartés par trois traverses.

La première traverse a deux chevilles ou dents ; la seconde quatre, & la troisième sept, & chaque bras six ; ce qui fait en tout vingt-cinq.

*Fig.* 4. Rouleau B b avec son brancard, fait de deux tresselles A B, *a b*, assemblées par une traverse C c.

*Fig.* 5. Herses roulantes avec leurs chevilles ou dents de fer, & leur brancard.

*Fig.* 6. Profil de la herse, *fig.* 5.

PLANCHE V.

*Fig.* 1. Gazons *a*, *a*, *a*.

*Fig.* 2. Gazons dressés *b*, *b*, *b*.

*Fig.* 3. Fourneau de gazons sechés, commencé.

*Fig.* 4. Fourneau achevé.

*Fig.* 5. Arrangement des fourneaux.

*Fig.* 6. Manière dont on laboure avec la charrue à versoir, en la conduisant de A en B, de C en D, de E en F, de G en H, &c.

L'inclinaison des hachures marque celle du versoir sur la longueur du sillon.

*Fig.* 7. Manière dont on laboure en planche avec la même charrue, en la conduisant de A en B, de C en D, de E en F, de G en H, de K en L, de M en N, de O en P, de Q en R, de S en T, sur laquelle ligne S T on revient de T en S, ce qui forme la séparation des planches.

*Fig.* 8. Manière dont on laboure avec la charrue à tourne-oreille.

On ouvre un sillon de A en B, l'oreille étant à droite, comme les hachures en représentent la position ; puis on ouvre un autre sillon à côté de celui-là, de C en D, observant de changer de côté l'oreille de la charrue, & ainsi de suite en changeant successivement l'oreille de côté.

PLANCHE VI.

*Fig.* 1. Semoir composé sur les principes de Duhamel, Tull & autres. Le semoir tout monté en perspective.

A B, D C, les brancards sur lesquels sont posés les coffres du semoir.

G, socs antérieurs.

H, socs postérieurs.

K, L, K, les trois dents de herses.

K, un des tourillons du cylindre.

B g, C h, les mancherons.

E F, le gouvernail.

*Fig.* 2. Elevation latérale du semoir ; les dénominations sont les mêmes que dans la figure précédente.

## PLANCHE VII.

(*Suite de la planche VI.*)

*Fig.* 3. Coupe longitudinale du semoir par le milieu d'un des socs antérieurs G.

*Fig.* 4. Coupe longitudinale par le milieu d'un des socs postérieurs H.

*Fig.* 5. Plan du semoir où l'on voit les dix cloisons qui séparent le coffre : le plan de la route de six socs 1, 2, 3, 4, 5, 6, & celui de la route des trois herses *t*, *u*, *x*.

## PLANCHE VIII.

(*Suite de la planche VI.*)

*Fig.* 6. Plan géométral du cylindre, de l'essieu, des roues, & de la chaîne sans fin qui les assemble.

*Fig.* 7. L'essieu.

*Fig.* 8. Profil des deux poulies poligones & de la chaîne sans fin qui les embrasse.

*Fig.* 9. Coupes & représentation perspective du verrou AB, & de la noix CD, qui porte la poulie poligonale de l'arbre.

*Fig.* 10. Elevation d'une des dix cloisons.

*Fig.* 11. Le gouvernail FE ; son axe ET, & la fourchette TR qui conduisent le verrou.

*Fig.* 12. Représentation perspective d'une des six tranches du cylindre cellulaire, où l'on voit la disposition des cellules dans lesquelles le grain est porté.

*Fig.* 13. Développement de la chaîne sans fin qui, passant sur les poulies de l'arbre & du cylindre, communique le mouvement des roues au cylindre.

## PLANCHE IX.

*Charrue-semoir*, nommée *sembrador*, inventée & pratiquée en Espagne vers l'an 1663.

*Fig.* 1. Boîte de bois *a*, *b*, *c*, *d*, avec le couvercle de la partie où le met le grain.

*e*, *f*, *g*, *h*, *i*, *k*, *l*, *m*, les deux côtés de cette boîte où un cylindre, garni de trois rangs de petites cuillers, tourne sur lui-même pour jetter le bled au-dehors.

*Fig.* 2. Le cylindre R S avec les cuillers *x*, *x*, *x*.

W, le grain qui est dans la boîte dont le couvercle est ôté.

*Fig.* 3. Forme intérieure des côtés de la boîte *b*, *b*, *b*.

*d*, *d*, *d*, *d*, quatre pièces triangulaires qui servent à conduire le bled à la pointe du cylindre.

T, est l'une des roues.

V, est un bout du cylindre sur lequel l'une des roues doit être placée.

*Fig.* 4. Attache du sembrador ou du semoir à la charrue, de manière que le grain puisse tomber dans le sillon, & que les oreilles de la charrue puissent le couvrir de terre.

*Fig.* 5. Semoir d'une nouvelle construction pour semer les pois & les fêves.

A, roue de fer ; elle a vingt pouces de diamètre.

La longueur de la boîte depuis A jusqu'à B est de vingt pouces.

Sa largeur B C est de dix pouces.

Sa hauteur C D est de cinq pouces & demi.

Le cylindre de bois qui est au-dessus de l'axe de la roue a quatre pouces de diamètre. Ce cylindre est percé de 24 trous, de trois lignes de profondeur & de six lignes de diamètre.

*Fig.* 6. Languette qui couvre le cylindre. Elle a six lignes d'épaisseur, sept pouces de long, & un pouce trois quarts de large.

Lorsqu'il se présente une sève trop grosse, la languette se lève & retombe ensuite d'elle-même.

E, (*Fig.* 5.) est la languette avec sa coche, laquelle répond exactement aux trous du cylindre.

Cette boîte a un couvercle, lequel est arrêté dans l'endroit marqué F (*fig.* 5.)

*Fig.* 7 & 8.) Charrue double, laquelle trace deux sillons à-la-fois.

Les crans ici représentés dans cette figure doivent être très-près l'un de l'autre, parce que leur usage est de régler la profondeur des sillons & de maintenir le niveau de la charrue.

*Fig.* 9 & 10. Espèce de semoir ou sac que le laboureur attache autour de son col, & avec lequel il suit les sillons.

1 & 2, (*fig.* 9.) Sac de cuir ou de cannevas dans lequel on met la semence. Ce semoir est entouré d'un anneau de laiton dans lequel tourne une roue. L'anneau est garni tout autour d'un morceau de peau d'ours.

10. *Fig.* 10, qui enlève la poussière de la roue à mesure qu'elle tourne.

## PLANCHE X.

Couches que l'on échauffe par la vapeur de l'eau bouillante.

*Fig.* 1 & 2. T, tourelle de briques de six pieds de hauteur, d'un pied de diamètre au sommet, & de dix-huit pouces au bas E.

L, couvercle de terre glaise cuite, qui forme la tourelle.

*h*, ouverture au dessus de la grille de fer H.

*a*, autre ouverture par où l'on retire la cendre.

*g*, trou qui donne passage à la flamme sous l'alambic A. La flamme monte en ligne spirale *r*, *r*, *r*, *r*, & s'échappe par la cheminée S.

B, C, D, E, réservoir de plomb, au fond duquel est une soupape V, soudée à l'extrémité d'un tuyau de plomb RP.

D, E, côté du réservoir où s'élève un montant qui porte un levier en équilibre, dont chaque extrémité est terminée par deux segmens de cercle K I.

Sur K est attachée une petite chaîne qui tient à la soupape V.

Sur I est un fil d'archal qui entre dans l'alambic; au bout est une boule de cuivre creuse & fort mince, laquelle flotte sur l'eau, & fait baisser le bras I du levier, & monter l'autre levier K en suivant la hauteur de l'eau, & par ce moyen la chaudière se trouve toujours également remplie tant qu'il y a de l'eau dans le réservoir.

La soupape V qui est au haut de la chaudière est chargée d'un poids proportionné au degré de raréfaction, inférieur à celui qui pourroit faire sauter le chapiteau de l'alambic.

Le tuyau de plomb *r*, *r*, *r* qui part du chapiteau, va se rendre aux couches *d d*, & se partage en trois branches qui aboutissent à autant de tuyaux R, R, R, faits de terre cuite.

Ces tuyaux qui doivent être de la longueur des couches vont s'emboîter dans un autre tuyau.

*Fig.* 3, dont le bout *u* perce la couche, & qu'on a soin d'ouvrir de tems en tems pour faire écouler l'eau qui s'est amassée dans les tuyaux. Ce robinet sert encore à régler la chaleur.

## PLANCHE XI.

*Fig.* 1. Semoir pour ensemencer trois sillons à-la-fois.

A, la chaîne qui sert à tirer la charrue.

B D, coutres arrêtés dans la traverse.

E, timon du milieu dans lequel est enchâssé le coutre C.

Il y en a un autre parallèle à celui-ci dans lequel sont enchâssés les semoirs F G.

M, traverse qui sert à affermir la machine.

N, continuation du timon du milieu.

O, traverse.

H, roue dentée.

P, P, trous pratiqués dans l'axe pour recevoir les roues qui tracent les sillons.

I, bord supérieur de la trémie.

K, cône renversé où l'on met le grain.

*Fig.* 2. Moulin à main pour moudre le froment.

A, la manivelle.

B, cylindre à l'extrémité duquel est attachée la roue de fer.

D, c c, soutiens du cylindre.

E, roue dentelée, laquelle s'engrène dans la roue F, dont l'axe tient au rouleau qui est dans la boîte G.

H, H, deux plaques de cuivre qui ferment la boîte par les côtés.

I, vis qui sert à ralentir & à accélérer, à volonté, le mouvement du rouleau.

## PLANCHE XII.

*Fig.* 1 & 2. *Chariot pour l'entretien des grands chemins.*

Ce chariot porte sur deux rouleaux posés de front, *fig.* 2.

Ces rouleaux en fer fondu sont creux, & garnis de fortes planches dans l'intérieur. Ils ont environ deux pieds seize pouces de diamètre ; ils sont traversés par un fuseau de fer, sur l'extrémité duquel portent quatre planches qui soutiennent le corps du chariot.

Les bouts des pivots tournent dans une crapaudine quarrée, de manière qu'on peut les graisser aisément.

Les rouleaux sont bas, ils applanissent & affermissent les chemins par lesquels ils roulent.

Il y a derrière chaque rouleau un coutre dont l'usage est d'en détacher la terre grasse ou argilleuse qui s'y attache.

Le corps du chariot n'est guère élevé que de deux pieds six pouces, ce qui le rend facile à charger.

La *fig.* 3 & son développement représentent un tombereau à gravier qui se charge lui-même.

A, B, coffre d'un tombereau ordinaire.

C, D, essieu qui s'emboîte dans le moyeu & fait corps avec la roue. Cet essieu porte deux petites roues qui ont chacune deux chevilles.

H, I, autre essieu sur le devant du tombereau, & qui lui est parallèle ; dans le milieu de ce second essieu est attaché le manche de la cuillière L.

F, G, deux petites roues garnies de chevilles.

M, N, deux leviers à l'extrémité du second essieu, lesquels sont mis en mouvement par les petites roues, & par les chevilles F.

Lorsque ces leviers sont dans la direction O, P, le manche de la cuillère prend la direction L, R.

On attèle à ce chariot un cheval dont le mouvement en avant & en arrière fait baisser les leviers. La cuillère se lève & se vide elle-même dans le tombereau.

## PLANCHE XIII.

Charrue propre à faire des tranchées.

*Fig.* 1. La charrue vue de côté.

*Fig.* 2. La même charrue vue de front.

*Fig.* 3. La même vue par derrière.

*Fig.* 4. Coupe qui montre la disposition des trois coutres.

A, B, C, trois coutres enchâssés dans le contre-soc S à angles droits, & attachés au bras de la charrue par des vis D, E, F, *fig.* 4.

Le soc est de fer depuis S jusqu'en A, & a dix pouces de large au fond qui est la largeur de la tranchée.

G, roue en rouleau servant, soit à empêcher que la charrue n'entre trop avant dans la terre, soit à couper les mottes en trois, au moyen d'un fer dont il est armé de chaque côté.

K, K, pivots du rouleau.

L, L, vis qui assujettissent l'arc-boutant qui soutient les pivots.

M, crochet de fer auquel est attachée la chaîne qui sert à tirer la charrue.

N, la chaîne.

O, tête de la charrue dans laquelle les timons sont enmortoisés.

P, Q, R, les trois timons.

S, fer dans lequel entre le contre-soc de la charrue.

T, pièce de bois, le long de laquelle la motte monte après avoir été coupée.

V, V, pièces qui jettent la terre de côté & d'autre de la tranchée.

W, W, bande de fer qui attache le derrière de la charrue au timon du milieu.

X, tenon.

Z, Z, les mancherons.

*a*, *b*, traverse qui contient les mancherons.

*c*, *d*, surface du terrain. Ce qui est au-dessous indique l'excavation que fait la charrue.

*f*, *e*, *g*, angle du coutre d'environ 45 degrés avec une ligne parallèle au plan horisontal.

## PLANCHE XIV.

COUPE-CHOUX. Machine perfectionnée pour couper les pommes de terre.

*Fig.* 1. A, planche de 15 pouces de largeur servant de soutien à l'un des bouts du coupe-choux.

B, B, le fût du coupe-choux avec sa varlope.

*b*, *b*, *b*, *b*, *b*, *b*, les six couteaux ou mêches avec leurs lumières.

*a*, *a*, *a*, *a*, les deux bandes & liteaux qui couvrent ces couteaux par leurs bouts des deux côtés le long du fût.

EEEE, quatre clefs de bois pour affermir les bandes.

*o*, *o*, *o*, *o*, quatre vis de fer pour bien serrer les bandes à l'endroit où les bouts des couteaux sont enclavés dans les *e e e* rainures des bandes.

C, une planche qui s'incline depuis le bout du fût vers le fond de la caisse D, en y poussant les tranches *c*, *c*, deux bouts relevés pour empêcher qu'elles se débordent & se jettent en dehors.

D, ledit fond & caisse qui reçoit les tranches d'où on les tire pour les porter au sechoir.

E, le second appui à l'autre bout du fût & ses deux pieds.

F, F, l'ouverture entre-deux par où les tranches passent vers la partie extérieure de la caisse.

G, le fond de toute la machine.

H, vide à s'en servir pour ce qu'on juge à propos.

I, I, les côtés de toute la caisse.

K, planche pour soutenir celle de C.

A, A, le coffre sans fond qu'on remplit de pommes de terre, & qui court par les tringles *d d* dans les rainures *e e* ci-dessus.

A, *b*, le couvercle du coffre avec son anse *c*, pour couvrir les pommes de terre & les presser vers le fût ou vers les couteaux.

*Fig.* 2. Sechoir pour secher les pommes de terre coupées en tranche.

*Fig.* 3. Étendage.

*Fig.* 4. Moulin pour réduire les pommes de terre en farine.

## PLANCHE XV.

La première vignette représente la récolte ou façon des foins.

La seconde vignette est le tableau de la moisson.

*Fig.* 3. Faucille pour couper ou scier le bled.

*Fig.* 4. Faux toute montée pour faucher le foin.

A, B, le manche. C, la faux. D, la main ou la poignée.

*Fig.* 5. La faux séparée de son manche.

*a*, *a*, le dos. *b*, *b*, le tranchant. *c*, *d*, bras qui sert à attacher la faux au manche par le moyen d'une virole, *fig.* 8, & d'une clavette ou goupille de fer, *fig.* 7.

*Fig.* 6. La main ou poignée garnie de son collier de fer.

*e*, *f*, la clavette qui sert à serrer la collete sur le manche A, B, de la faux, *fig.* 4.

*Fig.* 7 & 8. Virole & clavette de fer pour attacher la faux au manche.

*Fig.* 9. Coupe de la faux pour faire sauter la languette qui regarde *a* en *a* sur le dos, *fig.* 5.

*Fig.* 10. Emmanchement de la faux.

*Fig.* 11. Faux à doigts servant pour l'orge, l'avoine, &c.

*a*, *a*, les doigts. *b*, *b*, les vis servant à tenir les doigts toujours dans la même direction que la faux. Les doigts, les vis, &c. sont de bois fort léger, afin de ne point appesantir la faux.

*Fig.* 12. Marteau pour battre le fer de la faux & le rendre plus tranchant.

*Fig.* 13. Enclume ou tas pour battre le fer de la faux.

*Fig.* 14. Pierre à aiguiser la faux.

*Fig.* 15. Coffin ou étui à pierre dans lequel on met de l'eau : on en fait de fer blanc, comme (*a*), & de bois comme (*b*).

*Fig.* 16. Ceinture de cuir pour accrocher le coffre au côté du faucheur.

*Fig.* 17. Fourche de fer pour charger les bottes sur les voitures.

*Fig.* 18. Rateau de bois à deux faces.

*Fig.* 19. Fourche de bois.

## PLANCHE XVI.

La vignette représente une grange.

*Fig.* 1. Voiture chargée de gerbes que l'on décharge à la porte de la grange.

*Fig.* 2. Gerbes destinées aux batteurs.

*Fig.* 3. Batteurs en grange actuellement occupés à battre les épis.

*Fig.* 4. Ouvrier qui rassemble en tas, avec une pelle, les grains sortis des épis.

*Fig.* 5. Ouvrier qui prend du grain pour le vanner.

*Fig.* 6. Le crible.

*Fig.* 7. Septier, minot ou autre mesure pour mesurer le grain.

*Fig.* 8. Fléau dont se servent les ouvriers de la figure 3.

*Fig.* 9. Manière dont les deux branches du fléau sont attachées l'une à l'autre.

*Fig.* 10. Le nœud du fléau.

*Fig.* 11. Rabot pour retirer le grain épars après qu'il a été battu.

*Fig.* 12. Pelle de bois pour ramasser le grain en tas, ou pour le mettre dans la mesure.

*Fig.* 13 & 14. Vans, instrumens destinés à remuer ou vanner le grain, pour en ôter la poussière & les ordures.

*Fig.* 15. Crible à main, instrument percé de petits trous par lesquels on fait passer, en le remuant circulairement, le grain plus nettoyé qu'il n'a pu l'être par le van.

*Fig.* 16. Crible à pied; espèce de trémie dont l'usage est le même que le crible à main.

*Fig.* 17. Mesure pour mesurer le grain.

## PLANCHE XVII.

*Fig.* 1. Corps du bâtiment de l'étuve, vu pardevant.

*Fig.* 2. Coupe horisontale de l'étuve par la ligne A, B, de la figure première.

*Fig.* 3. Coupe verticale de l'étuve par la ligne E, F, de la fig. 2.

*Fig.* 4. Coupe verticale de l'étuve par la ligne L, Y, de la fig. 2.

*Fig.* 5. Coupe verticale de l'étuve par la ligne M, N, de la fig. 2.

*Fig.* 6. Elévation perspective d'une des armoires de l'étuve.

## PLANCHE XVIII.

*Fig.* 1. Petit poële de tôle à l'italienne.

*Fig.* 2. Plan d'une petite étuve.

*Fig.* 3. Poële à la françoise.

*Fig.* 4. Coupe longitudinale du poële à la françoise.

*Fig.* 5. Coupe transversale du poële à la françoise.

*Fig.* 6. Vue d'un grenier en tour ou cuve.

*Fig.* 7. Le même grenier avec son couvercle & ses soufflets.

*Fig.* 8. Grillage qui se place ou se forme dans l'intérieur de la cuve sur le fond d'en bas.

*Fig.* 9. Grenier en forme de caisse.

*Fig.* 10. Plan du grenier en forme de caisse, & du manège qui fait mouvoir les soufflets.

*Fig.* 11. Coupe verticale du même.

## PLANCHE XIX.

*Fig.* 1. Gros cep de vigne en espalier.

*Fig.* 2 & 3. Plan de crossete ou de bouture.

*a*, *fig.* 2. *b*, *fig.* 3. Crossete ou bouture.

*Fig.* 4. Deux brins de plant en racine *a*, *b*, disposés comme ils doivent l'être dans la bovette.

*Fig.* 5. Plant de marcotte *a*, brin passé par le panier *b*.

*Fig.* 6. Autre plant de marcotte *a*, brin passé à travers une pièce de gazon *b* percé.

*Fig.* 7. Plantation de vigne distribuée par planches.

*Fig.* 8. Manière dont la vigne veut être plantée.

*Fig.* 9. Plant piqué droit à ravaler ou provigner.

*Fig.* 10. Vigne attachée à l'arbre ou faule.

*Fig.* 11. Vigne moyenne.

*Fig.* 12. Vigne baſſe.

*Fig.* 13. Vigne dont on a déchauſſé les racines pour en connoître l'âge.

PLANCHE XX.

(*Suite de la planche XIX.*)

*Fig.* 14. Houe à deux branches.

*Fig.* 15. Houe ſimple.

*Fig.* 16. Sarcle ou hoyau plat.

*Fig.* 17. Bêche.

*Fig.* 18. Hoyau.

*Fig.* 19. Raclette.

*Fig.* 20. Crochets.

*Fig.* 21. Maille.

*Fig.* 22. Tarrière.

*Fig.* 23. Serpette.

*Fig.* 24. Pioche de Bourgogne.

*Fig.* 25. Manière de déchauſſer la vigne.

*Fig.* 26. Choix du plant.

*Fig.* 27. Manière de greffer *a*.

*Fig.* 28. Greffe en tronc.

*Fig.* 29, 30, 31. Différentes manières de lier la vigne à l'échalas.

*Fig.* 32. De l'expoſition de la vigne.

*Fig.* 33. & 34. Différentes manières d'entaſſer les échalas après qu'on a déchalaſſé, ſoit en mort, *fig.* 33, ou ſur des échalas fichés en terre en croix de S. André, en formant des chevalets, *fig.* 34.

*Fig.* 35. Outil à écraſer des limaçons.

PLANCHE XXI.

*Fig.* 1. Preſſoir à cage. HK, arbre. PQ, jumelles. XY, fauſſes jumelles. Z, chapeau des fauſſes jumelles. NO, chapeau des jumelles. RS, faux chantier. T, fouillard ſur lequel les fauſſes jumelles ſont aſſemblées. *ff*, contrevents des fauſſes jumelles. *d*, autres contrevents des fauſſes jumelles. V, patin des contrevents. *mm*, chantiers. *g h i k*, la maye. *p*, beron. 3, clefs des fauſſes jumelles. 4, mortoiſe de la jumelle. LM, moiſes ſupérieures des jumelles. *ab*, contrevents des jumelles & des fauſſes jumelles. E, la roue. EF, la vis. G, l'écrou. CD, moiſes de la cage. AB, foſſe de la cage. W, barlong qui reçoit le vin au ſortir du preſſoir.

*Fig.* 2. Preſſoir appellé *étiquet*. AB, vis. 1, 3, 4, la roue. CD, écrou. 5, 5, 6, 6, 7, 7, clefs qui aſſemblent les moiſes ou chapeaux. 8, 8, liens. GHEF, jumelles. KL, mouton. *gk*, la maye. QM, RN, OP, chantiers. *k*, *l*, faux chantiers. W, barlong. S, marc. TT, planches. II, *a b*, garniture qui ſert à la preſſion. VX, arbre ou tour. Y, roue. Z *z*, la corde.

PLANCHE XXII.

(*Suite de la planche XXI.*)

*Fig.* 1. Plan de profil de l'un des coffres du preſſoir à double coffre.

PP, chantier. *rr*, brebis. *y*, doſſier. *q*, le mulet. *y*, *y*, *y*, *y*, pièces de maye. Z, coins. D, mouton. EE, coins ou pouſſe-culs. *u*, *u*, écrous. CD, vis. AB, grande roue.

*Fig.* 2. Coupe ſuivant la longueur d'un des coffres du preſſoir.

LL, faux chantier. 13, 13, jumelles. *t*, *s*, chaînes. *y*, doſſier. *r*, *r*, brebis. *q*, le mulet. 1, 2, 3, 4, 5, 6, 7, 8, 9, pièces de maye. Z, coins. D, mouton. EE, coins ou pouſſe-culs. *p*, *p*, *p*, appuis du doſſier. 10, mouleau. GG, planches à couteaux. *x*, *x*, *x*, *x*, chevrons. *u*, *u*, écrou. C D, vis. A B, grande roue. M, bouguets ou piedsdestaux de pierre. F, le marc.

PLANCHE XXIII.

*Fig.* 1. Batte à main.

*Fig.* 2. Batte à bras.

*Fig.* 3. Greffoir.

*Fig.* 4. Houlette.

*Fig.* 5. Bêche.

*Fig.* 6. Rateau.

*Fig.* 7. Ratissoir à tirer.

*Fig.* 8. Ratissoir à pousser.

*Fig.* 9. Rabot.

*Fig.* 10. Pelle.

*Fig.* 11. Pioche à pré.

*Fig.* 12. Pioche plate.

*Fig.* 13. Cylindre ou rouleau.

*Fig.* 14. Chariot.

*Fig.* 15. Tombereau.

*Fig.* 16. Echelle double.

PLANCHE XXIV.

*Fig.* 17. Ciseaux.

*Fig.* 18. Coignée à main.

*Fig.* 19. Civière.

*Fig.* 20. Plantoir.

*Fig.* 21. Tenaille.

*Fig.* 22. Cordeau.

*Fig.* 23. Arrosoirs, *c* arrosoir à goulot, *d* arrosoir à tête.

*Fig.* 24. Fourche.

*Fig.* 25. Croissant.

*Fig.* 26. Faux.

*Fig.* 27. Faucille.

*Fig.* 28. Crible.

*Fig.* 29. Echenilloir.

*Fig.* 30. Crible d'osier.

*Fig.* 31. Claie.

*Fig.* 32. Traçoir.

*Fig.* 33. Déplantoir.

*Fig.* 34. Serfouette ou binette.

*Fig.* 35. Autre déplantoir.

*Fig.* 36. Brouette.

*Fig.* 37. Scie à main.

*Fig.* 38. Serpe.

*Fig.* 39. Serpette.

PLANCHE XXV.

*Machine pour arracher de gros arbres & les souches avec leurs racines, inventée par Pierre Sommer, du canton de Berne.*

*Fig.* 1. Profil de cette machine.

A C, deux montans de bois de chêne dont on ne voit qu'un seul dans la figure. Ils ont trois à quatre pouces d'épaisseur, & sont assemblés en A & en C par deux entre-toises, & fortifiées par des frettes de fer. L'intervalle d'un montant à l'autre est de trois pouces; ils sont chacun percés de deux rangées de trous d'un pouce & demi de diamètre qui se répondent les uns aux autres, pour recevoir des chevilles ou boulons de fer d'un pouce & un quart de diamètre, qui servent alternativement de point d'appui ou de centre de mouvement au levier de cette machine.

B D, pièce de bois d'orme ou de fresne à laquelle on a donné le nom de belier. Son extrémité supérieure est armée d'une forte pièce de fer *f*, partagée en trois dents pour avoir prise sur l'arbre. Le belier qui à sa partie supérieure a environ six pouces d'équarrissage, & à sa partie inférieure huit, est fendu obliquement en cette partie pour laisser passer la chaîne C, *g h*, & recevoir la poulie *c* qui a quatre pouces d'épaisseur & neuf pouces de diamètre.

L'extrémité inférieure B est garnie d'une frette ainsi que le corps du belier en *a*, *b*, *f*: à l'extrémité inférieure sont deux pièces de fer K L fixées sur le belier, & dont les deux parties L, traversées par un boulon, embrassent les deux montans, le long desquels ces pièces de fer peuvent glisser lorsqu'on élève le belier, par le moyen du levier & de la chaîne. La chaîne est d'environ dix pieds de longueur, & les chaînons de quatre pouces dix lignes. Elle est attachée fixement à la partie supérieure C, des montans entre lesquels est placée sa partie inférieure *h*, terminée, après avoir embrassé la poulie, par un anneau à oreille *m n*, *fig* 3.

Cet anneau est saisi par le crochet P, représenté en profil, *fig.* 2, F est la partie inférieure du crochet.

*z*, D E, *e*, un levier & un arc de fer; ce levier a en *z* environ deux pouces d'épaisseur; il est formé en moufle pour recevoir l'extrémité supérieure du crochet *z* F qui est mobile sur un boulon dans cette moufle. Il diminue d'épaisseur & de largeur à mesure qu'il approche de l'arc E *e* qui n'a que six lignes d'épaisseur, & qui est percé de plusieurs trous. Auprès du boulon *z* sont deux entre-tailles semi-circulaires *x*, *y* dont les centres, indiqués par des lignes ponctuées, sont autant éloignés l'un de l'autre que les centres des trous pratiqués dans les montans A C de la *fig.* 1. Ce sont ces entailles *x y* qui reposent alternativement sur les chevilles que l'on place dans les trous montans, lorsqu'on fait usage de cette machine.

*Fig.* 2. L'arc *E e* & le trou D servent à fixer le long levier de bois D E, *fig.* 1, par deux chevilles ou boulons de fer. Celui marqué D sert de centre de mouvement. L'arc *e* lui est concentrique; & au moyen d'une autre cheville *d* qui traverse le levier & passe dans un trou de l'arc, on parvient à fixer ces deux pièces l'une sur l'autre, & de manière que l'autre extrémité E du levier D E soit à portée des ouvriers qui doivent manœuvrer. A l'extrémité E on adapte aussi un manche E H, par le moyen duquel on élève ou on abaisse l'extrémité E du levier.

*Jeu de cette machine.* On la suppose toute montée & mise en place. Le trident *f* piqué sous une des branches de l'arbre que l'on veut renverser, & l'extrémité inférieure A des montans bien calée & affermie par des tasseaux ou piquets G. En cet état, & supposant encore que les entailles *x y*, *fig.* 2, reposent sur les deux chevilles de fer qui sont passées dans les trous des montans; si on abaisse l'extrémité E du levier, la cheville de la rangée extérieure sur laquelle repose l'entaille *x* deviendra le centre de mouvement, & le point *z*, en s'élevant, tirera le crochet F, & par conséquent la chaîne qu'il retient; ce qui élevera le belier d'une quantité égale à la moitié de l'espace que le point *z* aura parcouru. L'entaille *y* ne reposant plus sur la cheville de la rangée intérieure, un ouvrier tirera cette cheville & la replacera dans le trou de la même rangée, immédiatement au-dessus de celui d'où elle est sortie. On laissera alors reposer le levier sur les deux chevilles, ensuite on élevera l'extrémité E du levier par le moyen du manche E H, & ce sera alors la cheville *y* de la rangée qui deviendra le centre de mouvement. L'entaille *x* s'éloignant de la cheville de même nom, on retirera cette cheville pour la placer dans le trou qui est immédiatement au-dessus. Ainsi les deux chevilles deviennent alternativement le point d'appui du levier, qui est du premier genre lorsqu'on abaisse le point E, & du second lorsqu'on l'élève. Ce levier a beaucoup d'affinité avec celui connu sous le nom de la guarouste.

*Fig.* 3. *m n*, anneau à oreilles, cité, *fig.* 2, qui sert à prendre le crochet P.

*Fig.* 4. *Autre application de la même machine.* Pour arracher, par exemple, des souches, on ne se sert pas du belier; on place les montans A A perpendiculairement & le plus près de la souche que l'on peut. On passe la chaîne autour de la poulie *c* qui est enclavée dans une mouffle *d*. On attache à cette mouffle un autre chaîne *b* que l'on fait passer sous une des maîtresses racines *e* de la souche; & opérant comme il a été dit ci-dessus, on parvient à l'enlever & à vaincre la résistance des racines.

*Fig.* 5. Elévation d'une pompe proposée pour arroser les plantations dans l'île de Saint-Domingue, par Puisieux, architecte.

A, rouet horisontal qui engraîne dans la lanterne B. C D, manivelle à deux coudes qui fait agir alternativement les pistons dans les corps de pompes.

E F, corps de pompes.

G, tuyau d'aspiration qui est de cuir bouilli, à l'extrémité duquel on attache un morceau de liège; par ce moyen la pompe n'aspire que l'eau la plus claire, & à telle distance que l'on juge à propos.

H, tuyau de sortie.

PLANCHE XXVI.

La vignette représente un jardin.

A A, partie de jardin coupé de murs servant à soutenir des espaliers. B B, ados ou couches inclinées, couvertes de cloches. C C, couches. D D, couches sourdes. E, planches. F, palis ou perches. G, plant d'arbres fruitiers en échiquier. K, pépinière d'arbres. L, bâtardieres. M, planches abritées par des brise-vents. N, ados entouré de murs. O P Q R S T V X Y, planches pour différens legumes. Z, melonière.

*Fig.* 1. Cloche de verre.

*Fig.* 2. Cloche de paille.

*Fig.* 3. Cloche de verre à panneaux.

*Fig.* 4. Planche à dresser le terreau sur le fumier, aux ados & aux couches.

PLANCHE XXVII. (double)

*Fig.* 1. Elevation géométrale de la serre chaude de Trianon.

*Fig.* 2. Plan de cette serre.

*Fig.* 3. Coupe par une des anti-chambres E, où l'on voit la fontaine N dans sa niche.

*Fig.* 4. Coupe en travers de la serre.

*Fig.* 5. Coupe en travers de la chambre D, du fourneau.

*Explication du plan.*

B D, la serre.

N Q, les fontaines posées au-dessus des fourneaux.

Q X Y Z &, la cheminée qui règne sous le rez de chaussée le long de la ligne *K K* de l'élevation, & comme on voit dans le profil en P, *fig.* 3.

F G H K M, les fosses que l'on remplit de fumier & de terre.

L, les planches disposées en théâtre sur les barres de fer *a b*, sur lesquelles on arrange les pots qui contiennent les plantes, comme on voit, *fig.* 4.

T T, serres où l'on place les outils, &c.

*Fig.* 3. P R S, suite de la cheminée. P R est la même partie que Z & dans la *fig.* 2.

*Fig.* 4. *h k*, châssis de verre adossé contre le mur qui soutient la serre, & forme avec ce mur & le terrain, une serre triangulaire, dont l'élevation se voit en *h k k h*, *fig.* 1.

*g*, fosse remplie de fumier où l'on place les pots.

*k l m n*, profil des vitraux qui servent de clôture à la serre.

*r b a s*, élevation d'une des barres de fer coudées, qui soutiennent les planches en théâtre, sur lesquelles on arrange les pots.

*r s*, fond de la fosse que l'on remplit de fumier, & dans lequel on place aussi des pots.

*Fig.* 5. Foyer. *d*, cendrier.

## PLANCHE XXVIII.

*Fig.* 1. Vue perspective de la serre hollandoise pour la vigne.

*Fig.* 2. Coupe du mur postérieur de la serre, où l'on voit les deux fourneaux & les détours des deux cheminées qui se réunissent en une seule.

*Fig.* 3. Plan de la serre.

*Fig.* 4. Coupe transversale par la cheminée.

*Fig.* 5. Elevation latérale d'un des côtés de la serre.

Tout ce bâtiment est construit en brique.

Les vitraux doivent être exposés au midi.

## PLANCHE XXIX.

*Serre hollandoise pour élever différentes sortes de plantes.*

Cette serre diffère de la précédente en ce que les cheminées sont horisontales, & pratiquées sous le sol de la serre.

*Fig.* 1. Représentation perspective de cette serre, & de la serre tempérée du côté du nord. On voit par cette figure, que l'on recouvre extérieurement les châssis avec des rideaux & des couvertures qui sont roulées vers le haut de chaque fenêtre, & que l'on fait descendre sur les rideaux en relâchant les cordes qui les retiennent.

*Fig.* 2. Plan des deux serres, où l'on voit le plan du fourneau & des cheminées qui règnent sous la serre. Le fourneau, placé dans une petite pièce séparée, est construit en brique, & est entouré d'un contre-mur de maçonnerie, qui laisse un pouce d'intervalle de tous côtés, que l'on remplit de sable. Les cheminées sont construites de même. Leur partie supérieure est fermée avec des grandes plaques de fer sur lesquelles on forme une aire qui est carrelée. Sur le carreau on répand environ deux pouces d'épaisseur de sable.

*Fig.* 3, est la coupe transversale de la serre, dans laquelle on voit qu'il y a un vide entre le plafond & la couverture. On remplit ce vide avec du foin pour mieux défendre l'air intérieur du froid externe. On renouvelle l'air de la serre chaude avec celui de la serre tempérée qui lui est adossée.

## PLANCHE XXX.

*Serre chaude d'Upsal.*

Elle est exposée directement au midi, & placée entre l'orangerie & la serre tempérée où on conserve les fleurs. Les pots qui les contiennent sont rangés sur des gradins, disposés en amphithéâtre. Sa longueur est d'environ 40 pieds, sa largeur d'environ 20, & sa hauteur de 14 ou environ.

*N. B.* L'aune de Suéde citée à l'échelle au bas de la planche, est environ deux pieds de France.

*Fig.* 1. A, la fosse que l'on remplit de terre & de fumier.

C C, deux fourneaux dont les ouvertures regardent le septentrion, & dans lesquels on brûle du bois.

F F, les tuyaux ou cheminées de ces fourneaux qui, après avoir fait le tour de la serre horisontalement, remontent en E E dans l'épaisseur du mur septentrional jusqu'au-dessus du toit.

B, cheminée double que l'on allume ou par dehors ou par dedans de la serre; par dehors pour échauffer ce lieu, & par dedans pour en chasser les vapeurs humides.

D D, théâtres sur lesquels on range des pots.

*Fig.* 2. Est le plan de la serre. *a g h*, *b g k*, les deux cheminées horisontales qui entourent la serre.

*a b*, les fourneaux.

*d e f*, la fosse.

*C c*, la cheminée double.

*m*, porte de communication avec l'orangerie.

*l*, porte de communication avec la serre tempérée.

Ces deux pièces ont leur rez-de-chaussée environ un pied plus bas que la serre chaude.

*Fig.* 3. Représente le profil de la serre & l'élevation du fond intérieur.

A, fenêtres supérieures.

B, fenêtres inférieures.

C, toît de la serre.

D, mur septentrional.

Æ, place occupée par les plantes rares & étrangères.

F D E, H D E, cheminées horisontales sur lesquelles on place les pots remplis de fleurs.

G, théâtre disposé en gradins, sur lequel on arrange les différentes sortes de plantes contenues dans des pots.

H, chemin pour aller ouvrir ou fermer les hautes fenêtres.

*Fig.* 4. Représente quelle doit être l'inclinaison des fenêtres d'une orangerie. A, fenêtres B, la muraille. C, le toît. Le tout selon les règles que Boerhaave a prescrites.

PLANCHE XXXI.

La basse-cour est composée de différens bâtimens dont la distribution est assez arbitraire, & dépend du terrain qu'on a. Les principaux, représentés dans la vignette, sont en I, le logement du fermier.

P, passage pour entrer & sortir de la ferme du côté de la cour du maître.

Q, cellier. Entre la porte du cellier & celle de sortie P, sont les écuries pour les chevaux de labour & de trait, le puits & les auges de pierre nécessaires.

R, entrée du pressoir. H, le pressoir. G, vinée dont les murs sont supposés abattus pour laisser voir l'intérieur. F, laiterie. E, passage pour sortir sans entrer dans la cour du maître.

D C, étables pour les vaches & autres animaux.

B, bergerie: au-dessus sont des greniers pour les fourrages. A, colombier. K, marre. T, la grange. N, porte de la grange, autour des murs de laquelle sont construits différens bâtimens. M L, &c. qui sont les toits à porcs, poulaillers, loge aux dindons, &c. O, halle pour mettre à couvert les voitures, charrues & autres instrumens nécessaires.

*Fig.* 1. Du bas de la planche. Berceau qu'on met dans les bergeries parallelement aux longs côtés & au milieu de leur largeur. On met aussi le long des murs des rateliers, afin qu'un plus grand nombre de moutons ou d'agneaux, puisse y prendre à la fois leur nourriture. On élève ou on abaisse à volonté les berceaux en élevant les sellettes placées à chacune des extrémités, & sur lesquelles ils reposent.

A B, pièce de bois creusée en gouttière dans toute sa longueur, & dans laquelle on met la nourriture des agneaux.

BCFA, BDFA Franches ou ranchers du berceau.

CD, FF, traverses qui empêchent l'écartement.

*Fig.* 2. Sellette servant à soutenir les berceaux. K, sellette. GH, cornes de ranches.

*Fig.* 3. Partie du mur d'une bergerie, dans lequel sont scellés des morceaux de bois L, dans la mortaise desquels entre une corne de ranche NM pour soutenir le rancher *a b*, dans lequel on jette le fourrage destiné aux moutons.

*Fig.* 4. Coupe verticale d'un colombier qui en laisse voir la disposition intérieure. HK, voûte coupée du colombier. AB, axe de l'échelle tournante. LL, MN, CD, ouvertures par lesquelles les pigeons peuvent entrer dans le colombier, pour se placer dans les boulins qui l'entourent. Les boulins sont disposés en échiquier de 35 ou 36 rangs, les uns au-dessus des autres: il y en a 64 à chaque rang, ce qui fait en tout, en supposant seulement 35 rangs, 2240 boulins. E, planche en auvent qui recouvre les boulins supérieurs. FG, ceintures de pierres saillantes.

*Fig.* 5. Elévation de trois rangs de boulins, plan d'un de ces trois rangs. La distance du milieu d'un boulin à l'autre est de douze pouces, & leur hauteur de sept.

## PLANCHE XXXII.

La vignette représente l'intérieur d'une laiterie; mais celle ci paroît plus décorée qu'une laiterie ne l'est ordinairement.

Une laiterie doit être de quelques pieds plus bas que le rez-de-chaussée.

Les tables sont de pierre de liais, & ont trois cannelures par lesquelles les serosités des laitages découlent dans les éviers qui sont au-dessous.

*Fig.* 1. Fille qui bat le beurre dans la baratte.

*Fig.* 2. Cage, sur les étages de laquelle on met égoutter les fromages.

*Fig.* 3. Baratte flamande.

*Fig.* 4. Arbre de la baratte.

*Fig.* 5. Porte de la baratte.

*Fig.* 6. Boîte ou corps de la baratte.

*Fig.* 7. Pied de la baratte.

*Fig.* 8. Batte à beurre d'une baratte de fayence: le bâton traverse une sebille de bois ou de fayence qui sert de couvercle à la baratte.

*Fig.* 9. Baratte de fayence.

*Fig.* 10. Clayon. Il y en a de différentes grandeurs & formes.

*Fig.* 11. Batte à beurre de la baratte de bois: le bâton traverse une planche circulaire qui sert de couvercle à la baratte.

*Fig.* 12. Baratte de bois dont se sert la *fig.* 1 de la vignette.

## PLANCHR XXXIII.

Le haut de la planche représente la manière de construire les fours à faire éclorre les poulets. C'est un tonneau enfoncé dans le fumier avec des couvercles qui lui sont propres.

*Fig.* 1. Tonneau dont le fond est posé sur un lit de fumier. *ff*, *hhi*, intérieur du tonneau enduit de plâtre.

*Fig.* 2. Tonneau plus enfoncé dans le fumier avec son couvercle, dont les pièces *d*, *cc*, *bb* *aa*, sont représentées *fig.* 4.

*Fig.* 3. Tonneau trop enfoncé dans le fumier.

*Fig.* 4. Pièces du couvercle du tonneau ou four. *aa*, première pièce qui reçoit le bord du tonneau ou four. *bb*, pièce qui est reçue dans la pièce *a a*, *c c*, pièce qui est reçue dans la pièce *b b*. *d*, pièce qui est reçue dans la pièce *c c*. Ce sont des espèces de regîtres qui font monter ou descendre la chaleur.

*Fig.* 5. Toutes les pièces du couvercle du four ou tonneau assemblées, ou le couvercle vu en dessous.

*Fig.* 6. Portion du tonneau & du couvercle brisée, où l'on voit la manière dont le tonneau est reçu dans la première pièce, & dont toutes les autres pièces sont reçues les unes dans les autres.

*Fig.* 7. Bouchon.

*Fig.* 8. Vue d'un tonneau ou four à couvercle plus simple.

*Fig.* 9. Pièce de bois qui ferme l'ouverture quarrée du couvercle.

*Fig.* 10 & 11. Deux thermomètres, l'un ordinaire, & l'autre propre à l'art de faire éclorre les poulets.

*Fig.* 12. Bouteille propre à faire un thermomètre à beurre.

*Fig.* 13. Panier d'œufs avec un thermomètre dessus.

*Fig.* 14. Panier qui montre l'extrémité d'un canal d'osier, dans lequel le thermomètre sera placé.

*Fig.* 15. Œuf numéroté du jour où il a été mis au four.

*Fig.* 16. Four brisé en partie pour montrer comment deux paniers y peuvent être suspendus l'un au-dessus de l'autre.

*Fig.* 17. Autre four brisé en partie, pour laisser voir comment trois paniers peuvent être ajustés les uns au-dessus des autres.

*Fig.* 18. Bourlet complet qui s'adapte dans le bourlet brisé de la *fig.* 17.

*Fig.* 19. Usage de la propriété d'expansion des liqueurs pour ouvrir les regîtres d'un four.

*Fig.* 20. Usage de la force de l'expansibilité de l'air par la chaleur, pour ouvrir les regîtres d'un four.

## PLANCHE XXXIV.

*Première suite de la planche XXXIII.*

*Fig.* 1. Tonneau destiné à être un four avec un porte-vent pour y renouveller l'air. *e c d*, le porte-vent. *a*, son extrémité garnie de tuyaux percés en arrosoir.

*Fig.* 2. L'extrémité du porte-vent séparée.

*Fig.* 3. Vue d'un four horisontal.

A B C D E, mur abattu pour montrer le four.

F F, couches de fumier.

G G, fumier sous le four.

H I, H, montans à coulisses pour la porte K.

M, boîte d'œufs.

P O, o, pieds de devant du chariot.

Q, table qui soutient le chariot tiré.

R R, T T, entrée du deuxième four.

T T, V V, porte brisée du four.

X, bâton qui sert de soutien à la table.

Y, regîtres.

Z, *a b*, boîte pleine d'œufs.

*a*, petite cloison.

*d d*, *e e*, un des côtés du chariot.

*e o*, roulettes.

*h*, bord supérieur d'un des côtés de la caisse.

K, derrière du four.

*m*, restes de tringles qui règnent d'un bout à l'autre du four, & sur lesquelles posent les roulettes du chariot.

*o o*, partie du chariot vue par l'entrée du four.

*Fig.* 4 & 5.

*Fig.* 4 & 5. Poulets tirés de leurs coques lorſqu'ils étoient prêts de naître, & qu'ils avoient commencé à becqueter leurs coquilles.

*Fig.* 6. Œuf que le poulet a commencé à ouvrir.

*Fig.* 7. Œuf avec fracture trop grande pour l'âge du poulet.

*Fig.* 8. Œuf avec fracture qui occupe toute la circonférence, & qu'il ne reſte plus au poulet qu'à ſoulever.

*Fig.* 9. Poulet qui a renverſé la partie détachée de ſa coque.

*Fig.* 10. Coque dont le poulet eſt ſorti.

*Fig.* 11. Autre coque dont le poulet eſt ſorti avec les vaiſſeaux ſanguins de la membrane qui revêt la coque.

## PLANCHE XXXV.

*Deuxième ſuite de la planche XXXIII.*

*Fig.* 1, 2 & 3. Pouſſinières enterrées dans le fumier. Les pouſſinières 1 & 2 plus courtes de moitié que celles de la *fig.* 3, pour les poulets nouvellement éclos. Celle de la *fig.* 3, pour les poulets plus grands.

M, mère artificielle.

R, rideau qui la ferme pardevant.

A, auget à mangeaille.

C, *fig.* 1 & 2, claie pour fermer la pouſſinière : celle de la *fig.* 3, doit auſſi avoir ſa claie. La pouſſinière de la *fig.* 2, eſt pour les cannetons naiſſans.

D, cloiſon à porte pour laiſſer ſortir les cannetons.

B, jatte pleine d'eau.

*Fig.* 4. Sevroir ou pouſſinière pour les poulets qui commencent à voler.

R S, T V, corps du ſevroir.

O C, D D, F F, pièces qui forment le couvercle entier.

M, mère artificielle.

A, auget à mangeaille.

*Fig.* 5. mère artificielle vue par dehors.

*Fig.* 6. mère artificielle vue par dedans.

*Fig.* 7 & 8. Mères artificielles demi-rondes.

*Fig.* 9. Autre mère artificielle.

*l, m, n, o, p*, boîte qui fait partie de la pouſſinière.

*z z*, tréteaux qui portent cette boîte.

*k*, porte de communication.

*a, b, c, d, e*, tonneau briſé.

*h, i, f, g*, deux mères artificielles.

## PLANCHE XXXVI.

*Fig.* 1. Première herſe compoſée de quatre bras, qui ont chacun quatre pieds dix pouces de long, trois pouces un quart de large, & trois pouces & demi d'épaiſſeur. Il y a onze pouces trois quarts de vide entre ſes bras, en ſorte que la largeur de toute la herſe eſt de quatre pieds.

Les bras ſont joints par quatre traverſes qui paſſent dans chaque bras.

A chaque bras ſont attachés, par des écrous, cinq dents de fer aigu en coupant.

Une hauſſière à crochet, *fig.* 4, s'attache à un des coins de la herſe avec un épars qui porte deux paloniers, pour deux chevaux, leſquels tirent de front comme à la charrue.

*Fig.* 2. La ſeconde herſe eſt compoſée de deux petites herſes, attachées par le milieu avec une penture. Une chaîne de fer entretient ces deux herſes parallèles & à la même diſtance.

Cette herſe a ſix bras, chacun de quatre pieds de long, trois pouces de large, & trois pouces & demi d'épaiſſeur.

La longueur de toute la herſe eſt de cinq pieds ſix pouces.

Chaque bras a cinq dents qui ont dix pouces en dehors.

*Fig.* 3. La troisième herse est composée de deux parties unies comme dans la seconde. Elle a huit bras, chacun de quatre pieds de long. La largeur de toute la herse est de six pieds quatre pouces. Chaque bras a cinq dents de six pouces & demi en dehors.

*Fig.* 5. Brisoir à mottes ; espèce de herse large & pesante. Le brisoir a ses quatre bras épais de quatre à cinq pouces, & longs de sept pieds. Les barres ont trois pouces & demi, & les dents ont dix-sept pouces de longueur, & aiguisées en couteau. Quatre de ces dents sont fixées par un écrou à chaque bras du brisoir.

Il faut mettre sur ce brisoir quatre chevaux ou quatre bœufs.

*Fig.* 6. Faux lorraine ou hache-paille, composée de deux montans de bois A qui, au moyen d'un troisième B posé en travers, soutiennent une caisse C dans laquelle on met la paille D qu'on veut hacher.

La faux est placée sur un pivot au milieu de deux règles F, attachées aux montans.

G, planche quarrée, & deux chevilles adhérentes L, lesquelles servent à présenter la paille au tranchant de la faux.

K, fourchette de fer destinée à avancer le fourrage.

L, petite règle fixe pour reposer la faux quand elle ne travaille pas.

## PLANCHE XXXVII.

*Fig.* 1. Ruche en paille à deux hausses.

*Fig.* 2. Plateau sur lequel se pose la première hausse vu par-dessous ; il doit être proportionné à la ruche.

*Fig.* 3. Le même plateau vu par-dessus avec sa grille.

*Fig.* 4. Plateau qui sépare les étages.

*Fig.* 5. Plateau supérieur qui couvre le rucher.

*Fig.* 6. Plateau qui sert à faire déposer le miel dans un saladier du même diamètre que l'ouverture.

*Fig.* 7. Plan & vue perspective d'une des hausses seule qui doit avoir treize pouces de diamètre en œuvre & quatre de hauteur.

*Fig.* 8. Elevation totale du rucher, 16 à 17 pouces.

*Fig.* 9. Coupe intérieure du rucher.

*Fig.* 10. Plan & profil de la coulisse qui sert à fermer l'entrée de la ruche.

*Fig.* 11. Outil à vendanger la ruche, coupant verticalement.

*Fig.* 12. Autre outil propre au même objet, coupant horisontalement, & ayant huit lignes de largeur seulement pour les ruches en cloche.

Les outils pour les hausses ne doivent être que de six pouces de hauteur.

### *Machine propre à couper en terre les racines.*

Cette machine est composée d'un train, d'un avant-train & d'une espèce de herse.

*Fig.* 1. L'avant-train a deux branches C F, F D qui traversent l'essieu A B dans lequel elles sont arrêtées par des coins de fer, à la naissance des deux fusées A & B.

Cet essieu reçoit, selon sa longueur, un coussinet G F, traversé ainsi que l'essieu en E par un boulon de fer G, destiné à assujettir la chaîne C, *fig.* 3.

Le coussinet est échancré en F dans sa partie inférieure, afin de donner passage à la chaîne : dans son échancrure supérieure est appuyé l'axe B G de la charrue, *fig.* 3.

Cet axe est percé de plusieurs trous, afin de pouvoir le faire avancer plus ou moins sur l'essieu.

La herse, *fig.* 2, qui fait corps avec la charrue, consiste en un bâtis de bois A B, C D très-fort, & dans lequel sont fixés les dix coutres de fer E, dont la disposition est telle qu'aucun d'eux ne passe sur la trace d'un autre. En appuyant sur les poignées des queues E, H, on force ces coutres d'entrer en terre à une certaine profondeur, & de couper les racines quils peuvent y rencontrer.

## PLANCHE XXXVIII.

*Fig.* 1. Houe à laquelle est adaptée une herse.

La partie qui fait l'office de houe dans cette-machine est composée d'un soc applati A, dont les extrémités B B sont pliées à angle droit, & peuvent tourner sur des chevilles qui les fixent aux branches recourbées M M, de manière qu'on peut donner au soc une inclinaison plus ou moins grande, dans laquelle on le maintient par deux clavettes qui traversent les prolongemens coudés B E du soc, & deux quarts de cercle C D percés de plusieurs trous à différentes hauteurs. Les branches M M sont retenues par la traverse L & par l'essieu N de la roue O, qui porte la partie antérieure de la machine.

La herse est armée de plusieurs dents F, montées sur un cadre F G, arrêté aux pièces B E par le boulon G, autour duquel il est parfaitement mobile.

Cette herse traîne sur le terrain & peut en être soulevée à volonté par la corde F I qui passe par la boucle H, & vient s'attacher en I, près de la poignée d'une des queues E K de la charrue. Toute la machine est traînée par un cheval, dont le palonnier s'attache en P à un anneau formé par la courbure du tirant N P.

*Fig.* 2. Semoir de Cook, anglois.

A, caisse où se verse la semence.

B, La partie inférieure inclinée de la même caisse où tombent les semences.

C, planche garnie d'un manche & posée transversalement, servant à empêcher les semences de tomber dans la partie inférieure de la caisse.

D, cylindre sur lequel sont fixées des espèces de cuillers qui prennent les semences dans la partie inférieure de la caisse & les versent dans l'entonnoir E, d'où elles tombent dans une raie faite dans la terre par le coutre F placé au-devant de l'entonnoir. Les semences sont recouvertes à mesure par un petit rateau G.

H, levier au moyen duquel on soulève une des roues K, & on l'empêche de s'engrainer avec l'inférieure lorsqu'on veut faire tourner la machine, & qu'on ne veut plus que les cuillers se chargent de semence.

Au moyen du même levier on soulève le rateau G par la traverse *h h*.

L, autre levier chargé d'un poids à son extrémité pour déterminer la profodeur à laquelle doivent aller les coutres, & par conséquent celles où doivent être portées les semences.

M, vis fixée à la pièce qui soutient le coutre qui sert à soulever ou baisser la caisse qui contient les graines, afin que les cuillers ne les écrasent point & les prennent également.

N, rateau armé de dents de fer qu'on fixe au moyen de deux vis aux parties postérieures *n n* du semoir. On se sert du rateau pour faire différentes opérations, comme celle d'amasser du foin, de sarcler, &c.

O, houe au moyen de laquelle un seul homme peut biner deux acres par jour.

On a décrit le semoir avec une seule caisse, un seul coutre & un seul rateau, pour ne pas rendre la figure trop compliquée; mais ce semoir peut être garni de cinq coutres, cinq rateaux, &c.

*Fig.* 3. Charrue de Norfolk.

A, le manche. B, l'age. D, pièce de

bois correſpondante à la ſcie. E, pièce de fer correſpondante à l'attelier. F, partie du verſoir en bois. G, partie du verſoir en fer. H, le ſoc avec une pièce de rechange à ſon bout. I K, le cep. L, partie du verſoir qui relève la terre. Il y a près de F une cheville de fer pour tenir le verſoir à une diſtance convenable. N, le coutre. O O O, pièces de fer pour renforcer les joints dans les parties où les plus grands frottemens ont lieu. P, cheville de fer recourbée & placée à l'extrémité du manche. Q, pièce de fer qui unit l'âge avec l'avant-train. K, le patron. S, la ſellette. *v v*, deux chevilles pour fixer l'âge. V, chevilles de fer pour ſoutenir la ſellette. W, cheville de fer & chaîne pour fixer l'âge. X, eſpèce de *forceau* retenu par des chevilles. T X, châſſis dentelé en dedans. 7, pièce de fer ſervant à fixer la pommelle. A B, cheville de fer pour retenir l'anneau & la pièce de fer Q. A c, A c, trous à l'extrémité des montans & par où paſſent les guides. 3, 2, 3, la pommelle retenue par le fer 2 à la pièce 7. 3, 3, deux anneaux à chaque extrémité de la pommelle, auxquels ſont fixés les deux palonniers. 4 4, les traits des chevaux ſont attachés en 5, 5.

*Fig.* 4. Transplantoir. Outil dont on ſe ſert pour tranſplanter certaines plantes. On trouvera l'explication, les avantages, & la manière de ſe ſervir de cet outil, à ſon article, dans ce dictionnaire.

*Fig.* 5. Crochets de houblonière.

*Fig.* 6. Tonneau-arrosoir. Voyez en la deſcription dans ce dictionnaire, à l'article *Tonneau pour les arroſemens.*

## Planche XXXIX.

*Fig.* 1. *Hache-paille;* inſtrument qui a le double avantage de couper toutes eſpèces de fourrages & toutes ſortes de racines.

Le hache-paille eſt vu dans la *fig.* 1, dans la poſition où il doit être pour travailler.

La *fig.* 2 eſt le plan de la première. Les pièces ſemblables ſont marquées des mêmes lettres dans l'une & l'autre figure.

*a x b.* Cette partie eſt compoſée de ſix lames de fer courbé. Ces lames ſont ſéparées l'une de l'autre & tenues à diſtance égale par leur bout *b*, au moyen d'anneaux de fer qui ſont alternativement avec les lames enfilées ſur un boulon de fer *x*, terminé d'un bout par une tête plate, & de l'autre par une vis, le tout aſſujetti par un écrou.

Ces lames ſont ſoudées par leur autre extrémité à un morceau de fer *a d*, de manière qu'elles ne forment plus avec lui qu'une ſeule pièce *d a x b.*

Il faut obſerver dans la partie *a* les mêmes diſtances entre les lames que celles de la partie *b*, afin de loger entre elles les cinq couteaux qui ſont arrêtés par leur bout *a*, au moyen du boulon *f.*

*e h y*, cinq couteaux tranchans qui ſe logent entre les eſpaces des ſix lames *a x b*, & y ſont arrêtés par le boulon *f*, autour duquel ils ſe meuvent de *b* en *x*.

*i*, autre boulon terminé par une vis; il traverſe les cinq couteaux, les aſſujettit en *h*, & les tient également eſpacés entre eux, au moyen d'anneaux de fer qui s'enfilent ſur ce boulon, alternativement avec les couteaux de même qu'en *b.*

Quatre des cinq couteaux ſont légérement courbés en *h*, *fig.* 2. Cette courbure ſert à recevoir les cinq lames pour les introduire dans le manche de bois *k l*, auquel on met une forte virole de fer *k*.

*Fig.* 3. Moulin à bras. La deſcription & les avantages de cette machine ſont rapportés à l'article *Moulins domeſtiques* dans ce dictionnaire.

*Fig.* 4. Plan d'une laiterie.

## PLANCHE XL.

*Fig.* 1. *Charrue angloise sans roues.* On trouvera l'explication des parties qui composent cette charrue, à son article, dans ce dictionnaire.

*Fig.* 2. *Charrue à défricher. Voyez* pareillement la description de cette charrue, à l'article qui la concerne dans ce dictionnaire.

## PLANCHE XLI.

*Fig.* 1. *Araire ;* instrument de labour avec ses développemens. *Voyez* pour l'explication l'article *araire* dans ce dictionnaire.

*Fig.* 2. Caisse de dessication des grains.

A, caisse de dessication dans laquelle on met le grain, dont l'humidité s'échappe en vapeurs par les soupiraux du couvercle, lesquels sont garnis de trapes fort légères.

*a a*, ouvertures pratiquées dans l'épaisseur de la caisse pour y placer des thermomètres.

*b*, ouverture au bas de la caisse pour vider le grain quand il est parfaitement desseché.

B, fourneau en briques ; au travers duquel passe le porte vent.

C, soufflets ou ventilateurs dont les soupapes sont rassemblées dans la buse *c* qui conduit l'air dans le porte-vent D.

D, tuyau de tôle qui traverse le fourneau, & vient aboutir à une ouverture pratiquée entre les deux fonds *c c* de la caisse.

E, rechaud rempli de braise, placé audessous de la caisse de dessication.

## PLANCHE XLII.

*Fig.* 1, 2, 3, 4, 5, 6. A, bras de la brouette à bascule.

B, pieds.

C, arc-boutant qui est attaché aux pieds B, & au montant 2 qui porte le boulon 3.

D, châssis de la bascule sur lequel sont portées les cornes L & M, retenues par la traverse K.

E F G, traverses entre les bras de la brouette & qui les retiennent.

H, boulon sur lequel joue la bascule.

I, essieu.

L M, cornes en guimbardes.

K, traverse qui assujettit les cornes.

N, mentonnet à ressort.

P, tête du mentonnet.

O, gache du mentonnet.

Q, queue du mentonnet. En la poussant en devant, le mentonnet se revêtit de la gâche, & le châssis de la bascule se renverse. Il faut conduire la bascule à la main, si elle est chargée, pour que le poids de la charge ne la fasse pas frapper fortement contre terre, ce qui casseroit les cornes de l'arrière.

Quand elle est déchargée, on la ramène avec la main sur le bras de la brouette, où elle s'accroche d'elle-même au mentonnet.

P S T, *fig.* 4, montre la bascule en place sur les bras de la brouette.

V X Y Z, montrent la brouette en déchargement.

M D K, font voir le châssis de la bascule, soulevé au-dessus des bras ou de son cadre.

## PLANCHE XLIII.

*Fig.* 1. Charrue-semoir angloise.

*Fig.* 2. Autre charrue angloise pour semer toutes sortes de grains. *Voyez* aux articles *Charrue-semoir*, & *semoirs* de ce dictionnaire.

PLANCHE XLIV.

*Fig.* 1. Moulin à main pour moudre le grain.

AAAA, établi du moulin.

B, grande roue.

C, petite roue.

D, trémie.

E, dessous de la trémie.

F, cage ou support du moulin.

G, la manivelle.

*Fig.* 2. pompe pour les arrosemens.

PLANCHE XLV.

*Fig.* 1. Moulin à main pour séparer le grain des épis. Machine angloise.

A A, monture du moulin.

B, cône extérieur.

C, grande roue de fer.

D, verge.

E, pignon.

F, boîte inclinée pour le grain.

G, entrée du cône où tombe le grain brisé.

H, manivelle.

*Fig.* 2 & 3. Ouvriers qui préparent les gerbes.

*Fig.* 4. Peigne de fer.

PLANCHE XLVI.

Machine angloise pour séparer le grain de la paille.

PLANCHE XLVII.

Machine pour secher un marais, ou pour tirer de l'eau d'un endroit peu profond.

AB, grandes cuillères pour puiser l'eau.

C, réservoir inférieur.

D, réservoir supérieur.

EF, leviers.

GH, mains ou attaches des leviers.

K, point fixe des leviers.

LM, autres mains ou attaches des leviers.

NO, coudes de l'axe de la roue.

P, roue de fer qu'on fait tourner avec une manivelle.

Q, pignon.

PLANCHE XLVIII.

Autre machine pour le même usage que la précédente.

AAAA, quatre grandes cuilleres.

BC, réservoirs.

DDDD, quatre barres de fer mouvantes.

EF, grande bascule.

K, point fixe de la bascule.

GHI, contre-poids de la bascule.

LM, cordes que l'on tire à force de bras pour mettre en mouvement les quatre cuillères.

PLANCHE XLIX.

Machine pour élever de l'eau d'une rivière.

A, courant de la rivière.

B, grande roue, mise en mouvement par l'eau.

C, roue dentée.

DEF, lanternes des deux roues dentées sur les deux champs.

GH, deux vis d'archimède.

IK, les deux réſervoirs.

PLANCHE L.

Machine pour élever l'eau d'un puits ou d'un réſervoir.

AB, deux pignons qui ſont maſſifs, faits en bois ou en métal.

CD, caiſſe ovale.

E, ouverture, ou trou de la groſſeur du tuyau F.

G, axe coudé, joint au pignon A.

H, ſecond axe coudé qui répond à l'autre axe.

I, pièce de fer faite en coulis.

K, cheville fixe autour de laquelle ſe meut la pièce de fer.

L, grande roue qu'on fait tourner à force de bras.

M, la manivelle.

*Voyez* l'explication plus détaillée à l'article *machine*.

PLANCHE LI.

Machine pour tirer facilement l'eau d'un puits profond.

*Fig.* 1 & 2. A & B, ſceaux d'une égale grandeur attachés aux deux bouts d'une chaîne.

C, eſſieu de la poulie.

DE, deux grandes roues placées aux deux bouts de l'eſſieu.

*Voyez* une explication plus détaillée & raiſonnée à l'article *machine*.

PLANCHE LII.

Moulin.

ABC, grande baſcule qui eſt ſuſpendue par ſon axe D, de manière qu'elle fait ſon jeu.

EF, cordes avec leſquelles on fait élever & baiſſer la baſcule.

G, pièce de bois qui traverſe l'axe.

HI, manches des cliquets attachés avec des chevilles de fer mouvantes.

K, roue taillée en rochet, & dentée ſur champ.

L, lanterne.

*Voyez*, pour plus ample explication, à l'article *machine*.

PLANCHE LIII.

*Fig.* 1. Moulin mis en mouvement par un bœuf.

A, grande roue du moulin dans laquelle on fait entrer un bœuf qu'on a auparavant inſtruit à y marcher.

Quand cet animal continue de cette manière de faire tourner la grande roue A, celle-ci communique ſon mouvement à la roue dentée ſur champ B qui eſt au bout de ſon axe, & fait tourner la lanterne C, & par ſuite la meule du moulin.

*Voyez* à l'article *moulin* mis en mouvement par un bœuf.

*Fig.* 2. Moulin portatif que l'on place ſur une charette.

AA, les deux roues de la charette.

B, petite roue dentée ſur champ.

C, eſſieu auquel ſont attachées les roues de la charette & la roue dentée.

D, lanterne que la roue de champ fait tourner, & par ſuite la meule de moulin.

*Voyez* à l'article *moulin portatif*.

*Fig.* 3. Brouette de nouvelle invention.

A, caiſſe de la brouette.

B, roue de la brouette qui porte ſeule tout le fardeau.

C, petites planches qui couvrent l'ouvertu pratiquée au milieu de la brouette, pour y laisser tourner librement la roue.

*Voyez* une plus ample explication à l'article *brouette*.

## PLANCHE LIV.

*Fig.* 1. *Broye hollandoise* ; instrument pour broyer le lin.

La broye est composée de deux parties principales ; l'une mobile qui est supérieure, l'autre fixe qui est inférieure.

A B C D, ces parties sont formées de trois planches minces de hêtre, assemblées à de petites distances les unes des autres, dans de fortes pièces de bois.

La partie fixe est soutenue à une hauteur convenable par quatre pieds solides.

La partie mobile à un manche par lequel on l'élève & on l'abaisse.

*Voyez*, pour plus grande explication, l'article *broye hollandoise*.

*Fig.* 2. *Espade hollandoise*. Autre machine destinée aussi à broyer le lin.

L'espade consiste en une planche qui a une large échancrure dans un de ses côtés A, *fig.* 2, & qui est élevée perpendiculairement sur un châssis fixe. On suspend le lin dans cette échancrure.

*Fig.* 3. L'espade, proprement dite, est presque circulaire, & n'a guère moins de dix-huit pouces de diamètre.

A, manche de l'espade. La plus grande action de l'espade est en B & C, & s'exerce sur le milieu même de la poignée de lin.

*Voyez*, pour une plus ample explication, l'article *espade hollandoise*.

*Fig.* 4. Moulin pour affiner le lin.

A A, deux fortes planches perpendiculaires à l'horison.

B B B, barres qui retiennent les deux planches.

C, fuseau de fer.

D, grande roue.

E, cylindres de bois qui traversent toutes les planches.

F, troisième planche perpendiculaire qui est mobile.

*Voyez* l'explication du jeu de cette machine à l'article *moulin hollandois pour affiner le lin*.

*Fig.* 5, 6 & 7. Moulin pour nettoyer les graines.

A, manivelle.

B, trémie.

C, plan incliné.

D, sortie des graines.

E, côté de la machine où les corps les plus légers sont entraînés.

F, planche triangulaire fixée au manche du moulin.

G, cheville autour de laquelle se meut une petite latte courbée.

H, extrémité inférieure de la latte.

I, extrémité supérieure de la latte.

K L, grande boîte dans laquelle le moulin est renfermé.

*Fig.* 6 & 7. Parties essentielles de la machine.

*Voyez*, au surplus, l'article *moulin hollandois pour nettoyer les graines*.

# A

ABEILLE, *mouche à miel.*

ABOUTIR; terme de jardinage.

ABREUVER; terme d'agriculture.

ABREUVOIR; fente des arbres.

ABRI des plantes.

ACCOLLER une plante.

ACCOUPLER les bœufs à la charrue.

ACCROISSEMENT des végétaux.

ACRETÉ; saveur acerbe des fruits.

ADOS; élévation de terre.

AFFAISSEMENT, ou enfoncement des terres.

AGE d'un arbre.

AIGUILLE; pieu de la charrue.

AIR; agent de la végétation.

AIRE; place unie pour battre les grains.

ALAISE, ou alonge.

ALIGNER, ou tracer des lignes.

ALLÉE; chemin aligné.

ALONGE des branches d'arbres.

ALONGER, ou étendre les branches d'arbre.

AMANDIER; arbre.

AMENDER, ou engraisser les terres.

AMEUBLER la terre.

AMPHITHÉATRE; terrain élevé.

AMPUTATION d'une branche d'arbre.

AMUSER la sève, ou la retarder.

ANALOGUE, ou le rapport d'une substance avec une autre.

ANDROGYNE; plante qui réunit les deux sexes.

ANE; animal employé au labour.

ANIMAUX de labour.

ANNEAUX, ou rides des arbres fruitiers.

ANNUELLE; plante qui ne dure qu'un an.

AOUTÉ; terme qui désigne une branche ou une plante qui a acquis de la vigueur.

APPLANIR, ou unir un terrain.

APLOMB; ligne perpendiculaire à l'horison.

APPAREIL; c'est l'emplâtre qu'on applique à la plaie d'un arbre.

APPROCHE; c'est une greffe faite par la conjonction de deux branches de fruits différens.

ARAIRE; nom d'une espèce de charrue sans roues.

ARATELER; c'est se servir du rateau.

ARATOIRE, ce qui est relatif à la culture des terres.

ARBALETRIER; partie d'une charrue.

ARBRE; plante vivace qui a la consistance de bois dur, qui croît dans la terre, & y fait des racines.

*Arbre à basse-tige* ou *nain.*

*Arbre de demi-tige.*

ARBRISSEAU; petit arbre.

ARBUSTE; petit arbre moindre que l'arbrisseau.

AREAU; espece de charrue.

ARGILLE; terre grasse qui se durcit à l'air.

ARRACHER; c'est tirer de terre avec force une plante qui est morte ou nuisible.

ARRÊT; obstacle qu'on oppose aux eaux qui sont nuisibles.

ARRÊTER; c'est empêcher ou modérer la crue d'une plante.

ARROSEMENT, action d'arroser, ou d'humecter la terre.

ARROSER; c'est donner de l'eau à une plante.

ARROSOIR; vaisseau avec lequel on donne de l'eau aux plantes.

ARROSOIR *en brouette.*

ASCENSION; action de la sève qui se répartit dans une plante.

Aspiration ; action des racines des plantes qui pompent les sucs de la terre.

Assommoir ; c'est un piége employé contre certains petits animaux destructeurs.

Attache ; lien pour retenir les branches d'un arbre sur le mur, ou sur le treillage.

Atteler ; c'est mettre des bœufs ou des chevaux à une charrue.

Atteles ; ailerons qui sont à côté du collier d'un cheval de charette.

Attelage ; union des bœufs à la charrue.

Avaloire ; c'est une partie du harnois des chevaux de trait.

Avancer, ou *retarder* les plantes ; c'est en accélérer ou ralentir la végétation.

Avenue ; allée d'arbre.

Auge ; vaisseau qui sert à donner à manger & à boire aux chevaux & autres animaux.

Auvent ; c'est un abri contre le vent.

# B

BAC; petit baſſin avec robinet, qui ſe place dans un jardin potager.

BAGUE; c'eſt le nom qu'on donne aux œufs de certaines chenilles qui ſont arrangés comme des perles l'un contre l'autre.

BAHUT; coffre dont le deſſus eſt arrondi en forme de voûte.

BAISSER LA VIGNE; c'eſt en courber les branches.

BALAI; inſtrument d'un uſage commun & fort connu.

BANDAGE; c'eſt un ſoutien que l'on met à une branche caſſée ou éclatée.

BANNE; voiture faite en forme de tombereau, dont le fond s'ouvre à volonté.

BANQUETTE; on nomme ainſi une paliſſade tondue à hauteur d'appui.

BAQUET; vaiſſeau dans lequel on ſème quelques graines particulières.

BARATTE; vaiſſeau plus étroit par le haut que par le bas, ſervant à faire le beurre.

BARBARE ou *exotique;* plante étrangère.

BARBADES; nom qu'on donne à des marcottes.

BARDOUBARE; eſpèce de civière à quatre manches, ſervant à porter des fardeaux.

BARRE; (*planter à la*) c'eſt faire un trou en terre avec une cheville de fer qu'on appelle *barre* ou *plantoir.*

BASSIN; c'eſt un creux pratiqué au pied d'un arbre pour y recevoir de l'eau.

BASSIN D'EAU; eſpace creuſé en terre, de figure ronde ou ovale, deſtiné à recevoir l'eau d'un jet ou à ſervir de réſervoir.

BASSIN *de décharge;* c'eſt un canal ou pièce d'eau où ſe décharge les eaux d'un jardin.

BASSINER; c'eſt arroſer légèrement.

BATARD; ce mot ſe dit de toute plante ſauvage ou qui n'eſt point cultivée.

BATARDEAU; c'eſt un maſſif qui défend l'entrée de l'eau dans l'eſpace où l'on veut fonder à ſec.

BATARDIÈRE *ou* PÉPINIÈRE, c'eſt un endroit du jardin où l'on place près à près des arbres tout greffés.

BATTE *à bras;* c'eſt un maillet de bois long & épais, emmanché diagonalement par le milieu, dont on ſe ſert pour applanir les allées, & pour élaguer le gazon.

BATTE *à main;* c'eſt un diminutif de la *batte à bras.*

BATTEUR *en grange;* c'eſt l'ouvrier qui frappe le bled avec un fléau pour faire ſortir le grain de l'épi.

BATTRE *la terre;* c'eſt affermir la terre en la battant avec un outil de bois.

BATTRE *les gerbes;* c'eſt faire ſortir le grain des gerbes en les battant ſans les délier.

BÊCHE; inſtrument de fer dont on ſe ſert pour remuer la terre.

*Bêches angloiſes.*

BELVEDER; endroit élevé dans un jardin pour y jouir d'une belle vue.

BEQUILLE; inſtrument de fer qui eſt une eſpèce de ratiſſoire.

BEQUILLER, *biner, ſerfouir, bechotter;* c'eſt labourer légèrement.

BERCEAU; c'eſt un cabinet ou une eſpèce de galerie faits en treillage, & garnis de verdure.

BESOCHE; inſtrument de fer qui ſert au labour.

BILLONS; (*labourer en*) c'eſt laiſſer de l'intervalle entre les ſillons.

BINAGE; c'eſt un labour ſuperficiel.

BINARD; eſpèce de grand chariot à quatre roues égales.

BINER; c'eſt labourer ſuperficiellement.

BINETTE; inſtrument de labour en forme de petite pioche.

BISANNUEL; nom donné aux plantes qui ne montent en graine qu'une année après avoir pouſſé leurs premières feuilles.

BLANC; nom d'une eſpèce de lèpre qui s'attache à certaines plantes.

Blanc ; ce terme se dit aussi de filamens blancs, qu'on voit sur les mottes de fumier chaud.

Bœuf ; animal propre au labour.

Boisseau ; mesure de divers corps secs.

Bombé ; (*terrain*) ou élevé en dos de bahut.

Border ; c'est battre avec le dos de la bêche le bord d'une plate-bande.

Border *une plate-bande* ; c'est mettre au pourtour un bord de plantes, ou même de planches.

Bordure ; c'est, dans un jardin, le pourtour d'une allée, d'un quarré, ou des planches de terre.

Borner ; c'est resserrer un talus, ou un tapis de verdure dans un certain espace.

Bosquet ; c'est un espace de terrain garni d'arbres ou de palissades, réguliérement disposés.

Bouillon ; c'est une eau fermentée & préparée pour fortifier certains végétaux.

Boules ; (*arbre en*) on nomme ainsi des arbres tendres & taillés en forme ronde.

Boulingrin ; espèce de parterre de gazon, renfermé avec des bordures en glacis.

Bouquet ; nom d'un bois de peu d'étendue, planté dans un jardin d'agrément.

Bourgeon ; c'est la pousse de l'année qui provient d'un œil ou bouton de la plante.

Bourre ; première apparence des bourgeons de vignes, ou des boutons d'arbres fruitiers.

Bourrelet ; c'est une excroissance qui se forme aux plaies des arbres.

Bourses *à fruit* ; on donne ce nom aux extrémités de certaines branches des poiriers & pommiers qui ont une apparence de bourse.

Bouse ; fiente de bœuf ou de vache.

Bouton ou *œil* ; c'est la petite excroissance qui renferme l'embrion de la plante.

Bouture ; c'est le rejeton d'un arbre.

Branche ; c'est un rameau saillant faisant partie d'un arbre.

Bride ; c'est tout ce qui se met à la tête du cheval pour le brider.

Briolets ; partie de la charrue.

Brise-mottes ; c'est un lourd cylindre de bois, ou de pierre, ou de fer qu'on fait rouler sur la terre pour en écraser les mottes.

Brise-vents ; ce sont des paillassons pour garantir les plantes des mauvais vents.

Brisoir *à mottes* ; c'est une forte de herse large & pesante pour briser les mottes de terre.

Brouette ; espèce de petit tombereau qu'un homme pousse en avant pour transporter divers fardeaux.

Brouette *à fumier* ; espèce de civière.

Brouette *à bascule*, ou *brouette angloise*.

Brouir ; ce terme se dit des arbres, des feuilles & des fleurs qui sont flétris par des mauvais vents.

Brouissure ; flétrissure occasionnée par le vent.

Broye *hollandoise* ; instrument pour broyer le lin.

Brulure ; maladie qui attaque l'extrémité des branches & des racines des arbres en espalier.

Buffle ; espèce de bœuf sauvage.

Buisson ; petit arbre touffu, composé de branches horisontales.

Butte ; petit monceau de terre qu'on élève quelquefois au pied d'un arbre ou d'une tente pour les garantir du vent.

Butte-avant ; outil de jardinage, espèce de *rabot*.

# C

**Cabinet** ; c'eſt une petite ſalle de verdure, diſpoſée dans un jardin d'agrément.

**Cacochyme** ; arbre languiſſant.

**Cadre** ; (*le*) inſtrument commode pour cueillir la fleur du houblon.

**Caisse** ; ouvrage de menuiſerie pour y faire venir des plantes.

**Caisse de dessiccation** ; ouvrage de menuiſerie dans lequel on fait ſecher des grains.

**Calibre** ; c'eſt le moule intérieur des canaux des plantes.

**Calleux** ; ce terme ſe dit des ſemences qui ont une enveloppe coriacée.

**Callosité** ; matière dure & ſèche qui ſe forme ſur certaines plantes.

**Calus** ; nœud qui ſe forme aux extrémités d'une branche caſſée.

**Camion** ; petit tombereau.

**Canal** ; on appelle ainſi le petit vaiſſeau intérieur dans lequel circule la ſève de la plante.

**Cannelure** ; ſorte de cavité qui ſe rencontre dans les tiges de certaines plantes.

**Caprification** ; c'eſt le nom d'une pratique ſingulière pour faire fructifier les figuiers.

**Capsule** ; on appelle ainſi la petite loge qui renferme les pepins de certains fruits.

**Caire** ; on appelle ainſi la pourriture qui attaque les corps ligneux.

**Carré** ; diviſion qu'on fait dans les compartimens d'un parterre.

**Carreau** ; c'eſt, dans le jardinage, une planche oblongue de terre où l'on met certaines plantes en réſerve.

**Carrelet** ; lime d'acier faite en triangle.

**Carriere** ; c'eſt dans certains fruits, comme les poires, l'endroit où ſe raſſemblent pluſieurs petits nœuds durs & pierreux.

**Casser** *un rameau de la pouſſe* ; opération de jardinage, par laquelle on fait éclater à deſſein un rameau.

**Cataplasme** ; c'eſt, dans le jardinage, une emplâtre de bouze de vache, qu'on applique ſur les plaies des arbres.

**Cautere** ; c'eſt une ouverture que l'on fait à deſſein dans l'écorce d'un arbre.

**Cendre** ; ſubſtance terreſtre & ſaline.

**Cep** ; pièce de fer faiſant partie de la charrue.

**Cerceau** ; cercle de bois, dont on ſe ſert dans le jardinage pour dreſſer les arbres.

**Champ** ; (*ſemer à*) c'eſt ſemer à la volée.

**Champ** ; (*fumer à*) c'eſt couvrir de fumier la ſuperficie d'un eſpace de terre.

**Chanci**, ſynonyme de moiſi.

**Chancre** ; c'eſt une ulcère qui ſe forme dans certaines plantes.

**Chariot** ; eſpèce d'échelle portée ſur quatre roues.

**Chariot** ; c'eſt auſſi une voiture pour le tranſport des arbres en caiſſe.

**Chariot** ; machine compoſée de deux cylindres pour applanir les chemins.

**Charmille** ; c'eſt un jeune plant de charmes pour les paliſſades.

**Charrée** ; nom de la cendre qui a ſervi à la leſſive.

**Charrue** ; machine employée pour le labourage, & qui eſt traînée par des bœufs ou des chevaux. Il y a des charrues de forme & de conſtruction différentes, ſuivant le ſervice qu'on veut en tirer.

**Charrue** *des jardins* ; c'eſt une ratiſſoire, deſtinée à ratiſſer les grandes allées des parcs.

**Chassis** ; aſſemblage de pièces de bois avec des panneaux vitrés, deſtinés à faciliter la végétation de certaines plantes.

**Chatrer** *une plante* ; c'eſt en retrancher les rejetons inutiles.

**Chaux**, pierre ou marne calcinée.

**Cheval** ; quadrupède qu'on peut employer utilement au labour.

**Chevalet** ; partie de la charrue.

**Chevron** ; c'eſt la marche de gazon qui traverſe les allées trop rampantes.

**Cicatriser** une plaie d'arbre, c'eſt la refermer.

CISEAUX *à tondre les arbres ;* ce sont de grands ciseaux à longues branches renversées.

CIVIERE ; c'est un petit brancard sur lequel deux hommes peuvent transporter des fardeaux.

CLÉ ; une des parties de la charrue.

CLOCHES *des jardins ;* ce sont des instrumens de verre en forme de cloches pour couvrir les plantes délicates.

CLOITRE ; sorte de bosquet fermé par un enclos de palissades.

CLOQUE ou *brouissure ;* c'est le nom qu'on donne à la forme que prennent les feuilles d'arbre repliées par quelqu'accident.

CLOU ; on emploie dans le palissage des clous d'un pouce & demi de long.

COFFIN ; petit panier d'osier pour y mettre des fruits.

COFFINER ; ce terme se dit des feuilles qui se fanent & se replient.

COIGNÉE ; outil, composé d'un fer tranchant en forme de hache.

COLLET *de hotte ;* c'est la partie de la hotte qui garantit le cou de celui qui la porte.

COLLIER ; une des parties de la charrue.

COLLIER *de cheval ;* assemblage de deux pièces de bois rembourées, que l'on passe dans le cou des chevaux.

COLOMBINE ; fiente de pigeon.

COMMANDE ; ( *la* ) partie d'une charrue.

CONDUIRE *les arbres ;* c'est les tailler, les gouverner.

CONTOURNER une branche, c'est la forcer lors du palissage.

CONTRE-ESPALIER ; treillage pratiqué au-devant d'un espalier.

CORBEILLE *d'osier ;* panier à claire-voie pour passer la terre.

CORBEILLES *d'ornemens ;* ce sont des élevations de terre qu'on retient avec des bandes d'osier, ou avec de petits treillages.

CORDE ; ce terme se dit des fibres ligneuses d'une plante.

CORDEAU ; corde pour prendre des alignemens.

CORDON ; c'est un gazon qui borde un bassin, ou les compartimens d'un parterre.

COTIERE ; bande de terre qui va en pente.

COUCHE ; amas de fumier qu'on assemble par lit.

COUCHE *chaude*, celle qui a toute sa chaleur.

COUCHE *sourde*, celle qui est enfoncée en terre.

COUCHE *de peinture ;* enduit de couleur qu'on met sur un treillage.

COUCHER *une branche*, c'est l'étendre en terre.

COULER *une branche d'arbre ;* c'est palissader une branche le long d'une voiture qu'on doit couper.

COULURE ; c'est l'accident que trop d'humidité cause aux bleds & à la vigne.

COUPE *des arbres ;* action de retrancher une branche d'arbre.

COUPE *choux ;* instrument employé à couper les pommes de terre.

COUPER *en pied de biche*, c'est couper de biais.

COURBURE *des branches ;* c'est leur inclinaison en arc.

COURONNÉ ; ( *arbre* ) c'est un arbre dont les branches de la cime sont mortes.

COURONNÉ ; ( *fruit* ) c'est un fruit desseché par le soleil.

COURONNER *un arbre ;* c'est le tailler de façon qu'il présente par le haut une surface égale.

COURSON ; c'est un rameau d'arbre coupé tout court.

COUTEAU *de bois ou d'ivoire ;* couteau propre à gratter la mousse ou le noir de la punaise qui s'attache aux arbres.

COUTRE ; pièce de fer faisant partie essentielle de la charrue.

COUVERT ; c'est l'ombrage des arbres touffus.

COUVERTURE ; c'est l'abri qu'on procure aux plantes délicates.

COUVRIR *une plante ;* c'est étendre dessus un corps qui la garantisse du froid ou du vent.

CRAYON ; on appelle ainsi une terre dure, blanchâtre & stérile.

CRAIE ; pierre calcaire, fort blanche, qui se trouve près de la superficie de la terre.

CREVASSE ; c'est une fente, soit des arbres, soit de la terre.

Crible ; on donne ce nom au canal qui donne passage à la circulation de la sève dans les plantes.

Crible ; c'est un cercle dont le fond est percé d'une grande quantité de petits trous.

Crible, ou *tarare à brosses*, pour nettoyer les grains ; sa forme se rapproche de celle d'un bluteau.

Cric ; instrument qui sert à soulever des fardeaux.

Crochet ; c'est une petite branche courbée.

Crochet ; instrument à deux dents de fer recourbé, propre à labourer le pied de la vigne.

Crochets *de fer* ; ce sont des morceaux de fer scellés dans le mur pour soutenir les treillages.

Crochet ; instrument de fer pour arracher les arbrisseaux & les buissons.

Croiser ; en terme de jardinage, c'est faire passer les branches d'un arbre les unes sur les autres.

Croissant ; c'est un fer coupant & courbé en forme de croissant pour tailler ou élaguer les branches d'arbre.

Crossette ; c'est une petite branche de vigne ou de figuier, dont l'extrémité a la figure d'une petite crosse.

Crottin ; c'est la fiente de cheval ou de mouton.

Croupiere ; espèce d'anneau de cuir rembouré qui tient à l'extrémité postérieure du harnois, pour y passer la queue du cheval.

Cruche ; espèce d'arrosoir qui verse par un bec ou tuyau ouvert.

Cueillette *des fruits* ; c'est le tems où l'on récolte.

Cueilloir ; panier d'osier servant à contenir ce qu'on récolte dans un jardin.

Cultivateur ; instrument d'agriculture propre à de légers labours.

Cultiver ; c'est donner à la terre tous les travaux & les soins propres à la fertiliser.

Culture ; art de travailler la terre pour en tirer des productions.

Curure ; vase ou limon des étangs, ou des mares.

Cuve ; grand vaisseau de bois où l'on fait fermenter des substances végétales.

Cylindre ; rouleau de marbre ou d'autre pierre pour applanir la terre ou le gazon.

# D

Dard ; on donne ce nom à un petit filet blanc qui s'élève au milieu des fleurs des fruits.

Darder ; se dit des branches d'un arbre, qui pointent en devant ou de côté.

Décaisser ; c'est ôter une plante de sa caisse.

Dechalasser ; c'est ôter les échalas des vignes.

Décharger *un arbre* ; c'est enter les branches, ou les fruits qui nuisent.

Décharner *un arbre* ; c'est le mutiler, en le taillant trop court.

Déchausser *un arbre*, c'est ôter du pied la terre qui ne doit pas y être.

Décoller ; ce terme se dit d'un bourgeon qui se casse au collet où il a pris naissance. Il se dit aussi des greffes que le vent a détachées.

Découvrir *les plantes* ; c'est leur ôter les cloches ou paillassons qui les couvroient.

Défleurir ; ce terme se dit d'un arbre qui perd ses fleurs, ou d'un fruit dont le velouté est enlevé.

Défoncer *la terre*, c'est la creuser profondément.

Défricher ; c'est mettre en valeur une terre qui étoit en friche.

Défrichement ; c'est le labour d'une terre en friche.

Dégarnir *un arbre*, c'est en retrancher les branches inutiles.

Dégénérer ; ce terme se dit d'un arbre dont les fruits cessent d'être aussi bons.

Déhourdoirs, partie de la charrue.

Demeure ; (*planter à*) c'est mettre en pleine terre une plante qui a été élevée sur couche.

Demonter *un arbre* ; c'est en retrancher les branches superflues.

Denté ; ce terme se dit des pétales ou des feuilles qui ont des formes de dents.

Dentelé ; ce terme se dit des feuilles dont l'extrémité est découpée en petites parties inégales.

Dépalisser ; c'est détacher les branches d'un arbre qui est en espalier.

Déplantoir ; outil de jardinage en forme de palette, qui sert à enlever de terre une plante.

Dépoter ; c'est ôter une plante d'un pot ou vase.

Dépouiller *un arbre* ; c'est ôter à un arbre ou ses feuilles ou ses fruits.

Déraciner ; arracher de terre les racines d'une plante.

Dessechement ; c'est faire évacuer l'eau d'un terrain.

Détoupillonner ; c'est retrancher les branches de faux bois.

Diable ; espèce de chariot à deux petites roues, pour le transport des pierres ou des terres.

Diamètre ; c'est le tour de la circonférence d'un corps qui est rond.

Direction ; ce mot s'entend de la manière de gouverner un arbre.

Distribution ; ce terme se dit de la manière dont on arrange un jardin.

La *distribution* est aussi l'art de diriger une plantation.

Dog, ou *chien*, ou *machoire de chien* ; instrument d'agriculture pour arracher de terre une plante forte.

Dos de chat ; c'est une courbure comme un coude.

**Dos d'ane** ; c'eſt une élevation de terre plus haute dans le milieu que des côtés.

* **Double allée** ; c'eſt une allée qui a quatre rangs d'arbres.

**Douille** ; cylindre creux dans lequel entre le manche d'un outil.

**Drageons** ; ce ſont les pouſſes multipliées des arbres vigoureux.

**Dresser** ; c'eſt, en général, aligner, arranger, bien diſpoſer des plants.

**Drill** ; c'eſt le nom d'un *ſemoir* anglois.

# E

EAU *de source ;* c'est la plus convenable pour les arrosemens.

ÉBARBER ; c'est retrancher les menues branches des arbres.

ÉBORGNER ; c'est ôter une partie des yeux d'une vigne pour la faire monter.

ÉBOTTER ; c'est abattre en partie les branches d'un arbre.

ÉBOURGEONNER ; c'est supprimer les bourgeons inutiles.

ÉBOURGEONNEMENT ; action de supprimer les bourgeons.

ÉBRANCHER ; c'est ôter les branches inutiles d'un arbre.

ÉCHALAS ; morceaux de bois taillés pour soutenir les sarmens de la vigne, ou pour faire des treillages.

Les *échalas* se nomment aussi dans certains vignobles, *charniers*, *paisceaux*, *œuvres*.

ÉCHALASSER ; c'est mettre des échalas dans une vigne.

ÉCHALLIER *ou* ÉCHEILLIER ; espèce d'échelle pratiquée dans une haie pour y frayer un passage.

ÉCHAPPER ; (*s'*) ce terme se dit d'un arbre qui ne produit que du bois, ou des branches stériles.

ÉCHAUDÉ ; le bled échaudé est un grain maigre & flétri, qui contient peu de farine.

ÉCHAUFFER *un terrein ;* c'est l'amender par des engrais.

ÉCHELLE ; instrument de jardinage, formé de deux montans de bois, traversés par des échelons.

ÉCHEVASON ; c'est une échelle qui n'a qu'un montant, traversé par de fortes chevilles.

ECHENILLER ; c'est ôter les chenilles qui s'attachent aux arbres.

ÉCHENILLOIR *ou* ÉCHENILLIER ; c'est un bâton garni de bourre par le bout pour faire tomber les chenilles des arbres.

ÉCLAIRCIR *un plant ;* c'est en ôter le superflu.

ÉCLATEMENT *d'une branche ;* c'est un moyen de dompter une branche intempérante.

ÉCLISSE ; petit morceau de bois mince, servant à garantir les fractures d'une branche fêlée.

ÉCLUSE ; espèce de rempart, construit pour contenir & arrêter les eaux.

ÉCOBUE ; instrument de fer tranchant & recourbé comme une houe, dont on se sert dans le labour.

ÉCORCER ; c'est enlever l'écorce d'un arbre.

ÉCUSSON ; c'est un œil levé sur un jet d'arbre pour l'appliquer sur un autre arbre, par le moyen de la greffe.

EFFEUILLER ; c'est supprimer d'un arbre les feuilles nuisibles à la maturité des fruits.

EFFONDRER *la terre ;* c'est la creuser en fond.

ÉFRITER *un terrein ;* c'est l'appauvrir & l'épuiser.

ÉGAYER *un arbre ;* c'est le palisser à son avantage.

ÉGOUTTER *les terres ;* c'est en retirer l'eau pour les dessécher.

ÉGRAVILLONNER ; c'est ôter la terre engagée entre les racines d'un arbre.

EGRUGEOIR *pour le chanvre & le lin ;* espèce de banc garni dans un bout d'une rangée de dents.

ÉHOUPER *un arbre ;* c'est en couper la houpe ou la cime.

ÉLAGUER ; c'est éclaircir un arbre en lui ôtant les branches qui font confusion.

ÉLAGUEUR ; ouvrier qui, avec le croissant ou les ciseaux, tond les arbres.

ÉLANCÉ ; (*branche*) se dit d'une branche qui s'élève trop sans être fournie du bas.

ÉLEVE ; ce terme se dit d'une jeune plante qu'on cultive séparément.

EMBRANLOIR ; partie de la charrue.

EMBRYON ; c'est, dans le jardinage, un fruit qui est noué, & qui tend à se développer.

ÉMIER *la terre ;* c'est la diviser en menues parcelles.

EMMANEQUINER ; c'est mettre un arbrisseau dans un manequin.

ÉMONDER *un arbre* ; c'est le nettoyer & le débarrasser de son bois mort ou inutile.

ÉMOTTER ; c'est rompre les mottes de terre.

ÉMOUSSER ; c'est gratter les parties mousseuses de l'écume des arbres.

EMPAILLER ; c'est envelopper de paille les arbustes qu'on veut garantir de la gelée.

EMPLATRE ; c'est un médicament appliqué sur les plaies des arbres.

EMPORTE-PIECE ; outil qu'on emploie pour la greffe des arbres.

EMPORTER ; (*s'*) ce terme se dit d'un arbre qui ne pousse que du haut, & point ou peu du bas & des côtés.

ENCAISSER ; c'est mettre un arbuste ou une plante dans une caisse.

ENCLUME ; petite masse de fer sur laquelle on redresse les lames de certains outils.

ENFOUIR ; c'est cacher dans la terre, mais seulement en superficie.

ENGORGEMENT ; c'est l'embarras causé dans les canaux d'une plante.

ENGRAISSER *la terre* ; c'est l'améliorer par des engrais.

ENTE ; c'est l'action d'enter ou de greffer un arbre.

ENTONNOIR ; c'est un vase étroit & long avec lequel on arrose certaines plantes.

ENTRE-HIVERNER ; c'est donner en hiver un labour aux champs.

ÉPART ; partie de la charrue où l'on attache les traits des chevaux.

ÉPAULÉ ; (*arbre*) c'est un arbre réduit par accident à un seul côté.

ÉPIDERME ; c'est l'enveloppe extérieure de l'écorce de l'arbre.

ÉPIÉES ; partie d'une charrue.

ÉPIERRER ; c'est ôter d'un terrein les pierres qui lui sont nuisibles.

ÉPLUCHER ; c'est arracher les mauvaises herbes d'un terrein.

ÉPOUVANTAIL ; c'est un appareil dressé dans un champ ou dans un jardin, pour faire peur aux oiseaux & autres animaux.

ERGOT ; c'est l'extrémité d'une branche morte ou vive laissée par négligence.

ESPACER ; c'est observer la distance régulière qui doit être entre les arbres.

ESPADE *hollandoise* ; c'est une machine pour broyer le lin.

ESPALIER ; c'est le mur ou le treillage qui soutient certains arbres fruitiers.

ESPECE ; c'est le caractère particulier qui distingue une plante d'une autre plante.

ESPLANADE ; c'est un lieu élevé d'où l'on découvre une grande étendue de vue.

ESQUILLE ; c'est le petit filet qui reste à l'extrémité d'un rameau cassé.

ESSARTER ; c'est arracher les broussailles qui couvrent un terrein.

ESSORRER ; c'est exposer à l'air pour faire secher, des graines ou des plantes.

ÉTAMON ; pièce de bois qui fait partie de la charrue.

ÉTAYER ; c'est conduire graduellement la crue d'un arbre.

ÉTETER ; c'est trancher la tête ou la cime d'un arbre.

ÉTIOLEMENT ; c'est l'altération survenue à une plante qui a été privée d'air.

ÉTIOLER ; (*s'*) ce terme se dit d'une plante qui s'élève sans prendre de consistance.

ÉTIQUET ; sorte de pressoir.

ÉTOILE ; c'est dans un parc une salle champêtre, qui fait le centre de plusieurs allées.

ÉTOUFFER ; ce terme se dit d'un arbre dont les branches sont trop touffues & trop pressées.

ÉTRIPER *un arbre* ; c'est lui ôter des branches de distance en distance pour le rajeunir.

ÉTRONÇONNER *un arbre* ; c'est ne lui laisser que le tronc.

ÉTUI, ou *coffin* ; instrument dans lequel le faucheur place la pierre à aiguiser sa faulx.

ÉVASER ; ce terme se dit de la manière de tailler un arbre en forme de vase.

ÉVENTAIL ; (*arbre en*) c'est un arbre d'espalier auquel on fait prendre la forme d'un éventail.

ÉVENTÉE, (*racine*) ou exposée à l'air, ce qui lui est très-nuisible.

EVENTER *la sève* ; c'est faire une trop grande plaie aux arbres.

ÉVIDER *un arbre* ; c'est en éclaircir le trop grand nombre de branches.

EXCAVATION ; c'eſt la plaie qui ſe forme dans les branches ou dans le trou d'un arbre lorſque la ſève eſt extravaſée.

EXCORIATION ; c'eſt l'écorchure de la peau de l'arbre.

EXCROISSANCE ; c'eſt une tumeur qui ſe forme ſur un arbre ou ſur un fruit, par le défaut de circulation de la ſève.

EXOSTOSE ; c'eſt une excroiſſance qui ſe manifeſte ſouvent ſur le bois de l'arbre.

EXOTIQUE ; plante étrangère.

EXPÉRIMENTAL ; c'eſt tout ce qui eſt fondé ſur l'expérience.

EXPLOITATION ; c'eſt la pratique des moyens propres à faire valoir une terre.

EXPOLIATION ; ce terme ſe dit de la déſunion de l'écorce avec le bois de l'arbre.

EXPOSITION ; c'eſt la ſituation d'un lieu relativement aux différens aſpects du ſoleil.

EXTIRPER ; c'eſt déraciner une plante nuiſible.

EXTRAVASER ; (*s'*) ce terme ſe dit du ſuc propre des plantes qui ſort des vrais canaux de ſa circulation.

EXTRÉMITÉ *des pouſſes* ; c'eſt toute branche qui a pouſſé du dernier œil de la branche taillée.

# F

FAÇONNER *la terre ;* c'est la mettre en état de produire.

FACTICE ; (*terre*) c'est une terre préparée & bien amendée.

FANAGE ; action de remuer les plantes qu'on veut faire sécher.

FANER ; c'est retourner les herbes qui ont été fauchées.

FANER ; (*se*) ce terme se dit des plantes qui dépérissent.

FATIGUER *un arbre ;* c'est lui laisser trop de charge relativement à sa force, ou le tourmenter par un trop grand nombre de tailles.

FAUCHER ; c'est couper avec une faucille la paille du bled.

FAUCHET ; rateau dont les deux côtés sont garnis de dents de bois.

FAUCILLE ; instrument qui sert à scier le bled & à couper l'herbe.

FAULX ; outil dont la lame est faite en demi-cercle, avec lequel on fauche ou l'on coupe les bleds, les prés & les gazons.

FAULX BRABANÇONNE ; outil où sont un crochet & une lame assez large, dont la pointe est relevée, le tout adapté à un manche courbe & court.

FAULX HOLLANDOISE ; outil composé d'une lame large dont la pointe est saillante, & d'un manche courbe qui se termine en boule.

FAULX LORRAINE ; instrument pour hacher la paille.

FAUX BOIS. Ce terme se dit d'une branche en quelque sorte parasite & inutile.

FAUX BOURGEON. On nomme ainsi une pousse qui ne vient point d'un œil, mais qui a percé directement la peau de l'arbre.

FENTE DES ARBRES ; crévasses qui se font à l'écorce des arbres.

FEU ; *jeter son*) expression employée à l'égard d'un arbre qui pousse d'abord avec vigueur, & qui se ralentit ensuite.

FEUILLE ; partie extérieure des plantes, verte, mince & plate, attachée à une queue qui la fait flotter au moindre vent.

FIBRES *des plantes ;* Ce sont de longs filets qui empêchent les végétaux d'être cassans.

FICHER *des échalas ;* c'est faire entrer des échalas aux pieds des ceps de vigne.

FIENTS ; excrémens des animaux qui peuvent servir aux engrais de la terre.

FILAMENT ; c'est dans les plantes un fil long & délié.

FILANDRE ; c'est dans les végétaux une partie très-menue qui se tire & s'alonge comme du fil.

FILTRATION ; c'est l'action de clarifier une liqueur en la faisant couler à travers une autre substance.

FLÉAU ; instrument pour battre les grains, composé de deux bâtons inégaux, & attachés avec des courroies l'un au bout de l'autre. Le plus long sert de manche.

FLÉCHIR. On dit qu'un arbre fléchit lorsqu'on le voit dépérir.

FLEUR ; c'est la partie de la plante qui contient les organes de la fructification.

FLORAISON ; tems où les plantes sont en fleurs.

FLUTE, (*greffe en*) celle qui se fait par le dépouillement de la peau du sujet qu'on veut greffer.

FLUTE ; (*taille en bec de*) c'est la façon ordinaire dont on taille les arbres.

FOLIOLE ; petite feuille qui accompagne les grandes.

FONDRE ; (*se*) ce terme se dit d'une plante qui dépérit.

FONDS ; c'est le sol dans lequel on élève des plantes.

FONGUEUX ; ce terme se dit d'un corps qui participe de la nature du champignon.

FORCES ; grands & forts ciseaux avec lesquels on taille les palissades.

FORT *des racines* ; c'est l'endroit où elles ont leur grosseur formée.

FORTE ; (*terre*) celle qui est compacte & difficile à cultiver.

FOSSE *à fumier* ; c'est un trou dans lequel on dépose les ordures qui peuvent faire du fumier.

FOSSES. On appelle ainsi les trous où l'on fait provigner la vigne.

FOUET-RENNES *ou* FOUET-GUIDE ; nom d'une espèce de charrue angloise.

FOUGUE ; c'est la vigueur qui se manifeste dans la pousse de certains arbres.

FOUILLE ; ouverture qu'on fait en terre.

FOURCHE ; instrument en bois, à deux dents longues & pointues.

FOURCHE *de jardinier* ; elle a trois fourchons en fer un peu courbés.

FOURCHE *de labourage* ; instrument à trois fourchons de fer très-forts & presque droits.

FOURCHÉ ; (*arbre*) C'est un arbre dont l'extrémité se sépare en deux ou trois branches.

FOURCHER ; c'est, dans le jardinage, faire accompagner une branche par d'autres branches latérales.

FOURCHETTE ; petit morceau de bois plat, taillé à dents au-dessus l'une de l'autre, pour donner plus ou moins d'ouverture aux cloches de verre d'un jardin.

FOURCHETTE *ou* FOURCEAU ; partie d'une charrue.

FOURNAU *de gazons* ; gazons disposés à être brûlés.

FOURRÉE ; (*branche*) c'est une branche passée derrière une autre.

FRANC ; (*arbre*) arbre qui produit du fruit doux sans avoir été greffé.

FRANC ; (*bois*) ce terme se dit du bois des arbres qui a une écorce saine & nette.

FRANC ; ce terme désigne un poirier greffé sur un sauvageon de poirier.

FRANC *sur franc*. Ces expressions conviennent aux arbres déjà greffés, & qu'on greffe de nouveau.

FRANCHE ; (*terre*) celle qui est la plus propre à la végétation.

FRETIN. On nomme ainsi tout ce qui dans les arbres est mal conditionné, & presque inutile.

FRICHE. Ce terme se dit d'un terrain vague & inutile.

FRUCTIFICATION ; c'est la formation du fruit.

FRUIT ; (*mettre à*) c'est, en taillant un arbre, conserver les branches productives.

FRUITIER *ou* FRUITERIE ; lieu où l'on sert les fruits.

FUMAGE ; c'est l'action de fumer la terre par les stercorations des animaux.

FUMER ; c'est répandre du fumier ou des engrais sur la terre.

*Fumer à champ* ; c'est couvrir de fumier la superficie d'un quarré.

*Fumer à vive jauge* ; c'est enfouir du fumier autour d'un arbre.

FUMIER ; c'est l'engrais qu'on tire des stercorations des animaux.

FUTAILLE ; tonneau qui sert à contenir une liqueur.

FUTAYE ; c'est un bois composé d'arbres de tiges.

# G

GALE ; maladie qui s'annonce par des rugosités sur la peau des arbres.

GALE ; excroissance occasionnée par la piqure des mouches.

GALE-INSECTE ; sorte d'insecte qui s'attache à des arbrisseaux.

GARNI ; espalier qui n'offre point de vide à la vue.

GAZON *vif* ; c'est un gazon levé & employé sur le champ.

GAZONNER ; c'est plaquer du gazon dans une partie de terrein.

GELÉE ; action du froid sur l'eau, ou l'humidité de la terre.

GÉLISSURE *ou* GÉLIVURE ; c'est une fente ou gerçure du bois d'un arbre.

GENOU ; on nomme ainsi le nœud des tiges des plantes légumineuses.

GENOUILLIERE ; on nomme ainsi l'opération de courber le pivot des plantes.

GERBÉE ; paille longue & battue dont on fait des liens.

GERÇURE ; fente ou crévasse de l'écorce des arbres.

GERMINATION ; c'est le développement des parties constitutives d'une plante.

GIVRE ; brouillard qui se gèle sur les branches des arbres, & qui n'est qu'une glace superficielle.

GLACIS ; terrein disposé en pente.

GLAISE ; terre matte, épaisse, gluante & condensée.

GOLCETTER ; c'est couvrir une couche de quelques pouces de terreau.

GOMME, *gorme* ou *gourme* ; c'est le suc des plantes qui se fige lorsqu'il est hors de ses conduits.

GOURMANDER ; ce sont des rameaux plus forts que les autres d'un même arbre.

GOUSSE ; c'est l'enveloppe de certaines plantes légumineuses.

GRADIN ; élevation de terre, composée de plusieurs degrés en forme d'amphithéâtre.

GRAIN ; fruit & semence qui vient dans les épis.

GRAINE ; semence que produisent les plantes pour la conservation de leur espèce.

GRAIS *ou* GRÈS ; espèce de roche formée par l'assemblage de grains de sable ou de sablon.

GRAISSER ; c'est enduire de graisse le rouage des machines.

GRANGE ; lieu où l'on bat, & l'on renferme les grains.

GRAPIN ; sorte de croc qui sert à attacher & à retenir.

GRAS, (*terrein*) c'est-à-dire fertile.

GREFFE ; opération par laquelle on identifie une plante, ou partie d'une plante sur une autre.

GREFFER ; c'est faire l'opération de la greffe, en insérant le jet d'un arbre sur le tronc d'un autre arbre.

GREFFOIR ; c'est l'instrument ou le couteau à lame très-mince, avec lequel on fait l'opération de la greffe.

GRIFFES ; ce sont les petits crochets qui sont à l'extrémité de certaines plantes.

GROU ; (*la*) on appelle ainsi la matière pierreuse qui se trouve au dessous de la superficie des terres.

GROUETTEUX ; (*terrein*) c'est un terrein dur & pierreux.

GUÉRET ; terre labourée à la charrue.

GUI ; plante parasite qui croît sur certains arbres.

# H

HAYE ; (*la*) partie de la charrue.

HABILLER *un arbre par les racines* ; c'eſt avant de le planter, rafraîchir les petits bouts défectueux des racines.

HACHE ; inſtrument dont le fer eſt coupant, large & maſſif pour tailler & abattre de gros bois.

HACHE-PAILLE ; inſtrument compoſé de lames de fer courbes, pour couper toute eſpèce de fourrage.

HAIE ; clôture faite avec des branches entrelacées.

HAMPE ; on nomme ainſi une tige qui porte des fleurs & des fruits ſans feuilles.

HANNETONNER ; c'eſt faire tomber les hannetons qui s'attachent aux arbres.

HANNETONNIER ; outil pour chaſſer & détruire les hannetons.

HARDIERE ; partie de la charrue.

HAUSSE ; petit morceau de bois avec des crans, pour élever plus ou moins les cloches de verre ou les châſſis des ſerres.

HATIF ; c'eſt le ſynonyme de précoce.

HEMORRAGIE ; on donne ce nom dans le jardinage à l'extravaſion du ſuc des arbres.

HERBAGE ; c'eſt la pouſſe verte de la plante qui ſort de terre ; c'eſt particuliérement la verdure qui ne parvient pas à la conſiſtance de bois dur.

HERBE ; c'eſt toute plante dont la ſubſtance eſt molle, & qui ſe tire de terre en brin ou en feuille.

HERSE ; inſtrument d'agriculture fait en triangle, & hériſſé en deſſous de dents de fer ou de bois.

HERSE *roulante* ; c'eſt un gros rouleau, garni de fortes chevilles de fer.

HERSER ; c'eſt paſſer la herſe dans un champ labouré.

HOTTE ; eſpèce de panier d'oſier, large par le haut, étroit par le bas, & qui ſe termine en pointe ; il eſt plat d'un côté, & arrondi du côté oppoſé. On a des bretelles qui l'aſſujettiſſent ſur le dos du porteur.

HOUE ; inſtrument de labour dont le fer eſt tranchant, large & un peu courbé, avec un manche qui ſuit la direction de cet outil.

HOUETTE, BINETTE *ou* PIOCHETTE ; c'eſt une petite houe.

HOULETTE ; inſtrument de jardinage, dont le fer eſt plat ou creuſé en forme de gouttière.

HOYAU ; c'eſt une ſorte de houe à deux fourchons.

HUILÉE ; (*plante*) c'eſt une plante qui paroît pénétrée d'huile.

JACHERE ;

# J

Jachere ; ce terme se dit d'une terre qu'on laisse reposer.

Jalon ; bâton fiché en terre, servant à prendre des alignemens.

Jardin ; enclos dans lequel on fait venir, soit des fleurs, soit des fruits, autant pour l'agrément que pour l'utilité.

Jardinage ; art de dresser, de gouverner & de cultiver les jardins.

Jardiner ; c'est s'occuper des travaux du jardinage.

Jardinier ; homme proposé pour faire ou diriger les travaux du jardinage.

Jarret ; on donne ce nom à une branche isolée qui forme un angle.

Javelle ; c'est une poignée de froment en épis qu'on laisse sur le champ pour se dessecher.

Jauge ; on nomme ainsi une fouille de tranchée où l'on jette une partie de la terre qui est à labourer.

Jaunisse ; maladie des arbres qui leur vient souvent de la sechereffe.

Jet ; c'est la pousse d'un arbre, laquelle croît & s'élève.

Jeune *des arbres ;* c'est la privation que l'on fait pour quelque tems à un arbre, des sucs trop nourriciers de la bonne terre.

Incision ; ouverture faite à dessein à la peau d'un arbre.

Incubation ; action de couver.

Indigenes ; plantes qui sont d'origine des pays où l'on les cultive.

Infirmerie ; c'est, dans un jardin, un lieu écarté & à l'ombre où l'on dépose pendant quelque tems, les plantes & les arbres nouvellement empotés & encaissés.

Influence ; action de l'air & du soleil sur les êtres organisés.

Ingrat ; (*terrain*) se dit d'un terrain qui ne donne que de mauvaises productions.

Inhérent ; ce terme se dit d'un corps étranger qui s'attache accidentellement à un autre corps.

Innée ; (*chaleur*) celle renfermée dans le sein de la terre, & qui est le principe de la végétation.

Inoculation ; sorte de greffe qui se fait en appliquant l'écusson sur un œil de la plante.

Insectes ; animaux pernicieux aux végétaux.

Insertion ; c'est une sorte de greffe.

Instrumens d'agriculture ; outils propres à la culture des terres.

Instrument *agraire ;* sorte de charrue employée au défrichement.

Jonc ; plante qui croît sans culture, en tuyaux ronds d'un vert foncé dans les lieux humides.

Joncquoir ; partie de la charrue.

Joug ; pièce de bois qu'on assujettit à la tête des bœufs attelés à la charrue.

Journal, Journel *ou* Journeau ; c'est une pièce de terre qu'on peut labourer en un jour avec une charrue.

Journée ; travail d'un homme pendant un jour.

Issues de cuisine. Ces lavures de vaisselle sont regardées comme un excellent engrais lorsqu'elles ont fermenté.

Jumelles ; pièces de bois qui font partie de la charrue.

# L

LABOUR ; action de remuer la terre avec une charrue ou un outil, à dessein de la rendre fertile.

LABOURER ; c'est diviser la terre, & déraciner en même tems les mauvaises herbes.

LABYRINTHE ; c'est, dans un parc, un bosquet formé d'allées étroites qui se croisent, & cachent le chemin pour en sortir.

LAITERIE ; c'est dans une ferme l'endroit destiné à tout ce qui sert au laitage.

LAMBOURDE ; on entend par ce mot, dans le jardinage, une branche longuette qui darde sur certains arbres fruitiers.

LANDE ; c'est une étendue de terre couverte de broussailles.

LATÉRALES ; (*branches*) celles qui croissent & s'étendent sur les côtés.

LAVURE ; eau qui a servi à laver la vaisselle, & qu'on peut employer comme engrais.

LÉGUMES ; ce sont les herbes, plantes & racines cultivées dans le potager pour l'usage de la table.

LEPRE ; maladie des arbres qui se manifeste ordinairement par une espèce de duvet blanchâtre.

LESSIVE ; eau de savon avec laquelle on lave les arbres tachés par les insectes.

*L'eau de lessive* sert aussi pour arroser certains arbres.

LEVÉE ; on désigne quelquefois par ce mot la sortie des germes dont on a mis les sarmens en terre.

LEVER *un arbre* ; c'est l'enlever d'un endroit pour le replanter dans un autre.

LEVIER ; pièce de bois longue dont on se sert, au moyen d'un coin pour soulever un fardeau.

LEVRES ; ce sont les deux parties séparées de l'écorce qui a été incisée.

LIGATAIRE ; c'est le bandage avec lequel on soutient les cataplames placés sur les plaies des arbres.

LIGNEUX ; c'est tout ce qui tient de la nature du bois.

LIMPIDE ; ce qui est clair & transparent.

LIT ; c'est la couche d'un corps qui s'est étendu sur un autre corps d'espèce différente.

LITIÈRE ; c'est la paille ou l'herbe qu'on met dans les écuries ou étables pour servir de lit aux animaux.

LOBES ; ce sont les deux parties qui composent les amandes de certaines graines ou plantes.

LOGES ; cavité qui se trouve dans l'intérieur des fruits, & qui renferme leurs semences.

LOQUE *ou* LOQUETTE ; petit morceau d'étoffe avec lequel on attache une branche d'arbre dans le palissage.

LOUCHET *ou* LEUCHET ; c'est une sorte de bêche étroite pour fendre la terre.

LOUPES ; ce sont des grosseurs qui naissent sur les écorces des arbres.

# M

MACHINE; c'est en général tout ce qui sert à augmenter ou à régler les forces mouvantes.

MAILLE DE TREILLAGE; c'est un petit quarré formé par la rencontre des échalas disposés en longueur & en largeur.

MAILLER; c'est espacer par intervalles égaux des échalas pour faire du treillage.

MAIRE; c'est le crochet par lequel certaines plantes s'attachent à des corps qui sont à leur portée.

MALADIE; c'est un dérangement dans la végétation des plantes.

MANCHE; c'est la partie d'un outil par laquelle on le prend & on le fait agir.

MANCHERONS; pièces de bois faisant partie de la charrue.

MANNE; espèce de panier d'osier où l'on met des fruits & autres objets qu'on veut transporter.

MANNEQUIN; panier long, étroit, rond & à claire voie.

MANNEQUIN; (*arbres en*) ce sont des arbres qu'on enterre dans des paniers d'osier, pour les transplanter ensuite à volonté.

MARAIS; terrein bas dans lequel on cultive toutes sortes de légumes.

MARCOTTE; c'est le rejeton de certaine plante qu'on couche en terre pour lui faire prendre racine.

MARECHÉS *ou* MARAICHERS; ce sont des jardiniers qui cultivent des herbes & des légumes dans des terrains bas & humides qu'on nomme *marais*.

MARNE; c'est une sorte de terre grasse & un peu argilleuse.

MARRE; instrument de labour : c'est une espèce de houe.

MARRER; c'est labourer avec la marre.

MARS; ce sont les menus grains qu'on sème au commencement du printems.

MARTEAU; instrument de fer ou de bois bien connu pour frapper ou enfoncer.

MASSIF; c'est un ou plusieurs corps qui présentent une masse ou une plate-forme

MAT; ce qui est brut, grossier & non travaillé.

MATURITÉ; c'est l'état de bonté auquel un fruit est parvenu.

MELONIÈRE; c'est l'endroit du potager où l'on élève des melons sur couche.

MEMBRES; on appelle ainsi dans le jardinage les branches ménagées de distance en distance sur les deux branches mères.

MENSTRUES; ce sont les fausses fleurs que jettent certaines plantes.

MÈRE-BRANCHE; c'est la plus forte branche des arbres.

MESQUIN; ce terme se dit d'un arbre ou d'un fruit mal configuré.

MÉTIS; (*fruit*) né du mélange de deux espèces.

METTRE A FRUIT, se dit d'un arbre qui commence à rapporter après avoir été long-tems sans produire.

MEUBLE; (*terre*) c'est une terre légère, aisée à labourer.

MEULE; c'est un tas, un monceau de quelques objets rassemblés.

MIETTE DE TERRE; c'est de la terre réduite en petites parcelles.

MOELLE; substance molle & spongieuse.

MOIGNON; c'est une branche assez forte coupée loin de la branche principale.

MONTER; ce terme se dit de certaines plantes potagères qui ne sont plus bonnes à manger lorsqu'elles poussent leur tige.

MONTREUIL, village près de Paris, & renommé pour les fruits qu'on y cultive.

MORFONDU; ce terme se dit d'un corps incommodé par le contraste du chaud & du froid.

Mors ; pièce de fer qu'on met dans la bouche du cheval lorsqu'il est mené au travail.

Morve ; substance glaireuse qui se trouve dans certains fruits & légumes avant leur maturité.

Motte ; petite pélote de terre qui s'aglutine & se dessèche ensuite.

*Planter en motte*, c'est lever un arbre avec ses racines, la terre tenant au pied.

Motte a bruler ; c'est un petit rond fait avec la tannée.

Mouche a miel ; ce sont les abeilles qui font la cire & le miel dans des ruches qui leur servent de laboratoire.

Mouchetures ; c'est une poussière noirâtre qui salit quelquefois les grains de bled.

Moufle ; machine composée de plusieurs poulies, pour enlever des fardeaux.

Mouillure ; arrosement qu'on donne aux plantes potagères, à celles encaissées.

Mouler *des arbres* ; c'est leur faire prendre une forme convenable en les élaguant & les tondant.

Moulin ; machine, soit grande soit petite, qui sert à moudre & à pulvériser les grains & quelques autres substances.

Mousse ; plante parasite qui croît sur l'écorce des arbres.

Mouver *la terre d'un pot ou d'une caisse*, c'est y faire une sorte de labour.

Mulet ; quadrupède provenant d'un âne & d'une jument, ou d'un cheval & d'une ânesse.

Multiplication ; elle se fait dans les plantes par le moyen de la greffe, des marcottes & des boutures.

Mur ; ce terme se dit d'un fruit parvenu à son point de perfection.

# N

Nain ; arbre fruitier qui ne s'élève qu'à une hauteur médiocre.

Naturaliste ; c'est un observateur exact des procédés & des opérations de la nature.

Navrer ; c'est, en terme du treillageur, donner un coup de serpe à un échalas tortu pour le redresser.

On dit aussi *navrer une branche d'arbre*, c'est-à-dire, lui faire une blessure pour l'empêcher de prendre trop de substance.

Neuve ; (*terre*) c'est une terre qui n'a pas encore été mise en rapport.

Nielle ; c'est une maladie particulière des bleds.

Nitre ; sel fort répandu sur la terre, considéré comme un puissant agent de la végétation.

Niveau ; instrument qui sert à faire connoître si un terrein est égal dans une certaine étendue.

Nodus ; c'est une grosseur soit naturelle, soit contre nature, qui fait quelque saillie.

Noguets ou Noquets ; ce sont des mannes ou paniers d'osiers à l'usage des jardiniers.

Nombril *des fruits* ; c'est la petite cavité qui se trouve dans les fruits au côté opposé à la queue.

Novale ; terre nouvellement défrichée.

Noue ; c'est un endroit noyé d'eau.

Noué ; ce terme se dit d'un fruit prêt à se former.

Noueux ; ce terme se dit des arbres ou des branches où il y a beaucoup de nœuds.

Nourrice ; branche à bois qui fournit de la nourriture aux branches à fruits.

Nouveautés ; ce sont les primeurs des fruits & des légumes.

Nud ; (*planter à*) c'est planter les racines à découvert.

Nutrition ; changement du suc végétal en la substance de la plante.

# O

Obstruction ; c'est un engorgement dans les conduits de la sève.

Œconomie rurale ; c'est la sage conduite d'un bon agriculteur qui pourvoit aux besoins présents, & prévoit ceux à venir.

Oignons ; ce terme se dit des racines bulbeuses de quelques fleurs.

Œil dormant ; (*greffe à*) nom d'une greffe très-usitée.

Œilletons ; ce sont les petits yeux qui partent de la souche d'une plante, & qui en sont les rejettons.

Œilletonner ; c'est ôter les espèces de boutons qui naissent aux pieds des plantes.

Onglet ; c'est le bois mort restant de la coupe d'une branche.

Onguent St. Fiacre ; c'est l'emplâtre faite avec la bouse de vache ou le terreau gras qu'on applique sur les plaies des arbres.

Opération ; c'est l'action méthodique de la main du jardinier sur quelques parties d'un arbre.

Oranger ; arbre précieux qui demande une culture toute particulière.

Orangerie ; c'est le lieu où les orangers sont déposés.

Orangiste ; jardinier qui cultive des orangers.

Ordonnance ; c'est l'ordre & la bonne distribution de ce qui compose un jardin.

Oreilles *ou* Lobes ; ce sont les deux premières feuilles qui sortent de terre & qui annoncent la crue de certaines plantes, comme melons, concombres, &c.

Oreillon ; partie de la charrue.

Organisation ; c'est l'arrangement des parties constituantes des corps animés.

Orifice ; ouverture de certains conduits ou vaisseaux.

Osseuses ; (*racines*) celles qui étant plus compactes que le bois, semblent avoir la dureté des os.

Ouille, Ouillant ; c'est un instrument de labour ou une espèce de pioche.

Outils *de jardinage ;* ustensiles propres aux opérations du jardinage.

Ouvert ; (*arbre*) c'est un arbre d'espalier dont les branches sont déversées & écartées.

# P

**Paillasson** ; assemblage de pailles longues de froment, ou de seigle, qu'on attache ensemble, & dont on fait une espèce de couverture pour les plantes délicates.

**Paillot** ; c'est l'élevation du terrain qu'on pratique dans certains cantons entre les ceps de vigne.

**Palis** ; clôture qu'on fait avec des palés, ou perches.

**Palissade** ; c'est un arrangement d'arbres ou d'arbrisseaux plantés près-à-près, & formant une espèce de tapisserie verdoyante.

*Dresser une palissade* ; c'est la tondre avec le croissant.

**Palissage** ; c'est l'action d'attacher à un mur ou un treillage les branches des arbres ou arbrisseaux.

**Palisser** ; c'est attacher les rameaux des arbres au mur, ou au treillage d'un espalier.

**Palonier** ; morceau de bois auquel on attache les traits des chevaux.

**Pampre** ; branche de vigne garnie de feuilles & de fruits.

**Panier** ; c'est un vase d'osier. On se sert à la campagne de *panier* à claire-voie pour séparer la terre des pierres ou mottes nuisibles.

**Paradis** ; c'est le nom qu'on donne à une espèce de pommier nain.

**Parasites** ; (*plantes*) c'est le nom qu'on donne aux plantes qui vivent de la substance d'autres plantes sur lesquelles elles végètent.

**Parterre** ; c'est la partie d'un jardin où l'on fait venir des fleurs.

**Passer** *à la claie* ; c'est jeter la terre sur une claie à claire-voie, afin d'en séparer les pierres.

**Patte-d'oie** ; c'est la disposition de plusieurs allées qui aboutissent à un centre commun.

**Peau** ; c'est l'enveloppe des parties intérieures des plantes.

**Peler** ; c'est enlever des allées d'un jardin la terre, l'herbe, ou le gazon inutiles.

**Pelle** ; instrument de bois ou de fer, plat & large, pour remuer les grains, ou pour ramasser la terre & la rejeter de côté.

**Pépiniere**, c'est l'endroit où l'on rassemble & l'on élève différentes espèces d'arbres.

**Pépinieriste** ; jardinier qui élève plusieurs espèces d'arbres dans une pépinière, & qui en fait commerce.

**Percer** ; ce terme se dit d'un arrosement dont l'eau doit *percer* par en-bas la caisse où l'on cultive une plante.

**Perchée** ; c'est la manière de palisser la vigne latéralement.

**Perchis** ; clôture qui se fait avec des perches.

**Perdue** ; (*branche*) c'est la branche que l'on épargne à la taille, & qu'on laisse derrière les autres branches en espalier.

**Perpendiculaire** ; (*branche*) c'est la branche qui monte droit, soit de la tige, soit du tronc de l'arbre.

**Pic** ; instrument de fer pointu & acéré pour remuer la terre dure & pierreuse.

**Pied** *d'une plante* ; c'est la partie de la plante qui est à la superficie de la terre.

**Pierre** *naxienne* ; c'est une sorte de pierre à aiguiser.

**Pieutrer** ; c'est passer le rouleau sur les terres qu'on veut unir.

**Pilastre** *de treillage* ; corps d'architecture long & étroit, fait d'échalas en compartiment.

**Pile** *de fumier* ; c'est un tas de fumier que l'on garde pour s'en servir dans l'occasion.

**Pince**, barre de fer ronde, aiguisée par un bout en biseau, dont on se sert pour ébranler & arracher des corps durs.

**Pincer** ; c'est, avec l'ongle, casser l'extrémité d'un rameau tendre.

**Pioche** ; c'est un outil de fer, courbé & tranchant, pour fouiller les terres.

PIQUET ; petit morceau de bois pointu qu'on enfonce en terre pour tendre un cordeau.

PIVOT ; on appelle ainsi la grosse racine placée immédiatement sous le tronc de l'arbre.

PIVOTER ; ce terme se dit des plantes dont la racine perce perpendiculairement en terre.

PLAIE ; c'est l'ouverture faite dans l'écorce ou la partie ligneuse de l'arbre.

PLAN ; dessin qu'on se propose d'exécuter dans la formation d'un jardin.

PLANCHE *d'un jardin* ; c'est un espace de terre plus long que large, où l'on plante soit des fleurs, soit des légumes.

PLANCHES ; *labourer en* ; c'est une pratique qui s'observe à l'égard de certaines terres légères.

PLANE ; instrument tranchant dont on se sert pour dresser, polir les échalas.

PLANER ; c'est, en terme de jardinage, labourer en superficie au pied des arbres.

PLANT. On entend par ce mot, soit les élèves qu'on fait des graines semées, soit le lieu même où l'on a planté de jeunes arbres.

PLANTATION ; action de planter. On entend aussi par ce terme une partie de terrein nouvellement plantée.

PLANTE ; c'est un végétal qui se nourrit des sucs de la terre.

PLANTER ; c'est mettre en terre les graines ou les racines d'une plante.

PLANTOIR ; morceau de bois ou de fer coudé, pour faire un trou en terre & y planter ensuite.

PLAQUER. Ce terme se dit du gazon qu'on *plaque*, en l'affermissant ensuite avec la batte.

PLATE-BANDE ; c'est, dans le jardinage, un terrain long & étroit, où l'on cultive des fleurs & des menues plantes.

PLEINE-TERRE ; ( *arbre de* ) c'est un arbre qui n'a pas besoin d'être élevé en pot ni en caisse.

PLEURER. Ce terme se dit de la vigne dont la sève sort en larmes au printems.

PLEYON, partie d'une charrue.

PLEYON ; c'est la paille de seigle dont on couvre les couches, & dont on fait les paillassons.

PLOMB ou D'APLOMB ; ce terme se dit d'un corps posé bien perpendiculairement.

PLOMBER, synonyme d'affaisser. On *plombe* la terre en l'*affaissant* avec les pieds.

POMPE ; machine pour puiser & élever l'eau dans des tuyaux.

POMPER ; c'est élever l'eau avec le secours d'une pompe.

POREUX ; corps qui a des pores par lesquels se fait sa transpiration.

PORTIQUE ; décoration faite avec des arbres ou des treillages disposés en arcades.

POTAGER ; jardin destiné à la culture de fruits & de légumes.

POTS ; on se sert de différentes sortes de *pots* dans le jardinage, pour y mettre ou cultiver des plantes.

POUDRETTE ; c'est une sorte de terreau ou d'engrais que l'on tire des vidanges qui ont été desséchées.

POULIE ; machine composée d'une roue creusée dans son pourtour, pour enlever des fardeaux.

POUPÉE ; ( *greffe en* ) c'est une greffe en fente sur laquelle on applique une emplâtre qu'on soutient en l'entourant de mousse.

POUSSE ; c'est le nouveau jet d'un arbre.

POUSSER ; ( *faire* ) c'est exciter la végétation d'une plante.

POUSSINIERES ; tonneaux enterrés dans le fumier pour faire éclore les œufs.

PRATICIEN ; jardinier qui a de l'expérience & qui raisonne son ouvrage.

PRÉ ou PRAIRIE ; étendue de terre destinée à produire de l'herbage pour les bestiaux.

PRÉCOCE ; plante qui devance en maturité les autres végétaux de son espèce.

PRENDRE ; ce terme se dit d'une plante qui *prend* racine, ou d'un fruit qui *prend* chair, &c.

PRÉPARER *une terre* ; c'est la disposer par des labours & des engrais à recevoir, soit les semences, soit les plants qu'on lui destine.

PRESSOIR ; machine qui sert à presser le marc du raisin, & à en exprimer le jus.

PRÊTRE ;

**Prêtre** ; (*le*) partie d'une charrue.

**Probleme** ; c'est un procédé de la nature qui donne carrière à différentes opinions & à diverses expériences pour en découvrir les causes & en assurer les effets.

**Provigner** ; c'est coucher en terre des sarmens de vigne pour leur faire prendre racine.

**Provin** ; branche de vigne qu'on couche en terre.

**Puceron** ; insecte qui s'attache & nuit à quantité de plantes.

**Punaise** *des jardins* ; insecte qui s'attache aux feuilles, aux fleurs, aux fruits des arbres, & leur fait le plus grand dommage.

# Q

QUARRÉ DE JARDIN ; c'eſt un eſpace de terrein qu'on deſtine à la culture de certaines eſpèces de plantes.

QUEUE ; c'eſt un grand vaſe de bois pour contenir des liqueurs.

QUENOUILLE ; (*arbre en*) c'eſt un arbre nain auquel on donne par la taille la forme d'un cône.

QUINCONCE ; c'eſt le nom qu'on donne à une manière de planter & de diſpoſer les arbres.

# R

Rabaisser *un arbre ;* c'eſt en faire deſcendre les branches, ſoit par la taille, ſoit par le paliſſage.

Rabattre *un arbre ;* c'eſt tailler court un arbre qui ſe dégarnit du bas.

Rable *ou* Rouable ; eſpèce de rateau ſans dents.

Rabot *ou* Butte-avant ; outil de jardinage fait avec une douve ronde par en haut & plate par en bas.

Rabot ; outil de menuiſerie dont les treillageurs ſe ſervent pour dégroſſir le bois & polir les planches.

Rabougri ; ce terme ſe dit des plantes, ſur-tout des arbres d'une mauvaiſe venue.

Racine ; c'eſt, dans les plantes, la partie inférieure qui tient à la terre.

Racorni ; ce terme ſe dit d'une plante, d'un fruit, d'un légume qui ſe rident & ſe durciſſent.

Radical ; (*l'humide.*) c'eſt un principe de végétation que les plantes tirent de la terre.

Rafraichir *les racines ;* c'eſt, avant d'inférer une plante en terre, retrancher de ſes racines l'extrémité qui eſt fanée ou gercée.

Ragréer *une branche*, c'eſt unir avec la ſerpette le bout d'une branche qui a été ſciée.

Raie ; enfoncement qu'on fait en labourant un champ.

Rajeunir un arbre ; c'eſt le tailler ſur les branches de la nouvelle pouſſe, après avoir retranché une partie du vieux bois.

Rame ; c'eſt une branche ſèche que l'on pique en terre pour ſoutenir des plantes flexibles.

Rameau ; petite branche d'arbre.

Ramer ; c'eſt ſoutenir certaines plantes flexibles avec des rameaux qu'on enfonce en terre.

Ramification ; c'eſt la diſtribution des rameaux d'un arbre.

Ramilles ; ce ſont les menues branches qui reſtent après l'exploitation des bois.

Rampantes ; (*plantes*) celles qui, étant creuſes & tendres, s'étendent à plat ſur terre.

Rappeller un arbre ; c'eſt en exciter ou faciliter la végétation.

Rapporter des terres ; c'eſt tranſporter des terres d'un endroit dans un autre.

Rapprochement des arbres ; c'eſt une manière de tailler les arbres, afin de les regarnir.

Rateau ; c'eſt un outil armé de dents de fer ou de bois qui ſortent d'un ou des deux côtés, & dont on ſe ſert pour nettoyer un terrein.

Rateler ; c'eſt paſſer le rateau dans les allées.

Ratelier ; c'eſt une ſorte de baluſtrade élevée où l'on met la paille & le foin dont ſe nourriſſent les chevaux.

Ratissage ; *ratiſſer* ſe dit d'un labour ſuperficiel pour enlever les mauvaiſes herbes.

Ratissoire ; outil de jardinage dont le fer eſt plat & tranchant pour écrouter la terre.

Ravaler un arbre ; c'eſt le rendre par la taille & plus court & plus bas.

Rayon ; c'eſt une petite rigole qu'on tire au cordeau.

On appelle auſſi *rayons* des bâtons qui entrent par un bout dans le moyeu d'une roue, & par l'autre bout dans les jantes.

Rayonner ; c'eſt marquer avec le bout d'un outil des raies ſur la terre où l'on veut planter.

Rebattre ; c'eſt battre une ſeconde fois une couche qu'on veut raffermir.

Rebinage ; c'eſt le troiſième labour des terres.

Reborder ; c'eſt entourer une planche ou quarré de jardin avec de la terre dans la longueur & la largeur.

Rebotté ; (*arbre*) c'eſt un arbre coupé tout près de ſa greffe.

Rebotter ; c'eſt récéper au-deſſus de la greffe un arbre de rebut.

Récéper; c'est couper entièrement la tête d'un arbre.

Réchauf; c'est du fumier chaud qu'on met autour des couches.

Réchauffer; c'est échauffer avec du fumier une terre ou une couche refroidie.

Réchauffer; c'est rapporter de la terre au pied d'un arbre.

Réchigner; ce terme se dit d'un arbre qui paroît languir.

Récolte; c'est la dépouille qu'on fait des fruits, principalement des bleds & autres grains.

Recouvrir; ce terme s'entend d'une plaie qui se cicatrise quand la pellicule commence à s'étendre dessus.

Régaler *un terrein*; c'est le dresser & l'applanir.

Regarnir; c'est garnir de nouveau un espalier ou une plate-bande.

Regréffer; c'est greffer un arbre qui l'a déjà été.

Rejeton; c'est la nouvelle pousse d'un arbre étêté ou récépé.

Remettre *un arbre*; c'est rétablir par de nouveaux soins un arbre malade.

Remise; petit bois où le gibier se retire & se repose.

Remonter *des terres*; c'est les renouveller & les amender.

Rencaisser; c'est retirer une plante ou un arbuste d'une caisse pour le remettre dans une autre où la terre a été préparée.

Réparer; c'est unir la plaie d'une branche d'arbre qui a été sciée.

Repère; on nomme ainsi la marque qui sert à reconnoître un endroit de travail.

Repiquer; ce terme se dit d'une plante qu'on lève d'une couche pour la transporter sur une autre couche.

Replanter; c'est transporter une plante ou un arbre d'un endroit dans un autre.

Reposer; ce terme se dit des terres qu'on laisse en jachère après avoir beaucoup rapporté.

Reprise; ce terme s'entend des plantes qui semblent avoir pris une nouvelle vigueur.

Reproduction *des arbres*; opération pour raviver des arbres.

Réserve; (*branche de*) c'est une branche placée entre deux branches à fruit, & qu'on taille fort court, afin qu'elle ne puisse produire que l'année d'ensuite.

Rissuyer; synonime de *sécher*.

Retarder *les arbres*; c'est en ralentir la végétation.

Retenir *un arbre*; c'est le tailler très-court.

Retour; (*arbre sur le*) c'est un arbre qui commence à décliner.

Retourner *une plate-bande*; c'est lui donner un fort labour.

Retrancher; c'est ôter aux arbres leurs branches inutiles.

Revêtir *un glacis*; c'est regarnir de gazon; *revêtir* un mur, c'est le palisser de charmille.

Rigole; c'est un petit creux pratiqué en long pour y mettre des semences, ou pour y conduire l'eau.

Rigoler; c'est faire des rigoles pour diriger les eaux dehors.

Rinceau; c'est une espèce de feuillage qu'on emploie dans les compartimens d'un parterre.

Robe; ce terme se dit de l'enveloppe de certains fruits.

Rompre; une branche est prête à *rompre* lorsqu'elle est surchargée de fruits, & qu'elle n'est pas soutenue par des *tuteurs*.

Rondelles; pièces de bois faisant partie de la charrue.

Rouelle; partie de la charrue.

Rouille; maladie des plantes qui se manifeste par des taches livides de la couleur de la *rouille* de fer.

Rouleau; cylindre de bois ou de fer qu'on fait rouler sur la terre pour l'unir & en briser les mottes.

Roux-vent; vent nuisible aux plantes, parce qu'il est sec, froid & fort.

Ruche; habitation des mouches à miel.

Rucher; endroit où l'on réunit un certain nombre de ruches.

# S

SABLES ; ce sont de petits cailloux ou silex, dont le volume, la forme, & la couleur varient à l'infini.

SABLER ; c'est répandre du sable dans une allée.

SAGE ; (*arbre*) c'est un arbre dont un habile jardinier a su dompter la fougue.

SAIGNÉE *des arbres ;* c'est une incision faite dans l'écorce de l'arbre.

SALLE ; c'est dans un parc, un espace de forme régulière, bordé de charmilles, & d'arbres de haute tige.

SARCLER ; c'est ôter les mauvaises herbes qui peuvent nuire aux végétaux qu'on cultive.

SARCLOIR ; instrument qui est une espèce de serfouette ou de crochet, dont on se sert pour sarcler ou arracher les mauvaises herbes.

SARCLURE ; mauvaises herbes qu'on ôte d'un jardin en le sarclant.

SARMENT ; bois que pousse la vigne.

SARMENTEUSES ; (*plantes*) ce sont des plantes tellement souples & pliantes qu'elles ne peuvent se soutenir d'elles-mêmes.

SAUPOUDRER ; c'est couvrir légérement.

SAUTELLE ; sarment de vigne qu'on couche en terre tout autour du cep.

SAUVAGE ; (*fruit*) celui qui vient sans être cultivé, ni greffé.

SAUVAGEON ; arbre qui doit être greffé pour porter des fruits savoureux.

SCARIFICATION ; incision qui se fait aux branches d'un arbre.

SCIE *à main ;* outil qui, au défaut de la serpette, sert à retrancher d'un arbre le bois inutile ou nuisible.

SECHOIR ; endroit chaud, où l'on fait secher certaines plantes.

SELLETTE ; partie de la charrue.

SÉMAILLES ; opération de semer les grains.

SEMBRADOR *ou* SPERMATABOLE ; espèce de *semoir.*

SEMER ; c'est répandre les grains & enfouir les semences dans la terre.

SÉMIS ; endroit où l'on sème des graines d'arbres, pour les mettre ensuite en pépinières.

SEMOIR ; instrument d'agriculture avec lequel on peut semer le bled & les autres graines par rangées.

SENTIER ; c'est le petit chemin étroit qui sépare les planches d'un quarré, ou les compartimens d'un parterre.

SERFOUETTE ; (*la*) est une espèce de binette dont on se sert pour donner un labour léger aux plantes.

SERFOUIR ; c'est labourer avec la binette ou la serfouette.

SERPE ; instrument de fer plat, large & tranchant, dont on se sert pour émonder les arbres.

SERPETTE ; c'est une petite serpe.

SERRE ; lieu destiné pour retirer dsns l'hiver les plantes & les arbres encaissés qui redoutent le froid.

SEVE ; c'est un liquide spiritueux provenant des sucs de la terre, lequel est le principe de la végétation.

SEVRER *une plante ;* c'est couper une marcotte pour la séparer de la plante-mère.

SILLON ; c'est la raie qu'on fait en labourant à la charrue.

SIMPLES ; nom générique qui comprend toutes les herbes & plantes.

SOC ; pièce de fer faisant partie essentielle de la charrue.

SOC *à deux pointes*, ou *fourches ;* c'est un instrument de labour.

SOLE ; étendue de terre, destinée à une certaine culture.

SORTIES ; on nomme ainsi tous boutons à bois ou à fruit, sortant de la tige des arbres.

SOULAGER *une branche d'arbre ;* c'est raccourcir une branche qui est trop chargée de boutons à fleurs ou à bois.

SOULEVER *la terre* ; c'eſt enfoncer la bêche entre deux terres plus bas que les racines & la ſoulever avec l'arbre.

SOUPIRAUX ; on appelle ainſi les ouvertures imperceptibles par leſquelles l'air circule dans la capacité intérieure des plantes.

SOUS-ALLÉE ; c'eſt une allée dominée par une autre rangée d'arbres.

SOUS-ARBRISSEAU ; petit buiſſon moindre que l'arbriſſeau.

SOUS-YEUX ; ce ſont les petits yeux ou boutons placés au-deſſous des yeux, formés de tous les arbres.

SPERMATABOLE ; eſpèce de ſemoir.

STERCORATION ; ce terme ſe dit de tous les excrémens des animaux ſervant à amender la terre.

STIPULES ; ce ſont deux petites feuilles qui, dans certaines plantes, précèdent les vraies feuilles.

SUC ; c'eſt la ſubſtance liquide, propre à la nourriture & à l'accroiſſement des plantes.

SUÇOIRS ; on donne ce nom aux racines qui pompent & ſucent les ſucs de la terre.

SUJET ; arbre ou ſauvageon ſur lequel on applique une greffe.

SURGEON ; c'eſt le rejeton qui ſort vers le pied de la tige d'un arbre.

SURPOUSSE ; c'eſt une pouſſe ſur-ajoutée à une autre pouſſe de l'année.

SUTURE ; c'eſt la réunion des deux côtés de la plaie d'un arbre.

# T

TAILLE DES ARBRES ; c'eſt la ſuppreſſion des rameaux ſuperflus & le raccourciſſement de ceux qui ſont néceſſaires.

TAILLIS ; bois que l'on coupe régulièrement tous les ſept, neuf, dix, douze ans & plus.

TALON ; c'eſt la partie baſſe d'une branche coupée, où il ſe trouve encore un peu de bois de la taille précédente.

TALUS ; élévation de terre plus ſaillante par en bas que par en haut.

TAN ou TANNÉE ; c'eſt l'écorce de jeunes chênes réduite en poudre.

TAPIS ; grande pièce de gazon pleine & ſans découpure.

TAQUET ; piquet qu'on enfonce en terre à tête perdue, pour ſervir de repère ou de reconnoiſſance.

TARDIF ; (*fruit*) c'eſt un fruit qui ne vient qu'après d'autres de même eſpèce.

TAUPE ; animal qui creuſe ſous terre, & qui fait beaucoup de tort aux plantes d'un jardin.

TAUPIÈRE ; c'eſt un piège pour prendre des taupes.

TAUPINIÈRE ; c'eſt la terre fouillée par les taupes.

TENAILLES ; inſtrument de fer bien connu & utile dans le jardinage pour dépaliſſer les arbres.

TENDRE *un cordeau* ; opération qui ſe fait quand on veut dreſſer une allée, une platebande, &c.

TENONS ; ce ſont les liens verds en forme de cornes qui croiſſent à la vigne & à d'autres plantes.

TERRASSE ; terrein formé par la nature ou par l'art, lequel domine ſur le reſte d'un parc ou d'un jardin.

TERRASSIERS ; ouvriers qui font des fouilles de terre pour former des terraſſes.

TERRE ; c'eſt, dans l'agriculture, le terrein qu'on cultive pour en tirer différentes productions.

TERREAU ; c'eſt le fumier réduit en terre après avoir ſervi aux couches.

TERREAUTER ; c'eſt répandre du terreau ſur une couche ou ſur une planche de potager.

TERREIN ; on ſe ſert de ce terme en parlant de certaines qualités de la terre. On dit un *terrein maigre*, *bon*, *mauvais*, &c.

TERRER ; c'eſt porter de la terre dans les places creuſes ou dans celles qu'on veut élever.

TETARD ; partie de la charrue.

TÊTES DE SAULE ; on donne ce nom à certains toupillons qui préſentent un aſſemblage de toutes ſortes de branchettes ſur des arbres ruinés.

THÉATRE ; c'eſt dans un jardin une terraſſe ou un lieu élevé & orné d'arbres, de fleurs, de buſtes, &c.

TIGE ; c'eſt le ſupport principal & vertical des plantes.

TIRÉ, rameau ; c'eſt un rameau détaché ou tiré d'arbre en eſpalier, & qu'on fait ainſi fructifier en plein vent.

TOISE ; meſure de bois qui eſt de ſix pieds.

TOMBEREAU ; petite charette en forme de caiſſe.

TONDRE *les arbres* ; c'eſt leur couper les bourgeons pour leur faire prendre différentes formes.

TONNEAU ; vaſe de bois qu'on remplit d'eau pour les arroſemens.

TONTURE ; c'eſt le retranchement de l'extrémité des branches des arbres.

TOPIQUE ; c'eſt l'emplâtre qu'on applique ſur la partie ulcérée d'un arbre.

TORDRE *une branche* ; c'eſt un moyen d'empêcher une branche ou un gourmand de profiter.

TOUFFE ; c'eſt un gros pied de plante, accompagné de pluſieurs autres plus petits.

TOUPILLON ; c'eſt l'aſſemblage de petites branches preſſées & chargées de folioles.

TRACER ; c'eſt tirer ſur terre des lignes pour y former des allées, des quarrés, &c.

Traçoir ; instrument qui se termine en pointe pour tracer différentes lignes ou figures sur terre.

Trainasses ; ce sont de menus filets alongés, qui partent de la souche même de certaines plantes rampantes.

Traineau ; voiture sans roues, montée sur deux pièces de bois, servant à transporter des fardeaux.

Trait *de buis ;* on nomme ainsi un filet de buis nain & étroit.

Traits *des chevaux ;* ce sont les cordes ou cuirs auxquel on attache les chevaux.

Tranchée ; ouverture de terre longue & profonde.

Transplantation ; c'est le transport d'un arbre d'un endroit à un autre.

Transplantoir ; outil pour transplanter plus facilement certaines espèces de plantes.

Transport ; action pour amener, soit des terres, soit des végétaux, d'un lieu à un autre.

Transvaser ; faire passer une plante d'un vase étroit dans un autre plus convenable.

Treillage ; ouvrage fait avec des perches & des échalas qu'on attache les uns aux autres avec des fils de fer, en formant des mailles quarrées ou en lozange.

Treille ; berceau en treillage, garni de vigne.

Treillis ; assemblage, en forme de lozange, de plusieurs morceaux de bois longs & étroits.

Trépigner *la terre ;* c'est la fouler avec les pieds.

Tronc ; c'est la partie de l'arbre qui tient le milieu entre les racines & la tige.

Trou ; ouverture creusée en terre pour y planter les arbres.

Trousse *du jardinier ;* espèce de poche attachée à sa ceinture, où il met les choses nécessaires à son travail.

Trousser *les menues branches ;* c'est les attacher à quelque chose qui les relève.

Tuer *les gourmands d'un arbre ;* c'est abattre les branches inutiles ou nuisibles.

Tuf ; terre dure & compacte qu'on rencontre au-dessous de la bonne terre.

Tuteur ; morceau de bois fiché en terre, lequel sert à soutenir un arbre ou une branche trop foible.

Vache ;

# V

VACHE ; bête à cornes qui est la femelle du taureau. On met, dans le besoin, les *vaches* à la charrue.

VAN ; sorte de panier d'osier en forme de coquille, presque plate, avec deux anses pour le tenir par les côtés.

VANNER ; c'est séparer, par le moyen du van, la paille & l'ordure d'avec le bon grain.

VARENNE ; plaine inculte.

VARET ; terre en jachère une partie de l'année.

VARIÉTÉS ; différences qu'on remarque dans les plantes d'une même espèce.

VASE ; c'est le limon de rivières, d'étangs, de mares & de tout amas d'eau.

VASE ; ornement d'un jardin : il y en a de bois, de fayence, de marbre, de bronze, de fer fondu, &c. ; on y plante des fleurs.

VÉGÉTATION ; c'est l'action par laquelle les plantes croissent, fleurissent, se multiplient.

VÉGÉTAUX ; nom générique des plantes.

VENDANGE ; c'est la récolte du raisin pour faire le vin.

VENT ; terme relatif à la position des arbres ; on dit un arbre en plein vent, &c.

VENTOUSE ; on nomme ainsi un rameau qu'on laisse à certains arbres pour consumer la sève trop abondante, & qu'on jette à bas quand l'arbre se modère.

VERDURE ; ce terme se dit de la qualité ou de la couleur verte des plantes.

VERGER ; lieu planté d'arbres fruitiers en plein vent.

VERMINE ; on indique par ce mot les insectes qui sont les fléaux des végétaux.

VERJUS ; nom d'un raisin verd, ou de la liqueur qu'on en exprime.

VERRUE ; excroissance qui naît sur l'écorce des arbres.

VERSÉS ; (*bleds*) accident occasionné par de grands vents, ou par des pluies abondantes.

VERSOIR ; partie de la charrue qui verse la terre sur le côté.

VERTUGADIN ; glacis de gazon en amphithéâtre.

VEULE ; (*terre*) c'est une terre foible, légère & sans vigueur.

VIERGE ; (*terre*) terre neuve qui n'a pas encore rapporté.

VIERGE (*vigne*) vigne stérile dont les feuilles ressemblent à celles de la vigne ordinaire.

VIGNE ; arbuste qui porte les raisins.

VIGNOBLE ; canton où l'on cultive la vigne propre à faire du vin.

VIN ; liqueur qu'en exprime des raisins, & qu'on a laissée fermenter pour en faire une boisson.

VIS ; pièce de bois ronde & cannelée en ligne spirale. On se sert avec succès de ces grandes vis de bois pour encaisser & décaisser les orangers.

VIVE-JAUGE ; ce terme s'entend d'une bonne épaisseur de fumier que l'on fait entrer dans des tranchées pour fumer les arbres.

VOLANT ; c'est un croissant de fer coupant, dont on se sert pour la taille des charmilles & autres palissades.

VORACES ; (*plantes*) ce sont les plantes qui épuisent les autres plantes & effritent la terre.

VRILLE ; c'est, dans certains végétaux, un menu filet contourné en spirale, qui leur sert de crochet pour s'attacher à un autre corps.

## Y

YEUX ; on nomme ainsi les petits boutons qui paroissent sur les branches des arbres.

## Z

ZONES ; ce sont les diverses couches végétales dont les arbres sont formés.



FIN.

www.ingramcontent.com/pod-product-compliance
Ingram Content Group UK Ltd.
Pitfield, Milton Keynes, MK11 3LW, UK
UKHW020308230726
13925UKWH00001B/286

9 782013 418799